금융시장의 기술적 분석

TECHNICAL ANALYSIS OF THE FINANCIAL MARKETS

금융시장의
기술적 분석

존 J. 머피 지음 | 최용석 옮김
이용재 감수(증권거래소 연구위원)

국일증권경제연구소

TECHNICAL ANALYSIS OF THE FINANCIAL MARKETS
by John J. Murphy
All rights reserved
including the right of reproduction in whole or in part in any form.
This edition published by arrangement with Tarcherperigee,
an imprint of Penguin Publishing Group,
a division of Penguin Random House LLC.

이 책의 한국어판 저작권은 알렉스리 에이전시 ALA를 통해서
Tarcherperigee, an imprint of Penguin Publishing Group,
a division of Penguin
Random House LLC사와 독점 계약한 (주)국일출판사에 있습니다.
저작권법에 의하여 한국내에서 보호를 받는 저작물이므로
무단전재와 복제를 금합니다.

부모님, 티모시, 마가렛 그리고 패티,

클레어, 브라이언에게

도움 주신 분들

토마스 E. 아스프레이(Thomas E. Aspray - 부록 A)는 뉴저지 프린세톤(Princeton)에 있는 프린세톤 경제연구소(Princeton Economic Institute)의 자본시장 분석가이다. 그는 1970년대부터 거래시장에 참여하고 있으며, 그가 1980년대에 개발한 많은 기법들은 오늘날 전문 거래자들에 의해 이용되고 있다. 데니스 C. 하인즈(Dennis C. Hynes - 부록 B)는 뉴욕에 위치한 고정 수의 중개 및 대리 회사인 R. W. Pressprich & Co.(주)의 전무이사이자 공동 창업자로서, 이 회사의 수석 시장전략가로 활동하고 있다. 그는 또한 선물, 옵션 거래자이며 CTA(상품선물거래 자문: Commodity Trading Advisor)로 활동하고 있는데, 휴스턴 대학에서 금융부분 MBA를 받았다. 그레그 모리스(Greg Morris - 제12장과 부록 D)는 지난 20년 동안 투자가와 거래자들이 주요 기술분석 프로그램과 함께 사용할 수 있는 거래시스템과 지표들을 개발해 오고 있다. 그는 양초차트를 주제로 두 권의 책을 저술하였으며(제12장 참조), 1996년 8월 존 머피와 팀을 이루어 투자가들의 교육에 헌신적인 머피모리스를 댈러스에 설립하였다. 프레드 G. 슈츠만 CMT(Fred G. Schutzman, CMT - 부록 C)는 뉴욕에 있는 상품선물거래 자문 회사인 브라이어우드 캐피털 매니지먼트(Briarwood Capital Management)의 대표이자 최고 경영자이다. 그는 또한 위험관리 자문 회사인 Eurocurrency Management Corporation(유럽화폐관리 법인)에서 기술연구와 거래시스템 개발을 책임지고 있으며, 시장기술가협회(Market Technicians Association)의 회원이자 이 기구의 이사로 활동하고 있다.

서문

나는 1986년 『선물시장의 기술적 분석』이 출판되었을 때 이 책이 이 분야에 이렇듯 큰 영향을 미칠 것이라고 예측하지 못했다. 그러나 이 책은 이 분야에 종사하는 많은 사람들에게 기술적 분석의 '경전'이라고 불리고 있다. 시장기술가협회는 공인된 시장기술분석가 프로그램의 테스트를 위한 주요 자료 제공처로 이 책을 이용하고 있다. 미국 연방준비은행은 기술분석적 접근법을 평가하는 연구에서 이 책을 인용하였다. 또한 이 책은 8개 국어로 번역되었다.

나는 이 책이 이렇게 오랫동안 계속해서 인기를 누릴 것이라고는 예상하지 못했다. 10년이 지난 지금에도 처음 출판했을 당시 2년 동안 판매되었던 수량만큼 많은 책들이 계속 판매되고 있다. 그러나 한편으로 지난 10여 년간 기술적 분석 분야에 많은 새로운 것들이 도입된 것 또한 분명하다. 그래서 이런 것들 중에서 얼마를 이 책에 추가하였다.

나의 두 번째 저서인 『시장간 기술적 분석』(Intermarket Technical Analysis)은 오늘날 널리 이용되고 있는 기술적 분석의 새로운 분야를 개척하는 데 많은 도움이 되었다. 일본의 양초차트 같은 오래된 기법과 마켓 프로파일(Market Profile) 같은 새로운 기법도 기술 분석의 한 부분으로 자리잡았다. 이 새로운 기법들은 분명 기술적 분석의 전체적인 그림을 보여주려는 모든 책에 포함시킬 필요가 있다.

내 연구의 중심 또한 바뀌었다. 10년 전 나의 주요 관심사는 선물시장이었던 반면, 최근의 연구는 주식시장을 보다 많이 다루고 있다. 이로 인해 30년 전 주식분석가로 이 분야에 처음 발을 들여놓은 이래 연구에 있어 완전히 한 바퀴를 돌게 된 것이다. 이것 또한 내가 CNBC를 위해 7년 동안 기술적 분석가로서 일한 부산물이었다.

일반 대중들이 무엇을 하고 있는가에 대한 나의 관심은 세 번째 저서인『시각적 투자가』(The Visual Investor)를 저술하게 하였다. 이 책은 주로 1990년대에 상당한 인기가 있던 뮤추얼 펀드(Mutual Fund)를 통해 시장에 어떻게 기술적 도구들을 적용할 것인가에 초점을 맞추고 있다.

10년 전 나의 저술 주제였고 주로 선물시장에 이용되었던 기술적 지표들은 주식시장 연구에 편입되었다. 이것에 대한 평가는 결국 시간에 맡긴다. 마지막으로, 어떤 분야나 학문과 마찬가지로 저술은 계속 발전한다. 10년 전 내가 매우 중요하게 여겼던 것들 중 어떤 것들은 오늘날 그때만큼 중요하게 여겨지지 않는다. 나의 연구가 금융시장 전체에 대한 기술적 분석의 광범위한 적용으로 발전함에 따라, 앞선 나의 연구를 검토하면서 이러한 발전은 반드시 반영되어야 한다는 생각을 하였다.

나는 원본의 구조를 그대로 유지하려 하였다. 따라서 원본에 실렸던 많은 장들이 그대로 남게 되었다. 그러나 이것들을 새로운 자료로 검토했고, 새로운 차트들로 대체하였다. 하지만 기술적 분석의 원리가 세계적으로 보편적이므로 금융시장 전체를 포함하는 것으로 범위를 넓히는 것은 그렇게 어렵지 않았다. 그러나 원래 선물에 초점을 두었는데 주식시장에 관한 것들을 많이 추가하였다.

뿐만 아니라 새로이 세 개의 장을 추가하였다. 그리고 두 개의 장(제11장과 제12장)으로 되어 있던 점도형차트를 하나의 장으로 통합하였다. 또한 양초차트에 관해 새로 제 12장을 추가하였으며, 이 책의 끝에 두 장을 더 추가하였다. 제17장은 시장 분석에 관한 나의 연구를 소개하고 있다. 제18장은 주식시장의 지표들을 다룬다. 뿐만 아니라 이전의 부록을 새 부록으로 교체하였다. 부록 B에는 마켓 프로파일(Market Profile)이 소개된다. 나머지 부록에서는 고도화된 기술적 지표들을 보여주고, 기술적 거래시스템을 어떻게 구성할 것인가에 대해 설명한다. 또한 용어해설도 이 책에 실었다.

나는 이 개정 작업을 할 때 전율을 느꼈다. '고전'으로 간주되는 어떤 책을 다시 개정하는 것이 올바른 생각인지 자신감이 서지 않았기 때문이다. 그러나 좀 더 훌륭한 책으로 개정하는 데 성공했다고 희망을 가져본다. 나는 작가로서, 분석가로서 보다 성숙되고 숙련된 시각에서 이 작업에 접근하였다. 그리고 이 책을 통하여 기술적 분석이라는 학문과 이것을 이용하는 재능 있는 많은 분들에 대해 내가 항상 품어온 존경을 나타내려 노력하였다. 이 분야에 대한 그들의 헌신은 물론 연구에 있어서의 성공은 나에게 언제나 위안과 영감의 원천이었다. 나는 단지 내가 이 분야와 그분들에게 나의 도리를 다했기를 바랄 뿐이다.

감사의 글

이 개정판의 출판에 대해 모든 영광을 사이먼 앤 슈스터(Simon & Schuster)의 편집이사인 엘런 쉬네이드 콜멘(Ellen Schneid Coleman)에게 바친다.

그녀는 나에게 『선물시장의 기술적 분석』을 개정하고 범위를 보다 확대할 시점에 대한 확신감을 심어주었다. 나는 그녀가 그렇듯 끈기 있게 일관된 주장을 해준 것이 기쁘다.

내게 필요한 차트 소프트웨어를 제공해준 오메가 연구소(Omega Research)의 사람들, 특히 나와의 전화 통화에 많은 시간을 할애해준 개스톤 산체스(Gaston Sanchez)에게 특별한 감사를 드린다.

이 책에 많은 공헌을 해주신 작가분들—토마스 아스프레이(Thomas aspray), 데니스 하인즈(Dennis Hynes), 프레드 슈츠만(Fred Schutzman)—도 필요한 곳에 전문지식을 첨가해주었다.

또한 마이클 버크(Michael Burke), 스탠 얼리크(Stan Ehrlich), 제리 토페키(Jerry Toepke), 켄 타워(Ken Tower), 그리고 닉 밴 나이스(Nick Van Nice)를 포함한 몇몇의 분석가들도 차트를 기부해주었다.

제2장의 다우이론에 대한 검토는 루이지애나(Louisiana), 뉴올리언스(Orleans)에서 기술 분석가, 시장 자문으로 독립적으로 활동하고 있는 엘리세 피치오티(Elyce Picciotti)와의 협력에 의해 이루어졌다.

그레그 모리스(Greg Morris)에 대해 특별히 언급하자면, 그는 양초차트를 다룬 제12

장을 썼으며 부록 D의 내용을 기부해주었고, 차트 작업의 대부분을 맡아주셨다.

이 책의 첫판 출판을 맡아주었던 잉크웰(Inkwell) 출판서비스의 프레드(Fred)께서 두 번째 이 판도 역시 맡아주셨다. 다시 한번 그와 함께 일했던 것이 무척 행복하다.

CONTENTS

도움 주신 분들 ·· 6
서문 ··· 7
감사의 글 ··· 10

제1장 | 기술적 분석의 배경철학

서문 ··· 24
철학 또는 이론적 근거 ························· 25
기술적 예측과 기본적 예측 ················· 28
분석과 매매시점 선택 ·························· 29
기술적 분석의 유연성과 적용성 ·········· 30
다른 분야에 적용되는 기술적 분석 ····· 32
모든 거래기간에 적용되는 기술적 분석 ····· 32
경제적 예측 ·· 33
기술적 분석가와 차트 분석가 ············· 33
주식시장과 선물시장의 기술적 분석 비교 요약 ····· 35
시장평균과 지표에 대한 의존성의 감소 ····· 37
기술적 접근법에 대한 비판 ················· 38
랜덤워크이론 ······································· 42
보편적 원리들 ······································ 44

제2장 | 다우이론

서문 ··· 46
기본원리 ··· 48
종가의 사용과 추세선의 존재 ············· 53
다우이론에 대한 비판 ·························· 54
경기지표로서의 주식 ··························· 55
선물거래에 적용된 다우이론 ··············· 55
결론 ··· 56

제3장 | 차트 작성

- 서문 ·· 58
- 이용 가능한 차트 형태 ··· 58
- 양초차트 ··· 60
- 산술적 단위와 로그(logarithmic) 단위 ······························ 62
- 일봉차트 작성 ··· 63
- 거래량 ·· 64
- 선물의 미결제약정 ··· 65
- 주봉·월봉차트 ·· 68
- 결론 ··· 69

제4장 | 추세의 기본개념

- 추세의 정의 ··· 72
- 추세는 세 방향을 갖는다 ··· 74
- 추세는 세 분류로 나뉜다 ··· 75
- 지지와 저항 ··· 78
- 추세선 ·· 87
- 부챗살 원리(The fan principle) ······································· 96
- 숫자 3의 중요성 ·· 98
- 추세선의 상대적 기울기 ·· 99
- 경로선(Channel line) ··· 103
- 반전율 ··· 107
- 속도선(속도저항선) ·· 110
- 갠(Gann)과 피보나치(Fibonacci) 부채선 ··························· 112
- 내부추세선 ·· 112
- 반전일 ··· 113
- 가격갭 ··· 116
- 결론 ·· 120

제5장 | 주요 반전형

- 서문 ········ 122
- 가격패턴 ········ 123
- 두 가지 형태의 가격패턴 : 반전과 지속 ········ 123
- 머리어깨형의 반전형 ········ 126
- 거래량의 중요성 ········ 130
- 목표가격 설정 ········ 131
- 역머리어깨형 ········ 132
- 복합 머리어깨형 ········ 135
- 3중 천정형과 3중 바닥형 ········ 137
- 2중 천정형과 2중 바닥형 ········ 140
- 이상형의 변종들 ········ 143
- 원형 바닥형과 V자형 ········ 147
- 결론 ········ 148

제6장 | 지속형

- 서문 ········ 152
- 삼각형 ········ 153
- 대칭삼각형 ········ 155
- 상승삼각형 ········ 158
- 하락삼각형 ········ 161
- 확장형 ········ 163
- 사각깃발형과 삼각깃발형 ········ 164
- 쐐기형 ········ 168
- 직사각형 ········ 170
- 측정된 움직임 ········ 174
- 머리어깨형의 지속형 ········ 176
- 확인과 이탈 ········ 177
- 결론 ········ 178

제7장 | 거래량과 미결제약정

- 서문 ··· 180
- 보조지표로서의 거래량과 미결제약정 ·· 180
- 모든 시장의 거래량에 대한 해석 ··· 184
- 선물시장의 미결제약정에 대한 해석 ·· 192
- 거래량과 미결제약정 규칙의 요약 ·· 197
- 거래량 폭증과 매도절정 ·· 197
- 거래자 위탁보고서 ·· 198
- 상업적 거래자에 대한 관찰 ··· 199
- 순거래자 포지션 ··· 199
- 옵션의 미결제약정 ·· 201
- 풋/콜 비율 ·· 202
- 옵션의 동향과 기술적 지표의 결합 ·· 202
- 결론 ··· 202

제8장 | 장기차트

- 서문 ··· 206
- 장기전망의 중요성 ·· 207
- 선물거래를 위한 연속차트의 작성 ·· 207
- 영속적 계약(Perpetual Contract) ··· 208
- 장기추세의 무작위성에 대한 논란 ·· 209
- 차트의 패턴 : 주간 반전형과 월간 반전형 ································· 209
- 장기차트에서 단기차트로 ·· 210
- 왜 장기차트는 인플레이션 기간에 조정되어야 하는가? ················· 211
- 거래목적이 아닌 장기차트 ··· 212
- 장기차트의 예 ··· 213

C O N T E N T S

제9장 | 이동평균

서문	220
이동평균 : 시차를 완만하게 연결하는 장치	222
이동평균 띠(Moving Average Envelopes)	233
볼린저 밴드	233
목표가격으로 이용되는 볼린저 밴드	235
등락범위를 나타내는 밴드	235
주기와 연계된 이동평균	236
이동평균으로 이용되는 피보나치(Fibonacci) 수	237
장기차트에 적용되는 이동평균	237
주간 규칙	239
최적화할 것인가 그렇지 않을 것인가?	244
요약	245
적응이동평균	245
이동평균의 대안	246

제10장 | 오실레이터 및 반대견해

서문	248
추세와 오실레이터의 연계 사용	248
모멘텀(Momentum) 측정	250
변화율(ROC) 측정	256
두 개의 이동평균을 이용한 오실레이터 작성	256
상품선물경로지수(CCI)	258
상대적 강세지수(RSI)	260
70선과 30선을 이용한 매매신호 포착	267
스토캐스틱(Stochastics)	268
윌리엄스 %R	270
추세의 중요성	272
오실레이터가 가장 유용할 때	273
MACD	274
MACD 막대그래프	276

주간차트와 일간차트의 통합	278
선물의 반대견해 원리	279
투자자 동향지수	282
투자자 정보지수	283

제11장 | 점도형차트

서문	286
점도형차트와 봉차트	287
일중 점도형차트의 작성	291
수평적 계산	295
가격패턴	296
3칸 반전 점도형차트의 작성	298
3포인트 반전차트의 작성	298
추세선 작성	303
측정기법(Measuring Techniques)	307
거래전술	307
점도형차트의 장점	309
기술적 지표로서의 점도형차트	313
컴퓨터로 작성되는 점도형차트	313
점도형차트의 이동평균	315
결론	317

제12장 | 일본식 양초차트

서문	320
양초차트 작성	320
기본 양초형	322
양초형의 분석	324
양초 여과 패턴(Filtered Candle Patterns)	329
결론	331
양초형	331

C O N T E N T S

제13장 | 엘리엇의 파동이론

역사적 배경 · 342
엘리엇 파동원리의 기본이념 · 343
엘리엇 파동이론과 다우이론의 연계성 · 347
조정파동 · 347
교번의 원칙(The Rule of Alternation) · 355
경로(Channeling) · 356
지지선으로서의 네 번째 파동 · 357
파동원리의 기초가 되는 피보나치 수 · 358
피보나치 비율과 반전 · 358
피보나치 시간목표 · 361
파동이론 세 가지 측면의 통합 · 363
주식과 상품선물에 적용되는 엘리엇 파동이론 · 363
요약 및 결론 · 364

제14장 | 주기

서문 · 368
주기 · 369
차트 분석을 용이하게 하는 주기개념 · 380
지배적인 주기 · 383
주기 조합 · 385
추세의 중요성 · 387
좌우 전이 · 388
주기 구분방법 · 390
계절주기 · 394
주식시장 주기 · 398
1월 지표 · 398
대선관련 주기 · 398
다른 기술적 도구와 주기의 결합 · 399
최대 엔트로피 스펙트럼(Entropy Spectrum) 분석 · 399
주기읽기와 소프트웨어 · 400

제15장 | 컴퓨터와 거래시스템

서문	402
컴퓨터의 필요성	404
도구와 지표의 그룹별 분류	404
도구와 지표의 사용	405
웰리스 와일더의 파라볼릭·DM 시스템	405
시스템 거래의 장점과 단점	413
전문가의 도움이 필요한 경우	415
여러 시스템의 시험 또는 자신의 고유한 시스템 개발	415
결론	416

제16장 | 자금관리와 거래전술

서문	418
성공적인 거래의 세 가지 요소	418
자금관리	419
위험보상률	422
복수포지션 거래 : 추세거래와 비추세거래	423
성공과 실패 후의 조치	424
거래전술	424
기술적 요인과 자금관리의 통합	427
거래주문의 종류	428
일간차트에서 일중가격차트로	430
일중중심점(Pivot Point)의 사용	430
자금관리와 거래지침의 요약	433
주식시장 적용	434
자산배분	434
관리계좌와 뮤추얼 펀드	435
마켓 프로파일(Market Profile)	435

제17장 | 주식시장과 선물시장의 관계 : 시장간 비교분석

시장간 분석 ··· 439
프로그램 매매 : 궁극적인 연관성 ···································· 440
채권과 주식의 연관성 ··· 441
채권과 상품선물의 연관성 ··· 443
상품선물과 달러의 연관성 ··· 444
주식 부문과 산업군 ·· 446
미국달러와 대규모 다국적 주식자본 ································ 447
시장간 분석과 뮤추얼 펀드 ·· 448
상대적 강세 분석 ··· 448
상대적 강세와 부문들 ··· 450
상대적 강세와 개별주식 ·· 450
톱다운식 시장접근 ·· 452
디플레이션 시나리오 ·· 452
시장간 상관관계 ·· 453
시장간 신경망 소프트웨어 ··· 455
결론 ·· 455

제18장 | 주식시장 지표

시장의 폭 측정 ·· 460
표본자료 ·· 460
시장평균 비교 ··· 462
상승—하락선(AD선) ··· 463
상승—하락선의 이탈(AD Divergence) ······························ 463
일간 AD선과 주간 AD선 ··· 465
다양한 AD선 ·· 465
맥컬렌 오실레이터(McCLELLAN Oscillator) ······················ 466
맥컬렌 요약지수(McCLELLAN Summation Index) ············· 467
신고점과 신저점(New highs and new lows) ····················· 468
신고점—신저점 지수 ··· 468
상승거래량과 하락거래량 ·· 470

암 지수(Arms Index) ·· 472
트린과 틱(Trin Versus Tick) ··· 473
완만한 암 지수 ·· 473
개장 암 지수 ·· 474
가격 거래량 차트 작성 ··· 475
양초의 위력(Candle power) ·· 476
시장평균 비교 ·· 477
결론 ··· 480

제19장 | 종합 – 체크리스트

체크리스트 ··· 482
기술적 체크리스트 ·· 483
기술적 분석과 기본적 분석의 통합 ··························· 484
공인 시장 분석가(CMT) ·· 485
시장기술가협회(MTA) ·· 486
기술적 분석의 세계화 ·· 487
다양한 이름으로 불리는 기술적 분석 ······················· 487
연방준비은행의 최종승인 ·· 488
결론 ··· 489

부록

A. 고도의 기술적 지표들

수요지수(DI) ·· 493
헤릭 정산지수(HPI) ·· 496
스탁 밴드와 켈트너 경로(Starc Bands and Keltner Channels) ··· 499
수요지수 공식 ·· 502

CONTENTS

B. 마켓 프로파일
서문 505
마켓 프로파일 그래프 508
시장구조 510
마켓 프로파일 구성원리 510
범위의 전개와 프로파일의 패턴 514
장기시장활동 추적 515
결론 521

C. 거래시스템을 구성하는 필수 요소들
5단계 계획 524
1단계 : 개념(아이디어)을 정립한다 524
2단계 : 개념을 객관적인 원리로 구체화한다 527
3단계 : 차트상에서 시각적으로 체크한다 527
4단계 : 컴퓨터를 이용해 정식으로 테스트한다 ... 527
5단계 : 결과를 평가한다 530
자금관리 531
결론 532

D. 연속적인 선물약정
최근월 약정 535
차근월 약정 536
갠(Gann) 약정 537
연속 약정 537
미래 지속적인 연속 약정 537

용어해설 541
참고문헌 553
발췌 자료 557
찾아보기 559

기술적 분석의 배경철학

서문

　기술적 분석에 이용되는 실제 기법과 도구를 공부하기에 앞서 기술적 분석이 무엇인가를 정의하고, 기술적 분석의 기초가 되는 철학적 전제들에 대한 토의와 기술적 분석과 기본적 분석의 차이점을 분명히 하고, 마지막으로 기술적 분석에 대해 자주 제기되는 비판 두 가지 정도를 소개하는 것이 필요하다고 생각한다.

　저자는 기술적 접근의 올바른 이해를 위해서는 기술적 분석으로 무엇을 할 수 있는가 하는 것과, 보다 중요하게는 이런 주장의 근거가 되는 철학이나 이성적 근거에 대한 완전한 이해로부터 시작해야 한다는 강한 믿음을 갖고 있다.

　첫째, 주제를 정의하여 보자.

　기술적 분석은 미래의 가격추세를 예측할 목적으로 주로 차트를 사용하여 시장의 움직임(market action)을 연구하는 것이다. '시장움직임'이라는 용어는 기술적 분석가가 이용 가능한 세 가지 주된 정보—가격, 거래량, 미결제약정수량—를 포함한다. 흔히 사용하는 '가격움직임'(price action)이라는 용어는 대부분의 기술적 분석가들이 거래량과 미결제약정을 시장분석에 통합적으로 포함시키기 때문에 좁은 의미로 해석되고 있다. 이 점을 확실히 하면서 '가격움직임'과 '시장움직임'이라는 용어를 이 책의 나머지 부분에서는 계속 같은 의미로 사용하였다.

철학 또는 이론적 근거

기술적 분석의 토대가 되는 세 가지 전제는 다음과 같다.
1. 시장움직임은 모든 것을 반영한다.
2. 가격움직임은 추세를 이룬다.
3. 역사는 스스로 반복된다.

시장움직임은 모든 것을 반영한다

'시장움직임은 모든 것을 반영한다'는 말은 기술적 분석의 토대를 이룬다고 해도 과언이 아니다. 따라서 첫 번째 전제의 중요성을 충분히 이해하고 수용하지 않는 한, 뒤에 언급되는 그 어떤 것들도 고려할 만한 의미를 가지지 못할 것이다.

기술적 분석가들은 가격에 영향을 미칠 수 있는 것은—기본적인 것, 정치적인 것, 심리적인 것, 기타 등—실제로 시장가격에 모두 반영된다고 믿는다. 따라서 '필요한 모든 것은 가격움직임에 대한 연구이다'라는 결론이 나온다. 이 주장이 너무 과장되게 들릴지 모르지만 시간을 갖고 이것의 참된 의미를 생각하다 보면 이 주장에 반대하기는 힘들 것이다. 실제로 모든 분석가들이 가격움직임은 수요량과 공급량의 변화를 반영해야 한다고 주장한다.

수요가 공급을 초과하면 가격은 반드시 상승한다. 공급이 수요를 초과하면 가격은 반드시 하락한다. 이러한 작용은 모든 경제적·기본적 예측의 기본이다. 그러나 기술적 분석가들은 이것을 역으로 해석하여 어떠한 이유에서든 가격이 오르면 수요가 반드시 공급을 초과해야 하고 기본적 시장은 강세 시장이어야 한다는 결론에 이른다. 반대로 가격이 하락하면 기본적 시장은 반드시 약세 시장이어야 한다.

기술적 분석의 맥락에서 보면 기본적 시장에 관한 앞의 언급이 놀라운 것으로 보일 수 있으나 사실은 그렇지가 않다. 결국 기술적 분석가들은 간접적 방법으로 기본적 분석을 공부하고 있는 셈이다. 대부분의 기술적 분석가들은 시장을 약세 또는 강세로 만드는 것이 시장경제의 기본원리인 수요와 공급의 기본적인 힘이라는 데 동의한다. 차트는 그 자체가 시장의 상승 또는 하락을 유발하는 원인이 아니다. 그것은 단순히 시장의 강세심리와 약세심리를 반영할 뿐이다. 일반적으로 차트 분석가들은 스스로 가격상승 또는 하락의 원인에는 신경 쓰지 않는다.

종종 가격추세의 초기 단계에서나 매우 중요한 전환점에서 시장이 왜 어떤 특정한 방향으로 움직이는지 그 이유를 정확히 아는 사람은 없는 것 같다. 이 이론의 주장대로 기술적 접근법이 종종 너무 단순하게 보이기는 하지만 첫 전제—시장움직임은 모든 것을 반영한다—는 거래자가 시장경험을 많이 가지면 가질수록 더욱더 힘을 발휘하게 된다. 따라서 시장가격에 영향을 미치는 모든 것들이 결국 시장가격에 반영된다면 필요한 모든 것은 시장가격에 대한 연구이다.

기술적 분석가들은 가격차트와 많은 기술적 지표들을 연구함으로써 시장이 어떤 방향으로 움직일 것인지를 효과적으로 예측할 수 있다. 또한 필요이상으로 시장을 앞질러 예측하려고 하지 않는다. 뒤에 소개될 모든 기술적 도구들은 차트 분석가가 시장움직임을 연구하기 위해 보조로 사용하는 단순한 기법들이다. 기술적 분석가들은 시장이 강세 또는 약세로 되는 데에는 어떤 이유가 있다고 알고 있다. 그러나 그러한 이유를 아는 것이 예측에 꼭 필요하다고는 믿지 않는다.

가격움직임은 추세를 이룬다

추세란 개념은 기술적 접근에 있어서 필수적이다. 다시 언급하지만, 시장은 실제로 어떤 추세를 이룬다는 전제를 수용하지 않으면 더 이상 이 책을 읽을 필요가 없다. 시장의 가격움직임을 차트로 나타내는 목적은 그러한 추세의 방향으로 거래하기 위해 추세발전의 초기 단계에서 이를 파악하기 위함이다.

사실, 이 접근방법에 사용된 대부분의 기법들은 성격상 추세에 의존한다. 즉, 이것은 분석가들의 의도가 기존 추세를 파악하여 그 추세를 따르기 위한 것임을 의미한다 (그림 1-1 참조).

'가격움직임은 추세를 이룬다'라는 전제로부터 '움직이는 추세는 추세를 역행하기보다 현재의 추세를 계속 유지하려는 경향이 있다'라는 결론이 추론된다. 이 추론은 물론 뉴턴의 제1운동법칙에서 빌린 것이다. 이 추론을 다른 방법으로 표현하면 '어떤 추세는 전환하기까지 같은 방향으로 계속 움직이려 한다'이다.

기술적 분석의 주장들 중 또 다른 하나는 이것이 거의 순환적으로 나타난다는 것이다. 그러나 모든 추세의존접근은 추세전환의 신호가 나타날 때까지 현존하는 추세에 편승한다.

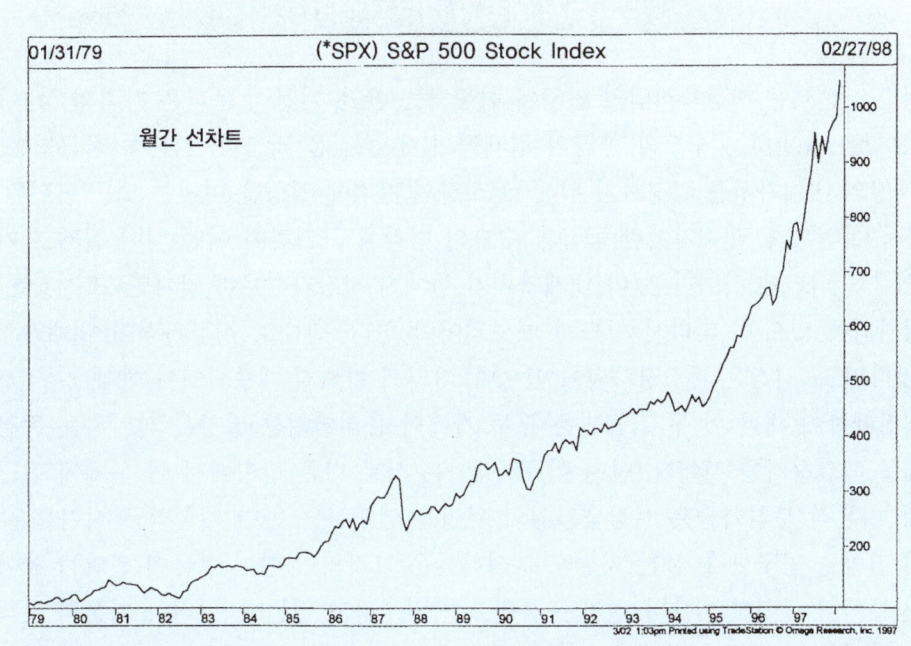

(그림 1-1) 상승추세의 예. 기술적 분석은 '시장은 추세를 이루며 추세를 계속 유지하려는 경향이 있다'는 전제를 바탕으로 한다.

역사는 스스로 반복된다

　기술적 분석과 시장움직임 연구의 많은 부분은 인간심리 연구와 관련이 있다. 예를 들면, 지난 100년 동안 파악·분류된 차트의 패턴은 가격차트에 나타난 어떤 현상을 반영한 것인데, 이것은 시장의 강세심리 또는 약세심리를 나타낸다. 여기서 이러한 패턴이 과거에 잘 들어맞았기 때문에 미래에도 계속 잘 들어맞을 것이라는 가정을 할 수 있다. 이것들은 변화하지 않으려는 경향이 있는 인간심리의 연구에 바탕을 두고 있다.

　마지막 전제—역사는 스스로 반복된다—를 다르게 말하면 '미래를 이해하는 열쇠는 과거의 연구에 놓여 있다' 또는 '미래는 과거의 반복이다'라고 할 수 있다.

기술적 예측과 기본적 예측

기술적 분석은 시장움직임의 연구에 집중하는 반면, 기본적 분석은 가격의 상승·하락·보합을 유발하는 수요와 공급의 경제적 힘에 초점을 맞춘다. 기본적 접근법은 어떤 시장의 내재가치를 결정하기 위해 그 시장의 가격에 영향을 미치는 모든 관련된 요인들을 살펴본다. 내재가치란 공급과 수요의 법칙에 근거하여 어떤 것이 실제로 가치가 있음을 나타낸 것이다. 만약 내재가치가 현재의 시장가격보다 낮다면 그 시장은 과대평가되어 있으며, 따라서 반드시 매도되어야 한다. 반대로 시장가격이 내재가치보다 낮다면 그 시장은 과소평가되어 있으며, 따라서 반드시 매수되어야 한다.

시장예측에 대한 이 두 접근법은 모두 가격이 움직이려는 방향을 파악하는 똑같은 문제를 해결하려는 것이다. 단지 이 두 방법은 서로 다른 방향에서 이 문제에 접근하는데, 기본적 분석가들은 시장움직임의 원인을 연구하는 반면 기술적 분석가들은 그것의 영향을 연구한다. 물론 기술적 분석가들은 그것의 영향이 그들이 원하는 알아야 할 전부이며 그것의 이유나 원인은 불필요한 것이라고 믿는다. 그러나 기본적 분석가들은 언제나 그 이유를 알아야만 한다.

대부분의 거래자들은 자신들을 기본적 분석가 아니면 기술적 분석가로 분류한다. 그러나 실제로는 많은 부분들이 서로 중복된다. 많은 기본적 분석가들이 차트 분석의 기본원리에 대한 어떤 업무 지식을 가지고 있듯이 많은 기술적 분석가들도 기본여건에 대해 적어도 경험적 지식 정도는 갖고 있기 때문이다.

문제는 기술적 분석과 기본적 분석이 종종 상반되게 나타난다는 것이다. 일반적으로 중요한 시장움직임의 초기 단계에서 기본적 분석으로는 시장을 설명하거나 입증(증명)하지 못한다. 추세에 있어 이처럼 중요한 시점에 이 두 접근법은 매우 다르게 나타난다. 일반적으로 이 둘은 어느 시점에서 서로 일치하지만 종종 기본적 분석에 의존하는 거래자의 대응이 너무 늦어지기 일쑤이다. 이렇듯 불일치해 보이는 데 대한 한 가지 설명은, 시장가격은 알려진 기본 시장을 선도하는 경향을 가진다는 것이다. 다르게 말하면, 시장가격은 여건 혹은 그 순간의 일반적인 지식의 선행지표로 작용한다. 알려진 기본적 요인들이 이미 할인되어 '시장에 반영'되어 있는 동안 이제는 알려지지 않은 기본적 요인에 의해 가격이 움직이게 되는 것이다.

역사상 가장 극적인 상승·하락시장 중 몇몇은 기본적 요인의 변화에 대한 감지가 전혀 없었거나 거의 없는 상태에서 시작되었다. 이러한 변화가 알려질 즈음에는 이미 새로운 추세가 형성되어 있었다. 결국 얼마간의 시간이 경과하면 기술적 분석가들은 자신들의 차트 분석능력에 대해 자신감을 갖게 된다. 기술적 분석가들은 시장움직임이 소위 말하는 일반적 지식과 일치하지 않는 상황에서도 평온을 유지하는 것을 배우고, 소수에 속해 있는 것을 즐기기 시작한다. 이들은 시장움직임의 이유들이 결국 상식이 될 것임을 알고 있는데, 이것은 기술적 분석가들이 이러한 추가적인 확인을 바라며 기다리고만 있지 않을 것임을 뜻한다.

우리는 기술적 분석가들이 기술적 분석의 전제들을 받아들임으로써 자신들의 접근방법이 기본적 접근방법보다 우수하다고 믿는 이유를 알 수 있다. 만약 어떤 거래자가 두 가지 방법 중 하나를 선택해야 한다면 논리적으로 그 선택은 기술적 접근이 되어야만 한다. 정의에 따르면, 기술적 접근은 기본적 접근을 포함하고 있기 때문이다. 기본적 요인들이 시장가격에 반영되어 있다면 기본적 요인에 대한 연구는 불필요하게 된다. 기술적 분석이 기본적 분석의 지름길이 된다. 그러나 그 반대의 경우는 참이 아니다. 기본적 분석은 가격움직임에 대한 연구를 포함하지 않는다. 금융시장에서는 기술적 접근만으로도 거래가 가능하다. 누구든 시장의 기술적인 면을 고려하지 않고 기본적 방법만으로 거래할 수 있다는 것은 의심스럽지 않을 수 없다.

분석과 매매시점 선택

의사결정과정을 분석과 매매시점 선택의 두 단계로 나누어 보면 앞에서 지적한 내용은 더욱더 분명해진다. 선물거래의 높은 레버리지(leverage) 요인 때문에 이 분야에서 매매시점 선택은 특히 결정적이다. 시장의 일반적 추세를 바로 짚고도 돈을 잃을 가능성은 여전히 크기 때문이다. 선물거래에서는 증거금이 적기(보통 10% 미만) 때문에 가격이 예상과 다른 방향으로 비교적 조금만 움직여도 거래자는 증거금의 전부 또는 대부분을 잃고 시장에서 물러나야 하는 결과가 초래될 수 있다.

이와는 반대로 주식시장거래에서는 시장을 잘못 예측한 거래자가 단순히 미래의 어느 시점에 주식가격이 회복되기를 바라며 주식을 계속 보유할 수 있다. 그러나 선물거래자는 그러한 혜택을 누리지 못한다. '매수 후 계속 보유'(buy and hold)하는 전략이 선물 분야에는 적용되지 않기 때문이다.

예측과정인 첫 단계에서는 기술적·기본적 접근법 모두 이용할 수 있지만 매매의 어떤 특정한 시점을 결정하는 시점 선택의 문제는 거의 기술적인 것이다. 따라서 시장에 진입하기 전에 거래자가 거쳐야 할 일련의 과정들을 고려해볼 때 비록 기본적 분석이 의사결정의 초기 단계에서 적용되었다 하더라도 이 과정의 어떤 시점에서 기술적 원리의 올바른 적용이 절대적으로 필요하게 된다.

기술적 분석의 유연성과 적용성

기술적 분석의 장점 중 하나는 어떠한 거래방법과 기간대에도 적용할 수 있다는 적용성이다. 이 원리가 적용되지 않는 주식이나 선물거래 분야는 없다.

차트 분석가들은 원하는 수만큼의 시장을 쉽게 분석할 수 있는데, 일반적으로 기본적 분석은 그렇지 않다. 기본적 분석의 경우 다루어야 하는 엄청난 양의 자료 때문에 대부분의 기본적 분석가들은 전문화하는 경향이 있다. 이러한 장점들을 간과해서는 안 된다.

한 가지 예를 들면, 시장은 활동기와 휴면기, 추세가 있는 단계와 추세가 없는 단계를 거치게 된다. 기술적 분석가는 강한 추세경향을 나타내는 시장에 주의와 자원을 집중시키고 그 이외의 시장은 무시하는 선택을 하게 된다. 결과적으로 기술적 분석가는 시장의 순환적 특성을 이용하기 위하여 그의 노력과 자본을 이동시킬 수 있다. 시장들은 각각 서로 다른 시기에 '과열'되고 중요한 추세를 나타낸다. 일반적으로 이러한 추세기간이 지나면 비교적 추세가 없는 조용한 기간이 온다. 한편, 다른 시장 또는 시장 그룹이 이런 추세를 넘겨받는다.

기술적 분석가는 자유롭고 세심하게 선택할 수 있다. 그러나 한 분야나 그룹을 전문화하는 경향이 있는 기본적 분석가들은 이런 종류의 유연성을 갖지 못한다. 만약 선택의 자유를 갖는다 하더라도 기본적 분석가들은 기술적 분석가들보다 많은 어려움을

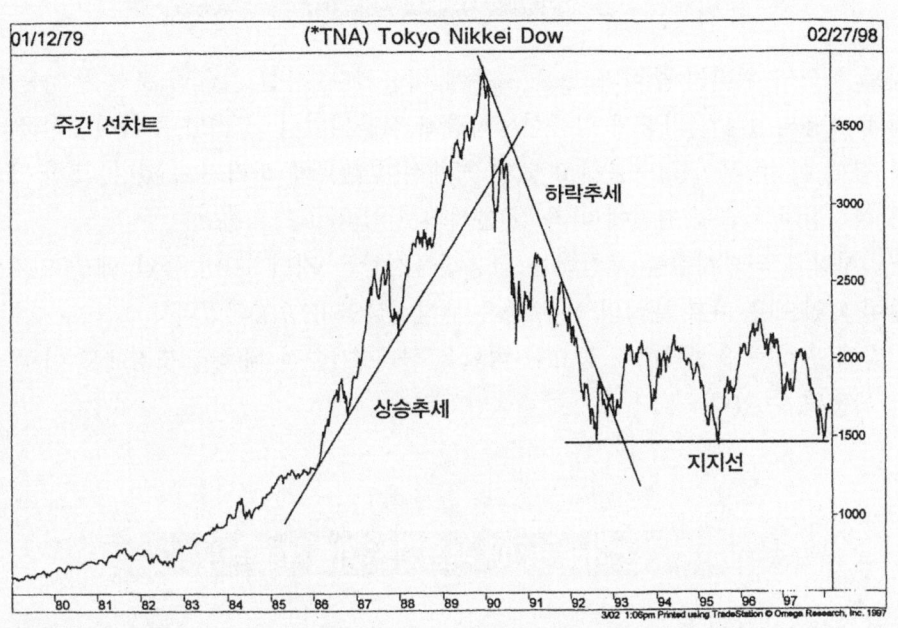

(그림 1-2) 일본 증권시장의 차트는 대부분의 세계 증권시장과 마찬가지로 잘 분석된다.

겪을 것이다.

    기술적 분석가가 가지는 또 다른 이점은 '큰 그림'이다. 모든 시장을 분석함으로써 그들은 전반적으로 시장이 어떻게 움직이고 있는지 뛰어난 감을 얻고, 한 그룹의 시장만을 좇음으로써 발생하는 '좁은 시각'을 피할 수 있다. 또한 많은 시장은 내재된 경제적 관계가 있으며, 비슷한 경제적 요인들에 반응하기 때문에 어떤 시장이나 시장그룹에서의 가격움직임이 다른 시장이나 시장그룹의 미래 방향을 예측하는 데 소중한 실마리를 줄 수도 있다.

다른 분야에 적용되는 기술적 분석

차트 분석의 원리는 주식과 선물 모두에 적용된다. 사실 기술적 분석은 처음 주식시장에 적용되었다가 나중에 상품선물시장에 적용되었다. 그러나 주가지수선물의 도입과 함께 이 두 분야를 구분하고 있던 경계선이 빠르게 사라지고 있다. 또한 세계적인 주식시장도 기술적 원리에 따라 잘 분석되고 있다(그림 1-2 참조).

금리시장과 외환시장을 포함하는 금융선물시장은 지난 10년 동안 매우 인기있는 시장이 되었으며, 차트 분석의 아주 좋은 분석대상임이 증명되었다.

기술적 원리는 옵션거래에 중요한 역할을 한다. 기술적 예측은 헷징에도 아주 유용하게 이용될 수 있다.

모든 거래기간에 적용되는 기술적 분석

차트 분석적 접근방법의 또 다른 장점은 다른 시간대에 적용될 수 있다는 것이다. 이용자가 데이 트레이딩(day trading)을 목적으로 하루중의 가격변화를 거래대상으로 하든, 또는 중·장기 추세거래로 하든 간에 똑같은 원리가 적용된다. 종종 무시되어온 기간대가 보다 장기적인 기술적 예측이다. 차트 분석은 단지 단기시장에서만 유용하다고 어느 책에 언급된 견해는 간단히 말하면 사실이 아니다. 어떤 사람들은 단기 매매시점 선택에 한정되는 기술적 요인과 함께 반드시 기본적 분석을 장기예측에 이용해야 한다고 주장하고 있다.

사실 몇 년을 거슬러 올라가는 주간·월간 차트를 이용한 장기시장 예측은 이 기법의 적용이 장기에서도 아주 유용하다는 사실을 증명하고 있다. 이 책에서 다루고 있는 기술적 원리들을 완전히 이해하면, 적용 방법과 관련해 분석수단과 기간 모든 면에서 엄청난 유연성을 제공할 것이다.

경제적 예측

기술적 분석은 경제적 예측에 중요한 역할을 할 수 있다. 예를 들면, 상품선물가격의 움직임은 인플레이션의 움직임에 대해 무언가를 알려준다. 이것은 또한 경기가 강세인지 또는 약세인지에 대한 실마리를 제공한다.

일반적으로 상품선물가격의 상승은 경기강화와 인플레이션 압력의 증가를 암시하고, 상품선물가격의 하락은 경기와 인플레이션의 약화를 경고한다. 금리의 방향은 상품선물의 추세에 의해 영향을 받는다. 결과적으로 미 T-Bonds(재무성 채권)와 함께 금, 유류와 같은 상품선물시장의 차트는 경기의 약화 및 강화, 예상되는 인플레이션에 관해 많은 것을 알려준다.

또한 미국 달러선물이나 외국통화선물의 방향은 세계경기의 강세, 약세에 대한 안내 역할을 한다. 더욱더 인상적인 것은 일반적으로 이러한 선물시장에서의 추세는, 월간 또는 분기별로 게재되어 이미 일어났던 것들을 우리에게 알려주는 전통적인 경기지표에 이것이 반영되기 훨씬 전에 나타난다는 것이다. 그리고 이것의 이름이 의미하는 바와 같이 일반적으로 선물시장은 우리에게 미래에 대한 통찰력을 준다. S&P 500 주가지수(S&P stock market index)는 오랫동안 공식적인 경기 선행지수로 여겨져 왔다. 경기주기에 관한한 가장 저명한 미국의 전문가 중 한 사람이 쓴 책『1990년대를 위한 선행지표』(Leading Indicators for the 1990s Moore)에서는 경기지표로 상품선물, 채권, 그리고 주식추세의 중요성을 강력하게 부각시키고 있다. 이 세 시장 모두 기술적 분석을 이용하여 연구할 수 있다. 이 주제에 대해서는 '주식과 선물의 관계'를 다룬 제17장에서 더욱 자세히 살펴보기로 한다.

기술적 분석가와 차트 분석가

기술적 접근법을 이용하는 기술적 분석가들에게는 몇 가지 다른 이름들이 적용된다: 기술적 분석가, 차트 분석가, 시장 분석가, 그리고 시각적 분석가.

지금까지는 이것들 모두 같은 의미로 통했다. 그러나 이 분야가 전문화하면서 보다 뚜렷한 구분과 세심한 용어정의가 필요하게 되었다. 10년 전만 해도 거의 모든 기술적 분석이 차트에 의존하고 있었기 때문에 '기술적 분석가'와 '차트 분석가'는 같은 의미로 사용되었다. 그러나 이것은 이제 더 이상 사실이 아니다.

 기술적 분석의 넓은 영역은 점진적으로 두 분류의 분석가, 전통적 차트 분석가와 통계적 기술적 분석가로 나뉘는데, 여기에는 서로 중복되는 부분이 많고, 대부분의 분석가들은 이 두 부분을 어느 정도 통합하여 이용하고 있다. 그러나 기술적 분석가와 기본적 분석가로 분류한다면 대부분의 경우는 두 분류로 분명하게 나뉜다. 전통적 차트 분석가들이 보조적 수단으로써 계량적 분석을 이용하든 안 하든 차트는 주된 분석도구이다. 그리고 나머지 것들은 보조도구에 불과하다. 물론 차트도 어느 정도는 주관적이다. 대부분 이 접근의 성공 여부는 각 차트 분석가들의 능력에 달려 있다. 차트 읽기가 크게는 예술이기 때문에 '예술적 차팅'이라는 용어가 이 접근방법에 적용되었다.

 이와는 대조적으로 통계적 혹은 계량적 분석가들은 기계적 거래시스템을 개발하기 위한 목적으로 이 주관적 원리들을 취하여 그것들을 계량화하고 시험하여 최적화시킨다. 이러한 시스템 또는 트레이딩 모델들은 기계적으로 '매수'·'매도' 시점을 알려주는 컴퓨터에 프로그램화된다. 이 시스템은 단순한 것에서부터 매우 복잡한 것에 이르기까지 다양하다. 이것의 목적은 거래에 있어서 인간의 주관적인 요소를 최소화 또는 완전히 제거하여 매매를 보다 과학적으로 하는 데 있다.

 통계적 분석가들은 분석작업에 가격차트를 사용할 수도 안 할 수도 있다. 그러나 그들의 연구가 시장움직임 연구에 국한되는 한 그들은 기술적 분석가로 간주된다. 나아가 컴퓨터 분석가들을 기계적 시스템 혹은 '블랙박스'(black box) 접근을 선호하는 분석가와 보다 나은 기술적 지표를 개발하기 위하여 컴퓨터 기술을 사용하는 분석가로 좀더 세부적으로 분류할 수 있다. 나중 그룹은 그러한 지표의 해석과 의사결정과정을 통제한다.

 차트 분석가와 통계적 분석가를 구별하는 방법은 모든 차트 분석가들은 기술적 분석가들인 반면 모든 기술적 분석가들이 차트 분석가인 것만은 아니라는 사실이다. 이러한 용어들이 비록 이 책에서는 서로 바꾸어 쓸 수 있는 단어로 사용되었을지라도 차트 분석은 광범위한 주제인 기술적 분석의 단지 한 분야만을 나타낸다는 것을 반드시 기억해야 한다.

주식시장과 선물시장의 기술적 분석 비교 요약

종종 제기되는 질문 가운데 하나는 선물시장에 적용되는 기술적 분석이 주식에 적용되는 것과 같은 것인가 하는 점이다. 대답은 그럴 수도 있고 아닐 수도 있다. 기본적 원리는 같기 때문이다. 그러나 여기에는 현저한 차이점이 있다. 기술적 분석의 원리는 처음에 주식시장 예측에 이용되었다가 나중에 선물시장에 도입되었다. 대부분의 기본 도구—예를 들면 봉차트, 점도형(P&F)차트, 가격패턴, 거래량, 추세선, 이동평균, 오실레이터—들은 두 분야에 모두 이용된다. 주식 혹은 선물에서 이 개념들을 배운 사람이라면 이 두 다른 시장에 각각 맞게 조정하는 데 큰 어려움을 느끼지 않을 것이다. 그러나 일반적인 차이점은 사용하는 도구 자체보다는 주식과 선물 자체의 특성 차이에서 비롯된다.

가격구조

선물의 가격구조는 주식의 가격구조보다 훨씬 복잡하다. 각 상품선물은 각기 다른 매매단위와 최소 호가변동폭으로 표시된다. 예를 들면, 곡물시장은 부셸당 센트(bushel per cent), 가축시장은 파운드당 센트(pound per cent), 금과 은은 온스당 달러(ounce per dollar), 그리고 금리는 베이시스 포인트(basis per point)로 표시된다. 거래자는 반드시 각 시장의 계약 세부사항을 숙지하여야 한다: 어느 거래소에서 거래되는가, 계약은 어떻게 표시되는가, 최소·최대 호가변동폭은 얼마인가, 각 호가 변동폭의 가치는 얼마인가.

제한된 수명

주식과 달리 선물계약은 만료기간을 가지고 있다. 예를 들면, 1999년 3월로 표시된 미 T-Bonds 선물계약은 1999년 3월에 만기가 도래한다. 전형적인 선물계약의 거래기간은 대략 1년 6개월이다. 따라서 동일한 상품에 대해 어느 한 시점에 계약기간이 서로 다른 적어도 여섯 개의 계약들이 동시에 거래된다. 거래자는 반드시 어떤 계약을 거래할 것인지, 그리고 어떤 것을 피할 것인지를 반드시 알아야 한다(이것은 이 책의 뒷부분에 설명되어 있다).

제한된 수명은 장기가격의 예측에 특정 문제를 야기한다. 일단 기존 계약의 거래가 만료되면 계속해서 새로운 차트를 구해야 한다. 만료된 계약에 대한 차트는 쓸모가 없기 때문이다. 새로운 계약에 대한 차트와 새로운 계약의 기술적 지표를 구해야 한다. 이런 계속적 순환은 연속적인 차트 데이터의 관리를 훨씬 어렵게 만든다. 또한 기존의 계약이 만료됨에 따라 계속해서 새로운 과거 데이터를 구해야 하므로 컴퓨터 이용자들에게도 많은 시간적·비용적 부담을 안겨준다.

적은 증거금

이것이 아마 주식과 선물의 가장 중요한 차이점일 것이다. 모든 선물계약은 증거금으로 거래되는데, 일반적으로 증거금은 거래대금의 10% 미만이다. 이렇듯 적은 증거금으로 인한 거래결과는 엄청난 파급효과로 나타난다. 비교적 작은 가격움직임도 전체적 거래결과에 큰 영향을 미치는 경향이 있기 때문에 선물시장에서는 많은 돈을 순식간에 몽땅 잃거나 벌 수 있다. 투자자들이 거래대금의 10%만을 증거금으로 적립하기 때문에 10%의 가격변동으로 투자자는 돈을 배로 벌거나 반대로 몽땅 잃게 된다. 시장의 작은 움직임도 큰 영향을 미치게 됨에 따라 높은 레버리지 요인은 종종 선물시장이 실제보다 더 불안정해 보이게 한다. 예를 들면, 누군가가 자신이 선물시장에서 '완전히 파산'했다고 말할 경우 애초에 그가 거래대금의 10%만을 투자했다는 사실을 기억하라.

기술적 분석의 관점에서 보면, 높은 레버리지 때문에 선물시장에서의 매매시기 선택은 주식시장에서 보다 훨씬 더 중요하다. 시장에 참가하고 빠져나오는 정확한 시점을 선택하는 것은 선물거래에 있어 시장분석보다 훨씬 더 결정적이고, 어렵고, 좌절감을 안겨준다. 이런 이유 때문에 기술적 트레이딩 능력이 성공적인 선물 매매프로그램에 필수적이다.

투자기간이 훨씬 짧다

높은 레버리지와 시장포지션에서 눈을 뗄 수 없으므로 상품선물거래자의 투자기간대는 필수적으로 훨씬 짧다. 주식시장 기술적 분석가들은 상품선물거래자들이 생각하는 평균 투자기간에 비해 보다 장기적인 시간에 대해서 이야기하는 경향이 있어 보통 3~6개월 후의 시장이 어떻게 될 것인가에 대해서 이야기한다. 한편 선물거래자들은 다음 주, 내일, 심지어 오늘 오후의 가격에 대해 알고 싶어한다. 즉, 이것 때문에 정교하고 아주 단기적인 시점선택도구들이 필요하다. 한 가지 예가 이동평균이다. 주식에서 가장 많이 보게 되는 것은 50일 평균 또는 200일 평균이다. 그러나 상품선물시장에서 대부분의 이동평균들은 40일 이하이다. 예를 들면, 선물시장에서 가장 인기있는 이동평균은 4, 9, 18일이다.

매매시점에 대한 높은 의존성

선물거래에서는 매매시점의 선택이 전부라고 할 수 있다. 시장방향의 정확한 예측은 단지 거래문제의 일부분만을 해결할 뿐이다. 시장 참가시점이 하루, 심지어 몇 분이 늦추어진 관계로 승자와 패자가 바뀔 수도 있다. 시장을 잘못 예측하여 돈을 잃는 것은 매우 좋지 못한 경험이다. 한편, 시장을 제대로 예측하고도 돈을 잃는 일은 가장 좌절스럽고 무기력한 선물거래의 한 단면일 것이다. 성격상 시점선택이 순전히 기술적이라는 것은 두말할 필요도 없다. 왜냐하면 기본적 분석은 하루 단위로는 거의 변하지 않기 때문이다.

시장평균과 지표에 대한 의존성의 감소

주식시장 분석은 다우존스 공업평균(Dow Jones Industrial Average)이나 S&P 500과 같은 큰 시장평균의 움직임에 많이 의존한다. 이와 더불어 큰 시장의 강세 또는 약세를 측정하는 기술적 지표—예를 들면, NYSE 등락주선(ADL), 신고점·신저점 목록—도 비중 있게 이용된다. 한편, 상품선물 연구국 선물가격지수(Commodity Research Bureau Futures Price Index) 같은 방법을 이용함으로써 상품선물시장을 추적할 수 있지만, 이런 큰 시장접근법은 덜 중요시된다.

상품선물시장 분석은 개별적 시장움직임을 보다 더 중시한다. 그렇기 때문에 여러 상품선물시장의 추세를 측정하는 기술적 지표들은 많이 이용되지 않는다. 활동적인 상품선물시장의 수가 20여 개에 지나지 않으므로 큰 수요는 없다.

구체적인 기술적 도구

원래 주식시장에서 개발된 기술적 분석도구의 대부분은 상품선물시장에도 적용되지만 똑같은 방법으로는 이용되지 않는다. 예를 들면, 선물차트의 패턴은 종종 주식시장에서처럼 완전한 형태를 갖추지 못한다. 선물거래자들은 보다 정확한 거래신호를 강조하는 단기지표에 보다 많이 의존한다. 이런 차이점들과 그 밖의 다른 사항들에 대해서는 이 책의 뒷부분에서 다루기로 한다.

마지막으로, 선물시장과 주식시장은 또 다른 분야에서 주요한 차이를 드러낸다. 주식시장에서의 기술적 분석은 민감지표의 사용과 자금흐름 분석에 보다 많이 의존하는데, 민감지표는 소액투자자, 뮤추얼 펀드, 그리고 객장 전문거래인 같은 그룹들의 활동을 나타낸다. 일반적으로 '다수의 의견은 틀린다'라는 이론에 따라 전체 시장의 강세 또는 약세를 측정하는 민감지표를 매우 중요시하고 있다. 자금흐름의 분석은 뮤추얼 펀드나 대형 기관투자가 같은 그룹들의 현금상황을 고려한다. 여기서 고려하는 것은 현금이 많으면 많을수록 주식매수를 위해 사용할 수 있는 자금이 많다는 것이다. 선물시장에서의 기술적 분석은 훨씬 순수한 형태의 가격분석이다.

상반된 견해나 이론이 어느 정도 이용되기는 하나 기본적 추세 분석과 전통적 기술지표의 적용을 훨씬 더 중시한다.

기술적 접근법에 대한 비판

일반적으로 기술적 접근에 대한 어떤 논의에 있어서도 몇 가지 의문은 생겨나게 마련이다. 이것 중 하나가 자기실현적 예언이고, 또 다른 하나는 과거의 가격자료를 미래의 가격방향 예측에 실제로 사용할 수 있는가 하는 것이다. 비판적인 사람들은 일반적으로 이렇게 말한다: "차트는 우리에게 현재까지의 시장움직임을 알려준다. 그러나 앞으로 어떻게 될 것인지는 알려주지 못한다." 차트를 읽을 줄 모르면 차트는 아무 것도 알려주지 않을 것이라는 명확한 대답은 일단 보류하겠다. 랜덤워크이론은 가격이 추세를 이루는가 하는 문제를 제기하고, 또 '매수 후 계속 보유'(buy and hold)라는 단순한 전략을 예측기법이 이길 수 있는가 하는 의문을 제기한다. 이러한 질문은 해명할 가치가 있다.

자기실현적 예언

실제 업무에 자기실현적 예언이 존재하는가 하는 의문은 그동안 자주 제기되어온 문제이기 때문에 대부분의 사람들이 신경 쓰는 부분이다. 이것은 분명 있을 법한 관심사이다. 그러나 대부분의 사람들이 생각하는 것처럼 그렇게 중요하지는 않다. 차트 패턴을 이용한 분석의 단점을 다룬 책의 내용을 인용해본다.

a. 대부분의 차트 패턴은 지난 수년간 널리 알려져 왔다. 많은 거래자들이 이러한 패턴들에 익숙할 뿐 아니라 이러한 패턴들을 종종 이용한다. 따라서 이런 형태의 이용은 '강세' 또는 '약세' 시장패턴에 반응하여 매수 또는 매도의 물결을 일으킴으로써 '자기실현적 예언'을 탄생시킨다.

b. 차트의 패턴은 거의 주관적이다. 지금까지 어떤 연구도 그것들을 수학적으로 계량화하는 데 성공하지 못했다. 그것들은 말그대로 해석자의 마음에 달려있다
(Teweles et al.).

위의 두 비판은 상충된다. 그리고 두 번째 비판은 첫 번째를 사실 무효로 만들어버린다. 차트 패턴이 '완전히 주관적'이고 '해석자의 마음에 달려 있다'고 한다면 자기실현적 예언의 토대가 되는 '모든 사람들이 어떤 패턴을 동시에 같은 것으로 본다'라는 것은 상상하기 어렵다. 차트 분석 비판가들은 서로 모순된 두 개를 동시에 취할 수는 없다. 다른 한편으로, 그들이 차트 분석이 너무나 객관적이고 명백해서 모든 사람들이 동시에 같은 방법으로 행동한다(그래서 어떤 가격패턴을 발생시키면서)고 비판하면서 동시에 차트분석이 너무 주관적이라고 비판할 수도 없다. 이 문제의 진실은 차트 분석이 매우 주관적이라는 점이다. 차트 분석은 하나의 예술이다('기술'이라는 말이 핵심을 더 잘 표현할 수도 있다). 차트 패턴은 좀처럼 분명하지 않아 심지어 경험 있는 차트 분석가들 마저도 언제나 이 점에 대해서는 동의한다.

차트 분석에는 언제나 의문과 불일치의 요소가 존재한다. 이 책에서 예시하는 바와 같이 기술적 분석에는 종종 서로 일치하지 않는 많은 다른 접근법들이 있다. 비록 대

부분의 기술적 분석가들이 어떤 시장의 예측에 있어 일치한다 하더라도 그들이 동시에 같은 방법으로 시장에 참가하지는 않는다. 어떤 분석가들은 차트상의 신호를 예상하여 초기에 시장에 참가하려 할 것이고, 또 다른 분석가들은 기존의 패턴 또는 지표로부터 '이탈'을 이용하여 매수하려 할 것이다. 또한 어떤 분석가들은 '이탈' 후의 조정(반전)을 기다릴 것이다. 어떤 거래자는 공격적인 반면 어떤 거래자는 보수적이다. 어떤 거래자는 시장에 참가하기 위해 스톱(stop) 주문을 이용하는 반면 또 다른 거래자는 시장가 주문이나 대기 지정가 주문을 선호할 것이다. 어떤 거래자는 데이트레이딩을 하는 반면 또 다른 거래자는 장기거래를 한다. 이처럼 모든 분석가들이 동시에 같은 방법으로 행동할 가능성은 사실 매우 희박하다.

비록 자기실현적 예언이 주요 관심사이기는 해도 성격상 '자가교정'(self-correction)적일 것이다. 달리 말하면, 거래자들은 자신들의 일률적인 거래가 시장에 영향을 미치거나 왜곡하기 전까지는 차트에 많이 의존하려 한다. 거래자들은 이같은 현상이 발생하고 있다고 인식하면 일단 차트 사용을 중단하거나 거래전술을 조정할 것이다. 예를 들면, 그들은 대중보다 앞서 행동을 취하거나, 더 큰 확신을 얻기 위해서 보다 긴 시간을 기다릴 것이다.

따라서 비록 자기실현적 예언은 단기적으로 문제가 되기는 하지만 스스로 교정하려는 경향을 가진다. 상승시장과 하락시장은 수요와 공급의 법칙에 의해서 정당화될 때만 발생하고 유지된다는 사실을 명심해야 한다. 기술적 분석가들이 자신들의 매수력과 매도력만을 행사하여서는 시장의 주요 움직임을 유발하지 못한다. 만약 이것이 가능하다면 기술적 분석가들 모두 단시일 내에 큰 부자가 될 수 있을 것이다.

기술적 분석가들보다도 더욱 염려되는 것은 오히려 컴퓨터화된 기술적 거래시스템의 사용이 선물시장에서 엄청나게 증가했다는 점이다. 이러한 시스템은 특성상 주로 추세에 의존한다. 즉, 주요 추세를 파악, 이를 이용해 거래하도록 프로그램화되어 있다는 것을 의미한다.

선물분야에서 전문적으로 관리되는 돈이 증가함에 따라, 수백만 달러의 뮤추얼 펀드가 많이 생겨남에 따라, 그리고 대부분이 이러한 기술적 시스템을 사용함에 따라 얼마 되지 않는 추세들을 좇아 엄청난 돈의 집중이 이루어지고 있다. 선물시장의 세계가 아직은 작아 이러한 시스템이 단기가격움직임을 왜곡시킬 가능성이 점차 증가하고 있다. 그러나 가격왜곡이 발생한다 하더라도 일반적으로 이것은 단기에 국한되어 시장의 주요 움직임을 일으키지는 않는다.

여기서 다시 한번 언급하지만 기술적 시스템을 사용함으로써 발생하는 돈의 집중 문제조차도 자가 교정적일 것이다. 만약 시스템의 전부가 동시에 같은 거래를 시작한다면 거래자는 시스템의 민감도를 조절하여 거래를 조정하려 할 것이다.

일반적으로 자기실현적 예언은 차트 분석에 대한 비판으로 분류된다. 이것을 일종의 찬사라고 해야 옳을지도 모르지만, 결국 어떤 예측기술이 너무 인기있어 영향을 미치기 시작한다면 이 기술은 상당히 훌륭한 기술이어야만 한다. 우리는 단지 기본적인 분석의 사용과 관련하여 왜 이러한 염려가 좀처럼 제기되지 않는지 추측만 할 수 있을 뿐이다.

미래예측에 과거의 자료를 사용할 수 있는가?

종종 제기되는 또 다른 의문은 미래를 예측하는 데 과거의 가격자료를 이용하는 것이 과연 유용한가 하는 점이다. 일기예보에서 기술적 분석에 이르기까지 알려진 모든 예측방법들은 과거자료에 대한 연구에 의존하고 있기 때문에 기술적 접근법에 대한 비판론자들이 이 문제를 자주 끄집어내는 것은 놀라운 일이 아닐 수 없다. 이런 종류의 자료 외에 또 어떤 다른 자료들을 이용할 수 있겠는가?

통계는 서술적 통계와 귀납적 통계로 구분된다. 서술적 통계는 표준 봉차트상에 나타나 있는 가격자료와 같이 자료를 차트로 나타내는 것을 말한다. 귀납적 통계는 자료로부터 일반화, 예측, 또는 추정하는 것이다. 따라서 가격차트 그 자체는 서술적 통계로 분류되고, 차트상의 가격자료를 분석하는 분석 기술가는 귀납적 통계의 범주에 들어간다. 어느 통계책에 따르면 "사업 또는 경제전망을 예측하는 데 있어 첫 단계는 과거로부터 관찰한 사실들을 수집하는 것"(Freund and Williams)이라고 했다.

차트 분석은 모든 종류의 시계열분석에서 행해지는 것과 정확히 일치하는 과거에 대한 연구를 바탕으로 하는 것으로, 시계열분석의 한 형태이다. 누구나 이용할 수 있는 유일한 자료의 형태는 과거자료이다. 우리는 단지 과거의 경험을 미래에 투사함으로써 미래를 예측할 수 있다. 따라서 기술적 분석에서 미래를 예측하기 위하여 과거의 가격자료를 이용하는 것은 튼튼한 통계적 개념에 근거하고 있는 것으로 보인다.

만약 기술적 예측의 이러한 측면에 대해 심각한 의문을 갖는다면 모든 경제적·기본적 분석을 포함하여 과거자료를 근거로 예측하는 다른 모든 형태의 예측이 유효한가에 대해서도 의문을 가져야만 할 것이다.

랜덤워크이론

학문적 범주에서 정립·개발된 랜덤워크이론에 따르면 가격의 변화는 '연속 독립적'이며, 과거의 가격자료는 미래가격의 향방에 신뢰할 만한 지표가 되지 못한다. 이 말은 곧 가격의 움직임은 무작위적이고 무예측적임을 뜻한다. 이 이론은 내재가치를 기준으로 가격이 무작위적으로 등락한다는 효율적 시장 가설에 바탕을 두고 있다. 이것은 또한 시장은 시장을 이기려는 시도와 상반되는 '단순 매수보유' 전략이 최선의 전략임을 말한다. 한편, 어떤 시장에도 어느 정도의 무작위성 혹은 노이즈(noise)가 존재한다는 것에 대해서는 의심의 여지가 없는 반면, 모든 가격움직임이 무작위적이라고 믿는 것은 현실적이지 못하다. 이것은 사용자가 마음먹은 대로 증명할 수 있거나 다른 한편으로는 아무것도 부정할 수 없는 것처럼 보이는 복잡한 통계적 기법보다는 경험적 관찰과 실제경험이 더욱 가치 있는 것으로 증명되는 그런 분야의 하나일 것이다. 무작위성은 가격움직임의 체계적 패턴을 밝혀낼 수 없는 무능력의 부정적인 의미로만 정의될 수 있다는 것을 상기할 필요가 있다.

많은 학자들이 이러한 패턴의 존재를 증명할 수 없었다는 사실이 이러한 패턴이 존재하지 않는다는 것을 증명하지는 않는다. 학자들은 시장추세가 현저히 나타나는 현 상황에서 거래를 해야 하는 보통의 시장분석가나 거래자에게 시장추세가 얼마나 큰 관심의 대상이 되는지에 대해 논쟁한다.

만약 이 점에 의문을 갖는다면 어떤 차트북(무작위로 선택된 책)이든 대강 한 번만 훑어 보아도 매우 눈에 띄게 추세가 존재함을 볼 수 있을 것이다. 어제 또는 지난주에 일어났던 일들이 오늘 또는 내일 일어날 일들에 영향을 주지 않고 가격이 연속해서 독립적으로 움직인다면 어떻게 이러한 추세의 지속을 '랜덤워크이론'으로 설명하겠는가? 또한, 추세에 의존하는 많은 시스템들이 이윤을 남기는 '실제' 기록들을 어떻게 설명할 것인가? 예를 들면, 매매시점 선택이 결정적인 상품선물시장에서 매수하여 보유한다는 전략이 어떻게 타당할 수 있겠는가? 하락시장에서 매수한 포지션에 있는 사람이 자신의 포지션을 어떻게 계속 유지하려 하겠는가? 가격의 예측이 불가능하고 추세가 존재하지 않는다면 거래자가 어떻게 상승시장과 하락시장을 구별할 수 있겠는가? 사실, 하락시장 자체가 추세의 의미를 내포하고 있는데 어떻게 애초에 하락시장이라는 말이 존재할 수 있었겠는가?(그림 1-3 참조)

통계적 증거가 랜덤워크이론을 완전히 증명할지 반증할지는 의문스럽다. 그러나 시장이 완전히 무작위적이라는 생각은 분석가들에 의해 거부되었다. 만약 시장이 정말로 무작위적이라면 어떠한 예측기법도 통하지 않을 것이다. 효율적 시장 가설은 기술적 접근법의 유용성에 대한 부정보다는 '시장움직임은 모든 것을 반영한다'는 기술적

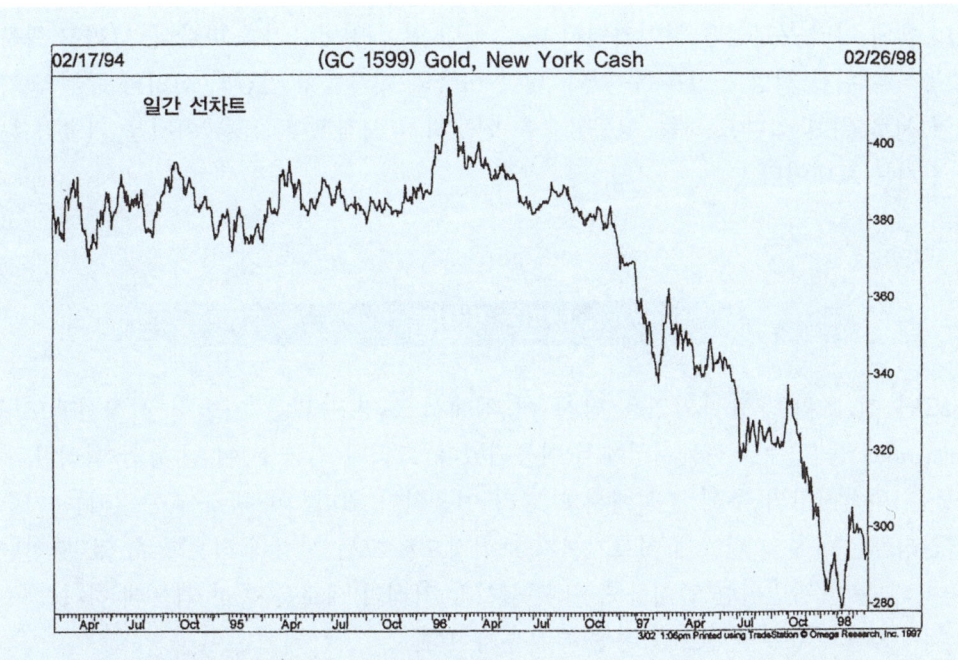

(그림 1-3) '랜덤워크 이론가'는 금 소유자들에게 이 차트상에 실제 추세가 존재하지 않는다는 것을 납득시키기 어려울 것이다.

전제에 매우 가깝다.

　그러나 학자들은 시장이 모든 정보의 가치를 빠르게 반영시키기 때문에 정보를 이용하여 이득을 얻을 수 있는 방법이 없다고 생각한다. 이미 앞에서 보았듯이 중요한 시장정보는 알려지기 이전에 이미 시장가격에 반영된다는 것이 기술적 예측의 토대이다. 심각한 고려 없이 학자들은 가격움직임을 세심하게 감시해야 할 필요성과, 적어도 단기에 기본적 정보를 이용해 이익을 얻으려는 시도의 무가치성을 강력하게 주장했다.

　마지막으로, 어떠한 과정이 전개되는 원리를 이해하지 못하는 사람들에게 어떤 과정의 전개가 무작위적이고 예측 불가능한 것으로 보이는 것은 당연하다. 예를 들면, 비전문가에게는 심전도 차트가 수많은 불규칙적 움직임처럼 느껴진다. 그러나 훈련받은 의사에게는 작은 움직임 하나도 의미가 있으며 분명히 무작위적인 것이 아니다. 시장행동의 원리를 공부하지 않은 사람들에게는 시장이 무작위로 움직이는 것처럼 보일 것이다. 차트 분석기술이 향상됨에 따라 무작위성의 환영은 점차 사라지고 있다.

　이 책의 여러 부분들을 읽어가면서 바로 이런 일이 일어나기를 바란다. 그리고 학문적 목적을 위한 희망도 있을 수 있다. 많은 미국의 대학들이 인간의 심리와 증권의 가격이 서로 얽혀 있다고 하는 행동금융을 연구하기 시작했다. 물론 이것은 기술적 분석의 기본 토대이다.

보편적 원리들

　12년 전 초판이 출판되었을 당시 이 책에서 설명된 많은 기술적 시점선택도구(timing tools)들은 주로 선물시장에서 이용되었다. 그러나 지난 10여 년 동안 이러한 도구들은 주식시장의 추세 분석에서도 널리 이용되어 왔다. 이 책에서 논의되는 기술적 원리들은 뮤추얼 펀드에 이르기까지 보편적으로 모든 시장에 적용할 수 있다. 지난 10여 년 동안 광범위한 인기를 누린 주식시장 거래의 새로운 특징 가운데 하나는 주로 지수옵션과 뮤추얼 펀드를 통한 부문투자이다.

　이 책의 뒷부분에서는 기술적 시점선택도구를 적용함으로써 어떤 부문이 과열되고 그렇지 않은가에 대해 판단하는 방법을 배우게 될 것이다.

제2장

다우 이론

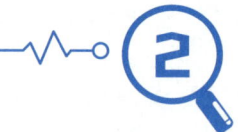

다우이론

서문

1882년 찰스 다우(Charlse Dow)와 그의 파트너 에드워드 존스(Edward Jones)는 다우 존스 앤 컴퍼니(Dow Johns & Company)를 설립하였다. 대부분의 기술적 분석가와 이 시장의 연구자들은 오늘날 기술적 분석이라고 부르는 것들의 많은 부분들이 지난 세기말 다우가 처음으로 제시한 이론에서 비롯되었다는 데 의견을 같이한다. 다우는 그의 이론을 〈월스트리트 저널〉(Wall Street Journal)에 일련의 사설로 발표하였다.

오늘날 대부분의 기술적 분석가들은 본래의 출처를 알든 모르든 다우의 기본 아이디어를 인식, 받아들이고 있다. 오늘날의 복잡한 컴퓨터 기술과 더욱 새롭고 보다 뛰어난 기술적 분석지표의 확장에도 불구하고 다우이론은 여전히 기술적 분석연구의 토대를 이루고 있다.

1884년 7월 3일 다우는 11개 주식(9개의 철도회사와 2개의 제조회사)의 종가로 구성된 주식시장평균을 처음으로 발표하였다. 그리고 이 11개의 주식이 미국의 경기를 나타내는 훌륭한 지표라고 믿었다. 그러나 1897년, 다우는 두 별개의 다른 지표가 경기를 더 잘 나타낼 것이라고 판단, 12주식 공업지수와 20주식 철도지수를 만들었다. 그리고 공업지수는 1928년에 이르러 오늘날과 같이 30주식을 포함한 것으로 성장하였다. 〈월스트리트 저널〉 편집장은 그 이듬해인 1929년 유틸리티 지수(Utility Index)를 추가하고,

여러 차례에 걸쳐 공업지수의 주식목록을 수정한다.

1984년 다우이론 발표 100주년을 기념하여 공업지수에 포함되는 주식수는 30으로 증가하였고(최근 지수 구성 주식 교체에 따른-역자 註), 다우의 업적을 기념하기 위해 시장기술가협회(Market Technicians Association: MTA)는 다우존스 앤 컴퍼니에 고어햄 은접시(Gorham silver bowel)를 수여하였다. MTA에 따르면, 이 상은 "찰스 다우가 투자 분석 분야에 기여한 공로로 주어진 것이다. 주식시장 움직임의 선도지표의 전형으로 간주되는 그의 지수는 그가 죽은 지 80년이 지난 지금에도 시장 분석가들에게 필수적인 도구로 남아 있다"고 인정하고 있다.

그러나 안타깝게도 다우는 그의 이론을 정리한 한 권의 책도 저술하지 않았다. 대신, 주식시장 움직임에 대한 그의 생각을 정리하여 19세기 말 〈월스트리트 저널〉의 사설에 시리즈로 기고하였다. 그리고 그가 죽은 이듬해인 1903년, 넬슨(S.A. nelson)이 이 내용들을 묶어 『주식투자의 기본』(The ABC of stock Speculation)이라는 제목으로 책을 만들었다. 이 책에서 넬슨이 처음으로 '다우이론'이라는 용어를 사용한다.

리처드 러셀(Richard Russel)은 1978년판의 서문에 주식시장이론에 대한 다우의 기여를 심리학에 대한 프로이트의 공헌에 비유하였다. 1922년 윌리엄 피터 해밀턴(William Peter Hamilton: 〈월스트리트 저널〉의 편집국장)이 『주식시장지표』(The Stock Market Barometer)라는 책에서 다우의 원리를 분류하여 발표하였다. 로버트 레아(Robert Rhea)는 1932년 출판한 『다우이론』(Dow Theory: New York : Barron's)에서 이론을 더욱 발전시켰다. 다우는 자신의 이론을 자신이 만들었던 주식시장평균(이름하여 공업과 철도 주식시장평균)에 적용하였다. 그의 분석적 이론의 대부분은 모든 시장평균에 잘 적용된다.

이 장에서는 다우이론의 여섯 가지 기본원리를 설명하고, 어떻게 이런 사고가 현대 기술적 분석의 연구에 들어맞는지를 다루고자 한다. 그리고 이러한 원리들에 대한 보다 심도 있는 분석은 뒷장에서 다루도록 하겠다.

기본원리

1. 평균값은 모든 것을 반영한다

주식시장의 총거래금액과 거래경향은 미래시장 분석에 적용되는 직전 과거와 먼 과거에 대한 월스트리트 지식 총량을 나타낸다. 통계적 분석가들처럼 상품선물 가격 지수 숫자의 정교한 편집, 은행간 청산, 거래소의 가격등락, 국내와 국외 거래량 등을 이 평균지수에 추가할 필요는 없다. 월스트리트(증권시장)는 이들 모두를 고려한다.

시장이 전체 수요와 공급에 영향을 미치는 모든 가능한 지식적 요인들을 반영한다는 생각은 제1장에서 언급한 대로 기술적 이론의 기본전제 중 하나이다. 이 이론은 개별적 시장은 물론 시장평균에도 적용된다. 그리고 심지어는 '불가항력적인 현상'(acts of god)도 고려한다. 물론 시장이 지진이나 기타 자연재해 같은 일을 예측하지는 못하지만 재빨리 이러한 현상을 고려하여 거의 즉각적으로 이러한 영향을 가격움직임에 반영하는 것이다.

2. 시장은 세 개의 추세를 가진다

추세동향을 다루기에 앞서 다우가 무엇을 추세로 간주하였는가 하는 것을 분명히 해야 한다. 다우는 각각의 연속적인 상승고점이 직전 고점보다 높은 곳에서 끝날 때, 그리고 각각의 연속적인 상승저점이 직전의 저점보다 높은 곳에서 끝날 때를 상승추세로 정의하였다. 달리 말하면 상승추세는 상승하는 꼭대기들과 골짜기들을 가지고, 하락추세는 연속적으로 하락하는 꼭대기들과 골짜기들을 갖는다. 다우의 정의는 시간의 검증을 거쳤으며, 여전히 추세 분석의 토대를 이루고 있다.

다우는 작용·반작용 법칙이 물리적 세계에 적용되는 것과 같이 시장에도 적용된다고 믿었다. 그는 "거래기록에 따르면, 대부분의 경우 어떤 주식이 고점에 이르면 얼마간 하락했다가 다시 최고점 가까이 상승한다. 만약 이런 가격움직임이 있은 후 가격이 다시 하락하면 얼마간 계속 하락할 가능성이 높다"라고 쓰고 있다.

다우는 추세를 각각 바다의 조수(潮水), 파도, 그리고 잔물결에 비유되는 주추세, 중추세, 그리고 소추세의 세 부분으로 이루어져 있다고 생각하였다. 주추세는 조수를 나타내고, 중추세 혹은 중간추세는 조수를 이루는 파도, 소추세는 파도에 생기는 잔물결과 같이 움직인다. 우리는 연속적인 파도가 해변에 이르는 가장 높은 점을 보고 조수의 방향을 알 수 있다. 각각의 연속적인 파도가 직전의 파도보다 육지로 더 많이 들어오면 이 조수는 밀물이고, 각각의 연속적인 파도가 미치는 높이가 낮아지면 썰물이 시작되었음을 알게 된다. 몇 시간 동안 머무는 바다 조수와는 달리 시장의 조수는 1년 이상 혹은 몇 년 동안 계속된다고 다우는 생각하였다.

중추세 혹은 중간추세는 주추세를 교정하는 단계로 보통 3주~3개월간 지속된다. 중간적인 교정은 일반적으로 직전 주추세 움직임의 1/3~2/3 정도까지 하락하는데, 대부분의 경우는 종종 직전 추세의 50% 정도까지 하락한다. 다우에 따르면 소(또는 단기)추세는 일반적으로 3주 미만 동안 지속되며, 중추세에서의 가격등락을 나타낸다.

3. 주추세는 3단계로 이루어져 있다

다우는 3단계(축적단계, 대중참가단계, 분배단계)로 뚜렷하게 진행되는 주추세에 주목하였다. 축적단계는 가장 통찰력 있는 투자자가 정보를 근거로 매수하는 것을 나타낸다. 직전 추세가 하향 추세였다면 이쯤에서 날카로운 투자가는 시장이 소위 말하는 '나쁜' 뉴스(악재)를 모두 반영했다고 인식한다. 기술적 추세에 의존하는 대부분의 사람들이 참가하는 대중참가단계는 가격이 빠르게 상승하고 사업적으로 좋은 뉴스가 퍼질 때 시작된다. 그리고 세 번째 단계는 신문들이 상승시장 이야기를 점점 많이 다루기 시작할 때, 경제뉴스가 가장 호의적일 때, 투기적 거래와 대중의 참가가 증가할 때 시작된다. 이 마지막 단계에서 하락시장의 바닥(다른 어떤 사람들도 매수하러 들지 않을 때) 부근에서 축적 되기(모여들기) 시작했던 정보를 가진 투자가들이 다른 사람들이 팔아 치우기에 앞서 '분배'(팔아 치운다)를 시작한다. 엘리엇의 파동이론을 연구하는 사람들이라면 주요 상승시장의 주추세가 뚜렷한 3단계로 나뉘는 것을 알 것이다. 엘리엇은 상승시장에서 세 개의 주요 상승 움직임을 인식하기 위해 다우이론에 대한 레아(Rhea)의 연구를 더욱 정교하게 다듬었다. 제13장 '엘리엇의 파동이론'에서 강세장에서의 다우의 3단계와 엘리엇의 연속 5파동이 유사함을 보게 될 것이다.

4. 평균지수들은 반드시 서로를 확인한다

다우는 공업과 철도 평균지수의 예를 들면서 두 평균지수 모두가 같은 신호를 나타내고 서로 확인하기까지는 중요한 상승 또는 하락시장의 신호가 발생할 수 없다고 하였다.

그는 상승시장의 시작 또는 지속을 확인하기 위해서는 두 평균 모두 직전의 제2고점을 반드시 돌파해야만 한다고 생각했다. 그는 신호들이 반드시 동시에 발생한다고 믿지 않았지만 두 신호들 간의 시간간격이 짧으면 짧을수록 두 신호들은 더욱 강한 확인을 나타냄을 인식하였다. 그리고 이 두 평균들이 엇갈리는 경우 직전 추세가 여전히 유지되고 있는 것으로 가정하였다(엘리엇의 파동이론에서는 하나의 평균에서만 신호가 나타나면 된다). 제6장 '지속형'에서 확인과 이탈의 핵심개념을 다루도록 한다(그림 2-1과 2-2).

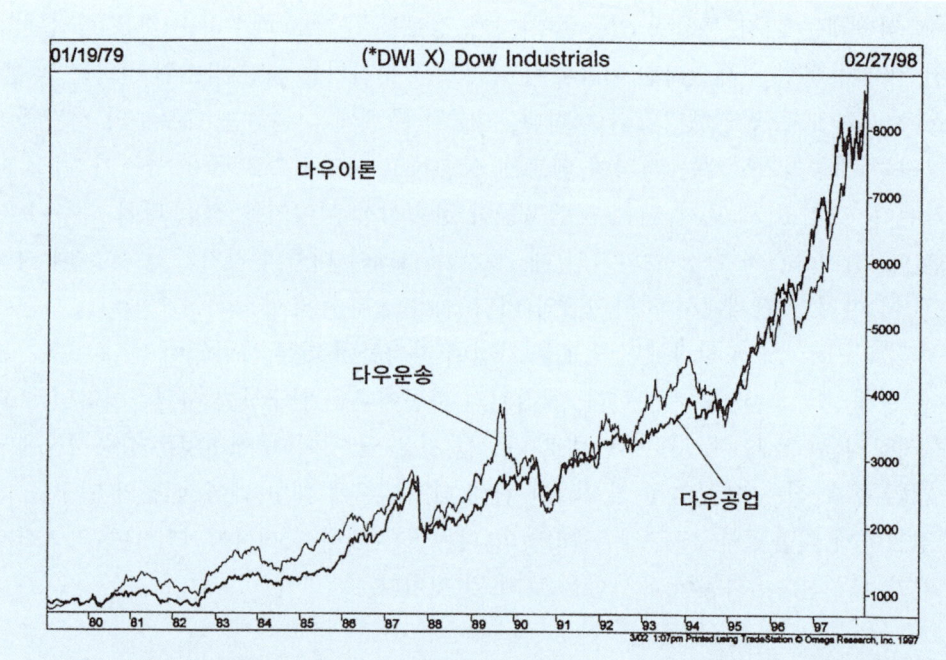

(그림 2-1) 장기적 관점에서 바라본, 실제 적용된 다우이론. 주요 상승추세가 지속되기 위해서는 다우공업지수와 다우운송지수가 반드시 같이 상승해야 한다.

5. 추세는 반드시 거래량으로 확인해야 한다

다우는 거래량을 가격신호 확인에 있어 2차적인, 그러나 중요한 요인으로 인식하였다. 이 원리를 단순하게 표현하면, 거래량은 반드시 주추세와 같은 방향으로 팽창 또는 증가한다. 상승추세에서는 가격이 상승함에 따라 거래량은 증가하고 가격이 하락함에 따라 거래량은 감소한다. 하락추세에서는 가격이 하락함에 따라 거래량은 증가하고 가격이 상승함에 따라 거래량은 감소해야만 한다. 다우는 거래량을 2차적 지표로 간주하였다. 전적으로 그의 매수·매도 신호는 종가에 근거하였다.

제7장 '거래량과 미결제약정'에서는 거래량에 대해 다루면서 다우의 생각을 정리하였다. 오늘날의 복잡한 거래량지표는 거래량의 증감을 판단하는 데 도움을 준다. 재치있는 거래자는 이 정보를 가격움직임과 비교하여 이 둘이 서로 확인하는지를 알아본다.

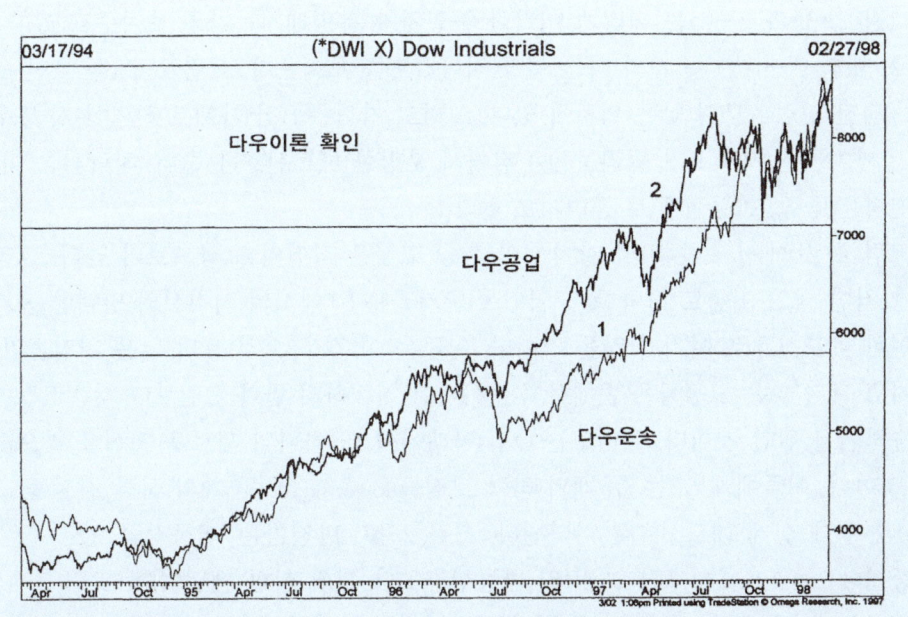

(그림 2-2) 두 다우이론 확인의 예. 1997년(점 1) 초 다우운송평균은 공업평균 직전 추세의 돌파를 확인하였다. 뒤이은 5월(점 2)에 다우공업평균은 운송평균의 직전 신고점을 확인하였다.

6. 어떤 추세가 반전했다는 명확한 신호를 보이기까지는 그 추세가 유효한 것으로 가정한다

제1장에서 다룬 이러한 원리는 오늘날 추세의존접근의 토대를 이루고 있다. 이것은 물리적 법칙을 시장움직임에 적용한 것이다. 즉, 어떤 방향으로 움직이고 있는 물체는 운동방향을 바꾸기 위해 외부로부터 힘을 가하지 않는 한 계속 같은 방향으로 움직이려는 경향이 있다. 거래자는 반전신호를 알아내는 어려운 작업에 도움이 되는 지지선과 저항선, 가격패턴, 추세선, 이동평균을 포함하는 많은 기술적 도구들을 이용할 수 있다. 어떤 지표는 모멘텀 약화의 초기 신호를 나타내기도 한다. 이런 모든 것들에도 불구하고 일반적으로 추세가 계속될 확률은 높다.

이 문제에서 다우이론가나 추세의존자에게 가장 어려운 것은, 기존 추세에 나타나는 정상적인 2차 조정과 반대방향으로 나타나는 새 추세의 첫 파동을 구별하는 것이다. 종종 시장이 언제 실제 반전신호를 나타내는가에 대한 다우 이론가들의 견해는 일치하지 않는다.

그림 2-3a와 2-3b는 어떻게 이러한 불일치가 분명해지는가를 보여주고 있다. 그림 2-3a와 2-3b는 두 개의 다른 시장 시나리오를 보여준다. 그림 2-3a를 보면 고점 C는 직전 고점 A보다 낮은 위치에 있다. 그리고 가격은 B점 아래로 하락한다. 봉우리와 골짜기들은 저점 B가 뚫리는(점S) 점에서 분명한 매도신호를 준다. 하락하는 이 두 반전형은 종종 '반등실패'로 불리기도 한다.

그림 2-3b에서 보는 바와 같이 C의 상승 고점은 직전의 고점 A보다 높다. 그리고는 가격이 점 B 이하로 하락한다. 어떤 이론가들은 S1에서의 지지선의 명백한 붕괴를 당연한 매도신호로 여기지 않을 것이다. 이들은 이 경우 오직 보다 낮은 저점들만 존재하고 보다 낮은 고점들은 존재하지 않는다고 지적하려 한다. C점보다 낮은 E점까지 상승하기를 원할 것이다. 그리고는 D점 아래에서 또 하나의 새로운 저점을 찾으려고 할 것이다. 이들에게 S2는 두 개의 하락 고점들(lower high), 두 개의 하락 저점들(lower low)과 함께 실제 매도신호를 나타낸다. 그림 2-3b 반전형은 '반등성공'으로 불린다. 반등실패(그림 2-3a)는 그림 2-3b의 반등성공보다 훨씬 약한 패턴이다. 그림 2-4a와 2-4b는 이와 똑같은 시나리오를 시장 최저점에서 보여준다.

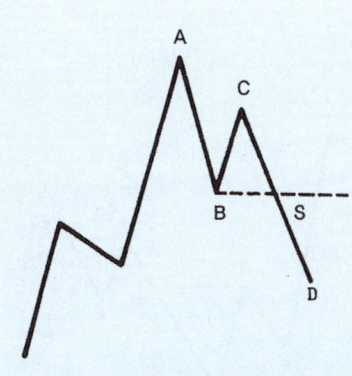

(그림 2-3a) 반등실패. 저점 B의 돌파에 앞서 고점 C가 직전 고점 A를 돌파하지 못하였으므로 S에서 '매도' 신호를 준다.

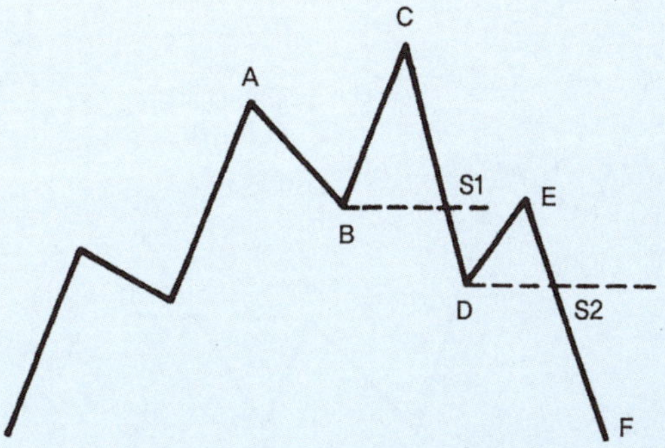

(그림 2-3b) 반등성공. C는 B 아래로 떨어지기에 앞서 고점 A를 능가하였다. 다우이론가들은 S1에서 '매도' 신호를 보는 반면, 다른 이들은 S2 이하로 떨어지기에 앞서 E에서 보다 낮은 고점을 확인해야만 한다.

종가의 사용과 추세선의 존재

다우는 전적으로 종가에 의존하였다. 그는 평균이 중요성을 지니기 위해서는 직전 고점보다 높은 곳에서, 또는 직전 저점보다 낮은 곳에서 끝나야 한다고 믿었으며, 일중돌파는 유효하지 않다고 생각하였다.

거래자들이 평균지수에 있어 선들을 지칭할 때 그것은 차트상에 종종 나타나는 수평적인 패턴을 말한다. 이러한 횡측 방향 거래범위는 일반적으로 조정단계 역할을 하며 강화(consolidations)형으로 불린다. 현대적 용어로 측 방향패턴을 '사각형'(rectangles)으로 부를 수도 있다.

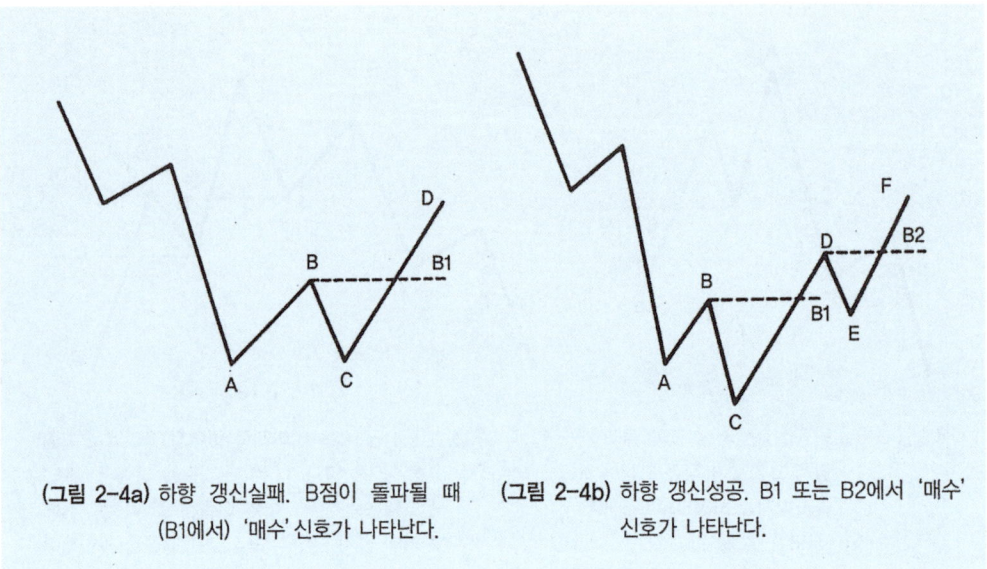

(그림 2-4a) 하향 갱신실패. B점이 돌파될 때 (B1에서) '매수' 신호가 나타난다.

(그림 2-4b) 하향 갱신성공. B1 또는 B2에서 '매수' 신호가 나타난다.

다우이론에 대한 비판

다우이론은 지난 몇 년간 주요 상승시장과 하락시장을 밝혀내는 데 대단한 공헌을 했지만 비판을 면할 수는 없었다. 평균적으로 다우이론은 어떤 신호를 나타내기에 앞서 움직임의 20~25%를 놓친다. 많은 거래자들은 이를 너무 늦다고 생각한다. 일반적으로 다우이론의 매수신호는 가격이 직전의 중간 고점을 돌파하는, 상승추세의 두 번째 단계에서 발생한다. 이것은 또한 우연하게도 추세의존 기술시스템이 진행되는 추세를 알아내어 참가하기 시작하는 대략적인 시점이 된다. 이러한 비판에 대해 거래자들이 반드시 명심해야 할 것은, 다우는 전혀 추세 예측을 시도하지 않았다는 것이다. 다만 그는 주요 상승·하락시장의 출현을 인식하고 중요한 시장움직임의 커다란 중간부분을 포착하려고 하였다.

기록에 따르면, 다우이론은 이러한 기능을 잘 소화해내었다. 1920년부터 1925년까지 공업·운송 평균움직임의 68%, 그리고 S&P 500 종합지수 움직임의 67%를 맞췄다(출처 : Barron's). 다우이론이 실제 시장의 저점과 고점을 맞추는 데 실패했다고 비판하는 사람은 추세의존 철학의 기본을 이해하지 못하고 있다고 할 수 있다.

경기지표로서의 주식

다우는 결코 주식시장의 방향을 예측하기 위해 자신의 이론을 이용하려 하지 않았다. 그는 이것의 참된 가치는 전반적인 경기상황을 읽을 수 있는 지표로서 주식시장의 방향을 이용하는 것이라고 생각했다. 우리는 단지 다우의 비전과 천재성에 놀랄 뿐이다. 그는 오늘날의 가격예측 방법론의 아주 많은 부분을 정리한 것 외에 선행 경기지표로서 주식시장평균의 유용성을 처음으로 인식한 사람 가운데 한 사람이었다.

선물거래에 적용된 다우이론

다우의 연구는 주식평균의 움직임을 고려하였다. 본래 연구의 대부분이 상품선물에 적용되었지만 주식과 선물거래 사이에는 중요한 차이점이 있다. 한 가지 예를 들면, 다우는 대부분의 투자가들은 단지 주추세에만 의존하고 중간 조정은 단지 시점 선택의 목적으로만 이용하려 한다고 가정하였다. 또한 소 혹은 단기추세는 중요하지 않다고 생각하였는데, 이것은 분명히 추세에 의존하는 대부분의 거래자들이 주추세 대신 중추세에 의존하여 거래하는 선물거래에 있어서는 그렇지가 않다.

이러한 거래자들은 매매시점 선택을 위해 작은 움직임들에 아주 많은 주의를 기울여야 한다. 만약 어떤 선물거래자가 약 두 달 정도 상승 중추세가 지속될 것으로 기대했다면, 그는 매수신호로서 일시적 하락을 포착하려 했을 것이다. 반대로 하락 중추세의 경우 그 거래자는 매도신호로서 작은 일시적 반등을 이용하려 했을 것이다. 따라서 상당히 중요하다.

> ### 다우 평균거래의 새로운 방법
>
> 다우존스 공업평균(Dow Jones Industrial Average)은 처음 100년 동안 단지 시장의 지표로서만 이용될 수 있었다. 그러나 1997년 10월 6일, 처음으로 다우평균지수를 대상으로 한 선물과 옵션거래가 시작되었을 때 이 모든 것들은 바뀌었다.
>
> 시카고 상품선물거래소(Chicago Board of Trade)가 다우존스 공업평균에 대해 선물거래를 시작했고, 시카고 옵션거래소(Chicago Board Option Exchange)에서는 다우지수(기호: DJX)에 대한 옵션거래가 시작되었다.
>
> 또한 다우존스 운송평균(Dow Johns Transportation Average : DJTA)과 다우존스 유틸리티 지수(Dow Johns Utility Idex : DJUA)에 대한 옵션거래도 시작되었다. 1998년 1월 아메리칸 증권거래소(American Stock Exchange)는 다우공업30평균을 모방한 분야별 투자신탁기금인 다이아몬드 신탁기금(Diamonds Trust)의 거래를 시작하였다. 또한 두 뮤추얼 펀드도 다우30표준에 근거하여 거래되었다. 다우가 이것을 만든 지 1세기 후에야 다우평균 지수 거래가 가능할 수 있었고, 실제로 다우이론이 적용된 것이다.

결론

이 장에서는 다우이론의 보다 중요한 측면을 비교적 간단히 살펴보았다. 다우이론에 대한 올바른 이해와 평가는 기술적 분석의 연구를 위한 튼튼한 토대를 마련해준다. 이 뒷장에서 다루어질 많은 부분들은 다우의 원래 이론에서 응용된 것들이다. 추세에 대한 표준 정의, 추세의 세 종류와 세 국면, 확인과 이탈의 원리, 거래량의 해석, 그리고 반전율의 사용 등은 모두 어떤 형태로든 다우이론에서 비롯되었다.

이 장에서 이미 언급한 자료에 덧붙여 에드워드와 메기의 『주식 추세 분석』(Technical Analysis of Stock Trends)에서 다우이론의 원리에 대한 뛰어난 고찰을 발견할 수 있을 것이다.

제3장

차트 작성

3

차트 작성

서문

이 장은 주로 봉차트 작성에 친숙하지 않은 사람들을 위해 쓰였다. 먼저 여러 형태의 차트에 대해 살펴본 후, 가장 많이 사용하고 있는 일봉차트를 집중적으로 다루도록 하겠다. 그리고 어떻게 가격정보를 읽으며, 또 어떻게 차트로 나타낼 것인가에 대해서도 다룰 것이다.

거래량과 미결제약정 또한 가격과 함께 포함하였다. 그리고 보다 장기간의 주봉과 월봉차트를 비롯해 다른 여러 종류의 변형된 봉차트들도 살펴볼 것이다. 그런 후에 다음 장에서는 차트에 적용되는 분석도구들을 살펴보도록 한다.

차트에 이미 친숙해 있는 독자들은 이 장이 너무 기본적인 내용이라고 생각할 수도 있다. 따라서 바로 다음 장으로 건너뛰는 것은 독자의 판단에 맡긴다.

이용 가능한 차트 형태

일봉차트는 기술적 분석에서 가장 널리 사용하는 차트로 알려져 있다. 그러나 분석가들은 선차트, 점도형차트, 그리고 최근 들어 양초차트와 같은 다른 종류의 차트를

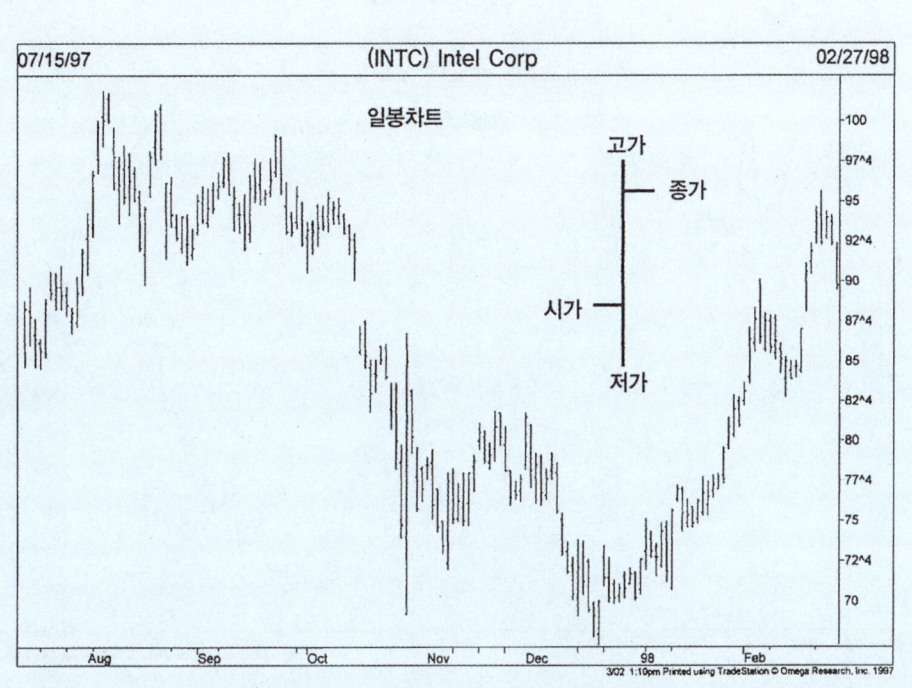

(그림 3-1) 인텔사의 일봉차트. 각각의 수직막대는 하룻동안의 가격동향을 나타낸다.

이용하기도 한다. 그림 3-1은 표준적인 일봉차트이다.

  이것을 봉차트로 부르는 이유는 매일의 가격변동범위가 수직막대(봉)로 표시되기 때문이다. 봉차트는 시가, 고가, 저가, 그리고 종가를 나타낸다. 수직막대의 오른쪽에 있는 작은 막대가 종가이다. 그리고 수직막대의 왼쪽에 있는 작은 막대는 시가를 나타낸다.

  그림 3-2는 그림 3-1과 같은 시장이 선차트에서는 어떻게 나타나는가를 보여준다. 선차트에는 매일매일의 종가만 연속적으로 표시된다.

  많은 차트 분석가들은 종가가 거래일 중 가장 중요하기 때문에 선(또는 종가만의)차트가 가격움직임 측정에 보다 정확한 수단이라고 믿고 있다.

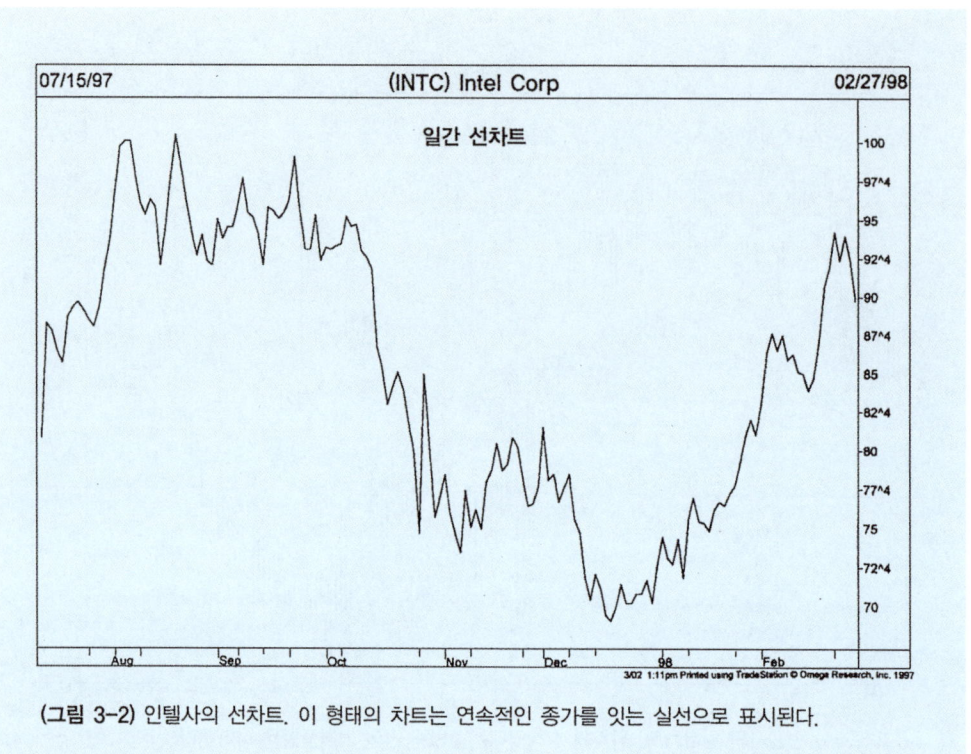

(그림 3-2) 인텔사의 선차트. 이 형태의 차트는 연속적인 종가를 잇는 실선으로 표시된다.

그림 3-3은 세 번째 형태의 차트인 점도형(P&F)차트로, 같은 가격움직임을 보다 압축된 형식으로 나타낸다. 여기서 X열과 O열이 교대로 나타나는 것을 볼 수 있다. X열은 가격상승을 나타내고, O열은 가격하락을 나타낸다. 봉차트에서보다 점도형차트에서 매수·매도 신호를 더 정확하게 그리고 쉽게 포착할 수 있다. 또한 이 형태의 차트는 다른 것에 비해 훨씬 더 큰 유연성을 가진다.

양초차트

양초차트는 일본식 봉차트이며 최근에 많은 서구 분석가들의 인기를 끌고 있다.

승한 경우일지라도 모두 같다.

하지만 비율이나 로그척도의 경우, 변화율 단위로 가격 간격이 표시된다. 즉 변화율과 가격 간격이 비례한다. 예를 들면, 로그로 표시된 차트에서 10에서 20까지(100% 증가)의 증가는 20에서 40 또는 40에서 80까지의 증가와 같은 거리로 표시될 것이다. 주식시장의 많은 차트 서비스 업체들은 로그차트를 사용하고 있는 반면 선물차트 서비스업체는 산술차트를 사용한다.

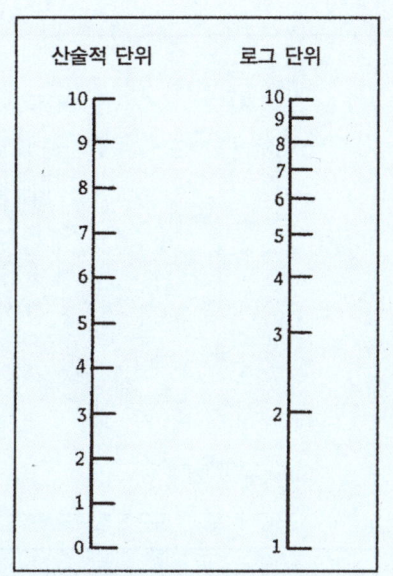

(그림 3-5)
산술적 단위와 로그 단위의 비교. 왼쪽 차트의 단위는 같은 간격으로 되어 있다. 오른쪽의 로그 단위는 비율의 변화를 보여준다.

일봉차트 작성

산술적 일봉차트의 작성은 아주 간단하다. 일봉차트는 가격차트인 동시에 시간차트이다. 수직축(Y축)은 약정가격의 크기를 나타내고, 수평축(X축)은 시간의 경과를, 날짜들은 차트의 하단에 나타난다. 이용자는 적당한 날의 고가와 저가(변동범위로 불림)를 수직막대로 연결하기만 하면 된다. 그리고 하루의 종가를 나타내는 작은 수평막대(TIC)를 수직축의 오른쪽에 표시한다(그림 3-7 참조). 수직막대의 오른쪽에 종가막대(TIC)를 표시하는 것은 왼쪽에 표시하는 시가와 구별하기 위해서이다. 일단 하루의 거래가 차트에 표시되면 오른쪽으로 하루 옮겨 그 다음날의 것을 표시한다. 대부분의 차트 서비스업자들은 5일을 일주일로 여긴다. 주말은 차트에 나타나지 않는다. 일주일 중 거래소가 쉬는 날은 빈 칸으로 남는다. 차트의 하단에 있는 막대들은 거래량을 나타낸다(그림 3-7 참조).

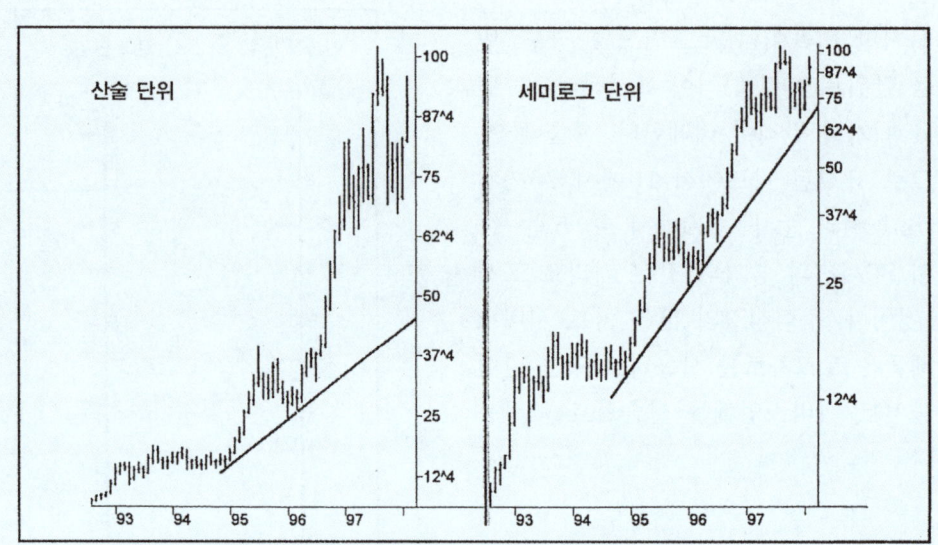

(그림 3-6) 다른 두 가격단위를 사용한 인텔사의 장기차트. 왼쪽 차트는 전통적인 산술적 단위를 나타내고, 오른쪽 차트는 로그 단위를 보여준다. 3년간의 상승추세선은 로그차트에서 보다 잘 표현된다.

거래량

봉차트에 반드시 포함해야 할 또 다른 중요한 정보는 거래량이다. 거래량은 어떤 날 어떤 시장에서 발생하는 거래의 총량을 나타낸다. 이것은 그날 거래된 선물계약의 총수 또는 주식시장에서 어느 하룻동안 거래되는 주식의 총수이다. 거래량은 그날의 가격막대 아래, 차트의 하단에 수직막대로 표시한다.

가격막대가 길수록 그날의 거래량이 많음을 알 수 있다. 작은 막대는 적은 거래량을 의미한다. 그림 3-7에서 보는 바와 같이 자료를 용이하게 표시할 수 있도록 차트의 하단에 수직으로 단위가 매겨져 있다.

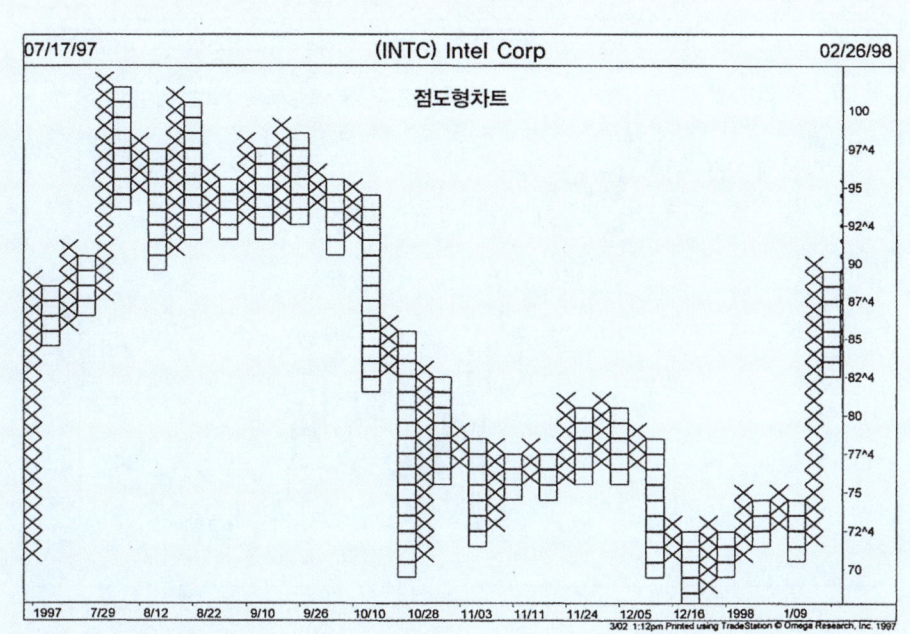

(그림 3-3) 인텔사의 점도형차트. X열과 O열이 교대로 나타나고 있다. X열은 가격상승을, O열은 가격하락을 나타낸다. 이 형태의 차트상에서 매수·매도 신호가 보다 정확하다.

일본식 양초차트는 전통적인 봉차트와 같이 시가, 종가, 고가, 그리고 저가를 기록하지만 모양은 다르다. 양초차트의 가는 실선(그림자로 불림)은 고가에서 저가의 하루 동안의 가격변동범위를 나타낸다. 넓은 막대 부분(본체로 불림)은 시가와 종가의 차이를 나타낸다. 종가가 시가보다 높을 경우 본체는 희게(양) 표시되고, 반대로 낮을 경우 본체는 검게(음) 표시된다(그림 3-4 참조).

양초차트의 핵심은 시가와 종가의 관계이다. 서양 분석가들은 양초차트의 인기상승 때문에 봉차트상의 시가에 보다 많은 주의를 기울인다. 봉차트에서 할 수 있는 모든 것을 양초차트에서도 할 수 있다. 달리 말하면, 봉차트에 대해 여기서 보여줄 모든 기술적 도구들과 지표들을 양초차트에도 이용할 수 있다.

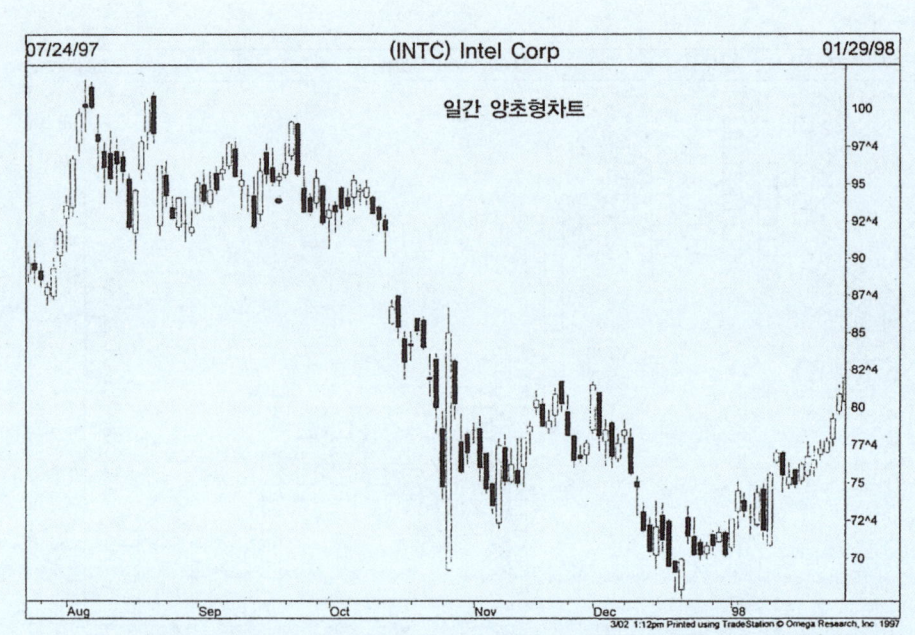

(그림 3-4) 인텔사의 양초형차트. 양초의 색깔은 시가와 종가의 관계에 의해 결정된다. 흰색은 종가가 시가보다 높은 경우인 반면 검은색은 종가가 시가보다 낮은 경우이다.

산술적 단위와 로그(logarithmic) 단위

산술적 또는 로그 가격단위를 이용하여 차트를 작성할 수 있다. 어떤 형태의 분석, 특히 장기의 추세 분석을 위해서는 로그 단위를 이용하는 것이 유리하다(그림 3-5와 3-6 참조). 그림 3-5는 두 단위 간의 차이를 보여주고 있다. 산술적 단위에서 수직 가격단위는 각각의 가격변동 단위에 대해 일정한 간격으로 나타난다. 그러나 로그(Log) 단위에서는 가격단위가 증가함에 따라 상승비율이 점차적으로 감소한다. 점 1에서 점 2까지의 거리와 점 5에서 점 10까지의 거리는 두 거리 모두 같은 배수의 가격을 나타내기 때문에 동일하다. 예를 들면, 5에서 10까지의 산술적 거리와 50에서 55까지의 산술적 거리는, 비록 전자는 가격이 두 배로 상승한 경우이고 후자는 가격이 10%만 상

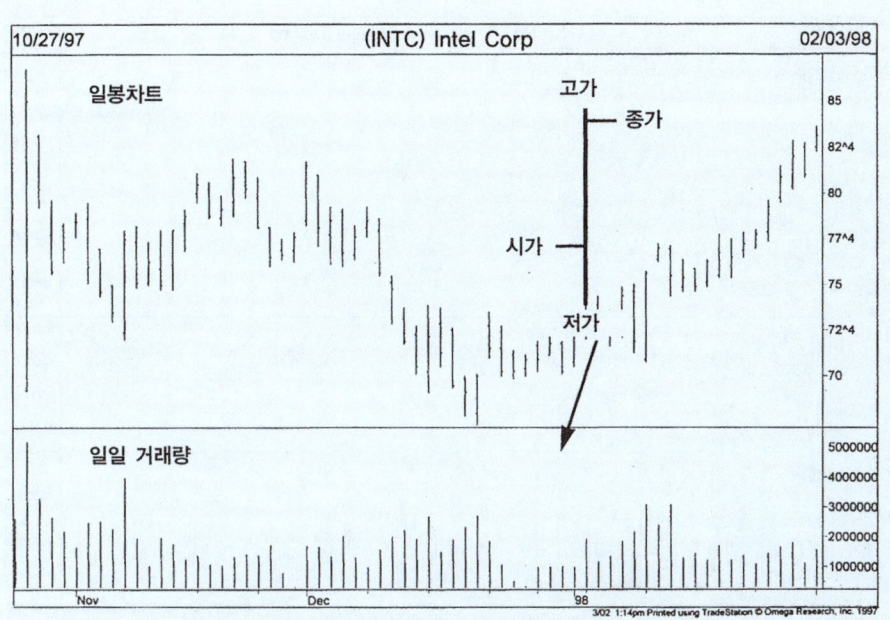

(그림 3-7) 인텔사 일봉차트의 확대. 각각의 막대는 그날의 가격범위를 나타낸다. 시가는 막대의 왼쪽에, 종가는 오른쪽에 작은 막대로 나타나 있다. 차트의 하단에 있는 막대들은 그날의 거래량을 나타낸다.

선물의 미결제약정

미결제약정수량은 어떤 거래일의 마감 시 시장 참가자가 보유하고 있는 미 청산된 계약의 총수를 말한다. 미결제약정수량은 미 청산된 매도 또는 매수 포지션 중 한쪽의 총수를 말하는 것이지 두 포지션의 합계는 아니다. 지금은 선물계약을 다루고 있기 때문에 모든 매수포지션에는 반드시 그에 해당하는 매도포지션이 있어야 함을 명심하자. 따라서 한쪽 포지션의 총수만 알면 된다. 미결제약정은 일반적으로 거래량의 위, 가격의 아래에 바닥을 따라 실선으로 표시된다(그림 3-8 참조).

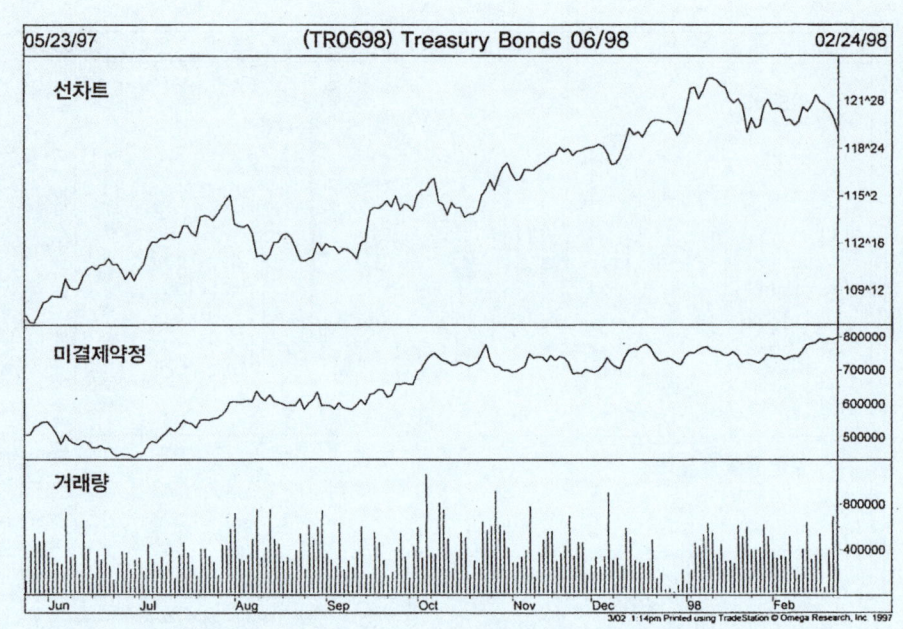

(그림 3-8) 미 T-Bonds 선물계약의 일간 선차트. 하단에 있는 수직막대들은 일일 총거래량을 나타낸다. 중간 부분에 걸쳐 있는 실선은 미 T-Bonds 선물의 미결제약정을 나타낸다.

선물시장의 총거래량과 개별 거래량, 그리고 미결제약정수량

선물 분석가들과 마찬가지로 대부분의 선물차트 서비스업자들도 총거래량과 미결제약정수량만 사용한다. 각각의 만기월물에 대한 거래량이 파악되기는 하지만 예측자료로 사용되는 것은 각 상품선물시장의 총거래량이다. 이렇게 하는 데는 그럴 만한 이유가 있다.

만기일까지의 기간이 많이 남은 선물계약의 거래량과 미결제약정수량은 일반적으로 매우 적다. 만기가 가까워짐에 따라 거래량과 미결제약정수량은 증가하나 만기를 약 2개월 남겨두고 다시 감소한다. 분명히 거래자들은 계약의 만기가 도래함에 따라 미결제약정을 청산해야만 한다. 따라서 만기까지의 기간 중 초기 몇 개월간의 수량 증가와 거래만기에 즈음한 수량 감소는 시장의 움직임과 아무런 관련이 없으며, 상품선물계약의 제한된 수명이라는 특징 때문이라고 할 수 있다. 거래량과 미결제약정수량에 필요한 계속성을 제공하기 위해, 또는 예측 목적상 일반적으로 총거래량을 사용한다(주식차트는 총수량은 표시하나 미결제약정은 포함하지 않는다).

거래량과 미결제약정은 하루 뒤에 보고된다

선물 거래량과 미결제약정수량은 하루 늦게 발표된다. 따라서 차트 분석가들은 수치를 입수하고 해석하는 데 하루 정도의 차이는 감수해야만 한다. 수치들은 보통 다음 날 거래시간 중에 발표된다. 그러나 이것은 그날 경제신문들이 싣기에는 너무 늦은 시간이다. 하지만 시장이 마감된 후 대략적인 거래량은 알 수 있으며, 이것은 그 다음날 아침 신문에 발표된다. 대략적인 수량은 단지 숫자일 뿐이다. 그러나 이것을 보고 선물 분석가들은 적어도 그 전날의 거래량이 많았는지 적었는지 정도는 짐작할 수 있다. 따라서 아침 신문에서 독자들이 보는 것은 그 전날의 선물가격과 대략적인 거래량이다.

하지만 2일 전의 공식적인 거래량과 미결제약정수량은 발표된다. 예를 들면, 수요일 아침 신문은 화요일의 대략적인 거래량과 가격을 발표한다. 그러나 거기에 발표된 공식적인 거래량과 미결제약정수량은 월요일의 것이다.

주식 분석가들은 이런 문제를 겪지 않는다. 주식의 거래량은 바로 알 수 있기 때문이다.

선물시장의 개별 거래량과 미결제약정수량의 의미

선물에서 개개의 미결제약정수량은 중요한 정보를 제공한다. 이것은 거래목적상 어떤 종목의 유동성이 가장 높은가를 알려준다. 일반적으로는 거래는 가장 많은 미결제약정이 있는 결제월종목에 국한되어야 한다. 미결제약정이 적은 달 종목의 거래는 반드시 삼간다. 이 말은 보다 많은 미결제약정수량은 어떤 특정한 결제월의 약정에 보다 많은 관심이 집중되고 있다는 것을 의미한다.

주봉·월봉차트

지금까지 일봉차트에 초점을 맞추어 왔다. 그러나 봉차트는 어느 기간이든 작성할 수 있다. 일중 봉차트는 짧게는 5분 동안의 고가, 저가, 종가를 측정한다. 일반적인 일봉차트는 6개월~9개월 동안의 가격움직임을 나타낸다. 그러나 보다 장기적인 추세분석을 위해서는 주봉·월봉차트를 이용하여야 한다. 이러한 장기차트의 이용가치는 제8장에서 다루도록 하자. 그러나 차트 작성과 수정방법은 근본적으로 같다(그림 3-9와 3-10 참조).

주봉차트에서 하나의 봉은 한 주 동안의 가격움직임을 대표하고, 월봉차트에서 각각의 봉은 한 달 동안의 가격움직임을 대표한다.

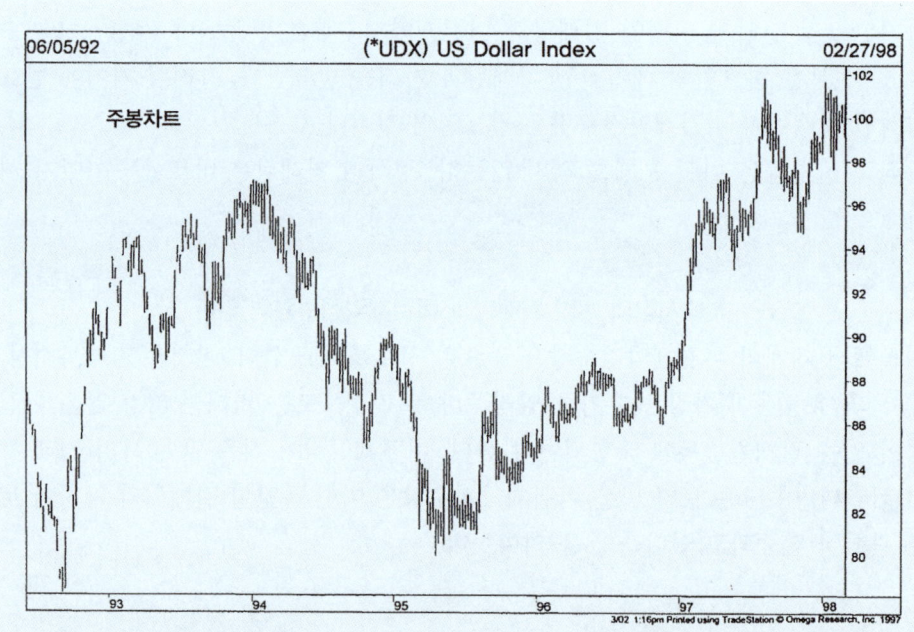

(그림 3-9) 미 달러지수의 주봉차트. 각각의 봉은 한 주 동안의 가격자료를 나타낸다. 가격자료를 압축함으로써 주봉차트는 일반적으로 약 5년 정도의 장기가격의 추세분석을 가능케 한다.

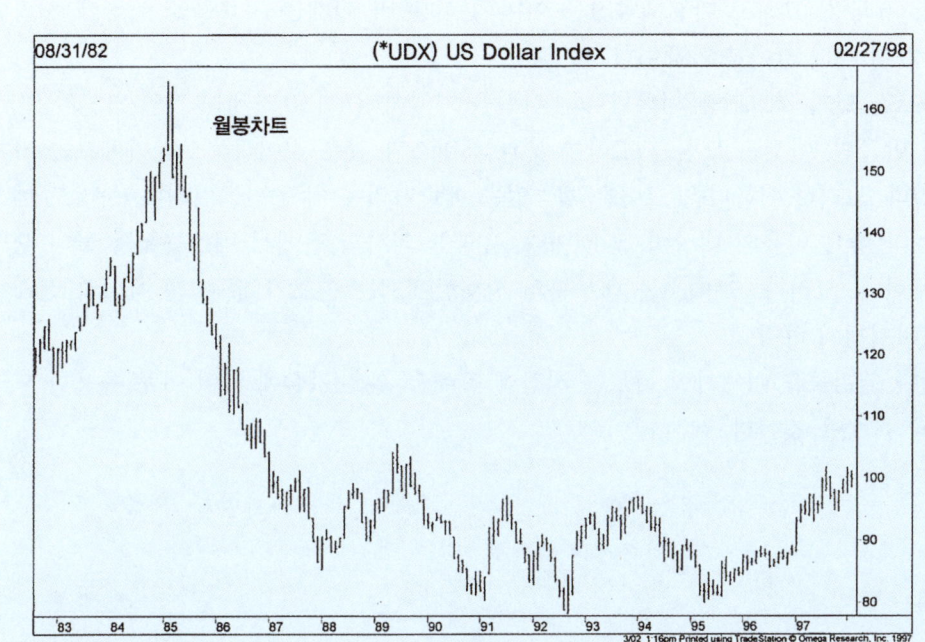

(그림 3-10) 미 달러지수의 월봉차트. 각각의 봉은 한 달간의 가격자료를 나타낸다. 심지어 가격자료를 더욱더 압축함으로써 월봉차트는 길게는 20년까지의 기간에 대한 차트 분석을 가능케 한다.

　확실히 주봉·월봉차트는 가격움직임을 압축하여 훨씬 장기의 추세 분석을 가능케 한다. 주봉차트는 5년 전까지, 그리고 월봉차트는 20년 전까지 거슬러 올라갈 수 있다. 이것은 일봉차트에만 의지함으로써 놓치기 쉬운 가치 있는 장기적 관점에서 분석가들이 시장을 연구할 수 있도록 도와주는 간단한 기법이다.

결론

　이제 봉차트를 어떻게 작성하는지 알게 되었다. 그리고 정보의 세 가지 기본원천인

가격, 거래량, 그리고 미결제약정을 이미 살펴본 바 이제는 자료들을 어떻게 해석할 것인가에 대해 알아볼 차례이다.

차트는 단지 자료만을 기록한다는 사실을 기억하자. 자료 자체는 거의 가치가 없다. 다시 말하면, 이것은 그림을 그리는 붓과 캔버스와 같은 것이다. 그것 자체로는 가치가 없다. 그러나 아름다운 그림은 재능있는 예술가의 손에서 만들어진다. 아마도 메스가 보다 좋은 비유의 대상이 될 것이다. 유능한 의사의 손에서 메스는 사람들의 생명을 구한다. 그러나 그 메스는 대부분의 사람들에게는 쓸모가 없을 뿐 아니라 심지어 위험하기까지 하다.

일단 원리들을 이해하면 차트는 시장예측 예술 혹은 기술에 있어 아주 유용한 도구가 될 수 있을 것이다.

제4장

추세의 기본개념

추세의 기본개념

추세의 정의

추세의 개념은 시장분석의 기술적 접근에 필수적인 개념이다.

지지와 저항, 가격패턴, 이동평균, 추세선 등 차트 분석가들이 사용하는 이 모든 도구는 추세에 의존하며 미래를 예측하기 위해 시장의 추세를 측정하는 데 도움을 준다는 독자적인 목적을 가지고 있다. "언제나 추세에 편승하여 거래하라", "추세에 역행하지 말라" 또는 "추세는 당신의 친구다"와 같은 말은 흔히 듣는 친숙한 표현들이다.

일반적으로, 추세는 시장이 어디로 움직이고 있는가 하는 단순한 시장방향이다. 그러나 연구목적상 이에 대한 보다 정확한 정의가 필요하다.

첫 번째, 일반적으로 시장은 어떤 방향이든 일직선으로 움직이지 않는다. 시장은 일련의 지그재그 움직임으로 특정 지어진다. 이러한 지그재그 모양은 비교적 선명한 봉우리와 골짜기를 가진 일련의 연속적인 파동을 닮는다. 시장이 추세를 이루는 것은 이러한 봉우리들과 골짜기들의 방향이다. 이러한 봉우리들과 골짜기들은 위로, 아래로, 옆으로 움직이면서 우리에게 어떤 시장의 추세를 알려준다. 상승추세는 높아지는 일련의 연속적인 봉우리들과 골짜기들로 정의되고, 하락추세는 그와 반대로 일련의 하락하는 봉우리들과 골짜기들로 정의된다. 수평적인 봉우리들과 골짜기들은 수평방향 가격추세를 나타낸다.

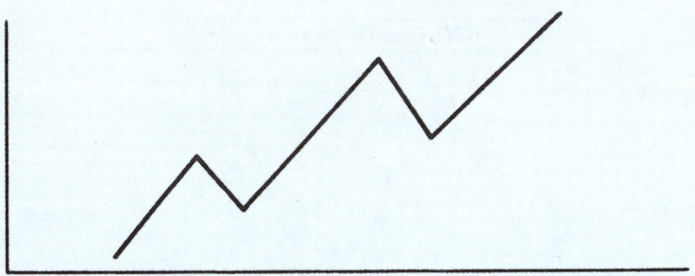

(그림 4-1a)
상승 봉우리들과 골짜기들을 가진 상승추세의 예

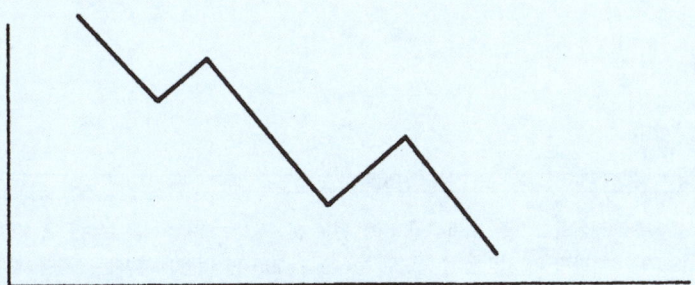

(그림 4-1b)
하락 봉우리들과 골짜기들을 가진 하락추세의 예

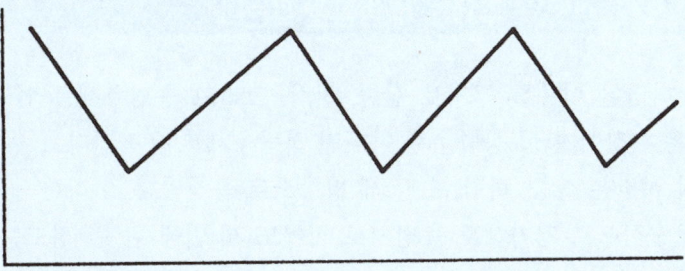

(그림 4-1c)
수평 봉우리들과 골짜기들을 가진 수평추세의 예. 이 같은 시장의 형태를 '비추세'라 부르기도 한다.

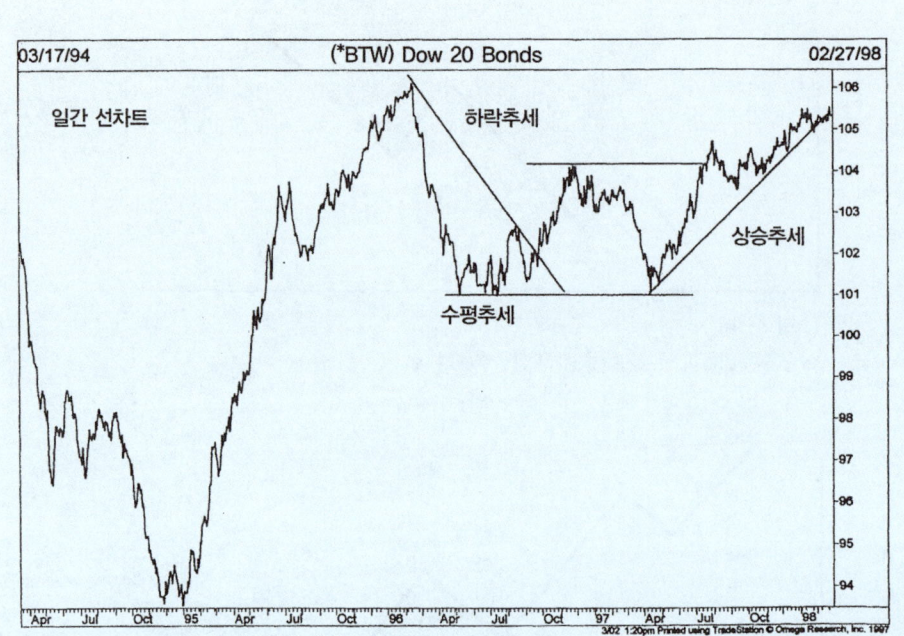

(그림 4-1d) 상승추세로 전환하고 있는 하락추세의 예. 왼쪽 첫 구간은 하락추세를 보여준다. 1996년 4월 ~1997년 4월까지 이 시장은 수평으로 움직였다. 1997년 여름에 추세는 상승추세로 전환하였다.

추세는 세 방향을 갖는다

　우리는 매우 타당한 이유를 근거로 상승, 하락, 그리고 수평추세를 언급하였다. 대부분의 사람들은 시장이 항상 상승추세 아니면 하락추세로 움직인다고 생각하는 경향이 있다. 그러나 시장은 상승, 하락, 수평 세 방향으로 움직인다. 이러한 구분을 명심하자. 왜냐하면 보수적으로 평가해도 측정치로 적어도 세 번에 한 번 정도는 가격이 '거래범위'(trading range)로 불리는 수평으로 움직이기 때문이다. 수평적 움직임의 형태는 공급과 수요가 상대적으로 균형을 이루는 상태인 가격균형기간을 반영한다(우리가 배운 다우이론에서는 이러한 패턴을 선형이라 불렀다). 비록 평행시장(flat market)은 수평추세를 갖는 것으로 정의하였지만, 이것은 일반적으로 '비추세'로 불린다.

　대부분의 기술적 도구들과 시스템은 성격상 추세에 의존한다. 즉, 이것은 애초에 이것들이 상하로 움직이는 시장을 염두에 두고 만들어졌음을 의미한다. 시장이 이러한 수평추세 또는 '비추세'의 단계로 접어들면 이것들이 일반적으로 잘 들어맞지 않거나 혹은 전혀 먹혀 들지 않는다.

　기술적 거래자들이 좌절을 느끼거나 시스템 거래자들이 가장 큰 손실을 입게 되는 것은 바로 시장이 수평추세로 움직이고 있을 때이다. 본래의 정의에 따르면, 추세의존 시스템이 효과를 발휘하기 위해서는 반드시 어떤 추세가 있어야 한다. 여기서의 실패는 시스템 그 자체에 있다기보다 추세시장의 분석을 위해 만들어진 시스템을 비추세 시장 환경에 적용하려는 거래자에게 있다고 보아야 한다. 거래자들은 세 가지 선택, 즉 매수할 것인가(매수포지션을 취할 것인가), 매도할 것인가(매도포지션을 취할 것인가), 아니면 관망할 것인가에 직면한다.

　상승시장의 경우에는 매수전략이 유리하고, 하락시장일 경우에는 매도가 올바른 접근법이다. 그러나 시장이 수평으로 움직이고 있을 때에는 세 번째 선택인 관망이 일반적으로 가장 현명할 것이다.

추세는 세 분류로 나뉜다

　추세는 세 방향을 갖는 것 외에 앞장에서 언급한 것과 같이 일반적으로 세 분류로 나뉜다. 이 세 분류는 주추세, 중추세, 소추세(단기추세)이지만, 실제로는 몇 분 또는 몇 시간의 단기추세로부터 50년 또는 100년에 이르는 매우 긴 장기추세에 이르기까지 무수한 추세들이 상호작용을 하며 존재한다.

　그러나 대부분의 기술적 분석가들은 추세를 세 분류로 제한한다. 여기에는 분석가들이 각 추세를 어떻게 다르게 정의하느냐와 같은 어느 정도의 모호성이 존재한다. 예를 들면, 다우이론은 주추세를 1년 이상 지속되는 추세로 분류하고 있다. 그러나 저자는 선물거래자들이 주식투자가들보다 비교적 단기를 목표로 거래하기 때문에 상품선물시장에서의 주추세를 6개월 이상 지속되는 것으로 정의하고 싶다.

다우는 중추세 혹은 제2추세를 3주~3개월까지의 추세로 정의하였는데, 이것은 선물시장에서도 거의 맞아떨어진다. 소추세(단기추세)는 일반적으로 2주 또는 3주 이내의 추세로 정의된다. 각각의 추세는 자기보다 한 단계 장기인 추세의 일부가 된다. 예를 들면, 중추세는 주추세의 조정이 될 수 있다.

어떤 장기상승추세에서 시장이 상승추세로 재기하기에 앞서 약 두 달 간의 조정국면을 갖기 위해 잠깐 멈춘다. 2차 조정은 단기하락과 상승으로 정의할 수 있는 보다 짧은 파동으로 이루어진다고 할 수 있다. '각각의 추세는 자기보다 큰 추세의 부분이고, 이것은 또한 자기보다 더 작은 추세로 이루어져 있다'는 말이 반복적으로 나타난다(그림 4-2a와 4-2b 참조).

그림 4-2a에서 주추세는 상승하는 봉우리들과 골짜기들(점 1, 2, 3, 4)이 말해주듯이 상승하고 있다. 조정국면(2~3)은 상승 주추세에서의 중간조정을 나타낸다. 그리고 파동 2~3은 더 작은 3개의 파동(A, B, C)으로 구분할 수 있다. 분석가들은 점 C에서 주추

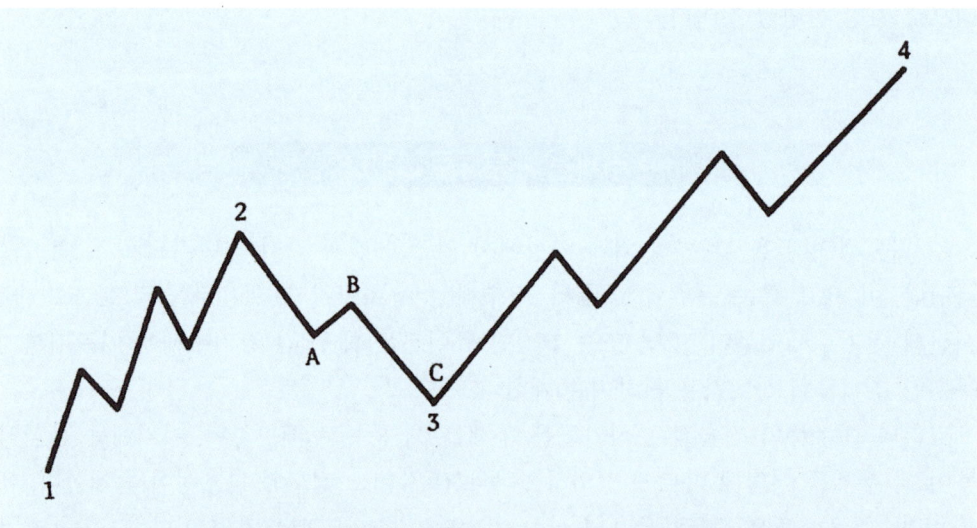

(그림 4-2a) 세 단계 추세의 예 : 주추세, 중추세, 소추세. 점 1, 2, 3, 4는 상승주추세를 나타낸다. 파동 2~3은 상승주추세 내에서의 2차 조정을 나타낸다. 각 2차 파동은 다시 소추세로 나뉜다. 예를 들면, 2차 파동 2~3은 소파동 A-B-C로 구분된다.

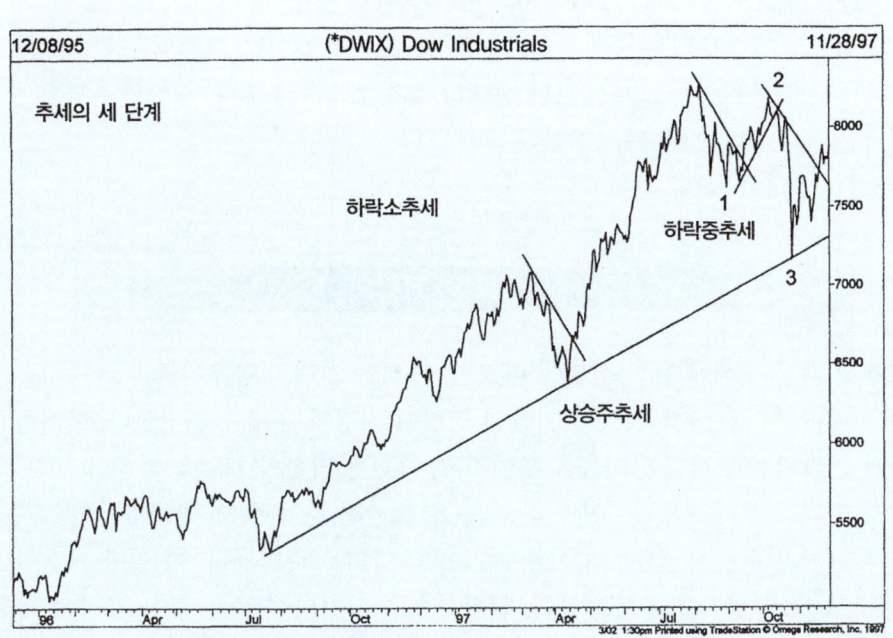

(그림 4-2b) 1997년 주추세(약 1년간)는 상승추세이다. 4월에 단기조정이 있었다. 중간조정이 8월~9월까지 계속되었다. 중간조정은 3개의 소추세로 구분된다.

세는 여전히 상승하고 있으나 중·소추세는 하락한다고 말할 것이다. 점 4에서는 세 추세 모두 상승한다고 할 수 있다. 여러 기울기의 추세에 대한 구별을 이해하는 것은 매우 중요하다. 어떤 사람이 시장의 추세가 어떻냐고 물을 때 그 사람이 어떤 추세에 대해 묻고 있는지 당신이 알기까지는, 설령 가능하다 하더라도 대답하기가 무척 어렵다. 앞장에서 언급한 것과 같이 세 개의 추세에 대한 설명으로 대답을 대신해야 할지도 모른다.

 어떤 추세가 의미하는 것에 대한 거래자들의 서로 다른 인식 때문에 많은 오해가 발생한다. 장기거래자에게는 몇 주, 며칠 간의 가격움직임은 중요하지 않을 수도 있다. 데이 트레이드들은 2~3일간의 가격상승을 상승 주추세로 이해할 수도 있다. 그래서 추세의 다른 단계를 이해하는 것과 어떤 거래에 참가한 당사자들이 무엇에 대해 말하고 있는가를 분명히 하는 것은 특히 중요하다.

일반적으로 대부분의 추세의존접근법은 실제로 몇 개월간 지속되는 중추세에 초점을 맞춘다. 소추세는 주로 매매시점 선택의 목적으로 이용된다. 상승중추세에서의 단기하락은 매수기회로 이용될 수 있다.

지지와 저항

앞에서 다룬 추세에 관한 설명에 따르면, 가격은 일련의 봉우리들과 골짜기들을 따라 움직이며, 이 봉우리들과 골짜기들의 방향이 시장의 추세를 결정한다. 이러한 봉우리들과 골짜기들에 적당한 이름을 부여하고, 지지와 저항의 개념을 다루어 보자.

골짜기 혹은 반등저점을 '지지'라고 부른다. 이것은 용어가 말해주듯이 매수세가 매도세를 능가하는 시장차트의 아랫부분 또는 영역을 나타낸다. 이 결과 가격이 하락을 멈추고 다시 상승으로 돌아선다. 일반적으로 지지의 수준은 직전 저점에 의해 사전에 알 수 있다. 그림 4-3a의 점 2와 4는 상승추세에서의 지지수준이다(그림 4-3a와 4-3b 참조).

저항은 지지와 반대이며, 매도세가 매수세를 능가하여 가격상승이 반전되는 시장 위쪽의 가격수준이나 영역을 나타낸다. 일반적으로 저항선은 직전 고점으로 알 수 있다. 그림 4-3a의 점 1과 3은 저항수준이다. 그림 4-3a는 상승추세를 보여준다. 상승추세에서 지지선(수준)과 저항선(수준)은 상승패턴(형태)으로 나타난다. 그림 4-3b는 하락하는 봉우리들과 골짜기들을 가진 하락추세를 보여주고 있다. 하락추세에서 1과 3은 시장가 아래의 지지선이고, 점 2와 4는 시장가 위의 저항선이다.

상승추세에서 저항선은 상승추세의 일시적인 정지를 나타내고, 어느 시점에서 이 저항선은 돌파된다. 하락추세에서 지지선은 하락추세를 영구적으로 저지하지는 못하나 적어도 일시적으로나마 하락을 멈추게 할 수 있다.

추세의 개념을 확실히 이해하기 위해서는 지지, 저항의 개념 파악이 필수적이다. 상승추세가 계속되기 위해서는 각각의 연속적인 저점(지지선)이 직전의 것들보다 반드시 높아야 한다. 각 고점(저항선)도 반드시 직전 고점보다 높아야 한다. 만약 상승추세에서

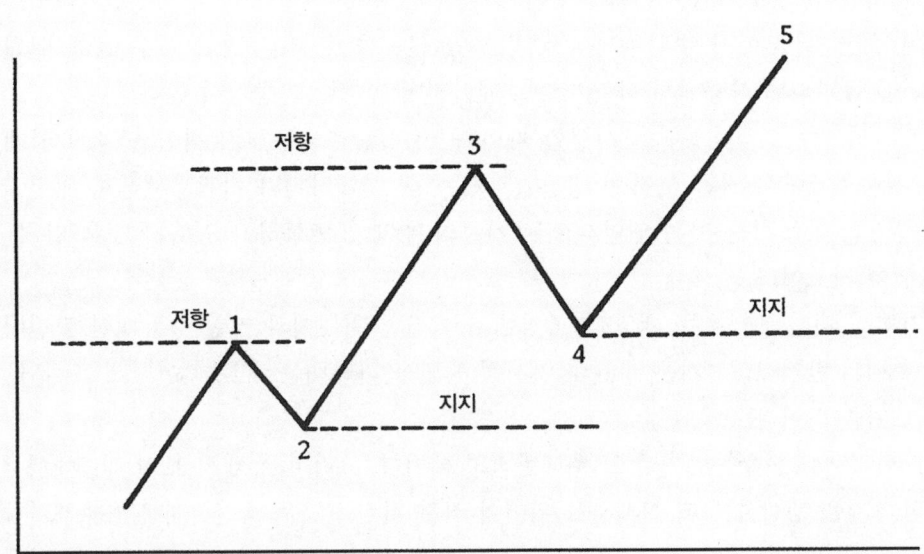

(그림 4-3a) 상승추세에서 상승하는 지지와 저항의 수준을 보여준다. 점 2와 4는 일반적으로 직전의 저점 반등(저점)인 지지수준을 나타낸다. 점 1과 3은 일반적으로 직전의 고점인 저항수준이다.

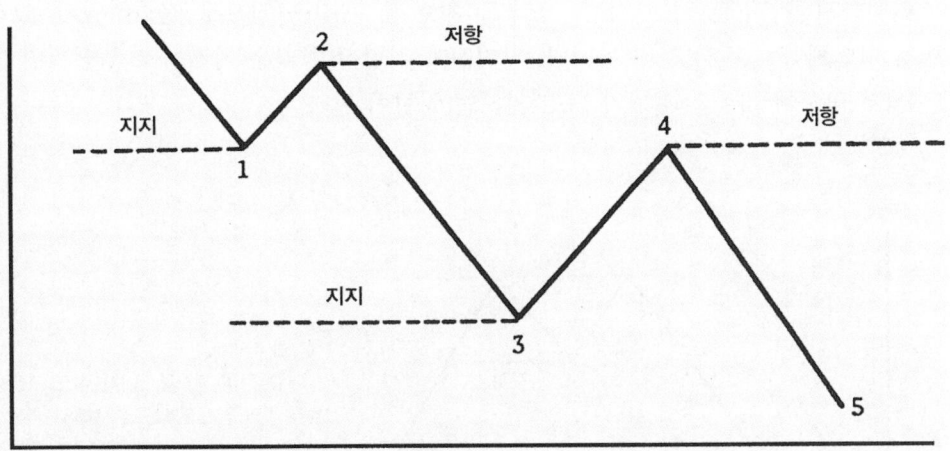

(그림 4-3b) 하락추세에서의 지지선과 저항선을 보여준다.

조정 하락이 직전 저점까지 내려오면, 이것은 그 상승추세가 끝나가고 있거나 아니면 적어도 상승추세에서 수평추세로 바뀌고 있다는 한 발 빠른 경고일 수 있다. 일단 지지선이 돌파되면 상승에서 하락으로 추세반전이 일어날 가능성이 높다.

직전의 저항고점(저항선)을 시험할 때마다 이 상승추세는 결정적인 단계에 있게 된다. 상승추세에서 직전 고점을 갱신(능가)하는 데 실패하거나 하락추세에서 직전 저점을 갱신하지 못하는 것은 일반적으로 기존의 추세가 변화하고 있다는 것을 알려주는 첫 번째 경고이다.

가격의 패턴을 다루는 제5장과 6장에서 이러한 지지선과 저항선에 대한 도전이 지금 추세의 반전, 또는 기존 추세의 일시적 중단을 나타내는 차트에 어떻게 표시되는가를 보여줄 것이다.

그림 4-4a~4-4c는 전형적인 추세반전의 예이다. 그림 4-4a에서 보면 점 5에서 직전 고점(점 3)을 갱신하는 데 실패하고 뒤이어 직전 저점(점 4)을 갱신하여 상승추세가 하락추세로 반전하였다. 이 추세반전은 단순히 지지, 저항선을 관찰함으로써 알 수 있을 것이다. 가격패턴을 다루는 곳에서는 이런 패턴을 '2중 천정형'(Double Top)이라고 부른다.

지지선과 저항선은 어떻게 서로 역할을 바꾸는가

현재까지 '지지'를 직전 저점, 그리고 '저항'을 직전 고점으로 정의하였다. 그러나 이것이 언제나 그런 것만은 아니다. 지지선과 저항선이 많은 가격차로 갱신되면 역할을 서로 바꾸어 저항은 지지가 되고 지지는 저항이 된다.

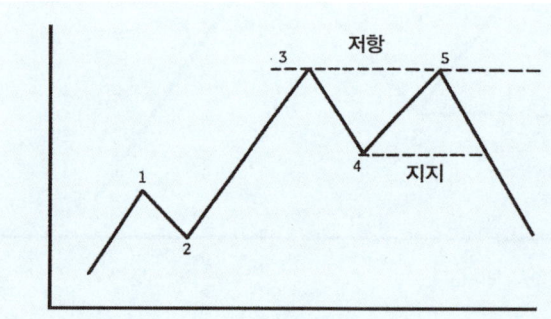

(그림 4-4a)
추세반전의 예. 점 5에서 직전 고점(점 3)의 갱신실패는 점 4에서 직전 저점의 갱신을 초래하여 하향추세 반전을 이루었다. 이런 패턴을 '2중 천정형'이라고 부른다.

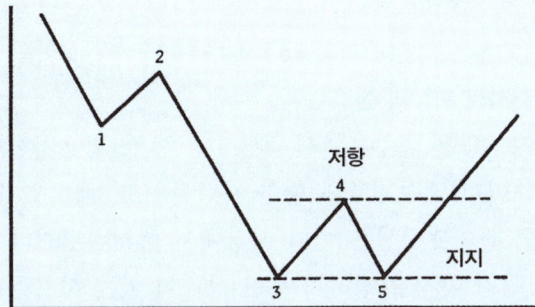

(그림 4-4b)
상향반전의 예. 일반적으로 이 형태의 첫 신호는 가격이 점 5에서 직전 저점인 점 3보다 위에 머물 수 있는가 하는 것이다. 이 경우 바닥형은 저항선 4가 돌파됨으로써 확인된다.

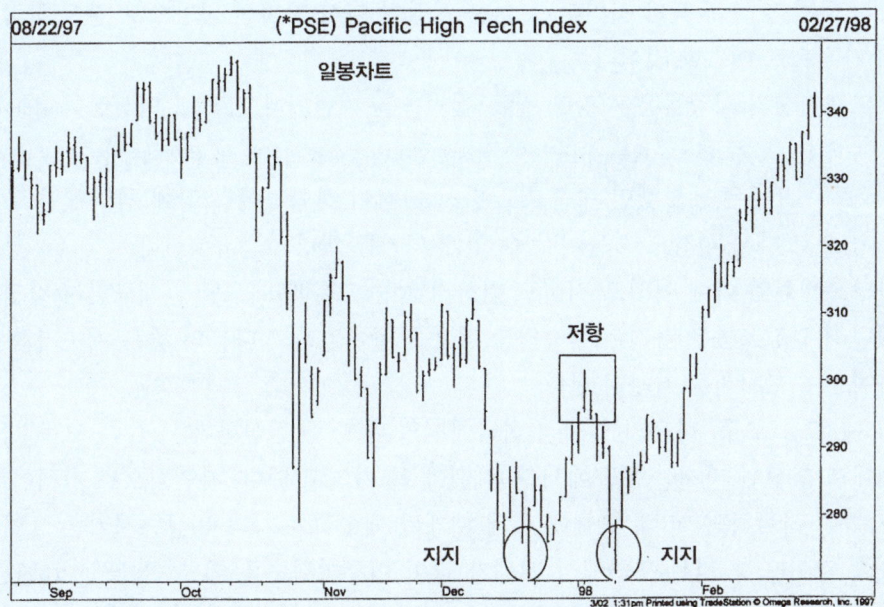

(그림 4-4c) 상향반전(바닥반전)의 예. 1998년 1월중 가격은 12월의 지지선에 도전했다가 두 번째 지지선을 형성하면서 위로 튀어 올라갔다. 중간 저항선의 상향돌파는 새로운 상승추세가 시작됨을 알린다.

왜 이런 일이 일어나는가를 이해하기 위해서는 지지선과 저항선을 만든 심리적 배경에 대해서 살펴보는 것이 도움이 될 것이다.

지지와 저항의 심리

이것을 설명하기 위해서 시장참가자들을 매수포지션, 매도포지션, 관망포지션의 세 분류로 나누어 보자. 매수포지션은 이미 매수계약을 행한 사람들이고, 매도포지션은 이미 매도한 포지션에 있는 사람들, 관망포지션은 이미 시장에서 빠져나왔거나 매수포지션 또는 매도포지션을 취할 것인지 아직 결정하지 못한 상태에 있는 사람들을 말한다.

한동안 가격변동이 심한 시장이 지지선 부근에서 상승을 시작했다고 가정해보자. 이때 매수포지션의 사람들(지지선 부근에서 매수한 사람)은 매우 기뻐하면서 좀 더 많이 매수하지 못한 것을 후회할 것이다. 그들은 시장이 다시 지지선 근방으로 일시 하락한다면 추가적으로 매수할 것이다.

매도포지션의 사람들은 시장을 잘못 짚었음을 깨닫거나 강하게 의심한다(시장이 지지선에서 얼마나 멀리 움직였는가 하는 것은 이러한 선택에 엄청난 영향을 미친다. 이 점에 대해서는 뒤에 다시 다루도록 하겠다). 그들은 매도했던 수준으로 다시 가격이 하락하여 시장에 참가했던 조건(손익분기점)으로 다시 시장으로 들어갈 수 있게 되기를 희망(아니, 기도)한다.

관망포지션인 아예 어떤 포지션도 취하지 않는 그룹과 매수할지 매도할지 결정하지 못했던 미결정그룹은 가격이 상승하고 있음을 알아차리고 다음의 좋은 매수기회를 포착하여 매수포지션을 취하려 한다.

이 네 그룹 모두 '다음의 일시적 하락에서의 매수'를 결심한다. 그들은 모두 시장가 아래에서 형성된 지지선 부근에서 '이해관계'를 가지고 있다. 자연적으로 가격이 지지선 가까이 하락하면 이 네 그룹에 의해 재개된 매수력은 가격을 상승시키는 요인으로 작용할 것이다. 지지선 부근에서 거래가 많이 이루어질수록 이 부근에서 이해관계를 가진 사람들이 많아지기 때문에 지지선은 더욱 중요한 의미를 갖게 된다.

특정 지지선이나 저항선 부근의 거래량은 다음 세 가지 방법에 의해 결정될 수 있다—소요된 시간, 거래량, 거래 발생시기.

지지선이나 저항선에서의 거래시간이 길어질수록 이 지역은 더욱 중요해진다. 예를 들면, 가격이 상승하기에 앞서 정체지역에서 3주간 수평추세로 거래되고 있다면 이 지지선은 3일간 거래가 이루어진 때보다 더욱 중요시된다.

거래량은 지지와 저항의 중요성을 측정하는 또 다른 방편이다. 많은 거래량에 의해 지지선이 형성되었다면 이것은 많은 거래가 이루어졌음을 나타내고, 아주 적은 거래량에 의해 만들어진 지지선보다 훨씬 중요하다는 것을 나타낸다. 데이트레이드 활동을 측정하는 점도형차트는 대부분의 거래가 이루어지고 결과적으로 지지와 저항이 형성되는 가격대를 밝히는 데 특히 유용하다.

지지와 저항의 중요성을 결정하는 세 번째 방법은 얼마나 최근에 거래가 이루어졌는가 하는 것이다. 이것은 시장움직임과 거래자가 이미 취한 또는 실패한 포지션에 대한 거래자들의 대응을 다루고 있기 때문에 보다 최근에 이루어진 거래일수록 더욱 중요하다는 것은 타당하다.

이와는 반대로 가격이 하락한다고 가정해보자. 앞의 예에서는 가격이 상승했기 때문에 시장참가자의 종합된 대응은 각각의 하락추세가 추가 매수세력을 만나게 한다(새로운 지지선을 형성하면서). 그러나 가격이 하락하여 직전 지지선이 돌파되면 이에 대한 대응은 이와는 반대가 된다. 지지선에서 매수한 사람들은 이제 자신들이 실수했음을 깨닫고, 그들의 중개인들은 선물거래자에게 보다 많은 증거금을 예치하라고 다급하게 재촉한다. 선물거래의 높은 레버리지 효과 때문에 거래자들은 손실을 떠안고 오래 버틸 수 없다. 그들은 추가 증거금을 예치하거나 아니면 손해 보는 매수포지션을 청산해야 한다.

애초에 직전 지지선을 형성한 세력은 시장가 아래의 월등한 매수세력이었다. 그러나 시장가 아래에서의 모든 직전 매수세력들은 이제 시장가 위에서 매도세력이 되었다. 지지선이 저항선이 된 것이다. 그리고 직전 지지선이 더욱 중요했을수록—보다 최근에, 그리고 보다 많은 거래가 있었을수록—더 강한(중요한) 저항선이 된다. 세 분류의 참가자—매수포지션, 매도포지션, 관망포지션—에 의해 지지선을 만들었던 모든 요인들은 이제 이 시장을 뒤이을 가격상승 혹은 일시적인 반등을 제한하는 역할을 할 것이다.

가끔은 왜 차트 분석가들이 이용하는 가격패턴, 지지, 저항과 같은 개념이 실제로 먹히는지를 꼼꼼히 살펴보는 것도 좋다. 이것은 차트 또는 차트에 그려진 선들에 의한 어떠한 마술 때문은 아니다. 이러한 패턴은 시장참가자들의 실제 활동을 그림으로 보여주고, 시장움직임에 대한 그들의 대응을 예측할 수 있도록 해주기 때문에 유효한 것이다. 차트 분석은 인간심리와 변화하는 시장환경에 반응하는 거래자들의 대응에 대한 사실연구이다.

불행하게도 우리는 지금 빠르게 변화하는 금융시장의 세계의 살고 있기 때문에 애초에 차트상에 특정 그림을 나타나게 한 근본적인 요인을 간과하는 차트 용어와 단적인 표현에 의존하는 경향이 많다. 왜 지지선과 저항선이 가격차트상에 나타나는가, 그리고 왜 그것들이 시장움직임을 예측하는 데 도움이 되는가 하는 데에는 그럴 만한 심리적 이유가 있다.

지지선이 저항선으로 되는 경우와 그 반대의 경우: 돌파의 정도

지지선이 많은 차이로 돌파되면 저항선으로 바뀐다. 마찬가지로 저항선이 많은 차이로 돌파되면 지지선이 된다. 단지, 하나의 미미한 차이점이 추가된 것을 제외하고는 그림 4-5a, 4~5b는 그림 4-3a, 4-3b와 유사하다. 그림 4-5a에서 가격이 상승함에 따라 점 4에서의 대응은 고점 1 수준에서 또는 그 위에서 멈춘다. 점 1의 직전 고점은 저항선의 역할을 했었다.

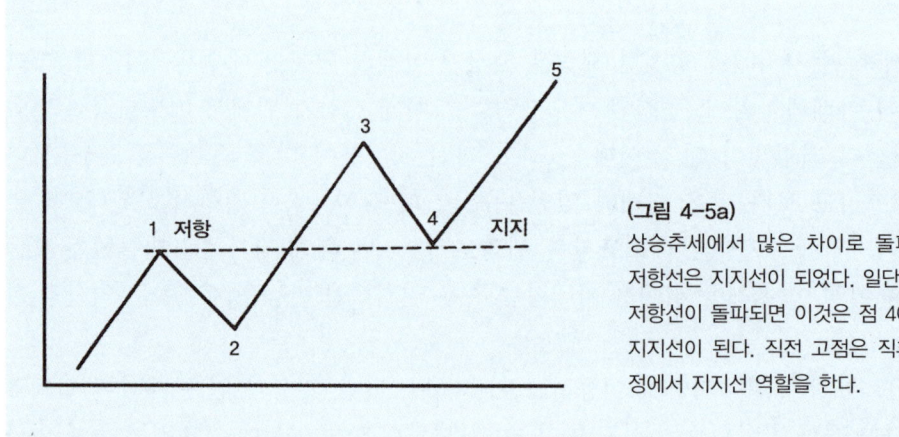

(그림 4-5a)
상승추세에서 많은 차이로 돌파된 저항선은 지지선이 되었다. 일단 1의 저항선이 돌파되면 이것은 점 4에서 지지선이 된다. 직전 고점은 직후조정에서 지지선 역할을 한다.

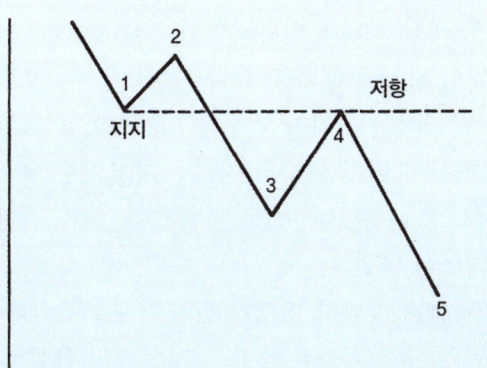

(그림 4-5b)
하락추세에서 돌파된 지지선은 뒤이은 반등의 저항선이 된다. 어떻게 점 1의 지지선이 점 4에서 저항선이 되는가에 주의하자.

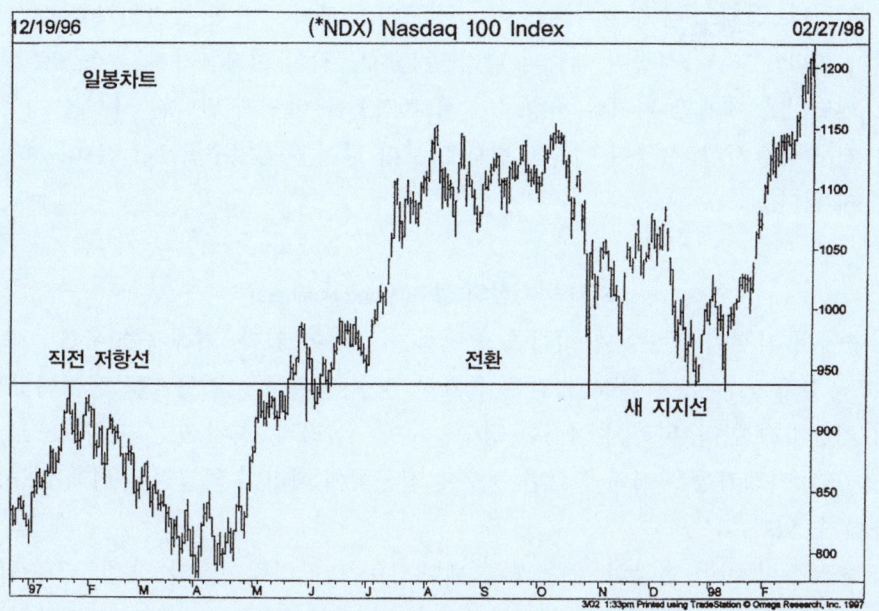

(그림 4-5c) 역할 반전의 실예. 1997년 초 저항고점이 돌파된 이후 이것은 역할을 바꾸어 지지선이 되었다. 1년 후 중간 가격하락은 새 지지선이 된 바로 직전 저항고점에서 지지를 받고 있다.

제4장 | 추세의 기본개념

그러나 일단 파동 3에 의하여 결정적으로 돌파되면 직전 저항고점은 지지선이 된다. 파동 1의 고점 근방에서의 직전 매도세력은(저항선을 형성하면서) 지금은 시장가격 아래의 매수세력으로 변하였다. 그림 4-5b에서 가격이 하락하면서 점 1(시장가 아래의 지지선이었음)은 점 4에서 작용하는 시장가 위의 저항선이 되었다.

지지선이나 저항선으로부터 가격이 움직이는 거리가 멀수록 지지선이나 저항선의 중요성이 증가한다고 앞에서도 언급하였듯이 이것은 특히 지지선이나 저항선이 돌파되어 서로의 역할이 바뀌었을 경우 사실로 나타난다. 예를 들면, 지지선과 저항선이 많은 차이로 돌파된 이후에야 서로의 역할이 바뀐다.

그러면 무엇이 중요성의 근간을 이루는가? 돌파의 정도가 현저한가를 판단하는 데는 많은 주관이 개입된다. 일반적으로 차트 분석가들은 주요 지지선과 저항선의 경우 3%의 돌파를 이용한다. 단기지지선이나 저항선의 경우 1%처럼 보다 적은 수치가 요구될 것이다. 실제로 각 분석가들은 어느 정도의 돌파가 중요한 돌파인가를 스스로 판단해야 한다. 그러니 시장이 예측과 달리 충분히 움직여 시장참가자들 스스로 실수했다고 깨달았을 때에만 지지와 저항선이 서로 역할을 바꾸게 된다는 사실을 기억하는 것은 매우 중요하다. 시장이 예측과 반대로 보다 많이 움직일수록 그들은 더욱더 확신을 갖게 된다.

지지와 저항의 정수(Round Numbers)

정수에서 가격이 상승이나 하락을 중단하는 경향이 있다. 거래자들은 10, 20, 25, 50, 75, 100(그리고 100의 배수)과 같은 중요한 정수 단위로 가격목표를 설정하고 그에 따라 거래하려 한다. 따라서 이러한 정수는 종종 '심리적' 지지 또는 저항선으로 작용할 것이다. 거래자들은 어떤 중요한 정수에 접근함에 따라 수익실현을 위해 이 정보를 이용할 수 있다.

금(金)시장이 이런 현상의 아주 좋은 예다. 1982년, 하락시장의 저점은 300달러였다. 그후 400달러로 떨어지기에 앞서 1983년 1/4분기에는 500달러 약간 넘어까지 상승하였고, 이후 400달러까지 하락하였다. 1987년, 금은 상승하다가 다시 500달러에서 멈추었다. 1990년~1997년까지 금은 400달러선을 돌파하는 데 매번 실패하였다. 다우존스 공업평균은 1000의 배수에서 지체하는 경향을 보여왔다.

이 원리를 거래주문에 적용하면, 이렇듯 분명한 정수에서 거래주문을 넣는 것을 반드시 피하여야 한다. 예를 들면, 상승추세시장에서 일시적인 단기하락을 틈타 매수를 시도하는 경우 중요한 정수 바로 위에 지정가 주문(limit orders)을 넣는 것이 합당할 것이다. 다른 거래자들은 정수에서 시장가로 매수하려고 하기 때문에 거래가격은 거기에 이르지 못할 것이 분명하다. 일시적 반등을 틈타 매도를 하려는 거래자들은 정수 바로 아래에서 대기매도주문(resting sell oder)을 넣어야 한다.

기존의 포지션에 보호주문(protective stops)을 넣을 경우에는 이와는 반대로 해야 한다. 일반적으로 분명한 정수에서 보호주문을 넣는 것은 피해야 한다. 달리 말하면, 매수포지션의 보호주문은 정수 아래에, 그리고 매도포지션일 경우에는 정수 위에 넣어야 한다. 정수를 준수하려는 시장의 경향은 특히 앞에 언급된 보다 중요한 정수, 거래에 가장 도움이 되는, 그리고 기술적 경향의 거래자들이 반드시 명심해야 하는 어떤 특정한 시장의 특성 가운데 하나이다.

추세선

지금까지 지지와 저항을 살펴보았으므로 이제는 기술적 분석도구의 또 하나의 새로운 토대인 추세선을 추가하자(그림 4-6a~4-6c 참조). 기본 추세선은 기술적 분석가들이

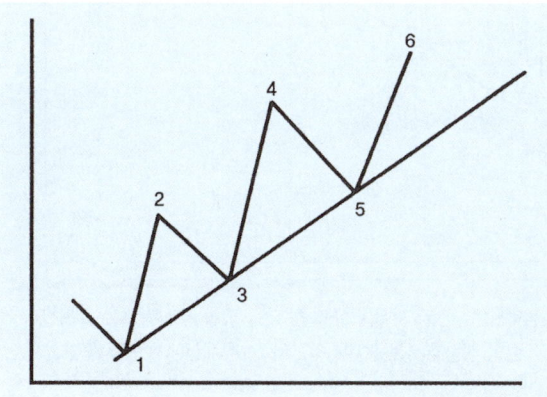

(그림 4-6a)
상승추세선의 예. 상승추세선은 상승하는 저점들을 연결한 직선이다. 시험적인 추세선은 연속적으로 상승하는 2개(점 1과 3)의 저점으로 그려진다. 그러나 추세선의 유효성을 확인하기 위해서는 세 번째 저점인 점 5가 반드시 필요하다.

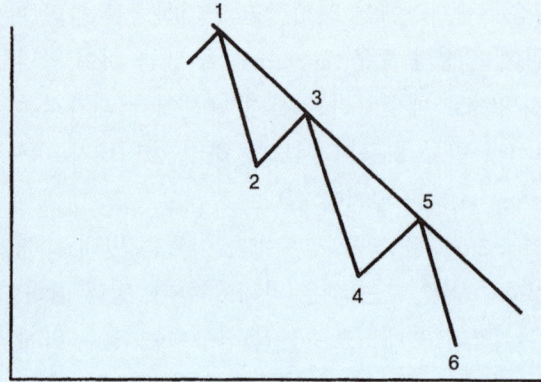

(그림 4-6b)
하락추세선은 연속적으로 하강하는 고점들을 연결한 직선이다. 시험적인 하락추세선을 그리기 위해서는 두 고점(점 1과 3)이 필요하며, 유효성을 확인하기 위해서는 세 번째 고점인 점 5가 필요하다.

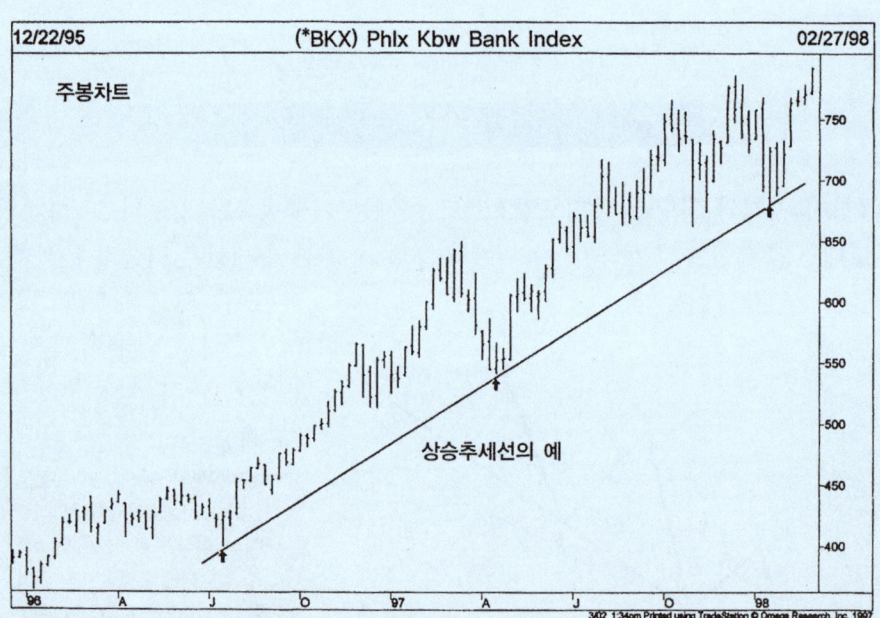

(그림 4-6c) 장기상승추세선의 실제 예. 이 추세선은 첫 두 저점(화살표 참조)을 따라 우상향으로 그려진다. 1998년 초 세 번째 저점이 기존의 상승추세선을 유지하면서 이 추세선에서 반등하였다.

금융시장의 기술적 분석

이용하는 가장 단순한 도구인 동시에 가장 가치 있는 도구 가운데 하나이다. 상승추세선은 그림 4-6a의 실선이 보여주듯이 일련의 연속적인 저점들을 연결한 우상향의 직선이고, 하락추세선은 4-6b에서 보는 바와 같이 연속적인 고점들을 연결한 우하향 직선이다.

추세선 그리기

추세선을 정확하게 그리는 것은 일반 차트 작성과 마찬가지이다. 즉, 정확한 추세선을 찾기 위해서는 일반적으로 다른 선들로 얼마간 실험하는 것이 필요하다. 종종 정확하다고 생각되는 추세선을 다시 그려야 하는 경우가 있을지도 모른다. 정확한 추세 선을 찾는 데 필요한 몇 가지 지침을 살펴보자.

첫째, 반드시 어떤 추세에 대한 증거가 있어야 한다. 다시 말해 상승추세선을 그리기 위해서는 적어도 두 개의 저점이 있어야 하며, 두 번째 것은 첫 번째 것보다 높아야 한다. 물론 어떤 직선을 그리려면 반드시 두 개의 점이 필요하다. 예를 들면, 분석가는 그림 4-6a에서 가격이 점 3에서 상승하기 시작한 이후 에야 어떤 저점이 형성되었다고 확신할 수 있으며, 그럴 때에만 시험적인 상승추세선을 점 1에서 점 3까지 그릴 수 있다.

어떤 차트 분석가는 추세선을 그리기에 앞서 상승추세를 확정하기 위해서는 반드시 고점 2가 갱신되어야 한다고 주장한다. 한편, 또 다른 차트 분석가들은 파동 2~3이 50% 조정을 받거나 가격이 파동 2의 고점에 미치기만 하면 된다고 주장한다. 비록 그들의 기준이 각각 다를지 모르지만 여기서 기억해야 할 핵심은, 차트 분석가는 어떤 유효한 저점을 확인하기 전에 이미 그 저점이 형성되고 있었다는 것을 합리적으로 확인하기를 원한다는 것이다. 일단 두 개의 상승저점들이 발견되면 두 저점을 연결하는 직선을 우상향으로 그린다.

시험적인 추세선과 유효한 추세선

지금까지 우리가 다룬 모든 것은 시험적인 추세선이다. 그러나 추세선의 유효성을 확인하기 위해서는 가격이 세 번 추세선에서 반등해야만 한다. 그림 4-6a에서 보면, 점 5에서 상승추세의 성공적인 시험은 이 추세선의 유효성을 확인한다. 그림 4-6b는 하락추세선을 보여준다. 그러나 원리는 앞의 것과 똑같다. 추세선의 유효성에 대한 성공적인 시험은 점 5에서 일어난다. 이것을 종합하면, 추세선을 그리기 위해서는 두 번째 점이 필요하고, 유효성을 확인하기 위해서는 세 번째 점이 필요하다.

추세선 사용법

일단 세 번째 점이 확인되고 추세가 원래의 방향대로 진행하면 이 추세선은 여러 모로 유용하다. 추세의 기본개념 가운데 하나는, 어떤 방향으로 움직이고 있는 추세는 계속 같은 방향으로 움직이려 한다는 것이다. 즉, 일단 추세선에서 밝혀진 대로 어떤 추세가 어떤 기울기 또는 어떤 속도로 움직이기 시작하면 계속해서 똑같은 기울기를 유지하려 한다.

그리고 추세선은 조정국면의 저점과 고점을 결정하는 데 도움을 줄 뿐만 아니라, 더욱 중요한 것은 추세가 변화하는 시점을 알려준다. 예를 들면, 상승추세에서 피할 수 없는 조정국면의 일시적인 하락이 종종 상승추세선을 건드리거나 매우 가까이 접근하는데, 거래자의 의도는 상승추세의 일시적 하락에서 매수하려는 것이기 때문에 이 추세선은 매수영역으로 이용될 수 있는 시장가 아래의 지지선 역할을 한다. 하락추세는 매도목적의 저항영역으로 이용될 수도 있다(그림 4-7a, 4-7b 참조).

이 추세선이 돌파되지 않는 한 이것은 매수와 매도 영역을 판단하는 데 이용될 수

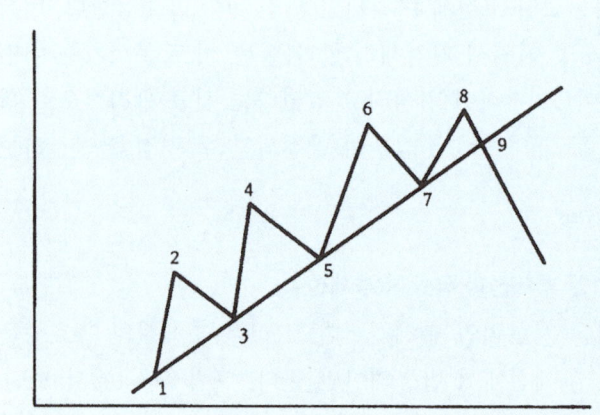

(그림 4-7a)
일단 상승추세가 형성되면 추세선에 근접한 뒤이은 일시적 하락은 매수영역으로 이용될 수 있다. 이 예에서도 점 5와 7은 새로운 또는 추가적인 매수 기회로 이용될 수 있었을 것이다. 점 9에서의 돌파는 하락추세로의 반전을 신호하며, 모든 매수포지션의 청산을 요구한다.

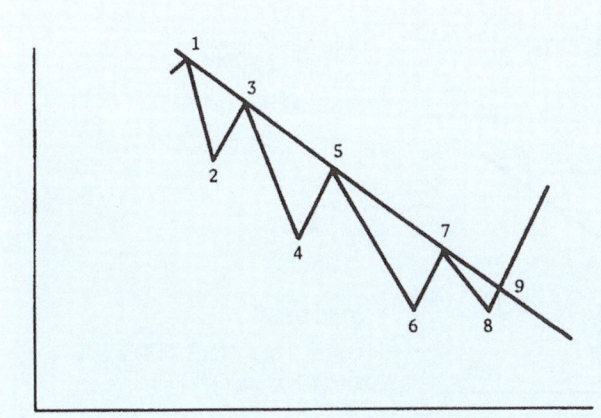

(그림 4-7b)
점 5와 7은 매도영역으로 이용될 수 있다. 점 9의 추세선 돌파는 상승추세로의 전환을 신호한다.

있다. 그러나 그림 4-7a, 4-7b의 점 9에서 추세선의 돌파는 직전 추세에 의존한 모든 포지션의 청산을 요구하면서 추세변화의 신호를 알린다. 추세선의 돌파는 추세가 변한다는 가장 이른 경고 가운데 하나이다.

추세의 중요성을 판단하는 방법

추세의 보다 세밀한 것들에 대해 알아보자. 첫째, 무엇이 어떤 추세의 중요성을 결정하는가? 이것에 대한 대답은 두 가지다. 즉, 보다 오래 지속되고 도전당한 횟수가 많을수록 더욱 중요하다. 예를 들면, 여덟 번이나 성공적으로 도전 당하면서 계속적으로 그것의 유용성을 입증시켜준 추세는 세 번 도전당한 추세선보다 분명히 보다 중요하다. 또한 9개월 동안 지속되는 추세는 분명 9주 또는 9일간 지속된 추세보다도 중요하다.

추세선이 중요하면 할수록 그 추세선에 대한 신뢰는 보다 크고, 이 추세의 돌파는 보다 중요하다.

추세선은 모든 가격움직임을 반영하여야 한다

봉차트상의 추세는 반드시 하루의 전체 가격변동범위를 포함해야 한다. 어떤 차트 분석가들은 단지 종가만을 이용하여 추세선을 그리려 한다. 그러나 이것은 보다 엄밀

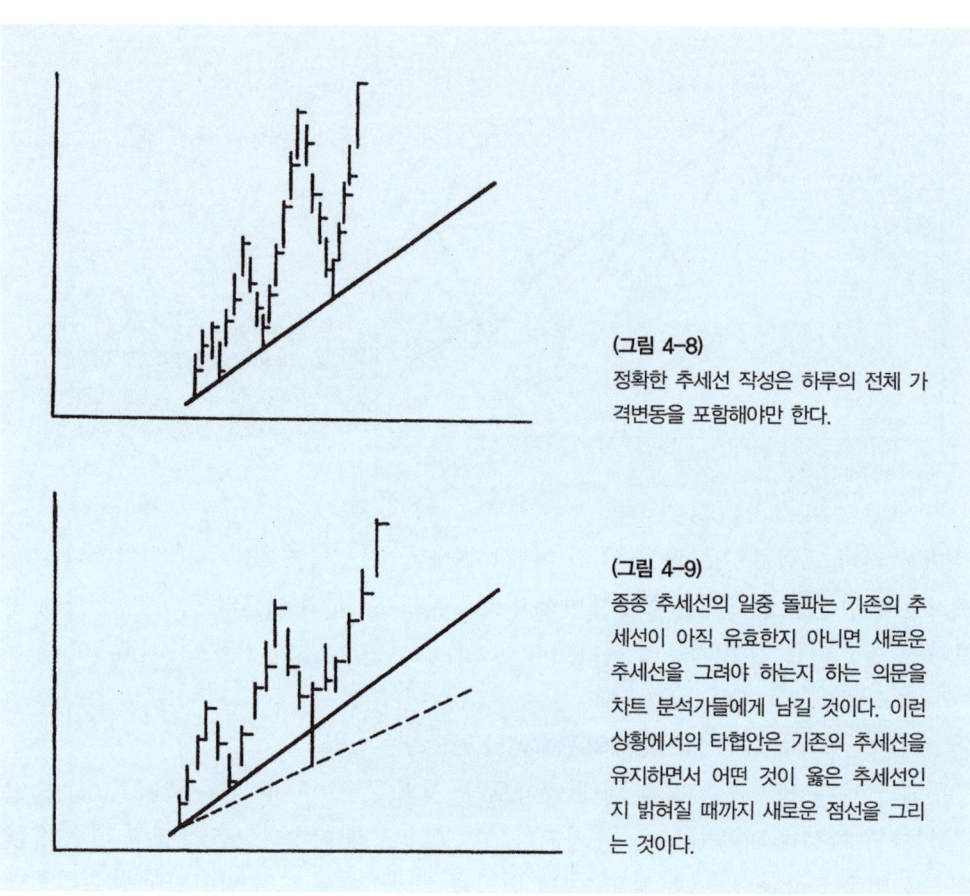

(그림 4-8)
정확한 추세선 작성은 하루의 전체 가격변동을 포함해야만 한다.

(그림 4-9)
종종 추세선의 일중 돌파는 기존의 추세선이 아직 유효한지 아니면 새로운 추세선을 그려야 하는지 하는 의문을 차트 분석가들에게 남길 것이다. 이런 상황에서의 타협안은 기존의 추세선을 유지하면서 어떤 것이 옳은 추세선인지 밝혀질 때까지 새로운 점선을 그리는 것이다.

한 의미에서 일반적인 원칙이 아니다. 종가가 하루 중에 가장 중요한 가격이 될지는 모르지만, 이것은 단지 그날 가격움직임의 일부분, 즉 대표적인 표본일 뿐이기 때문이다. 하루의 가격변동범위를 포함하는 기법은 모든 시장활동을 고려한 것으로 이것이 보다 보편적인 방법이다(그림 4-8 참조).

추세선의 작은 돌파를 다루는 방법

때때로 가격은 일중 기준으로 추세선을 벗어나다 다시 기존 추세방향과 일치하는 방향으로 끝장을 마감하면서 추세가 실제로 돌파되었는지 안 되었는지에 대해 분석가들을 혼란하게 만든다(그림 4-9 참조).

그림 4-9는 이러한 상황이 어떠한 것인가를 보여준다. 이날 가격은 일시적으로 추세선을 하향돌파하였으나 결국 상승추세선 위에서 끝났다. 추세선을 새로 그려야 할 것인가?

때때로 어떤 추세선의 일중 돌파는 원래의 추세선이 아직 유효한지, 아니면 새로운 추세선을 그려야 하는지 하는 의문을 차트 분석가들에게 안겨줄 것이다. 이때의 타협안은 원래의 추세선을 고수하되 점선으로 된 새로운 추세선을 그려 어떤 추세선이 더 정확한 추세선인지 밝혀질 때까지 결정을 유보하는 것이다. 이러한 방법으로 차트 분석가들은 원래의 추세선(실선)과 새로운 추세선(점선) 2개를 미래 참고용으로 갖게 된다. 일반적인 원칙에 따르면 추세선의 돌파가 비교적 약할 경우, 일중에 일어난 경우, 그리고 가격이 추세선 위에서 마감된 경우에는 원래의 추세선을 고수하고 돌파는 무시하는 것이 최선의 방법이다. 다른 여러 시장의 분석에서와 마찬가지로 이렇듯 모호한 경우에는 경험과 판단력이 중요하다.

불행하게도 이러한 상황에서 따를 만한 뚜렷한 원칙은 없다. 종종 뒤이은 시장움직임이 특별히 원래의 추세선이 유효함을 증명할 경우 일시적인 돌파는 무시하는 것이 최선이다.

유효한 추세선 돌파를 이루는 것

일반적으로 추세선 위에서 종가가 형성되는 것이 일중 돌파보다 훨씬 중요하다. 좀 더 구체적으로 말하면, 종가의 돌파도 충분치 않다. 대부분의 기술적 분석가들은 유효한 추세돌파를 가려내고, 그릇된 조짐 혹은 '일시적 돌출'(whipsaw)을 제거하기 위한 시도로 여러 종류의 시간 및 가격 여과장치를 이용한다. 가격여과장치의 예는 3% 돌파기준이다. 가격여과장치는 주로 장기추세 돌파에 사용된다. 이 기준을 통과하기 위해서는 종가기준으로 적어도 3% 이상 추세선이 돌파되어야 한다(이러한 3% 기준은 금리와 같은 금융선물에는 적용되지 않는다).

예를 들면, 금가격이 주요 상승추세선을 400달러에서 하향 돌파했을 경우, 종가는 돌파한 지점으로부터 3%선 아래에서 있어야 했다(이 경우, 종가는 추세선으로부터 12달러 아래인 388달러에서 마감됐어야 했다). 분명 12달러 돌파기준은 단기거래에는 적합하지 않다.

아마도 1%의 돌파가 이 경우에는 더 적합했을 것이다.

퍼센트(%) 원칙은 가격여과장치의 한 형태이다. 예를 들면, 주식 분석가들은 어떤 완전한 돌파를 원해서 부분적인 움직임은 무시할 수 있을 것이다. 어떤 형태의 가격여과장치를 이용하든 장·단점은 있게 마련이다.

여과기준이 너무 적을 경우에는 일시적 돌출의 영향을 감소시키는 데 크게 유용하지 못하다. 반대로 너무 큰 경우에는 유효한 신호에 앞서 나타나는 초기 움직임의 많은 부분을 놓치게 된다. 여기서 다시 거래자는 각 시장의 차이점을 감안하여 어떤 형태의 여과장치가 지금까지 추적하고 있던 추세의 수준에 적당한가를 결정해야 한다.

가격여과장치(미리 정해진 가격 상승폭이나 비율로 가격이 돌파되는 것을 요구함)에 대한 대체수단이 시간여과장치이다. 일반적인 시간여과장치 중의 하나는 2일 원칙이다. 즉, 유효한 추세돌파가 되기 위해서는 종가가 반드시 2일 연속 추세선을 돌파하여야 한다. 따라서 어떤 상승추세를 돌파하기 위해서는 종가가 2일 연속 추세선 아래에서 마감되어야 한다. 일중 돌파는 고려되지 않는다. 1~3% 원칙과 2일 원칙은 또한 주추세선뿐만 아니라 중요한 지지선과 저항선의 돌파에도 적용된다. 또 다른 하나의 여과장치는 주간 신호를 확인하기 위하여 금요일의 종가가 주요 돌파점 위에서 형성되어야 한다는 것이다.

추세선들은 어떻게 역할을 바꾸는가

지지선과 저항선은 일단 돌파되면 서로 역할을 바꾸어 반대로 된다는 것을 앞서 언급하였다.

추세선에도 같은 원칙이 적용된다(그림 4-10a~4-10c 참조). 즉, 일반적으로 일단 상승추세선(지지선)이 결정적으로 돌파되면 저항선이 되고, 하락추세선(저항선)이 일단 돌파되면 종종 지지선으로 바뀐다. 이것이 바로 왜 모든 추세선들은 그것들이 돌파된 후에도 가능한 한 차트의 오른쪽까지 연장하는 것이 좋은가에 대한 이유이다. 과거의 지지선이나 저항선으로서의 추세선이 미래에는 얼마나 자주 다시 상반된 역할을 하는가를 보면 놀라운 일이다.

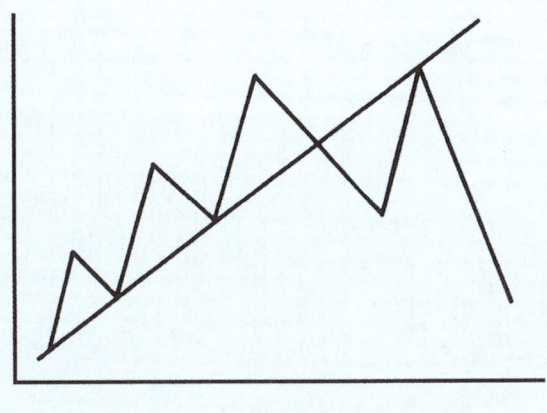

(그림 4-10a)
상승지지선이 저항선이 되는 경우의 예. 일반적으로 상승지지선은 일단 하향돌파되면 뒤이은 상승에 대해 저항선 역할을 하게 된다.

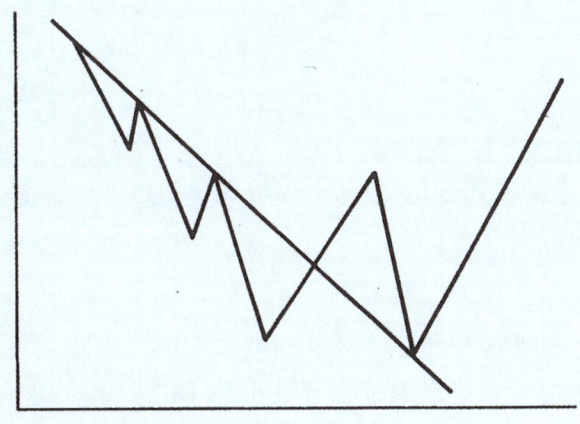

(그림 4-10b)
하락추세선이 일단 상향돌파되면 종종 지지선이 된다.

추세선의 측정의미

추세선은 목표가격을 결정하는 데 이용될 수 있다. 가격패턴을 다룬 다음 두 장에서 목표가격을 자세히 다루도록 한다.

사실, 여러 가지 가격패턴으로부터 측정된 가격목표들은 우리가 여기서 다루게 될 가격목표와 유사하다. 간략하게 말하자면, 일단 추세선이 돌파되면 일반적으로 가격은 추세선의 돌파방향과 반대방향으로 가격이 움직인 수직거리만큼 움직이다가 다시 반전하게 된다. 즉, 직전의 상승추세에서 상승추세선으로부터 위로 50달러(수직거리 측

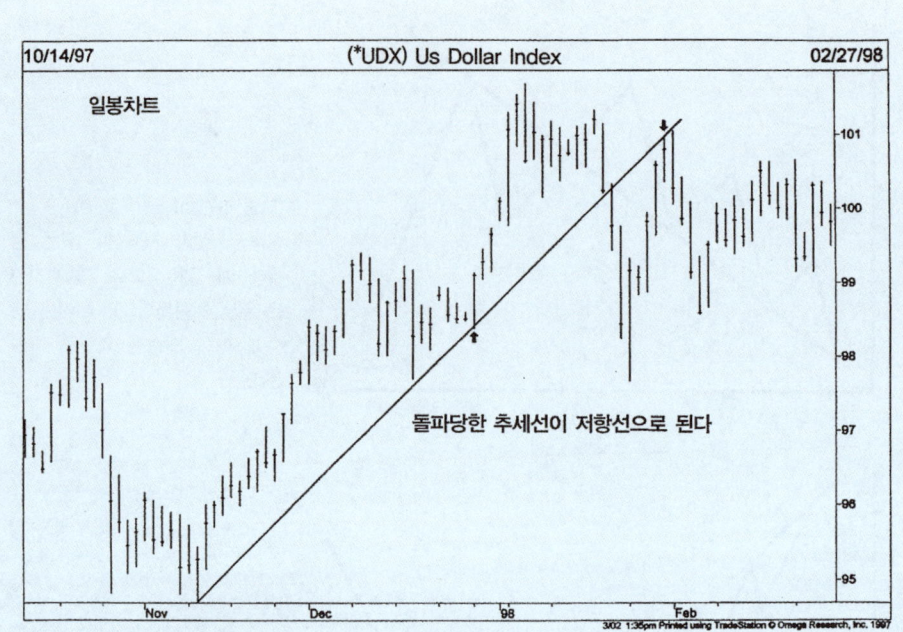

(그림 4-10c) 추세선 또한 역할을 바꾼다. 이 차트에서는 돌파된 추세선이 뒤이은 상승시도에 대한 저항선이 되었다.

정치)만큼 움직였다면 추세선이 돌파된 뒤에는 추세선 아래로 50달러만큼 하락을 기대할 수 있다. 추세선을 이용한 이 측정법은 일단 추세선이 돌파되면 '머리'에서 목선까지 거리를 추세선에서 투사하는 머리어깨반전형(head and shoulders reversal pattern)에 쓰인 방법과 유사하다는 것을 알 수 있다.

부챗살 원리(The fan principle)

추세선을 이용하는 흥미 있는 것들 중 하나는 부챗살 원리이다(그림 4-11a~4-11c 참조). 상승추세선의 하향 돌파 후 가격은 종종 얼마정도 하락한 후 기존 상승추세(현재의 저항)선까지 다시 반등한다. 그림 4-11a는 가격이 추세선 1까지는 반등했다가 이 선을 돌파하는데 어떻게 실패하는가를 보여주고 있다.

두 번째 추세선이 새로 생겼으나 이것 역시 돌파되었다. 또 하나의 상승시도 실패 후 세 번째 추세선 3이 그려진다. 세 번째 추세의 돌파는 일반적으로 가격이 하락하고 있음을 나타낸다. 그림 4-11b에서 세 번째 하락추세선(선 3)의 상향 돌파는 새로운 상승추세의 신호가 된다. 이 예에서 보면, 돌파된 직전 지지선들은 저항선이 되고 저항선들은 지지선이 되었다. '부챗살 원리'는 점차 경사가 감소하는 부챗살 모양을 본떠

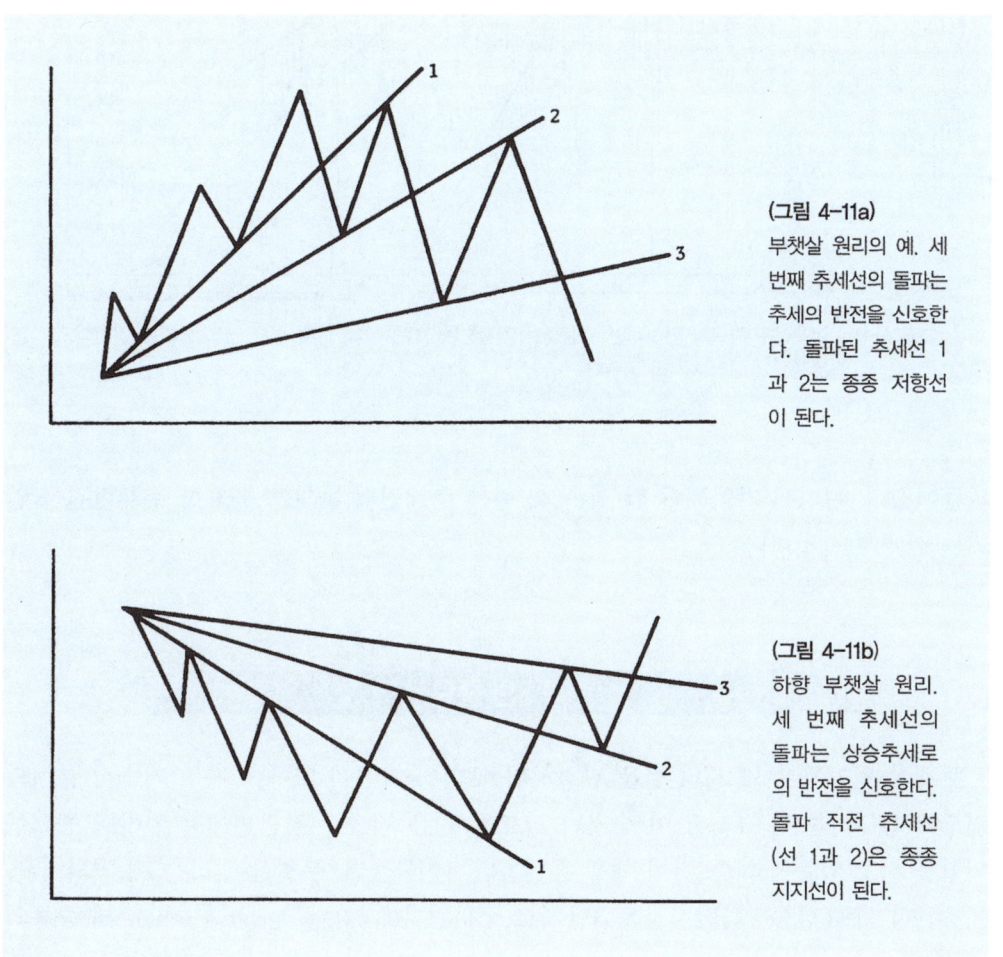

(그림 4-11a)
부챗살 원리의 예. 세 번째 추세선의 돌파는 추세의 반전을 신호한다. 돌파된 추세선 1과 2는 종종 저항선이 된다.

(그림 4-11b)
하향 부챗살 원리. 세 번째 추세선의 돌파는 상승추세로의 반전을 신호한다. 돌파 직전 추세선 (선 1과 2)은 종종 지지선이 된다.

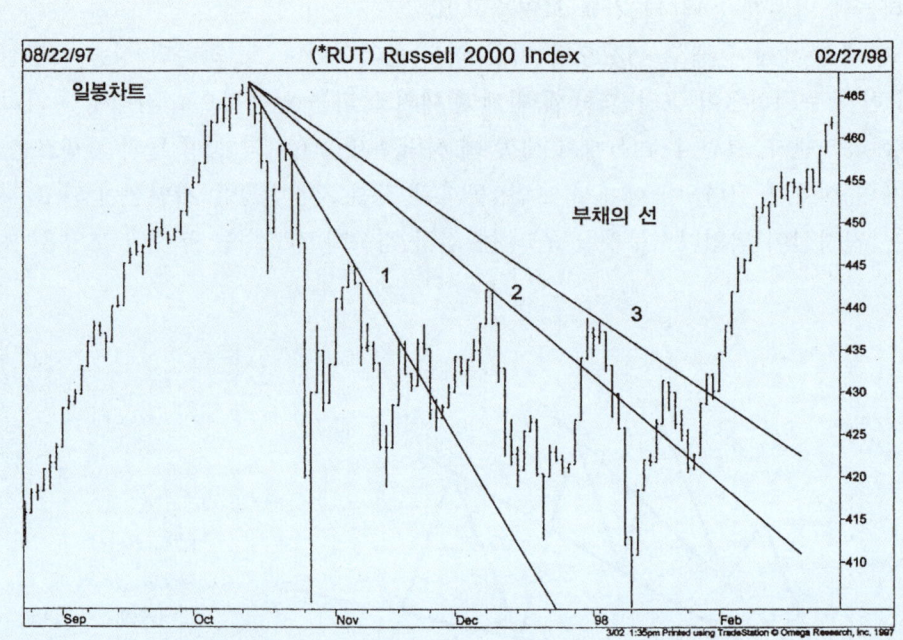

(그림 4-11c) 부챗살은 차트의 연속적인 고점들을 연결하여 그린다. 세 번째 부채 선의 돌파는 일반적으로 상승추세의 시작을 알린다.

만들어졌다. 여기서 기억해야 할 점은 세 번째 추세선의 돌파는 유효한 추세반전을 알리는 신호라는 것이다

숫자 3의 중요성

부챗살 원리에서 세 개의 선을 관찰하다 보면 숫자 3이 얼마나 자주 기술적 분석의 연구에 등장하는지, 그리고 이 숫자가 그토록 많은 기술적 접근법에서 얼마나 중요한 역할을 하고 있는지 하는 점이 매우 흥미롭다. 예를 들면, 부챗살 원리는 세 개의 선을 이용한다; 주요상승·하락시장은 3단계로 구분된다(다우이론과 엘리엇 파동이론); 세 종류의

갭이 존재한다(이것은 잠시 후에 다룰 것임); 3중형이나 머리어깨형과 같이 널리 알려진 반전형은 돌출한 세 개의 봉우리를 가진다; 추세에는 세 분류(주추세, 중추세, 소추세)가 있고 추세는 세 방향(상승, 하락, 수평)을 가진다; 일반적으로 받아들여지는 지속형에는 세 가지 패턴의 삼각형(대칭, 상승, 하락)이 있다; 세 종류의 정보출처(가격, 거래량, 미결제약정)가 있다 등. 이유야 어쨌든 숫자 3은 기술적 분석의 전영역에 걸쳐 아주 중요한 역할을 한다.

추세선의 상대적 기울기

추세선의 상대적 기울기 또한 중요하다. 일반적으로 대부분의 중요한 상승추세는 평균 기울기인 45도에 가까워지려는 경향이 있다. 어떤 분석가들은 단순히 현저한 고점 또는 저점을 이용하여 차트에 45도 선을 그려 주추세선으로 이용한다.

45도 선은 갠(W. D. Gann)이 좋아하는 기법 가운데 하나이다. 이 선은 가격이 상승하고 하락할 때 가격과 시간이 완전한 균형을 이루게 되는 상황을 반영한다.

추세선의 기울기가 너무 큰 것은(그림 4-12의 선 1) 가격상승이 너무 빠르고 이 추세가

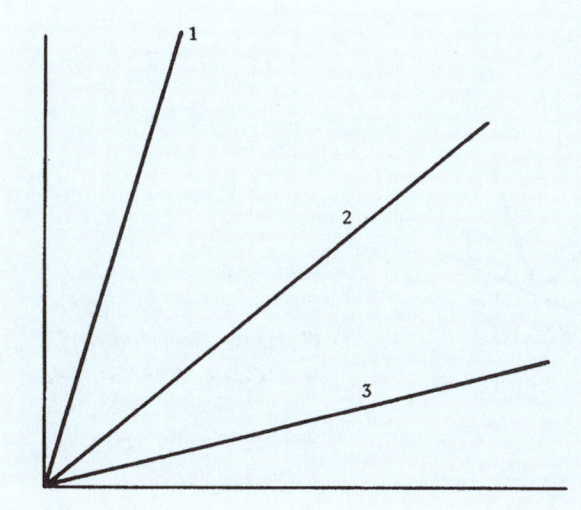

(그림 4-12)
대부분의 유효한 추세선들은 일반적으로 45도(선 2 참조)의 각도로 상승한다. 경사가 너무 가파른 추세선(선 1)은 같은 상승률을 지속하기 어렵다. 너무 완만한 추세선(선 3)은 추세선이 너무 약하여 신뢰할 만하지 못하다. 많은 분석가들은 직전 고점이나 저점을 이용하여 45도 선을 주추세선으로 이용한다.

오래 지속되지 못할 것임을 나타낸다. 기울기가 큰 추세선의 돌파는 45도 선(선 2)에 가까운 보다 지속적인 추세로의 반작용을 의미할 것이다. 추세선이 너무 완만하면(선 3), 이것은 상승추세가 너무 약하여 신뢰할 수 없음을 나타낸다.

추세선의 조정

때때로 추세변화에 따라 추세선을 조정해야 한다(그림 4-13과 4-14a~4-14b 참조). 예를 들면, 앞의 예에서 본 바와 같이 기울기가 큰 추세가 돌파되면 보다 완만한 추세선을 그려야 하고, 기존 추세선이 너무 완만하면 보다 큰 기울기로 다시 추세선을 그려야 한다. 그림 4-13은 기울기가 큰 추세선(선 1)이 돌파되어 보다 작은 기울기의 추세선(선 2)이 필요한 상황을 보여주고 있다.

그림 4-14a에서 기존의 추세선(선 1)은 너무 완만하여 보다 큰 각도(선 2)로 다시 그려야만 한다. 이 상승추세는 보다 기울기가 큰 선으로 가속되었다. 가격움직임으로부터 너무 동떨어진 추세선은 어떤 추세의 추적에 거의 도움이 되지 않는다.

가속추세의 경우 때로는 보다 큰 기울기의 추세선을 몇 개 더 그려야만 한다. 그러나 경험에 따르면 보다 큰 기울기의 추세선이 필요한 경우 곡선형(Curvilinear) 추세선과 똑같은 이동평균 같은 다른 분석도구를 이용하는 것이 가장 좋다. 여러 다른 형태의 기술적인 표들을 이용할 수 있다는 것은 어떤 주어진 상황에 가장 알맞은 것을 선택할 수 있다는 것을 나타낸다.

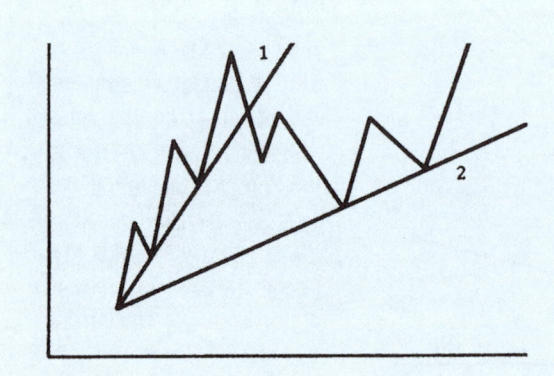

(그림 4-13)
기울기가 너무 큰 추세선(선 1)의 예. 기존 상승추세의 기울기가 너무 큰 것으로 증명되었다. 종종 기울기가 큰 추세의 돌파는 보다 완만하고 지속적인 상승추세(선 2)로의 조정이다.

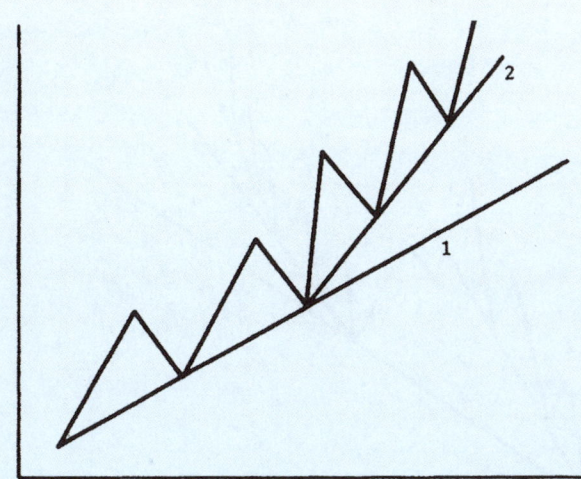

(그림 4-14a)
너무 완만한 추세선의 예(선 1). 상승추세의 증가속도에 비해 추세선 1의 기울기가 너무 완만하다. 이 경우 상승추세를 추적하기 위해서는 보다 기울기가 큰 추세선(선 2)이 필요하다.

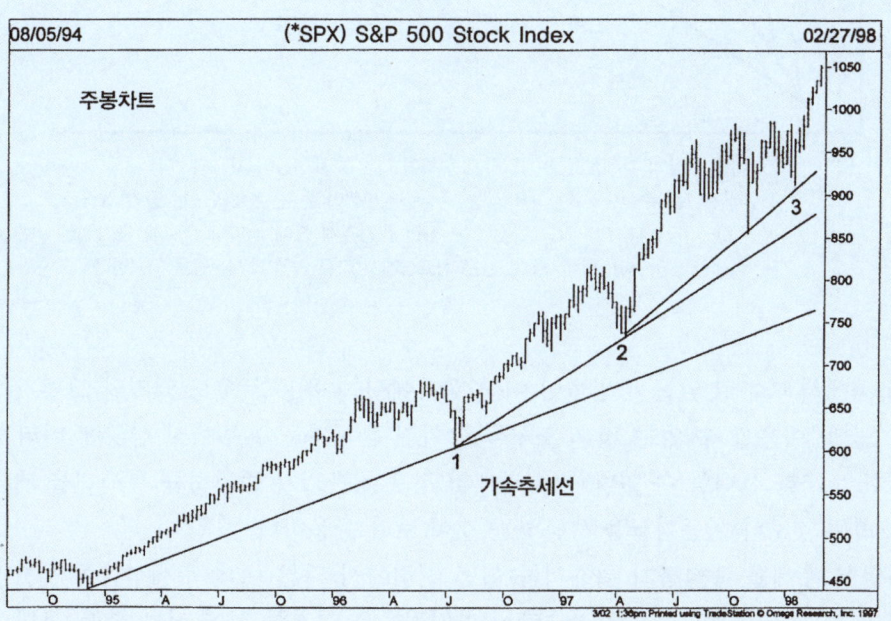

(그림 4-14b) 이 차트에서 보는 바와 같이 상승추세가 가속적으로 증가하므로 보다 큰 기울기의 추세선을 다시 그려야 한다. 이 경우 기울기가 가장 큰 추세선이 가장 중요한 추세선이 된다.

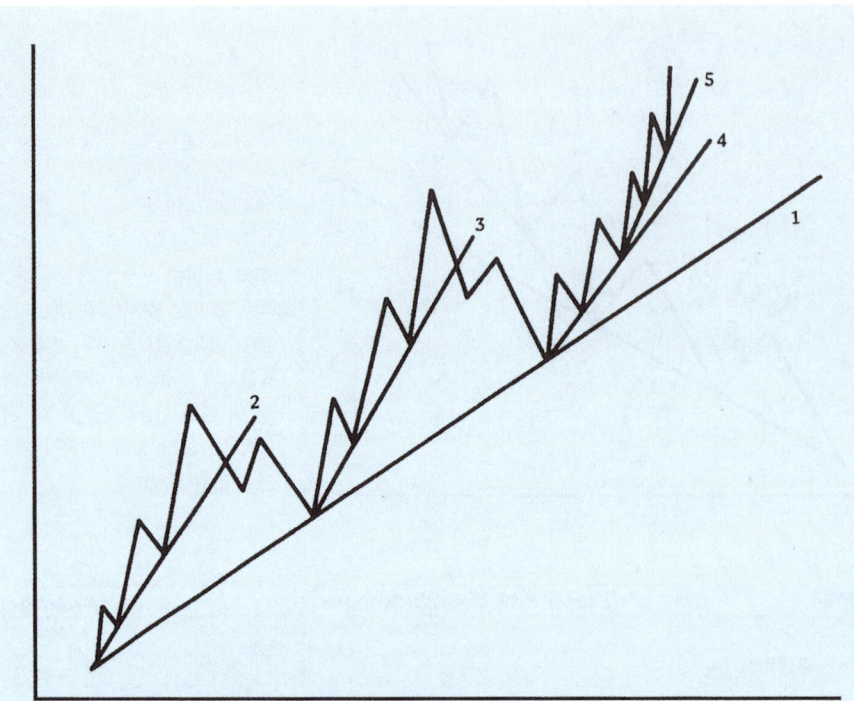

(그림 4-15) 다른 종류의 추세선들을 정의하기 위하여 다른 추세선들이 사용되었다. 위의 예에서 선 1은 주상승추세를 나타내는 주상승추세선이다. 선 2, 3과 4는 중간 상승추세를 나타낸다. 마지막으로 선 5는 직전 중간추세 중에 나타나는 보다 단기적인 상승을 나타낸다. 분석가들은 같은 차트상에서 다른 많은 추세선들을 이용한다.

    이 책에서 다루고 있는 방법들이 어떤 상황에서는 유용할 수도 있지만 그렇지 않을 수도 있다. 이용할 수 있는 많은 도구들을 가진 분석가들은 주어진 상황에 따라 가장 적절한 도구를 선택할 수 있다. 가속추세의 경우 기울기가 증가하는 추세선을 계속 새로 그리는 것보다 이동평균을 사용하는 것이 보다 유용하다.

    다양한 추세를 측정하기 위해서는 어떤 시점에서 다른 여러 추세선들이 필요하다. 예를 들면, 주상승추세선은 주상승추세의 저점들을 연결한 선이 되는 한편, 보다 단기의 민감한 추세선은 2차적 변동 분석에 이용할 수 있을 것이다. 심지어 보다 단기적이고 민감한 추세선은 단기움직임을 분석하는 데 이용할 수 있다(그림 4-15 참조).

경로선(Channel line)

복귀선(return line)이라고도 불리는 경로선(Channel line)은 추세선 기법의 또 다른 유용한 파생기법이다. 종종 가격은 두 평행선(기본 추세선과 경로선) 사이에서 추세를 이룬다. 이것이 분명 그 경우라면, 그리고 분석가들이 경로의 존재를 인식한 경우 이 점은 유익하게 이용될 수 있다.

경로선의 작성은 비교적 간단하다. 상승추세에서(그림 4-16a 참조) 첫 번째 저점을 따

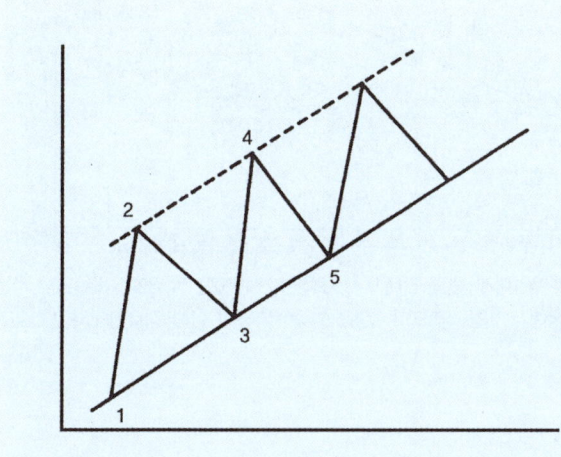

(그림 4-16a)
추세경로의 예. 일단 기본 추세선(아래 점 1과 3)이 그려지면 경로 또는 복귀선(점선)을 첫 봉우리 2에서 기본 상승추세선과 평행으로 투사한다.

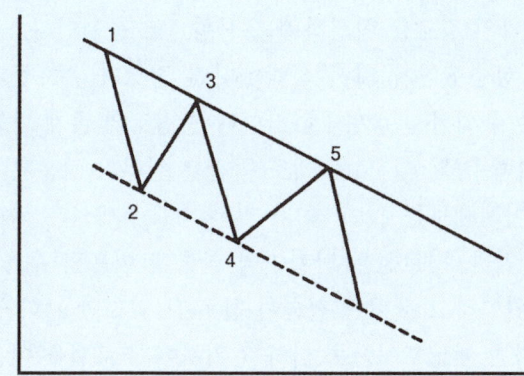

(그림 4-16b)
하락추세에서의 추세경로. 추세경로가 첫 저점 2에서 봉우리 1, 3을 잇는 하락추세선에 평행하게 투사되었다. 가격은 종종 추세경로 안에 머물 것이다.

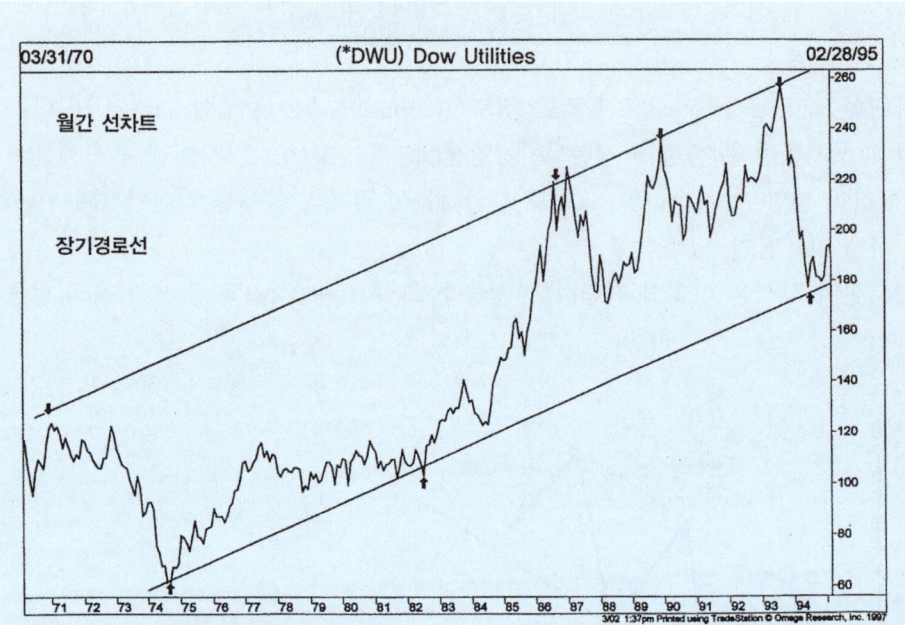

(그림 4-16c) 25년 동안 가격은 평행경로의 위, 아래 선 중간에서 변동하였다. 1987년, 1989년, 1993년의 고점들이 바로 위 경로선상에서 발생하였으며, 1994년에는 저점이 아래 경로선에서 반등하였다.

라 기본 상승추세선을 그린다. 그런 다음 첫 번째 봉우리(점 2)에서 기본 상승추세선에 평행하게 점선을 그린다. 두 선은 하나의 경로를 형성하며 우상향으로 움직인다.

다음 번 상승이 경로선(점 4)까지 상승했다가 다시 하락했다면 경로가 존재한다고 할 수 있다. 그리고 가격이 다시 기본 추세선(점 5)까지 하락한다면 경로의 존재 가능성은 더욱 커진다. 방향만 반대일 뿐 하락추세(그림 4-16b)에도 똑같은 원리가 적용된다.

독자들은 이러한 내용의 가치를 이해해두는 것이 좋다. 기본 상승추세선은 새로운 매수포지션을 취하는 데 이용될 수 있다. 경로선은 단기이익 창출에 이용될 수 있다. 비록 기존 추세에 상반되는 거래가 위험하고 값비싼 전술이 될 수도 있지만 보다 공격적인 거래자들은 심지어 추세에 반하는 매도포지션을 취하기 위하여 경로선을 이용할 수도 있다.

기본 추세선의 경우 경로가 오래 지속되면 될수록, 그리고 더욱 자주 성공적으로 지켜질수록 중요성과 신뢰성은 커지게 된다. 주추세선의 돌파는 중요한 추세의 전환을 나타낸다. 그러나 상승경로선의 돌파는 이와 상반되는 의미를 가지며, 현재 추세가 가속됨을 알려준다. 어떤 거래자들은 상승추세에서 윗선(경로선)의 돌파를 추가매수의 기회로 생각한다.

경로기법을 이용하는 또 다른 방법은 일반적으로 추세약화의 신호인 경로선접근 실패를 파악하는 것이다. 그림 4-17에서 보듯이 가격이 경로의 윗선(점 5)에 미치는 데 실패한 것은 추세가 변하고 있다는 초기 징후가 될 수 있으며, 나머지 선(기본 상승추세선)의 돌파 가능성을 높여준다. 일반적으로 기존의 가격경로선 안에서의 가격움직임이 경로의 어느 한쪽 선에 미치지 못하는 것은 추세가 전환되고 있음을 나타내며, 경로의 다른 쪽 선이 돌파될 가능성이 높다는 것을 의미한다. 또한 경로를 기본 추세선 조정에 이용할 수도 있다(그림 4-18과 4-19 참조).

가격이 상승경로선의 윗선을 많은 차이로 돌파하는 것은 일반적으로 추세가 강화되고 있음을 나타낸다. 차트 분석가들은 직전 저점으로부터 새로운 경로선에 평행하게

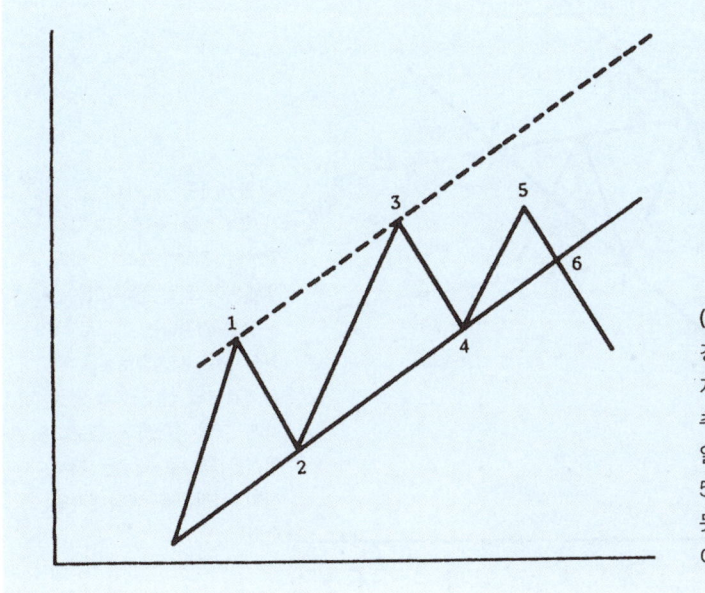

(그림 4-17)
경로의 윗선에 가격이 미치지 못하는 것은 종종 아래의 추세선이 돌파될 수 있음을 알려주는 초기 징조이다. 점 5에서 가격이 윗선에 이르지 못함으로써 기본 상승추세선이 점 6에서 돌파되었다.

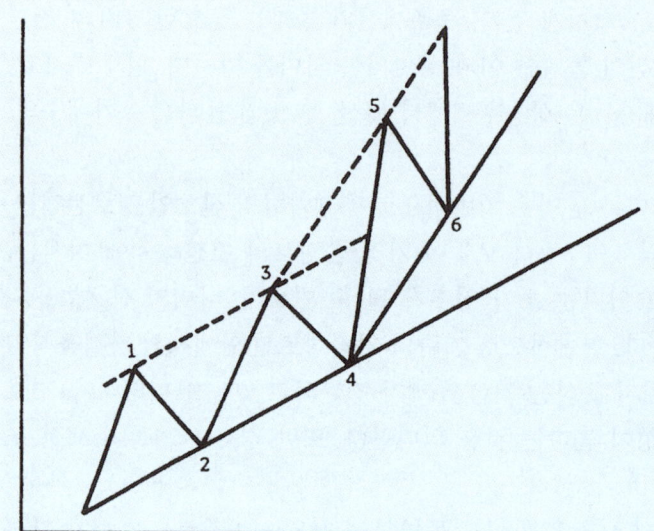

(그림 4-18)
경로 윗선이 돌파되면(파동 5와 같이) 많은 차트 분석가들은 새로운 경로 윗선에 평행하게 기본 상승추세선을 다시 그릴 것이다. 즉, 선 4-6을 선 3-5에 평행하게 그린다. 상승추세가 가속되고 있기 때문에 기본 상승추세도 그렇게 되는 것이 타당하다.

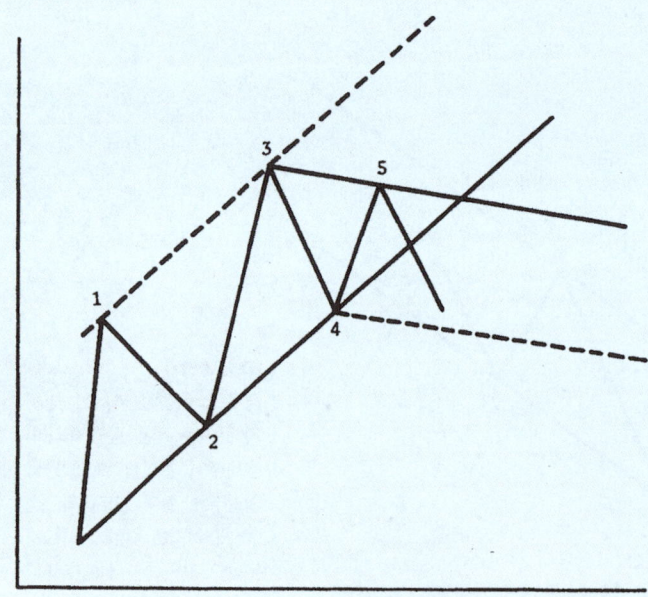

(그림 4-19)
가격이 경로 윗선에 미치지 못하는 경우, 그리고 하락 추세선이 하락 봉우리들(선 3-5)을 연결하는 선으로 그려질 경우 시험경로선을 저점 4로부터 선 3-5에 평행하게 그릴 수 있다. 경로하한선은 때때로 새로운 지지선의 시작점을 나타내기도 한다.

보다 기울기가 큰 새로운 기본 상승추세선을 그린다(그림 4-18에 나타나 있는 것처럼). 종종, 보다 기울기가 큰 새 지지선이 보다 완만한 기존의 지지선보다 더 유효하다.

이와 유사하게, 가격이 경로의 윗선에 이르지 못하면(그림 4-19가 보여주듯이) 직전 저점에서 직전 두 봉우리들을 잇는 새로운 저항선에 나란하게 새로운 지지선을 그리는 것이 적당하다.

경로선은 측정의미도 함축하고 있다. 일단 기존의 가격경로가 돌파되면 가격은 일반적으로 기존 경로의 폭과 같은 거리만큼 돌파한다. 따라서 이용자는 단순히 경로의 폭을 측정하여 돌파된 지점부터 그 거리를 추정하기만 하면 된다.

그러나 두 개의 선 중 기본 추세선이 보다 중요하고 신뢰성이 있다는 것을 명심하여야 한다. 경로선은 추세선 기법의 파생적인 이용법이다. 그러나 분명 경로선의 이용은 종종 차트 분석가들의 도구세트에 포함될 수 있을 만큼 충분한 타당성이 있다.

반전율

상승추세와 하락추세에 대한 앞의 모든 예에서 보았듯이, 여러분들은 어떤 특정한 시장움직임 뒤에는 가격이 원래 방향대로의 움직임을 재개하기에 앞서 직전 추세의 일정 부분을 반전한다는 사실을 확실히 알았을 것이다. 이러한 역추세 움직임은 어느 정도 예측 가능한 백분율로 지표화 된다. 이러한 현상의 적용 중 가장 잘 알려진 것이 50% 반전율이다.

예를 들어, 어떤 시장이 상승추세이고 100수준에서 200수준으로 움직이고 있다고 가정하자. 이때 후속 반등의 대부분은 상승추세를 재개하기에 앞서 직전 움직임의 절반 정도인 150수준으로 반전한다. 이것은 매우 잘 알려진 시장의 경향이며, 아주 빈번하게 일어난다. 또한 이러한 반전율은 주추세, 중추세, 소추세 등 어떤 종류의 추세에도 적용된다.

50% 반전율 외에 1/3과 2/3 반전으로 널리 알려진 최소, 최대 비율지표가 있다. 바꾸어 말하면 가격추세를 세 부분으로 나눌 수 있는데, 일반적으로 최소 반전율은 33%이고 최대 반전율은 66%이다. 이것은 강한 추세를 조정할 때 시장가격은 적어도 직전

움직임의 최소한 1/3은 반전한다는 것을 의미한다. 이것은 많이 이용되는 상당히 유용한 정보이다. 어떤 거래자가 시장가격 아래에서 매수의 기회를 찾고 있다면 차트상에서 단순히 33~50% 구역을 계산하여 그 가격구역을 매수를 위한 일반적인 범위로 이용할 수 있다(그림 4-20a, 4-20b 참조).

최대 반전지표인 66%가 결정적인 가격범위가 된다. 만약 직전 추세가 지속된다면 조정은 2/3점에서 반드시 멈추어야 한다. 그리고 이곳은 상승추세에 있어서는 비교적 위험이 낮은 매수영역이 되며 하락추세에 있어서는 비교적 위험이 낮은 매도영역이 된다.

만약 가격이 2/3선을 넘어서는 경우, 이것은 단순한 조정반전이라기보다는 추세 반전일 가능성이 높다. 그리고 일반적으로 이 움직임은 직전 추세의 100%를 반전한다. 지금까지 언급한 백분율 반전지표(50%, 33% 66%)는 다우이론에서 비롯되었다. 엘리엇

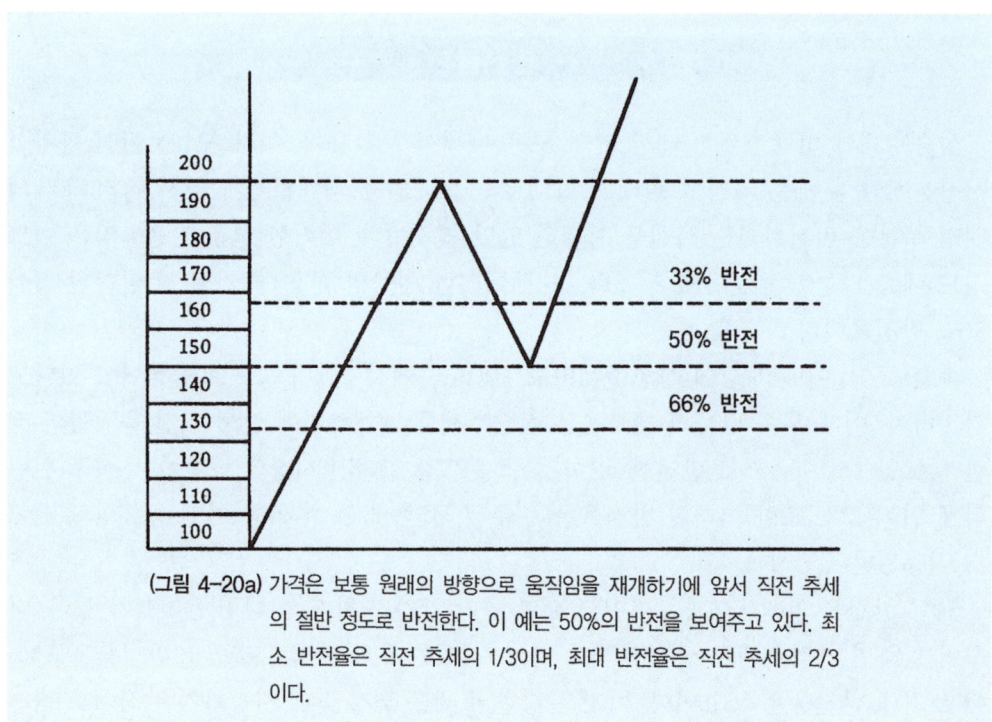

(그림 4-20a) 가격은 보통 원래의 방향으로 움직임을 재개하기에 앞서 직전 추세의 절반 정도로 반전한다. 이 예는 50%의 반전을 보여주고 있다. 최소 반전율은 직전 추세의 1/3이며, 최대 반전율은 직전 추세의 2/3이다.

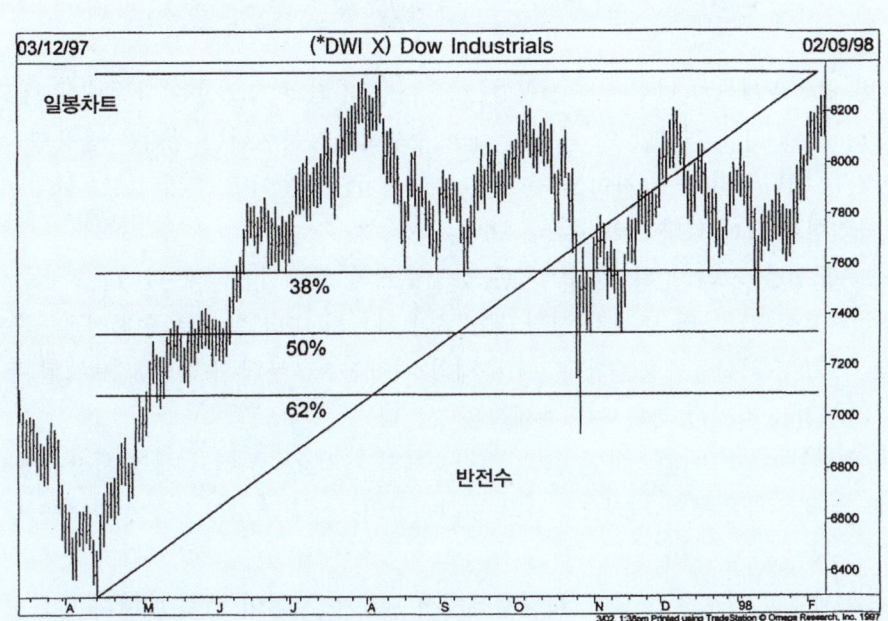

(그림 4-20b) 3개의 수평선은 1997년 4월의 저점에서 8월의 고점까지 측정된 38%, 50%, 62%의 반전을 나타낸다. 첫번째는 38%까지, 두 번째는 62%까지, 그리고 세 번째는 50%까지 하락하였다. 대부분의 조정은 38~50% 사이에서 지지선을 찾을 것이다. 38%와 62% 선은 피보나치(Fibonacci) 반전수이며, 많은 분석가들의 인기를 끌고 있다.

의 파동이론과 피보나치 반전율을 다룰 때, 이 접근법을 따르는 분석가들은 38%와 62%의 반전율을 사용함을 알게 될 것이다.

저자 개인적으로는 최소 반전범위를 33~38%까지로, 그리고 최대 반전범위를 62~66%까지로 통합하는 접근법을 선호한다. 갠의 후학들은 그가 이러한 추세구조를 1/8, 2/8, 3/8, 4/8, 5/8, 6/8, 7/8, 8/8의 8단계로 나누었음을 알고 있다. 그러나 심지어 갠조차도 3/8(38%), 4/8(50%), 5/8(62%)의 반전수에 특별한 중요성을 부여했고, 추세를 1/3(33%)과 2/3(66%)로 3등분하는 것이 매우 중요하다고 느꼈다.

속도선(속도저항선)

세 번째로 추세선과 반전율을 통합하는 또 다른 기법인 속도선을 다뤄보자. 에드슨 굴드(Edson Gould)가 개발한 이 기법은 사실 추세를 3등분한다는 생각을 응용한 것이다. 반전율 개념과의 주된 차이는, 속도선(또는 속도저항선)은 어떤 추세의 상승률과 하락률을 측정한다는 데 있다(그것의 속도를 측정한다는 것이다).

상승속도선을 그리기 위해서는 기존 상승추세의 최고점을 찾는다(그림 4-21a 참조). 차트의 최고점으로부터 추세가 시작되는 곳인 차트의 바닥 쪽으로 수직선을 긋는다. 그리고는 그 수직선을 3등분한다. 그 추세의 시작점으로부터 수직선에 표시된 두 점 1/3과 2/3점을 각각 통과하도록 추세선을 긋는다.

하락추세는 이와 반대로 하면 된다. 하락추세의 저점으로부터 추세의 시작점까지의 거리를 측정하여 추세의 시작으로부터 수직선상의 1/3점과 2/3점을 통과하는 두 개의 선을 긋는다(그림 4-21b 참조).

상승추세에서 새로운 고점이, 하락추세에서 새로운 저점이 생길 때마다 반드시 새로운 선을 그어야 한다(새로운 고점과 저점이 생겼기 때문이다). 속도선을 추세의 시작점으로부터 1/3, 2/3점을 통과하도록 그리기 때문에 이러한 추세선들은 때때로 가격움직임과 교차할 수도 있다. 이것이 추세선이 저점 아래로 또는 고점 위로 그려지지 않고 실제로 가격움직임과 교차하는 경우이다.

상승추세가 자체적인 조정국면에 있을 때 하락조정은 일반적으로 높은 속도선(2/3 속도선)에서 멈춘다. 그렇지 않으면 가격이 보다 낮은 속도선(1/3 속도선)까지 떨어진다. 아래의 선이 돌파될 경우 가격은 아마도 직전 추세의 시작점까지 계속 하락할 것이다. 하락추세에서 아래 추세선의 돌파는 위 추세선까지 가격상승 가능성을 나타낸다.

이 선마저 돌파된다면, 직전 추세 고점까지의 가격상승 가능성을 나타내는 것이다. 모든 다른 추세선과 마찬가지로 일단 돌파 당하면 속도선의 역할은 바뀌게 된다.

따라서 상승추세의 조정국면에서 위쪽 2/3선이 돌파 당하여 가격이 1/3선까지 떨어졌다가 거기서부터 상승하면 위쪽 선은 저항선이 된다. 위쪽 선이 파기되었을 경우에만 기존의 고점이 돌파당할 수 있다는 신호가 될 수 있다. 하락추세에서도 같은 원리가 적용된다.

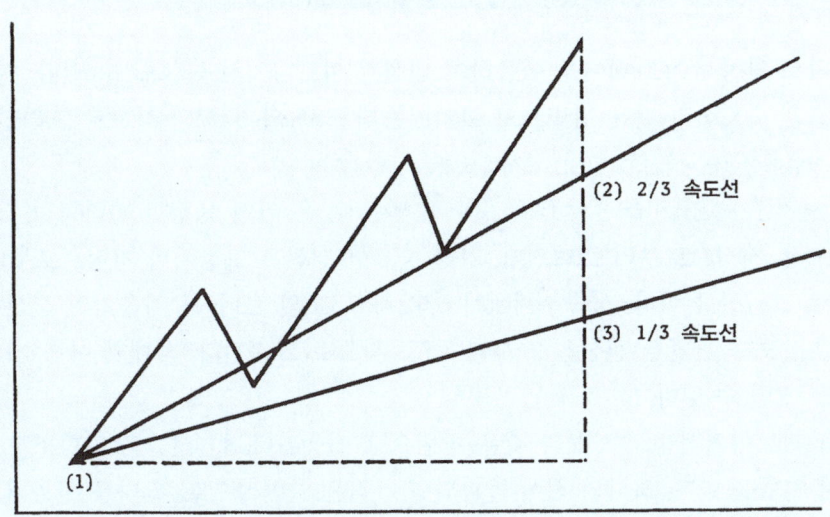

(그림 4-21a) 상승추세에서의 속도선의 예. 최고점으로부터 추세의 시작점까지의 수직 거리를 3등분하였다. 그리고는 2개의 추세선을 1로부터 2, 3을 관통하도록 그렸다. 위의 것은 2/3 속도선이고, 아래의 것은 1/3 속도선이다. 이 선들은 시장의 조정기간 동안 지지선의 기능을 한다. 일단 돌파되면 일시적 반등에 대한 저항선의 역할을 한다. 때때로 이러한 속도선들은 가격움직임과 교차한다.

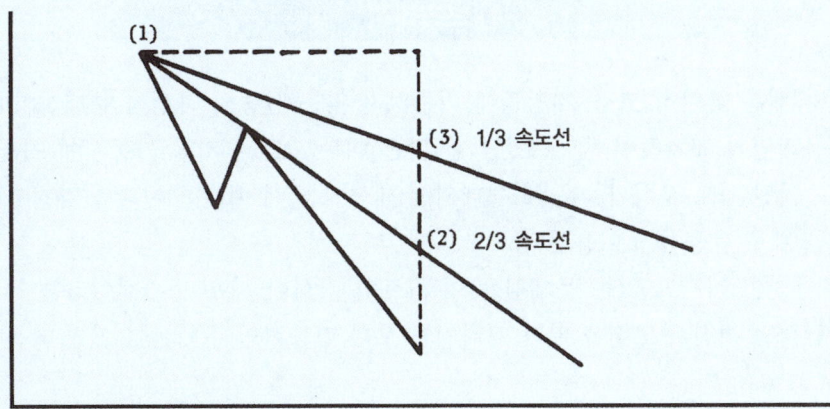

(그림 4-21b) 하락추세에서의 속도선.

갠(Gann)과 피보나치(Fibonacci) 부채선

또한 차트 작성 소프트웨어를 이용하여 갠선과 피보나치선을 그릴 수 있다. 피보나치 부채선은 속도선과 같은 방법으로 그려지는데, 38%와 62%의 각으로 그려진다(제13장 '엘리엇의 파동이론'에서 38%와 62%가 어디서 왔는지 설명할 것이다).

갠선(전설적인 상품선물거래자인 W. D. Gann의 이름에서 따옴)은 어떤 특정한 기하학적 각도로 현저한 고점, 저점으로부터 그려진다. 가장 중요한 갠선은 고점이나 저점으로부터 45도 각도로 그려진 선이다. 상승추세에서 63¾과 75도의 보다 큰 기울기의 갠선을 그릴 수 있다. 보다 완만한 갠선은 26¼과 15도 각도로 그려진다. 최대한 아홉 개의 다른 갠선을 그릴 수 있다.

갠선과 피보나치선은 속도선과 같은 방법으로 이용된다. 이 선들은 하향조정 동안 지지선의 역할을 한다. 하나의 선이 돌파되면 가격은 일반적으로 그 다음 선까지 떨어진다. 따라서 갠선은 많은 논쟁의 여지를 갖고 있다. 비록 그들 중 어떤 것이 유효하다 하더라도 이것이 어떤 것일지 미리 확신을 가질 수가 없기 때문이다. 어떤 차트 분석가들은 기하학적 추세선 자체의 유효성에 대해 의문을 제기하기도 한다.

내부추세선

내부추세선은 극단적 고점, 저점들에 의존하지 않는 일종의 파생적 추세선이다. 대신, 가격움직임과 교차하여 될 수 있는 한 많은 내부 고점과 저점을 동시에 연결하여 그려진다. 어떤 차트 분석가들은 이 형태의 추세선에 대해 예리한 시각을 가지고 있으며, 이것을 매우 유용하게 이용한다.

내부추세선이 가지고 있는 문제점은 이 차트의 작성이 매우 주관적이라는 점이다. 반면, 극단적인 저점과 고점을 따라 그려지는 보다 전통적인 추세선이 훨씬 더 정확하다(그림 4-21c 참조).

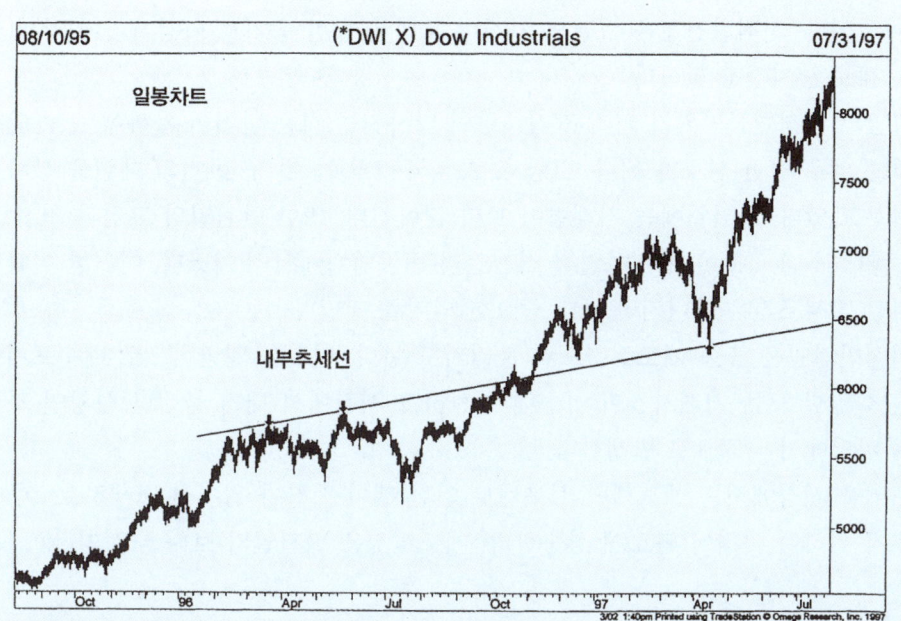

(그림 4-21c) 내부추세선은 가격움직임과 교차하여 가능한 한 많은 고점과 저점들을 연결하여 그린다. 1996년 초의 고점들로부터 그려진 이 내부추세선은 1년 뒤인 1997년 봄 동안 지지선의 역할을 하였다.

반전일

또 하나의 중요한 토대는 반전일이다. 이 특별한 차트의 형태에는 하향반전, 상향반전, 매수 또는 매도 정점, 핵심 반전일 등 여러 가지 패턴이 있다.

이 패턴 자체는 크게 중요하지 않다. 그러나 다른 기술의 정보와 연관지어 고려하면 때로는 매우 중요할 수도 있다. 먼저, 반전일에 대한 정의부터 내려보자.

반전일은 고점이나 저점에서 발생한다. 고점반전일에 대한 일반적인 정의는, 같은 날 가격이 하락하여 종가로 마감되기에 앞서 상승추세에서 새로운 고점을 형성하는 것을 말한다. 즉, 가격은 하룻동안의 어떤 시점(보통 개장 시점이나 개장 직후)에서 상승추세의 새로운 고점을 형성하고는 약해져서 실제로는 전날의 종가보다 약간 낮은 가격에서 마감된다. 저점반전일은 그날의 가격이 보다 상승한 종가로 마감하기에 앞서 형성되는 새로운 저점을 말한다.

그날의 가격변동범위가 커지고 거래량이 많아지는 것은 반전이 가까이 오고 있음을 알리는 매우 강한 신호가 된다. 그림 4-22a, 4-22b는 이 두 반전의 패턴을 봉차트로 보여주고 있다. 반전일에는 거래량이 보다 많아진다. 또한 반전일의 고점과 저점 모두 '이탈일'(outside day)을 형성하면서 직전일의 변동범위에서 벗어났다. 이러한 이탈일은 반전일 발생조건은 아니지만 보다 중요한 의미를 지닌다(그림 4-22c 참조).

저점반전일은 종종 매도절정으로 불리기도 한다. 이것은 일반적으로 매수포지션에 있는 실망한 모든 거래자들이 마침내 청산하고 시장에서 대거 물러난 상황인 하락추세의 바닥에서 극적으로 발생한다.

뒤이을 시장에서는 매도세력의 부재로 인한 갭이 시장가 위에서 발생하고, 이 갭을 메우기 위하여 가격이 빠르게 상승한다. 매도절정은 반전일의 보다 극적인 예 가운데

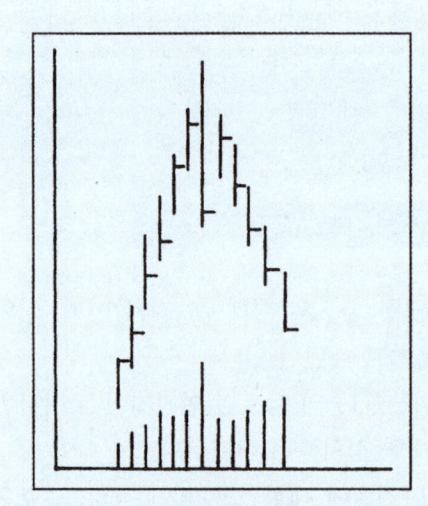

(그림 4-22a) 고점반전일의 예. 반전일에 거래량이 많고, 가격변동이 클수록 이것의 중요성은 더욱 커진다.

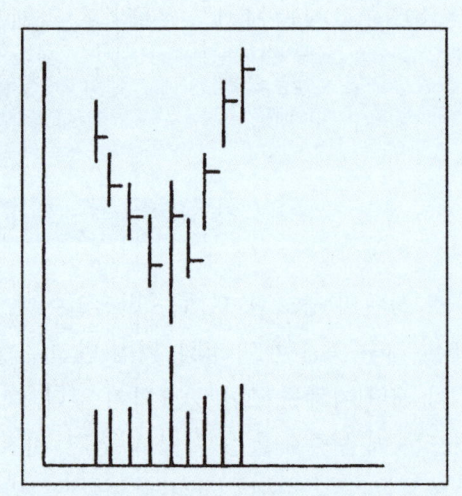

(그림 4-22b) 저점반전일의 예. 거래량이 특히 많을 경우 저점반전일은 종종 '매도절정'으로 불리기도 한다.

금융시장의 기술적 분석

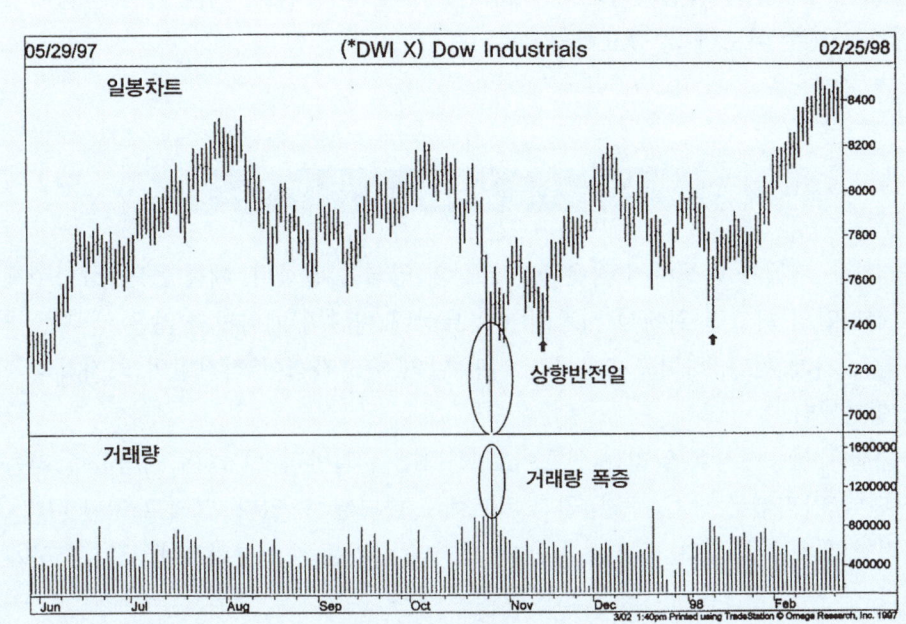

(그림 4-22c) 1997년 10월의 차트는 저점반전(또는 상향반전) 혹은 '매도절정'의 전형적인 예이다. 거래 초기에 가격이 급격히 하락하였다가 마감시에 급격히 상승하였다. 이날의 눈에 띄게 많은 거래량은 중요성을 한층 더하고 있다. 2개의 덜 극적인 저점반전일이 나타나 있다(화살표 참조).

하나이다. 이것은 하락시장의 최종 하한선을 나타내지는 않더라도 일반적으로 중대한 저점이 형성되었음을 알려준다.

주간 반전과 월간 반전

이런 형태의 반전패턴은 주봉차트, 월봉차트상에 나타난다.

주간 차트에서 각 막대는 금요일의 종가와 함께 주 전체의 범위를 나타낸다. 따라서 상향 주간 반전이 그 주 동안 시장이 보다 낮은 가격에서 형성되어 새로운 저점을 만들고 다시 상승하여 직전 금요일 종가보다 높은 곳에서 마감될 때 나타날 수 있다.

여러 가지 분명한 이유로 주간 반전은 일일반전보다 훨씬 중요하며, 차트 분석가들은 중요한 이것을 전환점의 신호로 세심한 주의를 기울인다. 이와 같은 맥락에서 볼 때 월간 반전은 이보다 더 중요하다고 할 수 있다.

가격갭

가격갭은 거래가 발생하지 않은 봉차트상의 영역을 말한다. 예를 들면, 상향추세 가격은 직전일의 최고점 위에서 시작되어 차트상에 이날의 메워지지 않은 갭 혹은 터진 공간을 남기게 된다. 하락추세에서는 어떤 날의 최고가격이 직전일의 최저가격 아래에서 형성된다.

상승갭은 상승시장을 알리는 신호이고, 하락갭은 일반적으로 하락시장을 알리는 신호가 된다. 가격갭은 장기, 주간, 월간 차트에도 나타날 수 있다. 그리고 일단 나타나면 일반적으로 매우 중요한 의미를 지닌다. 그러나 이것들은 일봉차트에 보다 흔하게 나타난다.

가격갭의 해석과 관련하여 몇몇의 전설적인 말들이 있다. 그 중 가장 흔히 들을 수 있는 것 가운데 하나는 "갭은 언제나 채워진다"라는 것이다. 이것은 절대 사실이 아니다. 어떤 갭은 반드시 채워져야 하고 어떤 것은 채워지지 않아야 한다. 또한 우리는 이것이 형태와 발생위치에 따라 각기 다른 예시적 의미를 함축하고 있음을 보게 될 것이다.

갭의 세 가지 형태

일반적으로 갭의 형태는 이탈, 분출(또는 측정), 소멸 세 가지로 나눌 수 있다.

- **이탈갭** : 이탈갭은 대개 어떤 중요한 가격패턴의 완성기에 나타나며, 일반적으로 중요한 시장움직임의 시작을 알린다. 어떤 시장은 주요 바닥패턴을 완성한 후 이탈갭에서 저항선의 돌파가 발생한다. 이 형태의 갭은 고점과 저점 부근의 주요 돌파가 일어나는 영역에서 가장 많이 발생한다. 또한 추세의 반전을 알리는 주추세선의 돌파도 이탈갭을 발생시킬 수 있다. 이탈갭은 거래량이 많은 경우에 발생

한다. 이탈갭은 채워질 가능성보다 그렇지 못할 가능성이 더 높다. 가격이 이 갭의 상한선으로 되돌아가서(상승시장의 경우) 갭의 일부분을 메울 수도 있지만 종종 갭의 일부분은 채워지지 않은 상태로 남아 있게 된다.

　법칙 한 가지. 이 갭의 출현 이후 거래량이 많을수록 갭이 채워질 가능성은 낮아진다. 일반적으로 상승갭은 뒤이은 시장의 조정국면에서 지지영역이 된다. 상승추세 동안 가격이 이 갭의 아래로 내려가지 않아야 한다는 것은 중요하다. 어떤 경우에도 상승갭 아래에서 종가가 형성되면 이것은 하락시장의 신호이다(그림 4-23a, 4-23b 참조).

- **분출갭 또는 측정갭** : 앞과 같은 이런 시장움직임이 얼마 동안 지속된 후 이 움직임의 중간쯤 가격이 폭등하여 분출갭이라 불리는 두 번째 형태의 갭이(또는 일련의 갭들이) 형성된다. 이러한 형태의 갭은 적은 거래량에도 시장이 맥없이 움직이는 상

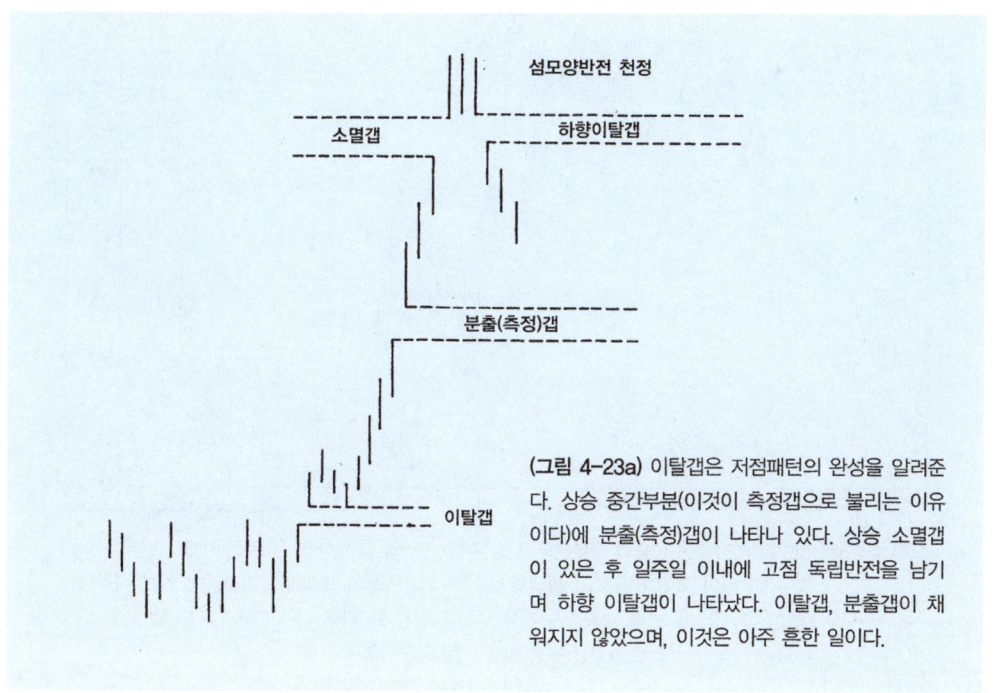

(그림 4-23a) 이탈갭은 저점패턴의 완성을 알려준다. 상승 중간부분(이것이 측정갭으로 불리는 이유이다)에 분출(측정)갭이 나타나 있다. 상승 소멸갭이 있은 후 일주일 이내에 고점 독립반전을 남기며 하향 이탈갭이 나타났다. 이탈갭, 분출갭이 채워지지 않았으며, 이것은 아주 흔한 일이다.

황을 나타낸다. 이것은 상승추세에서는 상승시장의 신호이며, 하락추세에서는 하락시장의 신호가 된다. 또한 분출갭은 뒤이은 조정국면에 대한 시장가 아래의 지지선이 되며 종종 채워지지 않은 상태로 남게 된다. 이탈갭의 경우와 마찬가지로 분출갭 아래에서 마감되는 종가는 상승추세에 대한 부정적인 신호이다.

 이 종류의 갭은 어떤 추세의 중간지점에서 나타나기 때문에 측정갭으로 불리기도 한다. 뒤이을 시장움직임을 예측하려면 이 추세신호 또는 돌파시점으로부터 이동한 시점까지의 거리를 측정하여 두 배 해주면 된다.

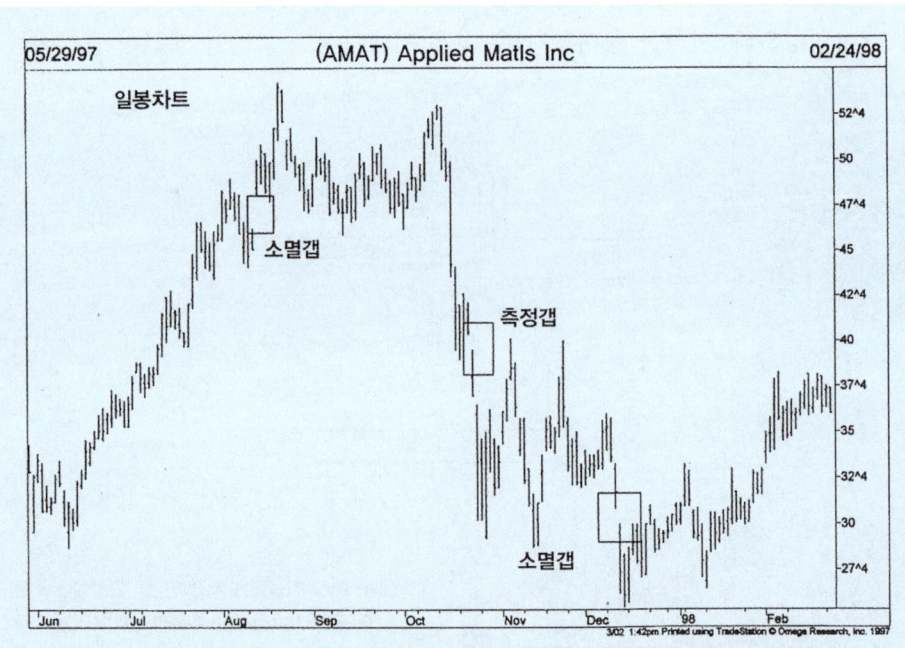

(그림 4-23b) 첫번째 사각형은 상승의 끝부분에서 발생하는 '소멸' 갭을 나타낸다. 갭 아래로 떨어지는 가격은 이 갭이 고점 부근에서 형성되었음을 나타낸다. 하락추세의 중간쯤에 있는 사각형은 '측정' 갭이다. 세 번째 사각형은 저점 부근에 있는 또 다른 '소멸' 갭이다. 이 갭 위로 다시 가격이 움직이는 것은 가격상승의 신호가 된다.

- **소멸갭** : 마지막 형태의 시장갭은 시장움직임의 끝부분에 나타난다. 모든 목표들을 성취하고 다른 두 종류의 갭들(이탈갭, 분출갭)을 확인한 후에는 이제 소멸갭을 예상해야 한다. 말하자면, 추세의 마지막 부분에서 가격이 마지막 숨을 몰아쉬면서 폭등한다. 그러나 상승폭등은 빨리 시들해져 2일 또는 일주일 이내에 가격은 하락하기 시작한다. 마지막 갭 아래에서 종가가 형성되면 이것은 일반적으로 소멸갭이 나타났었다는 것을 명확히 알려주는 것이다. 상승추세에서 가격이 갭 아래로 떨어지는 것은 하락추세의 의미를 함축하는 전형적인 하나의 예이다.

섬모양반전

이제 섬모양반전 패턴을 다룰 차례이다. 상승소멸갭이 형성되고 나면 가격은 종종

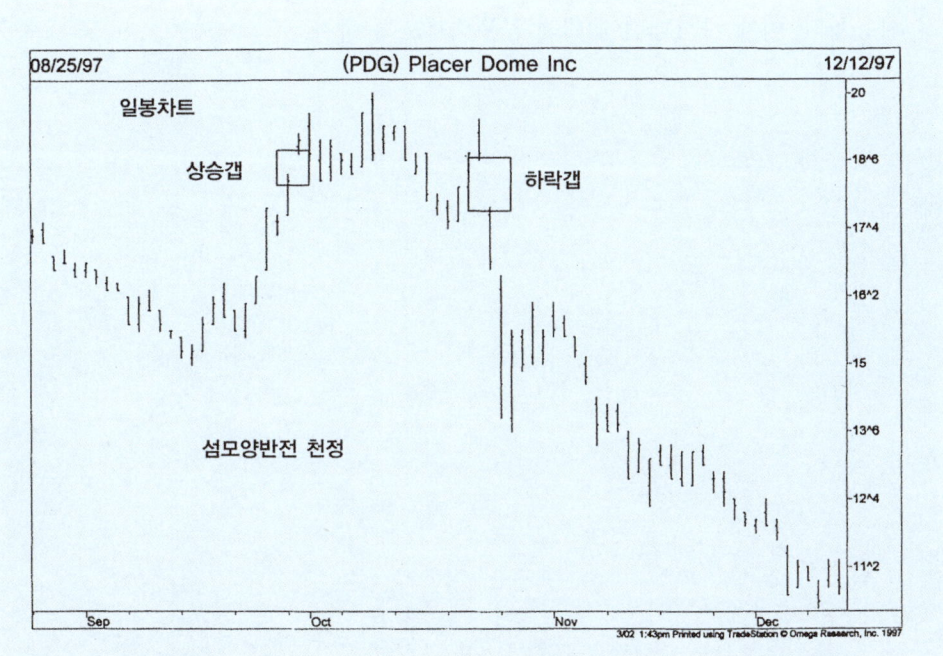

(그림 4-23c) 일봉차트상의 두 갭은 '섬모양반전 천정'을 형성한다. 첫번째 사각형은 가격상승 후의 상승갭을 나타낸다. 두 번째 사각형은 3주 후의 하락갭을 나타낸다.

하락하기에 앞서 2일 또는 일주일간 좁은 범위에서 움직일 것이다. 이러한 상황은 그 며칠 동안의 가격움직임을 공간 또는 물에 둘러싸인 '섬'처럼 보이게 한다. 상승소멸 갭에 바로 뒤이은 하락이탈갭은 섬모양반전 패턴을 완성한다. 그리고 이것은 일반적으로 추세반전이 어느 정도 임박했음을 나타낸다. 물론 반전의 중요성은 전반적 추세구조에서 가격이 어디에 있는가에 달려 있다.

결론

이 장에서는 차트 분석의 토대가 되는 초급의 기술적 도구들—지지선과 저항선, 추세선과 경로선, 반전율, 속도저항선, 반전일, 갭—을 소개하였다.

다음 장들에서 다루어질 모든 기술적 접근은 어떤 형태로든 이러한 개념들과 도구들을 사용한다. 이제 가격패턴에 대해 공부해보도록 하자.

제5장

주요 반전형

주요 반전형

서문

지금까지 오늘날 사용되고 있는 대부분의 추세의존기법의 토대가 되는 다우이론을 다루었다. 그리고 지지, 저항, 추세선과 같은 추세의 기본개념에 대해서도 알아보았다. 또한 거래량과 미결제약정도 살펴보았다.

이제는 다음 단계인 차트 패턴에 대해서 알아보도록 하자. 얼른 보아도 이러한 형태들이 앞에서 배운 개념들을 기반으로 하고 있음을 알 수 있을 것이다.

제4장에서 추세는 일련의 연속적인 상승 또는 하락의 봉우리들과 골짜기들로 이루어진다고 정의하였다. 봉우리들과 골짜기들이 상승하고 있으면 상승추세, 하락하고 있으면 하락추세이다. 또한 시장이 일정한 시간은 수평으로 움직인다는 것도 강조한 바 있다. 다음의 두 장에서 우리가 가장 관심을 둘 부분이 시장이 수평으로 움직이는 기간이다.

대부분의 추세변화가 매우 돌발적이라고 가정하는 것은 실수이다. 사실인 즉, 추세의 중요한 변화는 일정 기간의 전환시기를 갖기 때문이다. 그러나 문제가 되는 것은 이러한 전환의 시기가 항상 추세반전을 예고하는 것만은 아니라는 점이다. 때때로 추세의 이러한 수평움직임은 기존의 추세가 재개되기에 앞서 기존 추세의 일시적인 중단이나 확인을 나타내기도 한다.

가격패턴

이러한 전환시기 및 전환시기 예측에 대한 연구는 우리에게 가격패턴의 문제를 제기한다.

첫째, 가격패턴은 무엇인가? 가격패턴은 주식이나 상품선물의 가격차트에 나타나는 것으로 여러 종류로 분류될 수 있는, 예측가치를 지닌 그림이나 형태이다.

두 가지 형태의 가격패턴 : 반전과 지속

가격패턴은 크게 반전과 지속의 두 형태로 분류할 수 있다. 용어가 내포하고 있는 것과 같이 반전형은 중요한 추세반전이 일어나고 있음을 나타내고, 지속형은 어떤 시장이 기존의 추세를 재개하기에 앞서 일시적인 과매수나 과매도를 조정하기 위해 잠시 정체해 있는 것을 말한다. 어떤 패턴이 형성되어 있을 동안 가능한 한 빨리 이 두 형태로 구별하는 일은 쉽지 않다.

이 장에서는 가장 흔히 이용되는 머리어깨형, 3중 천정형과 3중 바닥형, 2중 천정형과 2중 바닥형, V자 천정형과 V자 바닥형, 그리고 접시형(원형) 등 다섯 가지의 반전형과 차트상에서 이것들이 어떻게 형성되는지, 그리고 이것을 어떻게 확인할 수 있는가 하는 가격형성 자체에 대해 살펴보도록 한다. 그리고 다른 중요 고려사항인 동반되는 거래량의 형태와 측정에 관한 것들을 알아본다.

이러한 모든 가격패턴에서 거래량은 중요한 확인 역할을 한다. 의심스러울 때(이런 경우가 많음) 가격에 동반되는 거래량은 어떠한 가격패턴이 신뢰성이 있는지 없는지를 알 수 있는 판단요인이 될 수 있다.

대부분의 가격패턴들은 분석가들이 최소 가격목표를 결정하는 데 도움을 주는 측정기법을 갖고 있다. 이러한 목표값들은 뒤따르는 시장움직임의 크기에 대한 근사치이긴 하지만 거래자가 위험보상률을 결정하는 데 도움을 준다.

제6장에서는 두 번째 분류인 지속형으로 분류되는 삼각형, 사각깃발형, 삼각깃발형, 쐐기형, 직사각형을 다룰 것이다. 일반적으로 이러한 패턴들은 추세반전보다는 기존

추세의 일시적인 중단을 반영하며, 주패턴에 반대되는 중간패턴 또는 소패턴의 형태로 분류된다.

모든 반전형에 공통적인 예비 점검사항

각 주반전형 살펴보기에 앞서 이러한 모든 반전형에 공통되는 약간의 예비점검 사항에 대해 살펴보자.

1. 모든 반전형이 있기 위해서는 직전 추세가 존재해야 한다.
2. 종종 어떤 중요한 추세선의 돌파는 추세반전이 임박했다는 신호이다.
3. 패턴이 클수록 뒤따르는 가격움직임도 커진다.
4. 일반적으로 천정형의 기간은 바닥형의 기간보다 짧고 가격이 불안정하다.
5. 일반적으로 바닥형은 보다 좁은 가격범위를 가지며, 만들어지는 데 보다 많은 시간이 걸린다.
6. 일반적으로 거래량은 상승추세에서 보다 더 중요하다.

직전 추세의 필요성

직전 주추세의 존재는 모든 반전형의 중요한 전제조건이다. 시장은 반드시 반전시킬 그 무엇을 가져야 한다. 간간이 반전형을 닮은 어떤 형태가 차트상에 나타난다. 그러나 그 패턴이 어떤 직전 추세를 갖지 않았다면 반전시킬 그 무엇이 없게 되며, 그 패턴은 의심스러운 것이 된다. 추세구조의 어디에 어떤 패턴이 가장 잘 나타나는가를 아는 것은 패턴을 인식하는 핵심요소의 하나이다.

반전시킬 직전 추세를 가져야 한다는 것으로부터 유추되는 것은 측정의 문제이다. 대부분의 측정기법은 단지 최소 목표가격만을 제시한다고 앞에서 언급하였다. 최대 목표값은 직전 움직임의 총합계가 될 것이다. 주요 상승시장이 발생하여 주요 천정형이 형성되고 있다면 가능한 최대 하락움직임은 이 상승시장의 100% 반전이 되거나 이 시장의 출발점이 될 것이다.

중요한 추세선의 돌파

흔히 임박한 추세반전의 첫 신호는 중요한 추세선의 돌파로 나타난다. 그러나 어떤 중요한 추세선의 돌파가 반드시 추세반전의 신호라고는 할 수 없다. 신호로 나타나고 있는 것은 추세의 변화이다. 어떤 주요 상승추세선의 돌파는 수평 가격패턴의 시작을 알리는 것인지도 모른다. 그리고 이것이 반전형인지 강화형인지는 나중에 밝혀질 것이다. 주추세의 돌파는 종종 가격패턴의 완성과 일치한다.

패턴이 클수록 가격움직임의 잠재적 크기도 커진다

'크다'라는 용어를 사용할 경우 그것은 가격패턴의 높이와 넓이를 말한다.

높이는 패턴의 불안정성을 나타내고, 넓이는 패턴을 만들기 시작하여 완성하는 데까지 걸리는 시간이다. 패턴이 클수록—즉, 패턴 안에서의 가격변동범위가 넓을수록(불안정성), 그리고 만드는 데 걸리는 시간이 길수록—중요성은 커지게 되고 잇따를 가격움직임의 가능성도 커진다.

5장과 6장에서 다루고 있는 거의 모든 측정기법들은 패턴의 높이에 바탕을 두고 있다. 이것은 수직측정을 이용하는 봉차트에 주로 적용되었던 방법이다. 가격패턴의 수평적 넓이 측정법은 일반적으로 점도형차트에 이용한다. 이러한 차트 작성방법은 카운터라는 기구를 이용한다. 그리고 이것은 천정형 또는 바닥형의 넓이와 잇따르는 목표가격은 밀접한 관계가 있다는 가정하에 이루어진다.

천정형과 바닥형의 차이

천정형은 기간적인 면에서 바닥형보다 짧고 불안정하다. 천정형의 가격움직임의 범위는 바닥형보다 넓고 급격하다. 일반적으로 천정형을 이루는 데 보다 짧은 시간이 걸린다. 반면, 바닥형은 좁은 가격범위를 가지나 패턴을 이루는 데는 보다 많은 시간이 필요하다.

이런 이유 때문에 바닥형에서 거래하는 것이 천정형보다 쉽고 비용도 적게 든다. 믿을 수 없는 천정형을 조금은 가치 있게 만드는 요소는 가격이 상승 때보다 빠른 속도로 하락하는 경향이 있다는 것이다. 따라서 일반적으로 거래자가 하락시장에서 매도포지션을 취하는 것이 상승시장에서 매수포지션을 취하는 것보다 많은 돈을 빨리 벌 수 있다.

인생에 있어서 모든 것은 위험과 보상의 상관관계 속에 존재한다. 보다 큰 위험은 보다 큰 보상을 수반한다. 천정형은 포착하기 어려운 반면 그만한 가치가 있다.

거래량은 상승추세에서 더욱 중요하다

거래량은 시장추세의 방향과 같은 방향으로 증가해야 하며, 모든 가격패턴의 완성을 알려주는 매우 중요한 확인 요인이다.

각 패턴의 완성은 괄목할 만한 거래량의 증가를 동반한다. 그러나 추세반전의 초기 거래량은 고점에서의 거래량만큼 중요하지는 않다. 일단 하락시장이 시작되면 시장은 '자체의 무게에 의해 하락'한다. 차트 분석가들은 가격이 하락하면 거래활동이 증가하기를 희망하지만 이것은 결정적인 것이 못 된다.

그러나 저점에서의 거래량 증가는 필수적이다. 가격상승시 거래량이 많은 폭으로 증가하지 않는다면 전체적인 가격패턴을 의심해보아야 할 것이다.

머리어깨형의 반전형

모든 주요 반전형들 중에서 가장 잘 알려지고 가장 신뢰할 만한 패턴인 머리어깨형 반전형을 관찰해보자. 이것은 매우 중요하기 때문에 관련된 미묘한 점들을 설명하기 위해 이 패턴설명에 보다 많은 지면을 할애할 것이다. 대부분의 반전형들은 머리어깨형의 변종이므로 광범위하게 다루지 않았다.

상승 봉우리들과 골짜기들이 점점 힘을 잃어가는 주상승추세를 그려보자. 그러면 상승추세는 한동안 수평추세가 된다. 이 기간에 수요와 공급은 비교적 균형을 이룬다. 일단 이 분산단계가 완료되면 수평 거래범위의 바닥에 걸쳐 있는 지지선이 돌파되고 새로운 하락추세가 형성된다. 이 새로운 하락추세는 하락 봉우리들과 골짜기들을 가진다. 이런 과정이 천정 머리어깨형에서는 어떻게 전개되는지 살펴보자(그림 5-1a, 5-1b 참조).

점 A에서 상승추세는 기대대로 중단의 기미를 보이지 않고 계속 상승한다. 가격움직임이 새로운 고점을 갱신함에 따라 거래량도 증가한다. 이러한 현상은 정상이다.

점 B까지의 일시적인 조정하락은 예상한 대로 보다 적은 거래량을 동반한다. 그러

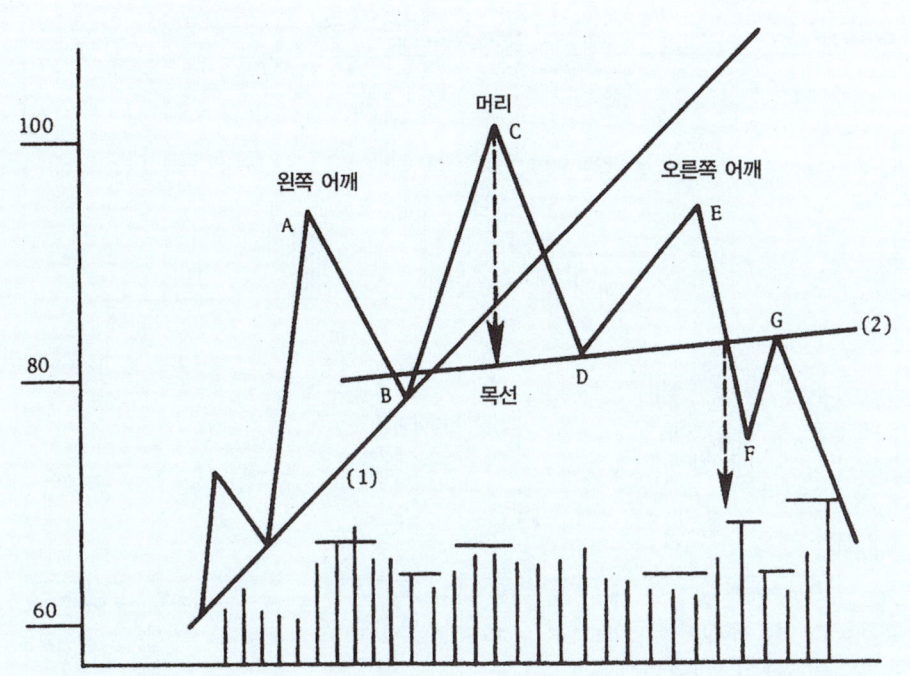

(그림 5-1a) 천정 머리어깨형의 예. 왼쪽 어깨와 오른쪽 어깨(A와 E)가 거의 같은 높이에 있다. 머리(C)는 양쪽 어깨보다 높은 위치에 있다. 각 꼭지점에서의 거래량은 보다 적다. 이 패턴은 목선(선 2) 바로 아래에 종가가 형성되면서 완성되었다. 최소 목표값은 머리에서 목선까지의 수직거리로서 목선 돌파점으로부터 아래로 투사된 지점이다. 종종 반등이 목선까지 미친다. 그러나 목선이 일단 하향돌파되었으므로 목선을 다시 상향돌파할 수 없다.

나 깨어 있는 차트 분석가들은 점 C에서 점 A를 상향돌파하는 때의 거래량이 직전 상승의 거래량보다 조금 적다는 것을 발견할 수도 있을 것이다. 이 변화는 그것 자체만으로는 중요하지 않다. 그러나 이것은 분석가들에게 주의하라는 예비신호와 같다.

그리고 가격이 점 D까지 하락하기 시작하면서 보다 더 심각한 일이 발생한다. 하락은 직전 꼭지점 A 아래로 계속된다. 상향추세에서 돌파 당한 고점은 반드시 잇따른 조정에 대해 지지선으로 작용한다.

점 A를 훨씬 지나 직전 저점인 B까지 거의 떨어진 움직임은 상향추세에 무엇이 잘

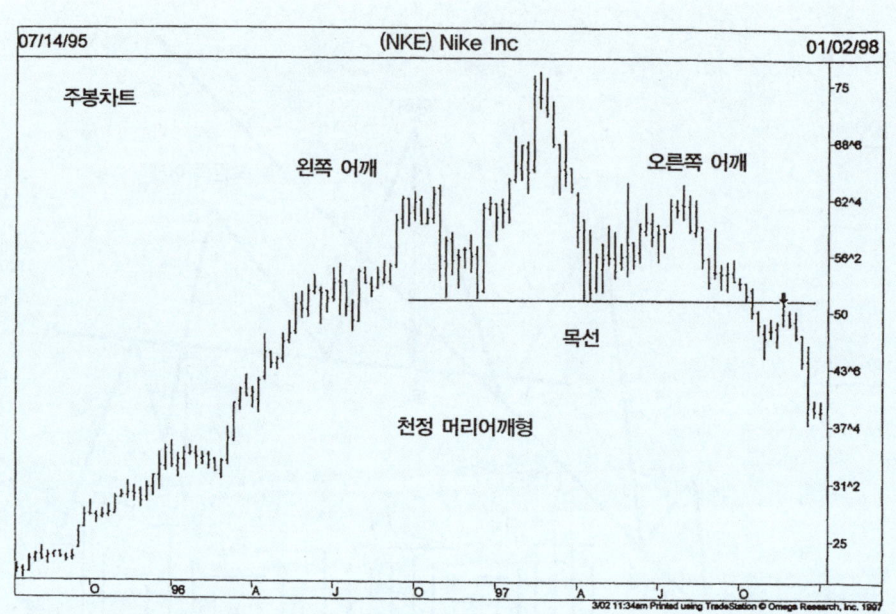

(그림 5-1b) 천정 머리어깨형. 머리는 양쪽 어깨보다 높은 위치에 있다. 예정대로 목선까지 반등(화살표 참조)이 일어난다.

못되어가고 있음을 알리는 경고이다. 심지어 보다 더 적은 거래량과 함께 점 E까지 다시 상승한 시장은 직전 고점인 점 C에는 미치지 못한다(마지막으로 점 E까지 상승한 가격은 종종 C-D 하락폭의 1/2~2/3까지 하락한다). 계속 상승추세를 지속하기 위해서는 각 고점이 직전의 고점을 갱신하여야만 한다. 점 C의 직전 고점에 미치지 못하고 점 E에서 상승이 좌절됨으로써 하락고점들이라고 불리는 새로운 하락추세를 형성하는 데 필요한 조건의 절반을 충족시키게 된다.

이때까지 주상향추세선(선 1)은 또 하나의 위험신호로서 일반적으로 점 D에서 돌파되었다. 그러나 이 모든 경고에도 불구하고 이 시점에서 알 수 있는 모든 것은 추세가 상향에서 수평추세로 바뀌었다는 것이다. 이것은 기존의 매수포지션 청산을 유발하는 충분한 요인이 될 수는 있으나 신규 매도포지션을 정당화시키기에 반드시 충분한 요인이 되는 것은 아니다.

목선의 돌파는 머리어깨형을 완성한다

이 시점에서 직전의 두 저점(점 B와 D)을 연결하는 보다 완만한 추세선을 그릴 수 있으며, 이것을 목선이라 부른다(선 2 참조). 일반적으로 이 선은 천정형에서 약간의 상향의 기울기를 가진다(때로는 평형, 그리고 거의 드물기는 하지만 약간 아래로 기울어지기도). 천정 머리어깨형이라고 판단하는 데 결정적인 근거가 되는 것은 종가의 목선 돌파이다. 이 시장은 이제 저점 B와 D를 잇는 추세선을 돌파하였고, 점 D의 지지선도 돌파하였다. 따라서 새로운 하락추세선을 위한 조건—하락 봉우리들과 골짜기들—을 갖추었다.

새로운 하락추세는 점 C, D, E, 그리고 F의 하락 고점들과 저점들을 통해서 확인된다. 목선의 돌파점에서 거래량은 증가해야 한다. 그러나 가격하락에 동반되는 거래량의 급격한 증가는 천정형의 초기 단계에서 결정적으로 중요한 것은 못 된다.

반등움직임

일반적으로 반등움직임은 이제 저항선이 된 목선 또는 직전의 저점인 D에 이른다(점 G 참조). 언제나 반등이 일어나는 것은 아니며 때로는 미약하게 일어나기도 한다.

거래량은 반등의 크기를 판단하는 데 도움이 될 수 있다. 목선이 처음 돌파될 때 많은 거래량이 발생하면 증가된 시장활동은 하락추세 압력이 크다는 것을 반영하기 때문에 반등의 가능성은 감소한다. 목선이 처음 돌파될 때 보다 거래량이 적으면 반등의 가능성이 커진다. 그러나 반등시의 거래량은 적어야 하며, 잇따르는 새로운 하락추세의 재개는 현저한 거래량의 증가를 동반해야 한다.

요약

천정 머리어깨형을 구성하는 기본요소들을 다시 한번 살펴보자.

1. 직전 상승추세
2. 왼쪽 어깨(점 A)에서의 많은 거래량과 잇따르는 점 B까지의 조정하락
3. 적은 거래량으로 새로운 고점 갱신(점 C)
4. 직전 고점(점 A) 아래로 하락하여 직전 저점(점 D)에 접근
5. 현저히 적은 거래량을 동반한 세 번째 상승(점 E)이 머리꼭대기(점 C)에 미치지 못함.

6. 목선 아래에서 종가 형성
7. 목선(점 G)까지의 반등을 새로운 저점들이 뒤따름.

분명해진 것은 현저한 세 개의 봉우리들이다. 가운데 봉우리(머리)가 양쪽 두 어깨(점 A와 E)보다 약간 위에 있다. 그러나 이 패턴은 종가가 결정적으로 목선을 돌파하기까지는 완성된 형을 이루지 못한다. 여기서 다시 1~3% 돌파기준(또는 이와 유사한 기준) 또는 목선 아래에서의 이틀 연속 종가형성(이틀의 법칙)을 추가 확인을 위해 이용할 수 있다. 그러나 이 하향돌파가 일어나기까지는 이 패턴이 머리어깨형이 아닐 확률과 어느 시점에서 상향추세가 재개될 가능성은 늘 존재한다.

거래량의 중요성

모든 여타의 가격패턴에서와 마찬가지로 천정 머리어깨형에 동반되는 거래량은 상당히 중요한 역할을 한다.

일반적인 원칙으로서 두 번째 봉우리(머리)의 거래량은 왼쪽 어깨의 거래량보다 적어야 한다. 이것이 필수조건은 아닐지라도 하나의 경향이며, 매수세력의 약화를 알려주는 초기 경고이다. 가장 중요한 거래량은 세 번째 봉우리(오른쪽 어깨)의 거래량이다. 이 점의 거래량은 앞의 두 봉우리의 거래량보다 현저하게 적어야 한다. 목선이 돌파되면서 거래량이 증가해야 하고, 조정(반등)국면에서는 감소하였다가 조정국면이 끝나면 다시 증가한다.

앞에서 언급한 것과 같이 거래량은 상승시장의 완성단계에서는 덜 중요하다. 그러나 어떤 시점이 되어 새로운 하락추세가 시작되면 거래량이 증가하기 시작한다. 거래량은 바로 다음에서 다룰 바닥형 시장에서 보다 결정적인 역할을 한다. 이 주제로 넘어가기 전에 머리어깨형의 측정에 대해 알아보자.

목표가격 설정

목표가격의 설정방법은 패턴의 높이를 토대로 하고 있다. 머리(점 C)로부터 목선까지의 수직거리를 측정한다. 그리고 그 거리를 목선이 돌파된 점에서부터 투사한다. 예를 들어, 머리의 값이 100이고 목선의 값이 80이라고 가정하자. 그러면 그 차이인 20이 수직거리가 된다. 그리고 목선이 돌파된 지점에서 아래로 20만큼을 측정한다. 그림 5-1a에서와 같이 목선이 돌파되었을 때의 값이 82라면 하락 목표가격을 62로 설정할 수 있다(82-20=62).

이와 같은 작업을 하는 데 이용되는 보다 쉬운 또 다른 기법은 단순히 하락한 첫 파동의 거리(점 C에서 D)를 측정하여 그 값에 2배 하는 것이다. 이 두 경우 모두 패턴의 높이 또는 불안정성이 클수록 목표가격은 더욱 커지게 된다.

제4장에서 언급한 대로 추세선 돌파로 얻어지는 값은 머리어깨형에서 얻어진 그것과 비슷하다. 가격이 이동하는 거리는 돌파된 추세선을 기준으로 아래위로 거의 같다.

여러분은 가격패턴 연구의 전과정을 통하여 봉차트상의 목표가격들 대부분이 가격패턴의 높이 또는 불안정성에 토대를 두고 있음을 알 수 있을 것이다. 어떤 패턴의 높이를 측정하고 그 값을 돌파점에서 투사하는 방법은 계속 반복된다.

설정한 목표값은 단지 최소 목표값이라는 것을 기억할 필요가 있다. 가격은 종종 목표값 이상으로 움직일 것이다. 그런 최소 목표값을 설정하는 것은 포지션을 취하는 것을 보장할 만큼 충분한 시장움직임의 가능성이 있는가를 사전에 판단하는 데 큰 도움이 되기 때문이다. 시장이 목표가격을 초과하는 경우 이것은 단지 하나의 장식에 불과하다. 최대 목표값은 직전 움직임의 크기이다. 만약 직전의 상승시장이 30에서 100으로 상승하였다면 천정형의 최대 하락 목표값은 상승 전체를 되돌아내려 30이 될 것이다. 반전형은 직전의 움직인 만큼을 반전하거나 복귀하는 것으로 생각할 수 있다.

목표가격의 수정

어떤 목표가격을 설정할 때에는 여러 다른 요인들도 반드시 고려해야 한다. 앞서 천정 머리어깨형에 대해서 언급한 것과 같은 가격패턴을 이용한 측정기법은 단지 첫 단계에 불과하다. 고려해야 할 다른 기술적인 요인들도 있다. 예를 들면, 직전의 상승시장 동안 저점에 의해 만들어진 현저한 지지선들이 어디로 움직이고 있는가? 하락시장은 종종 이러한 선에서 일시적으로 정체한다. 반전율은 어떠한가? 최대 목표값은 직전 상승시장의 100% 반전일 것이다. 그런데 50%와 66%의 반전수준은 어디쯤인가? 이러한 수준은 종종 시장가 아래 중요한 지지선이 된다. 현저한 공백은 어떠한가? 이들은 종종 지지선으로 작용한다. 시장가격 아래에 장기추세선이 나타나 있는가 등.

  차트 분석가들은 가격패턴으로부터 정확한 목표가격을 찾는 데 반드시 다른 기술적 자료들도 고려해야 한다. 예를 들어, 하락 가격측정 목표값이 30이고 32에 현저한 지지선이 있다면 현명한 분석가는 30에서 32로 하락 측정값을 조정할 것이다.

  일반적으로 투사된 목표가격과 분명한 지지, 저항선 사이에 약간의 불일치가 존재할 때 목표가격을 지지와 저항선 수준으로 조정하는 것이 안전하다. 가격패턴으로부터 측정한 목표값을 추가적인 기술적 정보를 고려하여 종종 수정할 필요가 있다.

  분석가들은 여러 종류의 도구들을 가지고 있다. 가장 숙련된 기술 분석가는 이러한 도구들을 올바르게, 통합적으로 이용할 줄 아는 사람이다.

역머리어깨형

  바닥 머리어깨형 또는 역머리어깨형으로 불리는 이 패턴은 천정형을 빼닮았다. 그림 5-2a에서 보는 것처럼 여기에는 머리(가운데 골짜기)가 양쪽의 어깨보다도 조금 더 낮은 위치에 있는 세 개의 골짜기들이 있다.

  이 패턴을 완성하기 위해서는 종가가 목선을 돌파하는 것이 결정적으로 필요하다. 그리고 측정기법은 앞의 예와 같다. 바닥형이 천정형과 조금 다른 점은, 상승시장이 시작된 이후 목선으로의 일시적 하락움직임이 발생하는 경향이 보다 크다는 것이다 (그림 5-2b 참조).

  천정형과 바닥형의 가장 큰 차이점은 일련의 거래량이다. 바닥 머리어깨형을 확정

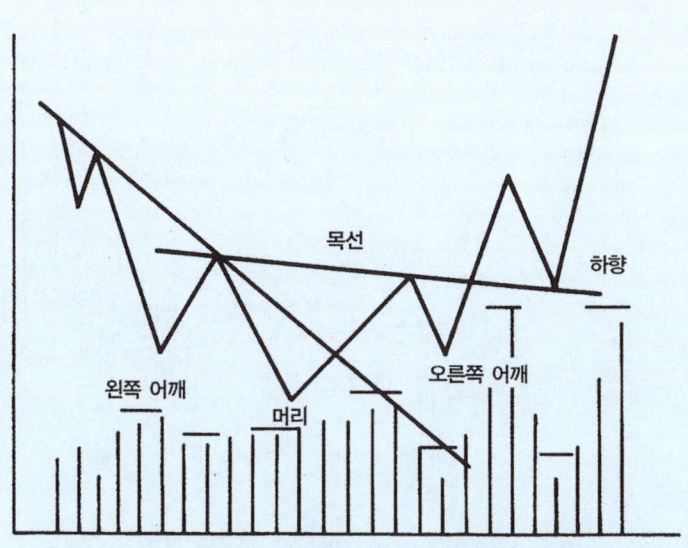

(그림 5-2a) 역머리어깨형의 예. 바닥형은 천정 머리어깨형과 닮은꼴이다. 단지 중요한 차이점은 이 패턴 후반부에서의 거래량이다. 머리로부터의 상승은 많은 거래량을 동반하고 목선의 돌파부분에서는 거래량이 폭발적으로 증가한다. 하향에서는 목선으로의 일시적 하락이 흔하게 나타난다.

짓고 완성하는 데 있어 거래량은 보다 결정적인 역할을 한다. 이것은 일반적으로 모든 바닥형에 있어서도 마찬가지이다.

'시장은 자체의 무게에 의해 하락'하는 경향이 있다고 앞에서 언급하였다. 그러나 바닥형이 새로운 상승시장으로 시작하기 위해서는 매수세력의 현저한 증가로 인한 거래량의 증가가 필요하다.

보다 기술적인 측면을 통해 이러한 차이점들을 살펴본다면, 시장은 자체의 무게로 하락할 수 있다는 것을 알 수 있다. 수요나 매수세력의 부족은 종종 시장 하락의 충분조건이 된다. 그러나 시장은 자체적인 힘으로 상승하지는 않는다. 가격은 단지 수요가 공급을 초과하고 매수자가 매도자보다 적극적일 때만 오른다.

바닥형에서의 거래량은 패턴의 전반부 동안에는 천정형과 매우 유사하다. 즉, 머리

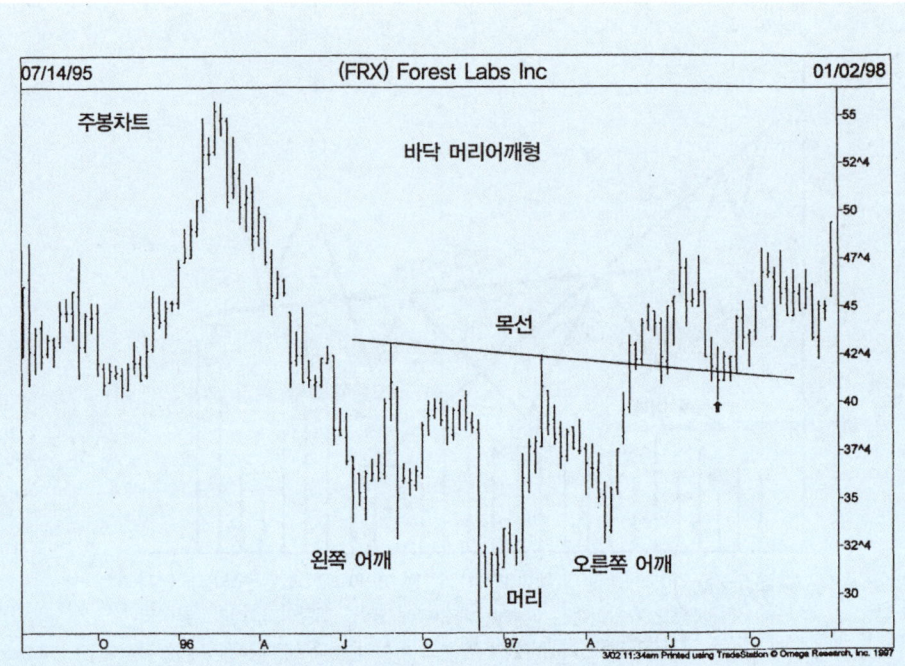

(그림 5-2b) 바닥 머리어깨형. 목선은 일반적으로 약간 아래로 기울어져 있다. 목선돌파 후 일시적 하락은 목선을 약간 침범하였다가 상승추세를 재개하였다.

에 있어서의 거래량은 양쪽 어깨에 있어서의 거래량보다 조금 적다. 그러나 머리에서부터 가격이 상승하면서 거래가 증가해 그 거래량은 왼쪽 어깨로부터의 상승시 거래량을 능가한다. 오른쪽 어깨로의 일시적 하락은 적은 거래량을 동반한다. 결정적인 순간은 목선을 상향돌파할 때 발생한다.

 이러한 돌파가 실제로 일어나면 반드시 거래량의 폭발적인 증가가 발생한다. 이점이 바닥형이 천정형과 가장 다른 점이다. 바닥형에서 패턴을 완성하기 위해서는 많은 거래량이 필수적이다. 바닥형에서의 가격의 일시적인 반전이 천정형에서보다 더 흔히 발생하며, 보다 적은 거래량을 동반한다. 이어서 새로운 상승추세의 재개는 보다 많은 거래량을 동반한다. 측정기법은 천정형에서와 같다.

목선의 기울기

천정형에서 목선의 기울기는 약간 상향이지만 때로는 평형이 되기도 한다.

어느 쪽 경우에 있어서도 특별한 차이는 없다. 그러나 가끔은 천정형의 목선의 기울기가 아래로 향한다. 이러한 하향 기울기는 약세시장을 알리는 신호이며, 일반적으로 약한 오른쪽 어깨와 함께 나타난다. 그러나 여기에는 장·단점이 동시에 존재한다.

새로운 매도포지션을 취하기 위해 목선의 돌파를 기다리고 있는 분석가들은 보다 더 오래 기다려야 한다. 이것은 하향 목선으로부터 신호가 한참 후에, 시장움직임의 많은 부분이 경과한 후에야 나타나기 때문이다.

바닥형의 경우, 목선은 대부분 약간 하향의 기울기를 가진다. 상향 목선은 더 강세장을 알리는 조짐이나 신호가 늦게 나타난다는 결점이 있다.

복합 머리어깨형

복합 머리어깨형으로 불리는 머리어깨형의 변종이 이따금씩 나타난다. 이 패턴은 머리가 두 개이거나, 두 개의 왼쪽 어깨와 하나의 오른쪽 어깨를 가지는 형태다. 흔치 않은 형이지만 앞의 패턴과 같은 예측적 의미를 지니고 있다.

이 점과 관련하여 도움이 될 만한 사항은, 머리어깨형과 마찬가지로 대칭형을 이루려는 경향이 강하다는 것이다. 이것은 오른쪽에 하나의 어깨가 있으면 일반적으로 왼쪽에도 하나의 어깨가 나타난다는 것을 의미한다. 왼쪽 어깨가 두 개이면 오른쪽 어깨도 두 개일 가능성이 높다.

전술(戰述)

모든 거래에서 시장전술은 중요한 역할을 한다. 차트 분석가들 모두 새로운 포지션을 취하기 위하여 목선의 돌파를 기다리는 것은 아니다. 그림 5-3에서 보여주듯이 바닥 머리어깨형을 정확하게 확인했다고 생각하는 보다 공격적인 거래자들은 오른쪽 어깨가 형성되고 있는 동안에 매수포지션 취하는 것을 고려할 것이다. 또는 오른쪽 어깨의 하락이 끝났다는 첫 번째 기술적 신호에 매수포지션을 취할 것이다.

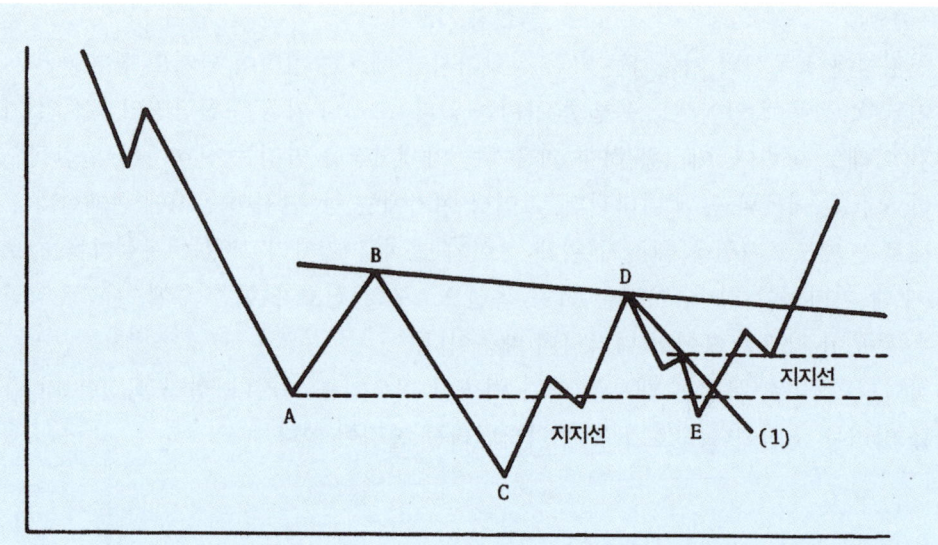

(그림 5-3) 바닥 머리어깨형을 위한 전술. 많은 기술적 거래자들은 아직 오른쪽 어깨(E)가 형성되고 있는 중임에도 매수를 시작할 것이다. C-D 상승의 1/2부터 2/3 하락, 왼쪽 어깨 점 A까지의 하락, 또는 단기하락추세선(선 1)의 돌파 모두는 초기 시장진입의 좋은 기회이다. 목선의 돌파 또는 목선으로의 일시적 하락 때보다 많은 포지션을 추가할 수 있다.

어떤 이들은 머리의 저점으로부터의 상승거리(점 C에서 D까지)를 측정한다. 그리고 그 상승폭의 50% 또는 66% 반전을 염두에 두고 매수할 것이다. 그러나 여전히 어떤 이들은 점 D에서 E로의 하락추세선을 지켜보다가 추세선의 첫 번째 상향돌파를 매수의 기회로 이용할 것이다. 이러한 패턴들은 일반적으로 대칭형이기 때문에 어떤 이들은 오른쪽 어깨가 왼쪽 어깨의 저점과 같은 수준으로 접근할 때 매수한다.

오른쪽 어깨가 형성되고 있는 동안 많은 예측매수가 발생한다. 처음에 고려한 매수 포지션이 수익성이 있다고 증명되면 목선의 실제 돌파 때 또는 돌파 후 목선으로의 일시적 하락 때 매수포지션을 추가할 수 있다.

실패한 머리어깨형

일단 가격이 목선을 돌파하여 머리어깨형을 완성하고 나면 가격은 또다시 목선을 돌파하지 않아야 한다. 천정형에서 일단 목선이 하향돌파된 후 다시 목선 위에서 종가가 형성되면 최초의 돌파가 잘못된 신호였음을 나타내게 되고, 명백한 이유로 '실패한 머리어깨'라 불리는 패턴을 만든다. 이 패턴은 처음엔 역머리어깨형처럼 보인다. 그러나 발전하는 과정에서(목선돌파의 직전이나 직후) 가격이 본래의 추세를 재개한다.

여기서 중요한 두 가지의 교훈을 얻을 수 있다. 첫째는 이러한 모든 차트들이 항상 옳을 수만은 없다는 것이다. 그들은 대부분의 경우 유효하나 항상 그런 것은 아니다.

두 번째는 기술적 거래자들은 항상 그들의 분석이 틀린 것일 수도 있다는 것에 주의하여야 한다. 금융시장에서 살아 남는 열쇠는 거래의 손실을 최소로 유지하고 손실을 초래하는 거래는 가능한 한 빨리 청산하는 것이다.

차트 분석의 가장 큰 장점의 하나는 거래자가 잘못된 포지션을 취하고 있을 때 이것을 알려줄 수 있다는 것이다. 자신의 거래 실수를 인정하고 바로 이에 대한 대책을 세울 수 있는 능력과 의지력은 결코 금융시장에서 소홀히 다루어져서는 안 된다.

머리어깨의 강화형

다음 가격패턴으로 넘어가기에 앞서 머리어깨형에서 마지막으로 짚고 넘어가야할 점이 있다. 우리는 이 장을 시작할 때 이 형을 가장 잘 알려진, 그리고 가장 신뢰할 수 있는 반전형이라고 언급하였다. 그러나 이 형이 반전형보다는 강화형으로 작용할 수 있다는 것에 유의하여야 한다.

이러한 경우의 발생은 하나의 원리라기보다는 하나의 예외이다.

3중 천정형과 3중 바닥형

머리어깨형에서 다루었던 대부분은 다른 반전형들에도 적용된다(그림 5-4a~5-4c 참조). 매우 드물게 나타나는 3중 천정·바닥형은 머리어깨형의 변형이다. 주요 차이점은 3중 천정·바닥형의 세 봉우리들과 골짜기들의 수준이 거의 같은 높이에 있다는 것이다(그림 5-4a 참조). 어떤 반전형이 머리어깨형인지 아니면 3중 천정형인지에 대한 차트 분석가들의 의견은 때때로 일치하지 않는다. 이 두 패턴 모두 같은 내용을 담고 있기 때문에 이러한 논쟁은 학문적인 것에 불과하다.

거래량은 각각의 연속적인 봉우리로 순차적으로 감소하는 경향을 갖지만 돌파점에서는 반드시 증가한다.

3중 천정형이 완성되기 위해서는 사이에 끼인 두 개의 저점을 연결하는 지지선이 돌파되어야 한다. 반대로 3중 바닥형이 완성되기 위해서는 반드시 종가가 중간의 두 봉우리 위에서 형성되어야 한다(대체적인 전략으로서 최근 봉우리의 돌파나 관통을 반전의 신호로 해석할 수 있다).

3중 바닥형은 완성시점에서 많은 상승 거래량의 증가가 필수적이다. 측정기법도 머리어깨형과 비슷하며 패턴의 높이에 의존하고 있다.

일반적으로 가격은 돌파점으로부터 적어도 이 패턴의 높이와 같은 거리를 움직일 것이다. 일단 돌파되면 돌파수준으로의 반등은 흔한 일이다.

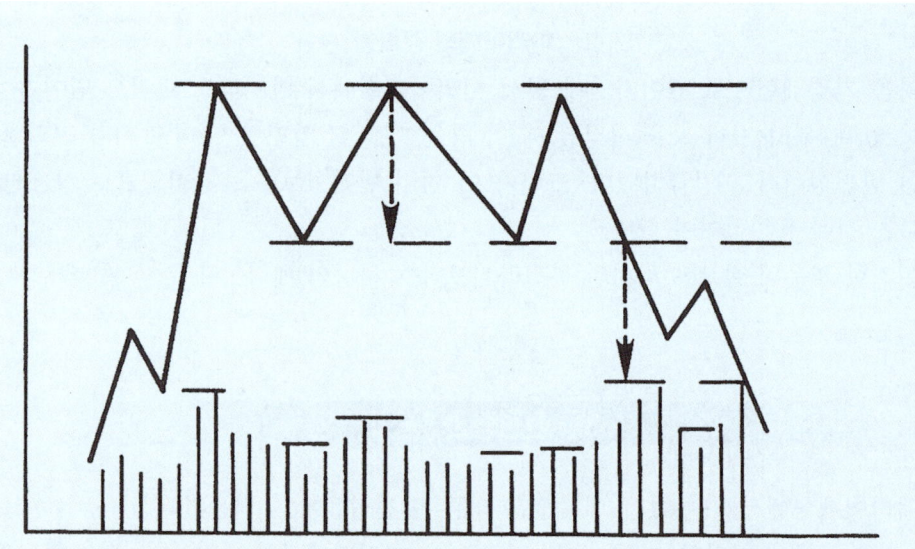

(그림 5-4a) 3중 천정형. 세 봉우리 모두가 같은 수준에 있다는 것을 빼고는 머리어깨형과 닮았다. 각 상승 봉우리에서의 거래량은 보다 적다. 이 패턴은 두 골짜기가 많은 거래량으로 돌파되었을 때 완성된다. 측정기법은 돌파점에서 아래쪽으로 투사된 패턴의 높이가 된다. 돌파된 지지선(아래선)으로의 반등은 흔히 있는 일이 아니다.

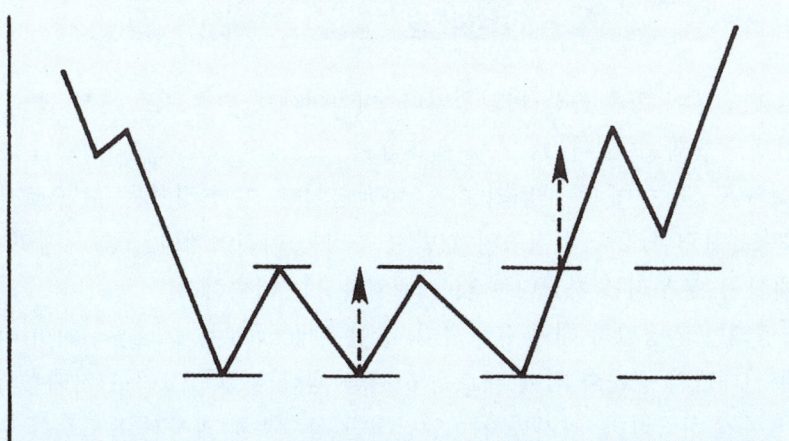

(그림 5-4b) 3중 바닥형. 세 골짜기가 같은 수준에 있는 것을 제외하고는 머리어깨형과 유사하다. 상향돌파에서 거래량이 천정형보다 중요하다는 것을 빼고는 3중 천정형과 닮은꼴이다.

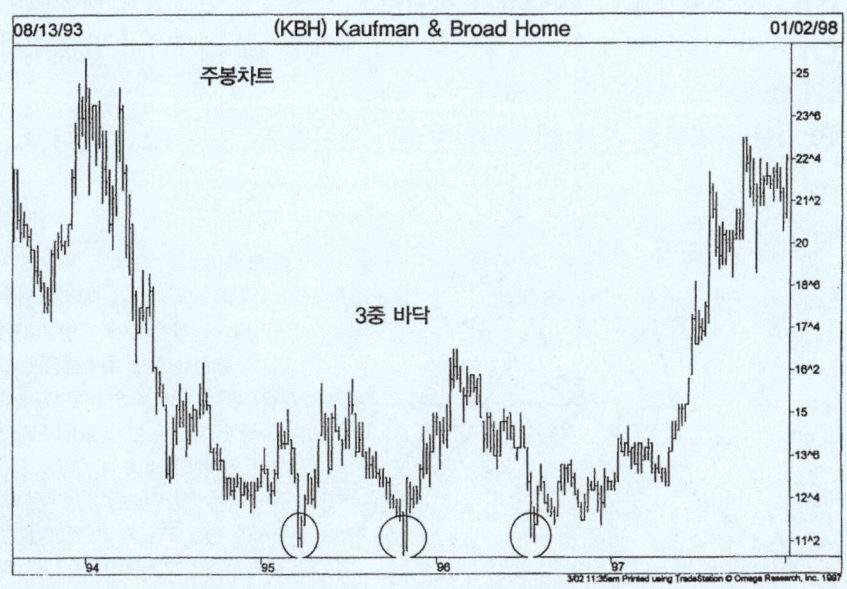

(그림 5-4c) 3중 바닥형. 가격이 주요 상승에 앞서 12 바로 아래에서 세 번의 지지점을 찾았다. 이 주봉차트에서 형성된 바닥형은 중요한 의미를 더하며 만 2년간 지속되었다.

2중 천정형과 2중 바닥형

보다 흔한 반전형이 2중 천정·바닥형이다. 머리어깨형 다음으로 흔히 볼 수 있는 패턴으로, 쉽게 구별할 수 있다(그림 5-5a~5-5e 참조).

그림 5-5a와 5-5b는 이 두 패턴의 천정·바닥형이다. 이 천정형은 'M'으로 불리고 바닥형은 'W'로 불린다. 2중 천정형의 일반적 특징은 머리어깨형, 3중 천정형에서의 세 봉우리 대신 두 봉우리를 가졌다는 것을 제외하고는 비슷하다.

거래량의 형태는 측정원칙 때와 유사하다. 상향추세(그림 5-5a에서 보듯이)에서 이 시장은 점 A에서 거래량의 증가와 함께 새로운 고점을 갱신하였다. 그리고 거래량의 감소와 함께 점 B까지 하락한다. 여기까지는 일반적인 상승추세 과정과 동일하다. 그러나 다음 점 C까지의 상승은 직전의 고점 A를 종가기준으로 돌파할 수 없다. 그리고는 다시 하락하기 시작한다. 그래서 '시험적인' 2중형이 형성된다.

저자는 여기서 '시험적'이라는 용어를 썼다. 그 이유는 다른 모든 반전형과 마찬가지로 직전의 지지선 B가 종가기준으로 돌파되기 전까지는 이 반전형이 완성되지 않기 때문이다. 돌파가 일어나기까지는 가격이 본래의 상향추세를 재개하기 위한 준비로서 수평강화의 단계에 있었다고 볼 수 있다.

이상적인 2중 천정형은 거의 같은 가격수준의 현저한 두 봉우리를 가진다. 첫 번째

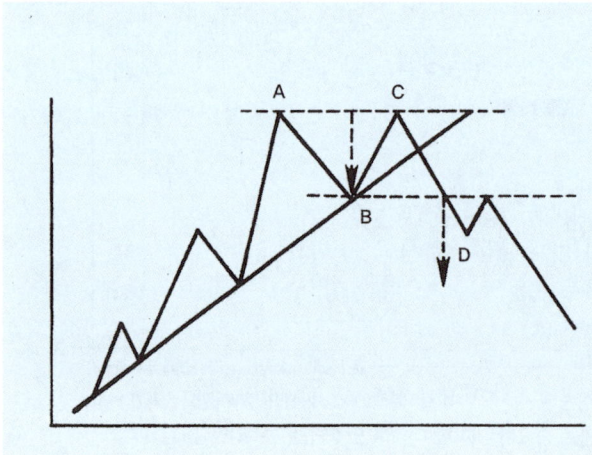

(그림 5-5a)
2중 천정형의 예. 이 패턴은 같은 높이의 두 봉우리(A와 C)를 가진다. 이 패턴은 점 B에서 중간 골짜기가 종가기준으로 하향돌파됨으로써 완성된다. 두 번째 봉우리(C)에서의 거래량은 비교적 적으나, 이 돌파(D)에서는 거래량이 증가한다. 아래쪽 선으로의 가격반등은 흔한 일이다. 최소 측정목표값은 돌파점으로부터 아래로 투사된 봉우리의 높이가 된다.

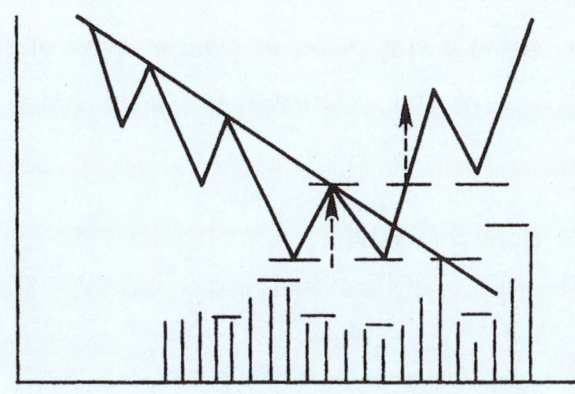

(그림 5-5b)
2중 바닥형의 예. 2중 천정형과 닮은꼴이다. 상향돌파에 있어 거래량이 보다 중요하다. 돌파점으로의 일시적 하락은 흔히 일어난다.

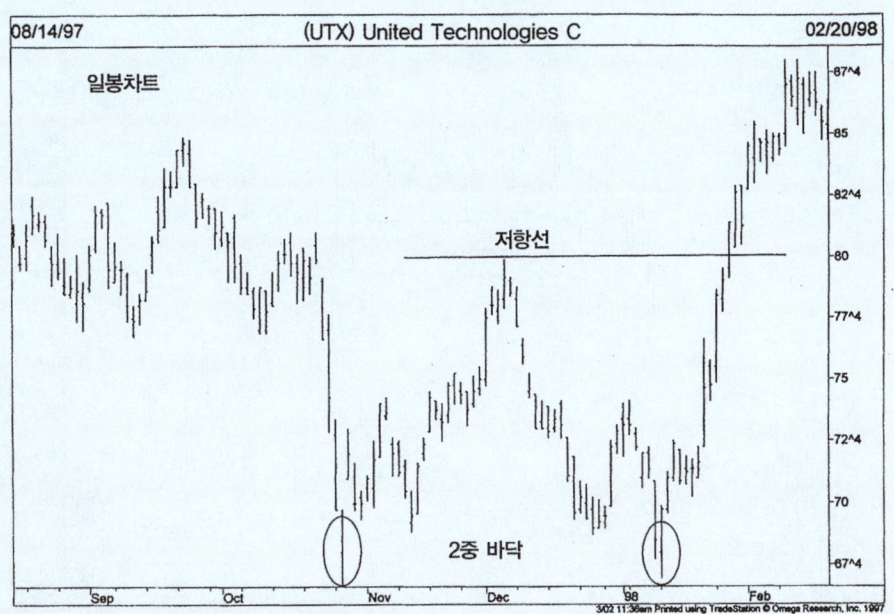

(그림 5-5c) 2중 바닥형의 예. 주식이 3개월에 걸쳐 68선에서 두 번 급격하게 반등하였다. 두 번째 골짜기 또한 상향반전일이다.

봉우리 동안에 거래량이 증가하는 경향이 있고, 두 번째 봉우리에서는 거래량이 감소하는 경향이 있다.

중간 골짜기 점 B 아래에서 많은 거래량과 함께 종가가 형성된다면 패턴이 완성되고 하락추세로의 추세반전을 알리는 신호가 된다. 하락추세를 재개하기에 앞서 돌파점으로의 반등은 흔한 일이다.

2중 천정형의 측정기법

2중 천정형의 측정기법은 패턴의 높이를 돌파점(중간 골짜기가 돌파되는 점 B)에서부터 아래로 투사하면 된다.

대안으로는, 첫 번째 하락의 폭(높이: 점 A에서 점 B까지)을 측정한다. 그리고 그 거리를 점

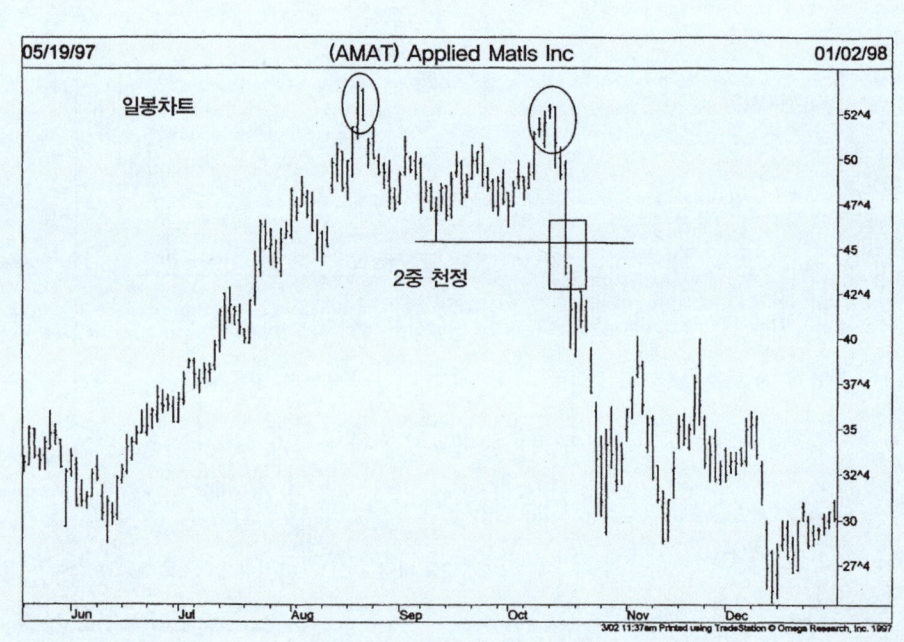

(그림 5-5d) 2중 천정형의 예. 이 예에서처럼 때때로 두 번째 봉우리는 첫번째 봉우리의 수준에 미치지 못한다. 이 2개월의 2중 천정형은 주요 하락추세를 알렸다. 실제 신호는 46 부근에서의 지지선의 돌파였다.

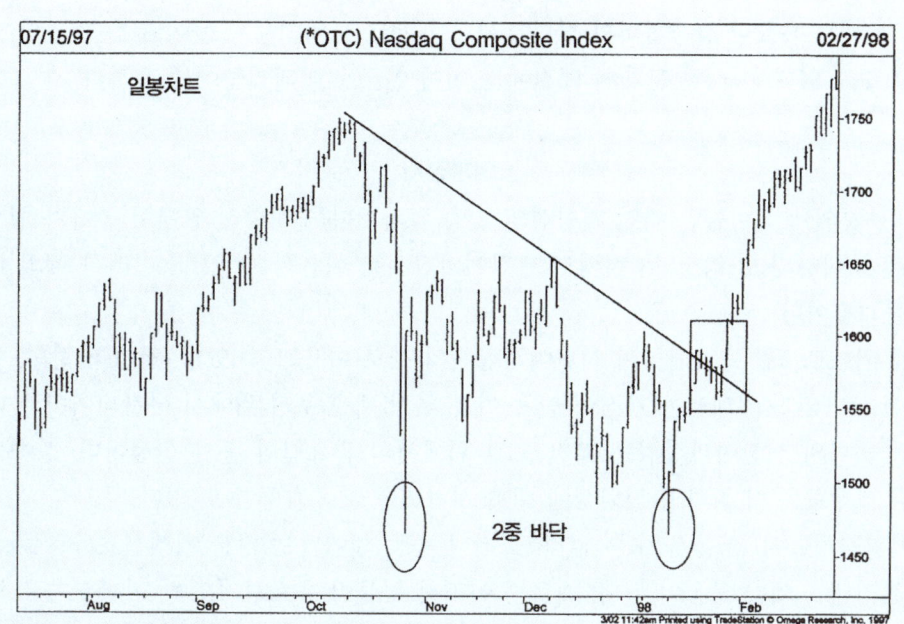

(그림 5-5e) 주요 주식평균 차트에 정기적으로 나타나는 가격패턴. 이 차트에서 나스닥 종합지수 (Nasdaq Composite Index)는 상향추세로 돌아서기에 앞서 1470 수준에서 2중 바닥형을 형성하였다. 하락추세선(박스 참조)의 돌파는 상향추세로의 전환을 확인한다.

B의 중간 골짜기로부터 아래로 투사한다. 바닥형의 측정도 방향만 반대일 뿐 이와 같다.

이상형의 변종들

시장분석의 다른 영역과 마찬가지로 실제의 예들은 이상형과는 약간 차이가 있는 일종의 변종들이다. 한 가지 예를 들자면, 종종 두 봉우리의 가격수준은 같지 않다. 어떤 경우에는 두 번째 봉우리가 첫 번째 봉우리의 수준에 미치지 못할 것이다. 그러나 이것은 크게 문제되지 않는다. 문제가 되는 것은 두 번째 봉우리가 첫 번째 봉우리를 약간 초과하는 경우이다.

처음에는 유효한 상승돌파와 상향추세의 재개로 보여지는 것들이 고점 형성의 일부분일 수도 있다. 이러한 문제의 해결에는 이미 언급된 여과기준이 유용하다.

여과장치

대부분의 분석가들은 직전 저항선의 일중 돌파보다는 저항선 위에서 종가가 형성되는 것을 바란다. 그리고 두 번째로 가격여과장치를 이용할 수 있다. 이러한 예의 하나가 돌파율이다(1% 또는 3%).

세 번째로 2일 돌파원칙이 시간여과장치의 예로 이용될 수 있다. 달리 말하면, 유효한 신호가 되기 위해서는 가격이 연속 이틀 첫 번째 봉우리 위에서 마감되어야 한다.

또 하나의 시간여과장치는 직전 고점 위에서의 금요일의 종가 형성이다. 상승돌파 시의 거래량은 이 돌파의 신뢰성에 대한 실마리를 제공해줄 수도 있다.

여과장치들이 늘 옳을 수는 없다. 그러나 종종 일어나는 많은 거짓신호(또는 돌출상황)를 걸러내는 데는 도움이 된다. 때로는 이러한 것들이 유효하기도 하고 때로는 그렇지 못하기도 하다. 분석가들은 반드시 자신들이 확률과 가능성을 다루고 있으며 거짓신호가 나타날 수 있다는 현실을 직시해야 한다. 이것이 거래의 현실이다.

상승시장의 마지막 단계에서 추세가 반전하기 전에 새로운 고점이 갱신되는 것은 흔히 있는 일이다. 이 경우 그 마지막 상승돌파는 '거짓 상승신호'가 될 것이다(그림 5-6a, 5-6b 참조).

'2중 천정'이라는 용어의 과용

금융시장에서 '2중 천정형·2중 바닥형'이라는 용어가 너무 많이 사용되고 있다. 대부분의 잠재적 2중 천정형·2중 바닥형은 결국 다른 변형이 되고 만다. 이러한 현상이 나타나는 이유는, 가격은 직전 고점에서 반락하거나 직전 저점에서 반등하는 경향을 가지기 때문이다. 이러한 가격변화는 자연적인 반응이며, 그 자체로는 반전형을 형성하지 못한다. 천정형에서 이 2중형이 완성되기 위해서는 가격이 실제로 직전의 저점을 돌파해야 한다는 것을 기억하자.

그림 5-7a에서 보면, 가격이 점 C에서 직전 고점 A점에서 다시 물러난다.

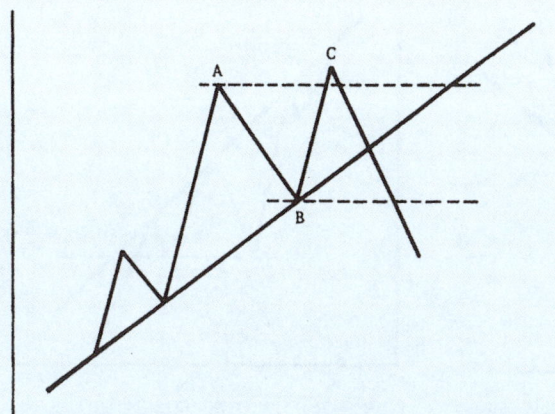

(그림 5-6a)
일반적으로 '거짓 상승신호'로 불리는 거짓신호의 발생 예. 종종 주상향추세의 마지막 부분에서 가격이 하락에 앞서 직전의 고점을 갱신할 것이다. 차트 분석가들은 이러한 돌출상황을 걸러내기 위하여 시간·가격 여과장치를 이용한다. 이 천정형은 2중 천정형으로 분류될 수 있다.

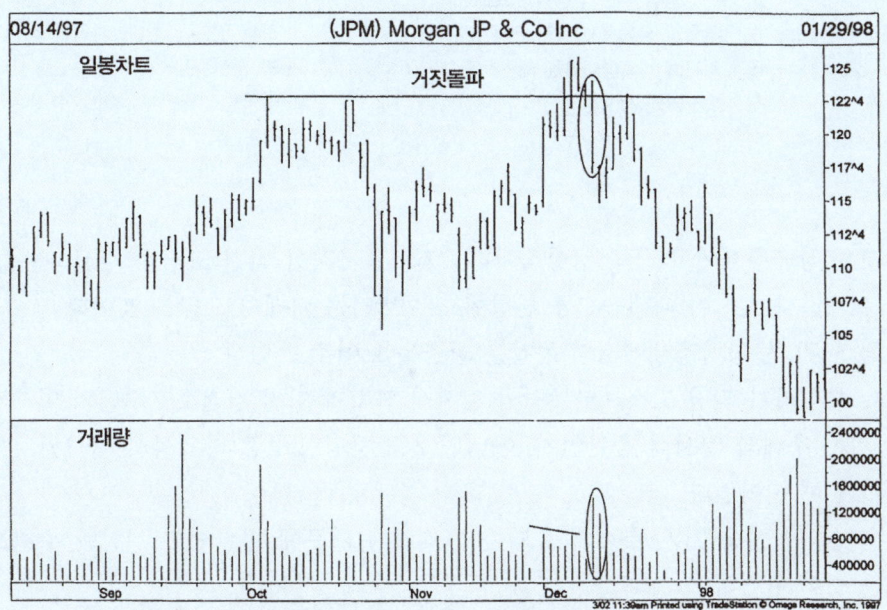

(그림 5-6b) 거짓돌파의 예. 상승돌파는 적은 거래량을 동반하고, 잇따른 하락은 많은 거래량 — 부정적 차트 조합 — 을 동반한다. 거래량을 관찰함으로써 거짓돌파를 피할 수 있다. 그러나 모두 피할 수 있는 것은 아니다.

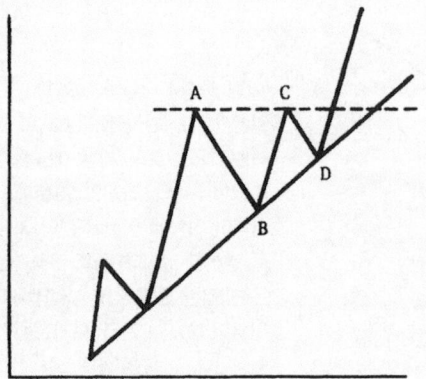 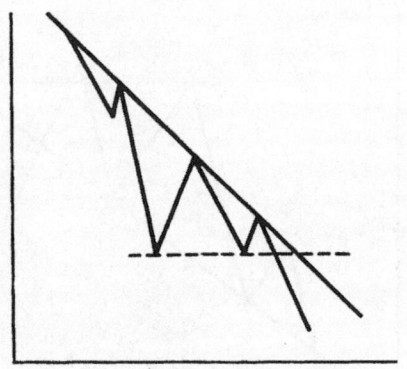

(그림 5-7a) 상향추세를 재개하기에 앞서 직전 고점으로부터의 일시적 하락의 예. 이것은 정상적 시장의 동향이므로 2중 천정형과 혼동해서는 안 된다. 점 B의 지지선이 돌파되었을 때만 2중 천정형이 만들어진다.

(그림 5-7b) 직전 저점으로부터의 일시적 반등의 예. 이것은 정상적인 시장의 동향이다. 2중 바닥형과 혼동하지 않도록 한다. 가격이 직전의 저점수준에서 미완성 2중 바닥형을 만들면서 적어도 한 번은 반등한다.

이것은 상승추세에서 극히 정상적이다. 그러나 가격이 직전 고점을 갱신하는 첫 시도에 실패하자마자 이 패턴을 2중 천정형으로 보려는 거래자도 많을 것이다.

그림 5-7b는 하락추세에서의 똑같은 상황을 보여주고 있다.

차트 분석가가 직전 고점으로부터의 일시적 하락과 직전 저점으로부터의 일시적 반등이 기존 추세의 일시적 중단인지, 아니면 2중 천정형·2중 바닥형의 시작인지를 판단하기란 매우 어렵다.

기술적 가능성은 기존 추세의 유지를 선호하기 때문에 일반적으로 일단 추이를 지켜보는 것이 현명하다.

봉우리들 또는 골짜기들 간의 시간간격은 중요하다

마지막으로 패턴의 크기는 언제나 중요하다. 두 봉우리 사이의 시간이 길수록, 패턴의 높이가 높을수록 임박한 반전의 가능성이 높다. 이것은 모든 차트에서 마찬가지이다.

일반적으로 대부분의 2중 천정형·2중 바닥형이 유효하기 위해서는 두 봉우리들 또는 골짜기들 사이에 적어도 한달 간의 시간간격이 있어야 한다. 어떤 패턴들은 2개월 ~3개월의 시간간격을 갖는다(장기 월간·주간 차트상에서 이 패턴들은 몇 년이 지속될 수도 있다).

여기서 대부분의 예들은 상승시장을 묘사한다. 지금쯤 여러분은 바닥형이 이 장의 초반에서 다룬 일반적인 차이점들을 제외하고는 천정형과 닮은꼴임을 알 수 있어야 한다.

원형 바닥형과 V자형

비록 자주 나타나지는 않지만 반전형은 종종 접시형 혹은 원형 바닥형으로 나타난다. 접시형은 하락추세로부터 수평추세로, 그리고 상승추세로의 매우 완만한 방향전환을 나타낸다.

이 접시형은 언제 완성되었는지 정확히 알기가 어려울 뿐만 아니라 가격이 반대방향으로 얼마나 멀리 움직일 것인지도 알기 어렵다. 일반적으로 접시형은 몇 년간 지속되는 주봉·월봉차트에 자주 나타난다. 더욱 오래 지속될수록 패턴의 중요성은 더욱 커진다(그림 5-8 참조).

V자형은 거의 전환시기를 갖지 않고 순식간에 발생하기 때문에 다루기 가장 어려운 반전형이다. 일반적으로 이 패턴은 어떤 시장이 한 방향으로 너무 많이 움직여 시장방향에 역행하는, 잠깐의 단편적인 소식이 급격한 시장반전을 일으키는 시장에서 발생한다. 많은 거래량을 동반한 일일 또는 주간 반전이 종종 이 패턴에 대한 유일한 경고신호이다. 그러므로 이런 상황에 너무 많이 직면하지 않기를 바라는 것 외에는 달리 설명할 것이 없다.

뒷장에서 다루게 될 기술적 지표들은 시장이 너무 위험스럽게 팽창했는지를 판단하는 데 도움을 줄 것이다(그림 5-9 참조).

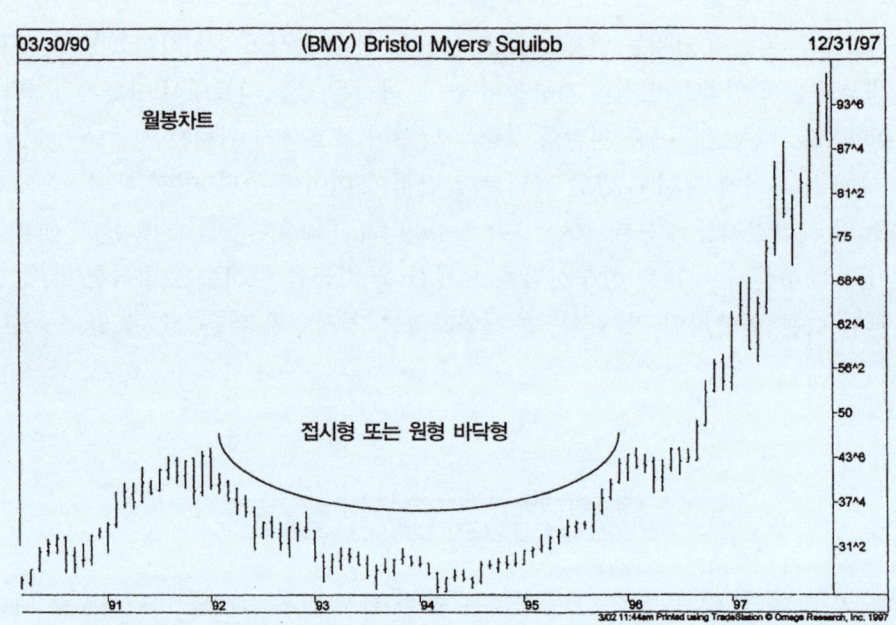

(그림 5-8) 이 차트는 접시형(또는 원형 바닥형)을 보여주고 있다. 이 패턴은 매우 느리고 점진적이나 주요 전환을 표시한다. 이 바닥형은 4년간 지속되었다.

결론

우리는 가장 흔히 사용하는 5가지의 주요 반전형—머리어깨형, 2중 천정형과 2중 바닥형, 3중 천정형과 3중 바닥형, 접시형, V자형—을 살펴보았다.

물론 이 중에서 가장 흔한 것은 머리어깨형과 2중 천정형·2중 바닥형이다. 일반적으로 이러한 형들은 중요한 추세반전이 진행 중임을 알려주며, 주요 반전형으로 분류된다. 그러나 이 외에 또 다른 분류의 패턴이 있지만, 이것들은 성격상 단기일 뿐만 아니라 일반적으로 반전보다는 강화를 나타낸다. 이들이 바로 지속형으로 불리는 것들이다.

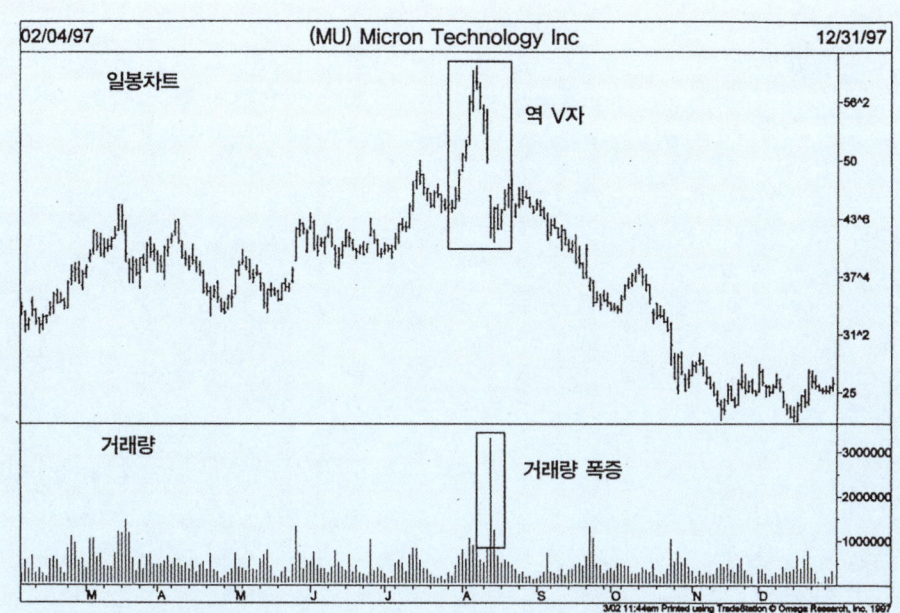

(그림 5-9) V자형의 예. 거의 또는 아무런 경고 없이 갑작스런 반전들이 발생한다. 많은 거래량을 동반한 갑작스런 가격하락이 일반적으로 유일한 경고신호이다. 불행하게도 이런 갑작스런 반전은 사전에 포착하기 힘들다.

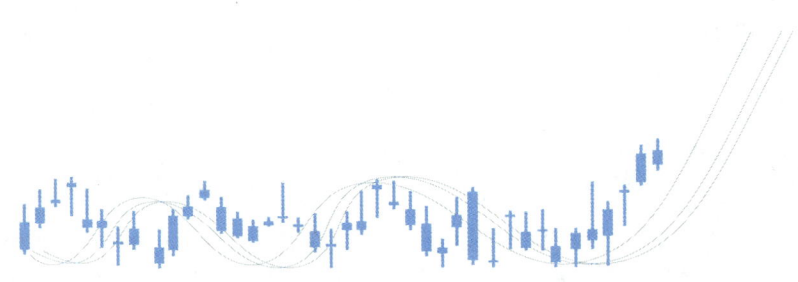

제6장

지속형

지속형

서문

이 장에서 다룰 패턴은 지속형이다.

이러한 형들에서 일반적으로 차트상의 가격 수평이동은 기존 추세의 일시적인 중단이며, 다음 추세도 직전 추세와 같은 방향일 것임을 나타낸다. 이 점에서 앞장에서 다룬 중요한 추세반전이 진행중임을 나타내는 패턴들과 구별된다.

반전형과 지속형의 또 다른 차이점은 시간주기이다. 반전형은 일반적으로 주요 추세변화를 형성하여 나타내는 데 보다 오랜 시간을 필요로 한다. 반면, 지속형은 시간주기가 짧으며, 보다 정확하게는 단기 또는 중기 패턴으로 분류된다.

'일반적'이라는 용어의 계속적인 사용에 주의하자. 모든 차트패턴을 다루는 것은 필수적으로, 엄격한 규칙과는 상반되는 일반적인 경향들과 관련된다. 그러나 언제나 예외는 있기 마련이다. 심지어 가격패턴을 다른 종류로 분류하는 것도 때때로 미묘하다.

일반적으로 지속형은 삼각형이다. 그러나 때때로 삼각형이 반전형이 되기도 한다. 비록 삼각형들이 중기형으로 분류되기는 하지만, 때로는 장기차트에도 나타날 수 있고 주추세에 영향을 미치기도 한다.

일반적으로 삼각형의 변형—역삼각형—은 주요 시장의 고점을 알리는 신호이다. 어느 정도의 불확실성과 어떤 특별한 예외를 제외한다면 차트형은 일반적으로 위에서 언급한 두 분류로 나뉘며, 올바르게 해석하면 대부분 미래의 시장을 예측하는 데 도움이 된다.

삼각형

삼각 지속형을 다루도록 하자.

삼각형에는 대칭형, 상승형, 하락형의 세 가지 형태가 있다(어떤 분석가들은 확장삼각형 또는 확장형을 삼각형의 네 번째 패턴에 포함시키기도 한다. 그리고 이것은 별도의 형으로 뒤에 다룰 것이다). 형태가 조금씩 다른 세 삼각형은 각각 다른 예측적 의미를 함축하고 있다. 그림 6-1a~6-6c는 각각의 예를 보여준다.

대칭삼각형(그림 6-1a 참조)은 서로 만나는 2개의 추세선을 가지고 있으며, 위쪽 추세선은 하락하고 아래쪽 추세선은 상승하고 있다. 이 패턴의 높이를 나타내는 왼쪽의 수직선을 기준이라고 하고, 두 선이 만나는 오른쪽 교점을 정점이라고 부른다. 또한 대칭삼각형을 코일이라고 부르기도 한다.

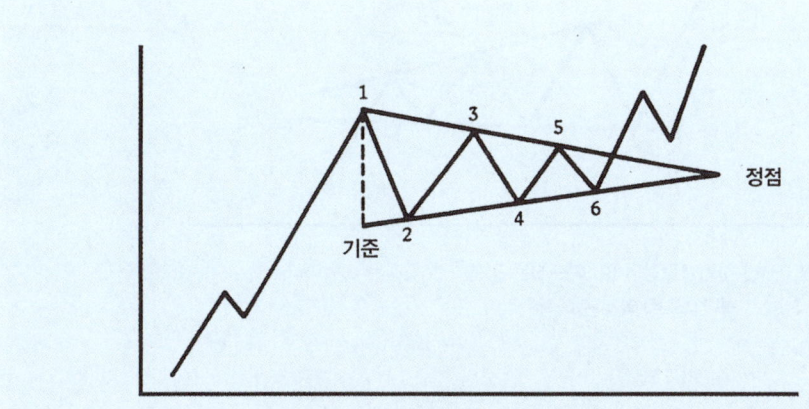

(그림 6-1a) 상승 대칭삼각형의 예. 두 추세선이 서로 만난다. 종가가 범위를 벗어나면 패턴이 완성된다. 왼쪽의 수직선이 기준선이다. 두 선이 만나는 점이 정점이다.

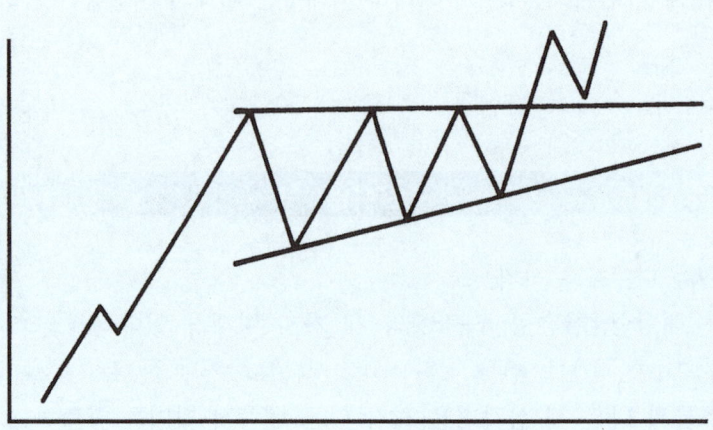

(그림 6-1b) 상승삼각형의 예. 윗선은 평행하고 아랫선은 상향이다.
일반적으로 이것은 상승형이다.

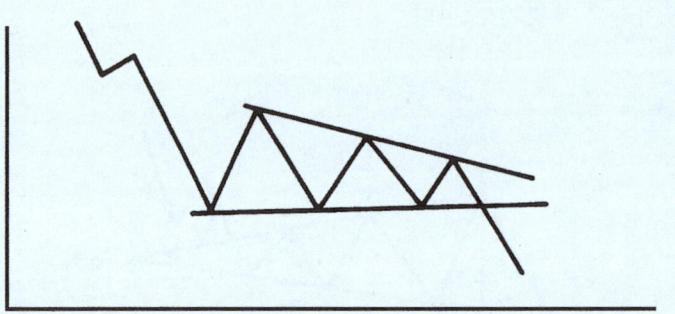

(그림 6-1c) 하락삼각형의 예. 아랫선은 평행하고 윗선은 하향이다.
일반적으로 이것은 하락형이다.

　　상승삼각형은 상향의 아랫선과 평행의 윗선을 가진다(그림 6-1b 참조). 반대로 하락삼각형(그림 6-1c)은 하향의 윗선과 평행하는 아랫선은 가진다.
　　그러면 이것들을 어떻게 해석할 것인가에 대해 살펴보기로 하자.

대칭삼각형

대칭삼각형(또는 코일)은 일종의 지속형이다. 기존 추세의 일시적 중단을 나타내는데 다시 기존 추세가 재개된다.

그림 6-1a의 예에서 보듯이 직전의 추세는 상승추세이다. 따라서 이것은 상승추세의 삼각형적 확인일 가능성이 크다. 만약 추세가 하락추세였다면 대칭삼각형은 하락추세의 가능성을 시사했을 것이다.

하나의 삼각형을 이루기 위해서는 적어도 네 개의 반전점이 필요하다. 그리고 하나의 추세선을 그리기 위해서는 항상 두 개의 점이 있어야 한다. 따라서 서로 만나는 두 개의 추세선을 그리기 위해서는 각 선은 적어도 두 점을 반드시 통과해야 한다. 그림 6-1a에서 보듯이 이 삼각형은 실제로 상향추세가 강화되기 시작하는 점 1에서 시작하여 가격이 점 2로 떨어졌다가 다시 점 3으로 상승하나 여전히 점 1보다는 낮으며, 가격이 점 3으로부터 하락한 후에야 하나의 위 추세선을 그릴 수 있다.

점 4는 점 2보다 높다. 그리고 가격이 점 4로부터 상승했을 경우에만 아래의 상향선을 그릴 수 있다. 분석가들이 대칭형이 시작되고 있음을 의심하는 것이 바로 이 시점이다. 그래서 이것은 네 개의 반전점(1, 2, 3, 4)과 서로 만나는 두 개의 추세선을 갖게 된다.

최소의 조건이 네 개의 반전점이기는 하지만 실제로는 그림 6-1a에 나타나 있듯이 많은 대칭삼각형들은 일반적으로 여섯 개의 반전점들을 가진다. 이것은 상승추세의 재개에 앞서 세 개의 봉우리와 세 개의 골짜기가 만나서 이 삼각형 안에서 다섯 개의 파동을 형성한다는 것을 의미한다.

삼각형 형성에 대한 시간제한

대칭형을 만드는 데는 시간적인 제한이 있으며, 두 추세선이 만나는 정점이 그 한계이다.

일반적으로, 대칭형의 수평 넓이 2/3~3/4 지점 사이에서 기존 추세와 같은 방향으로 가격돌파가 발생해야 한다. 수평 넓이는 대칭형의 왼쪽에 있는 수직 기준선으로부터 오른쪽 끝 정점까지의 거리를 말한다. 두 선이 반드시 어느 시점에서 서로 만나야 하기 때문에 일단 두 선이 서로 만나면 시간거리를 측정할 수 있다.

위 추세선의 돌파로 상향돌파가 발생했음을 알게 된다. 가격이 대칭형의 3/4 지점에 이르기까지 이 패턴 안에 머물러 있는 경우 이 대칭형은 의미를 잃기 시작한다. 그리고 이것은 일반적으로 가격이 정점 쪽으로, 그리고 그 이후 계속 표류할 것임을 의미한다.

그러므로 이 대칭형에는 가격과 시간의 흥미 있는 조합이 존재한다. 서로 만나는 두 추세선은 가격한계선이 되며, 이 패턴이 어느 지점에서 완성되고 위 추세선을 돌파(상승추세의 경우)하여 기존의 추세가 재개되는지를 나타낸다. 그리고 두 추세선들은 또한 이 패턴의 수평 넓이를 알려줌으로써 시간목표를 제시해준다. 예를 들면, 수평 넓이

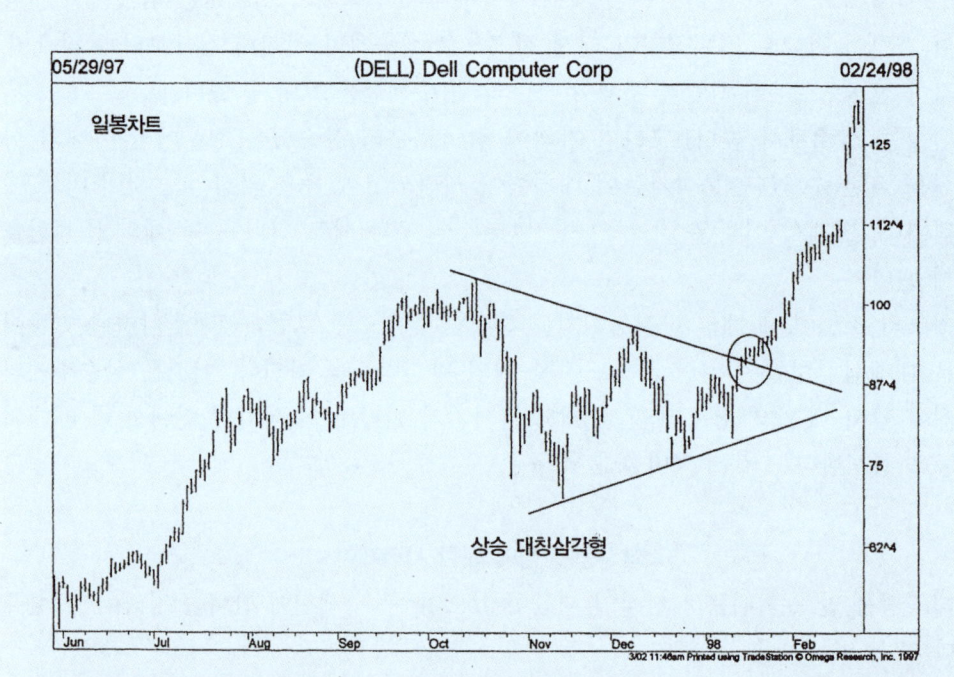

(그림 6-1d) 델(Dell)사는 1997년 4/4분기에 상승 대칭삼각형을 형성하였다. 이 삼각형의 왼쪽에서 오른쪽까지의 수평넓이는 18주이다. 2/3 지점을 약간 넘어선 13주째에(원형 참조) 가격돌파가 일어났다.

(폭)가 20주인 경우 추세돌파가 13주~15주 사이에서 반드시 발생해야 한다(그림 6-1d 참조). 실제 추세신호는 종가가 두 추세선을 돌파함으로써 나타난다. 돌파가 발생한 후 돌파된 추세선으로의 반전이 종종 일어날 수 있다. 상승추세에 돌파된 추세선은 지지선이 된다. 하락추세에서 일단 돌파된 아래 추세선은 저항선이 된다. 정점은 돌파가 발생한 후 중요한 지지수준이나 저항수준으로서의 역할을 한다.

앞의 두 장에서 다루었던 것과 마찬가지로 이 경우에도 여러 가지 돌파기준이 적용될 수 있다. 최소 돌파기준은 일중 돌파가 아닌 추세선 밖에서의 종가형성이 될 것이다.

거래량의 중요성

대칭형 안의 가격변동폭이 좁아짐에 따라 거래량도 감소한다. 거래량 축소경향은 모든 강화형과 마찬가지이다. 그러나 이 패턴의 완성시점인 추세선 돌파시점에서 거래량은 반드시 현저하게 증가해야 한다. 그리고 가격의 일시적인 하락 시(조정국면)에는 거래량이 적어지지만 기존 상향추세가 재개됨에 따라 다시 많아진다.

거래량에 대해 언급해야 할 다른 두 가지 중요한 점은 다음과 같다.

첫째, 반전형과 마찬가지로 거래량은 하락추세보다 상향추세에서 더욱 중요하다. 모든 강화형에서 거래량의 증가는 상향추세 재개에 필수적이다.

둘째, 비록 이 패턴의 형성기에 거래량이 감소하더라도 거래량을 잘 살펴보면 상승 또는 하락의 움직임 동안 거래량이 증가할지 감소할지 알 수 있는 실마리를 찾을 수 있다. 예를 들면, 상승추세에서는 가격반등시 거래량이 증가하는 경향이 있고 일시적 하락시에는 감소하는 경향이 있다.

측정기법

대칭형에도 측정기법이 있다. 이 경우 일반적으로 두 가지의 기법을 이용한다.

가장 단순한 방법은 삼각형의 가장 넓은 부분(기준)에서 수직높이를 측정하여 그 거리를 돌파점으로부터 측정하는 것이다. 그림 6-2는 돌파점에서 투사된 거리를 보여주고 있다.

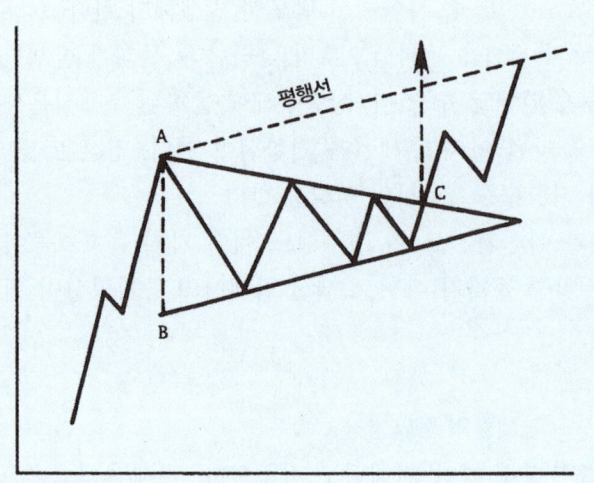

(그림 6-2)
대칭삼각형을 이용한 2가지 측정기법. 하나는 기준선(AB)의 높이를 측정하는 것 — 돌파점 C로부터 이 수직거리를 투사한다 — 이고, 다른 하나는 기준선의 고점(A)에서 아래 추세선과 평행하게 평행선을 긋는 것이다.

두 번째 방법은 기준선의 고점(A)으로부터 아래 추세선에 평행하게 추세선을 긋는다. 이 위 경로선이 상승추세의 상승 목표가격이 된다. 그리고 가격이 위 경로선을 만나는 대략적인 목표시간을 알아내는 것이 가능하다. 두 추세선이 정점에서 만나는 것과 동시에 가격이 위 경로선을 종종 건드릴 것이다.

상승삼각형

상승·하락 삼각형은 대칭삼각형의 변종들이지만 이들은 서로 다른 예측적 의미를 가지고 있다.

그림 6-3a, 6-3b는 상승삼각형의 예로, 아랫선은 상향인 반면 위 추세선은 평행이다. 그리고 이 차트는 매수자가 매도자보다 더욱 공격적임을 나타내고 있다. 상승형은 일반적으로 윗선의 상향돌파로 완성된다.

상승·하락 삼각형 모두 대칭형과는 매우 중요한 차이가 있다. 추세구조의 어떤 부분에서 상승 또는 하락 삼각형이 나타나든지 간에 이들은 명확한 예측적 의미를 내포한다. 상승삼각형은 상승시장이며 하락삼각형은 하락시장이다.

금융시장의 기술적 분석

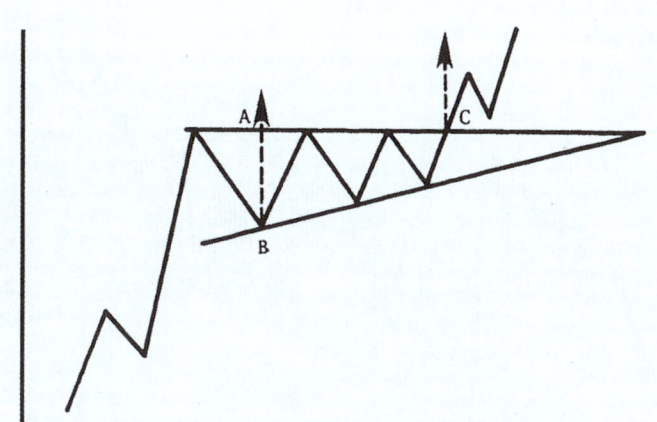

(그림 6-3a)
상승삼각형. 이 패턴은 윗선 위에서 결정적으로 종가가 형성됨으로써 완성된다. 돌파점에서 거래량이 급속히 증가한다. 위 저항선은 돌파 후 뒤이은 일시적 하락에 대하여 지지선으로 작용해야 한다. 최소 목표가격은 이 삼각형의 높이(AB)를 측정하여 돌파점 C에서 위쪽으로 투사하여 구한다.

 이와 달리 대칭삼각형은 원칙적으로는 중립형이다. 그러나 이것은 대칭삼각형이 예측적 가치를 지니고 있지 않다는 의미는 아니다. 반대로 분석가들은, 대칭형은 지속형이기 때문에 직전 추세의 단순한 방향만 보고 반드시 이 추세가 계속될 것이라고 가정한다.
 다시 상승삼각형으로 되돌아가자. 이미 언급한 대로 상승삼각형은 상승시장인 경우가 많다. 위쪽 평행한 추세선 위에 형성된 종가는 상승돌파를 알리는 신호이다. 유효한 모든 상향돌파의 경우와 같이 돌파점에서 거래량은 현저하게 증가한다. 지지선(위쪽 평행선)으로의 일시적 하락은 흔히 있으며, 적은 거래량을 동반한다.

측정기법

 상승삼각형에 대한 기법은 비교적 단순하다. 가장 폭이 넓은 곳에서 이 패턴의 높이를 측정하여 돌파점으로부터 같은 거리를 투사하면 된다. 단지, 이것은 최소 목표 가격을 결정하기 위하여 가격패턴의 불안정성을 이용하는 한 예이다.

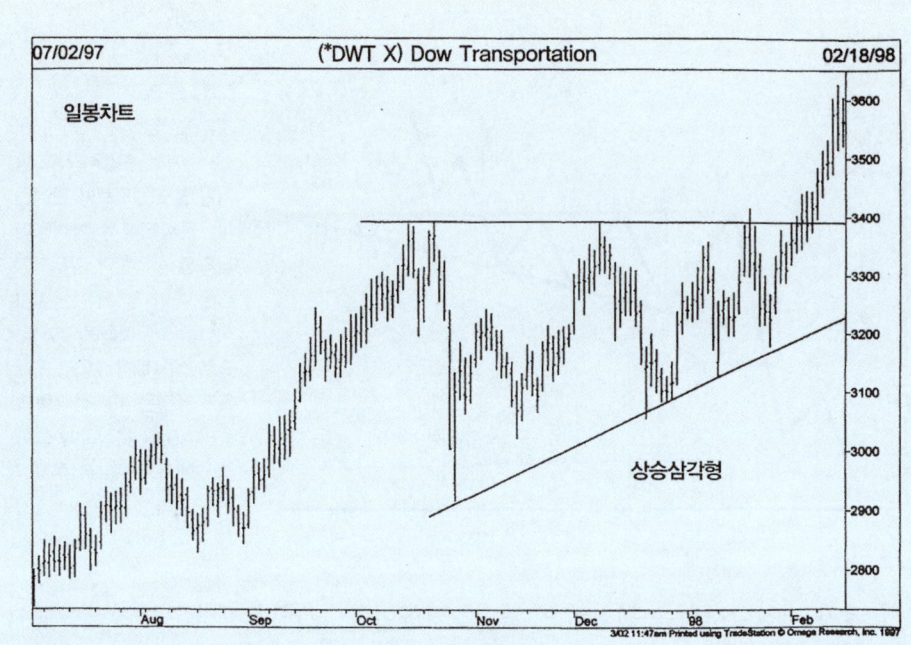

(그림 6-3b) 다우운송은 1997년 말 상승삼각형을 완성하였다. 3400에서 윗선은 수평이고 아랫선은 상향이다. 이 패턴은 차트의 어느 부분에 나타나든지 일반적으로 상승형이다.

바닥에서 형성된 상승삼각형

상승삼각형은 상승추세에서 가장 빈번히 나타나며, 지속형으로 간주되기도 하지만 종종 하락추세에서 나타나기도 한다. 하락추세의 끝부분에서 상승삼각형이 형성되는 것을 흔히 볼 수 있다. 그러나 이러한 상황에서도 이 패턴에 대한 해석은 상승시장이다. 윗선의 돌파는 이 패턴의 완성을 알리는 신호이며, 상승시장 신호로 간주된다.

상승·하락 삼각형 모두 때로는 직각삼각형으로 불리기도 한다.

하락삼각형

하락삼각형은 상승삼각형과 닮은꼴이지만 일반적으로 하락형으로 간주된다. 그림 6-4a, 6-4b에서 보듯이 하락 윗선과 수평 아랫선을 가지고 있다. 이 패턴은 매도자가 매수자보다 공격적임을 나타내며, 일반적으로 하락추세를 가진다.

아래 추세선 밑에서 형성된 결정적인 종가는 하락추세의 신호가 되며 많은 거래량을 동반한다. 종종 단기반등이 나타나며 이것은 아래 추세선인 저항선을 만나게 된다. 측정기법이 왼쪽 기준선의 높이를 측정하여 하향 돌파점에서 아래로 투사해야 한다는 점에 있어서는 상승삼각형에서와 똑같다.

천장에서 형성된 하락삼각형

하락삼각형은 지속형으로서 일반적으로 하락추세에서 발견되는데, 이따금씩 천정(상승추세)에서 형성되는 것도 이상한 일은 아니다. 천정에서 형성될 경우 이것이 하락삼각형이라는 것을 알아차리는 일이 어려운 것만은 아니다.

이 경우 평평한 아랫선 밑에서 형성된 종가는 하락추세로의 주요 추세반전을 알리는 신호가 된다.

거래량의 형태

패턴이 계속 발전하면서 거래량은 감소하고 돌파시점에서는 거래량이 증가한다는 점에서 상승·하락형의 거래량 형태는 매우 유사하다.

대칭삼각형의 경우와 마찬가지로 이들이 형성되고 있는 동안 분석가들은 거래량이 미미하게 변함에 따라 가격이 변하는 것을 감지할 수 있다. 이것은 상승형에서 가격의 반등 시 거래량은 조금 증가하는 경향이 있고 일시적 하락 시 약간 감소하는 경향이 있음을 의미한다. 하락형은 하락추세에서는 거래량이 많고 단기반등에서는 거래량이 적다.

삼각형의 시간 요인

삼각형에서 마지막으로 고려하여야 할 요인은 시간이다. 삼각형은 중기형으로 간주

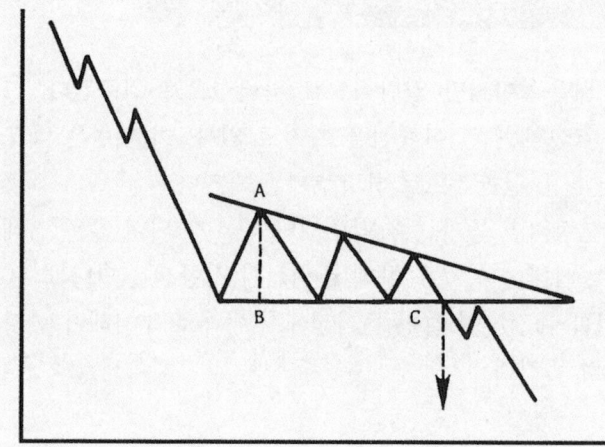

(그림 6-4a)
하락삼각형의 예. 결정적인 종가가 아래 수평선 밑에서 형성되면서 이 하락형은 완성된다. 측정기법은 삼각형의 높이(AB)를 측정하여 돌파점 C에서 아래로 투사하는 것이다.

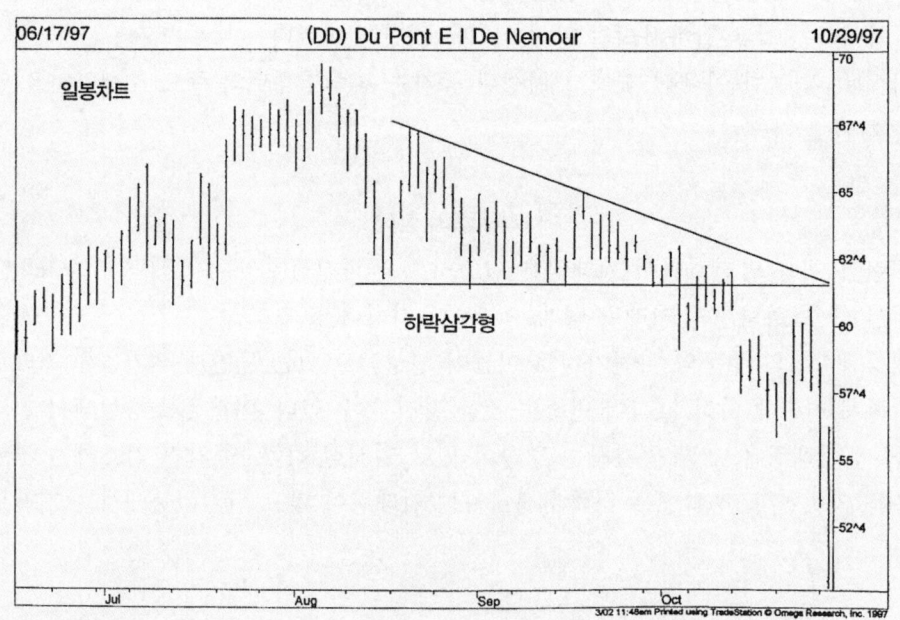

(그림 6-4b) 1997년 가을 듀폰사의 하락삼각형의 예. 윗선이 하향인 반면 아랫선은 수평이다. 10월에 아랫선의 돌파는 이 하락형을 완성시켰다.

된다. 이것은 1개월 이상의 형성기간이 필요함을 의미한다. 그러나 일반적으로는 3개월 미만이다. 1개월을 지속하지 못하는 추세는 곧 다루게 될 삼각깃발과 같은 다른 패턴일 것이다.

이미 언급한 대로 삼각형이 종종 장기 가격차트상에 나타나기도 한다. 그러나 그들의 기본적 의미는 언제나 똑같다.

확장형

이 가격패턴은 삼각형의 특이한 변종으로서 매우 드물게 발생한다. 실제로 이것은

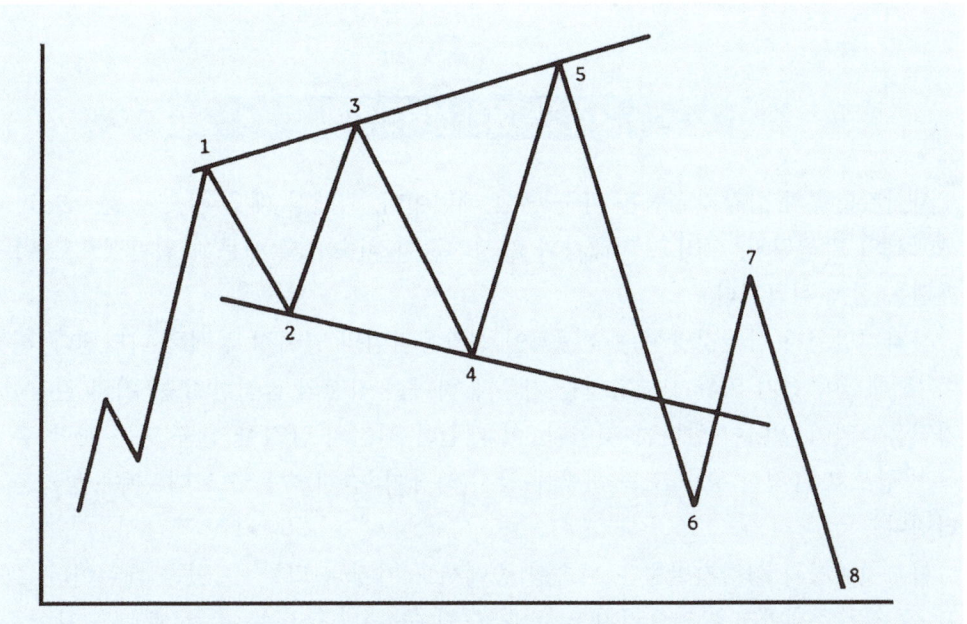

(그림 6-5) 확장삼각형 천정형. 이러한 확장삼각형은 일반적으로 위쪽에서 나타난다. 이것은 연속적으로 높아지는 3개의 봉우리와 2개의 하락하는 골짜기들을 가진다. 두 번째 골짜기(저점)의 돌파로 이 패턴은 완성된다. 이것은 거래하기에 매우 어려운 패턴이다. 그러나 다행히도 비교적 드물게 나타나는 패턴이다.

역삼각형 또는 후방형 삼각형이다.

현재까지 살펴본 모든 삼각형은 서로 만나는 추세선들을 가지고 있었다. 그러나 확장형은 이름이 의미하는 것과 같이 이것과는 정반대이다. 그림 6-5에서 보여주듯이 실제로 추세선들은 서로 확대되어 서로 멀어지며 확장된 삼각형을 만들게 된다. 이것은 확성기 나팔로 불리기도 한다.

이 패턴에서는 거래량의 변화 또한 다르다. 다른 삼각형에서는 가격변동폭이 적어짐에 따라 거래량이 감소하는 경향이 있었지만 확장형에서는 가격변동폭이 커짐에 따라 거래량이 증가하는 정반대의 현상이 나타난다.

이 상황은 통제되지 않은 매우 감정적인 시장을 나타낸다. 또한 대단히 많은 일반인들의 참여를 나타내기 때문에 주로 시장의 천정에서 흔히 발생한다. 따라서 확장형은 일반적으로 약세형이다. 이 패턴은 주로 상승장이 끝날 무렵에 주로 나타난다.

사각깃발형과 삼각깃발형

사각깃발형과 삼각깃발형은 아주 흔한 패턴이다. 외견상 매우 비슷할 뿐 아니라 추세에서의 발생위치, 그리고 거래량과 측정기준이 비슷하기 때문에 일반적으로 이 두 패턴은 함께 취급된다.

사각깃발형과 삼각깃발형은 역동적인 시장움직임의 일시적 정체를 나타낸다. 사실, 이 두 패턴이 있기 위한 전제조건들 가운데 하나는 직전의 급격한 또는 거의 일직선의 가격움직임이 있어야 한다는 것이다. 이 패턴은 직전의 급격한 상승 또는 하락 후 같은 방향으로 급격한 상승 또는 하락에 앞서 시장이 '잠시 숨을 고르며' 쉬는 상황을 나타낸다.

사각깃발형과 삼각깃발형은 지속형 중에서도 가장 신뢰할 수 있는 패턴이다. 그리고 좀처럼 추세반전을 일으키지 않는다. 그림 6-6a, 6-6b는 이 두 패턴을 보여주고 있다. 먼저, 이 패턴이 발생하기 직전에 많은 거래량을 동반한 가격급등이 발생하고, 이 강화형이 형성됨에 따라 거래량이 급격히 감소한다. 그리고는 상향돌파시에 거래량이 폭발적으로 증가한다.

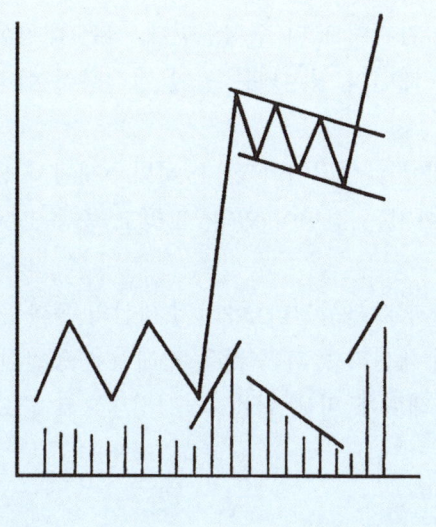

(그림 6-6a)
상승 사각깃발형의 예. 일반적으로 이 패턴은 가격급등 직후에 나타나며, 그 추세의 일시적 중단을 나타낸다. 사각깃발형의 기울기는 반드시 추세의 기울기와 반대로 나타나야 한다. 패턴이 형성되고 있는 동안 거래량은 감소하고 돌파시점에서 다시 거래량이 증가한다. 사각깃발형은 일반적으로 어떤 시장움직임의 중간에 나타난다.

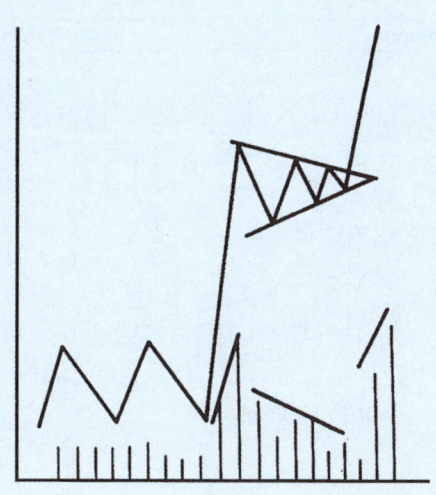

(그림 6-6b)
상승 삼각깃발형. 작은 대칭삼각형을 닮았으나 일반적으로 3주 이상 지속되지 않는다. 이 패턴이 형성되는 동안 거래량은 감소한다. 삼각깃발형이 완성된 후 직전의 가격움직임과 같은 크기의 움직임이 발생한다.

사각깃발형과 삼각깃발형의 형성

사각깃발형과 삼각깃발형은 형태가 약간 다르다. 사각깃발형은 기존의 추세와 반대되는 기울기를 가진 두 개의 평행 추세선을 가지고 있는 평행사변형 또는 직사각형을 닮았다. 하락추세에서 사각깃발형은 약간의 상향 기울기를 갖는다.

삼각깃발형은 서로 만나는 2개의 추세선을 가지며 보다 수평형인데, 작은 대칭삼각형을 많이 닮았다. 이것의 중요한 전제는, 이 패턴이 형성되는 동안 거래량이 현저하게 감소해야 한다는 것이다.

이 두 패턴은 비교적 단기인 1주~3주 이내에 완성되어야 한다. 하락추세에서 삼각깃발형과 사각깃발형의 형성기간은 더욱 짧아지는 경향이 있다. 그리고 종종 1주~2주 이상 지속되지 못한다.

이 두 패턴은 상승추세에서 위 추세선의 돌파로 완성된다. 아래 추세선의 돌파는 하락추세의 재개를 알리는 신호가 된다. 이들 추세선의 돌파는 많은 거래량을 동반한다. 여느 때처럼 상승시의 거래량이 하락시의 거래량에 비해 훨씬 더 결정적으로 중요하다(그림 6-7a, 6-7b 참조).

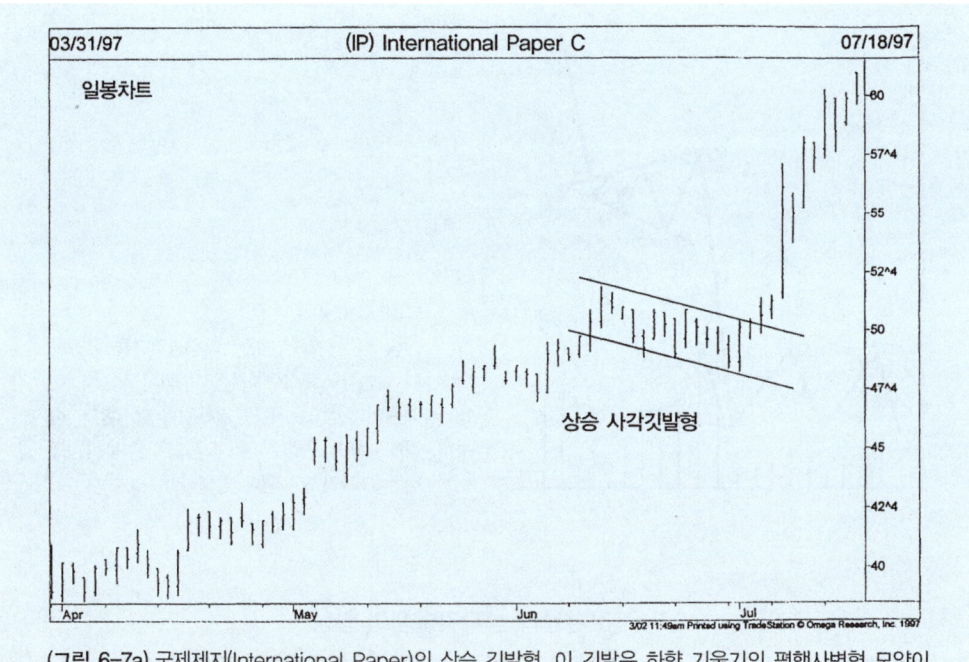

(그림 6-7a) 국제제지(International Paper)의 상승 깃발형. 이 깃발은 하향 기울기의 평행사변형 모양이다. 깃발형은 어떤 상승추세의 중간 부분에서 나타난다.

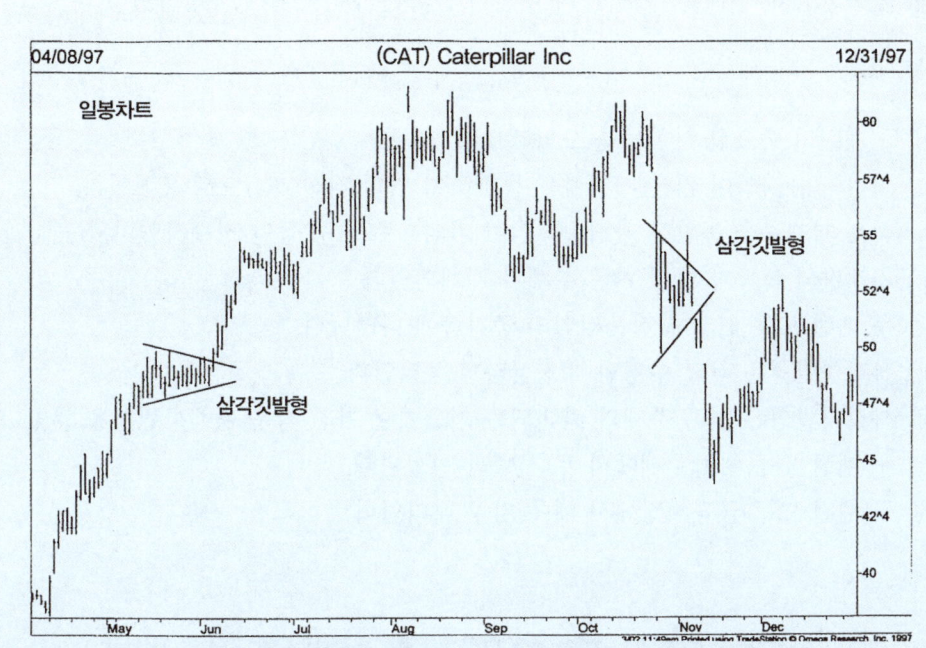

(그림 6-7b) 캐터필러사의 차트에 2개의 삼각깃발형이 나부끼고 있다. 삼각깃발형은 작은 대칭삼각형을 닮은 단기 지속형이다. 왼쪽 것은 계속되는 상승추세 중간에, 오른쪽 것은 계속되는 하락추세 중간에 나타났다.

측정값의 의미

이 두 패턴에 대한 측정이 암시하는 것은 비슷하다. 사각깃발형과 삼각깃발형을 깃대에서 '반기의 상태'로 펄럭인다고 말한다. 이 경우 깃대는 직전의 급격한 상승이나 하락을 나타낸다. '반기'라는 용어는 이런 보다 작은 지속형이 어떤 전체적인 추세의 중간 부분에서 형성되는 경향이 있음을 의미한다. 일반적으로, 이 패턴이 완성된 후에 재개되는 가격의 움직임은 이 패턴 직전의 깃대나 가격의 움직임을 닮는다.

보다 정확하게 말하자면, 첫 돌파점—지지선이나 저항선 또는 중요한 추세선 돌파에 의해 기존의 추세가 시작된 점으로부터 이 패턴이 나타나기까지의 거리—을 측정한다. 그리고는 직전 움직임의 수직거리를 사각깃발이나 삼각깃발의 돌파점—상승추세에서는 윗선, 하락추세선에서는 아랫선이 돌파된 부분—에서 측정하면 된다.

요약

이 두 패턴의 중요한 사항들을 요약해보자.
1. 직전의 움직임이 많은 거래량을 동반하여 거의 직선(깃대)으로 움직였다.
2. 적은 거래량을 동반한 가격움직임이 거의 1주~3주 동안 정체하였다.
3. 거래량의 폭등과 함께 기존 추세가 재개되었다.
4. 두 패턴 모두 전체 시장움직임의 중간쯤에 나타난다.
5. 삼각깃발형은 작고 수평인 대칭삼각형을 닮았다.
6. 사각깃발형은 기존 추세와 반대되는 기울기를 가진 작은 평행사변형을 닮았다.
7. 두 패턴 모두 하락추세에서 보다 빨리 형성된다.
8. 두 패턴 모두 금융시장에서 매우 자주 나타난다.

쐐기형

쐐기형은 모양이나 형성기간 측면에서 대칭삼각형과 비슷하다. 대칭삼각형처럼 정점에서 서로 만나는 두 추세선을 가지며, 형성하는 데 일반적으로 1개월~3개월의 기간을 필요로 하고, 중기(中期)로 분류된다.

쐐기형의 특징은 현저한 기울기에 있다. 쐐기형은 가파른 상향 또는 하향의 기울기를 갖는데, 일반적으로 사각깃발형과 같이 현재의 추세와 반대되는 기울기를 가진다. 따라서 하향쐐기형은 강세시장으로, 상향쐐기형은 약세시장으로 간주된다.

그림 6-8a에서 보는 것처럼 강세시장의 쐐기형은 서로 만나는 두 추세선 사이에서 하향 기울기를 가진다. 하락추세에서의 서로 만나는 두 추세선은 그림 6-8b에서 보는 바와 같이 분명히 상향 기울기를 가지고 있다.

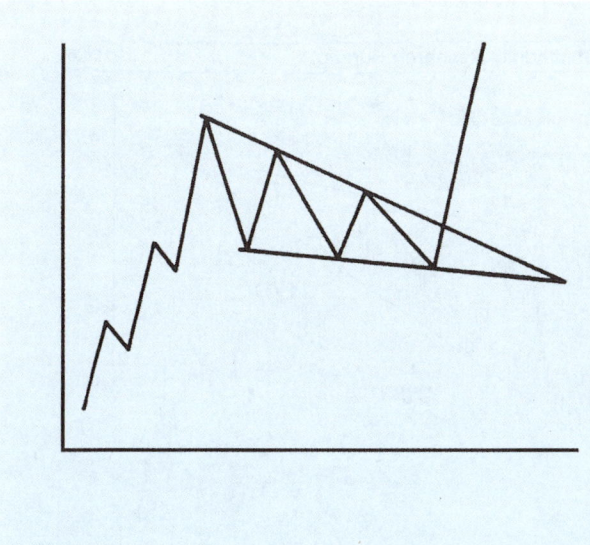

(그림 6-8a)
상승시장의 하향쐐기형의 예. 쐐기형은 서로 만나는 2개의 추세선을 가지며, 기존의 추세와 반대되는 기울기를 가진다. 일반적으로 하향쐐기형은 상승시장이다.

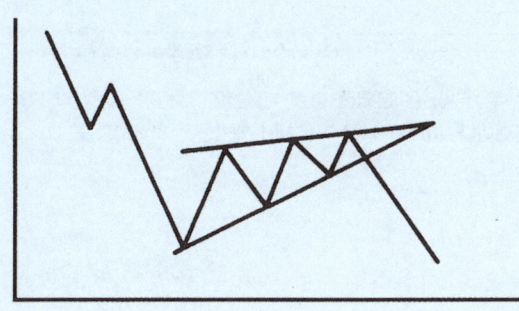

(그림 6-8b)
하락시장의 쐐기형의 예. 하락시장 쐐기형은 반드시 기존의 하락 추세와 반대되는 상향 기울기를 가진다.

하향·상향 반전형의 쐐기형

쐐기형은 기존 추세의 중간에 가장 빈번하게 나타나며, 일반적으로 지속형의 한 패턴이다. 또한 어떤 시장의 고점 부근이나 저점 부근에서 나타날 수 있으며, 이 경우 반전의 신호가 된다. 그러나 이러한 상황은 흔히 발생하지 않는다. 분석가들은 상승추세의 마지막 부분에서 선명한 상향쐐기형을 발견할 수 있을 것이다. 상승추세에서 지속형 쐐기는 반드시 기존 추세와는 반대되는 하향 기울기를 가져야 하기 때문에 상향 쐐기형은 이것이 상승이 아닌 하락시장이라는 실마리를 제공해준다. 저점 부근에서의

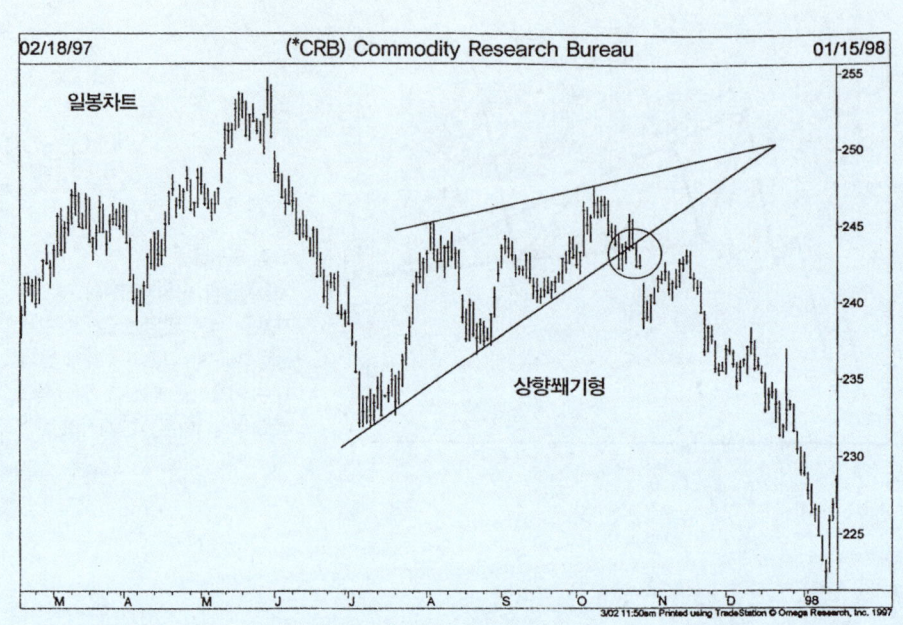

(그림 6-8c) 상향쐐기형의 예. 서로 교차하는 두 추세선은 분명한 상향 기울기를 갖는다. 쐐기형의 기울기는 기존 추세의 기울기와는 반대이다. 따라서 상향 기울기의 쐐기형은 하락시장을, 그리고 하향 기울기는 상승시장을 나타낸다.

하향쐐기형은 약세시장의 끝일 가능성을 암시한다.

쐐기형이 어떤 시장움직임의 중간 또는 끝부분에 나타나더라도 시장 분석가들은 상향 기울기의 쐐기는 약세시장이며, 하향 기울기는 강세시장이라는 격언을 기억해야 한다(그림 6-8c 참조).

직사각형

직사각형은 종종 다른 이름으로도 불린다. 일반적으로 가격차트상에서 포착이 용이한데, 이것은 가격이 두 평행선 사이에서 수평으로 움직이는 어떠한 추세의 중단을 나타낸다(그림 6-9a~6-9c 참조).

이 직사각형은 종종 거래범위 또는 정체지역으로 불리기도 한다. 다우이론에서는 어떤 선으로 지칭된다. 어떤 이름으로 불리든 이것은 일반적으로 기존 추세의 강화기간을 의미하며, 일반적으로 기존의 직전 추세와 같은 방향으로 완성된다.

예측가치의 측면에서 볼 때 서로 만나는 추세선 대신 평행한 추세선을 갖는다는 것

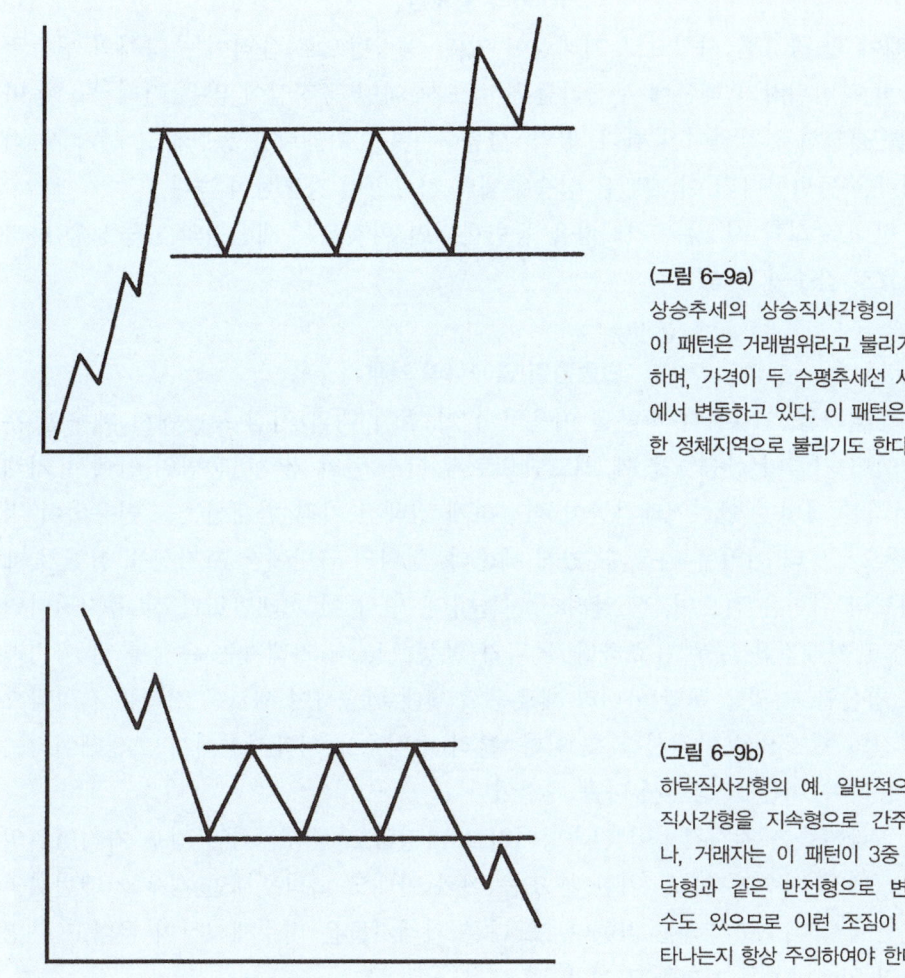

(그림 6-9a)
상승추세의 상승직사각형의 예. 이 패턴은 거래범위라고 불리기도 하며, 가격이 두 수평추세선 사이에서 변동하고 있다. 이 패턴은 또한 정체지역으로 불리기도 한다.

(그림 6-9b)
하락직사각형의 예. 일반적으로 직사각형을 지속형으로 간주하나, 거래자는 이 패턴이 3중 바닥형과 같은 반전형으로 변할 수도 있으므로 이런 조짐이 나타나는지 항상 주의하여야 한다.

을 제외하고는 대칭삼각형과 비슷하다.

위와 아래 경계선 밖에서 형성되는 종가는 직사각형의 완성을 알리며, 또한 추세의 방향을 알려준다. 그러나 시장 분석가는 직사각형 강화형이 반전형으로 바뀌지 않는다는 것을 항상 주의해야 한다. 예를 들면, 그림 6-9a에서처럼 상승추세에서 세 봉우리들이 3중 천정형으로 보일 수도 있다.

거래량의 중요성

고려해야 할 중요한 사항으로 거래량이 있다. 양방향으로 움직이는 가격의 변동폭이 상당히 광범위하기 때문에 분석가들은 반드시 어떤 움직임이 많은 거래량을 동반하는가를 세밀히 관찰하여야 한다. 만약, 상승 시 많은 거래량을 동반하고 하락 시 적은 거래량을 동반한다면 이 패턴은 상승추세의 지속형일 가능성이 높다.

이와 반대로 하락 시 많은 거래량을 동반한다면 이것은 추세반전의 가능성을 나타내는 신호로 간주할 수 있다.

변동범위 안에서의 거래

어떤 분석가들은 일시적 하락을 이용하여 이 범위 내의 저점 부근에서 매수한 후 고점 가까이 가격이 상승했을 때 매도함으로써 이 패턴의 가격변동범위 안에서 거래한다. 이러한 기법은 단기거래자들이 적절하게 정해진 가격 한계선들을 이용하여 비추세시장으로부터 이익을 얻을 수 있게 해준다. 범위의 극단에서 포지션을 취했기 때문에 비교적 위험은 적으며, 잘 알려진 것들이다. 만약 이 거래범위가 잘 유지된다면 이 역 추세 거래법은 매우 유효하다. 돌파가 발생했을 때 거래자는 손해를 입는 거래를 바로 청산할 수 있을 뿐만 아니라 새로운 추세에 편승하여 새로운 거래를 시작함으로써 직전의 포지션을 반전시킬 수 있다. 특히 수평추세 거래시장에서 오실레이터는 매우 유용하며, 이는 10장에서 다룰 예정이다.

다른 거래자들은 직사각형이 지속형이라고 가정하고 상승추세인 경우 가격범위의 저점 부근에서 매수포지션을 취한다. 또는 이와 반대로 하락추세인 경우 거래범위의 고점 부근에서 매도포지션을 취한다. 또 다른 거래자들은 비추세시장이 끝나고 분명한 돌파가 일어나기를 기다릴 것이다.

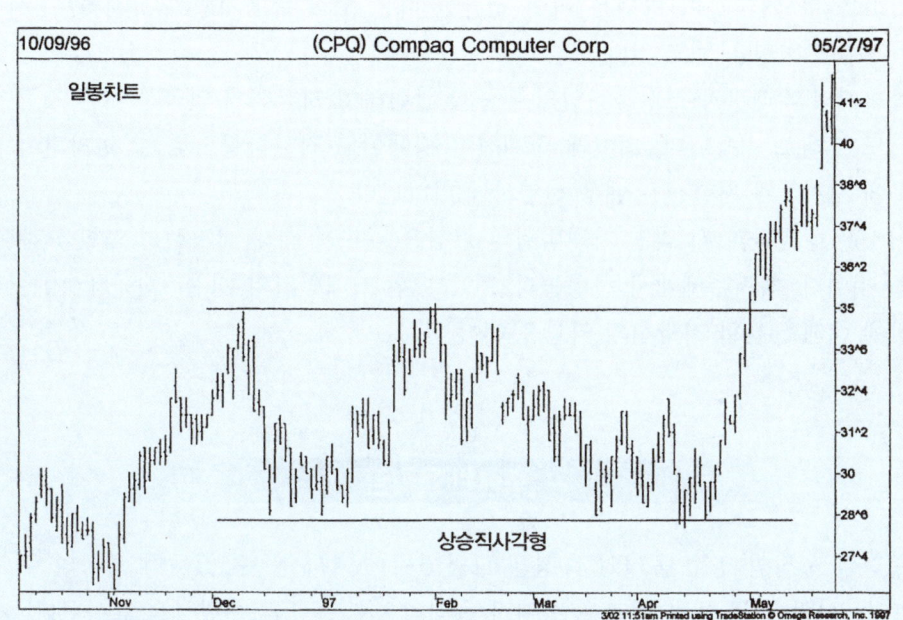

(그림 6-9c) 상승직사각형. 컴팩사의 상승추세가 수평추세를 이루면서 4개월 동안 중단되었다. 5월 초, 윗선의 돌파는 이 패턴을 완성하고 기존의 상승추세를 재개하였다. 일반적으로 직사각형은 지속형의 한 형태이다.

대부분의 추세의존시스템은 이러한 수평추세 또는 비추세(trendless) 시장에서 유용성이 많이 떨어진다.

다른 패턴과의 유사점과 차이점

일반적으로 직사각형은 기간적인 측면에서 볼 때 삼각형과 쐐기형같이 1개월~3개월 분류에 속한다. 거래량에 있어서는 큰 변동폭이 다른 패턴에서 나타난 거래량의 일반적인 하락을 방지한다는 점에서 다른 지속형과 다르다.

직사각형에 적용되는 가장 흔한 측정기법은 가격변동범위의 높이에 바탕을 두고 있다. 고점에서 저점까지의 가격변동범위의 높이를 측정하여 돌파점으로부터 그것의 수직거리를 투사한다. 이 방법은 이미 언급한 다른 수직 측정기법과 유사하며, 시장의 불안정성에 바탕을 두고 있다.

돌파시의 거래량과 조정움직임의 확률과 관련하여 지금까지 언급한 모든 것들이 여기서도 그대로 적용된다. 위아래 한계선이 평행이고 직사각형으로 잘 정의되어 있기 때문에 지지선과 저항선은 매우 선명하게 나타난다.

이것은 상향돌파 시 직전 가격범위의 고점은 매도에 대해 지지선의 역할을 해야 한다는 것이다. 하락추세에서 하향돌파가 있은 후 거래범위의 저점(직전의 지지선)은 상승시장에 대해 튼튼한 저항선의 역할을 해야 한다.

측정된 움직임

측정된 움직임 또는 움직임 측정은 그림 6-10a에서 볼 수 있듯이 시장의 주요 상승 또는 하락이 두 개의 똑같은 평행적 움직임으로 분류되는 현상을 묘사한다. 이 기법을 사용하기 위해서는 시장의 움직임이 매우 정연하고 잘 정의되어야 한다.

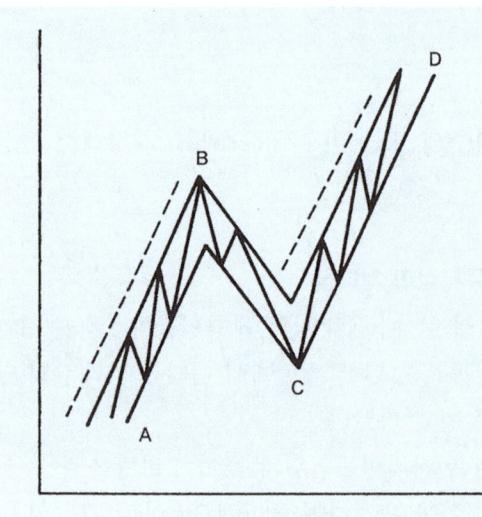

(그림 6-10a)
상승추세의 측정된 움직임(또는 움직임 측정)의 예. 상승추세의 두 번째 단계(CD)는 첫번째(AB) 단계의 기울기와 크기의 복사판임을 이 이론은 보여주고 있다. 종종 조정국면(BC)은 상승추세를 재개하기에 앞서 AB의 1/3에서 1/2까지 조정한다.

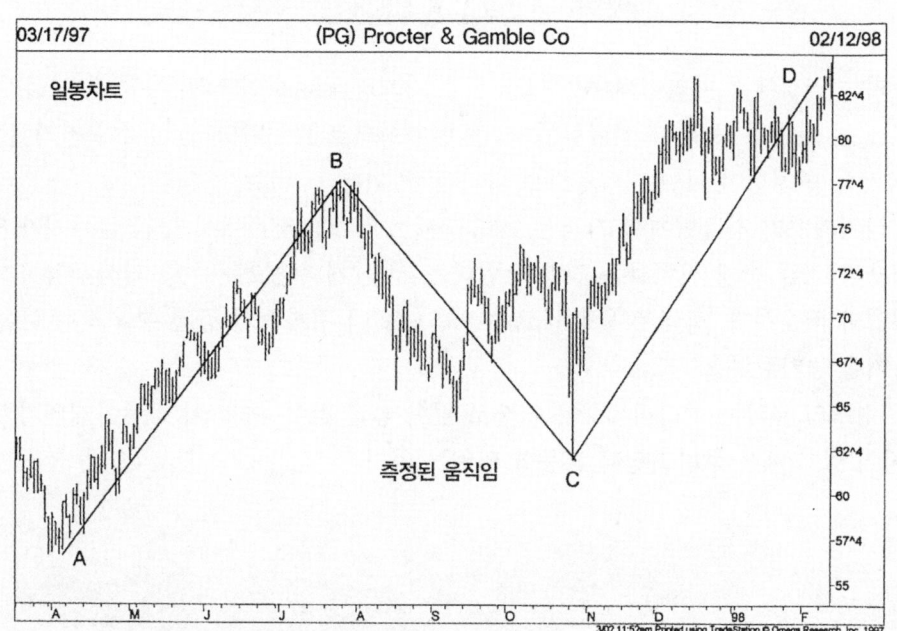

(그림 6-10b) 측정된 움직임은 직전의 움직임(AB)을 측정하여 조정국면의 저점 C에서 같은 값을 더한다. 이 차트의 직전 상승움직임(AB)은 20포인트이다. 이 값을 저점 C(62)에 더하여 가격목표 82(D)를 얻는다.

　이 측정된 움직임은 앞에서 이미 다루었던 기법들의 변형이다. 우리는 앞서 사각깃발형, 삼각깃발형 같은 강화형들이 일반적으로 어떤 시장움직임의 중간쯤에서 발생한다는 것을 알고 있다. 또한 시장이 어떤 추세를 재개하기에 앞서 기존 추세의 1/3~1/2 정도를 조정 받는 경향이 있다는 것도 이미 언급하였다.

　측정된 움직임을 통해 분석가들은 그림 6-10a가 나타내는 것과 같이 점 A로부터 점 B까지의 상승을, 점 B로부터 점 C까지의 조정움직임(AB 움직임의 1/3에서 1/2까지 조정한다)이 뒤따르는 명확한 상황을 본다면 다음 상승추세(CD) 단계는 첫단계(AB)를 닮으리라는 것을 가정할 수 있다. 따라서 파동의 높이는 단순히 조정의 저점인 점 C에서 위쪽으로 측정된다.

머리어깨형의 지속형

우리는 앞장에서 머리어깨형을 어느 정도 자세하게 다루었으며, 가장 잘 알려진, 그리고 모든 반전형 중 가장 신뢰할 수 있는 반전형으로 묘사하였다. 그러나 머리어깨형은 때로는 반전형이 아닌 지속형으로 나타날 수 있다.

머리어깨형의 지속형에서 가격은, 상승추세(그림 6-11a 참조)에서 중간 골짜기가 양쪽 어깨보다 조금 낮게 위치하는 경향이 있다는 것을 제외하고는 수평 직사각형의 가격 움직임과 비슷하다. 하락추세에서(그림 6-11b 참조) 이 강화형의 중간 봉우리는 다른 두 봉우리를 능가한다.

두 경우의 결과는 머리어깨형을 거꾸로 엎어 놓은 것이 된다. 이것은 아래위가 거꾸로 되어 있기 때문에 반전형과 혼동할 염려는 없다.

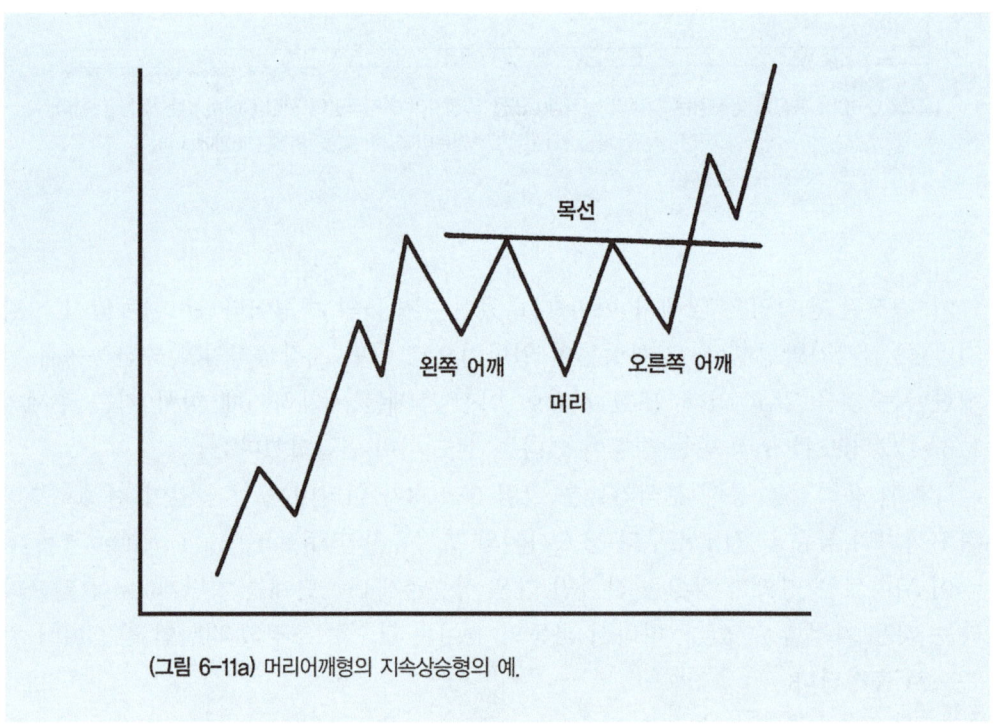

(그림 6-11a) 머리어깨형의 지속상승형의 예.

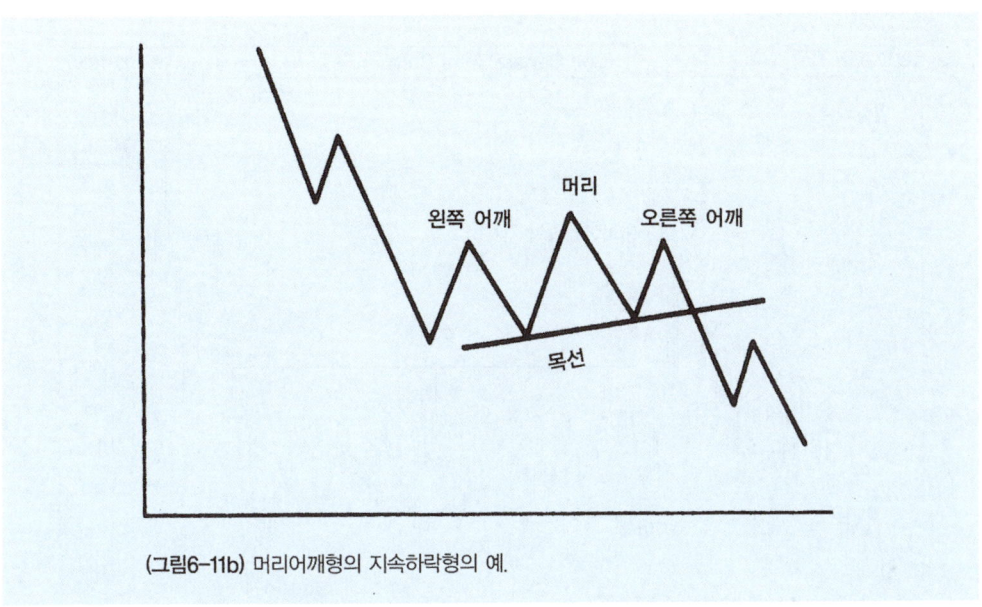

(그림6-11b) 머리어깨형의 지속하락형의 예.

확인과 이탈

　확인의 원리는 시장분석의 모든 분야에서 다루는 가장 흔한 주제 중의 하나이며, 상대적인 개념인 이탈과 함께 이용된다.
　여기서는 이 두 개념을 소개하고 이것들의 의미를 설명하고자 한다. 그러나 이것의 영향력은 매우 중요하기 때문에 이 책 전체를 통하여 계속해서 복습할 것이다. 여기서 차트의 패턴과 관련하여 확인을 다루고 있으나 이것은 기술적 분석의 거의 모든 부분에 적용된다. 확인은 지표의 대부분이 같은 방향을 가리키며 서로 확인한다는 것을 보장하기 위해 기술적 신호와 지표를 비교하는 것이다.
　이탈은 확인의 반대 개념이며, 다른 기술적 지표들이 서로 확인하는 데 실패한 상황을 말한다. 이것이 여기서는 부정적인 의미로 쓰이지만 시장분석에서는 매우 소중한 개념이며, 임박한 추세반전을 알려주는 가장 좋은 초기 신호의 하나이다.

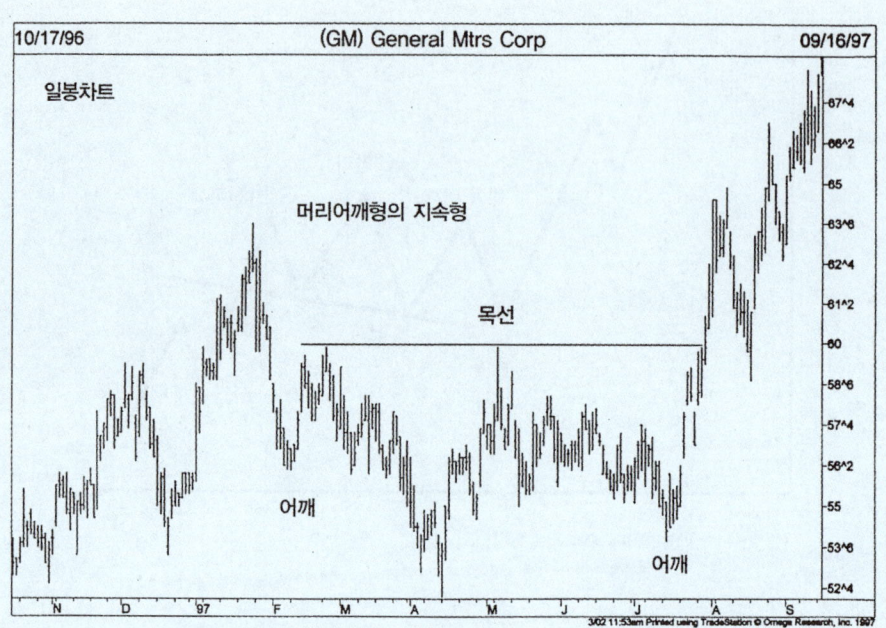

(그림 6-11c) 제너럴모터스사는 1997년 상반기에 머리어깨형의 지속형을 형성하였다. 이 패턴은 매우 선명하나 보기 드문 곳에서 나타난다. 60 목선 위에서 종가가 형성되면서 패턴이 완성되고 상승추세가 재개된다.

결론

이것으로 가격패턴에 대한 논의를 마친다. 앞에서 언급한 대로 기술적 분석가들이 사용하는 세 가지 기본자료는 가격, 거래량, 그리고 미결제약정이다. 지금까지 언급한 것의 대부분은 가격에 초점을 두고 있다.

이제 거래량과 미결제약정, 그리고 이것들이 어떻게 하나의 분석과정으로 통합되는지 자세히 살펴보도록 하자.

제7장

거래량과 미결제약정

거래량과 미결제약정

서문

금융시장에서 대부분의 기술적 분석가들은 세 가지 값, 즉 가격, 거래량, 미결제약정의 변화를 추적하여 다차원적으로 시장분석을 하고 있다. 거래량 분석은 모든 시장에 해당되지만, 미결제약정은 기본적으로 선물시장에 해당된다. 3장에서 이미 일봉차트 작성법을 다루었으며, 세 가지 값을 차트에 그리는 방법과, 거래량과 미결제약정수량이 선물시장의 각 결제월에 대하여 유용하지만 일반적으로 총거래량과 총미결제약정 수량이 시장예측을 위해서 사용된다는 점을 언급하였다. 주식 차트 분석가들은 가격에 따른 총거래량만 그린다.

이러한 점 때문에 차트 이론에 대한 대부분의 논의는 거래량이 표시된 가격변화에 주로 관심이 집중되었다. 이 장에서는 시장예측과정에서 거래량과 미결제약정의 역할에 대해 자세히 살펴봄으로써 3차원적으로 접근할 것이다.

보조지표로서의 거래량과 미결제약정

거래량과 미결제약정을 적절한 관점에서 전망해보자. 가격이 단연 가장 중요하다.

거래량과 미결제약정은 그 중요성에 있어서 부차적이며, 주로 지표를 확인할 때 사용한다. 두 가지 중에서는 거래량이 더 중요하다.

거래량

거래량이란 일정 기간 동안 거래된 실제 계약의 수이다. 기본적으로 일봉차트를 이용하기 때문에 주로 관심을 갖게 되는 것은 일일 거래량이다. 일일 거래량은 그날의 가격변화 밑에 수직막대로 표시된다(그림 7-1 참조).

거래량은 주봉차트에도 그려질 수 있다. 이러한 경우 그 주일의 총거래량은 그 주의 가격변화를 나타내는 막대 아래에 그려진다. 그러나 보통 월봉차트에는 거래량이 사용되지 않는다.

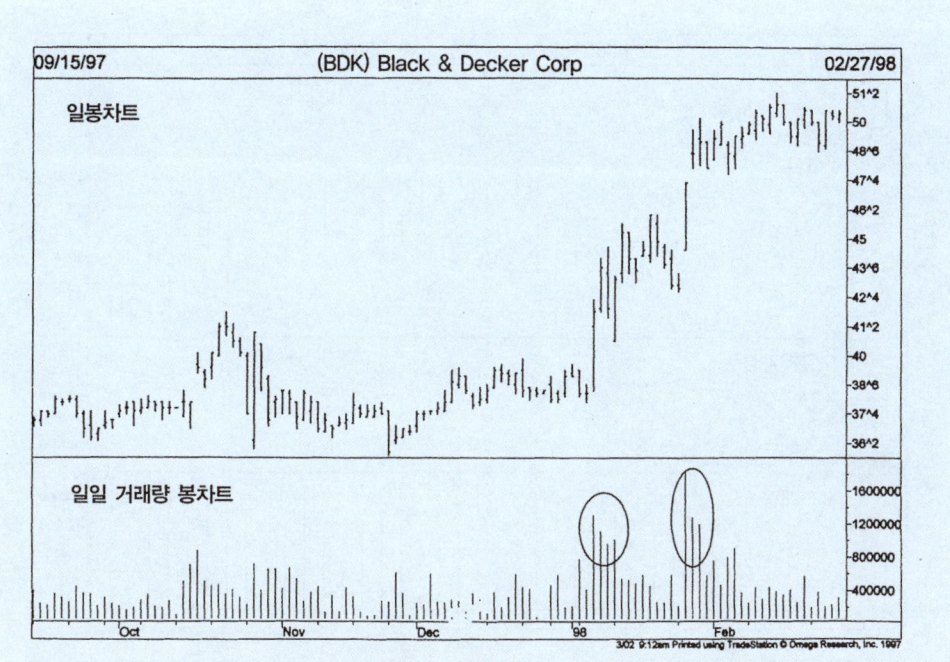

(그림 7-1) 거래량 봉차트는 가격이 반등할 때 눈에 띄게 더 크다(원형). 이것은 거래량이 가격의 상승과 강세를 확인시켜주고 있음을 의미한다.

선물거래의 미결제약정

거래 당일 폐장까지 미청산된 계약의 총수량이 바로 미결제약정이다. 그림 7-2에서 미결제약정은 거래일 동안의 가격자료와 일치시켜 가격차트와 거래량 봉차트 사이에 그려진 실선이다. 공식적인 선물시장의 거래량과 미결제약정수량은 하루 늦게 보고되기 때문에 하루 늦게 작성된다(마지막 거래일의 거래량은 단지 추정치일 뿐이다). 이것은 차트 분석가들이 거래일마다 당일의 고가, 저가, 종가를 봉차트로 표시하지만, 공식적인 거래량과 미결제약정은 직전일의 것을 사용한다는 것을 의미한다.

미결제약정은 시장에서 미청산된 매수포지션이나 매도포지션 둘을 합한 것이 아니다. 미결제약정 계약의 수이다. 계약에는 반드시 매수자와 매도자가 있어야 한다. 그러므로 두 시장참가자, 즉 매수자와 매도자가 함께 한 개의 계약을 이룬다.

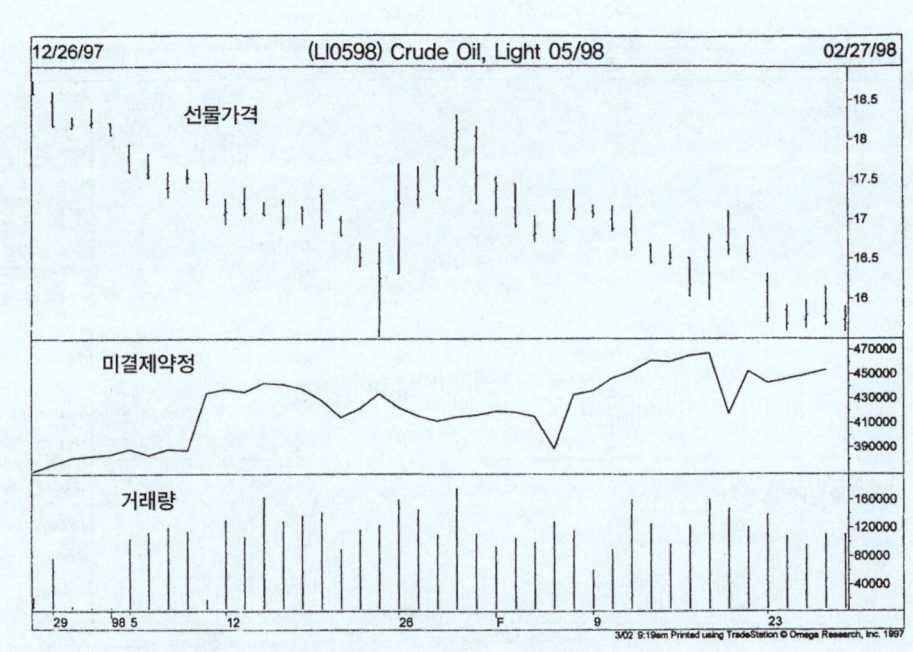

(그림 7-2) 원유선물에 대한 일간 차트가 거래량 및 미결제약정을 보여주고 있다(실선). 가격이 하락하고 약세일 때 미결제약정수량은 증가한다.

거래일마다 보고된 미결제약정수량은 그날 동안의 계약수의 증가 또는 감소를 나타내는 양수와 음수로 표시된다. 상승 또는 하락 여부와 관계없이 미결제약정수량의 이러한 변화는 차트 분석가들에게 시장참가의 변수에 대한 단서를 제공할 뿐 아니라 미결제약정에 대한 예측을 제공한다.

미결제약정의 변화는 어떻게 일어나는가

미결제약정의 변화가 어떻게 해석되는지 그 의의를 파악하기 위해서는 각 거래가 어떻게 미결제약정수량을 변화시키는지 이해해야 한다.

거래소 장내에서 거래가 체결될 때마다 미결제약정은 세 가지 중에 한 가지 형태, 즉 증가, 감소, 불변으로 나타난다. 그 변화가 어떻게 일어나는지 살펴보자.

매 수 자	매 도 자	미결제약정의 변화
1. 신규 매수	신규 매도	증가
2. 신규 매수	전매	변화 없음
3. 환매	신규 매도	변화 없음
4. 환매	전매	감소

첫 번째 경우, 매수자와 매도자 모두 신규 포지션으로 하나의 계약이 성립된 경우이다.

두 번째 경우, 매수자는 신규이지만 매도자는 이전에 취한 매수포지션을 청산하는 전매의 경우이다. 한 사람은 거래에 새로 참가하고 다른 한 사람은 거래에서 빠져나온다. 결과적으로 미결제약정수량은 똑같으며 변하지 않는다.

세 번째 경우, 매수자는 이전에 취한 매도포지션을 청산하는 환매이고 매도자는 신규인 경우에도 마찬가지로 아무런 변화가 없다. 즉, 한 거래자는 시장에 참가하지만 다른 거래자가 빠져나가기 때문에 역시 어떤 변화도 생기지 않는다.

네 번째의 경우, 양쪽 거래자 모두 기존에 취한 포지션을 청산하므로 미결제약정은 줄어든다.

결론적으로 어떤 거래에서 양쪽거래자 모두 신규 포지션이면 미결제약정은 증가하고, 양쪽거래자 모두 기존 포지션을 청산한다면 미결제약정은 감소한다. 그러나 한쪽이 기존 포지션을 청산하는 경우이고 다른 한쪽이 신규 포지션을 취하는 경우에 미결제약정은 변하지 않는다. 차트 분석가들은 폐장 시 총미결제약정의 순변화량을 보고 자금이 시장으로 유입되는지 또는 유출되는지를 판단할 수 있다. 분석가들은 이러한 정보를 근거로 현재의 가격추세가 강세 또는 약세인지에 대한 어떤 결론을 유추할 수 있다.

거래량과 미결제약정을 해석하는 일반적 규칙

기술적 분석가는 거래량과 미결제약정을 시장 분석의 일부로서 통합한다. 거래량과 미결제약정의 해석에 대한 규칙은 둘 다 비슷하기 때문에 일반적으로 통합한다. 그러나 둘 사이에는 고려해야 할 어떤 차이점도 있다. 여기서는 거래량과 미결제약정의 일반적 규칙에 대해서 알아보기로 하자.

가격	거래량	미결제약정	장세
상승	증가	증가	강세
상승	감소	감소	약세
하락	증가	증가	약세
하락	감소	감소	강세

거래량 및 미결제약정이 모두 증가하면 가격추세는 현재 방향(상승 또는 하락)을 계속 유지한다. 그러나 거래량 및 미결제약정이 감소하면 이러한 동향은 현재 가격추세가 곧 끝날 것이라는 예고로 볼 수 있다.

이제 거래량과 미결제약정을 분리해서 살펴보자(그림 7-2 참조).

모든 시장의 거래량에 대한 해석

거래량은 가격변화의 이면에 있는 강도(intensity) 또는 긴급성(urgency)을 측정한다. 거래량이 많다는 것은 강도 또는 압박(pressure)이 높음을 나타낸다. 가격움직임과 함께 거래량을 체크함으로써 기술적 분석가들은 시세변화의 이면에 있는 매수 또는 매

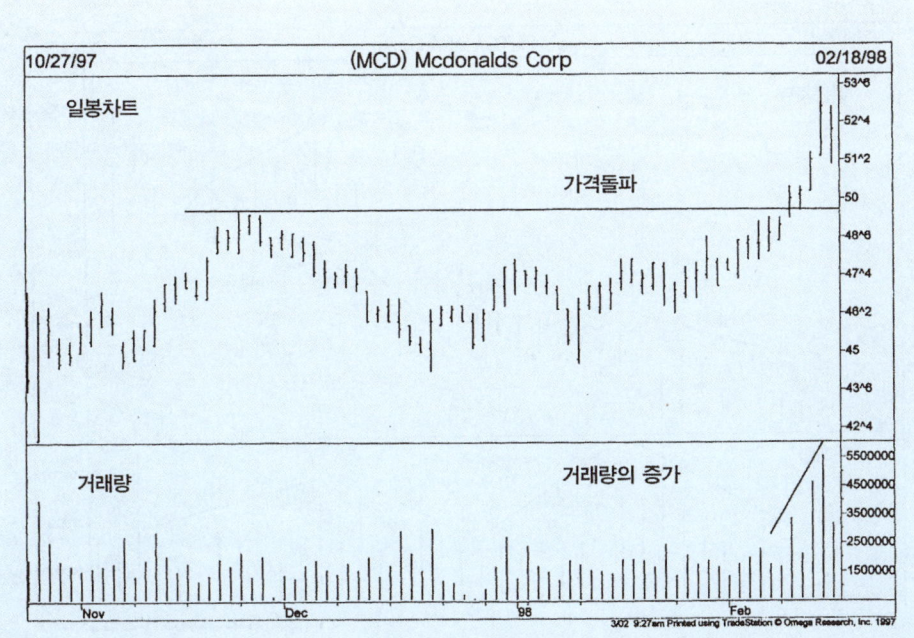

(그림 7-3) 1997년 11월 맥도널드사의 고점에 대한 상승 가격돌파는 폭발적인 거래량과 함께 일어 났다.

도 세력을 보다 잘 측정할 수 있다. 그리고 이러한 정보를 통하여 가격움직임을 확인하거나 또는 가격움직임을 신뢰할 수 없는 것으로 경고한다(그림 7-3과 7-4 참조).

그 규칙을 간단히 말하면, 거래량은 기존 가격추세의 방향으로 증가 또는 확장되어야 한다. 상승추세에서 거래량은 가격이 상승한 만큼 증가하여야 하고, 가격이 하락할 때는 감소하여야 한다. 이러한 형세가 계속된다면 거래량으로 가격추세를 확인할 수 있다.

차트 분석가들은 이탈신호를 주시한다. 이탈은 가격추세의 직전 고점 갱신 시 거래량이 감소할 때 발생한다. 따라서 이러한 시세동향에 직면하게 되면 그들은 매수추천을 자제한다. 또한 분석가들은 가격 반락 시 거래량의 증가하는 경우 가격상승이 힘들 것으로 간주한다.

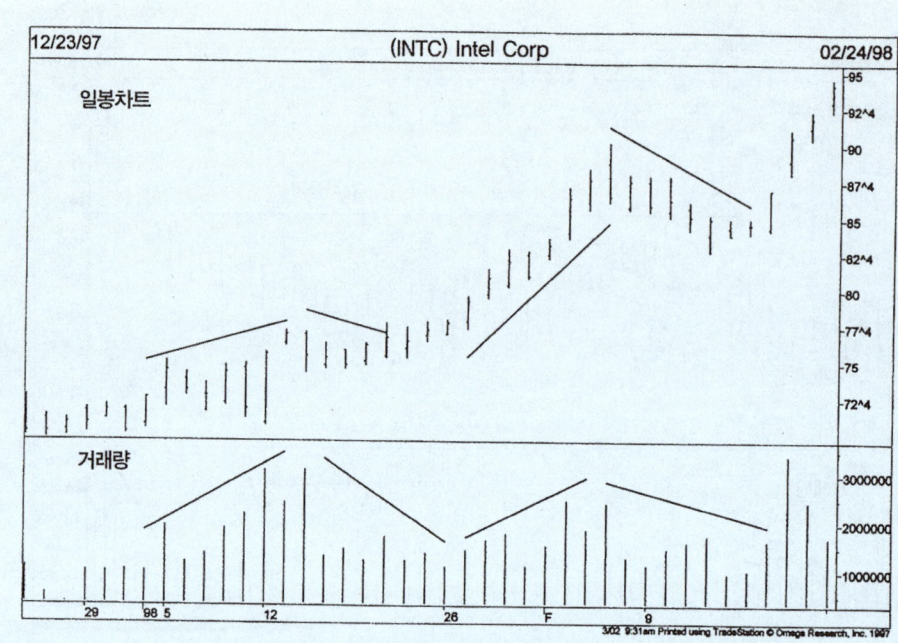

(그림 7-4) 거래량 차트가 인텔사의 가격 상승추세를 따라가고 있다. 가격이 상승할 때 거래량도 증가하고, 가격이 하락할 때 거래량도 감소한다. 마지막 3일간의 가격 급상승 기간에 거래량도 급증하였다는 것에 유의하자.

가격패턴을 확신시켜주는 거래량

    5장, 6장에서 가격패턴을 설명하는 동안 거래량이 중요한 확인지표라는 것을 여러 번 언급한 바 있다. 천정 머리어깨형에서 제일 먼저 나타나는 신호 가운데 하나는, 가격이 적은 거래량으로 머릿부분을 형성하며 신고점을 형성한 이후 많은 거래량으로 목선까지 하락했을 때 발생하였다. 2중 천정형 및 3중 천정형은 각 고점에서의 거래량이 점점 줄어들었다가 이후 하락 시 많이 증가하였다. 삼각형 같은 지속형에서는 거래량이 점진적으로 감소한다. 일반적으로 모든 가격패턴을 완성하는 돌파는, 주어진 신호가 사실인 경우 많은 거래량이 동반되어야 한다(그림 7-5 참조).

    하락추세에서 거래량은 가격이 하락할 때 더욱 증가하여야 하고, 반등할 때 감소하여야 한다. 이러한 패턴이 계속되면 매도세가 매수세보다 더 커져서 틀림없이 하락추

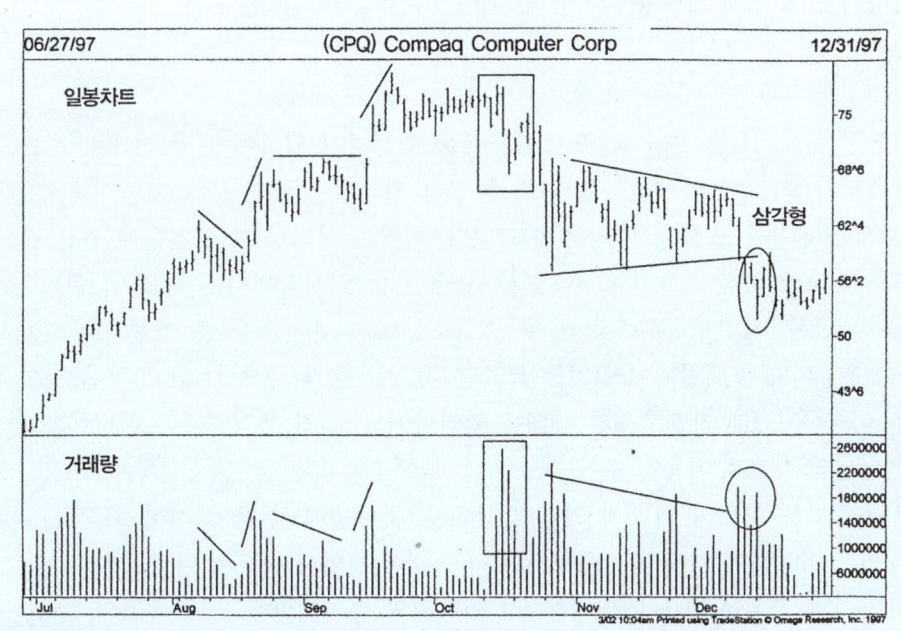

(그림 7-5) 이 차트의 전반부에서는 가격이 상승할 때 거래량도 증가하여 양의 추세를 나타내고 있다. 상단에 있는 박스는 거래량이 대거 급락, 즉 음의 신호를 나타낸다. 지속형 삼각형이 하향돌파될 때 거래량의 증가에 주의하자.

세는 지속될 것이다. 차트 분석가들이 바닥신호를 찾는 시점이 바로 그러한 패턴이 바뀌는 시점이다.

거래량은 가격에 선행한다

우리는 가격과 거래량을 함께 관찰함으로써 실제로 두 가지 도구인 가격과 거래량을 이용해 동일한 한 가지 것, 즉 세력을 측정하고 있는 것이다.

가격이 상승하고 있다는 단순한 사실로도 매도세보다 매수세가 더 크다는 것을 알 수 있다. 우세한 추세와 같은 방향으로 더 많은 거래량이 발생해야 한다는 것은 당연하다. 기술적 분석가들은 거래량이 가격에 선행한다고 믿고 있으며, 이것은 상승추세에서의 상승세력의 감소 또는 하락추세에서의 하락세력의 감소는 가격 추세의 반전이 일어나기 전에 실제 거래량에서 먼저 나타난다는 것을 의미한다.

누적거래량 지표 OBV(On Balance Volume)

기술적 분석가들은 매수세 또는 매도세를 측정하기 위하여 여러 거래량 지표들을 시험해왔다. 차트의 아랫부분에 나타난 수직 거래량 막대만 '쳐다보아서'는 거래량의 중요한 변화를 포착하지 못할 수도 있다. 이러한 거래량 지표 가운데 가장 단순하면서도 널리 알려진 지표가 OBV이다. 1963년『주식시장에서 수익을 낼 수 있는 그랜빌의 새로운 기법』(Granville's New Key to Stock Market Profits)을 쓴 조셉 그랜빌(Joseph Granville)에 의해서 개발되어 인기를 끌었던 OBV는 실제 가격차트에서 곡선으로 나타난다. 이 선은 현재 가격추세의 상태를 확인하거나, 가격 움직임과의 이탈에 의한 임박한 반전의 경고로 이용될 수 있다.

그림 7-6은 차트의 아래에 거래량 봉차트 대신 OBV선을 표시한 가격차트이다. OBV선을 이용하여 거래량 추세를 추적하는 것이 얼마나 쉬운지 알아보자.

OBV선의 작성은 아주 간단하다. 각 거래일의 총거래량은 당일 종가의 상승 또는 하락에 따라 양 또는 음의 값이 부여된다. 종가가 높을 경우 그날의 거래량에 양의 값을 부여하고, 종가가 낮을 경우 음의 값을 부여한다. 그런 다음 종가의 방향에 따라 각 거래일의 거래량을 더하거나 빼서 연속 누적 합계를 만든다.

중요한 것은 실제 나타나는 숫자가 아니라 OBV선(그것의 추세)의 방향이다. 실제 OBV의 값은 얼마나 소급해서 차트를 작성하는지에 따라 다르다. 그 계산은 컴퓨터로 처리하자. OBV의 방향에 세심한 주의를 기울여야 한다.

OBV선은 틀림없이 가격추세를 따라간다. 가격의 고점과 저점이 점점 높아질 때(상승추세) OBV선도 상승하고, 가격이 하락하면 OBV선도 틀림없이 하락한 다. 거래량선이 가격과 같은 방향으로 움직이지 않을 때 이탈이 일어나고 추세반전의 가능성을 예고한다.

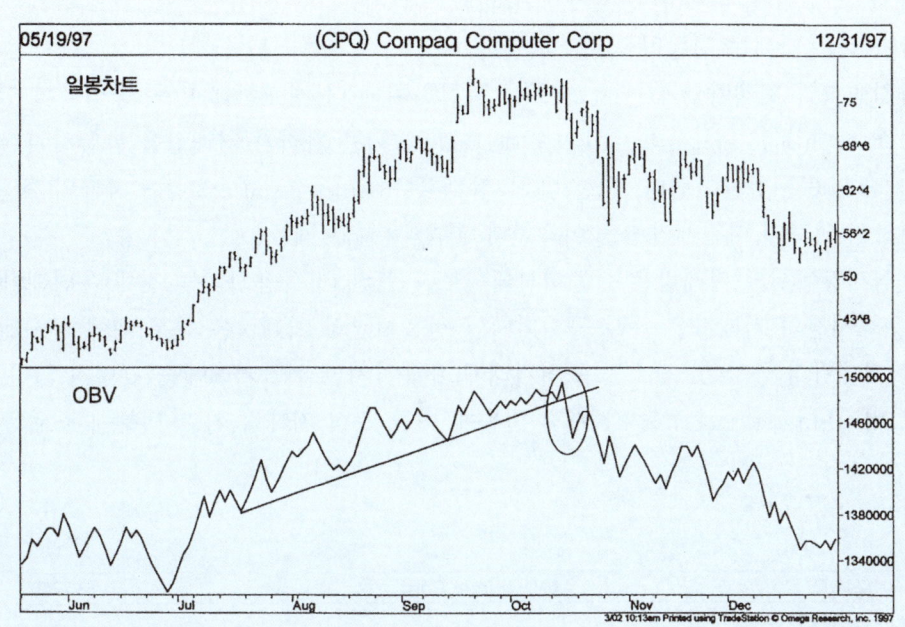

(그림 7-6) 아래쪽에 있는 선이 같은 컴팩사의 차트에 대한 OBV이다. 1997년 10월에 나타난 하락 전환을 얼마나 일찍 탐지했는지 주의하자.

OBV의 대안

OBV선은 그런 대로 잘 맞지만 몇 가지 단점이 있다. 한 가지가 모든 거래일의 거래량에 양의 값 또는 음의 값을 부여하는 것이다. 한 틱(최소 변동폭)이나 두 틱처럼 최소 변동폭으로 어떤 거래일이 마감되었다고 가정하자. 이때 그날의 모든 가격 변화에 양의 값을 부여하는 것이 과연 타당한가? 아니면 그날 대부분 가격이 상승하다가 종가만 소폭 하락하였다고 가정해보자. 이때 그날의 모든 거래량에 음의 값을 부여하는 것이 과연 타당한가?

이러한 문제점을 해결하기 위하여 기술적 분석가들은 실질적인 상승 및 하락 거래량을 찾아내는 데 OBV의 여러 가지 변형을 시험하였다.

한 가지 변형은 추세가 가장 강한 날에 보다 큰 가중치를 주는 것이다. 예를 들어, 가격이 상승한 날에는 거래량에 가격의 증가폭을 곱한다. 이러한 기법도 아직은 양과

음의 값을 부여하기는 하지만, 가격변화가 큰 날에는 더 큰 가중치를 주고 실제 가격변화가 적은 날에는 영향력을 감소시킨다.

가격변화와 거래량(그리고 미결제약정)을 통합하여 보다 정교하게 만든 공식들이 있다. 제임스 시벳(James Sibbet)의 수요지수(Demand Index)는 가격과 거래량을 통합하여 뛰어난 시장지표를 만들어낸다. 또한 헤릭 정산지수(Herrick Payoff Index)는 자금의 흐름을 측정하기 위하여 미결제약정을 이용한다(위 두 개의 지수에 대한 설명은 부록 A 참조).

주식시장에서의 거래량은 선물시장에서보다 훨씬 더 유용하다는 것에 유념해야 한다. 주식시장의 거래량은 즉시 공시되지만 선물시장의 거래량은 하루 뒤에 공시된다. 또한 거래량의 증가 및 감소는 주식거래에 유용하지만 선물거래에는 그렇지 않다. 라즐로 비리니(Laszlo Birinyi)는 각 가격 변동에 대한 주식 거래량 자료 덕분에 소위 돈의

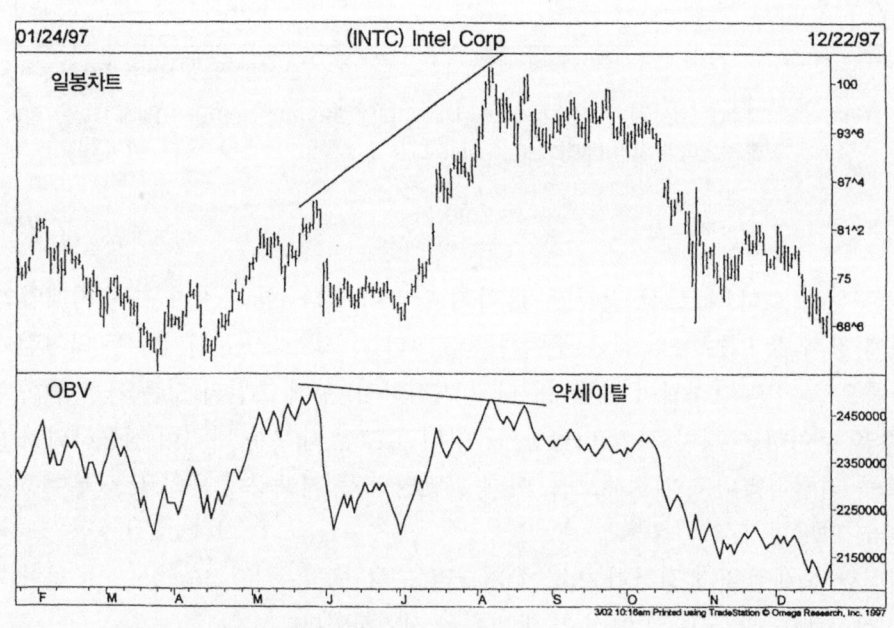

(그림 7-7) OBV선(아랫부분)과 가격선 사이의 약세이탈이 중요한 하락전환을 어느 정도 정확히 예고하였는가를 보여주는 매우 적절한 예.

흐름(Money Flow)이라 불리는 더 고도화된 새로운 지표를 개발하였다. 이러한 OBV의 실시간 버전(real-time version)은 돈이 주식시장에 유입되고 있는지 아니면 유출되고 있는지를 판단하기 위하여 각각의 가격변화에 따른 거래량의 변화를 추적한다.

그러나 이 복잡한 계산은 고성능 컴퓨터가 필요하고, 이는 대부분의 거래자들이 쉽게 구할 수 있는 것이 아니다.

OBV의 보다 더 정교한 변형도 기본적으로 같은 내용, 즉 거래량이 상승(강세)시 또는 하락(약세)시에 더 많이 발생하는가를 판단하는 것이다. OBV 차트는 이러한 단순성에도 불구하고 주식시장이나 선물시장에서 거래량의 흐름을 추적하는 데 매우 적합하다. 대부분의 차트 작성 소프트웨어는 OBV 기능을 제공한다. 대부분의 차트 작성 소프트웨어는 비교를 더욱 용이하게 하기 위해 가격 데이터 위에 바로 OBV선을 그릴

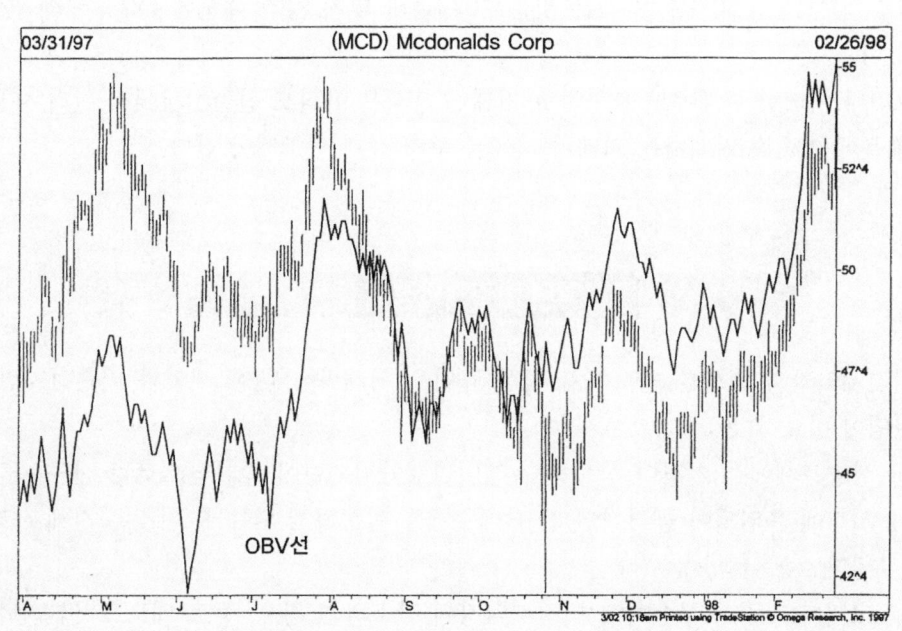

(그림 7-8) 가격 봉차트 위에 OBV를 덮어씌움으로써 가격과 거래량을 쉽게 비교할 수 있다. 맥도널드에 대한 이 차트는 OBV선이 가격상승을 선도하고 강세돌파에 앞서 예고하고 있다.

수 있는 기능을 제공한다(그림 7-7과 7-8 참조).

선물시장 거래량의 한계

앞에서 선물시장의 거래량을 공시하는 데 하루가 지연되는 문제를 언급하였다. 개별계약의 분석을 위하여 각 계약의 실제거래량 대신 총거래량을 이용하는 관행은 조금 어색하다. 총거래량을 이용하는 데에는 상당한 이유가 있다. 그러나 당일 같은 선물시장에서 어떤 계약의 종가는 상승하고 어떤 계약의 종가는 하락하는 상황을 어떻게 처리해야 하는가?

가격제한폭까지 상승한 날(limit day)은 또 다른 문제를 야기한다. 시장가격이 가격제한폭까지 상승한 날은 거래량이 아주 적다. 이러한 현상은 매수세력이 매도세력을 압도하여 최대 거래제한폭까지 도달함으로써 거래가 중단되기 때문에 강세시장을 나타낸다. 전통적으로 거래량이 적으면 반드시 약세시장으로 간주된다. 따라서 가격제한폭까지 상승한 날 거래량이 적은 것은 그 이론과 맞지 않기 때문에 OBV를 왜곡시킬 수 있다.

그러나 이러한 한계에도 불구하고 거래량 분석은 아직도 선물시장에서 널리 사용되기 때문에 기술적 거래자는 거래량 지표를 주의 깊게 관찰해야 한다.

선물시장의 미결제약정에 대한 해석

미결제약정의 변화를 해석하기 위한 규칙은 거래량에 대한 해석과 비슷하지만 부가설명이 필요하다.
1. 상승추세에서 가격이 상승하고 총미결제약정수량이 증가함으로써 신규 자금이 시장에 유입되어 공격적인 신규 매수세를 형성하게 되는데, 이것은 강세로 간주된다(그림 7-9 참조).
2. 그러나 가격이 상승하고 미결제약정이 감소하는 경우, 주로 매도포지션 청산(손실을 줄이기 위해 어쩔 수 없이 이루어지는 환매수)에 의해 일시적 가격반등이 일어날 수 있다. 자금이 시장으로 유입되기보다는 오히려 유출된다. 불가피한 매도포지션의

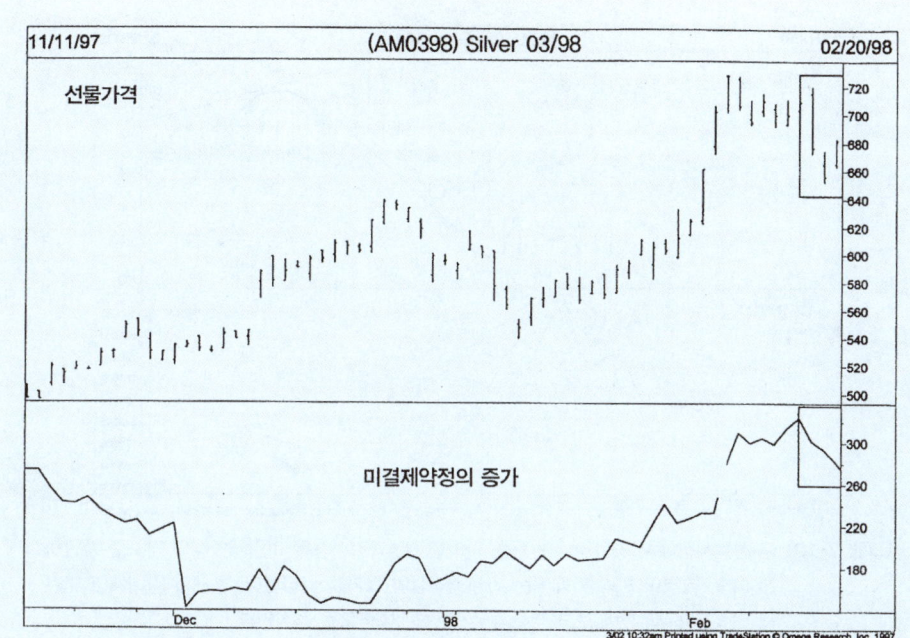

(그림 7-9) 가격의 상승추세는 미결제약정선이 비슷하게 상승함으로써 확인되었다. 오른쪽에 있는 박스는 가격이 하향조정될 때 미결제약정의 정상적인 청산을 나타내고 있다.

청산이 이루어지고 나면 상승추세는 힘을 다 소진하기 때문에 이러한 현상은 약세로 간주된다(그림 7-10 참조).

3. 가격이 하락추세이고 미결제약정이 증가하면 신규 자금이 시장으로 유입되어 공격적인 신규 매도포지션을 나타낸다는 것을 기술적 분석가들은 잘 알고 있다. 이러한 현상은 하락추세가 계속되고 약세시장이 될 확률을 증가시킨다(그림 7-11 참조).

4. 그러나 가격의 하락과 함께 총미결제약정이 감소하는 경우 실망매물이나 어쩔 수 없이 이루어지는 손절매(전매도) 때문에 가격이 하락한다. 이러한 현상은 대부분의 손절매 포지션이 완전히 청산될 정도로 미결제약정이 충분히 감소한 후에 하락추세가 끝날 것이기 때문에 기술적 강세를 나타내는 것으로 여겨진다.

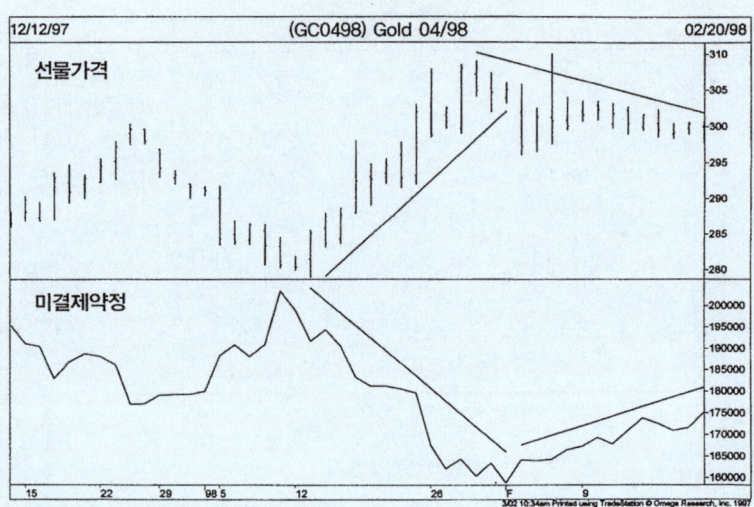

(그림 7-10) 금 선물시장에서 약한 가격반등을 나타낸 예. 가격상승은 미결제약정의 감소를 수반하게 되며, 가격이 하락할 때에는 미결제약정의 증가를 나타낸다. 추세가 강해지면 미결제약정이 가격과 반대로 움직이지 않고 같은 방향으로 움직인다.

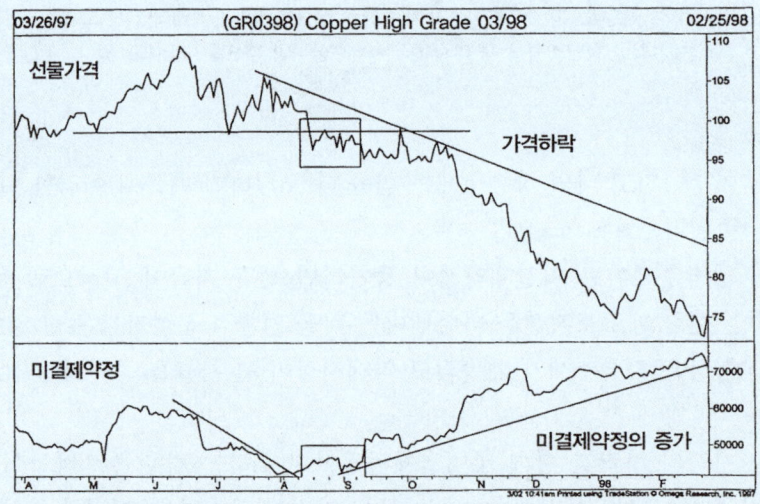

(그림 7-11) 1997년 여름 구리(copper) 시장의 하락전환과 그 이후의 가격하락은 미결제약정의 증가를 동반하였다. 가격이 하락하는 동안 미결제약정이 증가하면 공격적인 공매도를 나타내기 때문에 약세이다.

이러한 네 가지 점을 요약하면 다음과 같다.

1. 상승추세에서 미결제약정이 증가하면 강세이다.
2. 상승추세에서 미결제약정이 감소하면 약세이다.
3. 하락추세에서 미결제약정이 증가하면 약세이다.
4. 하락추세에서 미결제약정이 감소하면 강세이다.

미결제약정이 중요한 또다른 상황

이외에도 미결제약정에 대한 연구의 유용성을 입증할 만한 또다른 시장상황이 있다.

1. 미결제약정이 가격추세 기간에 계속 증가하다가 주요 시장움직임이 끝날 무렵에 둔화 또는 감소하면 흔히 추세전환의 조기경고가 된다.
2. 시장의 고점에서 미결제약정수량이 증가하고 갑자기 가격이 하락하면 약세로 간주될 수 있다. 이것은 상승추세가 끝날 무렵 취한 모든 신규 매수포지션은 손실을 입게 되는 것을 의미한다. 이들 강제 청산은 미결제약정이 충분히 감소할 때까지 가격을 압박할 것이다. 예를 들어, 상승추세가 당분간 지속되어왔다고 가정하자. 게다가 지난달부터 미결제약정이 급속히 증가했다. 신규 미결제약정은 신규 매수포지션과 신규 매도포지션으로 이루어진다는 점을 상기하자. 갑자기 가격이 급락하기 시작해 지난달 저점 밑으로 하락한다. 그 달에 취한 모든 신규 매수포지션은 손실을 입는다.

   이러한 매수포지션이 손절매되기 시작하면 모두 청산될 때까지 가격이 하락한다. 설상가상으로 그들의 강제 청산 자체가 하락요인이 되기도 하고, 이는 가격이 더 내려가면 추가적인 공매도를 유발시키고 가격 하락을 심화시킨다. 결론적으로, 강세시장에서 현저하게 증가한 미결제약정은 위험신호이다.
3. 미결제약정이 횡보 강화국면 또는 수평 거래기간동안 현저히 증가할 경우, 돌파가 발생한 후의 가격 움직임이 심해진다. 이것은 당연하다. 시장의 방향이 아직 정해지지 않았기 때문에 아무도 추세돌파가 어느 방향으로 일어날지 모른다. 그러나 미결제약정의 증가는 많은 거래자들이 돌파를 기대하고 나름대로의 포지

션을 취하고 있다는 것을 말해준다. 만약 그 돌파가 일어나면 많은 거래자들은 시장에 대해 잘못된 편에 서 있게 될 것이다.

예를 들어, 거래기간이 3개월이고, 미결제약정이 10000계약 증가하였다고 가정하자. 이것은 10000개의 신규 매수포지션과 10000개의 신규 매도포지션을 취하였다는 것을 의미한다. 그런 다음 가격은 상승돌파하고 새로운 3개월 고점을 형성한다. 가격이 3개월 중 가장 고점에서 거래되고 있기 때문에 직전 3개월 동안 발생한 모든 매도포지션(신규 10000계약)은 손실을 입는다. 이렇게 손실을 입은 매도포지션을 청산하려고 서두르게 되면 가격에 대한 추가 상승압력을 일으켜 거래자를 당황하게 만든다. 10000개의 매도포지션 모두 또는 대부분이 환매수로 청산되어 시장이 강화될 때까지 가격은 계속 상승한다. 하향돌파가 일어나면 매수포지션의 청산이 많아질 것이다.

돌파 직후에 나타나는 새로운 추세의 초기 단계에서는 시장을 잘못 판단한 거래자들의 어쩔 수 없는 청산으로 시장이 보통 가열된다. 시장을 잘못 판단(미결제약정이 증가한 것으로 보아서 명백한)하는 거래자가 많으면 많을수록 갑작스러운 시장전환에 대한 반응도 더욱더 심각해진다. 긍정적으로 보면 새로운 추세는 그들의 판단이 적절하였다고 믿고서 추가적인 포지션을 취하기 위해 축적된 명목이익을 이용하는 거래자들에 의해서 더욱 촉진된다. 비추세적 상황에서 미결제약정이 증가하면 할수록 그 이후 가격변화가 일어날 가능성이 더욱더 커지는 이유를 알 수 있다.

4. 가격패턴이 완성될 때 미결제약정이 증가하는 것은 믿을 수 있는 추세신호에 대한 확신을 증가시켜준다. 예를 들어, 바닥 머리어깨형의 목선돌파는 거래량이 증가하면서 미결제약정도 증가할 때 일어나면 더욱 확실해진다. 분석가들은 이 부분에서 주의해야 한다. 초기 추세신호에 뒤이은 시장 움직임은 종종 시장을 잘못 판단한 사람들에 의해 야기되기 때문에 미결제약정은 새로운 추세 초기에 일시적으로 떨어지기도 한다. 이러한 미결제약정의 초기 일시적 하락으로 부주의한 차트 분석가들은 잘못 판단할 수 있기 때문에 초 단기 미결제약정의 변화에 지나치게 집착하는 것은 삼가는 게 바람직하다.

거래량과 미결제약정 규칙의 요약

가격, 거래량, 그리고 미결제약정의 보다 중요한 요소들을 요약하면 다음과 같다.

1. 거래량은 모든 시장에 적용되지만 미결제약정은 선물시장에 적용된다.
2. 총거래량과 미결제약정은 선물에 적용된다.
3. 거래량(그리고 미결제약정)의 증가는 현재의 가격추세가 계속되리라는 것을 나타낸다.
4. 거래량(그리고 미결제약정)의 감소는 가격추세가 변할 수도 있다는 것을 암시한다.
5. 거래량은 가격에 선행한다. 매수세 또는 매도세의 변화는 종종 가격보다 먼저 거래량에서 포착된다.
6. OBV 또는 그것의 몇 가지 변형은 거래량의 방향을 더 정확하게 측정하기 위하여 사용될 수 있다.
7. 상승추세에서 미결제약정의 갑작스런 둔화 또는 감소는 종종 추세전환을 예고한다(이것은 선물시장에만 적용된다).
8. 시장의 고점에서 미결제약정의 폭증은 위험하며, 하락세를 조장한다(이것은 선물시장에만 적용된다).
9. 강화기간의 미결제약정의 증가는 다음에 올 돌파를 조장한다.
10. 거래량(그리고 미결제약정)의 증가는 가격패턴의 완성(돌파) 또는 새로운 추세의 시작을 알리는 다른 중요한 차트의 전개를 확인하는 데 도움을 준다.

거래량 폭증과 매도절정

마지막으로 중요한 상황은 고점과 저점에서 자주 발생하는 극적인 시장변화, 즉 거래량 폭증(Blowoff)과 매도절정(Selling Climaxes)이다.

거래량 폭증은 주로 시장이 천장일 때 발생하고, 매도절정은 바닥에서 일어난다. 선물시장에서 거래량 폭증은 마지막 반등기에 미결제약정의 감소와 함께 일어난다. 시

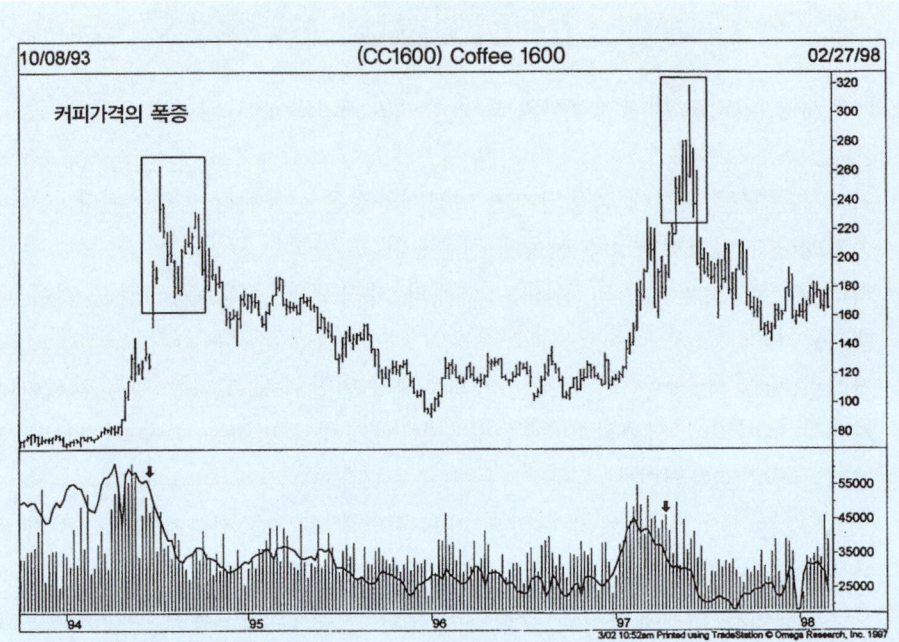

(그림 7-12) 커피 선물시장에서 나타난 두 번의 거래량 폭증. 2가지 경우에서 거래량이 증가했을 때 가격이 급격히 반등하였다. 2가지 반등기간(화살표)에 미결제약정(실선)이 감소하는 것은 추세반전을 예고하였다.

장의 천장에서 거래량 폭증이 나타나는 경우(그림 7-12 참조) 바닥에 나타나는 매도절정에서는 거래량의 증가와 함께 가격이 갑자기 급락하였다가 빠르게 반등한다(그림 4-22c 참조). 장기간의 가격 상승 후 거래량이 폭증하여 가격이 급등하며 절정을 이룬다.

거래자 위탁보고서

거래자 동향보고서(COT, Commitments of Traders)와 선물 기술적 분석가들이 그것을 어떻게 예측도구로서 이용하는지 그 방법을 언급하지 않으면 미결제약정을 모두 다루었다고 할 수 없다. 보고서는 매월 중순 및 월말, 즉 매달 두 번 상품선물거래위원회(CFTC)에서 공개한다.

이 보고서는 미결제약정수량을 세 가지, 즉 대규모 헤저(large hedger), 대규모 투기자(large speculator), 그리고 소액거래자(small trader)로 분류한다.

상업적 거래자로 불리는 대규모 헤저는 주로 헤징할 목적으로 선물시장을 이용한다. 대규모 투기자는 대규모 상품선물 펀드를 포함하며, 그들은 주로 기계적 추세 추적시스템에 의존한다. 소액거래자는 일반 대중을 말하며, 그들은 주로 소액을 거래한다.

상업적 거래자에 대한 관찰

거래자 위탁보고서 분석의 지침서에는 일반적으로 대규모 상업적 헷저의 예측이 맞고, 이들 상대거래자의 예측은 틀리다고 믿는다. 다시 말해서, 헷저와 같은 포지션에 두거나 나머지 두 가지의 범주에 있는 거래자의 포지션과 상반된 포지션을 취하는 것이다. 예를 들어, 대규모 투기자와 소액거래자가 대량의 순매도포지션을 취하는 동안 상업적 거래자가 대량의 순매수포지션을 취할 때 시장의 바닥에서 강세신호가 나타나게 된다. 상승시장에서 상업적 거래자가 대량의 순매도포지션을 취함과 동시에 대규모 투기자와 소액 거래자가 대량의 순매수포지션을 취할 때 절정에 곧 도달할 것이라는 경고신호가 나타날 것이다.

순거래자 포지션

세 그룹 시장참가자의 추세를 차트로 그리고 그들의 포지션에서 극단적인 것을 탐지하기 위해서는 이러한 추세의 이용도 가능하다. 그 중 한 가지 방법은 「선물차트」(Futures Charts: Published by Commodity Trend Service, PO Box 32309, Palm Beach Gardens, FL33420)에 발표된 순거래량(net trader positions)을 연구하는 것이다.

이 차트 서비스는 각 시장마다 4년을 소급하여 주봉차트에 세 가지 그룹에 대한 순거래량을 나타내는 세 개의 선을 그리고 있다. 4년간의 자료를 제공함으로써 과거자료의 비교가 쉽다. 이 차트 서비스의 발행인인 닉 밴 나이스(Nick Van Nice)는 매수 및 매도 기회를 얻기 위해서 상업적 거래자가 한쪽 극단에 있고 대규모 투기자와 소액거래자가 반대쪽 극단에 있는 상황을 기다리고 있다(그림 7-13과 7-14 참조). 거래자 위탁보고서를 거래결정의 기초자료로 이용하지 않더라도 이러한 세 가지 시장참가자의 동향을 살피는 것은 해로울 것이 없다.

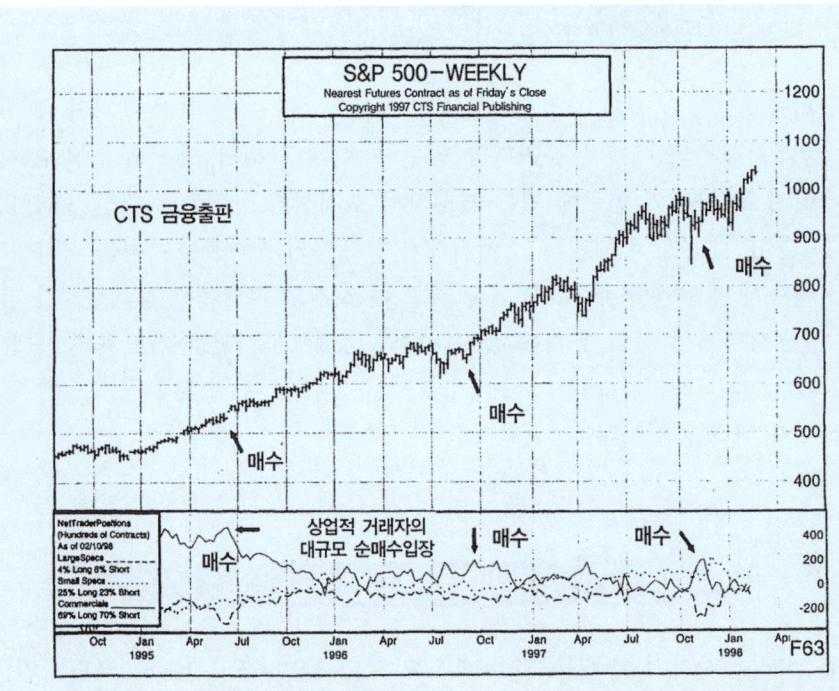

(그림 7-13) S&P 500 선물에 대한 이 주봉차트는 3개의 매수신호를 나타내고 있다. 아랫부분에 있는 선은 매수신호가 나타날 때마다 상업적 거래자(실선)가 대량으로 순매수하고 대규모 투기자(점선)가 대량으로 순매도함을 나타낸다.

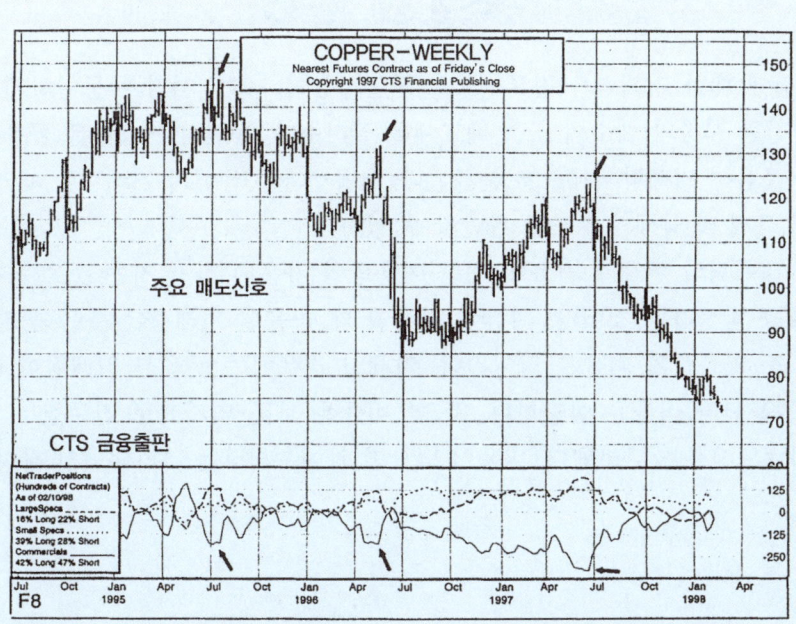

(그림 7-14) 구리 선물에 대한 이 주봉차트는 화살표로 표시된 3개의 매도신호를 나타낸다. 각 매도신호는 2개의 투기자 그룹의 순매수포지션과 상업적 거래자의 순매도포지션을 나타낸다. 상업적 거래자가 옳다.

옵션의 미결제약정

우리는 선물시장에 초점을 맞추어 미결제약정에 대해서 다루었다. 미결제약정은 옵션 거래에 있어서도 아주 중요한 역할을 한다. 미결제약정수량은 선물, 주가지수, 업종별 지수, 개별주식을 대상으로 한 풋이나 콜에 대하여 매일 발표된다. 옵션의 미결제약정은 선물과 같은 식으로 정확히 해석할 수는 없지만 근본적으로는 같은 사실, 즉 미결제약정과 유동성의 관계를 알려준다. 어떤 옵션 거래자는 시장움직임을 파악하기 위하여 콜옵션 미결제약정(강세)과 풋옵션 미결제약정(약세)을 비교한다. 다른 거래자들은 옵션 거래량을 이용한다.

풋/콜 비율

옵션시장에 대한 거래량은 근본적으로 선물시장이나 주식시장과 동일하게 이용된다. 즉, 일정한 시장의 매수세 또는 매도세를 알려준다. 옵션의 거래량은 콜옵션 거래량(강세)과 풋옵션 거래량(약세)으로 분류된다. 콜옵션과 풋옵션의 거래량을 체크함으로써 시장의 강세 및 약세의 정도를 판단할 수 있다.

옵션 거래에서의 거래량 자료에 대한 이용방법 가운데 한 가지는 풋/콜옵션의 거래량 비율을 작성하는 것이다. 시장이 강세일 때 콜옵션 거래량은 풋옵션 거래량을 능가하며 풋/콜옵션의 비율은 떨어진다. 약세일 경우에는 풋옵션 거래량이 더 많아지고 풋/콜옵션의 비율은 상승한다. 풋/콜 비율은 보통 역지표로 간주한다. 비율이 높으면 과매도시장을 나타낸다. 비율이 낮으면 과매수시장을 나타내면서 하향전환을 예고한다.

옵션의 동향과 기술적 지표의 결합

옵션 거래자는 강세 또는 약세의 양극단을 판단하기 위해서 미결제 약정과 거래량 및 풋/콜 비율을 사용한다. 이러한 동향지수는 지지선, 저항선, 그리고 기초시장의 추세같은 기술적 지수와 함께 사용하는 것이 적절하다. 옵션 거래에서는 시점 선택(timing)이 매우 중요한데, 대부분의 옵션 거래자는 이 점에 있어서 기술적으로 아주 능숙한 사람들이다.

결론

이제 거래량과 미결제약정에 대한 논의를 정리해보자. 거래량 분석은 금융시장, 즉 선물시장, 옵션시장, 주식시장에서 이용되고, 미결제약정은 단지 선물시장과 옵션시장에만 적용된다. 그러나 선물과 옵션은 많은 주식을 대상으로 거래되기 때문에 미결제약정의 역할에 대한 어느 정도의 이해는 세 가지 금융영역에서 유용하다.

지금까지 우리는 일봉차트에 초점을 맞추어 왔다. 다음은 시간범위를 확대해 장기추세를 분석하기 위하여 앞에서 배운 도구를 주간 및 월간 차트에 적용하는 방법을 알아보기로 하자.

제8장

장기 차트

장기차트

서문

    금융시장에 대한 예측과 거래를 위해서 시장 분석가들이 이용하는 차트 중 가장 인기 있는 것은 단연 일봉차트이다. 일봉차트는 보통 6개월~9개월까지의 기간을 다룬다. 그러나 대부분의 거래자가 비교적 단기시장의 변화에 관심을 갖기 때문에 일봉차트가 차트 분석가들의 기본적인 작업도구로서 널리 사용되어 왔다.

    일반 거래자들이 이러한 일간차트에 의존하여 단기거래에 집착하면 가격 차트 분석에서 매우 유용하고 가치 있는 부분, 즉 장기추세에 대한 분석과 예측에 적합한 주간 및 월간차트를 이용하지 못하고 지나칠 수 있다.

    일봉차트는 만기 정도까지의 단기간을 다룬다. 그러나 시장의 추세를 철저하게 분석하기 위해서는 그 시장의 장기추세에 대하여 시장가격이 매일 어떻게 움직이는가를 고찰해야 한다. 장기차트는 이러한 목적을 달성하기 위하여 반드시 필요한 도구이다. 일봉차트의 각 막대는 하루 동안의 가격변화를 나타내는 데 반하여, 주간과 월간차트의 각 가격막대는 각각 일주일 및 1개월의 가격변화를 나타낸다. 주간 및 월간차트를 그리는 목적은 가격변화를 집약시킴으로써 시간축을 크게 확장하여 훨씬 더 긴 기간을 연구하기 위한 것이다.

장기전망의 중요성

장기가격차트는 일간차트만으로는 얻을 수 없는 시장추세에 대한 전망을 제공해 준다. 1장에서 기술적 원리를 소개하면서 차트 분석의 가장 뛰어난 장점 가운데 하나로 장기예측을 포함하여, 실제 어떤 시간차원에도 그 원리를 적용할 수 있다는 점을 지적하였다. 또한 몇몇 사람들의 주장처럼 장기전망은 기본적 분석가(fundamental analyst)의 몫으로 남겨놓고 기술적 분석은 단기 '시점선택'만을 다루어야 한다는 잘못된 생각도 언급하였다.

첨부한 차트는 추세분석, 지지선 및 저항선, 추세선, 반전율, 그리고 가격패턴을 포함한 기술적 분석의 원리가 장기가격변화분석에 매우 적합하다는 것을 보여준다. 이러한 장기차트를 참고하지 않는다면 아마도 어마어마하게 가치 있는 가격정보를 놓치게 될 것이다.

선물거래를 위한 연속차트의 작성

일반 상품선물거래는 거래기간이 만기까지 약 1년이나 6개월 정도가 대부분이다. 이렇듯 한정된 거래기간의 특징은 몇 년간 소급하여 장기차트를 작성하려는 기술적 분석가들에게 몇 가지 분명한 문제점을 제기한다. 그러나 주식시장의 기술적 분석가들에게는 이런 문제가 없다. 차트는 개별 보통주식과 주가지수 거래를 위해 바로 이용할 수 있다. 그렇다면 선물 분석가들은 만기가 계속 닥쳐오는 선물계약의 장기차트를 어떻게 작성해야 할까?

그 해답은 '연속'차트이다. 가장 일반적으로 사용되는 기법은 연속성을 부여하기 위하여 많은 계약을 단순하게 연결하는 것으로, 한 계약이 만료되면 또 다른 계약이 이용된다. 이러한 연속성을 부여하기 위하여 대부분의 차트 서비스업체에서 이용하는 가장 단순한 방법은, 계속 최근월물의 가격을 이용하는 것이다.

이 최근월물이 만기가 되어 거래가 종료되면 계속해서 다음 최근월물 계약을 차트로 작성한다.

또다른 연속차트 작성법

　최근월물 계약의 가격을 연결하는 기법은 비교적 간단하며, 가격의 연속성을 부여하는 문제를 해결해준다. 그러나 이 기법에는 몇 가지 문제점이 있다. 때때로 만기가 종료되는 계약이 그 다음 계약에 비해 상당한 프리미엄 또는 할인가격으로 거래될 수 있어, 새로운 계약으로 연결함으로써 차트상에 갑작스러운 가격급등 또는 급락을 발생시킬 수 있기 때문이다. 또한 몇몇 현물계약에서 나타나듯이 만기 직전에 극단적인 가격변동을 나타내기도 한다.

　기술적 분석가들은 이렇게 가끔씩 일어나는 문제점들을 해결하기 위하여 여러 가지 방안을 강구했다. 예를 들어, 어떤 분석가는 결제월의 급격한 가격변동을 피하기 위하여 만기 한두 달 전에 최근월 계약의 차트 작성을 중단한다.

　또 다른 분석가는 최근월 계약의 전적인 이용을 피하는 대신 차근월물 또는 차차근월물을 이용한다. 그리고 결제월이 시장가치를 가장 잘 반영한다는 원리에 따라 미결제약정이 가장 많은 계약의 차트를 작성하는 또 다른 방법도 사용할 수 있다.

　연속차트는 특정월을 연결하여 작성할 수 있다. 예를 들어, 11월의 대두(大豆) 연속차트는 각 연속연도의 11월 대두계약에 나타난 과거자료를 조합한 것이다(이런 특정 결제월을 연결하는 기법은 갠이 자주 애용했다). 몇몇 차트 분석가들은 더 나아가서 여러 계약의 가격 평균을 계산하거나 혹은 가격 프리미엄이나 할인율을 조정하여 연결이 원만한 지표를 만들기도 한다.

영속적 계약(Perpetual Contract)

　가격의 연속성 문제에 대한 혁신적인 해결책은 상품선물 및 주식정보 제공업체인 커모디티 시스템(Commodity Systems)사의 사장인 로버트 펠레티에(Robert Pelletier)가 개발한 영속적 계약(Perpetual Contract™)이 있다('영속적 계약'은 이 회사의 등록 상표이다).

　영속적 계약의 목적은 하나의 연속적인 시계열로 여러 해의 선물가격 자료를 제공하기 위한 것이다. 이것은 일정한 미래기간에 대한 시계열을 작성함으로써 완성된다.

　예를 들어, 이 시계열은 미래 3개월 또는 6개월의 가치를 결정한다. 기간은 여러 가지가 있으며, 사용자가 선택할 수 있다. 영속적 계약은 원하는 기간에 포함된 두 선물계약의 가중평균을 구하여 작성된다.

영속적 계약의 가치는 실제 가격이 아니라 다른 두 개의 가격을 가중평균한 값이다. 영속적 계약의 중요한 장점은 최근월물만 이용할 필요 없이 결제월 사이에 일어날 수 있는 가격왜곡을 제거하여 자연스러운 가격의 연속성을 확보한다는 데 있다. 차트 분석의 목적에 따라 차트 제공업체에서 발표하는 최근월물 연속차트 또한 충분하고도 남는다. 그러나 가격연속은 소급시험(back trading) 거래시스템과 지표보다 더 유용하다. 연속적인 선물계약을 구성하는 방법에 대한 자세한 설명은 부록 D에 실려 있다.

장기추세의 무작위성에 대한 논란

장기차트의 가장 두드러진 특징은 추세가 분명하게 나타날 뿐만 아니라 그 추세가 종종 여러 해 동안 지속된다는 것이다. 이러한 장기추세에 근거하여 예측하게 되면 여러 해 동안 그러한 예측을 변경할 필요가 없을 것이다.

장기추세의 지속성은 마땅히 언급되어야 할 또 다른 흥미로운 문제, 즉 무작위성에 대한 문제를 제기한다. 기술적 분석가는 시장변화가 무작위로 일어나며 예측 불가능하다는 의견에는 동의하지 않지만 가격변화에서 무작위성이 나타나는 것은 모두 단기적인 현상이라고 보는 것에는 의견이 일치한다. 장기간, 많은 경우 수년에 걸친 추세의 지속은 가격은 연속 독립적이며 과거의 가격 움직임은 미래의 가격 움직임에 전혀 영향을 미치지 못한다는 랜덤워크 이론가의 주장과 정면 배치된다.

차트의 패턴 : 주간 반전형과 월간 반전형

장기차트에도 가격패턴이 나타나는데, 이는 일간차트와 같은 방법으로 해석된다. 2중 천정형과 2중 바닥형은 역머리어깨형과 마찬가지로 이들 차트에서 매우 잘 나타나며, 일반적으로 지속형인 삼각형도 자주 나타난다.

이들 차트에 빈번히 나타나는 또 다른 패턴은 주간 및 월간 반전형이다. 예를 들어, 월간차트에서 전월 종가보다 낮은 어떤 종가 다음에 나타나는 새로운 월간 고점은 중요한 전환점을 나타내며, 특히 주요 지지선 또는 저항선 근처에서 발생할 경우 중요한 전환점을 나타낸다. 주간 반전형은 주간차트에서 빈번히 발생한다.

장기차트에서 이러한 반전이 대단히 중요하다는 것을 제외하고, 이러한 패턴은 일간차트의 주요 반전일과 동일하다.

장기차트에서 단기차트로

철저한 추세분석을 위한 가격차트 연구에서 검토 순서가 특히 중요하다. 차트 분석은 먼저 장기분석을 하고 점차 단기로 이동하여 분석하는 것이 바람직하다. 그 이유는 어떤 기간이 다른 기간과 연계될 때 분명해지기 때문이다. 단기차트로만 분석을 시작하는 경우, 더 많은 가격자료를 검토함에 따라 계속 결론이 바뀌게 된다. 일간차트의 철저한 분석은 장기차트를 검토한 후에 이루어져야 한다. 20년 정도에 이르는 장기차트를 가지고 시작하면 고려해야 할 모든 자료가 차트에 이미 포함되어 있어 적합한 시각을 가지게 된다. 장기적 관점에서 시장의 위치를 파악한 후, 점차적으로 단기차트에 초점을 맞추게 된다.

검토할 첫 번째 차트는 20년 월간차트이다. 분석가들은 뚜렷한 차트패턴, 주추세선, 또는 근접한 주요 지지선과 저항선을 찾는다. 그 다음, 주간차트를 통해 최근 5년간을 검토하며, 이과정을 반복한다. 그리고는 일봉차트에서 최근 6개월~9개월까지의 시장 움직임에 초점을 맞춘다. 즉, '거시적' 접근에서 '미시적' 접근으로 이행한다. 그리고 좀 더 나아가 최근의 변화에 대한 보다 더 세밀한 검토를 위하여 일중 차트를 참고할 수도 있다.

왜 장기차트는 인플레이션 기간에 조정되어야 하는가?

장기차트에서 자주 거론되는 문제는, 차트에 나타난 과거의 가격을 인플레이션에 해당하는 만큼 조정해야 하는지 아니면 조정하지 않아도 되는 것인지에 관한 것이다. 논란의 여지는 있지만, 결국 미국 달러가치의 변화를 반영하지 않아도 이러한 장기 고점과 저점이 과연 의미가 있는 것일까? 이 점은 분석가들 사이에서도 논란의 대상이 되고 있다.

그러나 여러 이유로 장기차트에서 어떤 조정이 필요하다고 생각지는 않는다. 왜냐하면 시장이 자체적으로 이미 필요한 조정을 했다고 믿기 때문이다. 통화 가치의 하락은 그 통화로 거래되는 상품가격을 상승시킨다. 따라서 달러의 가치하락은 상품가격을 상승시킨다. 반면, 달러가치의 상승은 대부분의 상품가격의 하락을 발생시킬 것이다.

1970년대의 상품선물시장에서 있었던 엄청난 가격상승과 1980년대와 1990년대의 가격하락은 인플레이션이 영향을 미친 전형적인 예이다. 1970년대에 두세 배 상승한 상품선물가격이 인플레이션을 반영하기 위해서 조정되어야 한다는 것은 이치에 맞지 않는다. 상품선물가격이 상승하였다는 것은 이미 그러한 인플레이션을 반영했기 때문이다. 1980년대 이래 상품선물가격의 하락은 인플레이션이 완화된 기간을 반영하고 있다. 보다 낮은 인플레이션율을 반영하기 위해서 1980년 가격의 절반도 안 되는 현재의 금값을 과연 조정해야 하는가? 시장에는 이미 인플레이션이 반영되어 있다.

이러한 논쟁에 대한 결론은, 가격변화는 인플레이션을 포함한 모든 것을 반영한다는 기술적 이론의 핵심으로 귀착된다. 모든 금융시장은 인플레이션 및 디플레이션 기간과 통화가치의 변화에 맞게 조정된다. 장기차트를 인플레이션 기간에 조정해야 하는지에 대한 현실적인 해답은 차트 자체에 달려있다. 많은 시장이 몇 년 전에 설정된 저항선을 뚫지 못하다가 몇 년간 나타나지 않았던 지지선에서 반등한다. 1980년대 초부터 나타난 인플레이션의 완화가 채권시장과 증권시장의 강세를 유지하는 데 도움을 주었다는 것은 분명하다. 이것은 이들 시장이 자체적으로 인플레이션을 이미 반영하였다는 것을 의미한다(그림 8-1 참조).

거래목적이 아닌 장기차트

장기차트는 거래목적용으로 사용되지 않는다. 예측을 위한 시장 분석용과 거래시점 포착용은 구분해야 한다. 장기차트는 주요 추세와 목표가격을 판단하는 데 적합하다. 그러나 시장에 들어가고 나오는 시점선택에는 적합하지 않기 때문에 그러한 목적에 사용해서는 안 된다. 보다 민감한 단기거래는 일간 및 일중 차트를 이용해야 한다.

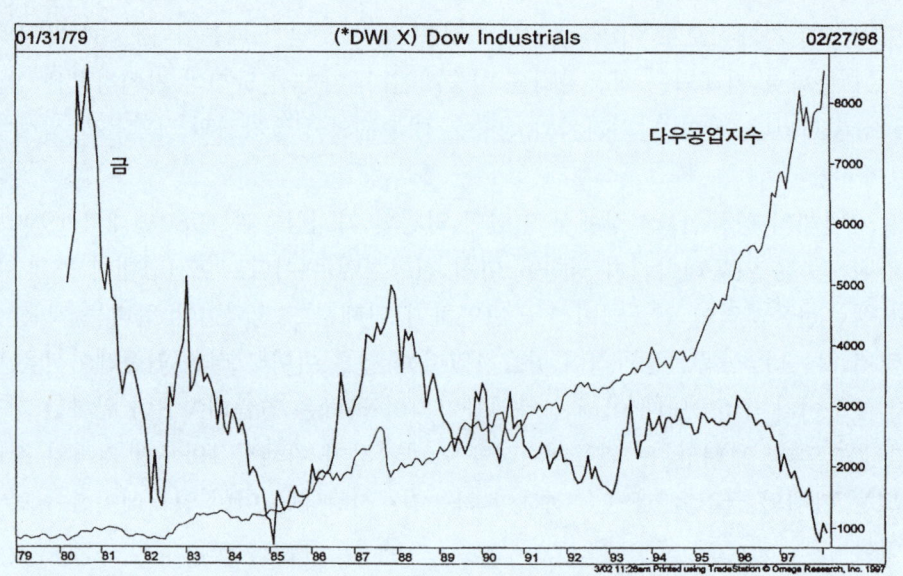

(그림 8-1) 1980년대 금값의 절정은 20년간의 저인플레이션을 예고하였다. 저인플레이션은 이 차트에도 나타나듯이 일반적으로 금값을 하락시키고 주가를 상승시킨다. 인플레이션을 반영하여 다시 차트를 조정할 이유가 없다. 그것은 이미 반영되었기 때문이다.

장기차트의 예

그림 8-2~8-12는 장기 주봉 및 월봉차트이다. 차트에 그려진 것은 장기 지지선과 저항선, 추세선, 반전율, 주간 반전, 그리고 가끔 나타나는 가격패턴들이다. 그러나 일간차트에 나타나는 것은 주간 또는 월간차트에도 나타난다는 것에 유의하자. 여러 가지 지표가 장기차트에 어떻게 적용되는지, 그리고 주간차트에 나타난 신호가 단기 매매 시점 선택을 위해 어느 정도 효과적인 여과장치가 되는지는 뒤에서 다시 설명할 것이다. 장기가격추세를 검토할 때는 반로그차트 작성이 보다 효과적이다.

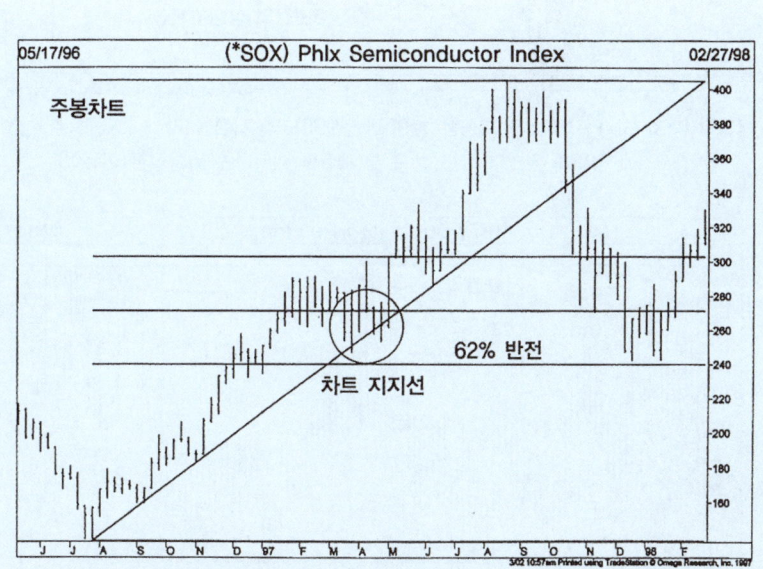

(그림 8-2) 반도체 관련 주가지수에 대한 이 차트는 주간 차트가 효과적이라는 점을 보여준다. 1997년 후반의 가격하락은 62% 반전선에 적절히 멈추었으며, 그해 봄에 형성된 지지선에서 반등하였다(원형).

(그림 8-3) GM의 1998년 저점은 1995년~1996년의 저점을 따라 그려진 추세선에 정확히 맞았다. 이것이 주간 차트를 검토하는 바람직한 이유이다.

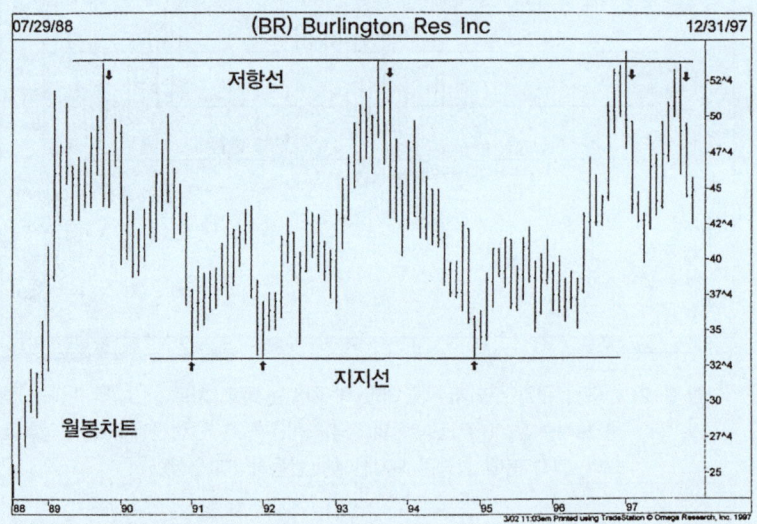

(그림 8-4) 이 월간 차트는 1989년과 1993년의 반등과 같은 선에 정확히 멈춘 부링턴 주택가격의 1997년 반등을 나타낸다. 1995년의 저점은 1991년의 저점과 같은 선에서 정지하였다. 누가 차트에 기억력이 없다고 말하겠는가?

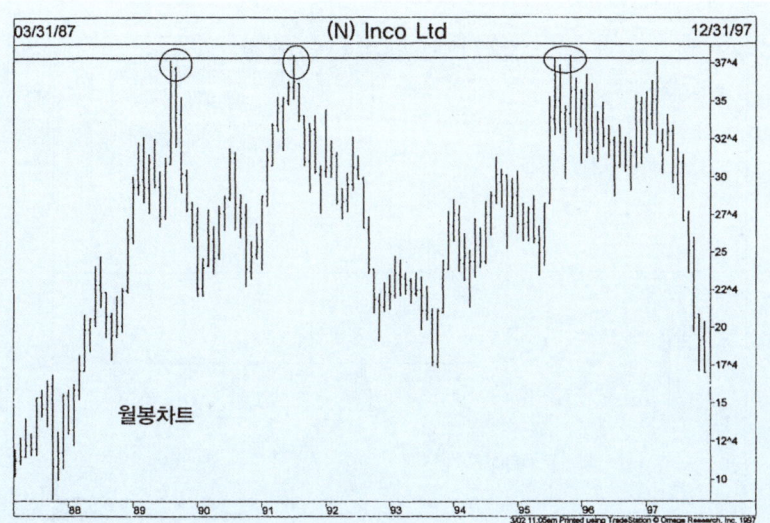

(그림 8-5) 1997년의 반등기간에 인코(Inco)사의 한 투자자는 1989년, 1991년, 그리고 1995년의 고점이 정확히 38에서 발생하였다는 것을 알고 있었기 때문에 이익을 얻었다.

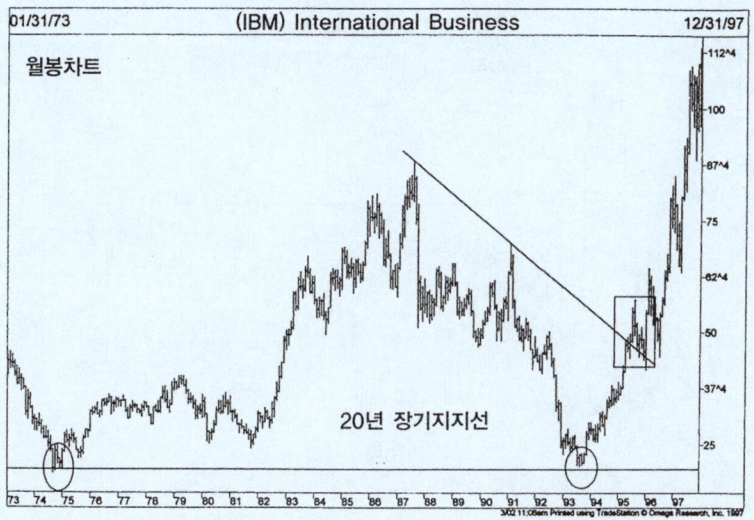

(그림 8-6) 장기차트는 과연 중요한가? IBM의 1993년 저점은 20년 전인 1974년에 형성된 저점과 일치하였다. 1995년에 발생한 8년간의 하락추세의 돌파(사각형 안)는 새로운 주요 상승추세를 확인하였다.

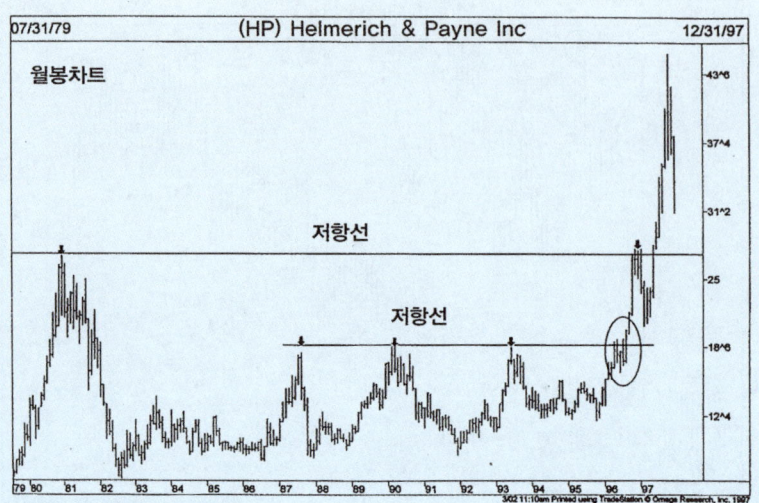

(그림 8-7) HP(Helmerich & Payne)사는 1987년, 1990년, 1993년에 저항선을 뚫지 못하고 결국 1996년에서야 19포인트를 돌파하였다. 1996년 후반에 있은 28포인트에서의 반전은 1980년의 고점 근처에서 발생하였다.

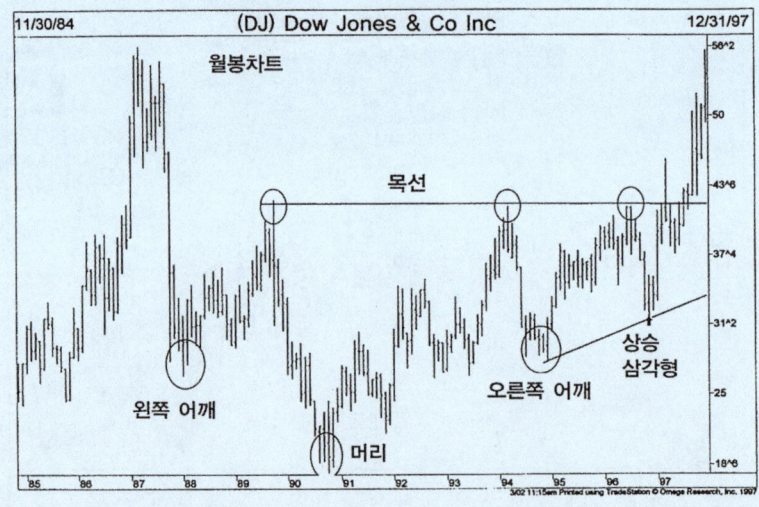

(그림 8-8) 다우존스사에 대한 이 월간 차트는 1988년~1997년까지 10년 동안 형성되는 바닥 머리어깨형을 나타낸다. 오른쪽 어깨는 상향 상승삼각형 모양을 나타내고 있다. 42포인트에서의 목선돌파는 바닥 머리어깨형을 완성하였다.

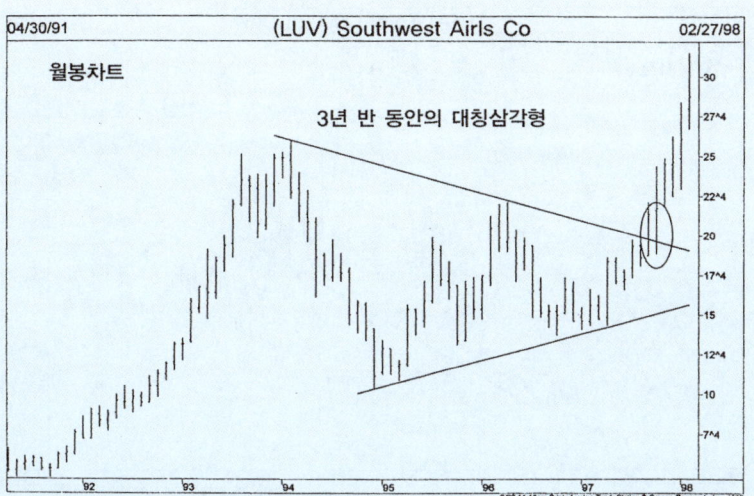

(그림 8-9) 상승 대칭삼각형은 사우스웨스트 항공사의 월간 차트에서 찾아내기 쉬웠다. 그러나 일간 차트에서는 아마도 찾지 못할 것이다.

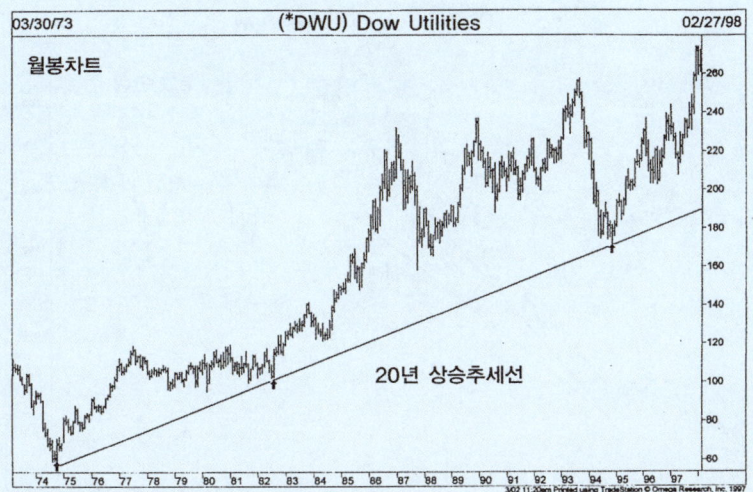

(그림 8-10) 다우 유틸리티의 1994년 저점은 지난 20년간의 추세선에서 반등하였다. 과거의 가격변화가 미래의 가격에 전혀 영향을 미치지 못하고 있다고 주장하는 사람들이 있다. 아직도 그것을 믿는다면 다시 이러한 장기차트를 잘 살펴보자.

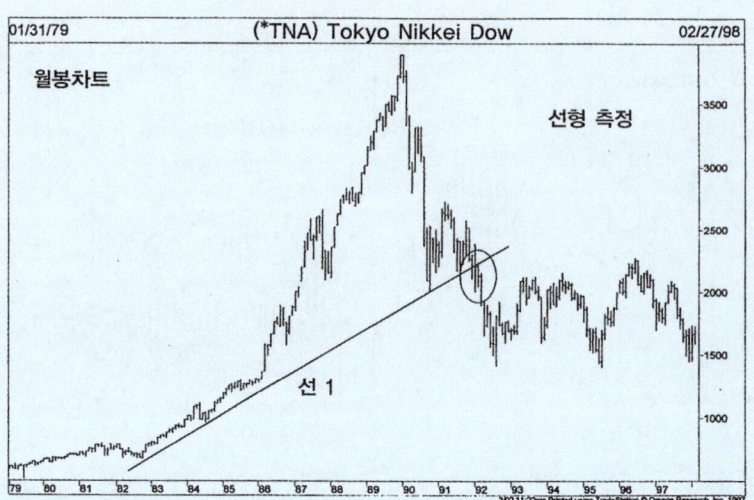

(그림 8-11) 일본 주식시장에 대한 선형 측정 차트에서 1982년과 1984년의 저점 아래에 그려진 장기상승추세선(선 1)은 1992년 초 2200포인트 근처에서 돌파되었다. 실제 고점을 형성한 후 2년이 걸렸다.

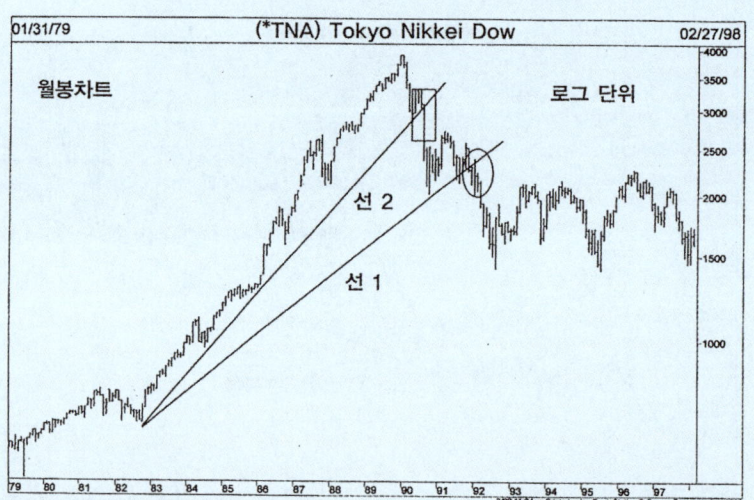

(그림 8-12) 로그 단위를 이용하여 그림 8-11을 변형한 일본 주식시장의 차트. 선 1은 그림 8-11에서의 추세선이다. 기울기가 더 심한 선 2는 1990년 중반 3000포인트에서 돌파되었다. 로그차트에 있는 상승추세선은 직선 상승추세선보다 더 일찍 돌파된다.

제9장

이동 평균

이동평균

서문

　이동평균(moving average)은 모든 기술적 지표 가운데 가장 다양하고 널리 이용되는 것 중의 하나이다. 이동평균은 작성방법을 쉽게 계량화하고 시험할 수 있다는 사실 때문에 오늘날 사용중인 많은 기계적 추세추적시스템의 기본이다.

　차트 분석은 매우 주관적으로 해석되기 때문에 시험해 보기가 어렵다. 결과적으로 차트 분석은 컴퓨터 프로그램화에 적합하지 않다. 반대로 이동평균 규칙은 쉽게 컴퓨터로 프로그램화되고 특정한 매수 및 매도 신호를 발생시킨다. 두 기술적 분석가들이 주어진 가격 패턴이 삼각형인지 쐐기형인지, 또는 거래량 패턴이 강세인지 약세인지에 대한 의견이 불일치를 보일 수 있지만, 이동평균 추세신호는 명확해서 논쟁의 여지가 없다.

　먼저 이동평균이 무엇인지 정의를 내려보자. 평균이라는 단어가 암시하듯이 어떤 정보자료 전체의 평균을 말한다.

　예를 들어, 10일 종가평균이 필요하면 최근 10일의 가격을 합산하여 그 합계를 10으로 나눈다. '이동'이라는 단어는 계산시에 최근 10일간의 가격이 이용되기 때문에 붙여졌다. 따라서 평균을 구할 전체자료(최근 10일간의 종가)는 각각 새로운 거래일의 종가를 추가하며 미래로 이동한다.

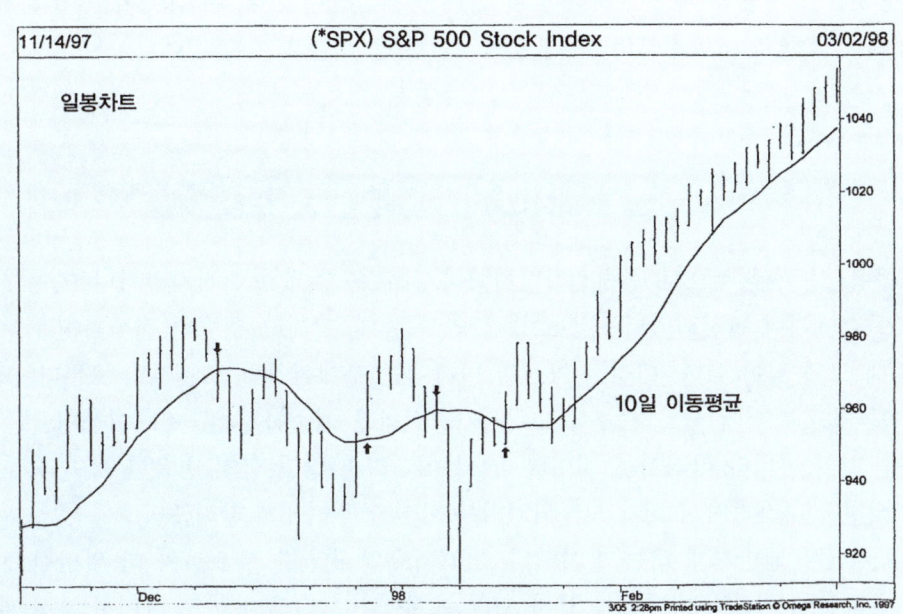

(그림 9-1a) S&P 500의 일봉차트에 적용된 10일 이동평균. 최종적으로 상승전환하기 전에 가격이 여러 번(화살표) 이동평균선을 교차하였다. 반등한 이후에는 가격이 평균선 위에 있다.

이동평균을 계산하는 가장 일반적인 방법은 최근 10일간의 종가를 사용하는 것이다. 매일 새로운 종가를 합계에 추가하되, 11일째 되는 날의 종가는 제외된다. 그런 다음 새로운 합계를 거래일수(10일)로 나눈다(그림 9-1a 참조).

위의 예는 종가 기준의 단순 10일 이동평균을 나타낸다. 그러나 단순치 않은 다른 종류의 이동평균도 있다. 또한 이동평균을 이용하는 최적의 방법에 대해서 많은 의문점이 있는 것도 사실이다.

예를 들면, 과연 평균일수를 며칠로 해야 하는가, 단기평균과 장기평균 중 어느 것을 사용해야 하는가, 모든 시장 또는 각 개별시장에 맞는 최적의 이동평균은 있는가, 종가가 이동평균에 가장 적절한 가격인가, 1개 이상의 이동평균을 이용하면 더 유리할 것인가, 단순형·선형가중형 또는 지수완만형 중 어떤 형태의 이동평균이 더 잘 맞는가, 특별히 이동평균이 더 잘 맞는 시기가 있는가 하는 것들이다.

이동평균을 사용할 때는 고려해야 할 많은 문제점들이 있다. 이 장에서는 이 문제점에 대해 언급하고, 이동평균의 좀 더 일반적인 사용 예를 보여줄 것이다.

이동평균 : 시차를 완만하게 연결하는 장치

이동평균은 근본적으로 추세추적장치이다. 새로운 추세가 시작되었거나 또는 기존 추세가 끝났거나 반전되었다는 신호를 확인하는 데, 그리고 추세의 진행과정을 추적하는 데 그 목적이 있다. 이것은 곡선을 나타내는 추세선처럼 보일지도 모른다. 그러나 표준 차트 분석이 시도하는 식으로는 가격변화를 예측하지 않는다. 이동평균은 앞서가는 것이 아니라 따라가는 것이다. 결코 예측하지 않고 단지 반응만 보인다. 이동평균 시장을 따라가며 추세가 시작되었다는 사실을 우리에게 알려준다.

이동평균은 완만하게 하는 장치이다. 가격자료의 평균을 냄으로써 더 완만한 선을 만들기 때문에 기본적인 추세를 보다 쉽게 볼 수 있다. 그러나 바로 그러한 특성 때문에 이동평균선은 시세변화보다 늦다. 20일과 같은 짧은 이동평균은 200일 이동평균보다 가격변화에 더 민감하다. 더 짧은 기간의 평균을 사용함으로써 시차를 줄일 수 있지만 결코 완전히 제거할 수는 없다. 단기평균은 가격변화에 보다 더 민감하며 장기평균은 단기에 비해 민감도가 떨어진다. 어떤 시장에서는 단기이동평균을 사용하는 것이 유리하고, 다른 때에는 민감도가 떨어지는 장기이동평균이 더 유용할 때도 있다 (그림 9-1b 참조).

이동평균에 사용되는 가격

지금까지의 모든 예에서 종가를 사용하였다. 종가는 거래일의 가장 중요한 가격으로 간주될 뿐만 아니라 이동평균을 작성하는 데 가장 널리 사용되지만, 어떤 기술적 분석가들은 다른 가격을 선호한다.

어떤 사람은 그날의 고가와 저가를 합한 값을 2로 나누어서 구한 중간값을 선호한다. 또 어떤 사람은 고가, 저가, 그리고 종가를 합산하여 그 합계를 3으로 나눔으로써 종가를 포함시킨다. 또 다른 사람은 고가와 저가를 따로 평균하여 가격띠(price band)를 작성

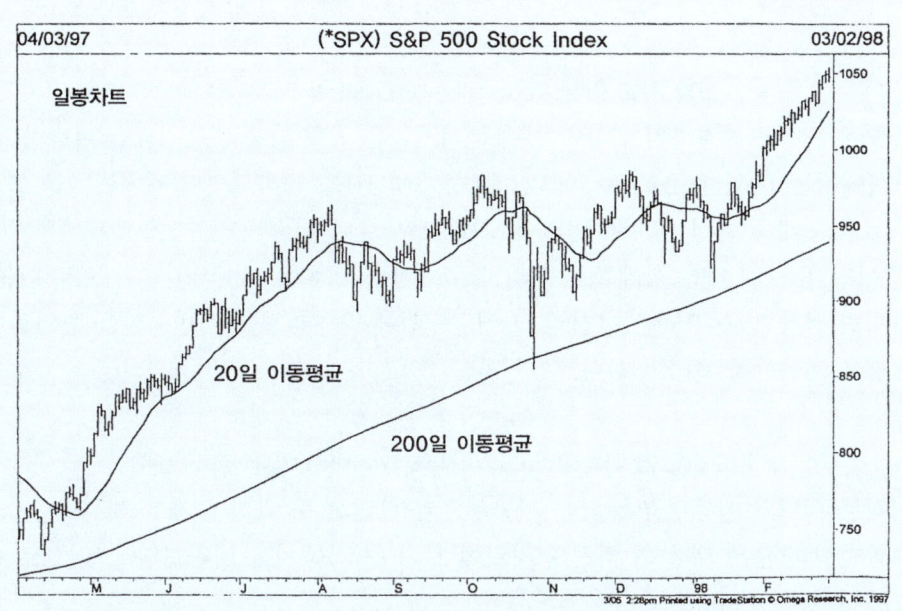

(그림 9-1b) 20일 이동평균과 200일 이동평균의 비교. 8월~1월까지의 보합기에는 가격이 단기이동평균선과 여러 번 교차하였다. 그러나 가격은 전기간을 통하여 200일 이동평균선 위에 있다.

한다. 결과적으로 일종의 시세등락의 완충 또는 중립지대로 작용하는 두 개의 독립된 이동평균선이 생성된다. 이러한 다양성에도 불구하고 종가는 아직도 이동평균 분석에서 가장 널리 사용하는 가격이고, 이 장에서 가장 주의 깊게 살펴보아야 할 가격이다.

단순 이동평균(Simple Moving Average)

단순 이동평균은 대부분의 기술적 분석가들이 사용하는 형태이다. 하지만 두 가지 점에서 그 유용성을 의심하는 사람들이 있다. 첫째는, 평균에 포함된 기간(예를 들어, 최근 10일)만을 고려한다는 것이고, 둘째는, 매일의 가격에 동등한 가중치를 부여한다는 것이다. 10일 평균에서 마지막 날은 계산상으로 첫째 날과 같은 가중치가 주어진다. 매일 가격에 10%의 가중치를 둔다. 5일 평균에서 매일 동일한 20%의 가중치를 둔다. 어떤 분석가들은 보다 더 최근의 가격변화에 더 큰 가중치가 주어져야 한다고 믿고 있다.

선형 가중 이동평균(Linearly Weighted Moving Average)

가중치 문제를 해결하기 위하여 어떤 분석가들은 선형 가중 이동평균을 이용한다. 이 계산식에서는 10일째(10일 평균의 경우에)의 종가에 10을 곱하고, 9일째에는 9를, 8일째에는 8…… 계속 이런 식으로 곱한다. 그러므로 보다 더 최근 종가에 보다 큰 가중치가 주어진다. 그런 다음 합계를 승수의 합(10일 평균의 경우 55 : 10+9+8+……+1)으로 나눈다.

하지만 선형 가중 평균은 여전히 그 평균구간에서 처리한 가격변화만을 반영한다는 문제점을 해결하지 못하고 있다.

지수완만형 이동평균(Exponentially Smoothed Moving Average)

이러한 형태의 이동평균은 단순 이동평균과 관련한 두 가지 문제를 해결한다. 먼저, 지수완만형 평균은 보다 더 최근의 자료에 보다 큰 가중치를 배정한다. 그러므로 이것은 가중 이동평균이다.

그러나 지난 가격자료에 가중치를 적게 두기는 하지만, 선물계약의 거래기간 동안 모든 가격자료를 포함하고 있다. 또한 사용자는 가장 최근의 가격에 더 큰 비중을 두거나 또는 보다 적은 비중을 두기 위하여 가중치를 조정할 수 있다. 이것은 최종일 가격에 백분율 값을 부여하여 이를 직전일 가격 백분율 값과 합산하면 된다. 두 백분율 값의 합은 100이 된다.

예를 들면, 최종일의 가격에 10%의 값을 부여하여 이를 직전일 값 90%(0.9)와 더하면 된다. 이것은 최종가격에 전체 가중치의 10%를 부여하는 것이다. 20일 이동평균도 마찬가지이다. 최종일 가격에 더 적은 5%(0.05)를 부여함으로써 최종일 자료에 보다 적은 가중치가 배정되므로 그 평균의 민감도를 낮출 수 있다. 이것은 40일 이동평균도 똑같다(그림 9-2 참조).

컴퓨터를 이용하면 보다 쉽게 할 수 있다. 10, 20, 40, 기타의 이동평균 중에서 자신이 원하는 일수를 선택해야 한다. 그 다음 원하는 평균의 형태, 즉 단순·가중·지수형을 선택한다. 또한 원하는 만큼의 이동평균, 즉 한 개, 두 개, 또는 세 개를 선택할 수 있다.

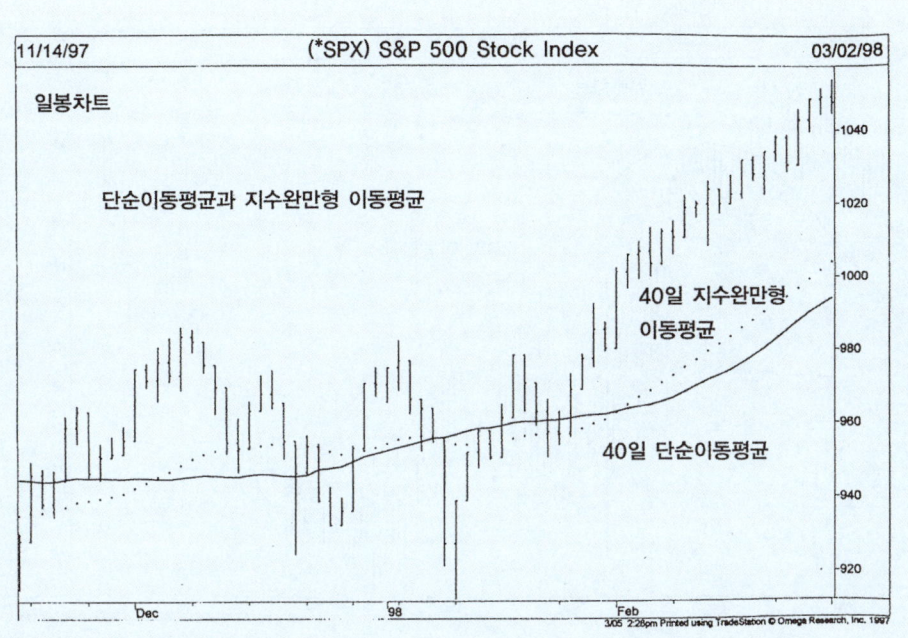

(그림 9-2) 40일 지수완만형 이동평균(점선)은 40일 단순 이동평균(실선)보다 더 민감하다.

한 개의 이동평균 사용

단순 이동평균은 기술적 분석가들에게 가장 널리 사용되고 있으며, 여기서도 가장 중점적으로 다룰 것이다. 어떤 거래자는 추세신호를 나타내기 위하여 단 한 개의 이동평균만 사용한다. 이동평균은 그날의 가격움직임과 함께 봉차트에 그려진다. 종가가 이동평균 위로 상승할 때 매수신호가 발생한다. 매도신호는 가격이 이동평균 밑으로 하락할 때 발생한다. 어떤 기술적 분석가들은 확인을 위해 교차 시 나타나는 가격의 방향으로 이동평균선이 전환하는지 알고 싶어한다.

단기평균을 사용하는 경우(5일 또는 10일), 평균은 가격변화를 아주 근접하게 따라가며, 여러 번 교차가 일어난다. 이러한 현상은 좋을 수도 있고 나쁠 수도 있다.

매우 민감한 평균을 사용하면 보다 많은 거래(수수료가 많이 든다)를 하게 되고 결과적으로 많은 잘못된 신호(돌출)가 될 수도 있다. 이동평균이 너무 민감하면 무작위

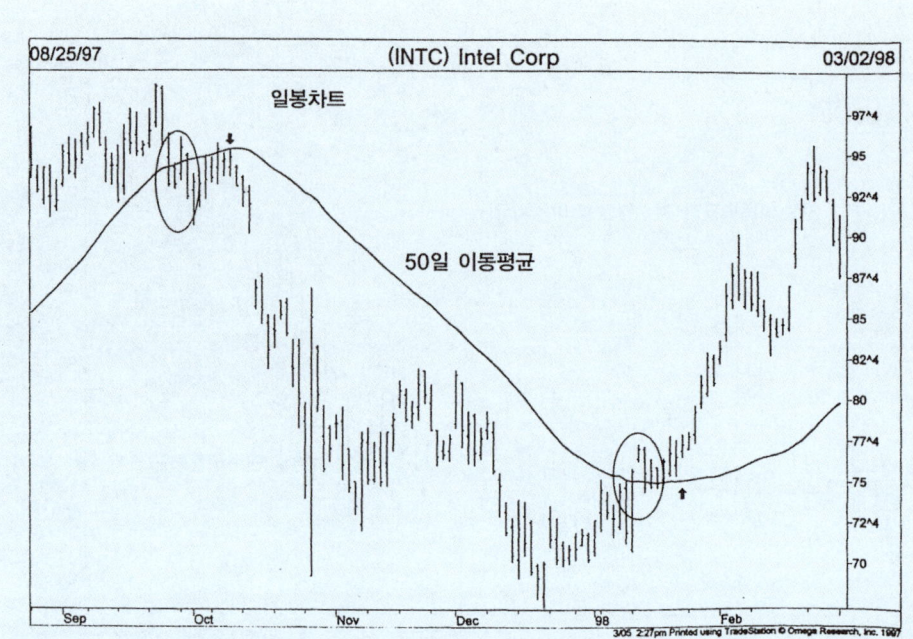

(그림 9-3) 가격이 10월에 50일 이동평균선 아래로 떨어졌다(왼쪽 원형). 매도신호는 이동평균이 하향전환하였을 때 더 강하게 나타나고 있다(왼쪽 화살표). 1월에 나타나는 매수신호는 평균 자체가 상승전환했을 때 확실하다.

(random) 가격변화(또는 노이즈)는 잘못된 추세신호를 발생시킨다.

단기평균은 많은 잘못된 신호를 발생시키기도 하지만 움직임의 초기에 추세신호를 준다는 장점이 있다. 이동평균이 민감할수록 신호가 더 일찍 나타난다. 따라서 장단점이 있다. 따라서 비법이 있다면, 조기신호를 발생시킬 만큼 민감하면서도 무작위 '노이즈'를 피할 수 있을 만큼 둔감한 이동평균을 찾아내는 것이다(그림 9-4 참조).

나아가, 장기평균은 추세가 지속될 때 더 잘 맞지만, 추세가 전환될 때는 그 만큼 '더 불리하다'. 또한 둔감하기(보다 먼 거리를 두고 추세를 따라간다는 사실) 때문에 추세 중의 단기조정에 말려들지 않게 한다. 하지만 추세가 실제 반전하는 경우 이는 거래자에게 불리하게 작용한다.

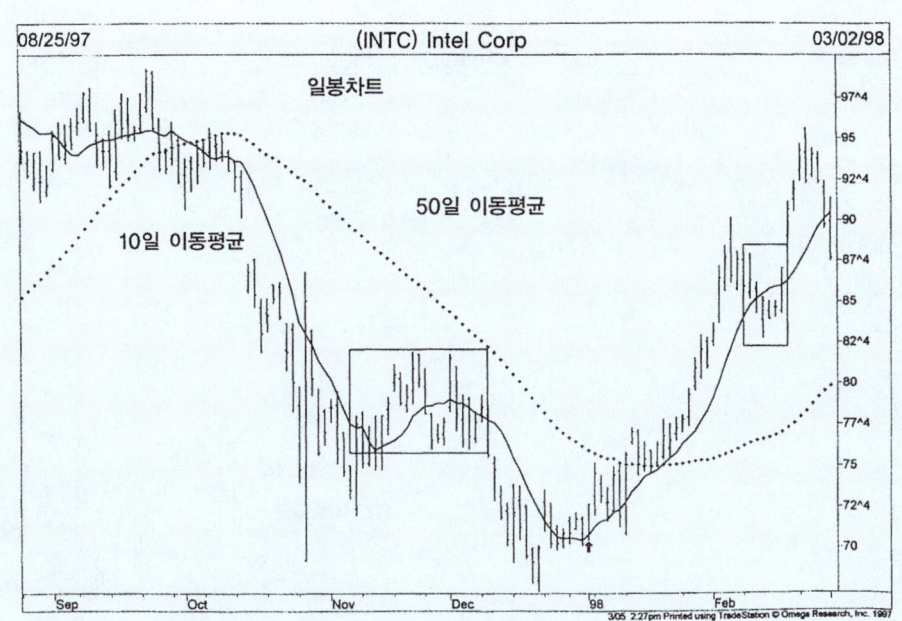

(그림 9-4) 단기평균은 보다 일찍 신호를 나타낸다. 장기평균은 보다 늦게 신호를 나타내는 반면 신뢰도가 높다. 10일 평균이 저점에서 먼저 상승전환하였다. 그러나 11월에 조급한 매수신호를 나타내었으며, 2월에 적절지 못한 매도신호를 나타내었다(사각형 안).

그러므로 장기평균은 추세가 활발할 때 잘 맞고, 단기평균은 추세가 반전할 때 잘 맞는다는 또 하나의 결론을 이끌어 낼 수 있다.

따라서 한 개의 이동평균만 사용하면 여러 가지로 불리하다는 사실이 보다 분명해진다. 두 개의 이동평균을 사용하는 것이 일반적으로 더 유리하다.

신호생성을 위한 두 개의 이동평균 이용방법

이러한 기법을 2중 교차법(double crossover method)이라고 한다. 이것은 단기평균이 장기평균을 상승 교차할 때 매수신호가 발생하는 것을 말한다.

예를 들어, 자주 사용하는 조합 두 가지는 5일과 20일 평균 및 10일과 50일 평균이

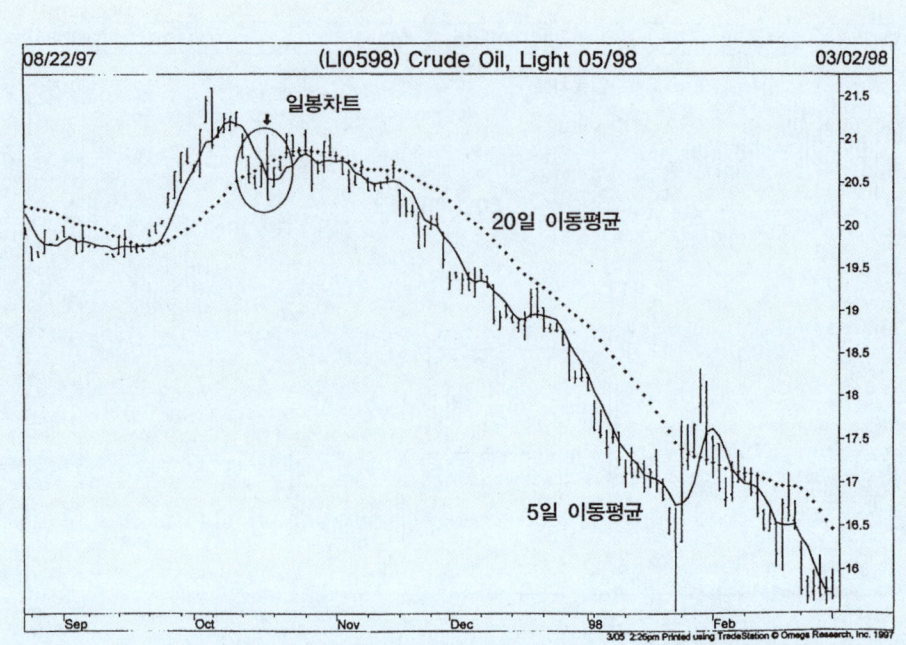

(그림 9-5) 2개의 이동평균을 이용한 2중 교차법. 5일과 20일 조합은 선물거래자들이 가장 보편적으로 사용한다. 10월에 5일 평균이 20일 평균을 하향돌파하였으며(원형), 원유가격의 전반적인 하락추세를 나타내었다.

다. 전자의 경우 매수신호는 5일 평균이 20일 평균을 상향돌파할 때 발생하고, 매도신호는 5일이 20일을 하향돌파할 때 발생한다. 또한 후자의 경우 10일 평균이 50일 평균을 상승교차하면 상승추세를 나타내고, 10일이 50일을 하향돌파하면 하락추세가 발생한다. 두 개의 평균을 사용하는 기법은 하나의 평균을 사용하는 것에 비해 좀 더 시세에 뒤떨어지지만 손해를 줄일 수 있다.

세 개의 이동평균 사용 또는 3중 교차법

3중 교차법을 살펴보자. 가장 널리 사용되고 있는 3중 교차법은 4-9-18일 이동평균의 조합이다. 4-9-18일 기법은 주로 선물거래에서 사용된다.

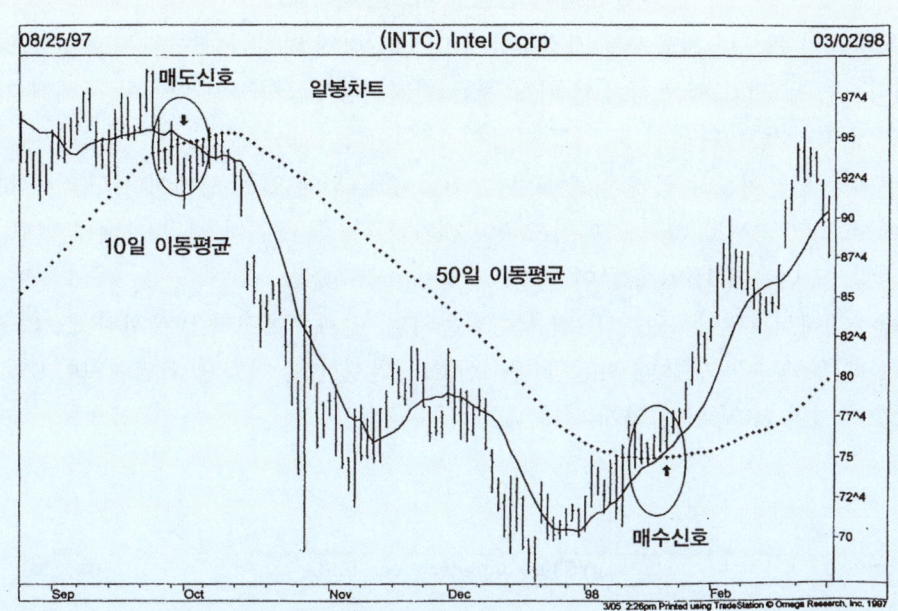

(그림 9-6) 주식거래자는 10일과 50일 이동평균을 이용한다. 10월에 10일 평균이 50일 평균을 하향돌파하였으며(왼쪽 원형), 적절한 매도신호를 나타내었다. 반대방향으로 상승교차가 1월에 일어났다(아래의 원형).

    이 개념은 1972년에 발표한 알렌(Allen)의 저서『상품선물에서 돈을 버는 법』(How to Build a Fortune in Commodities)과 1974년에 발표한『상품선물에서 보다 큰 수익을 내기 위한 4일, 9일 그리고 18일 이동평균의 사용법』(How to Use the 4-Day, 9-Day and 18- Day Moving Averages to Earn Larger Profits from Commodities)에서 처음 언급되었다. 4-9-18일 기법은 5일, 10일, 20일 이동평균법의 변형이며, 상품선물 주기에서 널리 이용된다. 차트 서비스업체들은 4-9-18일 이동평균을 발표한다(많은 차트 작성 소프트웨어 모음은 세 가지 이동평균을 그릴 때 디폴트값으로 4-9-18일 조합을 이용한다).

4-9-18일 이동평균 시스템 사용방법

이동평균이 짧으면 짧을수록 가격추세에 더 근접하게 따라간다는 것은 이미 설명한 바 있다. 즉, 세 개의 평균 중에서 가장 짧은 단기이동평균인 4일 평균이 추세에 가장 근접하게 따라가고, 다음이 9일, 그 다음이 18일이다. 그러므로 상승추세에서 적절한 배열은 4일 평균이 9일 위에 있고, 9일은 18일 평균 위에 있는 형태이다. 그러나 하락추세에서는 그 순서도 바뀌고 배열도 정반대가 된다. 즉, 4일이 가장 아래에 있고, 다음이 9일, 그 다음에 18일 평균이 있다(그림 9-7a, 9-7b 참조).

하락추세에서 4일이 9일과 18일을 상향돌파할 때 매수예고가 발생한다. 그 다음 9일이 18일을 상승돌파할 때 확실한 매수신호가 발생한다. 이렇게 되면 4일이 9일 위에 있고, 9일이 18일 위에 있게 된다.

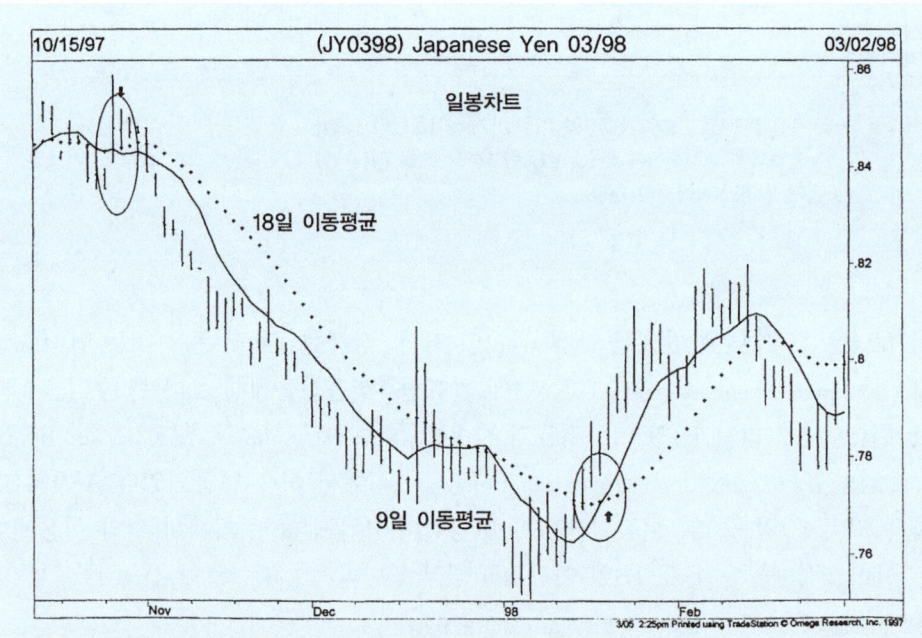

(그림 9-7a) 선물거래자들은 9일과 18일 이동평균 조합을 선호한다. 매도신호는 9일 평균이 18일 평균 아래로 떨어진 10월 말(첫번째 원형)에 나타났다. 매수신호는 9일 평균이 18일 평균을 다시 상승돌파한 1998년 초에 나타났다.

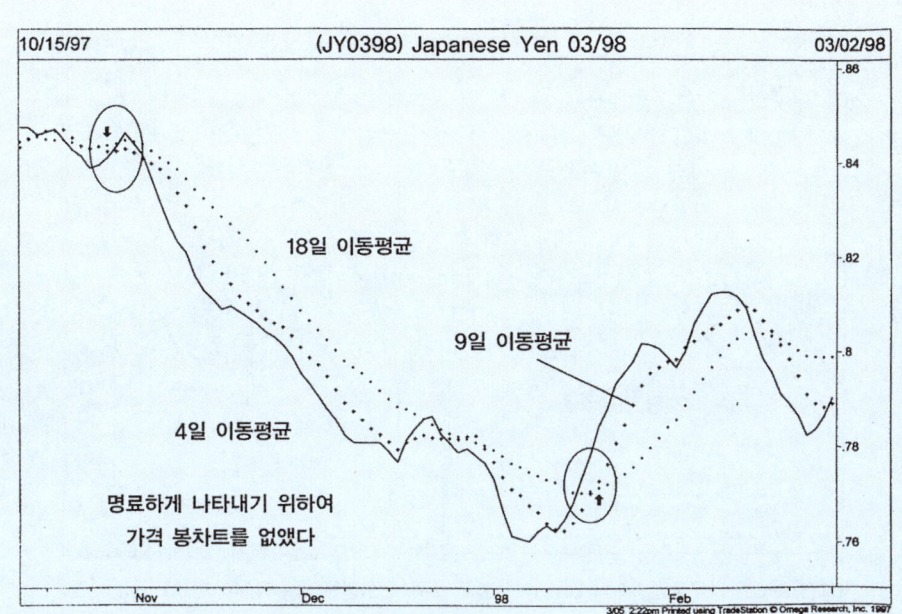

(그림 9-7b) 4-9-18일 이동평균은 선물거래자들에게 널리 쓰인다. 저점에서 4일 평균(실선)이 제일 먼저 전환하고 다른 두 선과 교차한다. 그 다음 9일 평균이 18일 평균을 상승돌파할 때 (원형) 저점을 표시하고 있다.

조정이나 추세강화기간에는 이러한 순서가 뒤섞일 수도이겠지만 전반적인 상승추세는 그대로다. 어떤 거래자는 이들 이동평균이 뒤섞인 상황에서도 수익을 낼 수 있으며, 어떤 거래자는 이를 매수기회로 이용하기도 한다. 얼마나 공격적으로 거래하는가에 따라서 그 규칙의 적용에 대한 융통성의 여지는 분명 많다.

상승추세가 하락반전할 때 제일 먼저 발생하는 일은 가장 짧은(그리고 가장 민감한) 평균, 즉 4일 평균이 9일과 18일 아래로 떨어지는 것이다. 이것은 단지 매도예고일 뿐이다. 그러나 어떤 거래자들은 매수포지션을 청산하기 위해 최초 교차시점을 이용할지도 모른다. 그 후 다음으로 긴 평균, 즉 9일이 18일 밑으로 떨어지면 확실한 공매도신호가 나타난다(그림 9-8a, 9-8b 참조).

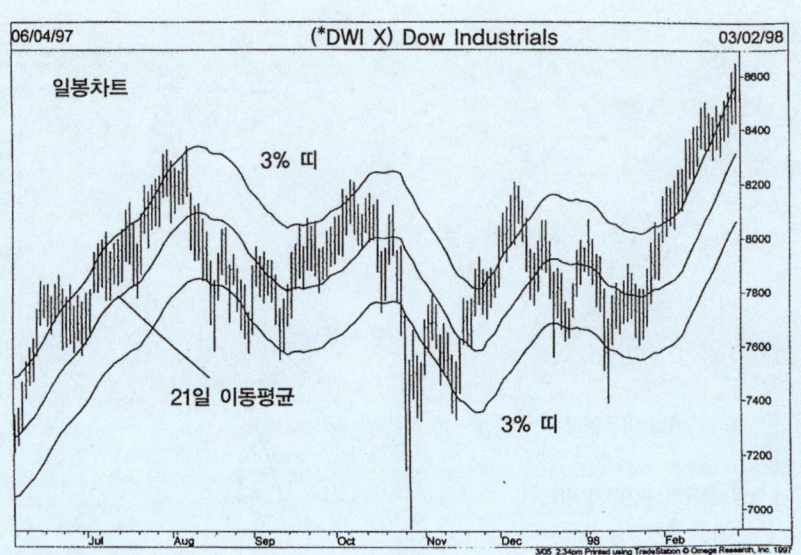

(그림 9-8a) 다우공업지수의 21일 이동평균 주위에 설정된 3% 띠. 띠 밖으로 튀어나온 것은 지나치게 확장된 주식시세를 나타낸다.

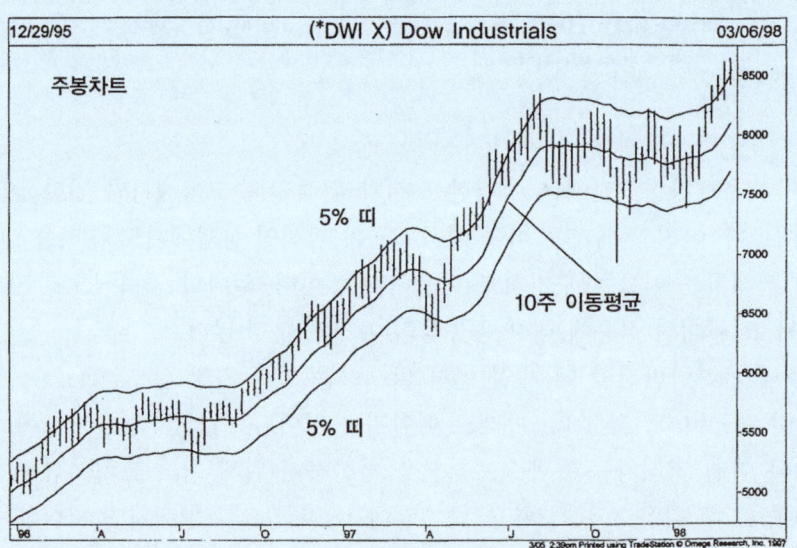

(그림 9-8b) 장기분석시 5% 띠가 10주 평균 주위에 설정될 수 있다. 띠 밖으로 튀어나온 것은 시장의 극한값을 나타낸다.

이동평균 띠(Moving Average Envelopes)

단순 이동평균은 주위에 띠(envelopes)를 둠으로써 유용성을 확장할 수 있다. 평균 띠는 각 방향으로 지나치게 확장되었는지를 판단하기 위해서 사용한다. 다시 말하면, 가격이 이동평균선으로부터 너무 멀리 떨어져 있는 시점을 알려준다. 이러한 목적을 위해서 띠는 이동평균 아래위에 일정한 비율로 설정된다.

예를 들어, 단기거래자는 보통 단순 21일 이동평균 중심 3% 띠를 이용한다. 가격이 한쪽 띠(평균선으로부터 3% 떨어짐)에 도달할 때 단기추세가 지나치게 확장된 것으로 간주된다.

장기분석에서는 10주 평균을 둘러싼 5% 띠 또는 40주 평균을 둘러싼 10% 띠를 포함하는 몇 가지 조합이 있을 수 있다(그림 9-8a, 9-8b 참조).

볼린저 밴드

이 기법은 존 볼린저(John Bollinger)가 개발하였다. 두 개의 거래 밴드가 띠기법(envelopes method)에 나타난 것과 비슷하게 이동평균 주위에 설정된다. 볼린저 밴드는 보통 20일 이동평균 아래위에 두 개의 표준편차가 설정되는 것 외에는 띠기법과 똑같다.

표준편차란 전략적 개념으로, 가격이 평균값 주위에 어느 정도 분산되어 있는가 하는 것을 나타낸다. 두 개의 표준편차를 이용하면 가격의 95%가 두 개의 거래 밴드 안에 포함된다는 것을 알 수 있다.

결과적으로 가격이 위쪽 밴드에 접촉하게 되면 과도한 상승확장(과매수)으로 간주되고 아래쪽 밴드에 접촉하게 되면 과도한 하락확장(과매도)으로 간주된다(그림 9-9a, 9-9b 참조).

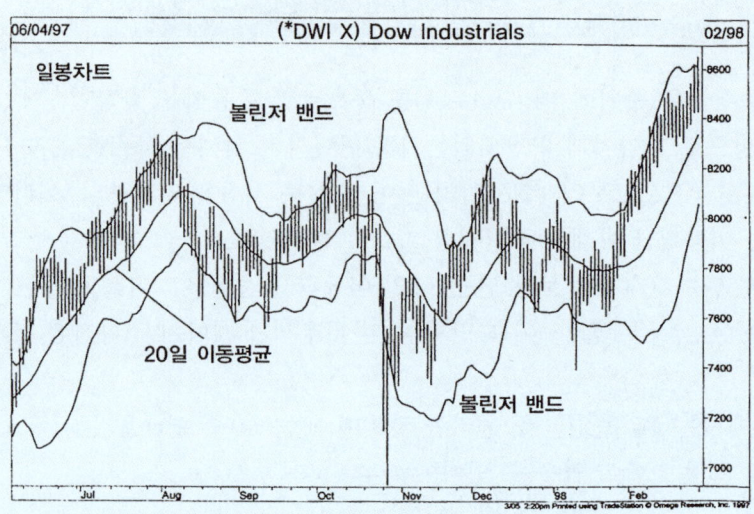

(그림 9-9a) 20일 이동평균 주위에 그려진 볼린저 밴드. 8월~1월까지의 보합국면에서 가격이 밴드 바깥쪽을 계속 터치하고 있다. 상승추세가 다시 시작되었을 때 가격은 위쪽 밴드와 20일 평균 사이에 머물렀다.

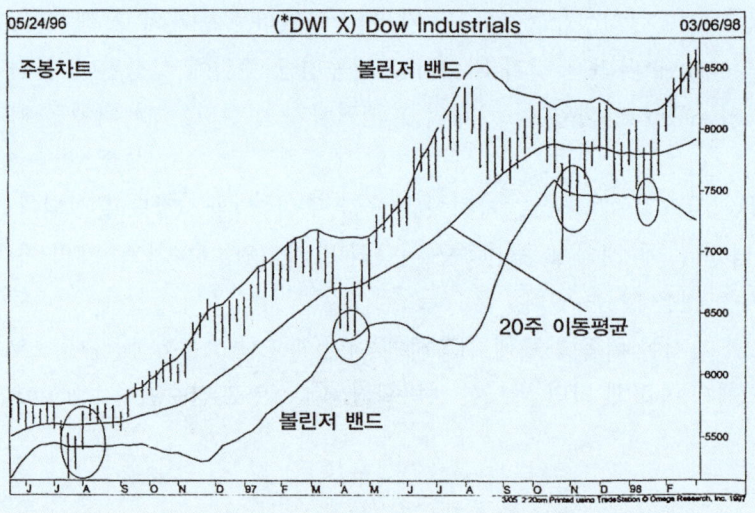

(그림 9-9b) 볼린저 밴드는 20주 평균을 중심선으로 이용함으로써 주간 차트와 잘 맞는다. 아래쪽 밴드와 접촉하는 부분마다(원형) 중요한 저점인 동시에 매수기회를 나타낸다.

목표가격으로 이용되는 볼린저 밴드

볼린저 밴드를 사용하는 가장 간단한 방법은 위쪽 및 아래쪽 밴드를 목표가격으로 이용하는 것이다. 다시 말하면, 가격이 아래쪽 밴드에서 반등하여 20일 이동평균과 상승교차하면 위쪽 밴드는 상승 목표가격이 되고 하락교차하면 아래쪽 밴드는 하락 목표가격이 된다.

강한 상승추세에는 가격이 위쪽 밴드와 20일 평균 사이에서 오르내릴 것이다. 이 경우 20일 평균의 하향돌파는 하락추세반전을 예고한다.

등락범위를 나타내는 밴드

볼린저 밴드는 한 가지 중요한 점에서 띠와 다르다. 띠는 일정한 폭만큼 떨어져 있지만, 볼린저 밴드는 최근 20일간의 등락에 기초해 넓어지기도 하고 좁아지기도 한다.

가격등락이 큰 경우에는 두 밴드 사이의 거리가 넓어진다. 반대로 시세등락이 적은 경우에는 두 밴드 사이의 거리가 좁아진다. 밴드는 넓어짐과 좁아짐이 번갈아 나타나는 경향이 있다. 보통 밴드 간격이 멀리 떨어져 있을 때 그것은 현재의 추세가 끝날 수 있다는 신호가 되고, 반대로 너무 좁아지면 곧 새로운 추세가 시작될 것이라는 신호가 되기도 한다.

볼린저 밴드는 20일 평균 대신에 20주 평균과 20개월 평균을 이용하여 주간 차트와 월간 차트에 적용시킬 수 있다. 볼린저 밴드는 다음 장에서 다룰 과매수·과매도 오실레이터와 조합했을 때 가장 잘 맞는다.

평균을 중심에 둔다

이동평균을 그리기 위한 보다 전략적이고 바람직한 방법은 평균을 중심에 두는 것이다. 즉, 이는 해당 기간의 중간에 두는 것으로, 예를 들면, 10일 평균은 5일 전에 두고, 20일 평균은 10일 이전에 둔다. 그러나 평균을 중심에 두는 경우 한참 후에 추세 전환 신호가 나타난다는 중대한 결점이 있다.

그러므로 이동평균은 보통 시간구간의 중간이 아니고 끝에 설정된다. 중심기법은 주요 시장의 주기를 분리하기 위해 주기 분석가들이 거의 독점적으로 이용한다.

주기와 연계된 이동평균

많은 시장 분석가들은 주기(time cycle)가 시장움직임에 중요한 역할을 한다고 믿고 있다. 이러한 주기는 반복적인 데다 측정이 가능하기 때문에 시장의 천장과 바닥이 발생하는 대략적인 시기를 판단하는 데 도움이 된다.

단기인 5일 주기에서부터 콘드라티예프(Kondratieff)의 장기 54년 주기까지 많은 주기가 함께 존재한다. 우리는 이 흥미로운 기술적 분석 분야를 제14장에서 다룰 것이다. 여기서 주기를 소개하는 것은 시장에 영향을 미치는 기초 주기와 적합한 이동평균 사이에 어떤 관계가 있다는 것을 지적하기 위함이다. 달리 말해, 이동평균을 각 시장의 지배 주기에 맞게 조정할 수 있다.

이동평균과 주기 사이에는 어떤 명확한 관계가 있음이 분명하다. 예를 들어, 월간 주기는 상품선물시장에서 가장 잘 알려진 주기중 하나이다. 한 달의 거래일은 20~21일이다.

주기는 다음의 더 긴 주기 및 더 짧은 주기와 조화로운 또는 배수 관계를 가지는 경향이 있다. 그것은 긴 주기는 짧은 어떤 주기의 2배가 되고, 짧은 주기는 긴 주기의 절반이 된다는 것을 의미한다.

그러므로 월간 주기가 5일, 10일, 20일, 그리고 40일 이동평균의 인기를 설명할 수도 있을 것이다. 20일 주기는 월간 주기의 측정단위이다. 40일 평균은 20일의 2배이다. 10일 평균은 20일의 절반이고, 다시 5일 평균은 10일의 절반이다.

보다 널리 사용되는 이동평균(5일, 10일, 20일에서 파생한 4일, 9일, 18일 평균을 포함하는) 중에서 대다수는 주기적인 영향과 인접한 주기간의 조화로운 관계로 설명될 수 있다. 따라서 4주 주기는 이 장의 후반에서 다룰 4주 규칙(4weeks rule) 그리고 짧은 2주기 성공적인 사용을 설명할 수도 있다.

이동평균으로 이용되는 피보나치(Fibonacci)수

엘리엇의 파동이론에 관한 장에서 피보나치 수열을 다루겠지만, 13, 21, 34, 55……같은 신비스러운 일련의 수가 이동평균 분석에 아주 적합하다는 것을 여기서 언급하고 싶다. 이 수열은 일간 차트뿐만 아니라 주간 차트에도 잘 맞는다. 21일 이동평균은 피보나치 수이다. 주간 차트에서 13주 평균은 주식시장과 상품선물시장 양쪽 모두 유용하다는 것이 입증되었다.

장기차트에 적용되는 이동평균

이 기법은 장기추세분석에도 이용할 수 있다는 것을 간과하지 말아야 한다. 10주 또는 13주 같은 장기이동평균은 30주 또는 40주 이동평균과 연계하여 주식시장에서 오랫동안 사용되어 왔지만, 선물시장에서는 주목받지 못하였다. 10주와 40주 이동평균은 선물시장과 주식시장에서 주간 차트의 기본적인 추세를 추적하기 위해서 이용할 수 있다(그림 9-10 참조).

이동평균의 장·단점

이동평균의 가장 큰 장점이며, 이동평균이 가장 인기있는 추세추적시스템이 되게 하는 이유 중 하나는, 성공적인 거래를 위한 가장 오래된 격언들을 잘 구체화하기 때문이다. 첫째 이동평균은 추세의 방향과 일치한다. 둘째, 이동평균은 수익을 극대화하고 손실을 줄인다. 셋째, 이동평균시스템은 평균원리에 근거해 구체적인 매수 및 매도 신호를 제공함으로써 사용자가 이러한 규칙을 따르도록 한다.

그러나 이동평균은 본질적으로 추세추적적이기 때문에 시장이 추세적일 때 가장 잘 맞고, 가격 등락이 심하거나 가격이 횡보하는 기간에는 잘 맞지 않는다. 그리고 이러한 구간이 1/3에서 1/2이 될 수도 있다.

이렇듯 맞지 않는 구간이 길기 때문에 이동평균 기법에 지나치게 치중하는 것은 위험하다.

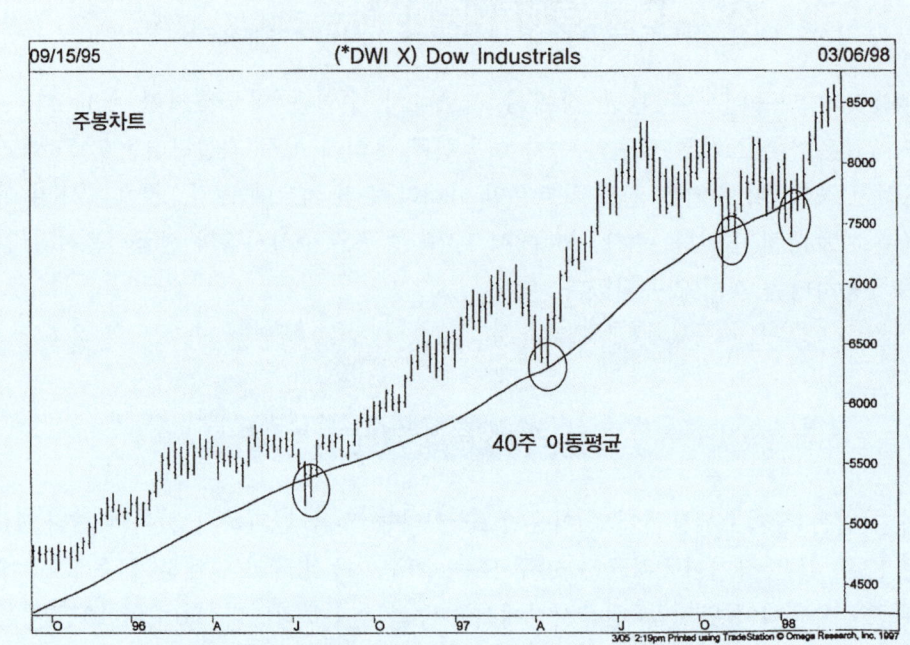

(그림 9-10) 이동평균은 주간 차트에서 유용하다. 40주 이동평균은 이곳에도 나타나듯이 상승시장의 조정국면에 지지선 역할을 한다.

　　추세시장에서는 이동평균을 이길 수 없다. 이 경우 자동적으로 이동평균을 사용한다. 그렇지 않은 경우, 과매수-과매도 오실레이터와 같은 비추세적 기법이 더 적절하다(15장에서 시장이 추세적일 때와 그렇지 않을 때, 그리고 시장분위기가 추세적 이동평균 기법을 선호하는지 아니면 비추세적 오실레이터 기법을 선호하는지를 알려주는 소위 ADX 지표를 보여줄 것이다.)

오실레이터로서의 이동평균

　　오실레이터를 작성하는 한 가지 방법은 두 이동평균 사이의 차이를 비교하는 것이다. 그러므로 2중 교차법(double crossover method)에서처럼 두 개의 이동평균을 사용하는 것이 매우 중요하며, 보다 더 유용한 기법이 된다. 이는 제10장에서 다룬다. 지수적으로 완만한 두 개의 평균을 비교하는 방법도 있다. 이 기법은 MACD(이동평균 교차 및 이탈)라고 한다. 이것은 일부 오실레이터로 이용된다. 따라서 이 기법에 대한 설명은 제10장에서 오실레이터 주제 전체를 다룬 이후로 미루기로 한다.

또다른 기술적 자료에 적용된 이동평균

이동평균은 거의 모든 기술적 자료 또는 지표에도 적용될 수 있다. OBV를 포함한 미결제약정 및 거래량 도표에 적용할 수 있다. 이동평균은 다양한 지표 및 비율 차트에 이용될 수 있다. 그리고 또한 오실레이터에도 적용할 수 있다.

주간 규칙

이동평균은 추세추적장치(trend following device)로도 이용된다. 이러한 기법 중 가장 잘 알려지고 또 가장 성공적인 것 중의 하나는 주간 가격경로(weekly price channel) 또는 주간 규칙(weekly rule)이다. 이 기법은 이동평균의 여러 가지 장점을 지니고 있으면서 시간소모가 적고 사용하기 쉽다.

지난 10년 동안 컴퓨터 기술의 발전과 더불어 기술적 거래시스템 개발에 대해 많은 연구가 있었다. 즉, 이러한 시스템은 근본적으로 기계적이므로 인간의 정서와 분별력이 고려되지 않았다. 이러한 시스템은 점점 더 복잡해졌다. 먼저 단순 이동평균이 이용되었고, 그 다음으로 이동평균의 2중 및 3중 교차법이 추가되었다. 그리고 나서 선형 가중형(linearly weighted)과 지수완만형(exponentially smoothed)이 나타났다. 이들 시스템은 주로 추세추적적이며, 그 목적은 기존의 추세를 확인하고 그 방향에 따라 거래하는 것에 있다.

그러나 더 매혹적이고 복잡한 시스템과 지표에 점점 매료되어 계속 잘 맞는, 그리고 검증된 단순한 기법들을 간과하는 경향이 있었다. 이러한 기법 중 가장 단순한 형태인 주간 규칙에 대해서 다뤄보자.

1970년, 『트레이더의 노트북』(Trader's Notebook)이라는 소책자가 인디애나주 라파예트의 던 앤 하깃 금융 서비스(Dunn & Hargitt's Financial Services)에서 출판되었다. 그 당시 가장 잘 알려진 상품선물 거래시스템들을 컴퓨터로 시험하여 비교하였다. 모든 연구의 최종 결론은, 시험한 모든 시스템 중에서 가장 성공적인 것은 리처드 돈치안(Richard Donchian)이 개발한 4주 규칙(4week rule)이었다. 그는 기계적 시스템을 이용하는 상품선물 추세거래분야에서 선구자로 인정받고 있다(1983년 MAR[Managed Account Reports]은 선물 자금관리 분야에서 뛰어난 공로자에게 주는 MVP상의 첫 수상자로 그를 뽑았으며, 현재 다른 수상자에게 돈치안상을 수여하고 있다).

던 앤 하깃의 전 개발이사이자 현재 위저드 트레이딩(Wizard Trading)의 사장인 루이스 루캑(Louis Lukac)은 최근 그의 저서에서 주간 규칙과 비슷한 돌파(또는 경로) 시스템이 계속 뛰어난 결과를 나타낸다는 종전의 결론을 지지하고 있다(루캑은 부록 참조).

1975년~1984년 사이에 시험했던 12개 시스템 중 단지 네 개의 시스템만이 상당한 이익을 냈다. 그 네 개 중 두 개는 경로돌파시스템이었고, 한 개는 2선 이동평균 교차시스템이었다. 루캑과 브로슨은 「금융조사」(The Financial Review 1990년 11월호)의 후속기사에서 1976년~1986년까지의 23개 기술적 거래시스템을 비교한 광범위한 연구결과를 발표했다. 그 결과 다시 한번 더 경로돌파시스템과 이동평균시스템이 수위를 차지하였다. 루캑은 개인적으로 경로돌파시스템을 모든 기술적 거래시스템의 검증 및 개발을 위한 가장 적절한 출발점으로 선택한다고 최종 결론지었다.

4주 규칙

4주 규칙은 기본적으로 선물거래에 활용된다. 4주 규칙에 기초한 시스템은 아주 간단하다.

1. 가격이 4주 전의 고가를 능가할 때마다 매도포지션을 청산하고 매수포지션을 취한다.
2. 가격이 4주 전의 저가 아래로 떨어질 때마다 매수포지션을 청산하고 공매도한다.

여기에서 나타났듯이 이 시스템은 근본적으로 연속적이며, 거래자는 항상 매수나 매도포지션을 보유하고 있다. 일반적으로 연속시스템은 기본적인 약점을 가지고 있다. 그들은 항상 시장을 주시하고 있어야 하며, 비추세기간에 돌발적 가격 변동에 의해 손해를 볼 수도 있다. 추세추적시스템은 시세가 이러한 횡보나 비추세 국면에 있을 때 잘 맞지 않는다는 것을 이미 강조한 바 있다.

4주 규칙을 비연속적인 것으로 만들기 위해서 4주 규칙을 수정할 수 있다. 이는 포지션 청산을 목적으로 1주나 2주 규칙과 같이 단기화하는 방법으로 가능하다. 다시 말해서 4주 돌파점은 새로운 포지션을 취하기 위한 필수조건이지만, 반대방향의 1주 또는 2주 신호는 그 포지션 청산을 위한 것일 수 있다. 거래자는 새로운 4주 돌파가 나타날 때까지 시장에서 참여하지 않으려 할 것이다.

이 시스템의 이면에 있는 논리는 확실한 기술적 이론에 바탕을 두고 있다. 신호는 기계적이며 명확하다. 또한 추세추적적이기 때문에 실질적으로 모든 중요한 추세를 적절히 따라간다. 뿐만 아니라 성공적인 거래에 자주 인용되는, 즉 "이익은 극대화하고, 손실은 줄여라"라는 격언을 따르도록 만들어졌다.

그리고 간과할 수 없는 또 다른 특징은, 이 기법을 이용하면 거래빈도가 줄어들어 수수료가 적게 든다는 점이다. 이 시스템은 컴퓨터가 있을 때는 물론 없을 때도 사용할 수 있다는 또 다른 장점이 있다.

주간 규칙에 대한 주요 비판은 모든 추세추적접근법에 대한 것과 같다. 즉, 천장이나 바닥을 포착하지 못한다는 것이다. 그렇다면 추세추적시스템의 강점은 무엇인가? 기억해야 할 것은 4주 규칙은 적어도 대부분의 다른 추세추적시스템만큼, 또는 다른 대다수의 시스템보다 더 잘 맞을 뿐 아니라, 믿을 수 없을 정도로 단순하다는 장점을 가지고 있다는 점이다.

4주 규칙의 조정

전형적인 4주 규칙에 대해 살펴보고 있지만 조정이나 개선할 점도 많다. 한 가지 언급하자면, 4주 규칙을 매매시스템으로 사용해야 한다는 것은 아니다. 주간 신호는 단지 돌파와 추세반전 확인을 위한 기술적 지표로서 이용된다. 주간 돌파는 이동평균의 교차와 같은 다른 기법에 대한 확인여과장치로 사용할 수 있다. 1주 또는 2주 규칙은 뛰어난 여과장치 역할을 한다. 어떤 포지션을 취하기 위한 이동평균 교차신호는 같은 방향으로의 2주 돌파로 확인할 수 있다.

민감도를 위한 기간의 축소 및 확장

기간은 리스크 관리 및 민감도를 위해 확장되거나 축소할 수 있다. 예를 들면, 시스템을 더 민감하게 만들기 위해서 기간을 줄일 수 있다. 가격이 급격한 상승추세를 보이는, 상대적으로 고평가된 시장에서 시스템을 더 민감하게 만들기 위하여 더 짧은 기간을 선택할 수도 있을 것이다. 예를 들어, 지난 2주의 저점 바로 밑에 보호주문을 설정하고 4주 상승돌파 시 매수포지션을 취한다고 가정해보자. 시세가 급격히 반등했고 보호주문을 더 근접하게 설정하기를 원할 때, 1주 보호주문을 이용할 수도 있을 것이다.

또한 추세를 이용하는 거래자가 중요한 추세신호가 나타날 때까지 시장에 참여하지 않으려고 하는 거래 범위 상황에서는 기간을 8주로 확장할 수도 있다. 이것은 거래자가 보다 짧은, 그리고 조기 추세신호에 따라 포지션을 취하는 것을 방지할 수 있다.

주기와 결합된 4주 규칙

앞장에서 상품선물시장에서의 월간 주기의 중요성에 대해 언급하였다. 4주 또는 20일 거래주기는 모든 시장에 영향을 미치는 지배주기이다. 이것은 4주 기간이 왜 그렇게 성공적인지를 설명하는 데 도움이 될 것이다. 1주, 2주, 그리고 8주 규칙에 대해서도 언급하였다. 주기 분석에서 조화의 원리(the principle of harmonies)는 각 주기에 2를 곱하거나 나눈 인접주기(다음의 더 긴 및 더 짧은 주기)와 관계가 있다는 것이다.

앞서 이동평균에 대한 결론에서 월간 주기와 조화의 원리가 5일, 10일, 20일, 그리고 40일 이동평균의 광범위한 사용을 어떻게 설명하는지 지적한 바 있다. 이것은 주간 규칙의 영역에서도 마찬가지이다. 일간에서 주간으로 바뀌면서 1주, 2주, 4주, 그리고 8주가 된다. 그러므로 4주 규칙에 대한 조정은 기준 수(4)를 2로 나누거나 곱할 때 가장 잘 맞는다. 기간을 짧게 하려면 2주를 이용하고, 그보다 더 짧은 기간이 필요하면 1주를 이용하라. 그리고 기간을 더 길게 하려면 8주를 이용하라. 이 기법은 가격과 시간을 조합하기 때문에 주기 조화의 원리가 중요한 역할을 한다. 기간을 짧게 하기 위해서 주간 매개변수를 2로 나누거나, 기간을 늘리기 위해서 2를 곱하는 전술은 주기 논리를 배경으로 한다.

4주 규칙은 단순한 돌파시스템이다. 청산을 목적으로 할 때 기본 시스템을 더 짧은 기간, 즉 1주 또는 2주로 수정할 수 있다. 만약 사용자가 더 민감한 시스템을 원한다

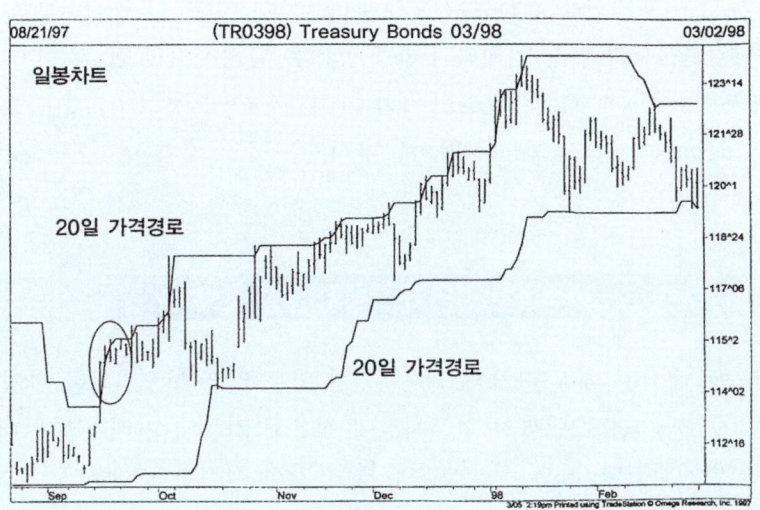

(그림 9-11) T-Bonds 선물가격에 적용된 20일(4주) 가격경로. 매수신호는 가격이 상단 경로의 위에 접근했을 때 나타난다(원형). 그 신호를 반전시키기 위해서는 하단 경로 아래쪽에 가격이 접근해야 한다.

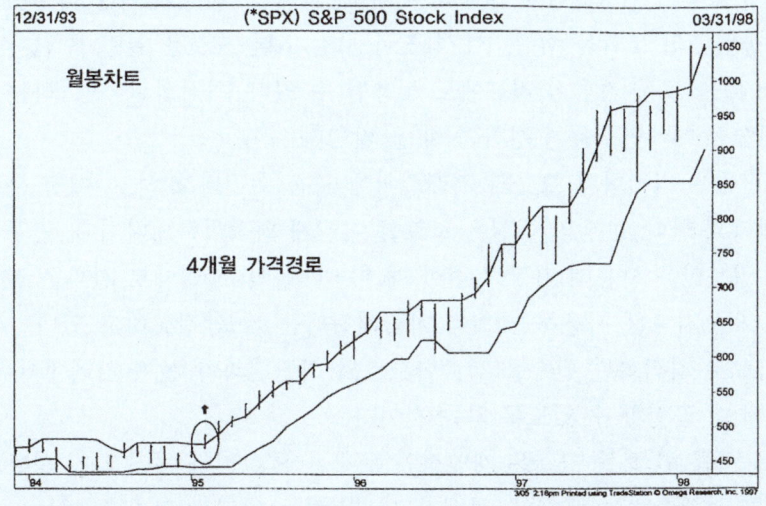

(그림 9-12) S&P 500 지수에 적용된 월간 가격경로. 1995년 초, 가격은 상단 경로와 교차하여(원형) 그 후 3년간 유효한 매수신호를 나타내었다. 매도신호를 나타내기 위해서는 하단 경로에 접근하여야 한다.

면 2주를 새로운 포지션을 취하는 신호로 이용할 수 있다. 이 규칙은 단순하게 되어 있기 때문에 그 정도가 가장 적절하다. 4주 규칙은 단순하지만 잘 맞는다(차트 작성 소프트웨어를 이용하여 경로돌파를 확인하기 위해서 현재 가격 아래위에 가격경로를 그릴 수 있다. 가격경로는 일간·주간·월간 차트에서 이용될 수 있다(그림 9-11과 9-12 참조).

최적화할 것인가 그렇지 않을 것인가?

이 책의 초판에서는 메릴 린치(Merrill Linch)가 만든 많은 연구결과를 반영하였다. 메릴 린치는 1978년~1982년까지 선물시장에 적용된 컴퓨터 거래기법에 대한 일련의 연구결과를 발표하였다. 개별 선물시장에 맞는 가장 적절한 조합을 도출해내기 위하여 다양한 이동평균과 경로돌파에 대한 광범위한 검증이 실시되었다. 메릴 린치의 연구원들은 각 시장에 적합한 여러 가지 최적화된 지표지수를 만들었다.

대부분의 차트 작성 소프트웨어는 시스템과 지표를 최적화할 수 있다. 예를 들어, 모든 시장에 똑같은 이동평균을 사용하지 말고, 과거 그 시장에 가장 적절했던 이동평균이나 이동평균의 조합을 컴퓨터에서 찾아낸다. 또한 그것은 일간·주간 돌파시스템 및 이 책에 있는 모든 기술적 지표에도 적용될 수 있다. 최적화란 '변화하는 시장상황에 맞게 기술적 매개변수를 수정하는 것'을 말한다.

어떤 사람들은 최적화가 그들의 거래결과에 도움이 된다고 하고, 어떤 사람들은 도움이 안 된다고 한다. 논쟁의 핵심은 자료를 어떻게 최적화하느냐이다. 연구원들은 가격 자료의 일부만을 사용해 가장 적절한 매개변수를 찾고, 실제로 결과를 검증하기 위해서는 또다른 자료를 사용하는 것이 바람직하다는 것을 강조하고 있다. '샘플이 아닌' 가격자료로 최적화된 변수를 검증함으로써 최종결과가 실제 거래에서 경험할 수 있는 상황에 더 근접할 수 있도록 하는 것이다.

최적화를 하든 안 하든 그것은 개인적인 문제이다. 그러나 여러 가지 정황증거로 볼 때 최적화가 성배(聖杯)는 아니다. 성배라고 생각하는 사람도 있지만, 나는 일반적으로 거래자들에게 최적화 검증에 적합한 시장은 소수라고 조언한다. 왜 미 재무성 장기채권 또는 독일 마르크가 옥수수 및 면사와 똑같은 이동평균을 나타내겠는가?

주식시장 거래자는 얘기가 달라진다. 수천 가지의 주식을 다루어야 한다는 것이 최적화를 어렵게 만든다. 소수의 시장을 전문적으로 취급하고 있으면 최적화를 한번 시도해보라. 그리고 여러 시장에서 거래하는 일반거래자라면 모든 시장에 같은 기술적 변수를 적용하라.

요약

이 장에서는 이동평균기법에 대한 다양한 형태를 소개하였다. 간단히 요약해보면, 대부분의 기술적 분석가들은 두 개의 이동평균의 조합을 이용한다. 이러한 두 개의 이동평균은 보통 단순평균이다. 지수평균이 더 널리 사용되어왔지만, 단순평균보다 잘 맞았다는 실질적인 증거는 없다. 선물시장에서 가장 널리 사용된 일간 이동평균의 조합은 4와 9, 9와 18, 5와 20, 그리고 10과 40일 평균이다.

주식거래자들은 50일(또는 10주) 이동평균에 많이 의존한다. 주식시장의 장기분석을 위해 널리 이용되는 주간 이동평균은 30주 및 40주(또는 200일)이다. 볼린저 밴드는 20일 및 20주 이동평균을 이용한다. 20주 평균은 100일 평균을 이용하여 일간 차트로 전환될 수 있으며, 이 100일 평균도 유용한 평균이다. 경로돌파시스템은 추세시장에서 아주 잘 맞으며, 일간·주간·월간 차트에 적용될 수 있다.

적응이동평균

적응이동평균(AMA, Adaptive Moving Average)의 문제점 가운데 하나는 빠른 평균과 느린 평균 중 어느 것을 선택하느냐 하는 것이다. 하나가 비추세시장에 적합하면 다른 하나는 추세시장에 적합하게 되는데, 두 개 중에 하나를 선택하는 문제에 대한 해답은 소위 '적응이동평균'이라 불리는 혁신적인 접근법에 달려 있다.

페리 코프먼(Perry Kaufman)은 이 기법을 『현명한 거래』(Smarter Trading)라는 자신의 책에서 소개하고 있다. 코프먼의 '적응이동평균'의 속도는 시장의 노이즈(또는 변동성)

에 따라 자동적으로 조정된다. 적응이동평균은 시장이 보합세를 나타낼 때 천천히 움직이고, 추세적일 때 빠르게 움직인다. 그렇게 함으로써 비추세적 기간에 빠른 평균을 이용했을 때 나타나는(그리고 휩소상태-whipsawed, 빈번한 손실거래-가 자주 나타나는) 문제점과 시장이 추세적일 때 느린 평균을 이용함으로써 시세를 늦게 반영하는 문제점을 피할 수 있다.

코프먼은 변동성과 가격의 방향을 비교한 효율성 비율(Efficiency Ratio)을 작성함으로써 문제점을 피해갔다. 효율성 비율이 높으면 변동성보다는 방향성이 높다(빠른 평균을 선호한다). 비율이 낮으면 방향성보다는 변동성이 높다(느린 평균을 선호한다). 효율성 비율을 사용함으로써 적응이동평균은 현재 시세에 가장 적절한 속도로 자동 조정된다.

이동평균의 대안

이동평균이 항상 잘 맞는 건 아니다. 시장이 추세적 국면일 때는 잘 맞지만, 가격이 횡보국면을 나타내는 비추세기간에는 거의 도움이 되지 않는다. 다행히도 이러한 횡보국면에 이동평균보다 상당히 잘 맞는 지표가 있다. 그것이 바로 오실레이터이다.

제10장

오실레이터 및 반대견해

오실레이터 및 반대견해

서문

추세추적접근법의 대체수단인 오실레이터는 가격이 횡보하는 비추세적인 시장에서, 또는 대부분의 추세추적시스템이 잘 맞지 않는 시장상황을 나타내는 거래범위(trading range)에서 매우 유용하다. 오실레이터는 기술적 거래자에게 이런 주기적인 보합상태 및 비추세적인 시장환경에서 이익을 낼 수 있는 수단을 제공한다.

그러나 오실레이터의 가치가 가격등락이 적은 거래범위에만 국한되는 것은 아니다. 오실레이터는 추세적인 단계에서도 가격차트와 연계하여 사용될 때 보통 과매수 또는 과매도 상태라는 단기적인 극한상황을 거래자에게 경고하기 때문에 매우 가치 있는 도구이다. 또한 가격변화 조짐이 분명해지기 이전에 추세가 힘을 잃고 있다는 것을 경고할 수도 있고, 어떤 이탈을 나타냄으로써 추세가 곧 끝날 수도 있다는 신호가 될 수 있다.

추세와 오실레이터의 연계 사용

오실레이터는 기본적인 추세 분석을 한 후에 적용되어야 한다는 점에서 보조적인 지표이다. 따라서 기술적 분석가들이 사용하는 다양한 형태의 오실레이터를 다룸에 있어 추세의 방향에 따라 거래하는 것이 중요하다는 것을 계속 강조한다. 또한 오실레이터가 더 유용하고 덜 유용할 때가 있음을 알아야 한다.

예를 들어, 중요한 움직임의 초기에는 오실레이터 분석이 도움은커녕 오히려 잘못된 방향을 제시할 수 있다. 그러나 시장움직임이 끝나는 시점에서는 오실레이터가 매우 효과적이다. 설명 중에 이러한 점을 강조할 것이다.

마지막으로, 시장의 극단에 대한 연구는 반대견해를 다루지 않고는 완성될 수 없다. 반대견해의 역할과 오실레이터를 시장분석 및 거래에 통합할 수 있는 방법에 대해서 언급하고자 한다.

오실레이터의 해석

모멘텀 오실레이터를 작성하는 방법에는 여러 가지가 있지만, 실제해석에서는 기법 간 차이는 거의 없다. 오실레이터는 대부분 서로 비슷하다. 그것들은 가격차트의 아랫부분에 그려지고, 평평한 수평밴드와 유사하다. 오실레이터 밴드는 가격이 오르고 내리거나, 또는 보합상태를 나타내고 있더라도 근본적으로 평평하다. 그러나 오실레이터에서 고점과 저점은 가격차트의 고점 및 저점과 일치한다. 어떤 오실레이터는 두 부분, 즉 위쪽과 아래쪽을 양분하는 중심선을 가지고 있다. 공식에 따라 다를 수 있지만, 중심선은 보통 제로선(zero line)이다. 또한 어떤 오실레이터는 0에서 100까지의 상단 및 하단 경계선을 가지고 있다.

해석의 일반적 원칙

일반적으로 오실레이터가 밴드의 상단 또는 하단에 도달하면, 이것은 현재의 가격 움직임이 너무 빨라서 곧 어떤 형태의 조정 또는 강화가 나타나리라는 것을 암시한다. 또한 거래자는 오실레이터선이 밴드의 하단에 있을 때 매수하고, 상단에 있을 때 매도해야 한다. 중심선에 대한 교차는 흔히 매수 및 매도 신호를 발생시킨다. 여러 형태의 오실레이터를 다룰 때마다 이러한 일반적인 원칙이 어떻게 적용되는지를 살펴보자.

오실레이터의 가장 유용한 세 가지 사용법

오실레이터가 가장 유용한 세 가지 경우가 있다. 이 세 가지 경우는 대부분의 기존 오실레이터에 공통적으로 나타난다.

1. 오실레이터는 그 값이 경계의 상단 또는 하단에 가까운 최고치를 나타낼 때 가장 잘 들어맞는다. 오실레이터의 값이 상단 가까이에 있으면 시세가 과매수상태라 하고, 하단 가까이에 있으면 시세가 과매도상태라 한다. 이것은 가격추세가 너무 확장되어 불안정하다는 것을 경고한다.
2. 오실레이터가 극단에 있을 때 오실레이터와 가격변화의 괴리는 보통 중요한 경고이다.
3. 제로선(또는 중심선)에 대한 교차는 가격추세 방향으로의 거래를 위한 중요한 거래신호가 될 수 있다.

모멘텀(Momentum) 측정

모멘텀 개념은 오실레이터 분석의 가장 기초적인 응용이다. 모멘텀은 실제 가격 수준에 대한 가격변화의 속도를 측정한다. 시장 모멘텀은 일정한 간격으로 가격차를 계속 취합함으로써 측정한다. 10일 모멘텀선을 작성하기 위해서는 최근 종가에서 10일 전의 종가를 빼면 된다. 이렇게 해서 나온 양수 또는 음수를 제로선 아래위에 그린다. 모멘텀의 공식은 다음과 같다.

$$M = V - V_x \quad (V: 최근의\ 종가,\ V_x: x일\ 전의\ 종가)$$

최근의 종가가 10일 전의 종가보다 크면(바꾸어 말해, 가격이 상승하면) 양수를 제로선 위에 그리고, 반대로 최근의 종가가 10일 전의 종가보다 작으면(가격이 하락하면) 음수를 제로선 밑에 그린다.

뒤에 설명되는 이유 때문에 10일 모멘텀이 일반적으로 사용되지만 어떤 기간에도

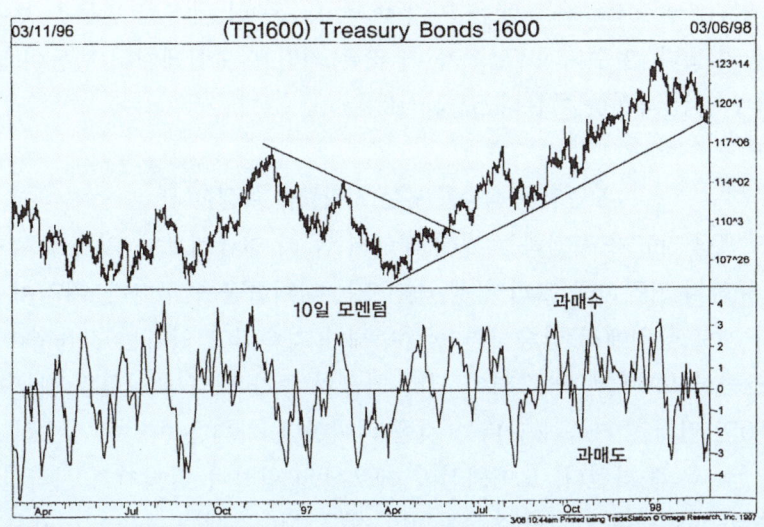

(그림 10-1a) 제로선을 중심으로 오르내리는 10일 모멘텀선. 제로선 위로 너무 떨어진 표시는 과매수를 나타내고, 반대로 아래로 너무 떨어져 있으면 과매도를 나타낸다. 모멘텀은 추세와 연계하여 사용되어야 한다.

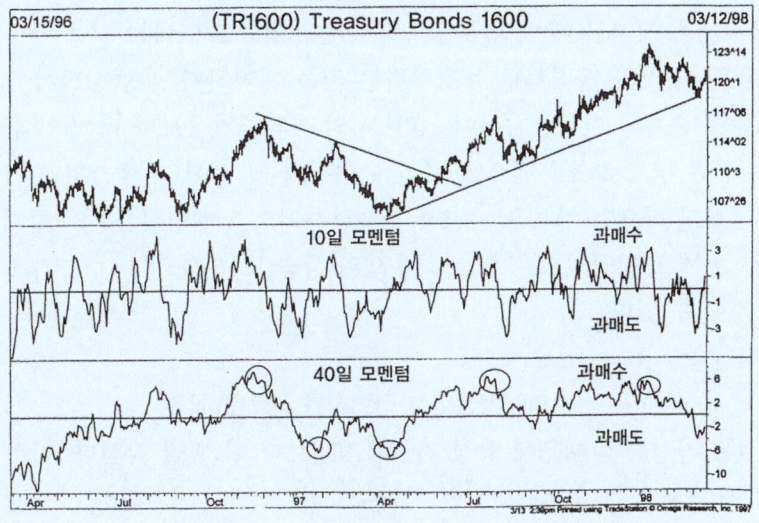

(그림 10-1b) 10일과 40일 모멘텀선의 비교. 중요한 시장전환을 포착하는 데는 장기패턴이 좀더 효과적이다(원형 표시).

제10장 | 오실레이터 및 반대견해

적용될 수 있다(그림 10-1a 참조). 짧은 기간(5일과 같은)은 더 굴곡진 변동을 보여주는 더 민감한 선을 이룬다. 일수(40일과 같은)가 더 많은 기간은 오실레이터 변동이 덜 불안정한, 보다 더 완만한 곡선을 이룬다(그림 10-1b 참조).

모멘텀은 상승률 또는 하락률을 측정한다

이러한 모멘텀 지표가 측정하는 것에 대해서 좀 더 언급해보자. 차트 분석가들은 정해진 기간 동안의 가격차를 그려서 상승률 또는 하락률을 연구한다. 가격이 상승하고 모멘텀선이 제로선 위에서 상승하면 상승추세가 가속되고 있다는 것을 의미한다. 위쪽으로 비스듬한 모멘텀선이 수평이 되면 최근의 종가에 의해 실현된 새로운 가격의 증가폭이 10일 전의 증가폭과 같다는 것을 의미한다. 가격은 여전히 상승하고 있지만 상승률(또는 속도)은 둔화된다. 모멘텀선이 제로선을 향하여 떨어지기 시작할 때 가격 상승추세는 아직 여력은 있지만 속도는 떨어진다. 상승추세는 힘을 잃어가고 있다.

모멘텀선이 제로선 밑으로 이동하면, 최근의 종가가 10일 전의 종가 밑에 있고 단기적인 하락추세가 유력하다(덧붙여 말하면, 10일 이동평균 또한 하락하기 시작한다). 모멘텀선이 제로선 아래로 계속해서 더 떨어지면 하락추세가 힘을 얻는다. 분석가들은 모멘텀선이 다시 올라가기 시작할 때 하락추세의 속도가 줄어들고 있다는 것을 안다.

모멘텀이 두 기간의 가격차를 측정한다는 것을 기억하자. 모멘텀선이 상승하기 위해서는 최종일 종가의 가격증가폭이 10일 전의 가격증가폭보다 더 커야 한다. 가격이 10일 전과 같은 정도로 오르면 모멘텀선은 수평이 될 것이다. 종가의 증가폭이 10일 전의 증가폭보다 작으면 가격은 여전히 상승하는데도 모멘텀선은 하락하기 시작한다. 이렇게 함으로써 모멘텀선으로 현 가격추세의 상승 또는 하락에 대한 가속 또는 감속 정도를 측정할 수 있다.

모멘텀선은 가격변화를 선도한다

모멘텀선은 작성방법 때문에 항상 가격움직임보다 한 발짝 앞선다. 이것은 가격 상승 또는 하락을 선도하며, 다음에 현 가격추세가 계속 유지되더라도 평평하게 된다. 그리고 나서 가격변화가 없어졌을 때 반대방향으로 움직이기 시작한다.

거래신호로서의 제로선의 교차

　모멘텀 차트에는 항상 제로선이 있다. 많은 기술적 분석가들이 매수 및 매도 시점을 찾기 위해 제로선 교차를 이용하고 있다. 제로선 상향교차는 매수신호이고, 제로선 하향교차는 매도신호이다. 하지만 기본적 추세분석이 아직도 가장 중요한 고려 대상이라는 것을 여기에서 다시 한번 강조한다. 오실레이터 분석이 주요한 시장추세와 반대로 거래하는 구실이 되어서는 안 된다. 매수포지션은 시장추세가 상승이면 제로선을 상향교차시점에서 취해져야 하고, 매도포지션은 가격추세가 하락이면 제로선을 하향교차시점에서 취해져야 한다(그림 10-2a, 10-2b 참조).

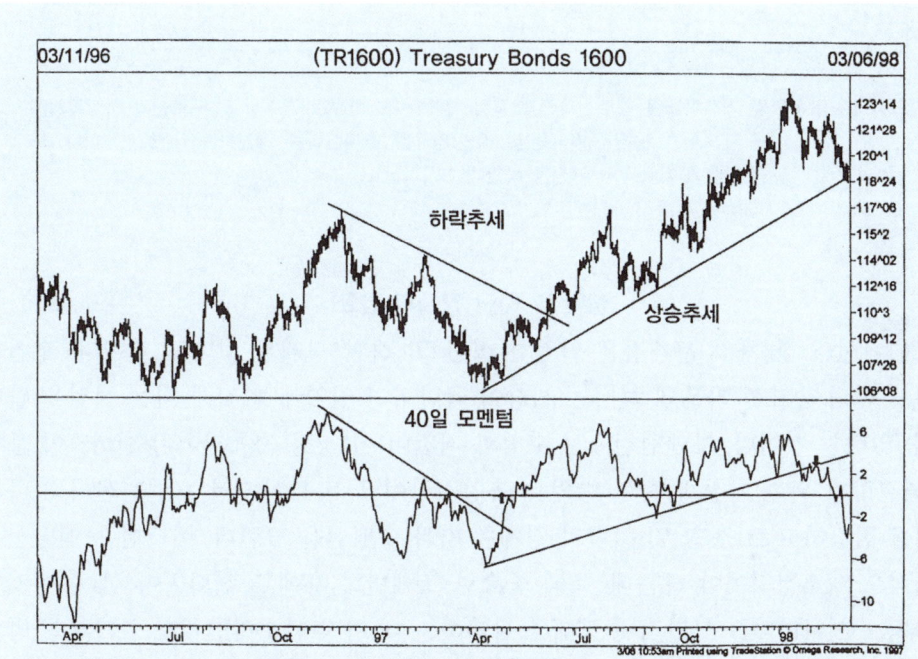

(그림 10-2a) 모멘텀 차트상에 있는 추세선은 가격차트에 있는 추세선보다 일찍 붕괴된다. 모멘텀 지표는 시장보다 더 빨리 전환되므로 선도지표가 된다.

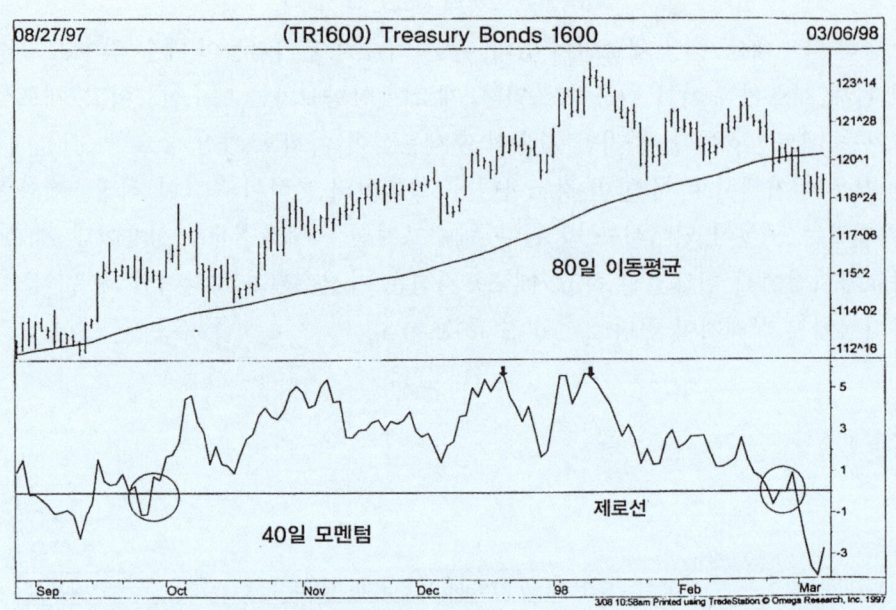

(그림 10-2b) 몇몇 거래자들은 제로선과 상향교차시점을 매수신호로 간주하고, 제로선과 하향교차시점을 매도신호로 간주한다(원형). 이동평균은 추세변화를 확인하는 데 효과적이다. 모멘텀선은 가격에 앞서 고점을 나타내었다(화살표).

상단 및 하단 경계의 필요

 모멘텀선의 한 가지 문제점은 일정한 상단 및 하단 경계가 없다는 것이다. 오실레이터 분석의 중요성 가운데 하나는 시장이 극단적인 영역에 빠지게 되는 시점을 판단할 수 있다는 것이다. 모멘텀선에서 고점과 저점이 어느 정도가 되어야 할까? 이 문제를 해결하기 위한 가장 단순한 방법은 육안검사이다. 차트상에서 모멘텀선이 지나간 추이를 점검하고 그 상단 및 하단의 경계를 따라 수평선을 그린다. 이러한 모멘텀선은 주기적으로 조정되어야 하는데, 특히 중요한 추세변화 후에 조정되어야 한다. 이것은 외면적으로 나타나는 극단적인 상태를 확인하는 데 가장 단순하면서도 효과적인 방법이다(그림 10-3과 10-4 참조).

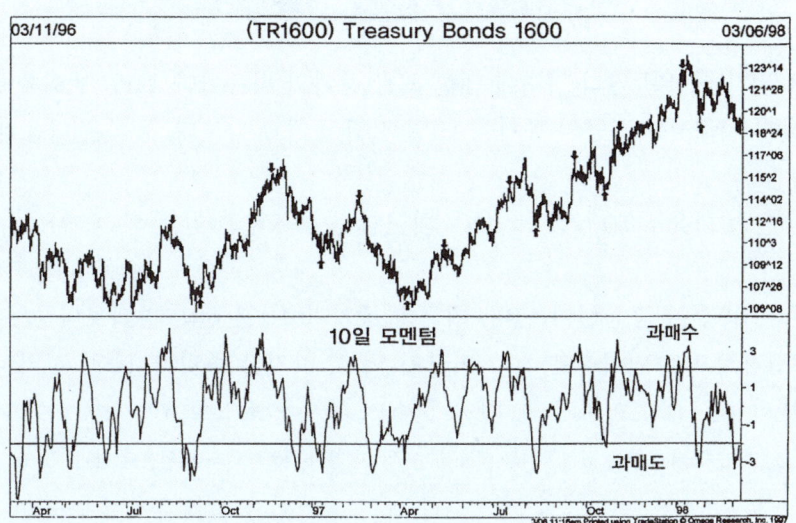

(그림 10-3) 기술적 분석가는 각 시장에 맞는 모멘텀의 상단 및 하단 경계선을 찾을 수 있다(수평선).

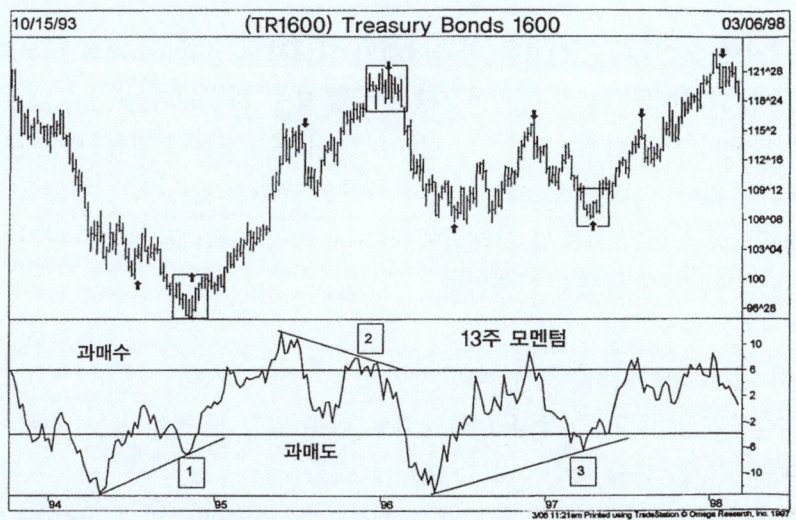

(그림 10-4) 미국 T-Bonds의 주간 차트에 나타난 13주 모멘텀선. 화살표는 모멘텀의 극한값으로부터의 전환점을 표시한다. 모멘텀선은 가격추세가 전환되기에 앞서 방향을 바꾸었다(1, 2, 3).

변화율(ROC) 측정

변화율은 지난 어떤 날의 가격에 대한 최근 종가의 비율이다. 10일 변화율 오실레이터를 만들기 위해서는 최근의 종가를 10일 전의 종가로 나눈다. 공식은 다음과 같다.

$$변화율 = 100(V/V_x) \quad (V : 최근의 종가, V_x : x일 전의 종가)$$

이 경우 100선이 중심선이 된다. 최근의 종가가 10일 전의 종가보다 높으면(가격이 상승하면) 결과적으로 변화율은 100 이상이 되고, 마지막 종가가 10일 전의 가격보다 낮으면 변화율은 100 이하가 될 것이다(때때로 차트 작성용 소프트웨어는 모멘텀과 변화율을 구하기 위해서 앞에 나온 공식과 다른 변형공식을 이용한다. 작성방법이 다르더라도 해석은 같다).

두 개의 이동평균을 이용한 오실레이터 작성

제9장에서 매수 및 매도 신호를 만들어내기 위해서 사용된 두 개의 이동평균에 대해 다루었다. 단기이동평균의 장기이동평균 상향 또는 하향교차는 각각 매수 및 매도 신호를 나타낸다. 이처럼 두 개의 이동평균을 조합하는 것은 오실레이터 차트 작성에도 이용될 수 있다. 이것은 두 이동평균의 차이를 막대그래프처럼 그리는 것이다. 이 막대그래프는 중심선인 제로선 아래위에 양수 또는 음수로 표시된다. 이러한 형태의 오실레이터는 세 가지 용도로 이용된다.

1. 괴리(사이)를 알아맞히려고 할 때
2. 단기이동평균이 장기이동평균 아래위로 너무 멀리 떨어져 있을 경우, 장기추세에 대한 단기변화를 확인하려 할 때
3. 오실레이터가 제로선과 교차할 때 발생하는 두 이동평균의 교차점을 정확히 알고자 할 때

단기이동평균을 장기이동평균으로 나눈다. 그러나 두 경우 모두 단기이동평균은 장기이동평균 아래위로 움직이며, 장기이동평균은 사실상 제로선 역할을 한다. 단기평균이 장기평균 위에 있으면 오실레이터는 양수를 나타낼 것이다. 음수는 단기평균이 장기평균 밑에 있을 때 나타난다(그림 10-5~10-7 참조).

두 이동평균의 선이 서로 너무 멀리 떨어지면, 추세의 일시정지로 불리는 시장 극단이 발생한다(그림 10-6 참조). 아주 종종, 추세는 단기평균선이 장기평균선으로 돌아갈 때까지 정체된다. 단기평균선이 장기평균선에 접근할 때가 중요한 결정시점이 된다. 예를 들어, 상승추세에서 단기평균선이 일시적으로 장기평균선으로 떨어졌다가 곧 위로 올라간다. 이는 보통 이상적인 매수영역이 된다. 이는 마치 상승추세선을 시험하는 것과 같다. 그러나 단기평균선이 장기평균선를 하향교차하면, 이는 추세반전을 나타낸다.

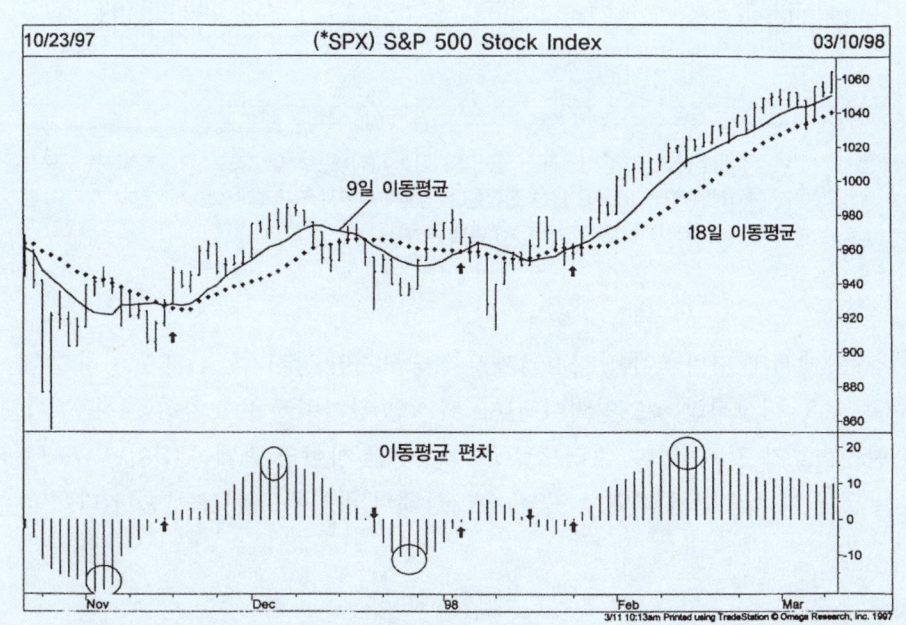

(그림 10-5) 아래 막대그래프는 두 이동평균의 차를 나타내고 있다. 제로선 아래위로 교차함으로써 매수 및 매도 신호를 나타낸다(화살표). 막대그래프는 실제 신호가 나타나기 전에 전환된다는 것에 주의하자.

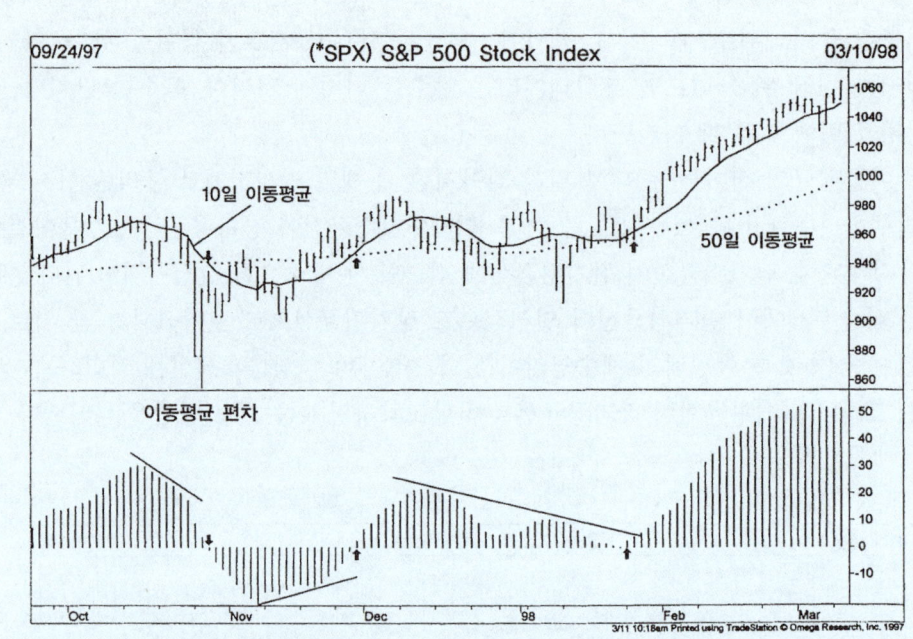

(그림 10-6) 10일 이동평균과 50일 이동평균 사이의 차이를 나타내는 막대그래프. 막대그래프는 제로선과 교차하기 훨씬 이전에 항상 전환한다. 상승추세에서 막대그래프는 제로선의 지지를 받아 다시 상승하게 됨을 알려준다(세 번째 화살표).

하락추세에서 단기평균이 장기평균까지 상승하지만 장기평균선과 교차하지 않는다면, 이는 보통 이상적인 매도영역이 된다. 하지만 장기평균을 교차하는 경우, 이는 추세의 반전신호가 될 수 있다. 그러므로 두 이동평균 사이의 관계는 뛰어난 추세추적시스템일 뿐만 아니라 단기 과매수 및 과매도 상태의 확인에도 이용될 수 있다.

상품선물경로지수(CCI)

가격을 일정한 약수로 나눔으로써 오실레이터 표준화가 가능하다. 램버트(Donald R.

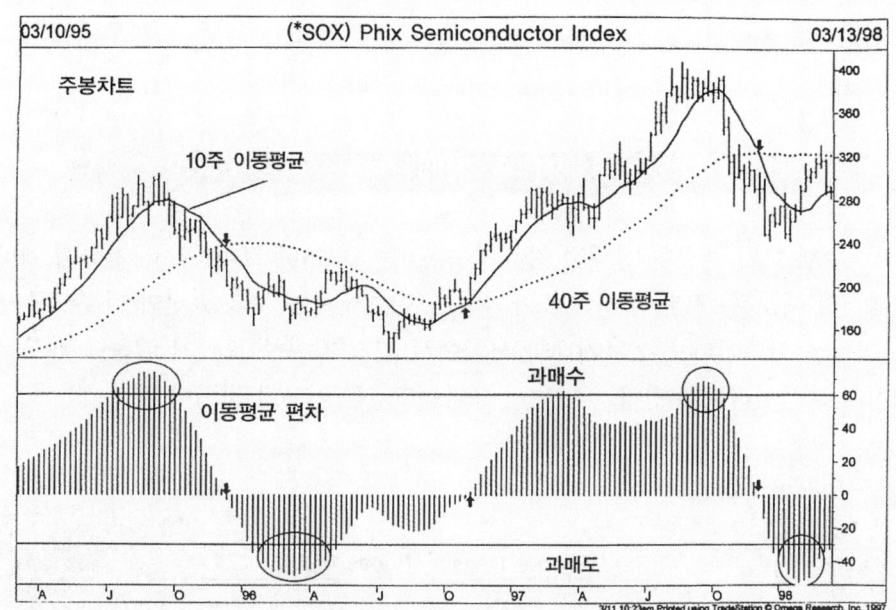

(그림 10-7) 2개의 주간 평균의 차이를 그린 막대그래프. 막대그래프는 실제로 제로선이 교차하기 전에 새로운 가격추세를 나타내는 주간의 방향으로 전화하였다. 과매수 및 과매도 상태를 얼마나 쉽게 구별할 수 있는지 유의하라.

Lambert)는 상품선물경로지수(CCI)의 작성에서 선택 기간, 즉 보통 20일의 이동평균과 현재 가격을 비교했다. 그 다음 평균편차에 기초한 약수를 이용하여 오실레이터값을 표준화했다. 결과적으로 CCI는 상승방향 +100부터 하락방향 -100까지 일정한 범위에서 오르내린다. 램버트는 +100 이상의 값을 가진 시장에서 매수포지션을 추천하였으며, -100 이하의 CCI값을 가진 시장은 공매도 기회로 주장했다.

그러나 대부분의 기술 분석가들은 CCI를 단지 과매수·과매도 오실레이터로 사용하는 것 같다. 그 패턴 해석에서 +100 이상은 과매수로, -100 이하는 과매도로 판단한다. 기본적으로 상품선물경로지수가 상품선물을 위해 개발되기는 했지만 S&P 100 같은 주식지수선물 및 옵션(OEX)에도 사용될 수 있다. CCI에 대한 일반적인 디폴트값은 20일이지만 민감도를 조정하기 위해서 사용자가 그 값을 변경할 수 있다(그림 10-8 과 10-9 참조).

상대적 강세지수(RSI)

와일더(Wilder)가 개발한 상대적 강세지수(RSI)는 1978년 그의 저서『기술적 거래 시스템에서의 새로운 개념』에 처음 소개되었다. 여기에서는 주요 요점만 다루도록 한다. 이 특별한 오실레이터는 선물거래자 사이에서 인기가 아주 많았기 때문에 대부분 오실레이터 분석원리를 설명하기 위해서 우리는 RSI를 이용할 것이다.

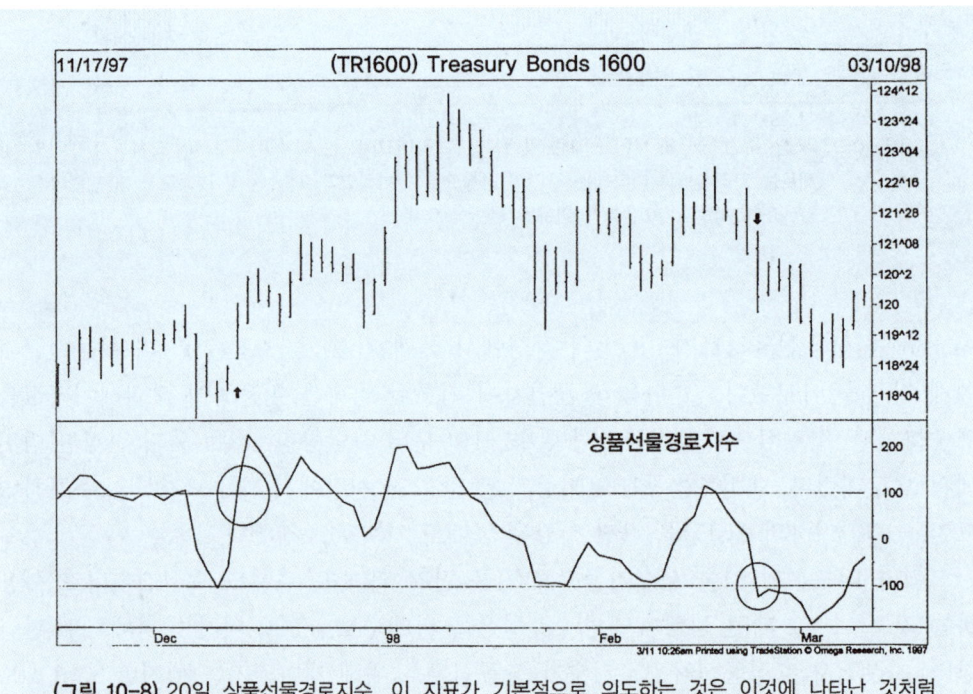

(그림 10-8) 20일 상품선물경로지수. 이 지표가 기본적으로 의도하는 것은 이것에 나타난 것처럼 +100 위로 올라갈 때 매수하고 -100 이하로 떨어질 때 매도하는 것이다.

와일더가 지적하고 있듯이, 가격차를 이용한 모멘텀선의 두 가지 주요 문제점 가운데 하나는 하락하고 있는 가격의 급격한 변화 때문에 종종 일어나는 불규칙한 움직임이다. 10일 전(10일 모멘텀선의 경우)의 급격한 가격상승 또는 하락은 현재의 가격이 거의 변하지 않더라도 모멘텀선에서 갑작스러운 변화를 일으킨다. 따라서 어느 정도 완만하게 함으로써 이러한 왜곡을 최소화하는 것이 필요하다. 두 번째 문제는, 비교를 위한 일정한 범위가 필요하다는 것이다. RSI 공식은 필요한 완만함을 제공할 뿐만 아니라 0에서 100의 일정한 수직범위를 만들어 두 번째 문제점까지 해결해준다.

따라서 '상대적 강세'라는 용어는 부적합한 명칭으로, 주식시장 분석에 사용되었을 때(선물시장에서의) 그 용어에 더 익숙한 많은 사람들에게 종종 혼란을 일으킨다. '상대적 강세'는 일반적으로 두 개의 서로 다른 두 대상을 비교하는 비율선을 의미한다. S&P

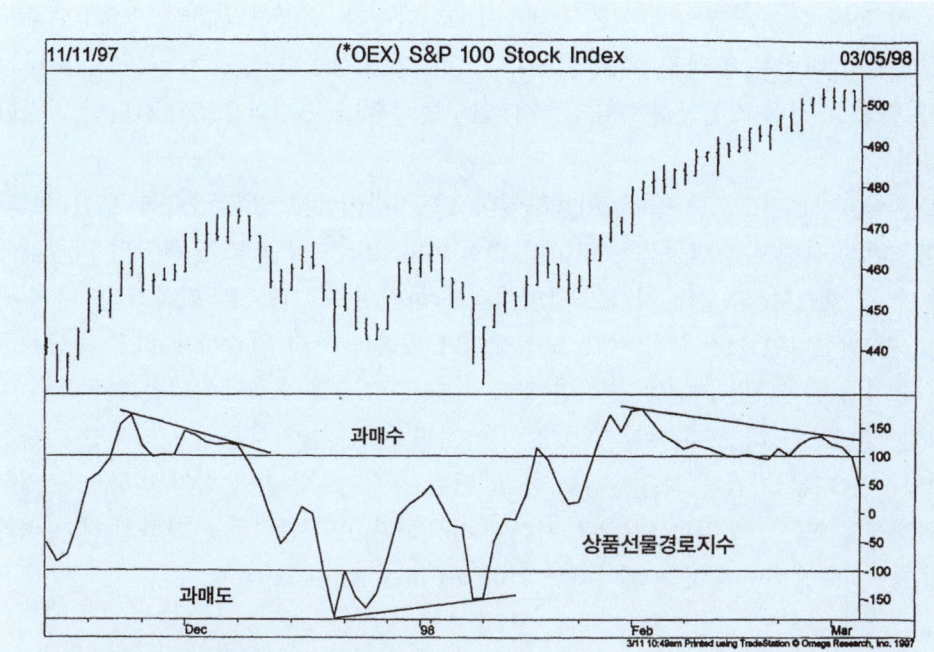

(그림 10-9) 상품선물경로지수는 이처럼 주가지수에 사용할 수 있으며, 시장의 극단상황을 측정하기 위한 오실레이터로도 사용될 수 있다. CCI는 가격이 각 고점과 저점에 도달하기 전에 전환한다는 것에 유의하라. 디폴트값은 20일이다.

500지수에 대해 어떤 주식 또는 업종의 비율을 구하는 것은 하나의 객관적인 기준에 대해 서로 다른 주식 또는 산업 그룹의 상대적 강세를 측정하는 한 방법이다.

상대적 강세 또는 상대비율 분석이 어느 정도 유용한지는 나중에 설명하겠다. 와일더의 상대적 강세지수는 서로 다른 대상간 상대적 강세를 실제로 측정하지 않는다. 따라서 그 이름은 다소 오해의 소지가 있다. 그러나 RSI는 불규칙한 변동 및 일정한 상단과 하단 경계의 필요성에 대한 문제를 해결한다. 실제 공식은 다음과 같다.

RSI = 100 - 〔100/(1+RS)〕
RS = x일의 상승한 종가의 평균/x일의 하락한 종가의 평균

계산식에서는 14일을 이용한다(14주는 주간 차트에 적용된다). 평균상승값을 구하기 위해서 14일 동안 상승한 날의 상승분 총액을 14로 나눈다. 평균하락값을 구하기 위해서 하락한 날의 하락분 총액을 14로 나눈다. 그런 다음 상승평균을 하락평균으로 나눈다. 그 다음 RS값을 RSI 공식에 대입한다. 일수는 x 값을 변경함으로써 간단히 변경할 수 있다.

와일더는 기본적으로 14일을 이용하였다. 그 기간이 짧으면 짧을수록 오실레이터는 더욱더 민감해지고 변동폭은 더욱더 넓어진다. RSI는 상단 또는 하단의 극한값에 이를 때 잘 맞는다. 즉, 사용자가 초단기거래를 하면서 오실레이터 변화가 좀 더 명확해지기를 원한다면 기간을 줄이고, 오실레이터 변화를 보다 완만하게 하고 변동폭을 좁게 줄이기 원한다면 기간을 늘리면 된다. 그러므로 9일 오실레이터의 변동폭은 기본적인 14일보다 더 크다. 9일과 14일이 아직도 가장 널리 사용되고 있지만 기술적 분석가들은 다른 기간을 사용하기도 한다. 어떤 분석가들은 RSI 선의 변동성을 키우기 위해 5일 또는 7일 같은 더 짧은 기간을 사용한다. RSI 신호를 완만하게 하기 위해 21일 또는 28일을 이용하는 분석가도 있다(그림 10-10과 10-11 참조).

RSI의 해석

RSI는 0에서 100까지의 수직 눈금 위에 표시되며, 30 이하로 떨어지면 과매도 상태인 반면, 70 위로 올라가면 과매수상태로 간주된다. 강세 및 약세 시장에서 일어나

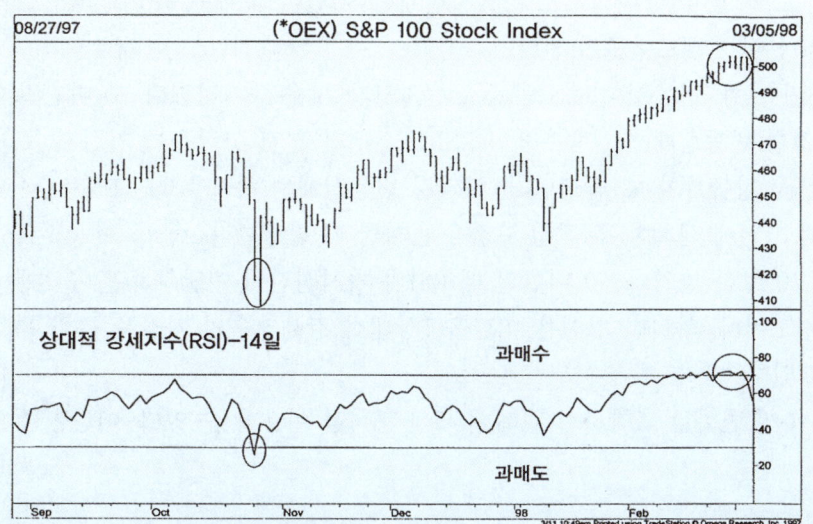

(그림 10-10) 14일 상대적 강세지수가 70 이상일 때 과매수상태를 나타내고, 30 이하일 때 과매도상태를 나타낸다. 이 그래프는 S&P 100이 10월에 과매도상태이고, 2월에 과매수상태임을 보여준다.

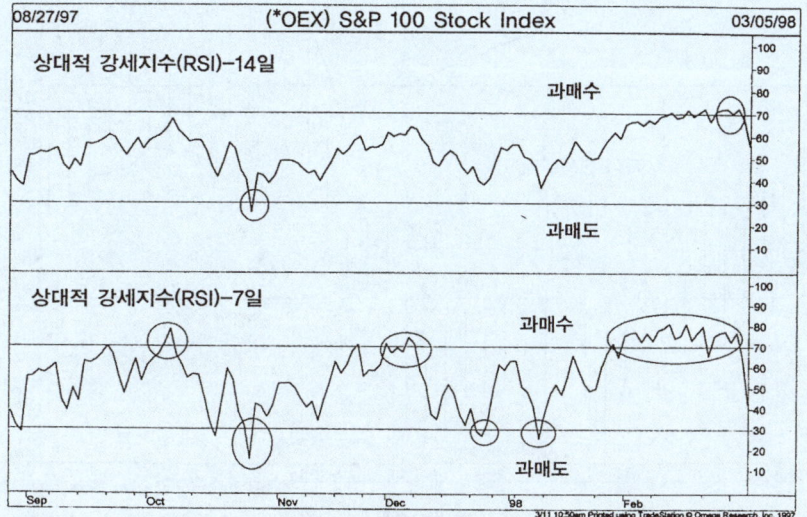

(그림 10-11) RSI선의 크기는 기간을 줄임으로써 넓어질 수 있다. 7일 RSI는 14일 RSI보다 더 자주 한계점에 도달한다는 것에 주의하라. 단기거래자에게는 7일 RSI가 더 유용하다.

는 변화를 고려할 때 일반적으로 강세시장에서 80선이 과매수 수준이 되고, 약세시장에서는 20선이 과매도수준이 된다.

와일더가 말한 '변동실패'(failure swing)는 RSI가 70을 능가하거나 30 미만일 때 발생한다. 천정형 변동실패는 상승추세인 RSI(70 능가)가 직전 고점을 능가하지 못하고, 직전 저점을 하향돌파할 때 발생한다. 바닥형 변동실패는 하락추세인 RSI(30 미만)가, 새로운 저점 갱신에 실패한 후 직전 고점을 돌파할 때 발생한다(그림 10-12a, 10-12b 참조).

RSI가 70 보다 높거나 30 미만일 때 RSI와 가격선간의 이탈(괴리)은 주의를 요하는 중요한 경고이다. 와일더 자신은 이탈을 "상대적 강세지수의 가장 독특한 특징"으로 간주하고 있다.

RSI의 추세 변화를 포착하기 위해 추세선 분석을 이용할 수 있다. 이동평균 또한 같

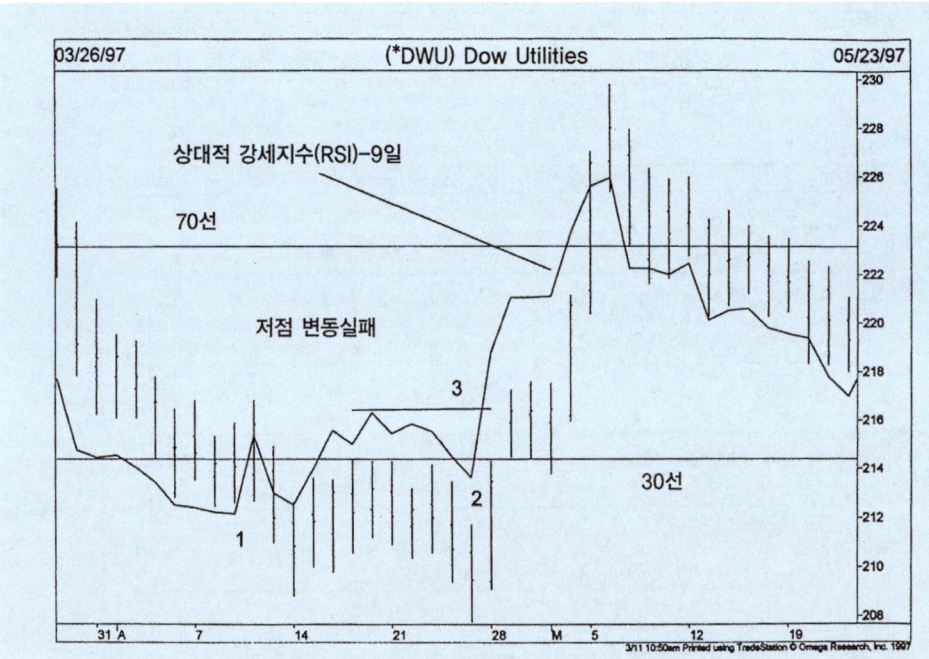

(그림 10-12a) 저점에서의 변동실패. 두 번째 저점(2)은 상대적 강세지수가 30 이하이고 가격이 아직 떨어지고 있지만 첫번째 저점(1)보다 더 높다. RSI선상에서 고점의 돌파는 가격 수준의 바닥을 표시한다.

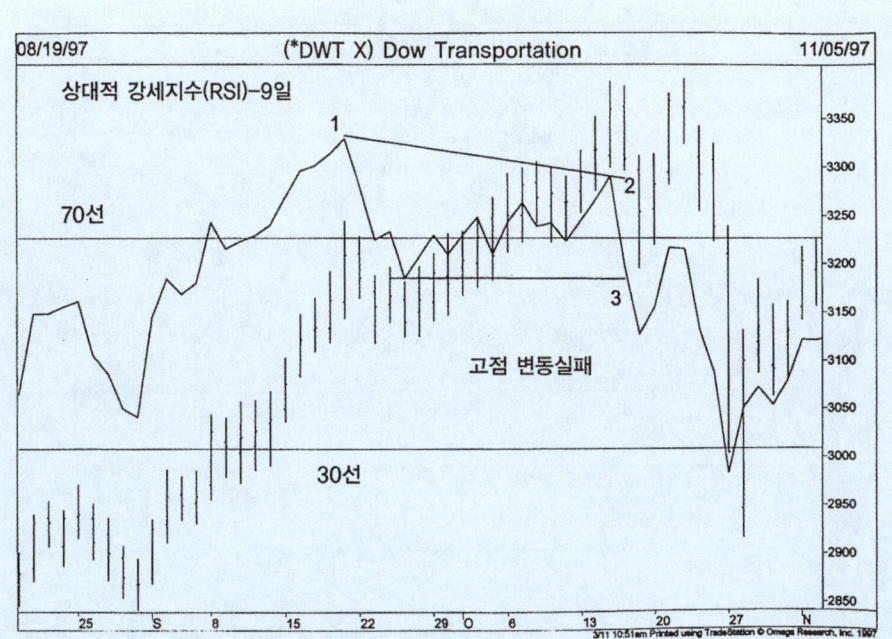

(그림 10-12b) 고점에서의 변동실패. 두 번째 고점(2)은 RSI선이 70 이상에 있고 가격이 아직 반등하고 있지만 첫번째 고점보다 낮다. RSI선상에서 중간저점 아래로 돌파하면 가격수준의 천장을 표시한다.

은 목적으로 사용될 수 있다(그림 10-13 참조).

  RSI 오실레이터에 대한 저자의 개인적인 경험으로 볼 때, 가장 큰 가치는 RSI가 70 위에 있거나 30 미만일 때 발생하는 변동실패 또는 이탈에 있다. 자, 그럼 오실레이터 사용에 대한 또 다른 중요한 점을 밝혀보자. 상승추세든 하락추세든 강한 추세는 보통 머지않아 극단적인 오실레이터 값을 발생시킨다. 이 경우, 시장이 과매수 또는 과매도라는 주장은 보통 시기상조이며, 이익이 나는 추세를 너무 일찍 떠나는 결과를 낳을 수 있다. 강한 상승추세에서 과매수시장은 당분간 과매수상태로 머물 수 있다. 단지, 오실레이터가 상단 부분으로 진입했다는 것이 굳이 매수포지션을 청산해야 할 충분한 이유는 되지 못한다(또는 더욱더 나쁘게 강한 상승추세에서 매도포지션을 취한다).

  일반적으로 과매수 또는 과매도 영역으로의 첫 진입은 하나의 경고일 뿐이다. 오실

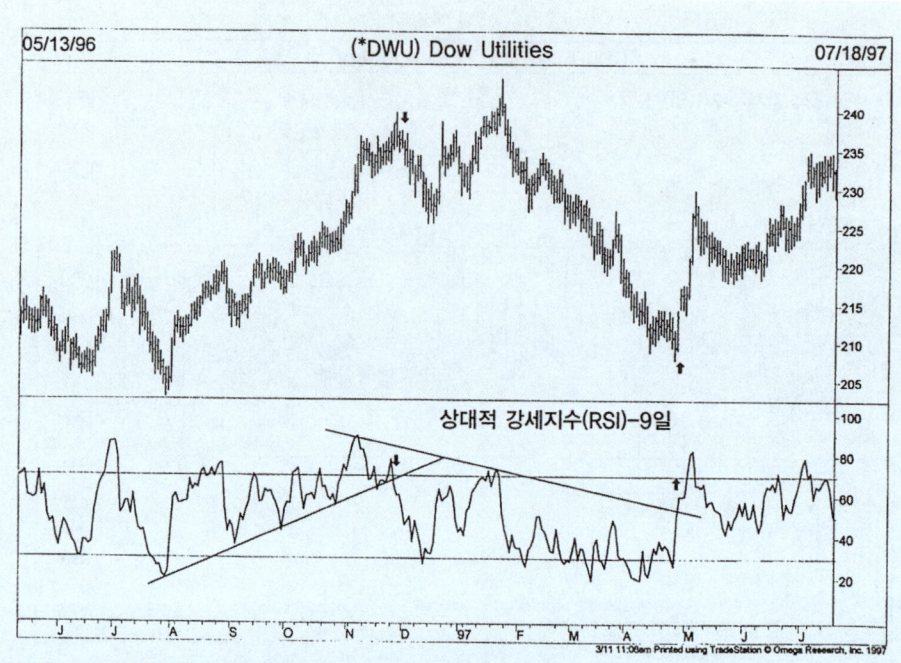
(그림 10-13) 추세선은 RSI선상에서 매우 효과적으로 작용한다. 2개의 RSI 추세선의 돌파는 이 차트 상에서 적절한 매수 및 매도 시점을 나타낸다.

레이터가 위험지역에 두 번째 진입했을 때는 세심한 주의를 기울여야 한다. 두 번째 움직임이 새로운 고점 또는 새로운 저점 갱신 확인에 실패하는 경우(오실레이터상의 2중 천정형 또는 2중 바닥형) 이탈이 일어날 가능성이 있다. 이때 현재의 포지션을 보호하기 위한 어떤 조치가 취해져야 한다. 오실레이터가 반대방향으로 움직여 직전 고점 또는 저점을 돌파하면, 이탈 또는 변동실패가 확인되는 것이다.

50선은 RSI의 중간값이며, 조정시의 지지선, 반등시의 저항선 역할을 한다. 50선 위아래로 교차하는 것을 각각 매수 및 매도 신호로 간주하는 거래자도 있다.

70선과 30선을 이용한 매매신호 포착

오실레이터 차트상에는 값 70과 30에 수평선이 표시되어 있다. 거래자는 매수 및 매도신호로 이 선을 자주 이용한다. 30선 아래로 움직임은 과매도상태를 경고한다고 앞서 설명한 바 있다. 예를 들어, 거래자가 시장이 곧 바닥에 이를 것으로 생각하고 매수기회를 찾고 있다고 가정하자. 이때 오실레이터가 30선 아래로 일시 하락하는 것을 주시한다. 과매도 영역에서 어떤 형태의 오실레이터 이탈 또는 2중 바닥형이 나타날 수도 있다. 여기서 다시 30선을 위로 교차하는 경우, 이를 오실레이터의 추세가 상승전환하였다는 확인으로 간주하는 거래자들도 많다. 따라서 과매수시장에서 70선을 다시 하향교차하는 것은 매도신호로 자주 이용될 수 있다(그림 10-14 참조).

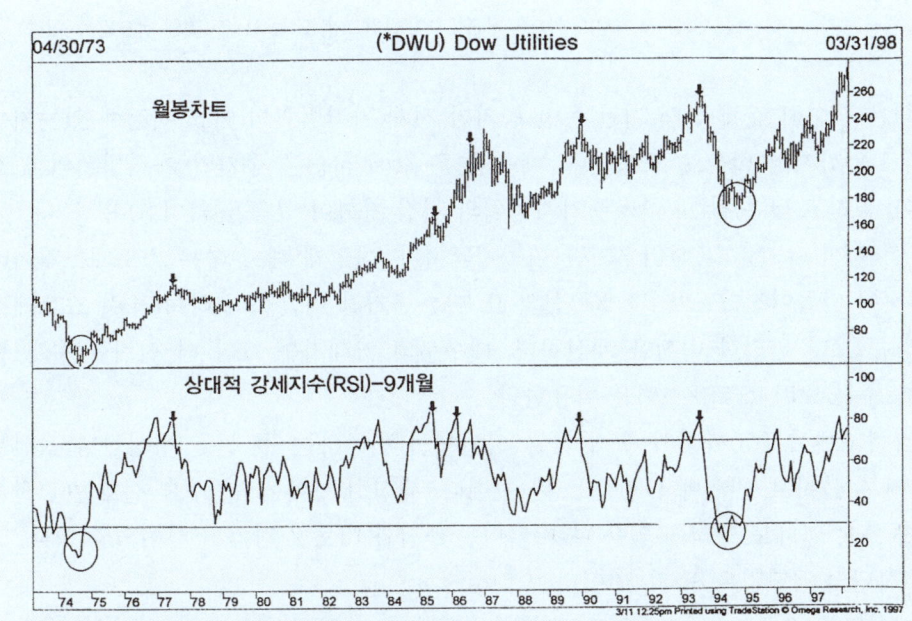

(그림 10-14) 월간차트에서 RSI를 사용할 수 있다. 1974년과 1994년 주요 과매도 매수 신호에 유의하자. RSI 유틸리티의 중요한 고점을 정확히 잘 지적하였다.

스토캐스틱(Stochastics)

조지 레인(George Lane)에 의해 대중화된 스토캐스틱(Stochastics) 오실레이터는 가격 상승 시 종가가 가격범위의 상단 끝에 더 가까워지는 경향이 있다는 관찰에 근거를 두고 있다. 반대로, 하락추세에서 종가는 가격범위의 하단 끝에 가까워지는 경향이 있다. 스토캐스틱 프로세스(Stochastic Process)에서는 두 선, 즉 %K선과 %D선을 사용한다. %D선이 보다 더 중요하며, 주요 신호를 제공한다.

이것의 목적은 가장 최근의 종가와 선택된 기간의 가격범위를 비교 판단하는 데 있다. 오실레이터에서 가장 일반적으로 사용되는 기간은 14일이다. 두 개 중에서 더 민감한 K선을 구하는 공식은 다음과 같다.

$$\%K = 100[(C - L14)/(H14 - L14)]$$

(C : 최근 종가, L14 : 최근 14일 중 최저가, H14 : 최근 14일 중 최고가, 14는 일·주·월에 적용될 수 있다)

공식은 단순히 전체 선택 기간 동안 종가가 전체 가격범위의 어느 지점에 있는지를 0에서 100까지의 비율로 표시한다. 매우 높은 값(80 이상)은 종가가 가격범위의 고점 가까이, 그리고 낮은 값(20 이하)은 가격범위의 저점 가까이 있음을 의미한다.

두 번째 선(%D)은 %K선의 3기간 이동평균이다. 이렇게 해서 빠른 스토캐스틱이라는 버전이 만들어진다. 그리고 %D선의 또 다른 3기간 평균을 취하여 느린 스토캐스틱이라는 보다 완만한 버전을 계산한다. 대부분의 거래자는 보다 더 신뢰할 수 있는 신호를 주는 느린 스토캐스틱을 이용한다.

따라서 0에서 100까지의 수직 눈금 사이에서 변동하는 두 선을 생성한다. K선은 보다 빠른 선이고, 반면에 D선은 느린 선이다. 세심히 보아야 할 주요 신호는 D선이 과매수 또는 과매도 영역에 있을 때 나타나는 D선과 기초 시장가격 사이의 괴리다. 상단 및 하단의 극단값은 80과 20이다(그림 10-15 참조).

약세이탈(bearish divergence)은 D선이 80 이상이고 가격이 계속 상승하는 동안 두 개의 하락 고점을 형성할 때 발생한다. 강세이탈(bullish divergence)은 D선이 20 이하이고 가격이 계속 하락하는 동안 두 개의 상승 저점을 형성할 때 나타난다. 모든 이들 요소

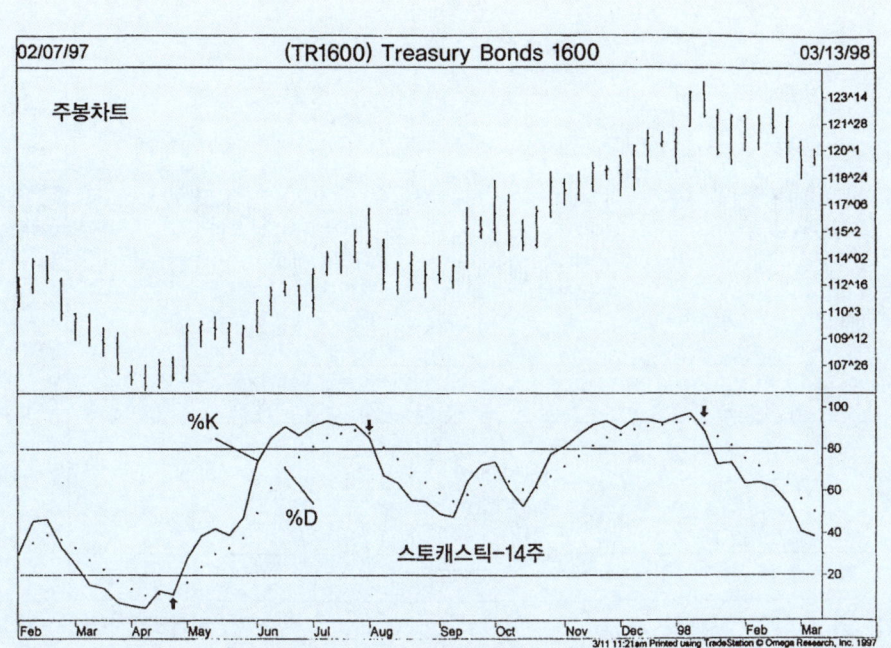

(그림 10-15) 하향 화살표는 보다 빠른 %K선이 80선 위에서 느린 %D선을 하향교차할 때 발생하는 2개의 매도신호를 나타낸다. 20선 아래에서 %K선이 %D선과 교차할 때 매수신호를 나타낸다(상향 화살표).

들을 가정했을 때, 실제 매수 또는 매도 신호는 빠른 K선이 느린 D선과 교차할 때 발생한다.

　스토캐스틱을 이용함에 있어 개선이 필요한 또다른 것들도 있지만, 보다 근본적인 문제들만 여기서 설명한다. 기본적인 오실레이터 해석은 그동안 상당한 발전이 있었음에도 불구하고 똑같다. %D선이 극단영역에 있는 동안 가격과 괴리를 보일 때 경계해야 하고 대응자세를 취해야 한다. 실제 신호는 D선이 보다 빠른 K선과 교차할 때 발생한다.

　스토캐스틱 오실레이터는 장기예측을 위해서 주간 및 월간 차트에 이용될 뿐만이 아니라 단기거래를 위한 데이 트레이드에도 효과적으로 이용될 수 있다(그림 10-16 참조).

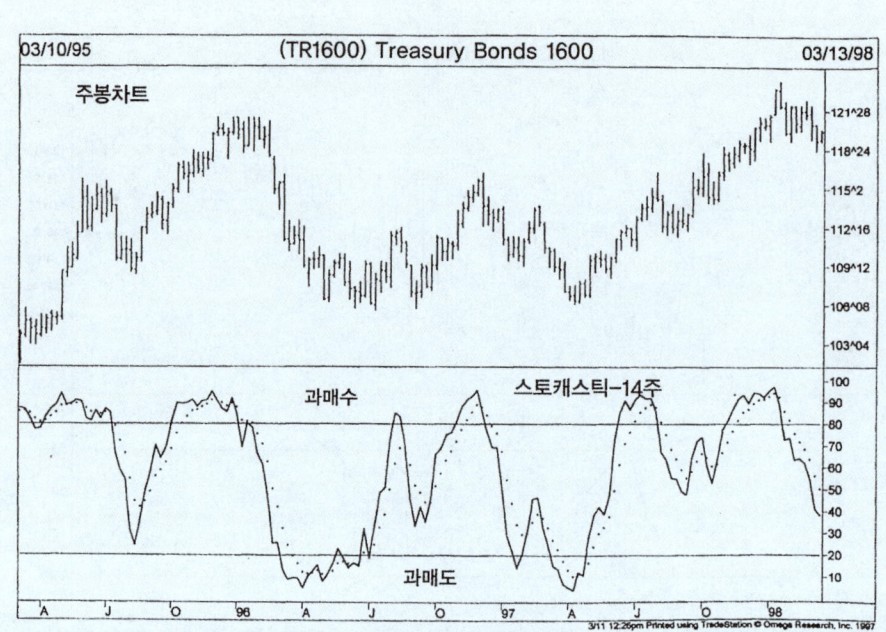

(그림 10-16) 80선 위와 20선 아래에서 일어난 14주 스토캐스틱의 전환은 미 재무성 장기채권시장의 주요 전환을 잘 예측하였다. 스토캐스틱 차트는 14일, 14주, 14개월 단위로 작성될 수 있다.

일간 및 주간 스토캐스틱을 조합하는 한 방법은 주간 신호를 이용해 시장 방향을 판단하고, 일간 신호를 이용해 시점을 선택하는 것이다. 스토캐스틱과 RSI를 통합하는 것 또한 바람직한 방법이다(그림 10-17 참조).

윌리엄스 %R

래리 윌리엄스(Larry Williams)의 %R은 주어진 기간의 가격범위와 최근의 종가와의 관계를 측정하는 개념에 근거를 두고 있다. 오늘의 종가를 주어진 일수범위의 고가로부터 빼고, 그 차이를 같은 기간의 전체 일수로 나눈다. 오실레이터 해석에서 이미 논

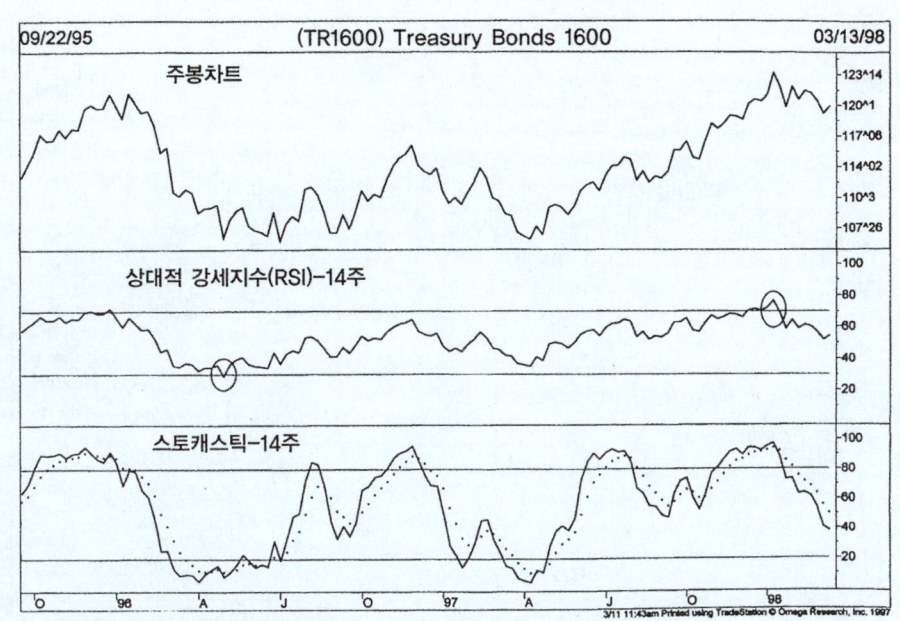

(그림 10-17) 14주 RSI와 스토캐스틱의 비교. RSI선은 스토캐스틱보다 변동성이 적고 극단영역에 자주 도달하지 않는다. 두 오실레이터가 과매수 또는 과매도 상태에 있을 때 가장 적절한 신호가 발생한다.

의된 개념은, 과매수 또는 과매도 영역에서의 이탈이 주요 요소가 되는 %R에도 적용된다(그림 10-18 참조). %R을 고점에서 빼기 때문에 상승하락 스토캐스틱을 꺼꾸로 해 놓은 모양이다. 이것을 조정하기 위해서 차트 작성 프로그램 패키지는 %R을 꺼꾸로 한 모양(inverted version)으로 표시하고 있다.

주기와 연계된 기간의 선택

오실레이터 구간은 기초상품(Underlying)의 시장주기와 연계될 수 있다. 1/2주기 구간이 이용된다. 많이 사용되는 기간은 14일, 28일, 56일의 달력일에 기초한 5일, 10일, 20일이다. 와일더의 RSI는 14일을 이용하며, 이는 28일의 절반이다. 제9장에서 숫자 5, 10, 20이 이동평균과 오실레이터 공식에 계속 나타나는 이유에 대해서 다루

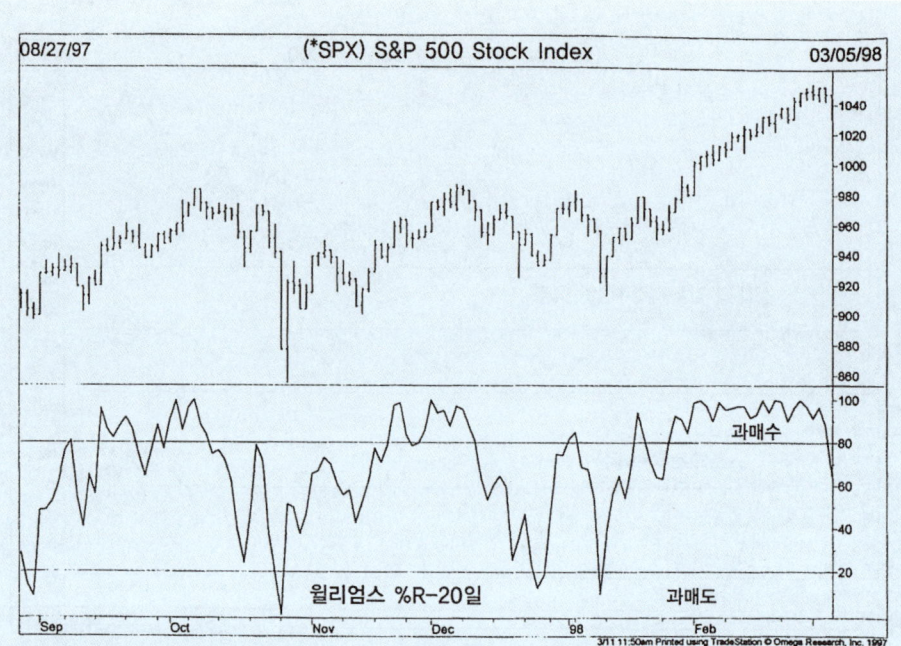

(그림 10-18) 윌리엄스 %R 오실레이터는 다른 오실레이터와 같은 방법으로 이용된다. 80 이상 또는 20 이하에서는 시장의 극한값을 나타낸다.

었다. 따라서 여기에서는 반복해서 설명하지 않겠다. 28 달력일(20 거래일)은 주요 월간 거래주기를 나타내고, 다른 숫자들은 그 월간 주기와 조화의 관계가 있다는 것을 언급해 둔다. 10일 모멘텀, 14일 RSI 구간이 많이 쓰이는 것은 주로 28일 거래주기에 기반하고, 이 지배거래주기의 1/2이기 때문이다. 제14장에서 주기의 중요성에 대해 다시 다룰 것이다.

추세의 중요성

이 장에서는 단기 과매수와 과매도 상태를 판단하기 위해서, 그리고 거래자에게 이탈의 가능성을 알리기 위해서 시장분석시 오실레이터를 사용하는 방법에 대해 다루었다.

우리는 모멘텀선으로부터 시작했다. 그 다음 가격차 대신 가격비율을 이용하여 변화율(ROC)을 측정하는 또 다른 방법을 다루었다. 그리고 단기 극단과 교차를 찾기 위해 두 개의 이동평균을 비교하는 방법을 보여주었다. 마지막으로 상대적 강세지수(RSI)와 스토캐스틱을 살펴보았고, 그리고 오실레이터를 주기와 동기화하는 방법을 고찰했다.

오실레이터에 있어 이탈 분석은 가장 중요한 내용이다. 그러나 기본적인 추세 분석이 무시되거나 간과될 정도로 이탈 분석에 너무 많은 비중을 두는 것은 조심해야 한다. 대부분의 오실레이터 매수신호는 상승추세에서 가장 잘 맞으며, 오실레이터 매도신호는 하락추세에서 가장 잘 맞는다.

시장분석의 우선순위는 먼저 시장의 전반적인 추세를 판단하는 것이다. 추세가 상승이면 매수전략이 필요하다. 그런 다음 시장참가시점을 선택하는 데 오실레이터가 사용될 수 있다. 시장이 상승추세를 나타내는 동안 과매도상태일 때 매수하라. 시장이 하락추세를 나타내는 동안 과매수상태일 때 공매도한다. 또, 주추세가 강세를 나타내는 동안 모멘텀 오실레이터가 제로선을 상향돌파할 때 매수하고, 약세시장에서 제로선과 하향 교차할 때 매도한다.

주추세의 방향을 따르는 거래의 중요성은 아무리 강조해도 지나치지 않다. 오실레이터에 너무 많은 중요성을 두는 경우, 이탈을 구실로 전반적인 추세와 반대로 거래하려는 유혹에 빠질 위험이 있다. 이러한 행동은 일반적으로 큰 손실을 낼 수 있으며, 고통스러운 경험이 될 수도 있다. 오실레이터가 유용하기는 하지만 다른 많은 도구 중의 한 가지 도구일 뿐이며, 기본 추세 분석의 대체용이 아니라 보조도구로 사용되어야 한다.

오실레이터가 가장 유용한 때

오실레이터가 다른 도구보다 더 유용한 때가 있다. 시세변동이 심한 몇 주 또는 몇 달 동안 가격이 보합세를 보일 때 오실레이터는 아주 세밀하게 가격움직임을 추적한다. 가격차트상의 고점 및 저점은 오실레이터의 고점 및 저점과 거의 정확히 일치한다. 가격과 오실레이터 둘 다 횡보하기 때문에 거의 똑같아 보인다. 그러다 어느 시점에서 가격돌파가 일어나고 새로운 상승추세 또는 하락추세가 시작된다. 바로 이러한 특성 때문에 오실레이터는 돌파가 일어나는 바로 그때 이미 극단적인 위치에 와 있다. 상승돌파이면 오실레이터는 이미 과매수상태이다. 과매도는 보통 하락돌파를 동반한다. 거래자는 혼란상태에 빠진다. 오실레이터가 과매수상태의 상승돌파시 과연 매수해야 하는가? 과매도상태의 하락 돌파시 매도해야 하는가?

이럴 경우 당분간 오실레이터를 철저히 무시하는 포지션을 취해야 한다. 왜냐하면 중요한 돌파 뒤에 오는 새로운 추세의 초기 단계에서는 오실레이터가 종종 매우 급작스럽게 극한값에 도달한 다음 잠시 동안 거기에 머물기 때문이다. 따라서 이럴 때에는 기본 추세 분석이 주요 고려 사항이 되어야 하며, 오실레이터의 비중은 낮춘다. 그러나 이후에 추세가 진행되기 시작하면 오실레이터에 비중을 늘린다 (제13장 엘리엇의 파동 이론에서 마지막 제5파동이 종종 약세 오실레이터 이탈로 확인되는 것을 알게 될 것이다). 거래자들은 많은 역동적 강세 움직임들을 놓쳤다. 그들은 주요 추세 신호를 지켜보았고, 매수에 앞서 오실레이터가 과매도상태가 될 때까지 기다리기로 하였다. 요약하면, 중요한 가격 움직임의 초기 단계에서는 오실레이터에 크게 유의할 필요가 없지만, 움직임이 완성단계에 이르면 오실레이터가 나타내는 신호에 세심한 주의를 기울여야 한다.

MACD

앞장에서 두 개의 지수 이동평균을 이용하는 오실레이터기법을 언급한 바 있다. MACD(이동평균 교차 및 이탈 지표)는 제럴드 애펠(Gerald Appel)이 개발하였는데, 이 지표가 유용한 것은 우리가 이미 설명한 오실레이터 원리와 두 개의 이동평균 교차접근법을 통합하기 때문이다. 비록 계산에서는 실제 세 개의 선이 사용되지만 컴퓨터 모니터에서 단지 두 개의 선만 보게 될 것이다. 빠른선(MACD선이라 부름)은 종가에 대한 두 개의 지수이동평균들(보통 최근 12일 및 26일 또는 12주, 26주)의 차이를 나타낸다. 느린선(매매신호선이라 부름)은 보통 MACD선에 대한 9기간 지수평균이다.

애펠은 원래 매수신호 및 매도신호를 위한 일련의 수들을 추천하였다. 그러나 대부분의 거래자는 모든 경우에 대해 디폴트 값인 12, 26, 9를 사용하였다. 이것은 일간과 주간 모두에 해당된다(그림 10-19a 참조).

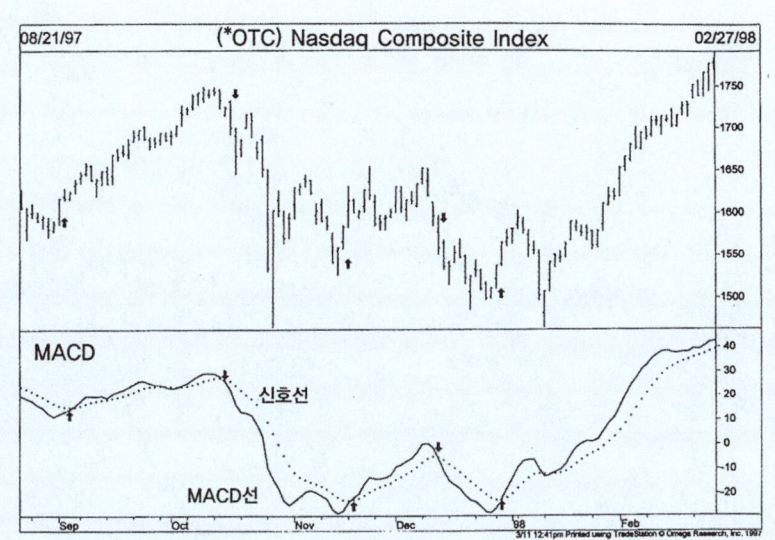

(그림 10-19a) MACD 시스템에 두 선이 나타나 있다. 빠른 MACD선이 늦은 MACD선을 가로지를 때 신호가 나타난다. 화살표들은 나스닥 종합지수에 나타난 5개의 거래신호를 표시한다.

　실제 매수 및 매도신호는 두 선이 교차할 때 나타난다. 빠른 MACD선이 느린 신호선을 상향교차하면 매수신호이고, 빠른선이 신호선을 하향교차하면 매도신호이다. 이런 관점에서 보면, MACD는 두 이동평균들의 교차법과 비슷하다. 그러나 MACD값은 제로선 아래위로 오르내린다. 이것이 오실레이터와 닮은 점이다. 과매수상태는 그 선이 제로선으로부터 너무 위에 있을 때 나타나고, 과매도상태는 그 선이 제로선으로부터 너무 아래에 있을 때 나타난다. 가장 적절한 매수신호는 가격이 제로선 아래에 있을 때 나타난다(과매도). 제로선을 아래위로 교차할 때에도 자주 매수·매도신호가 발생하며, 이것은 이전에 다룬 모멘텀 기법과 비슷하다.

　이탈은 MACD선의 추세와 가격선 사이에서 발생한다. 음 또는 약세의 이탈은 MACD선이 제로선보다 훨씬 위에 있을 때 나타나며(과매수), 가격이 계속 상승추세를 나타내고 있는 동안에도 약세를 나타내기 시작한다. 이것은 종종 시장 절정을 경고한다. 또한 양 또는 강세의 이탈은 MACD선이 제로선보다 훨씬 아래에 있을 때 나타나

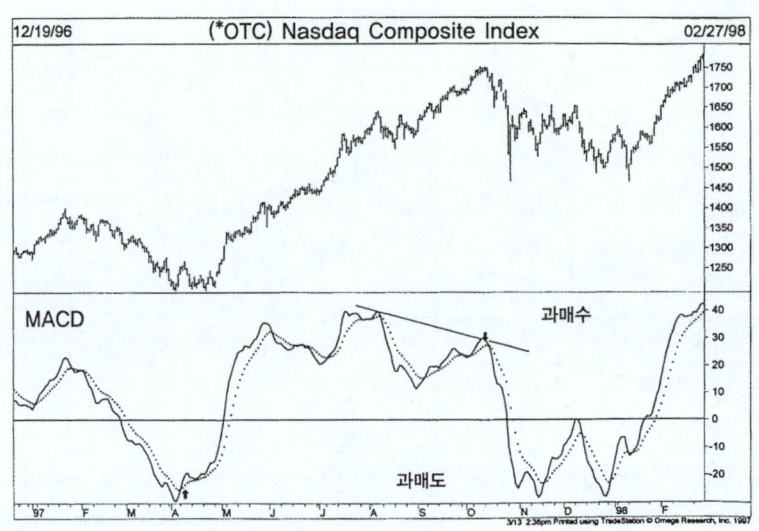

(그림 10-19b) MACD선은 오실레이터의 특징을 나타내면서 제로선 아래위로 오르내린다. 가장 적절한 매도신호는 위에 나타난다. 음의 이탈이 10월에 나타난 것에 주의하라(하향 화살표).

고(과매도), 가격 추세선보다 먼저 상승하기 시작한다. 이것은 종종 시장이 바닥을 알리는 조기신호가 된다. MACD선 위에 단순 추세선을 그리면 중요한 추세전환을 파악하는 데 도움이 된다(그림 10-19b 참조).

MACD 막대그래프

이 장의 앞부분에서 두 개의 이동평균선간의 차이를 도표화한 막대그래프의 작성 방법을 설명하였다. 같은 식으로 두 개의 MACD선을 MACD 막대그래프로 바꿀 수 있다. 이 막대그래프는 두 개의 MACD선간의 차이를 나타내는 수직막대로 이루어지고, 또한 제로선을 가지고 있다. MACD선이 정배열일 때(빠른선이 느린선 위에 있을 때) 이 막대그래프는 제로선의 위에 있다. 제로선 아래위로의 막대그래프 교차는 실제 MACD 교차 매수신호 및 매도신호와 일치한다.

이 막대그래프의 실질적인 가치는 두 선 사이의 간격이 넓어지거나 좁아지는 시점을 포착하는 데 있다. 막대그래프가 제로선 위에서(양의 위치) 제로선을 향해 떨어지기 시작하면 상승추세는 약해진다. 반대로 막대그래프가 제로선 아래에서(음의 위치) 제로선 쪽으로 상승하기 시작하면 하락추세는 약화된다. 막대그래프가 제로선과 교차할 때까지는 실제 매수 또는 매도신호가 발생하지 않는다 하더라도 막대그래프의 전환은 현재의 추세가 힘을 잃어가고 있다는 조기경보이다. 막대그래프는 항상 실제 교차신호보다 앞서 제로선으로 복귀한다. 막대그래프의 전환은 기존 포지션에 대한 조기 청산신호로 가장 적격이다. 지배적인 추세에 역행하여 신규 포지션을 취하기 위한 구실로 막대그래프의 전환을 이용하는 것은 대단히 위험하다(그림 10-20a 참조).

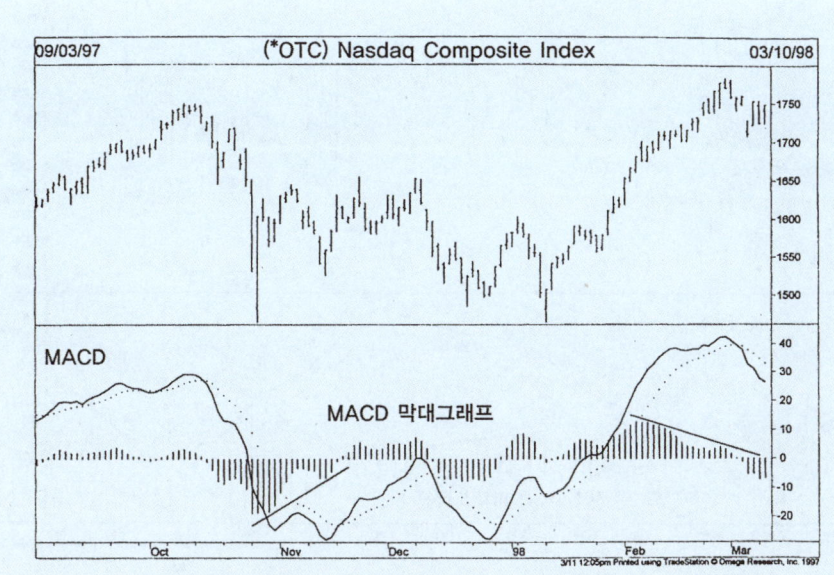

(그림 10-20a) MACD 막대그래프는 2개의 MACD선 사이의 차이를 도표화한다. 제로선을 교차할 때 신호가 나타난다. 막대그래프의 전환은 교차신호보다 일찍 나타나서 거래자에게 조기예고를 한다.

주간차트와 일간차트의 통합

모든 기술적 지표와 마찬가지로 주간차트에 나타난 신호는 일간차트에 나타난 신호보다 더 중요하다. 따라서 이 둘을 통합하는 최선의 방법은 주간 신호를 이용해 시장 방향을 판단하고, 일간 신호를 이용해 시장 진입 및 탈출을 위한 시점을 조율하는 것이다. 일간 신호는 단지 주간 신호와 일치할 때만 채택된다. 이런 식으로 이용하면 주간 신호는 일간 신호에 대한 추세여과기로서의 역할을 한다. 따라서 이는 지배적인 추세와 반대로 거래하기 위해 일간 신호를 이용하는 것을 방지한다. 이 원리가 특히 잘 맞는 두 교차시스템은 MACD와 스토캐스틱이다(그림 10-20b 참조).

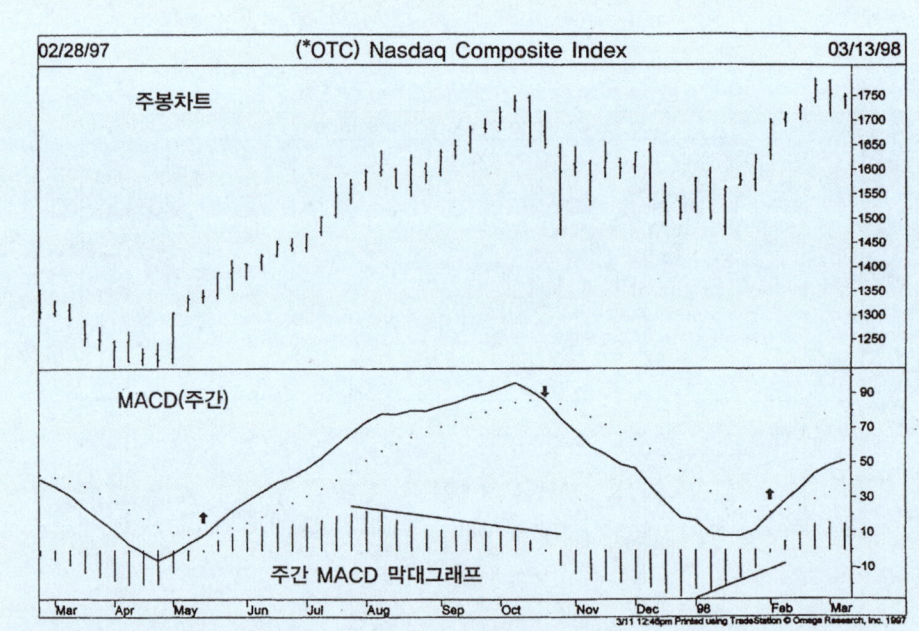

(그림 10-20b) MACD 막대그래프는 주간 차트에 잘 맞는다. 중간 고점에서 막대그래프는 매도신호(하향 화살표)가 나타나기 10주 전에 하락전환하였다. 두 번의 상승전환에서 막대그래프는 매수신호(상향 화살표)가 나타나기 2주~4주 전에 상승전환하였다.

선물의 반대견해 원리

　오실레이터 분석은 시장의 극단적인 상태에 대한 연구이다. 시장의 극단적인 상태를 평가하는 이론 중 가장 널리 이용되고 있는 것이 바로 반대견해 원리이다. 이 책의 서두에서 시장분석의 두 가지 주요 이론을 기본적 분석과 기술적 분석이라고 한 바 있다. 반대견해는 일반적으로 기술적 분석의 범주로 분류되지만, 심리적 분석의 형태로 분류되는 것이 더 타당하다. 왜냐하면 반대견해는 다양한 금융시장에서 거래자들 사이에 나타나는 강세 또는 약세의 정도를 판단함으로써 시장분석에 중요한 3차원적인 것, 즉 심리적인 요소를 가미하기 때문이다.

　반대견해 원리란 대다수의 사람들이 일치된 의견을 가질 때 일반적으로 그들이 틀리다는 것이다. 그러므로 진정한 반대견해론자는 먼저 다수의 거래자가 무엇을 하고 있는지 판단하고, 그 반대로 행동을 할 것이다.

　반대견해의 권위자로 알려진 닐(Neill)은 1954년 『반대견해의 기술』(The Art of Contrary Thinking)이라는 책에서 그 이론을 설명하였다. 그리고 10년 후인 1964년 시벳(Sibbet)이 '마켓 베인 투자자문서비스'를 만들어 상품선물거래에 닐의 이론을 적용하기 시작했으며, 그 서비스에 강세여론지수(Bullish Consensus Numbers)를 포함시키고 있다.

　강세 또는 약세의 정도를 판단하기 위한 시장정보지의 여론조사가 상품선물 전문가들 사이에서 매주 실시된다. 이 여론조사의 목적은 시장움직임을 계량화하고 분석과정을 거쳐 시장예측과정에 이용될 수 있도록 일련의 숫자로 만드는 데 있다. 그런데 이러한 접근방법을 뒷받침하는 이론적인 근거는 선물거래자들이 대부분 투자자문업체의 영향을 많이 받는다는 것이다. 그러므로 전문 시장정보지의 의견을 모니터함으로써 많은 거래자들의 태도에 대해 상당히 정확한 판단을 할 수 있다.

　시장움직임에 대한 정보를 제공하는 또 다른 서비스로는 「주간 상품선물여론」(Consensus National Commodity Futures Weekly)에 게재된 '강세시장 의견에 대한 여론지수(Consensus Index of Bullish Market Opinion)'가 있다. 매주 금요일에 게재되며, 과매수는 75%, 과매도는 25%를 기준으로 삼는다.

강세여론지수의 해석

대부분의 거래자는 이러한 주간 여론지수를 분석하기 위하여 아주 간단한 방법을 이용한다. 즉, 지수가 75% 이상이면 시장은 과매수상태로 간주되고 천장이 임박했음을 의미하며, 25% 이하이면 과매도상태의 경보로 해석되고 시장 바닥이 가까이 있을 가능성이 높다.

반대견해는 잔존 매수 또는 매도 세력을 측정한다

개별 투자자의 경우를 고찰해보자. 투자자가 자신의 기호에 맞는 시장정보지를 읽고서 시장이 대체로 곧 상승할 것으로 확신한다고 가정하자. 예상에 대한 확신이 강하면 강할수록 거래자는 더욱더 공격적으로 시장에 접근할 것이다. 그러나 개별 투자자의 자금 전부가 특정 시장에 투자되면 그는 과매수상태가 되어 더 이상 그 시장에 투자할 자금이 없다.

모든 시장참가자에게 이러한 상황을 확대 적용했을 때 거래자의 80~90%가 시장을 강세로 보는 경우, 그들은 이미 그와 같은 포지션을 취했다고 가정할 수 있다. 누가 남아 매수해서 시장을 밀어 올리겠는가? 이것이 바로 반대견해(Contrary Opinion)를 이해하는 열쇠 가운데 하나이다. 거래자들의 대세가 한 방향으로 치우치면, 현재 추세를 유지하기에 충분한 매수 또는 매도 세력이 남아있지 않게 된다.

반대견해는 강세 대 약세 세력을 측정한다

이 이론의 두 번째 특징은 강세 대 약세 세력을 비교하는 능력이다. 선물거래는 제로섬 게임(zero sum game)이다. 매수포지션이 있으면 매도포지션 또한 존재한다. 거래자의 80%가 시장의 매수포지션을 취하면 나머지 20%(매도포지션을 보유한 자)는 다른 80%가 취한 매수포지션을 흡수할 수 있을 만큼 자금력이 풍부해야 한다.

그러므로 매도는 매수에 비해 틀림없이 훨씬 더 많은 포지션을 보유하게 된다(이 경우 4 대 1).

게다가 매도포지션을 취하는 자는 자금력이 좋은, 강한 세력으로 간주된다. 거래자당 매우 적은 포지션을 보유하고 있는 80%는 급격한 가격 반전 시 자신들의 매수포지션을 어쩔 수 없이 청산해야 하는 약한 세력으로 간주된다.

강세여론지수의 몇 가지 부가적인 특징

이러한 지수를 이용할 때 염두에 둬야 할 몇 가지 부가적인 사항을 고찰해보자. 표준 또는 균형점은 55%이다. 이것은 일반 대중의 내재적 강세성향을 참작한 것이다. 상단 극한값은 90%로 간주되고, 하단 극한값은 20%로 간주된다. 다시 말하면, 강세성향을 고려해 지수가 약간 상향 조정되었다.

소수의 반대포지션은 보통 강세여론지수가 90% 이상이거나 20% 이하일 때로 볼 수 있다. 75% 이상 또는 25% 이하로 평가되면 경보영역으로 간주되고 전환이 임박하였음을 암시한다. 그러나 추세와 반대의 조치를 취하기 전에 지수의 추세변화를 기다리는 것이 일반적이다. 강세여론지수의 방향이 바뀌면, 특히 위험지역에서 매우 주의해야 한다.

미결제약정(선물)의 중요성

미결제약정도 강세여론지수를 이용하는 데 있어 어떤 역할을 한다. 일반적으로 미결제약정이 많을수록 반대견해 포지션이 이익을 내기에 더 유리하다. 그러나 미결제약정이 계속 증가하더라도 반대견해 포지션을 취해서는 안 된다. 미결제약정수량이 계속 증가하면 현재 추세가 계속될 확률이 높아진다. 포지션을 취하지 말고 미결제약정수량의 증가율이 0에 가까워지거나 마이너스가 될 때까지 기다려라.

헷저(hedgers)가 미결제약정의 50% 미만을 보유하고 있는지 거래자약정보고서를 확인한다. 반대견해는 대부분의 미결제약정을 약한 세력으로 간주되는 투기적 투자자들이 보유하고 있을 때 더 잘 맞는다. 대규모 헷저와 반대로 거래하는 것은 현명하지 않다.

펀더멘털 뉴스에 의한 시장반응을 주시하라

펀더멘털 뉴스에 대한 시장반응을 매우 주의 깊게 관찰하라. 과매수지역에서 강세뉴스에 가격이 반응하지 못하는 경우 이는 전환이 임박하였다는 확실한 경고이다. 좋지 못한 첫 뉴스에 가격이 반대방향으로 재빨리 움직일 것이다. 마찬가지로 과매도지역(20% 이하)에서 약세뉴스에 반응하지 못하는 경우, 모든 불리한 뉴스가 현재 저가에 완전히 반영되어 있다는 경고로 받아들일 수 있다. 어떤 강세 뉴스에도 가격이 상승할 것이다.

다른 기술적 도구와 반대견해의 조합

일반적으로, 극단상태에 도달할 때까지, 즉 여론의 추세와 같은 방향으로 거래하라. 극단영역에서는 추세 변화의 신호가 있는지 지수를 검토한다. 표준 기술적 분석도구는 이러한 중요한 때에 시장전환을 파악하는 데 이용될 수 있으며, 또한 이용되어야 한다.

지지선 또는 저항선, 추세선, 이동평균의 돌파는 추세가 사실상 전환되고 있다는 것을 확인하는 데 이용될 수 있다. 오실레이터 차트상의 이탈은 강세여론지수가 과매수 또는 과매도일 때 특히 유용하다.

투자자 동향지수

매 주말마다 배런(Barron)연구소는 '투자자 동향분석'이라는 제목하에 일련의 지수를 시장 실험실 면(Market Laboratory section)에 게재한다. 여기에는 주식시장의 강세 또는 약세 정도를 파악하기 위해 서로 다른 네 개의 여론조사가 포함되어 있다. 그 도표에는 최근 주의 것, 그리고 비교를 위해 2주 및 3주 전의 것도 제공된다. 다음은 최근 도표가 어떻게 생겼는지 보여주는 무작위 예다. 이러한 지수가 역지표라는 것을 기억하라. 너무 지나친 강세는 불리하고 너무 지나친 약세는 유리하다.

▣ 투자자 정보

강세	약세	조정
48%	27%	24%

■ AAII지수(American Association of Individual Inverstors)

강세	약세	중립
53%	13%	34%

■ 여론지수

강세의견
77%

■ 마켓 베인(Market Vane)

강세여론지수
66%

투자자 정보지수

　투자자 정보(Inverstors Intelligence)는 투자 자문사를 상대로 주간 여론조사를 실시하여 세 개의 지수, 즉 강세를 표방하는 투자 자문사, 약세를 예상하는 자문사, 그리고 시장의 조정국면을 예측하는 자문사의 백분율을 산출한다.

　55% 이상의 강세지수는 지나친 낙관을 경고하고, 잠재적으로 부정적인 상태를 나타낸다. 강세지수 35% 미만은 지나친 회의론을 반영하고, 긍정적인 상태로 간주된다. 조정지수는 강세를 예상하지만 단기적인 약세를 예측하는 자문사를 나타낸다. 또한

투자자 정보는 10주 및 30주 이동평균 위에 있는 주식수를 나타내는 수치를 매주 발표한다. 이러한 지수도 반대견해 관점으로 이용할 수 있다. 70% 이상이면 주식시장이 과매수상태임을 암시하고, 30% 이하이면 과매도상태임을 암시한다. 10주 지수는 단기에서 중기까지의 시장전환을 예측하는 데 유용하며, 30주 지수는 주추세의 전환을 예측하는 데 더 유용하다. 추세의 잠재적 변화에 대한 실제 신호는 지수가 30 위로 다시 반등하거나 70 아래로 다시 떨어질 때 발생한다.

제11장

점도형 차트

점도형차트

서문

20세기 이전 주식시장 거래자들이 사용한 첫 번째 차트 작성기법은 점도형차트였다. '점도형'(point and figure)은 1933년 빅토르 드빌리어의 대표작은 『주가의 움직임을 예측하는 점도형 분석법』(The Point and Figure Method of Anticipating Stock Price Movements)에서 유래되었는데, 이 기법은 수년간 여러 가지 이름으로 불려왔다. 1880년대와 1890년대에는 '기장기법'(book method)이라 불리던 이 기법은 〈월스트리트 저널〉의 1901년 7월 20일 판에서 찰스 다우가 사용하였다.

다우는 이 기장기법이 1886년 1월 1일부터 약 15년 동안 사용되었다고 말했다. '도형차트'(figure charts)라는 이름은 1920년대부터 1933년까지 사용되었는데, 1933년은 시장을 추적하는 기법으로 '점도형'이란 이름이 공인된 해이다. 또한 위코프(Wyckoff)도 1930년대 초에 점도형기법을 다룬 몇 개의 연구를 발표하였다.

〈월스트리트 저널〉은 1896년에 주식 가격의 일일 고가, 저가, 종가를 싣기 시작했다. 이는 보다 잘 알려진 봉차트에 대한 첫 번째 언급이었다. 이것은 점도형 방법이 봉차트 보다 적어도 10년은 앞선다는 것을 의미한다.

우리는 2단계에 걸쳐 점도형차트를 연구하려고 한다. 여기서는 일중 가격움직임에 의존하는 기본 기법을 살펴볼 것이다. 그 다음, 어떤 시장이든 단지 고가와 저가만을 사용해 작성할 수 있는 단순한 형태의 점도형차트(version)를 제시할 것이다.

점도형차트와 봉차트

점도형차트와 봉차트의 기본적인 차이점 중 몇 가지를 언급하고, 두 차트의 예를 들어보자.

점도형차트는 순수한 가격움직임에 대한 연구이다. 따라서 가격움직임을 도표화하는 동안 시간은 고려하지 않는다. 이와 대조로 봉차트는 가격과 시간을 조합한다. 봉차트의 작성방법을 보면, 수직축은 가격 눈금이고 수평축은 시간 눈금이다. 예를 들어, 일간 차트에서 각 연속일의 가격변화는 오른쪽으로 한 칸 또는 봉 하나가 움직인다. 그날 가격변화가 거의 또는 전혀 없어도 이러한 일이 일어난다. 봉 하나가 항상 다음 칸에 채워져야 한다. 그러나 점도형차트에서는 가격변화가 일어날 때만 기록된다. 가격변화가 일어나지 않으면 차트는 그대로 둔다. 가격변동이 심할 때에는 많이 그려야 하고, 변동이 적은 시장에서는 그릴 것이 거의 또는 전혀 없다.

이들은 거래량을 처리하는 방법에서도 중요한 차이가 있다. 봉차트는 그 날의 가격움직임 아랫부분에 거래량 봉차트를 표시하지만, 점도형차트는 독립된 실체로서의 거래량을 무시한다. '독립된 실체로서'라는 마지막 말은 매우 중요하다. 거래량이 점도형차트상에 기록되지 않더라도 거래량를 별도로 추적하지 않는다. 그렇지 않으면 완전 무시한다. 반대로 일중 점도형차트는 모든 가격변동을 기록하기 때문에 거래량의 적고 많음은 이미 그 차트에 기록된 가격변화에 반영되어 있다. 거래량은 지지선과 저항선의 힘을 판단함에 있어 중요한 한 요소이기 때문에 점도형차트는 어느 가격수준에서 대부분의 거래움직임이 발생했는가를 판단할 때, 그리고 중요한 지지와 저항 위치를 판단할 때 특히 유용하다.

그림 11-1은 같은 기간에 대한 봉차트와 점도형차트이다. 언뜻 보면 차트가 비슷해 보이지만, 또 달리 보면 아주 다르다. 전반적인 가격과 추세상황은 두 차트에서 모두 포착되지만 가격을 기록하는 방법이 다르다. 그림 11-2에서 X와 O의 교차열을 유의해서 보면, X열은 가격상승을 나타내고, O열은(그림에서는 사각형으로 보인다) 가격하락

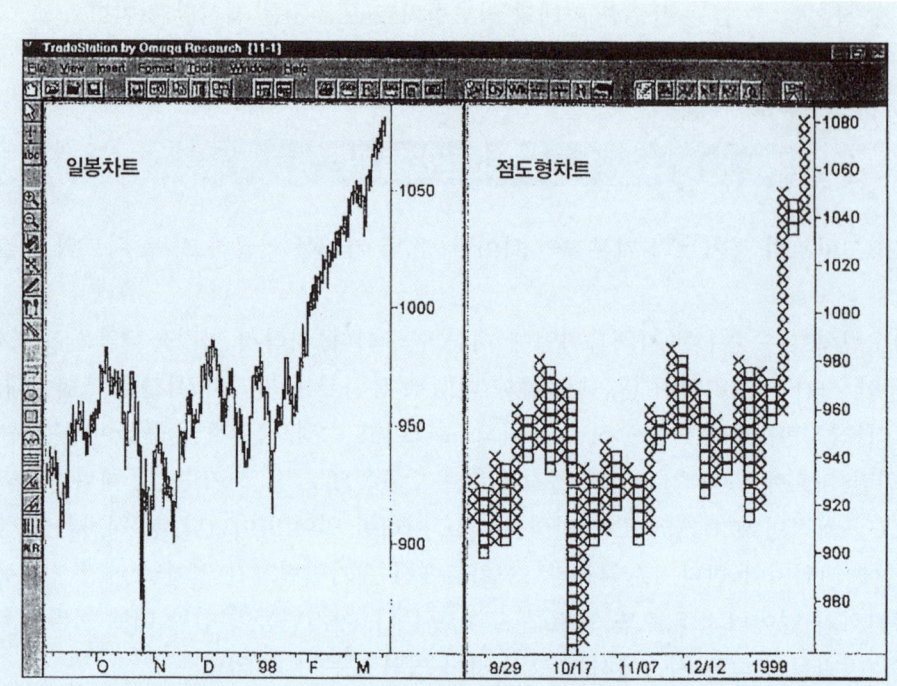

(그림 11-1) S&P 500에 대한 같은 기간의 일봉차트(왼쪽)와 점도형차트(오른쪽)의 비교. 점도형차트는 가격상승에 대해서는 X열을 사용하고 가격하락에 대해서는 O열을 사용하고 있다.

을 나타낸다. X열이 직전 X열 위로 1칸 움직일 때마다 상승돌파가 일어난다(그림11-2 참조).

마찬가지로, O열이 직전의 O열 아래로 한 칸 떨어질 때 하락돌파가 발생한다. 이러한 돌파가 봉차트에서 일어나는 돌파보다 얼마나 더 정밀한지 유의해서 보자. 물론 돌파는 매수 및 매도 신호로 이용될 수 있다. 점도형차트의 장점 중 하나는, 대개 추세신호를 확인할 때 보다 더 정밀하고 쉽다는 것이다.

그림 11-3과 11-4는 점도형차트의 또 다른 주요 장점인 유연성을 보여주고 있다. 세 개의 차트가 같은 가격변화를 다루고 있지만, 사용 목적에 따라 세 개의 점도형차트를 모두 매우 다르게 표시할 수 있다.

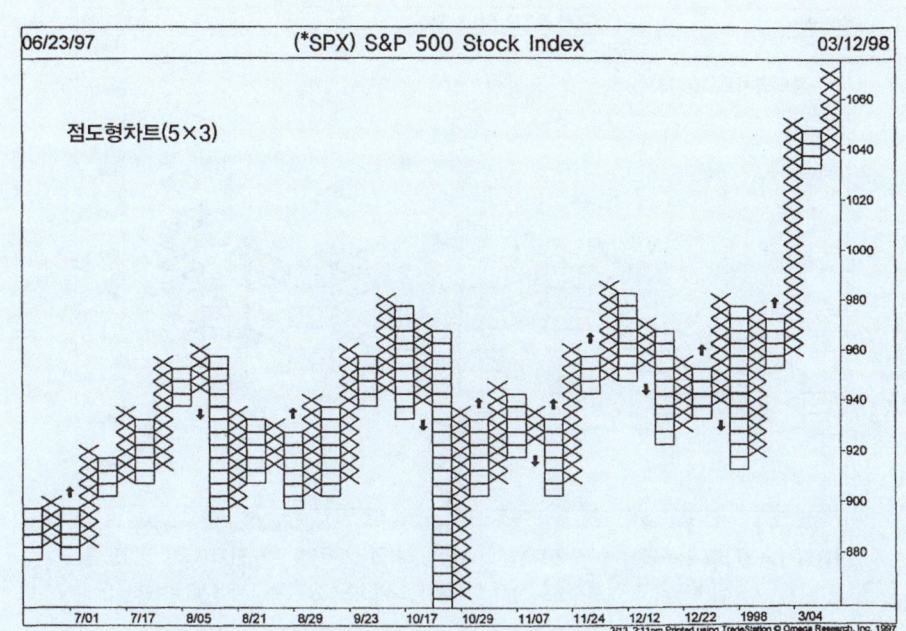

(그림 11-2) 매수신호는 1개의 X열이 직전 X열의 고점 위로 상승할 때 나타난다(상향 화살표). 매도 신호는 O열이 직전 O열 아래로 떨어질 때 발생한다(하향 화살표). 점도형차트에 나타 나는 신호들은 보다 더 정밀하다.

점도형차트를 변경하는 한 가지 방법은 반전기준을 변경하는 것이다(3칸 반전에서 5칸 반전으로). 반전을 위한 칸의 크기가 크면 클수록 차트의 민감도는 떨어진다.

그림 11-2는 칸의 크기가 5포인트이다. 그림 11-3은 칸의 크기를 5포인트에서 10 포인트로 변경한 것이다. 그림 11-2의 5×3 차트에서는 44개였던 열의 수가 그림 11-3에서는 16개로 줄었다. 그림 11-3처럼 칸을 크게 하면 신호수가 더 적게 나타 난다. 이것은 민감도가 떨어지는 차트에서는 나타나지 않는 모든 단기매도신호를 피 하고 시장의 중요한 추세에 집중할 수 있게 한다.

그림 11-4에서는 칸의 크기를 5에서 3으로 줄였다. 이것은 차트의 민감도를 증가 시킨다. 왜 그렇게 하려고 할까? 왜냐하면 단기거래에 더 유리하기 때문이다. 세 가지

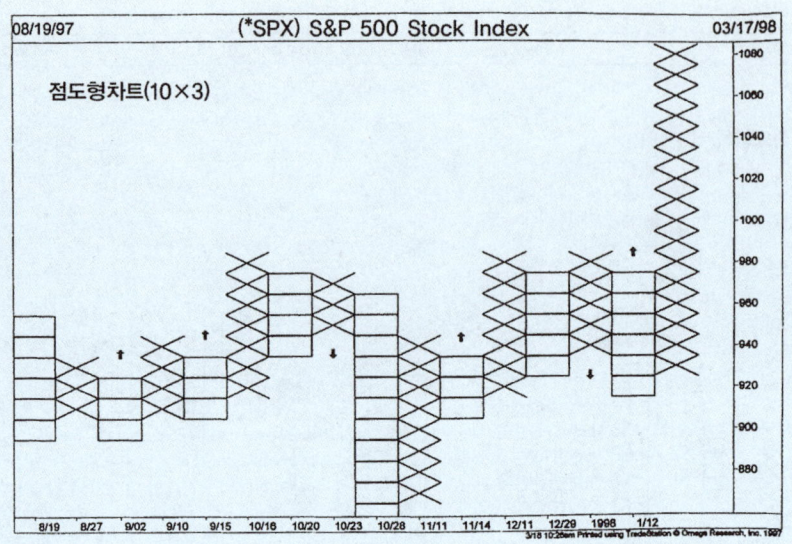

(그림 11-3) 5포인트에서 10포인트까지 칸의 크기를 키우면 점도형차트의 민감도를 떨어뜨리고 신호가 더 적게 나타난다. 이것은 장기투자자에게 적절하다.

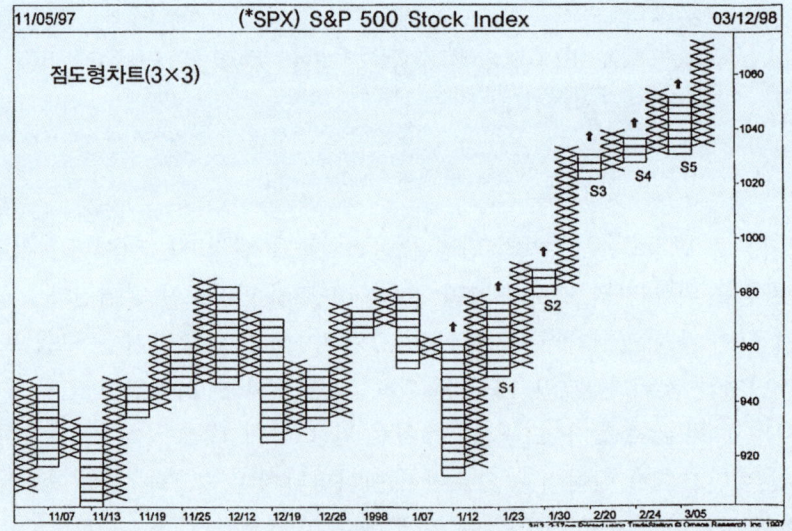

(그림 11-4) 3포인트로 칸의 크기를 줄이면 더 많은 신호를 나타낸다. 이것은 단기거래에 유리하다. 920에서 1060까지 마지막 반등은 6개의 매수신호를 나타내었다. 보호매도주문은 O열 중 가장 높은 열 바로 밑에 설정될 수 있다.

차트에서 960부터 1060까지의 마지막 반등을 비교해보자. 10×3 차트(그림 11-3)에서는 O열이 없이 마지막 X열만 보인다. 5×3 차트(그림11-2)에서는 마지막 상승 구간이 5개의 열, 즉 3개의 X열과 2개의 O열로 되어 있다. 3×3 차트(그림 11-4)에서는 마지막 상승구간이 11개의 열, 즉 6개의 X열과 5개의 O열로 되어 있다. 상승추세에서 조정의 수를 증가시킴으로써(O열의 수를 증가시킴으로써) 더 자주 반복 발생하는 매수신호는 신규매수 또는 이익 나고 있는 포지션을 추가 매수할 수 있게 한다. 이는 거래자가 가장 최근의 O열 밑에 보호매도(손절매)주문을 설정할 수 있게 한다. 바닥선은 필요에 따라 민감도를 조정하기 위해서 점도형차트 변화시킬 수 있게 한다.

일중 점도형차트의 작성

일중 차트가 점도형차트 분석가가 사용한 기본적인 형태라는 것은 이미 언급한 바 있다. 이 기법은 원래 주식시장 움직임을 추적하는 데 사용되었다. 그리고 이는 대상 주식의 포인트가 움직일 때마다 이를 종이 위에 기록하기 위함이었다. 이 방법이 누적(매수)과 분배(매도)를 더 잘 파악할 수 있다고 생각했다. 그리고 단지 정수만 쓸 수 있었다. 각 칸의 값은 1포인트이고, 한 포인트가 움직일 때마다 기록하였다. 소수점 움직임은 무시하였다. 이후 이 기법이 상품선물시장에 적용되었을 때, 그 칸의 크기는 각 상품시장에 맞게 조정했다. 실제 가격 자료를 이용하여 일중 차트를 작성해보자.

다음의 숫자는 스위스 프랑 선물계약의 9일간의 실제 거래일의 움직임을 나타내고 있다. 칸의 크기는 5포인트이다. 그러므로 각 방향으로 5포인트 변동이 일어날 때 마다 기록된다. 1칸 반전차트부터 시작해보자.

4/29	4875	4880	4860	4865	4850	4860	4855								
5/2	4870	4860	4865	4855	4860	4855	4860	4855	4860	4855	4865	4855			
5/3	4870	4865	4870	4860	4865	4860	4870	4865							
5/4	4885	4880	4890	4885	4890	4875									
5/5	4905	4900	4905	4900	4905										
5/6	4885	4900	4890	4930	4920	4930	4925	4930	4925						
5/9	4950	4925	4930	4925	4930	4925	4935	4925	4930	4925	4935	4930	4940	4935	
5/10	4940	4915	4920	4905	4925	4920	4930	4925	4935	4930	4940	4935	4940		
5/11	4935	4950	4945	4950	4935	4940	4935	4945	4940	4965	4960	4965	4955	4960	4955	4965	4960	4970

그림 11-5a는 앞에 기록된 숫자를 차트에 나타낸 것이다. 차트의 왼쪽에서부터 시작하자. 첫째, 차트는 칸마다 5포인씩 증가하도록 되어 있다.

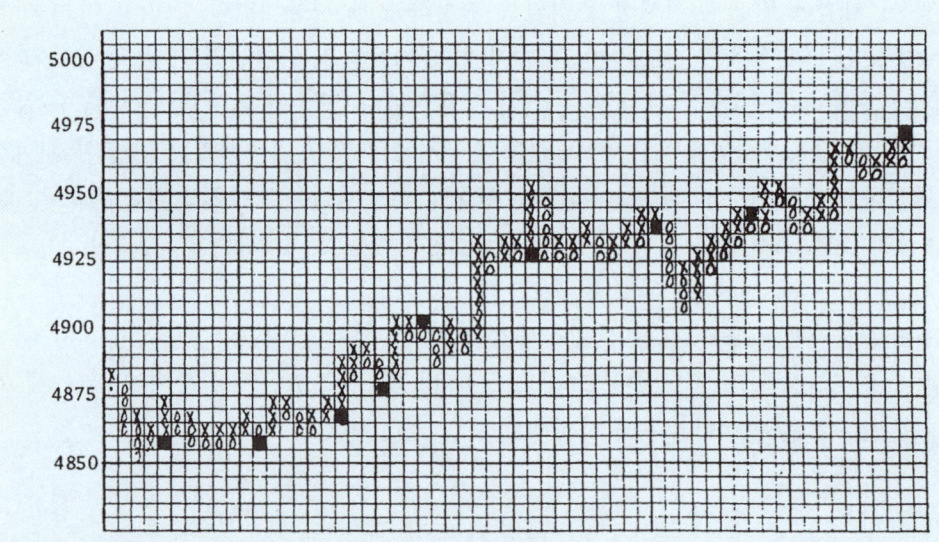

(그림 11-5a) 스위스 프랑 선물계약에 대한 5×1 점도형차트. 검게 칠해진 칸은 각 거래일의 종료를 나타낸다. 그림 11-5b는 같은 가격자료의 3칸 반전을 나타낸 것이다. 압축에 주의하라. 그림 11-5c는 5칸 반전을 나타낸다.

- 제1열 : 4875에 점을 찍어라. 다음 숫자 4880은 가격이 올랐음으로 4880까지 다음 칸에 X를 채워라.
- 제2열 : 다음 숫자는 4860이다. 오른쪽으로 1열 옮겨서 1칸 내려온다. 그리고 아래 4860까지 모두 O로 채운다.
- 제3열 : 다음 숫자는 4865이다. 오른쪽으로 1열 옮기고 1칸 위로 움직여서 4865에 X를 채운다. 여기서 멈춘다. 가격이 1칸만 위로 움직였기 때문에 3열에서 1개의 X만 표시했다. 1칸 반전차트에서, 각 열에는 적어도 항상 2칸이 채워져야 한다. 다음 숫자는 4850이다. 그 숫자까지 아래로 O를 채운다. 내려가는 O의 열을 기록하기 위해서 다음 열로 가야 하는가? 그렇지 않다. 왜냐하면 그러면 3열에 X 하나만 있게 되기 때문이다. 그러므로 X 하나만 표시된 열(3열)에 4850까지 O를 채운다.
- 제4열 : 다음 숫자는 4860이다. 다음 열로 이동한 후 1칸 위로 가서 4860까지 X를 채운다.
- 제5열 : 다음 숫자는 4855이다. 이것은 아래로 움직이기 때문에 다음 열로 가서 1칸 내려와 4860에 O를 채운다. 이것이 그날의 마지막 가격표시라는 것에 주의하자. 한 번 더 해보자.
- 제6열 : 5월 2일의 첫 번째 숫자가 4870이다. 지금까지는 5열에 1개의 O만 표시되어 있다. 각 열에는 적어도 2개가 표시되야 한다. 그러므로 4870까지 X로 채운다(가격이 상승하고 있기 때문에). 그러나 전날의 종가가 검게 칠해진 것에 주의한다. 이것은 시간을 추적하기 위한 것이다. 매일 종가를 검게 칠함으로써 날짜별 거래 추적이 훨씬 쉽다.

도표화과정을 더 잘 이해하려면 차트의 나머지를 직접 해보는 것이 좋다. 이 차트는 X와 O로 표시된 여러 개의 열로 구성되어 있다는 것에 유의하자. 이는 1포인트 반전차트이다. 각 열에는 적어도 2칸이 채워져야 한다. X와 O를 같이 표시하는 것에 대해 불만을 가지는 순정파도 있을 수도 있다. 그러나 경험에 비춰볼 때 이렇게 가격을 도표화하는 방법이 거래의 순서를 이해하는 데 용이하다.

그림 11-5b는 그림 11-5a와 같은 자료를 이용하여 3칸 반전차트로 변형한 것이

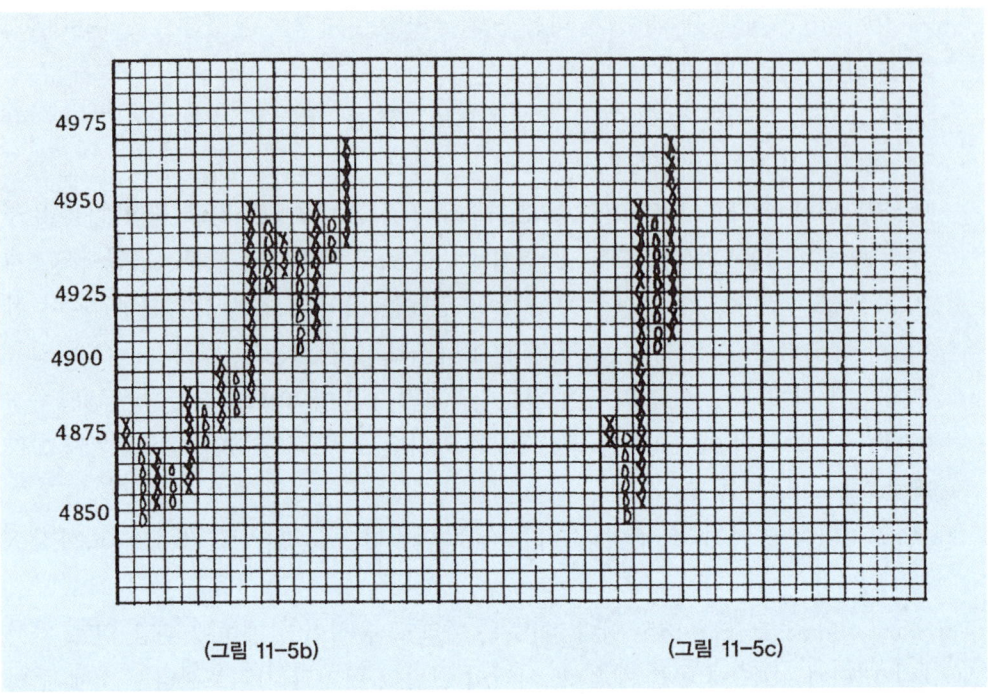

(그림 11-5b)　　　　　　　　(그림 11-5c)

다. 이 차트는 압축되어 많은 자료가 누락되어 있다는 것에 유의하라. 그림 11-5c는 5칸 반전을 나타낸다. 1칸, 3칸, 5칸 반전이 전통적으로 사용되어 온 세 가지 반전 기준이다.

　　1칸 반전은 일반적으로 단기거래에 사용되고, 3칸 반전은 중기추세를 검토하기 위하여 사용된다. 너무 많이 압축되는 5칸 반전은 일반적으로 장기추세를 연구하는 데 이용된다.

　　바람직한 이용 순서는 여기에 나타난 순서대로 하면 된다. 즉, 1포인트 반전차트로 시작한다. 그리고 1칸 반전차트로부터 3칸 및 5칸 반전차트를 만든다. 알 수 있듯이, 3칸 또는 5칸 반전차트로부터 1칸 반전차트를 만들 수는 없다.

수평적 계산

일중 1칸 반전차트의 한 가지 중요한 장점은 수평적 계산을 이용하여 목표가격을 구하는 것이다. 봉차트와 가격패턴에 대해서 다루었던 것을 돌이켜보자. 목표가격 문제도 다루었다. 그러나 봉차트에서 목표가격을 구하는 거의 모든 방법은 수직적 측정에 근거하고 있다. 이는 패턴(가격변동성, volatility)의 크기를 측정하는 것과 상승 또는 하락하는 거리를 측정하는 것을 의미한다. 예를 들어, 머리어깨형은 머리에서 목선까지의 거리를 측정하고, 목선돌파 지점부터 목표값을 계산한다.

점도형차트는 수평적 측정을 할 수 있다

수평적 계산의 원리는 일단 돌파가 일어나면 보합영역의 폭과 후속 가격움직임 사이에 직접적인 관계가 있다는 전제를 기초로 하고 있다. 보합영역이 어떤 기준패턴(basing pattern)을 나타낼 경우, 그 기준(base)이 일단 완성되면 상승 잠재력을 추정할 수 있다. 일단 상승추세가 시작되면 후속적으로 나타나는 보합영역을 이용해 추가적인 카운터를 구할 수 있고, 기준으로부터 원래 카운터를 확인하는 데 이용할 수 있다(그림

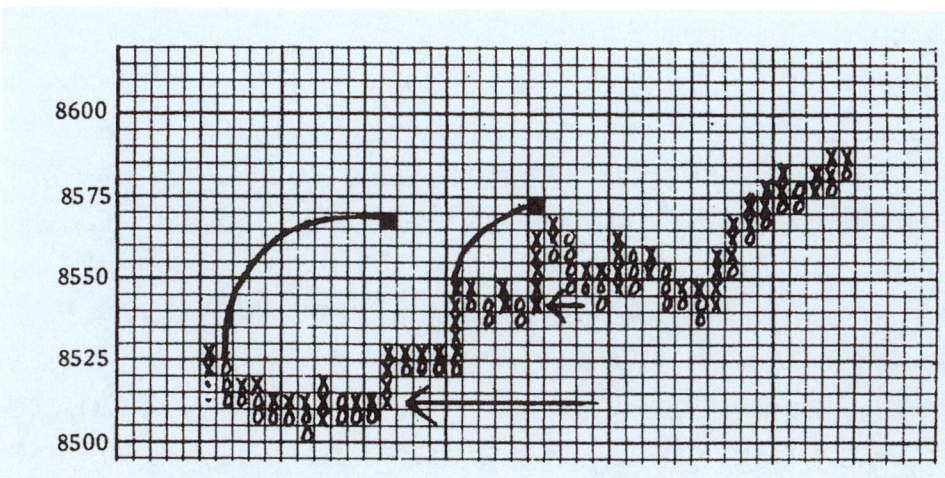

(그림 11-6) 수평 보합영역을 따라 열의 수를 셈으로써 목표가격이 결정될 수 있다. 보합영역이 넓으면 넓을수록 목표가격은 더 커진다.

11-6 참조). 이는 패턴의 폭을 측정하기 위한 것이다.

여기서는 일중 1칸의 반전차트에 대해서 언급하고 있다. 이 기법은 나중에 언급할 다른 형태의 차트에 적용하려면 약간 수정해야 한다. 일단 고점 또는 저점이 확인되면 그 고점 또는 저점에서 단지 열의 수만 세어라. 예를 들어, 20개의 열이 있다면 상승 또는 하락 목표는 측정 기준으로부터 20칸이 된다. 중요한 것은 어느 선에서 측정하느냐 하는 것이다. 때때로 이러한 방법은 쉬울 때도 있지만 그렇지 않은 경우도 있다.

보통 가로로 계산하는 수평선은 보합영역의 중간 정도에 있다. 더 정확히 말하면, 그 안에 빈 칸의 수가 가장 적은 선을 이용하라. 즉, X와 O로 가장 많이 채워진 선을 이용하는 것이다. 일단 수평 계산을 위한 올바른 선을 찾았을 경우 모든 열을 계산에 포함시키되, 심지어 빈 칸이 있는 열도 포함시키는 것이 중요하다. 보합영역에 있는 열의 수를 세고, 그 수만큼 계산에 사용된 선(기준선)으로부터 위 또는 아래로 투사한다.

가격패턴

가격패턴은 점도형차트상에서도 확인할 수 있다. 그림 11-7은 가장 일반적인 형태를 나타낸다.

대부분의 패턴은 2중 천정 및 2중 바닥, 3중 천정 및 3중 바닥, 머리어깨, V자와 역V자, 그리고 접시형의 변형들이다. 지지대(fulcrum)라는 용어가 점도형에 관한 논문에 자주 나타난다. 본래 지지대는 잘 정의된 보합영역으로, 중요한 가격상승 또는 하락 뒤에 나타나며, 누적 저점과 분배 고점을 형성한다. 예를 들어, 저점영역에서 그 영역의 바닥세는 반복적으로 시험되며, 이따금 반등시도가 발생한다. 지지대는 자주 2중 바닥 또는 3중 바닥의 모양이다. 바닥형은 보합영역을 상향돌파할 때 완성된다.

가장 뚜렷한 보합영역이 나타나는 반전형은 계산 측정에 아주 적합하다. 반대로 V자형 바닥은 뚜렷한 보합영역이 없기 때문에 수평적 계산을 이용할 수 없다. 그림 11-7의 차트에서 검게 칠해진 칸은 매수 및 매도하기 좋은 시점을 나타낸다. 이러한 매매시점은 일반적으로 저점에서의 지지선 또는 고점에서의 저항선의 재시험, 돌파점 그리고 추세선의 붕괴와 동시에 발생한다.

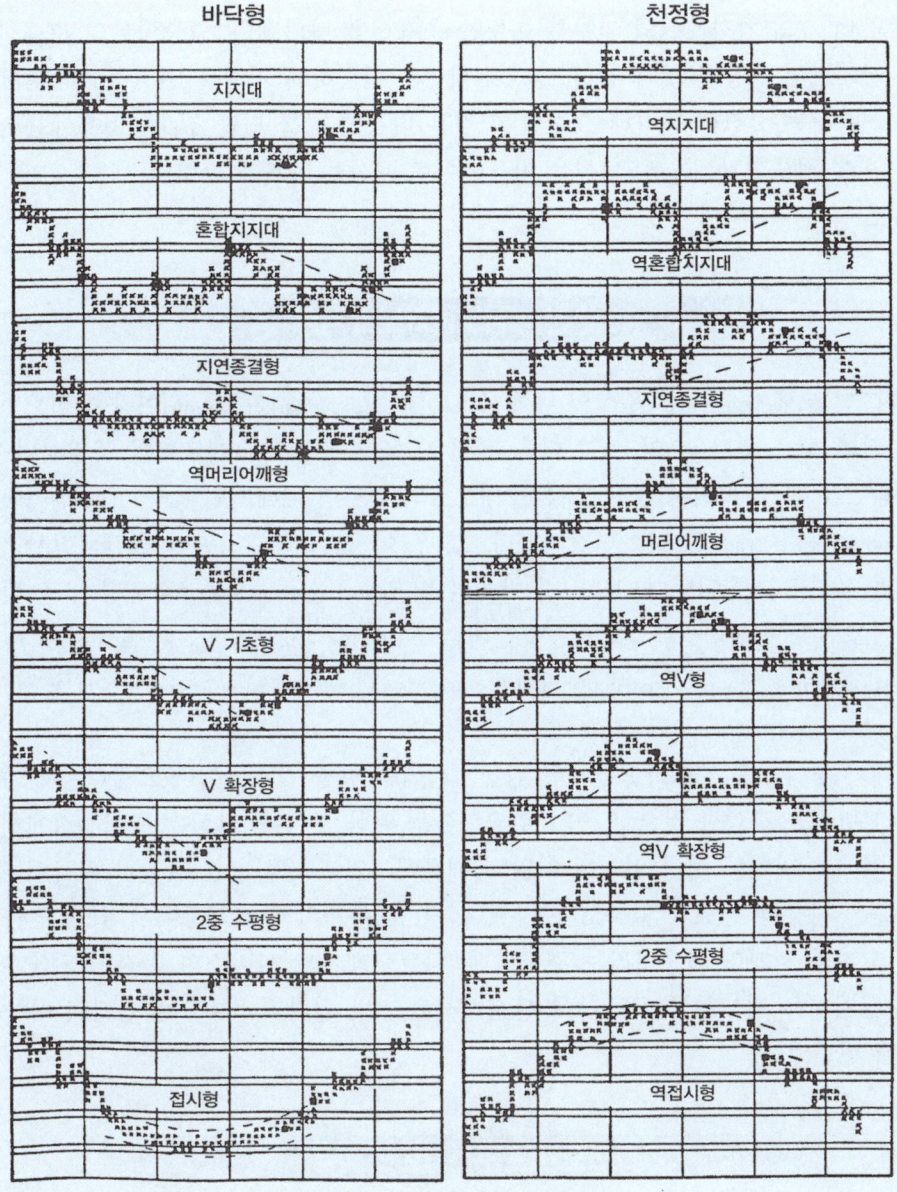

(그림 11-7) 반전형(출처 : 알렉산더 H. 휠란의 『점도형기법의 연구』)

추세분석과 추세선

그림 11-7의 가격패턴의 일부를 이루는 추세선을 나타낸다. 일중차트의 추세선 분석은 봉차트에 적용된 것과 같다. 상승추세선은 연속하는 저점을 연결하고, 하락추세선은 연속하는 고점을 연결해 그린다. 이것은 다음에 다룰 단순 점도형차트에는 맞지 않다. 단순 점도형차트는 45도선을 이용하여 추세선을 다르게 그린다.

3칸 반전 점도형차트의 작성

1947년 코헨(Cohen)이 『주식의 매매시점 선택』(Stock Market Timing)이라는 점도형 차트에 관한 책을 썼다. 그리고 그 다음 해인 1948년에 차트크래프트의 주간서비스가 시작되었을 때 그 책의 이름은 『차트크래프트의 점도형 매매기법』(The Chartcraft Method of Point & Figure Trading)으로 변경되었다. 그 후 여러 번의 개정판이 출간되면서 상품선물과 옵션도 포함되었다. 1990년 마이클 버크(Michael Burke)는 『점도형 구조 및 형태의 3포인트 반전기법에 대한 종합안내』(The All New Guide to the Three-Point Reversal Method of Point & Figure Construction and Formations : Chartcraft, New Rochelle, NY)를 저술하였다.

원래 시장가격을 도표화했던 1칸 반전기법에는 일중 가격들이 필요했다. 3칸 반전은 1칸 반전을 축약한 것으로 중기 추세분석을 위한 것이다. 코헨은 주식시장에서 하루 동안 3칸 반전이 거의 일어나지 않기 때문에 3칸 반전차트를 만들기 위하여 일중 가격들을 사용할 필요가 없다고 설명했다. 즉, 대부분의 경제신문에서 쉽게 얻을 수 있는 고가와 저가만 사용하라는 결론이다. 차트크래프트 서비스의 근간이 되는 이러한 수정기법은 점도형차트를 많이 단순화시켰으며, 일반거래자들이 쉽게 알아볼 수 있도록 만들었다.

3포인트 반전차트의 작성

차트 작성방법은 비교적 간단하다. 첫째, 차트는 일중 차트와 같이 일정한 비율로 만들어져야 한다. 어떤 값을 각 칸에 적어 넣어야 한다. 하지만 이는 차트가 이미 만들어져 있고, 칸의 값이 주어져 있기 때문에 차트크래프트 서비스의 구독자는 이를 이용만 하면 된다. 이 차트에서 가격상승을 나타내는 X열과 가격하락을 나타내는 O열이 교차로 나타난다(그림 11-8 참조).

X와 O를 실제로 도표화해보면 그날의 고가와 저가만이 필요하다. 만약 마지막열이 X열(가격상승을 나타낸다)이라면 그때 그날의 고가를 보라. 만약 하루 고가가 1개 이상의 X를 채울 수 있다면 이 칸들을 채우면 된다. 그러면 그날에 할 일은 다 한 것이다. 단, 그 칸을 완전히 채울 수 있는 값(가격)이어야 한다는 것을 기억하라. 그 칸을 부분적으로 채우는 것은 해당되지 않는다. 다음 날, 고가만을 보면서 그 과정을 반복하라. 가격이 계속 상승하면서 적어도 1개의 X를 그릴 수 있다면 그날의 저가를 무시하고 빈칸에 X를 계속 채워 넣는다.

그러나 하루 고가가 다음의 X칸을 채울 수 있을 만큼 높지 않은 날이 있다. 그때 3칸 추세전환이 발생하는지를 판단하기 위하여 저가를 주시하라. 만약 3칸 반전이 일어나면 오른쪽으로 1열 옮겨서 1칸 아래부터 새로운 하락열을 표시하기 위하여 다음 3칸을 O로 채워라. 그리고 하락추세에 있다면 그 다음 날 O열이 지속될 수 있는지 알아보기 위해 저가를 주시하라. 만약 1칸 이상의 O가 채워질 수 있다면 그때 그렇게 하라. 하루 저가가 더 이상의 O를 채울 수 없는 경우에만 상승 3칸의 반전이 발생하는지 보기 위해 하루 고가를 주시하라. 그렇다면 오른쪽으로 1열 옮겨 새로운 X열을 시작하라.

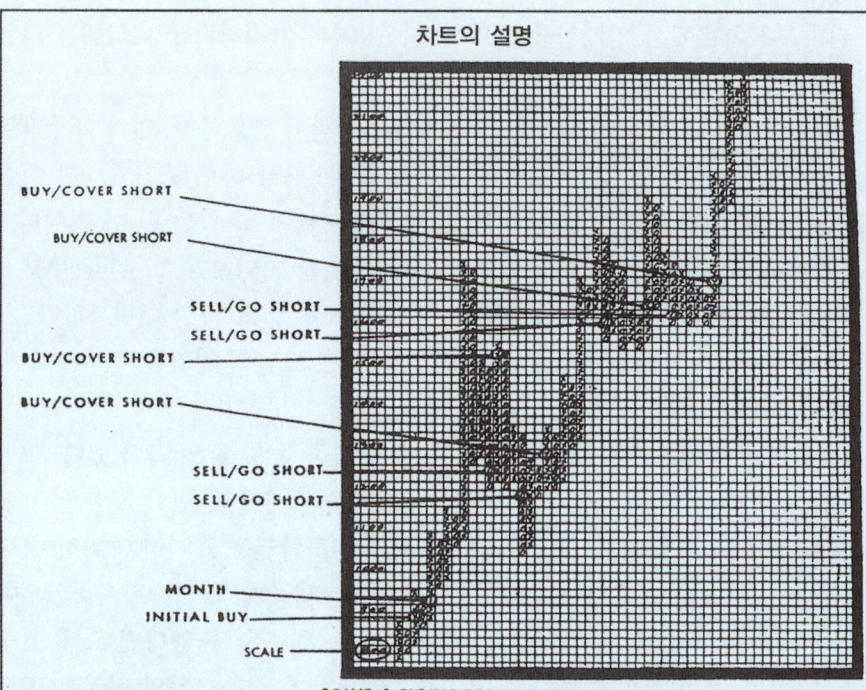

(그림 11-8) 출처 : 차트크래프트사

매수신호 　　　　　　　　　　　매도(공매도)신호

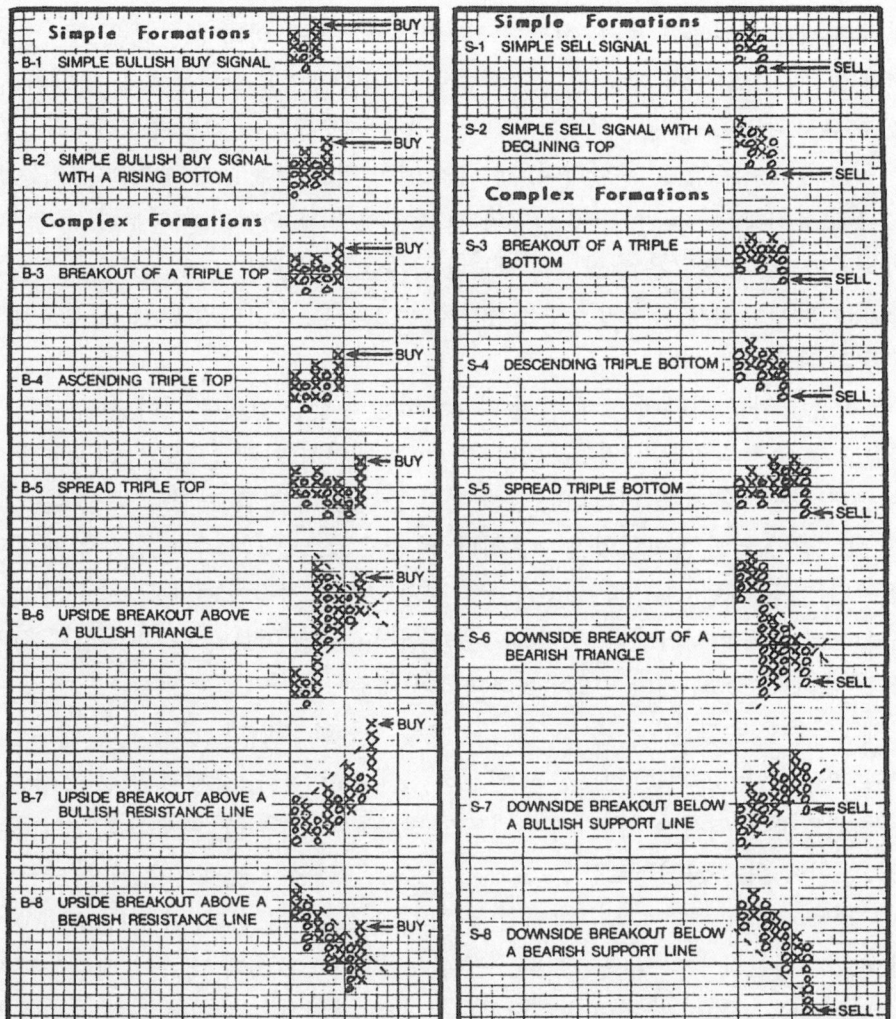

(그림 11-9) 출처 : K. C. Zieg. Jr, 그리고 P. J. Kaufman, 『점도형 상품선물거래기법』

차트패턴

그림 11-9는 16가지 점도형 차트의 가장 보편적인 가격패턴—8가지 매수신호와 8가지 매도신호—을 보여주고 있다.

패턴 자체를 주의해서 보자. 신호 S-1부터 S-8까지를 나타내는 칼럼 2는 바로 칼럼 1의 반사된 모양이기 때문에 매수측 칼럼을 집중적으로 살펴보겠다. 첫번째 두 개의 신호 B-1과 B-2는 단순형태이다. 단순 강세 매수신호는 직전의 X열보다 1칸 위로 이동한 두 번째 X열을 포함하여, 세 개의 열이 필요하다. B-2는 약간 차이는 있지만 B-1과 유사하다. 즉, 두 번째 O열의 저점이 첫 번째 O열의 저점보다 더 높고, 총 네 개의 열이 있다. B-1은 저항선의 단순한 돌파를 나타낸다. B-2는 같은 강세돌파를 나타내고 있으며, 강세 특징인 상승저점들을 갖고 있다. B-2는 이런 이유 때문에 B-1보다 강한 패턴이다.

3중 천정 돌파를 나타내는 세 번째 패턴(B-3)은 복잡한 형태를 나타낸다. 단순 강세 매수신호는 각 복잡형태의 일부분이다. 역시 그 페이지 아래쪽으로 내려갈수록 이러한 복잡형태는 더 강세를 나타낸다. 3중 천정 돌파는 더 강한 형태로, 이는 다섯 개의 열 중 두 개의 X열이 돌파되었기 때문이다. 바닥이 넓으면 넓을수록 상승 잠재력은 더욱더 크다. 다음 패턴(B-4), 즉 상승 3중 천정은 고점과 저점이 둘 다 상승하기 때문에 B-3보다 더 강세를 나타낸다. 스프레드 3중 천정(B-5)은 이보다 더 강한 형태인데, 이는 일곱 개의 열 중 세 개의 X열이 돌파되었기 때문이다.

강세삼각형 상승돌파(B-6)는 두 개의 신호를 조합한 것이다. 첫째, 단순매수신호가 있어야 한다. 그리고 위쪽 경로선을 완전히 돌파해야 한다. 강세의 저항선 상승돌파(B-7)는 자명하다. 역시 이 두 가지가 반드시 발생해야 한다. 즉, 매수신호는 이미 나타나 있고, 이제 위쪽 가격경로선(upper channel line)을 완전히 돌파해야 한다. 마지막 패턴, 즉 약세 저항선 상승돌파(B-8) 역시 두 가지 요소가 필요하다. 즉, 이는 단순매수신호와 하락추세선의 돌파의 조합이다. 물론, 패턴 B-1~B-8에 대하여 지금까지 언급했던 모든 것은 가격이 상승대신 하락한다는 것을 제외하고는 패턴 S-1~S-8에 똑같이 적용된다.

이들 패턴들을 일반 주식시장과 상품선물시장에 적용하는 데 있어 차이가 있다.

일반적으로 16개 신호 모두는 주식시장거래에 사용될 수 있다. 하지만 선물시장의 특징인 빠른 움직임 때문에 복잡한 패턴은 상품선물시장에는 자주 나타나지 않는다. 그러므로 단순신호에 더 중점을 두고 있다. 따라서 많은 선물거래자들은 단순신호만을 이용하고 있다. 만약 거래자가 더 복잡하고 더 강한패턴을 기다리다가는 유리한 많은 거래기회를 놓치게 될 것이다.

추세선 작성

앞에서 일중 차트에 대해 논의했을 때 추세선과 가격경로는 전통적인 방식으로 작성된다는 점을 지적하였다. 이는 3칸 반전차트에는 적용되지 않는다. 이들 차트에서 추세선을 45도 각도로 비스듬하게 그린다. 또한 반드시 직전의 고점과 고점 또는 저점과 저점을 연결해야 하는 것도 아니다.

기본적인 강세지지선과 약세저항선

기본적으로 상승추세선과 하락추세선이 있다. 사실, 이 차트는 너무 단순화시켰기 때문에 상승 고점들 또는 반등 저점들을 연결하는 것은 비현실적이다. 그러므로 45도 선이 사용된다. 상승추세에서 강세지지선이 가장 낮은 O열의 저점에서 오른쪽 상향 45도 각도로 그려진다. 가격이 그 선 위에 있는 한 주추세는 강세로 간주된다. 하락추세에서 약세저항선은 X열의 고점으로부터 우하향 45도 각도로 그려진다. 가격이 그 하향추세선 아래에 있는 한 그 추세는 약세이다(그림 11-10~11-12 참조).

때때로 이 선들은 조정될 수 있다. 예를 들어, 때때로 상승추세 동안 조정파동이 상승추세 재개에 앞서 상승지지선을 하향돌파하기도 한다. 이런 경우 새로운 지지선을 그 반전저점에서 45도 각도로 그려져야만 한다. 종종 추세가 너무 강해서 최초 상승추세선이 가격움직임과 너무 멀어질 때도 있다. 이런 경우에는 '가장 적절한' 지지선이 되도록 더 근접한 추세선을 다시 그려야 한다.

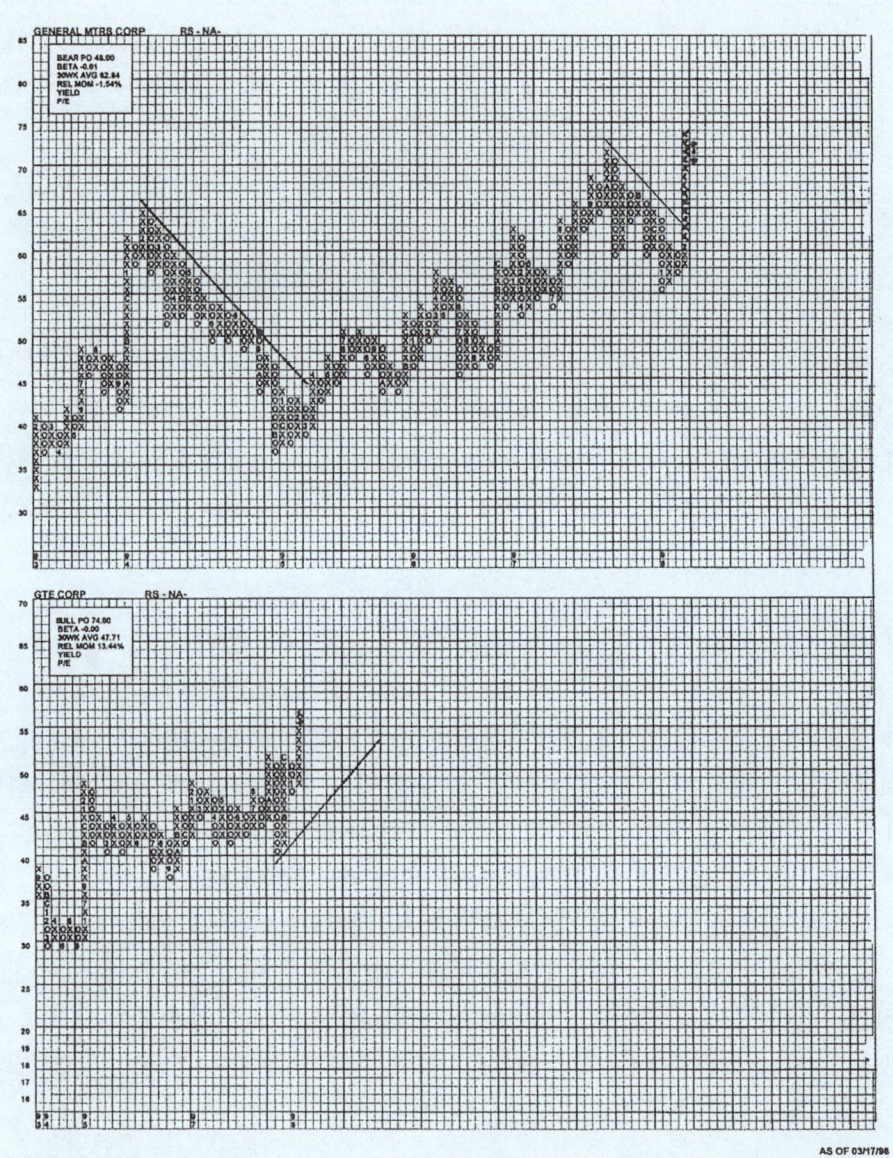

(그림 11-10) 차트크래프트사 주식에 대한 3포인트 반전차트의 예. 추세선은 45도 각도로 그려진다 (출처 : 차트크래프트사).

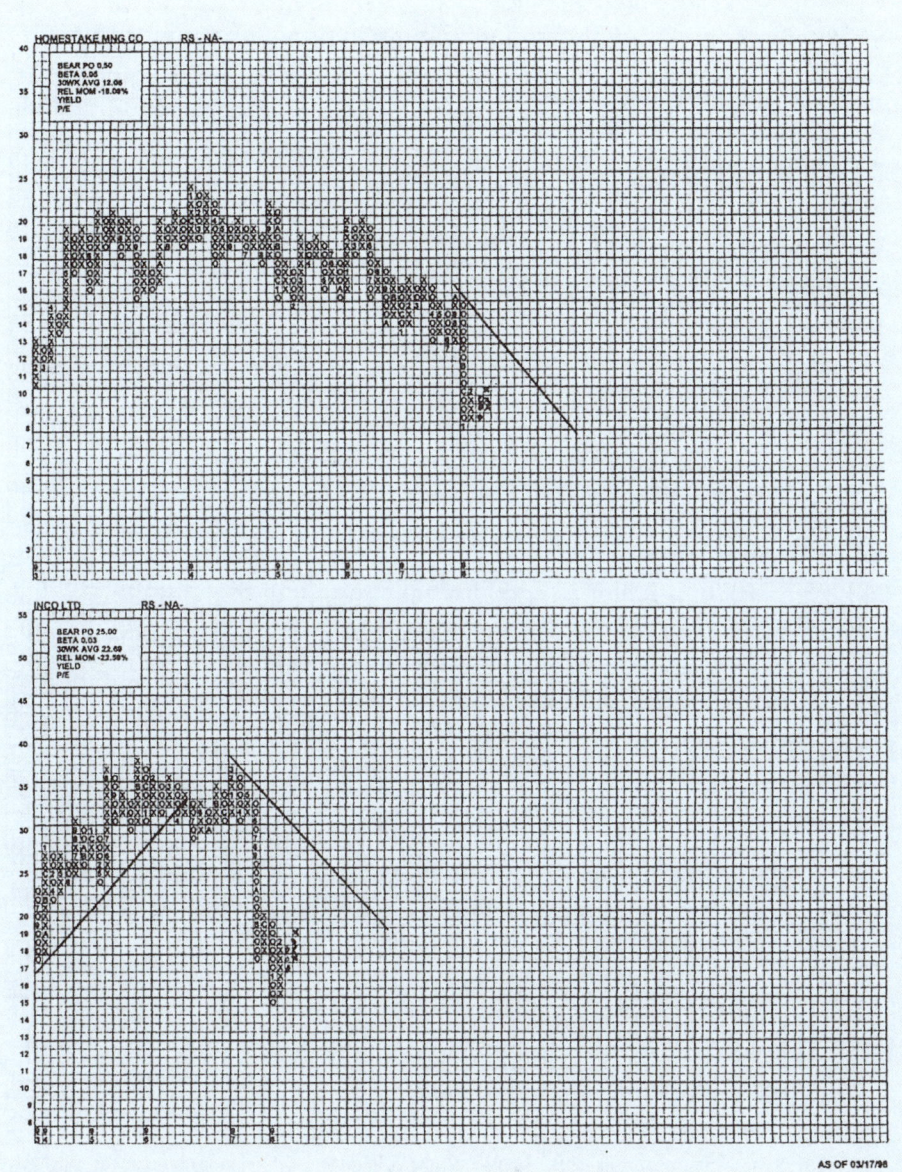

(그림 11-11) 차트크래프트사의 점도형차트에 나타나는 3포인트 반전기법의 2가지 예. 이 차트에 나타나는 추세선은 45도 각도로 그려진다(출처 : 차트크래프트사).

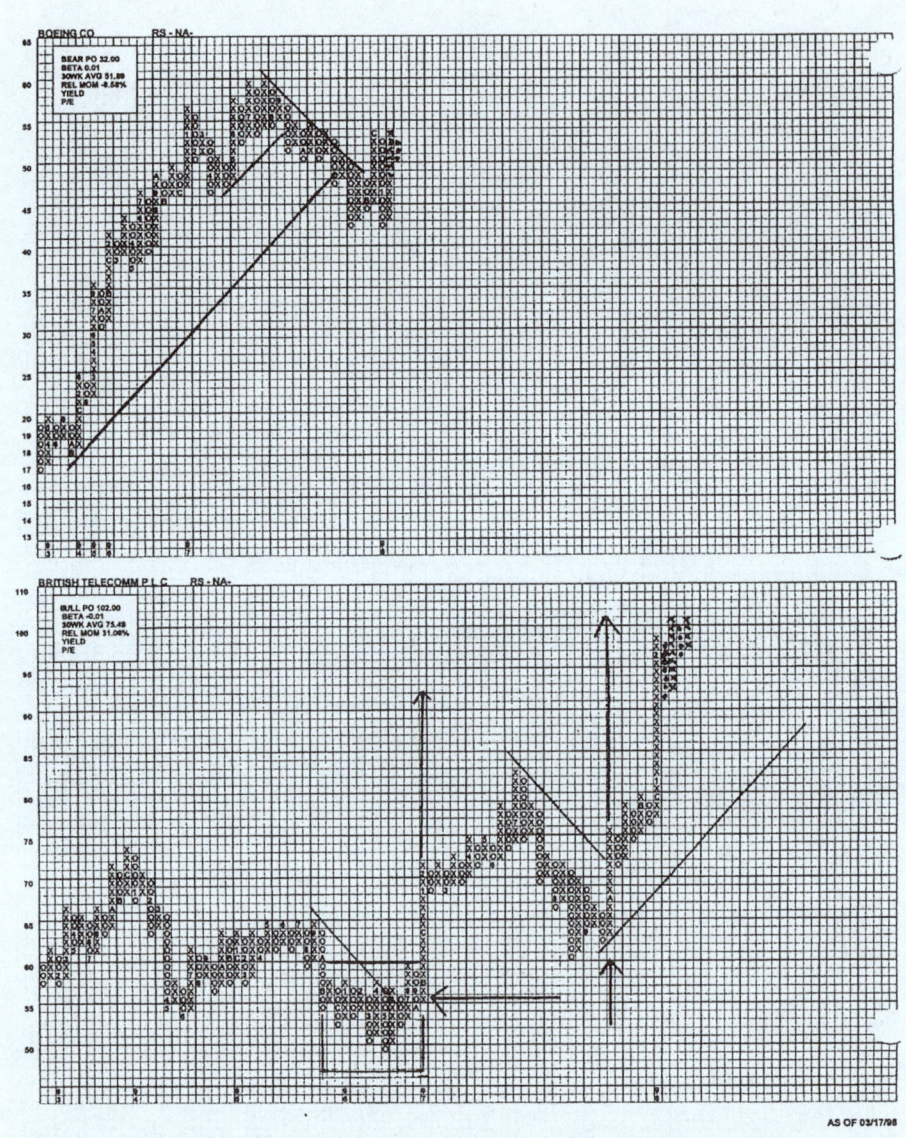

(그림 11-12) 아래 그림의 왼쪽에 있는 상자는 브리티시 통신의 PLC 가격에서 바닥열의 수에 3을 곱한 값에 50을 더함으로써 도달하는 92까지의 수평목표를 나타내고 있다. 오른쪽에 있는 102까지의 수직목표는 X열에 3을 곱한 값에 63을 더하면 된다.

측정기법(Measuring Techniques)

3포인트 반전차트는 두 가지 다른 측정기법, 즉 수평적인 것과 수직적인 것을 이용할 수 있다. 수평적 측정에서는 천정 또는 바닥패턴의 열의 수를 센다. 그리고 열의 수에 반전에 필요한 칸의 숫자 또는 반전값을 곱한다.

예를 들어, 3칸 반전 차트에 칸당 1달러의 가치를 부여한다고 가정하자. 그리고 밑면의 칸수를 세었더니, 모두 10칸이었다. 3칸 반전을 이용하고 있기 때문에 반전값은 3달러(3×1달러)이다. 바닥을 이루는 10열에 3달러를 곱하면 30달러가 된다. 이 값을 바닥형의 저점 또는 천정형의 고점에서 더하거나 빼면 목표가격이 된다.

수직적 측정은 좀 더 간단하다. 새로운 추세의 첫 번째 열에 있는 칸의 수를 센다. 상승추세에서는 X의 첫 번째 상승열을 세고, 하락추세에서는 O의 첫 번째 하락열을 센다. 그 수에 3을 곱하여 그 값을 저가에 더하거나, 고가에서 빼면 된다. 결국 3칸 반전차트를 가지고 여러분이 할 일은 첫 번째 구간의 크기를 세 배로 만드는 것이다.

만약 차트에서 2중 천정형 또는 2중 바닥형이 나타난다면 수직적 측정을 위하여 O열 또는 X열 중 두 번째 열을 이용한다(그림 11-12 참조).

거래전술

진입 및 철수 시점 선택을 위해 점도형차트를 이용할 수 있는 여러 가지 방법을 살펴보자.

1. 단순매수신호는 기존 공매도에 대한 환매수 또는 새로운 매수포지션을 취하는 데 사용될 수 있다.
2. 단순매도신호는 기존 매수포지션의 청산 또는 새로운 매도포지션을 취하는 데 사용될 수 있다.
3. 단순신호는 청산목적으로만 사용될 수 있고, 신규포지션은 복합형태를 사용한다.
4. 추세선은 여과장치로 사용될 수 있다. 매수포지션은 추세선 위에서 취해지고, 매

도포지션은 추세선 아래에서 취해진다.
5. 보호주문은 상승추세에서는 O의 마지막 열 아래에, 하락추세에서는 X의 마지막 열 위에서 취한다.
6. 실제 진입시점은 다음과 같이 다양할 수 있다.
   ① 상승추세에서는 실제 돌파점에서 매수하라.
   ② 보다 낮은 진입시점을 포착하려면 돌파 후 3칸 반전에서 매수하라.
   ③ 조정 발생 후 원래 돌파방향으로의 3칸 반전에서 매수하라. 이는 올바른 양전 확인이 필요할 뿐만 아니라, 마지막 O열 아래에 더 근접한 보호주문을 설정할 수도 있다.
   ④ 원래 돌파신호와 같은 방향의 두 번째 돌파점에서 매수하라.

위의 내용을 보면 쉽게 알 수 있듯이 다양한 방법으로 점도형차트를 이용할 수 있다. 그러나 기본적인 기법을 이해하고 있어야 이러한 접근을 이용한 최선의 시장진입 및 철수(Adjusting Stops)방법에 있어 융통성을 발휘할 수 있다.

보호주문의 조정

실제 매수 또는 매도 신호는 첫 번째 신호에서 발생한다. 그러나 가격변동이 계속됨에 따라 다른 여러 가지 신호가 차트에 나타난다. 이렇게 반복되는 매수 또는 매도 신호는 추가적인 포지션을 위해 사용될 수 있다. 이와는 별도로, 상승추세에서는 보호주문을 마지막 O열 바로 아래로 높이고, 하락추세에서는 마지막 X열 바로 위로 낮추어 설정할 수 있다.

이러한 추적 보호주문(trailing stop: 추적 손절매)을 이용하면 거래자는 자신의 포지션을 유지할 수 있을 뿐만 아니라 지금까지 확보한 이익을 보호할 수도 있다.

확장이동 이후의 조치

거래자들은 기존 추세가 재개되면, 추세 중에 일어나는 조정을 이용하여 보호주문을 조정할 수 있다.

그러나 그 추세기간에 3칸 반전이 일어나지 않으면 이것이 어떻게 완성될까?

거래자는 상승추세에서는 긴 X열을, 하락추세에서는 긴 O열을 직면하게 된다. 이러한 형태의 시장상황은 장대(Pole), 즉 조정이 없는 X와 O의 긴 열을 만든다. 거래자는 그 추세가 그대로 유지되기를 바라면서, 또한 수익을 보호하기 위한 몇 가지 거래기법을 원한다. 이것을 성취할 수 있는 한 가지 방법은 있다. 10칸 이상 연속 이동한 후 3칸 반전이 일어날 수 있는 지점에 보호주문을 설정한다. 만약 그 포지션이 체결되지 않은 경우, 기존 추세방향으로의 3칸 반전을 기대하면서 재진입할 수 있다. 이 경우, 상승추세에서는 가장 최근의 O열 아래에, 그리고 하락추세에서는 가장 마지막 X열 위에 보호주문을 설정하면 추가적인 이익을 얻을 수 있다.

점도형차트의 장점

점도형차트의 장점을 간략하게 재조명해보자.
1. 칸과 반전의 크기를 다양하게 변경해 거의 모든 거래에 적용할 수 있다. 시장 진입 및 철수를 위해 이들 차트를 이용 방법에는 여러 가지가 있다.
2. 거래신호는 봉차트에서보다 점도형차트에서 더 세밀하게 나타난다.
3. 구체적인 점도형 신호로 더 나은 거래 원칙을 세울 수 있다(그림 11-13~11-18 참조).

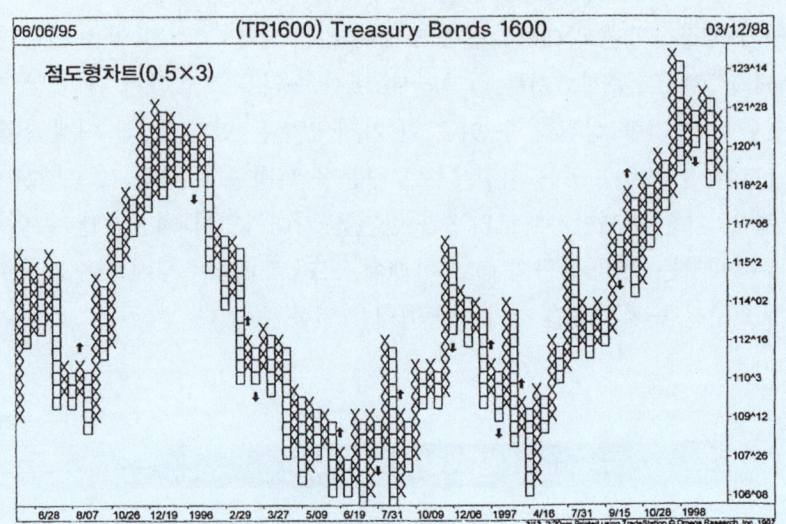

(그림 11-13) 2년간의 미 재무성 장기채권 선물가격 차트. 화살표는 매수·매도 신호를 나타낸다. 대부분의 신호는 시장추세를 잘 포착했다. 잘못된 신호가 나타날 때 차트는 재빨리 자체적으로 정정된다.

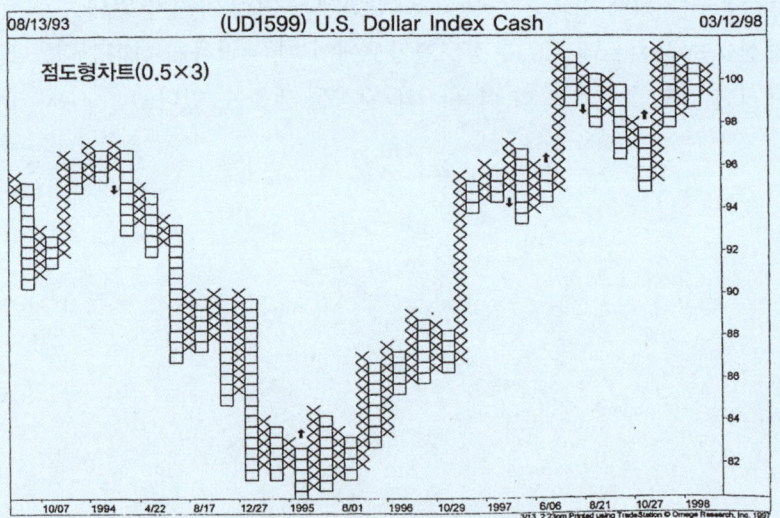

(그림 11-14) 1994년 초에 발생한 매도신호(첫번째 하향 화살표)는 1994년 내내 계속되었다. 1995년 초에 발생한 매수신호(첫번째 상향 화살표)는 1997년까지 2년 동안 계속되었다. 1997년 중반에 나타난 매도신호는 1998년 초에 매수신호로 전환되었다.

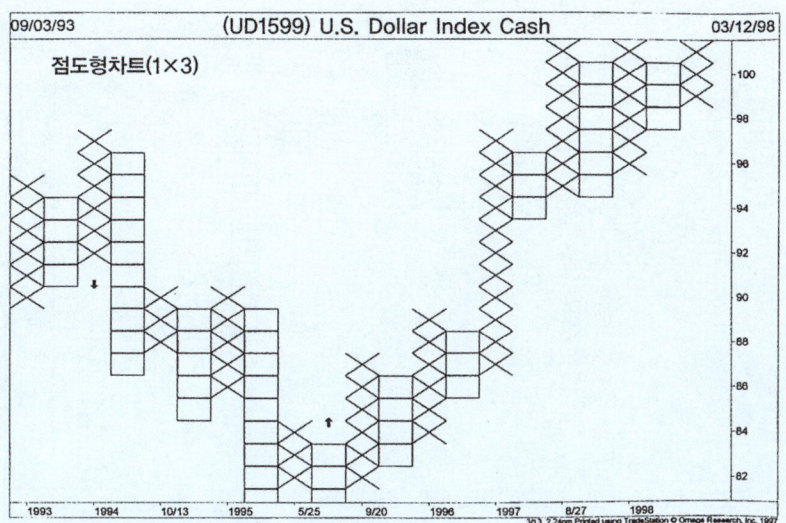

(그림 11-15) 이 차트는 그림 11-14의 칸의 크기를 2배로 하여 나타내고 있다. 이 민감도가 떨어지는 버전에서는 단지 2개의 신호만이 나타난다. 마지막 신호는 1995년 중반 85포인트 근처에서 나타난 매수신호(상향 화살표)였으며, 거의 2년 동안 계속되었다.

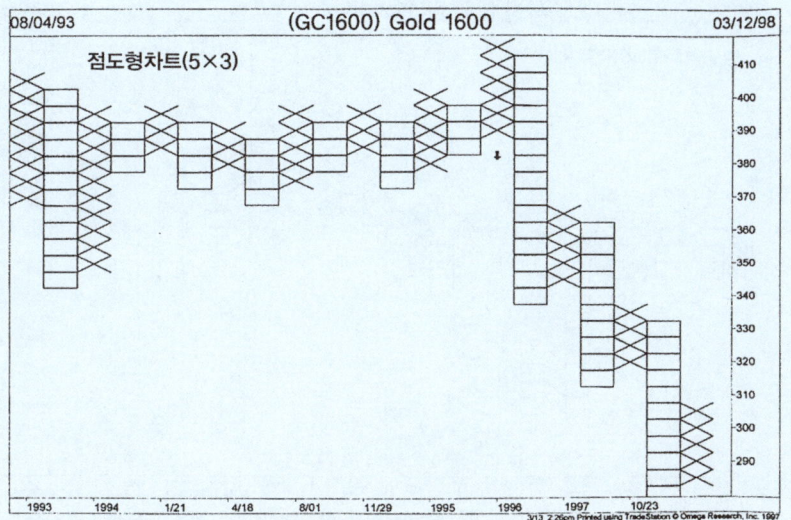

(그림 11-16) 금에 대한 이 점도형차트는 1996년 380달러 근처에서 매도신호(하향 화살표)를 나타내었다. 금가격은 다음 2년 동안 100달러 가량 하락하였다.

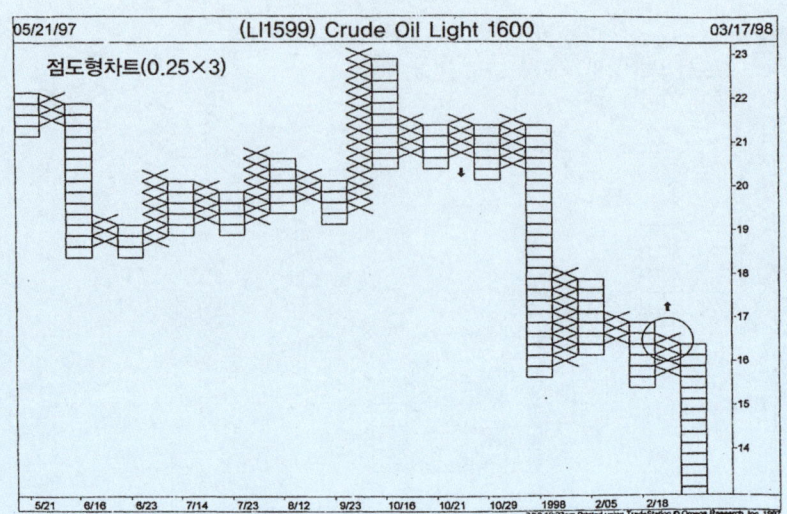

(그림 11-17) 원유 점도형차트는 1997년 10월에 20달러 근처에서 매도신호(하향 화살표)를 나타내었으며, 나중에 6달러나 폭락하게 됨을 감지하였다. 원유가격이 하락추세를 반전시키기 위해서는 16.5달러의 마지막 X열 위에서 상승해야 한다.

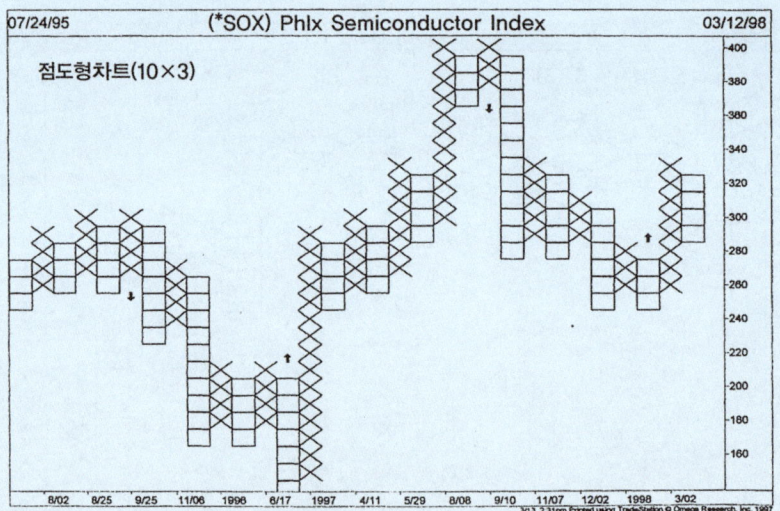

(그림 11-18) 반도체지수에 대한 이 점도형차트는 2년 반 동안 4개의 신호를 나타내었다. 하향 화살표는 1995년과 1997년에 적절한 매도신호를 표시하고 있다. 1996년의 매수신호(첫번째 상향 화살표)는 가장 확실한 반등을 감지하였다.

기술적 지표로서의 점도형차트

도르시(Dorsey)는 『점도형차트』(Point & Figure Charting: John Wiley & Sons) 1995년판에서 주식에 대한 차트크래프트의 3포인트 반전차트 기법을 지지하였다. 그는 또한 상품선물 및 옵션거래에 대한 점도형차트의 적용에 대해서도 다루고 있다. 그는 차트를 작성하고 판독하는 방법에 대한 설명에 더해, 점도형기법이 상대적 강세분석, 부문분석, 그리고 뉴욕증권거래소 강세비율지수의 작성에 어떻게 적용될 수 있는지 보여주었다. 그는 또한 뉴욕증권거래소의 상승·하락선(NYSE advance decline line), NYSE 고가·저가 지수(NYSE High - Low Index), 그리고 10주 및 30주 평균지수 주식을 위한 점도형차트 작성법을 제시하였다. 도르시는 차트크래프트사의 차트 서비스에서 이용할 수 있는, 이들 혁신적인 점도형 지표의 실제 개발에 대한 공로를 〈차트크래프트〉(Chartcraft, Inc., Investors Intelligence, 30 Church Street, New Rochelle, N.Y. 10801)의 발행인인 마이클 버크에게 돌리고 있다.

컴퓨터로 작성되는 점도형차트

컴퓨터는 점도형차트를 그리는 어려움을 해소시켜 주었다. 어렵게 X열과 O열을 작성하던 시절은 갔다. 이제는 차트소프트웨어가 다 그려준다. 단기 또는 장기 분석을 위한 차트 조정도 키보드만 누르면 간단하게 칸과 반전크기를 변경할 수 있다. 이제 실시간(일중), 일일 폐장 후 자료의 점도형차트를 작성할 수 있으며, 원하는 어떤 시장에도 적용할 수 있다. 그리고 컴퓨터로 훨씬 더 많은 것들을 할 수 있다.

UST 증권(UST Securities Corporation)의 기술적 분석가인 케네스 타워(CMT)는 점도형차트의 작성을 위해서 로그기법을 사용하고 있다. 지난 3년간 주식의 변동성을 측정하는 과정을 통해 개별 주식에 적합한 칸의 크기를 결정한다. 그림 11-19와 11-20은 AOL과 인텔에 적용된 타워의 로그 점도형차트의 예이다. 그림 11-19의 AOL의 칸의 크기는 3.6%이다. 그러므로 1칸 반전은 3.6%의 반전을 필요로 한다. 이것이 2칸 반전차트이기 때문에 가격이 새로운 열을 시작하기 위해서 반드시 7.2% 반전해야 한다.

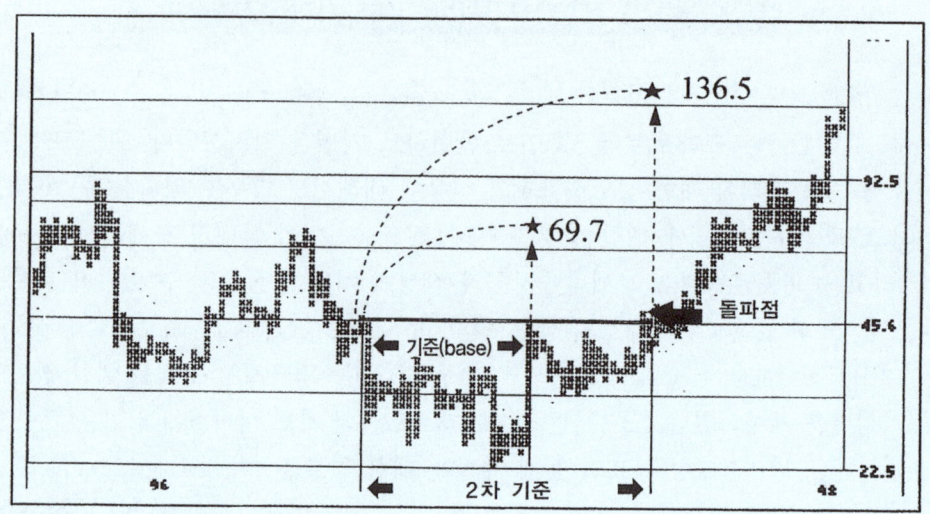

〈그림 11-19〉 AOL에 대한 로그 점도형차트. 반전분류는 백분율에 기초하고 있다. 각 칸은 3.6%의 가치가 있다. 이것이 2칸 반전차트이기 때문에 한 번 반전은 7.2%의 가치가 있다. 수평상승은 69.7과 136.5까지 이른다(제공 : UST 증권).

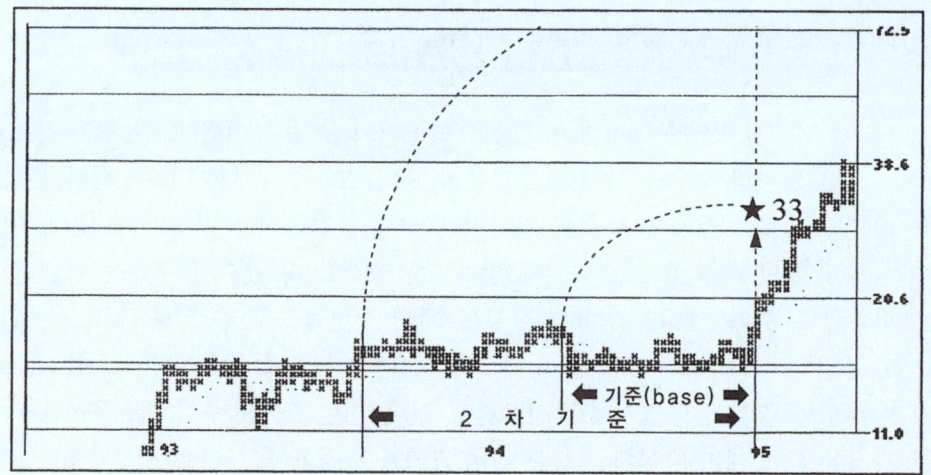

〈그림 11-20〉 백분율을 이용한 인텔사의 1칸 반전 점도형차트. 3.2% 반전하면 다음 칸으로 움직이게 된다. 기준(base)을 따라 오른쪽에서 왼쪽으로 수평측정하면 상승수치는 33이 되고, 그 다음은 87.6이 된다(제공 : UST 증권).

그림 11-20에 나타난 인텔차트에서 각 칸의 크기는 3.2%다.

두 차트에서의 호(arc)는 단기 및 장기 목표가격 계산하기 위한 가격구간(base)의 수평적 계산의 예이다. 예를 들어, 인텔차트는 단기 목표가가 33이고, 이는 가격구간(보다 작은 호)의 절반이다. 87.6인 큰 호는 전체 가격구간을 구하고, 그 값을 위로 투사하여 구한다. 그림 11-19와 11-20을 자세히 살펴보면 가격표시점들이 가격변화를 따라가고 있음을 알게 될 것이다. 그 표시점은 공교롭게도 이동평균이다.

점도형차트의 이동평균

이동평균은 보통 봉차트에 적용된다. 그러나 여기서는 이동평균을 점도형차트에 적용하였다. 이는 켄 타워(Ken Tower)와 UST 증권사 덕분이다. 타워는 그의 차트에서 두 개의 이동평균, 즉 10열 및 20열 이동평균을 이용하고 있다. 그림 11-19와 11-20의 점들은 10열 이동평균이다. 이들 이동평균을 구하기 위해서는 먼저 각 열의 평균값을 구한다. 이는 각 열에 있는 가격을 합산하여 그 열의 X 또는 O의 개수로 나누어 구한다. 그리고 10일 및 20일에 대한 그 결과값의 평균을 구하면 된다. 이동평균은 사용은 봉차트와 동일하다.

그림 11-21은 같은 주식시장의 10열 평균(점선), 20열 평균(대시선)을 보여주는 두 개의 점도형차트이다. 하단에 있는 차트는 1992년으로 거슬러올라가는 국영 네덜란드 석유회사(Royal Dutch Petroleum)의 2.7% 반전 로그차트이다. 1993년~1997년까지 4년간의 상승추세 동안 빠른 이동평균은 느린 이동평균의 위에 머물렀다. 그 주식의 횡보로 판명된 1997년 하반기에는 두 개의 이동평균이 서로 만난다는 것을 알 수 있다. 더 오른쪽에서는 국영 네덜란드 석유회사가 중요한 상승추세를 막 재개하려는 것을 알 수 있다. 그림 11-21의 상단에 있는 차트에서도 비슷한 상향돌파 가능성이 보인다.

상단에 있는 차트는 같은 주식에 대한 전통적인 1칸 반전 선형차트이다. 선형차트의 시간구간은 장기차트보다 훨씬 짧다. 그러나 1997년 말~1998년 초까지의 가격변화를 좀더 자세히 보면, 1998년 초에 단기상승돌파를 볼 수 있다. 하지만 주요한 강

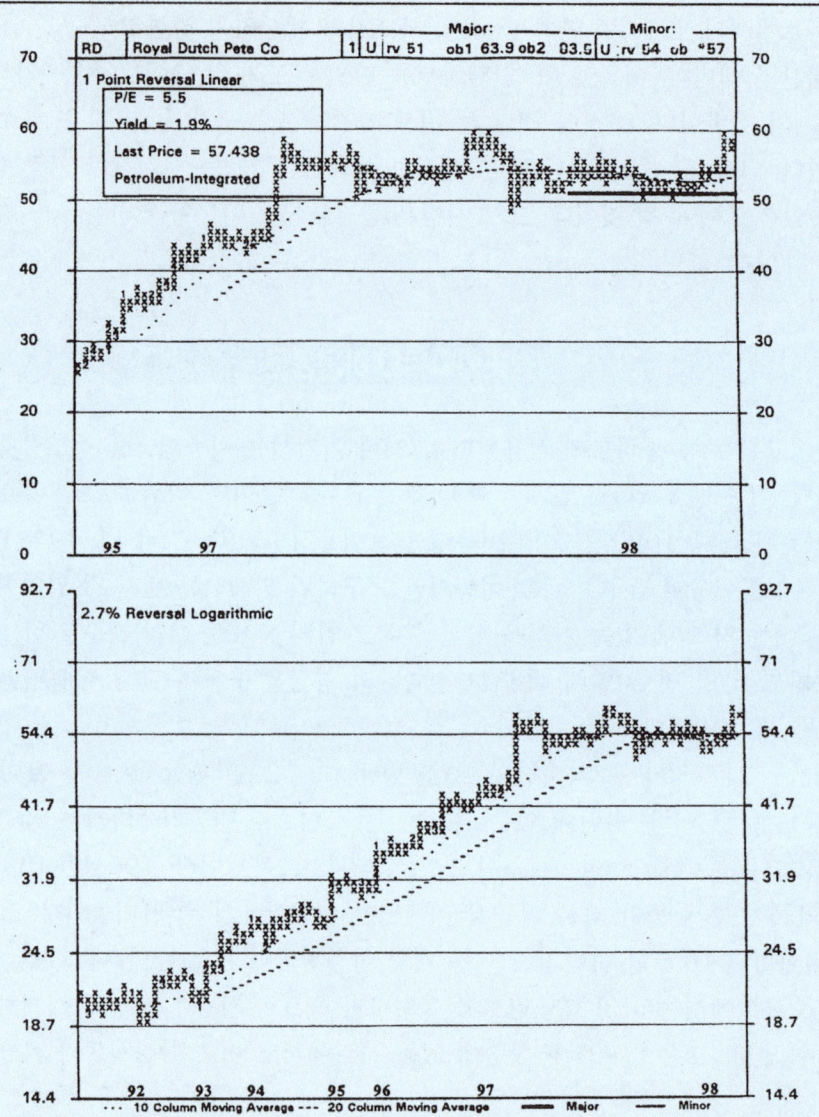

(그림 11-21) 국영 네덜란드 석유회사(Royal Dutch Petroleum)의 점도형차트들. 아래는 수년간에 걸친 로그차트이고, 위는 1년간의 선형차트이다. 점선과 대시선은 10열 또는 20열의 이동평균을 나타낸다(제공 : UST 증권, 1998년 3월 26일 수정).

세돌파에 대한 확인을 위해 종가가 60위에 있어야 한다. 이동평균은 거래기간 동안에는 많은 도움이 되지 못했지만(결코 그럴 리는 없겠지만), 강세돌파가 발생하면 상승추세를 재개한다. 켄 타워는 점도형차트에 이동평균을 추가함으로써 점도형차트에 또 하나의 가치 있는 기술적 지표를 더하였다. 로그차트 사용은 기존의 차트 작성기법에 현대적인 취향을 더하는 것이다.

결론

점도형차트 작성법이 세계에서 가장 오래된 기법은 아니다. 가장 오래된 차트는 일본의 양초차트이다. 이는 일본에서 수세기 동안 사용되어왔다. 다음 장에서는 양초차트에 대해 두 권의 책을 저술한 그레그 모리스(Greg Morris)가 최근 서양 기술적 분석가들 사이에서 인기를 얻고 있는, 이 오래된 기법을 소개할 것이다.

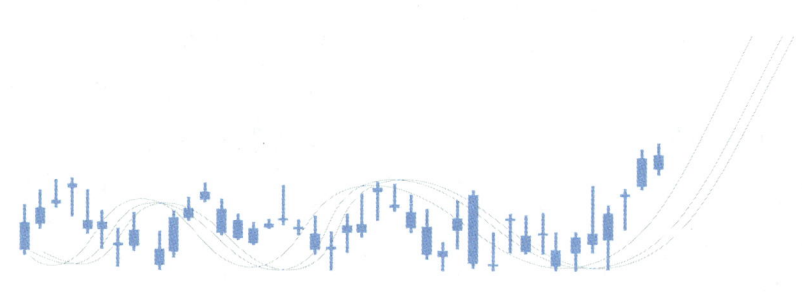

제12장

일본식 양초차트

일본식 양초차트[*]

서문

일본에서는 이미 수세기 동안 이 차트와 분석기법을 사용해왔으나 서구에서는 최근 들어서야 인기를 끌게 되었다.

'양초'라는 용어는 사실 서로 다른, 하지만 관련된 두 주제를 의미한다. 첫째, 차트 분석을 위하여 주식이나 선물 데이터를 표시하는 방법이다. 둘째, 정의되고 증명된 양초들의 조합을 찾아내는 예술이다. 다행하게도 이 두 기법 모두 독립적으로 또는 결합해서 이용할 수 있다.

양초차트 작성

시장데이터를 양초모양의 차트로 나타내는 데는 표준 봉차트 작성시 사용했던 것과 같은 데이터(시가, 고가, 저가, 종가)를 사용한다. 이렇게 똑같은 자료를 사용하지만 양초차트는 봉차트에 비해 시각적으로 훨씬 더 눈에 잘 띄는 차트이다. 정보가 마치 책(컴퓨터 화면)에서 튀어나올 것만 같다. 표현된 정보가 보다 쉽게 해석되고 분석된다. 그림

---

* 이 장은 그레그 모리스(Greg Morris)가 기고하였음.

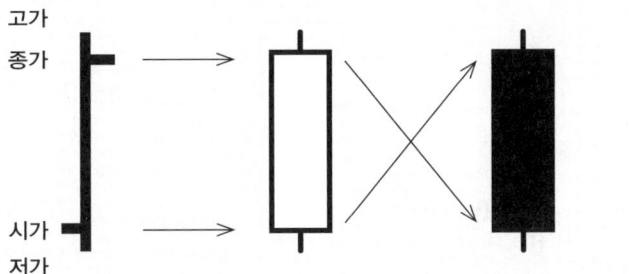

(그림 12-1)

12-1은 하루 동안의 가격을 서로 다르게 표시하는 봉차트(왼쪽)와 양초차트이다.

왜 이름을 '양초차트'라 하는지 이 그림을 보면 이해가 갈 것이다. 이것은 흡사 심지 달린 양초와 같다. 직사각형은 하루 시가와 종가의 차이를 나타내며, 몸체로 불린다. 몸체는 흰색 또는 검정색으로 표시되는데, 흰 몸체는 종가가 시가보다 높음을 의미한다. 사실 몸체가 흰색이 아닌 빈(채워지지 않은) 상태라야 컴퓨터에서 작업하기가 편하다. 따라서 컴퓨터에서 프린트할 때 정확하게 인쇄될 것이다. 이것이 서구에서 양초차트에 일어난 변화 중 하나이다(일본에서는 빈 몸체에 빨간색을 사용한다). 검은 몸체는 종가가 시가보다 낮음을 의미한다.

일본식 양초차트에서는 시가와 종가를 매우 중요시한다. 아래위의 작은 선들은 심지, 머리털, 또는 그림자로 불린다. 일본에서 발행된 관련문헌에는 이에 대한 많은 다른 이름들이 나타난다. 그러나 이것은 하루의 저가와 고가를 나타내며, 일반적으로 일본인들은 기술적 분석에서 이것을 그렇게 중요하게 생각지 않는데도 그토록 많은 이름으로 표현되는 것은 의외이다.

그림 12-2는 똑같은 데이터를 흔한 봉차트와 일본식 양초차트로 나타낸 것이다. 봉차트에서는 그렇게 선명하게 나타나지 않던 정보들이 양초차트에서는 책(컴퓨터 화면)에서 튀어나올 것처럼 선명하게 나타나는 것을 볼 수 있을 것이다. 처음엔 적응하는 데 조금 시간이 걸릴지 모르지만 얼마간의 시간이 지나면 여러분들도 양초차트를 더 선호할지도 모른다.

양초의 모양이 다르면 그것이 내포하는 의미도 달라진다. 일본인들은 양초를 시가,

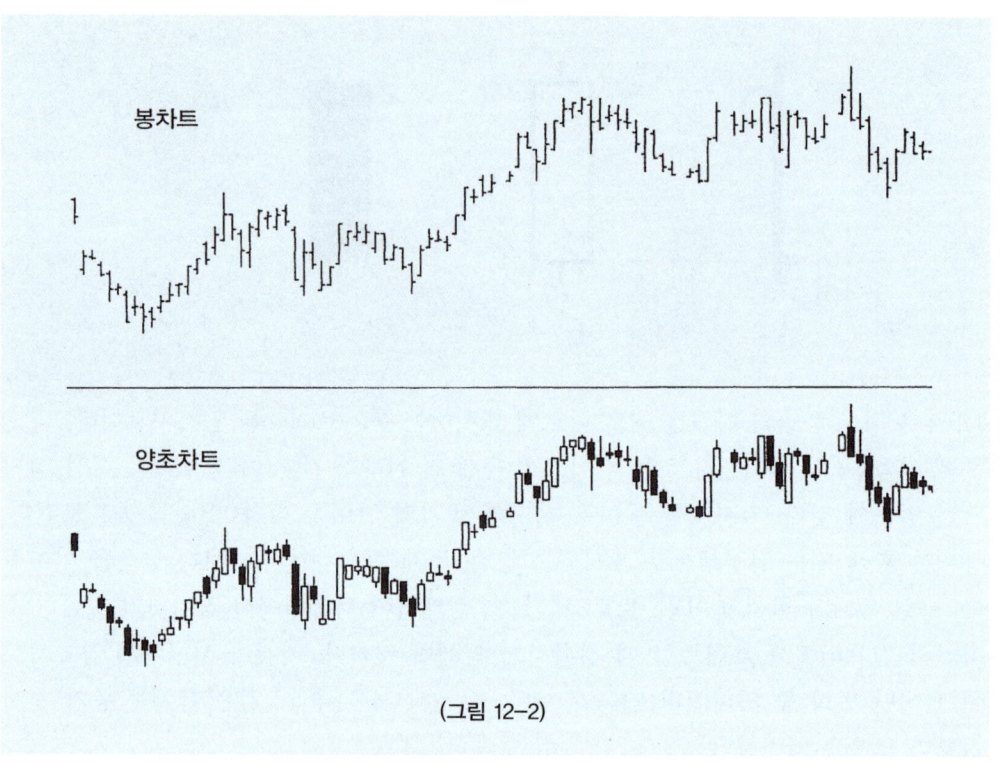

(그림 12-2)

고가, 저가, 그리고 종가의 관계에 근거하여 주요 양초를 달리 정의하였다. 이러한 양초의 기본 형태를 이해하는 것이 양초차트 분석의 시작이 된다.

기본 양초형

몸체·그림자 조합이 다르면 의미도 다르다. 시가와 종가의 가격차가 큰 날은 '긴 날', 시가와 종가의 차이가 적은 날은 '짧은 날'로 부른다. 지금은 단지 몸체의 크기에 대해서만 이야기하고 있을 뿐 고가·종가에 대해서는 어떤 언급도 하고 있지 않음을 기억하자(그림 12-3 참조).

팽이는 작은 양초 몸통보다 위·아래 그림자가 더 긴 날을 말한다. 팽이형에서 몸

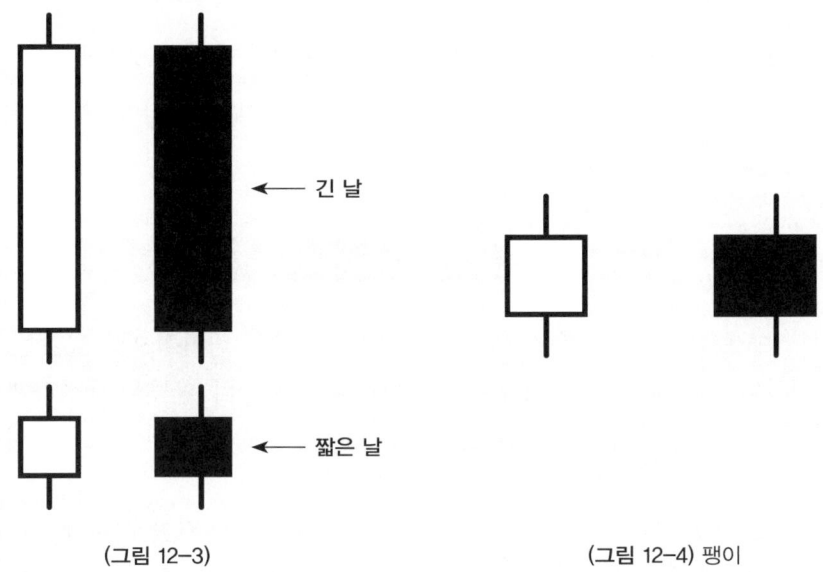

(그림 12-3) (그림 12-4) 팽이

체의 색깔은 비교적 중요하지 않다. 이런 양초형 날은 망설임의 날로 간주된다(그림 12-4 참조).

    시가와 종가가 같을 때 이것을 도지(Doji)선이라고 부른다. 도지 양초는 다양한 길이의 그림자들을 가질 수 있다. 도지 양초를 다룰 때는 시가가 종가와 정확히 같은지 보아야 한다. 이 경우는 가격들이 반드시 같아야 하는 경우이다(특히 가격움직임이 클 때). 여기에는 몇 개의 중요 형태가 있다. 긴 다리 도지(Long-legged Doji)는 위·아래 긴 그림자를 가지며, 시장 참가자들의 많은 망설임을 반영한다. 묘비 도지(Gravestone Doji)는 단지 긴 위 그림자만 있으며 아래 그림자는 없다. 위 그림자가 길수록 약세시장으로 해석된다. 잠자리 도지(Dragonfly Doji)는 묘비 도지와

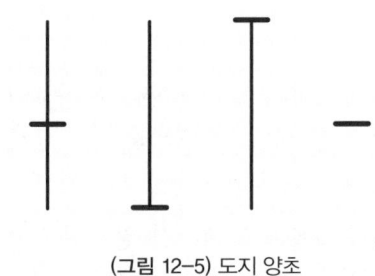

(그림 12-5) 도지 양초

반대로 긴 아래 그림자만 있고 위 그림자는 없다. 이 경우에는 강세시장으로 간주된다 (그림 12-5 참조).

위에서 얘기한 개개의 양초는 일본식 양초차트 분석에 있어서 필수적이다. 모든 일본식 양초차트의 패턴은 이러한 기본 양초들의 조합으로 만들어진다.

양초형의 분석

일본식 양초형은 어떤 시점에서의 거래자들의 경향을 심리적으로 표현한 것이다. 이것은 시간의 흐름에 따라 시장에서 전개되는 거래자들의 활동을 생생하게 보여준다. 그리고 비슷한 상황에서 일관된 반응을 보인다는 단순한 사실이 양초분석을 유효하게 한다.

일본식 양초형은 하나의 양초선 또는 다수 선의 조합으로 되어 있지만, 일반적으로 다섯 개의 선은 절대로 넘지 않는다. 대부분의 양초형들이 반전점을 포착하기 위해 이용되는 반면, 몇몇은 추세의 지속을 포착하는 데 이용된다. 이것들은 반전형, 지속형으로 불린다. 어떤 반전형이 강세를 의미할 때 이와 상반되는 패턴은 언제나 약세를 의미한다.

이와 마찬가지로, 어떤 지속형이 강세를 의미한다면 이와 상반되는 패턴은 약세를 의미한다. 강세와 약세 모두 나타낼 수 있는 짝을 이루는 패턴은 일반적으로 이름이 동일하다. 그러나 몇몇의 경우에 어떤 강세패턴과 이와 상반되는 약세패턴은 완전히 이름이 다르다.

반전형

반전양초형은 일반적으로 추세의 반전을 나타내는 일본식 양초들의 조합이다. 강세 또는 약세형 판단을 위해 반드시 고려해야 할 한 가지 중요한 사항은 그 시장의 직전 추세이다.

상승추세에서 강세반전 양초형은 기대할 수 없다. 강세패턴을 닮은 일련의 양초들이 나타날 수도 있지만, 추세가 상승추세인 경우 이것은 강세 양초패턴이 아니다. 이와 마찬가지로 하락추세에서 약세반전 양초형은 기대할 수 없다.

이는 시장분석에서 오래된 문제 중 하나이다. 추세란 무엇인가? 일본식 양초 패턴을 효과적으로 이용하기 위해서는 먼저 추세를 판단해야 한다. 추세결정에서 거래량을 함께 다루듯이 이동평균을 일본식 양초형과 함께 이용하면 매우 효과적이다. 일단 단기(10여 개의 기간) 추세가 결정되면 일본식 양초차트는 이 추세의 반전을 파악하는 데 매우 효과적일 것이다.

이와 관련된 일본 책에서는 약 40여 개의 반전형을 일관되게 언급하고 있다. 이러한 것들은 단순양초선으로부터 다섯 개 양초선의 보다 복잡한 패턴에 이르기까지 다양하다. 양초차트에 대한 훌륭한 내용들이 많기 때문에, 여기서는 보다 인기있는 몇 가지 패턴만 다루도록 한다.

암운(Dark Cloud Cover)

이 패턴은 2일 반전형으로, 약세를 내포한다(그림 12-6 참조). 이것은 또한 이의 상대형 패턴이 다른 이름을 가지는 경우이다.

이 패턴의 첫날은 긴 흰색 양초이다. 이것은 시장의 현재 추세를 반영하며, 거래를 위한 상승 추세 확인에 도움을 준다. 다음 날의 시가는 전날의 고가보다 높은 곳에서 시작하여 여전히 상승 추세를 강화한다.

그러나 그 이후 나머지 시간 동안의 거래는 하락세이며, 종가는 적어도 직전일 몸체의 1/2 아래에서 형성된다. 이것은 상승기조에 심각한 타격

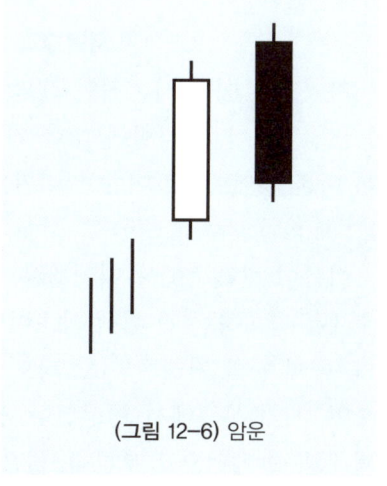

(그림 12-6) 암운

으로, 많은 시장참가자들이 이 시장을 빠져나가도록 압박할 것이다. 둘째 날의 종가가 시가 아래에 있기 때문에 몸통은 검은색으로 표시된다. 이것이 이름이 암시하는 암운(黑雲)이다.

관통선(Piercing line)

암운의 반대형인 관통선은 강세를 내포한다(그림 12-7 참조). 시나리오는 앞의 것과 같으나 방향은 정반대이다. 하락추세가 지속되고 있고, 첫날은 하락추세에 대한 거래자들의 자신감을 강화시켜주는 긴 검정색 날이다. 다음 날 시가는 전날보다 낮은 저점에서 시작하여, 계속 상승하여 첫날 몸체의 1/2 위에서 종가가 형성된다. 이것은 하향심리의 중요한 변화를 나타내며, 많은 참가자들이 포지션을 반대로 바꾸거나 시장에서 빠져나가게 된다.

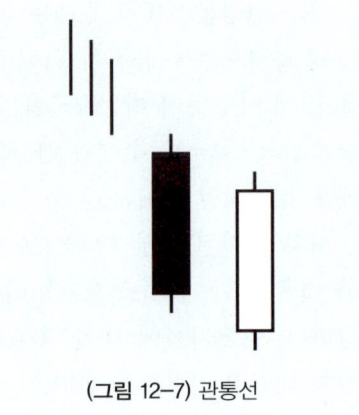

(그림 12-7) 관통선

저녁별과 샛별(Evening Star and Morning Star)

저녁별과 이의 사촌격인 샛별은 강력한 반전양초형으로, 둘 모두 아주 잘 들어 맞는 3일형이다. 저녁별에 대한 거래자 심리변화 이해를 위한 시나리오를 여기서 철저히 다룰 것이며, 그 이유는 이와 반대되는 시나리오가 샛별에 해당되기 때문이다(그림 12-8과 12-9 참조).

이름이 말해주듯이 저녁별은 약세(하향)반전 양초형이다. 이 패턴의 첫날은 기존의 추세를 강화하는 긴 흰색 양초이다. 둘째 날의 시가는 첫날의 몸체보다 위에서 시작한다. 둘째 날의 거래는 어느 정도 제한적이고 종가는 여전히 첫날의 몸체보다 위에 있으며, 시가 부근에서 형성된다. 둘째 날의 몸체는 작다. 긴 몸체 뒤에 나타나는 이런 형태를 별 패턴으로 부른다. 별은 긴 몸체 날과 어느 정도 공백을 두고 나타나는 작은 몸체이다. 이 패턴의 셋째 날이자 마지막 날 시가는 별 몸체의 아래에 조금 공백을 두고 시작되어 첫날 몸체의 1/2 아래에서 종가로 마감한다.

이는 완벽한 시나리오를 가정한 설명이었다. 많은 참고서들은 비록 위 시나리오의 세부사항을 모두 만족시키지 못한다 하더라도 유효한 저녁별로 간주할 것이다. 예를 들면, 셋째 날이 공백을 두고 아래쪽 있지 않거나 셋째 날의 종가가 첫날 몸체의 1/2 보다 훨씬 아래에서 마감되지 않을 수도 있다. 이러한 세부사항을 들여다보면 상당히

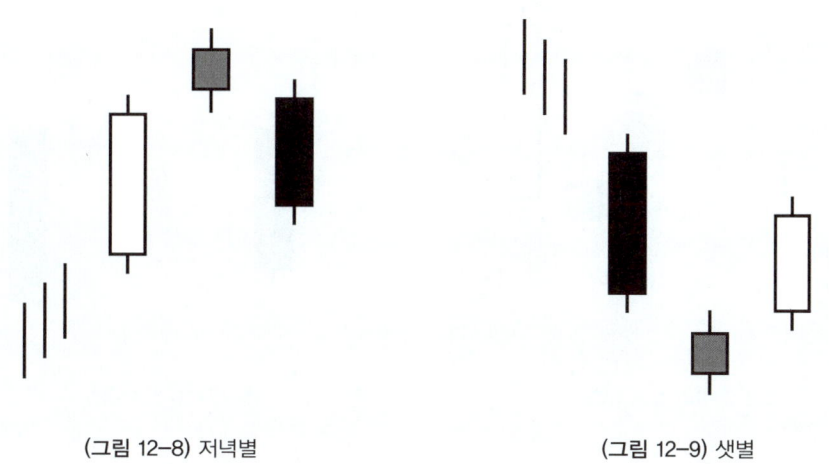

(그림 12-8) 저녁별   (그림 12-9) 샛별

주관적이나, 이 패턴의 자동적 파악을 위해 컴퓨터 프로그램을 이용할 경우는 그렇지 않다. 왜냐하면 컴퓨터 프로그램이 양초차트를 읽기 위해서는 명확한 지시사항이 필요하고 주관적인 해석은 허용되지 않기 때문이다.

지속형

매 거래일마다 거래 철수냐 진입이냐, 아니면 거래 현상유지인지 결정해야 한다. 기존 추세의 지속을 파악하는 데 도움을 주는 양초패턴은 보기보다는 가치가 있다. 이는 어떠한 거래를 유지할지 아니면 정리할지 하는 문제에 답하는 데 도움을 준다. 일본 문헌은 16개의 지속형 양초패턴들에 대해 언급한다. 하나의 지속형 패턴, 그리고 이와 상반되는 사촌격 패턴은 추세 지속을 파악하는 데 특히 유용하다.

상승·하락 3법(Rising and Falling tree Method)

상승 3법 지속형은 자신의 단짝과는 대조적으로 강세시장을 나타내며, 이 시나리오 구성의 주제가 된다. 강세지속형은 단지 상승추세에서만 나타날 수 있고, 약세지속형은 하락추세에서만 나타날 수 있다. 이것은 양초형 분석에서 필수적인 추세와의 관계

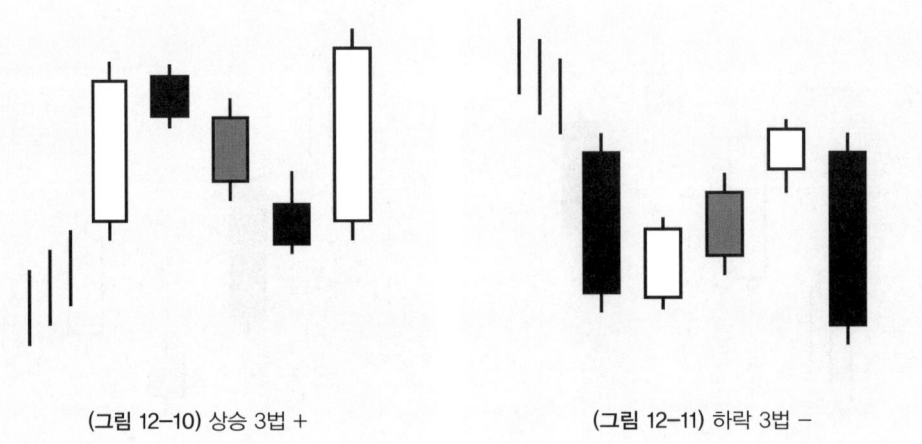

(그림 12-10) 상승 3법 +   (그림 12-11) 하락 3법 −

를 강조한 것이다(그림 12-10과 12-11 참조).

상승 3법의 첫날은 상승시장을 완전히 떠받치는 긴 흰색 몸체로 시작한다. 그러나 다음 3일의 거래기간 동안 하락추세 그룹을 이루는 작은 몸체들이 발생한다. 이들은 모두 첫날의 긴 흰색 몸체의 범위 내에 머물며, 작은 세 개의 몸체 중 적어도 두 개는 검은색이다. 시장이 어디든 움직이지 않을 것 같은 이 기간을 일본인들은 '휴면기간'으로 간주하였다. 이 패턴의 5일째에 새로운 긴 흰색 몸체가 발달하여 종가가 새로운 고점을 갱신한다. 가격이 마침내 좁은 박스권을 벗어났으며, 상승추세가 계속될 것이다.

상승 3법과 같은 5일형을 정의하는 데는 많은 세부사항을 고려해야만 한다. 위의 시나리오는 상승 3법형의 전형적인 예이다. 그리고 여기에 약간의 유연성을 적용할 수 있는데, 여기에는 반드시 경험이 수반되어야 한다. 예를 들면, 3일의 작은 조정 몸체들이 첫 날의 몸체 범위 내가 아닌 고가·저가 범위 내에 머무를 수도 있을 것이다. 작은 몸체들(small reaction days)이 항상 압도적으로 검은색이어야 할 필요는 없다. 그리고 마지막으로 '휴면기간'이 3일 이상의 조정 몸체를 포함하는 것으로 확대될 수도 있다. 상승·하락 3법을 무시하지 말자. 어떤 거래이익을 보호하기 위해 전전긍긍할 때 이 패턴이 위안을 줄 수 있을 것이다.

양초형의 파악을 위한 컴퓨터 사용

양초패턴을 인식하는 프로그램을 갖춘 개인용 컴퓨터는 특히 어떤 거래에서 감정을 제거할 수 있는 훌륭한 방법이다. 그러나 컴퓨터 화면에서 양초형을 검토할 때 명심해야 할 두 가지 정도의 사항이 있다.

컴퓨터 화면은 화소(pixels)라는 작은 빛의 원소들로 이루어져 있다. 컴퓨터 화면에는 영상카드(video card)와 화면의 해상도에 따라 아주 많은 화소들이 존재한다. 짧은 기간 내에 가격변동범위가 큰 가격자료를 검토할 경우 사실과 달리 많은 도지일(시가와 종가가 같다)을 보는 것으로 착각할 수도 있다. 화면상에 큰 가격변동범위가 나타날 때 각 화소는 자신의 가격범위를 가질 것이다.

수학적 관계에 근거하여 패턴들을 파악하는 프로그램은 이런 시각적 왜곡을 극복할 수 있다. 바라자면, 위의 설명을 이해하면서 자신들의 컴퓨터가 무용지물이라고 생각지 말기를 바란다.

양초 여과 패턴(Filtered Candle Patterns)

1991년 그레그 모리스(Greg Morris)가 개발한, 여과된 양초패턴으로 불리는 혁신적인 개념은 양초패턴의 전반적인 신뢰성을 향상시키는 단순한 방법을 제공한다. 양초패턴이 있기 위해서는 시장의 단기추세가 반드시 파악되어야 한다. 한편, 전통적인 기술적 분석을 이용한 시장의 과매수·과매도의 판단은 양초형의 예측능력을 향상시킬 것이다. 동시에 이 기법은 거짓 또는 미성숙 양초패턴을 가려내는 데 도움을 준다.

우선 어떻게 전통적인 기술적 지표가 가격 데이터에 반응하는가를 반드시 파악해야 한다. 이 예에서, 스토캐스틱 %D가 이용될 것이다. 스토캐스틱 지표는 0과 100 사이에서 움직인다. 20은 과매도 상태이며, 80은 과매수 상태이다.

%D가 80 이상 상승하였다가 80 아래로 떨어지면 매도신호가 발생한 것으로 보는 것이 이 지수의 주된 해석이다. 마찬가지로, %D가 20 이하로 떨어졌다가 20 이상으로 다시 상승하면 매수신호가 발생한 것으로 해석한다. 우리가 스토캐스틱 %D에 대해서 알고 있는 것은 이것이 80을 능가하거나 20 밑으로 하락할 때 결국 어떤 신호를

발생시킨다는 것이다. 달리 말하면, 신호가 발생하는 것은 단지 시간 문제라고 할 수 있다. 80 위와 20 아래의 영역은 신호 예정영역으로 불리며, 자체적으로 거래신호를 발생시키기 위해서는 %D가 반드시 진입해야 하는 영역을 나타낸다(그림 12-12 참조).

여과된 양초패턴 개념은 이 신호 예정영역을 이용한다. 양초패턴은 %D가 자신의 신호 예정영역 안에 있을 때만 고려된다. 스토캐스틱 %D가 65일 때 어떤 양초패턴이 발생했다면, 이 패턴은 무시된다. 또한 오로지 반전양초형만이 이 개념을 이용하는 것으로 간주된다.

여과된 양초패턴은 스토캐스틱 %D만 이용하는 것에 국한되지 않는다. 양초패턴을 여과하기 위해 여러분이 일반적으로 이용할지도 모르는 어떤 기술적 오실레이터도 이용할 수 있다. 와일더의 RSI, 램버트의 CCI, 그리고 윌리엄스의 %R도 마찬가지로 좋은 여과장치이다.

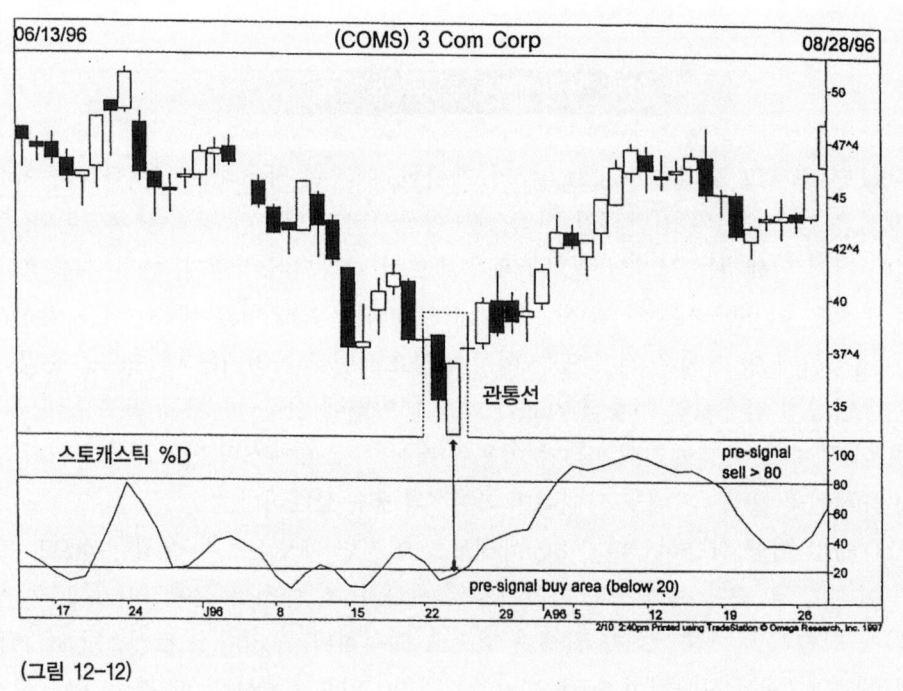

(그림 12-12)

결론

일본식 양초차트와 양초패턴 분석은 시장의 매매시점을 결정하는 데 필수적인 도구이다. 여러분들은 다른 기술적 도구나 기법과 마찬가지로 일본식 양초패턴을 사용할 수 있다. 양초를 사용한 가격차트를 보는 데 익숙해지고 나면 다시 봉차트를 이용하고 싶을 수도 있다. 일본식 양초차트를 여과 목적으로 다른 기술적 도구들과 같이 사용하면 가격에 근거한 다른 지표를 이용할 때보다 빨리 거래신호를 포착할 수 있다.

《《《《 양초형 》》》》

양초차트의 신호를 파악하는 데 이용되는 양초형의 목록은 아래와 같다.
각 이름의 끝부분에 있는 괄호 안의 숫자는 어떤 특별한 형을 이루기 위해 필요한 양초의 수를 나타낸다. 이것들은 상승형과 하락형으로, 그리고 다시 반전형과 지속형으로 나뉜다.

상승반전형	하락반전형
장대 양봉+ (1)	장대 음봉− (1)
해머+ (1)	매달린 사람− (1)
반전해머+ (2)	유성− (2)
멜빵집게+ (1)	멜빵집게− (1)
장악형+ (2)	장악형− (2)
포아형+ (2)	포아형− (2)
십자포아형+ (2)	십자포아형− (2)
관통선+ (2)	흑운− (2)
도지별+ (2)	도지별− (2)

접선형+ (2)	접선형- (2)
백삼병+ (3)	적삼병- (3)
샛별+ (3)	저녁별- (3)
새벽 도지별+(3)	저녁 도지별-(3)
버려진 아기+ (3)	버려진 아기- (3)
세 별+ (3)	세 별- (3)
이탈+ (5)	이탈- (5)
세 안쪽 상승+ (3)	세 안쪽 하락- (3)
세 바깥쪽 상승+ (3)	세 바깥쪽 하락- (3)
발차기+ (2)	발차기- (2)
특이한 세 강+ (3)	세 쌍둥이 인디언- (3)
남쪽의 세 별+ (3)	심사숙고- (3)
숨는 아기 제비+ (4)	전진 블록- (3)
막대 샌드위치+ (3)	흑이병- (3)
대등한 하락+ (2)	대등한 상승- (2)
귀가 비둘기+ (2)	까마귀- (3)
사다리 하부+ (5)	사다리 상부- (5)
상승지속형	**하락지속형**
분리선+ (2)	분리선- (2)
상승 3법+ (4)	하락 3법- (5)
상승 타수키 갭+ (3)	하락 타수키 갭- (3)
이웃한 흰색 선+ (3)	이웃한 흰색 선- (3)
3선 돌파+ (4)	3선 돌파- (4)
상승갭 3법+ (3)	하락갭 3법- (3)
목선에+ (2)	목선에- (2)
목선 안+ (2)	목선 안- (2)

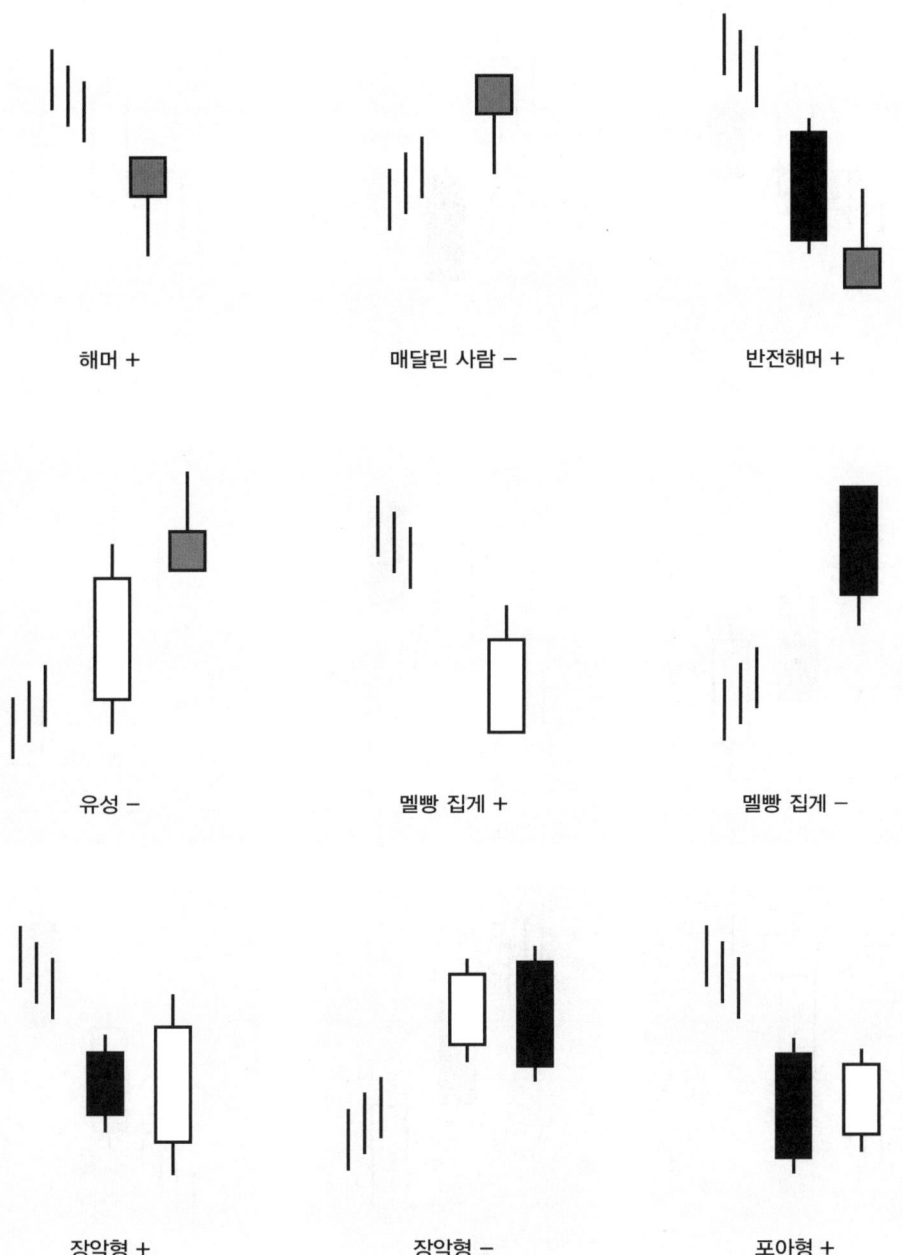

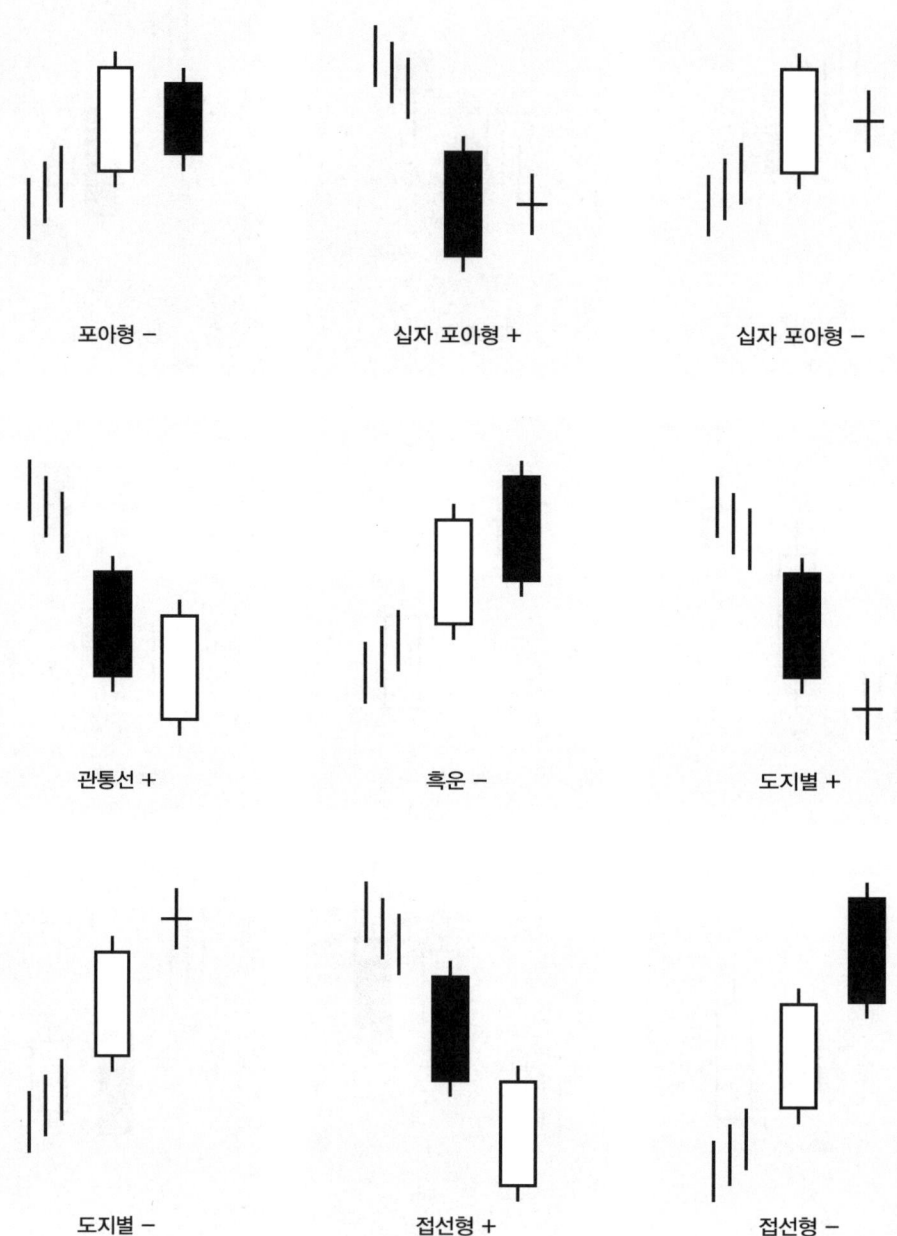

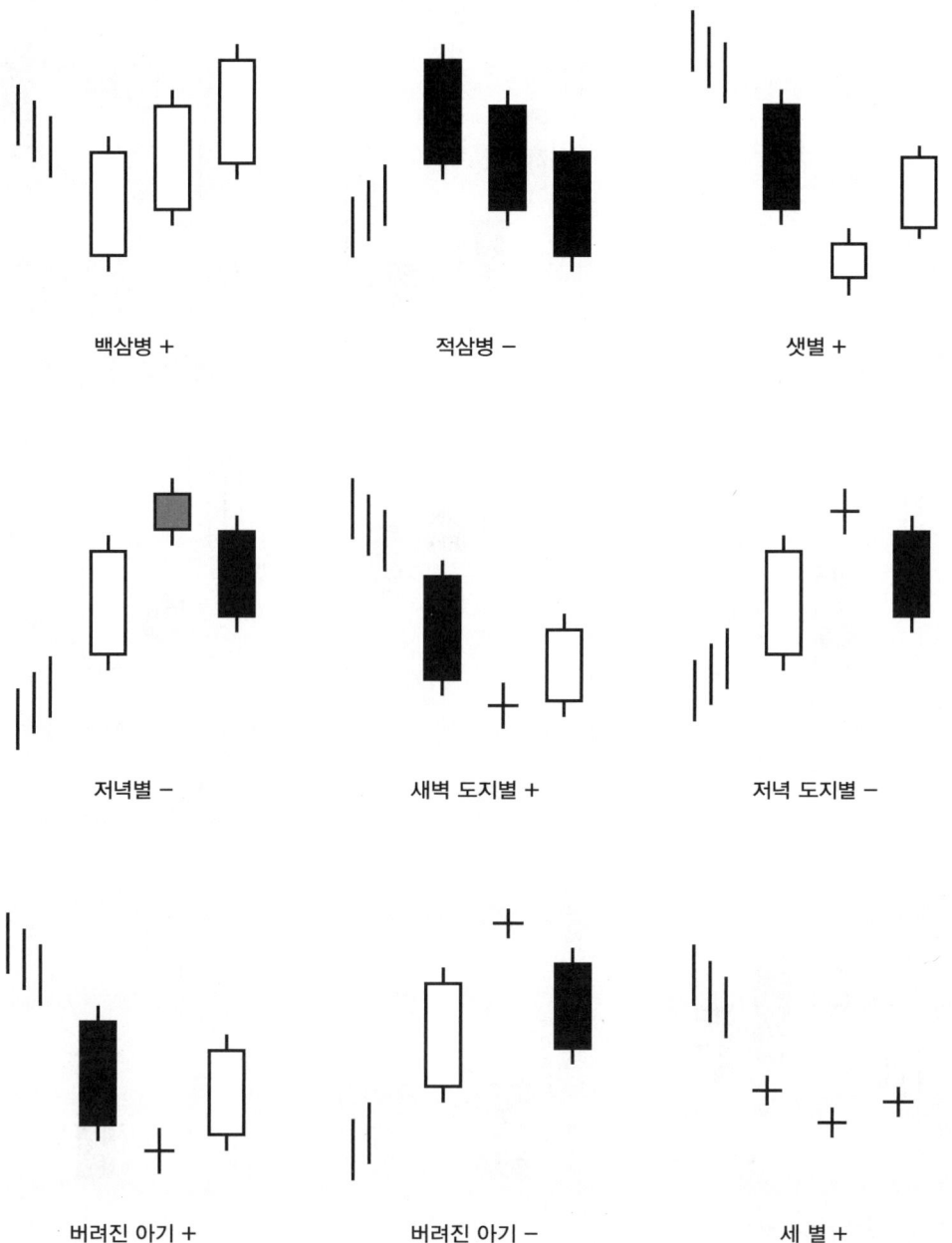

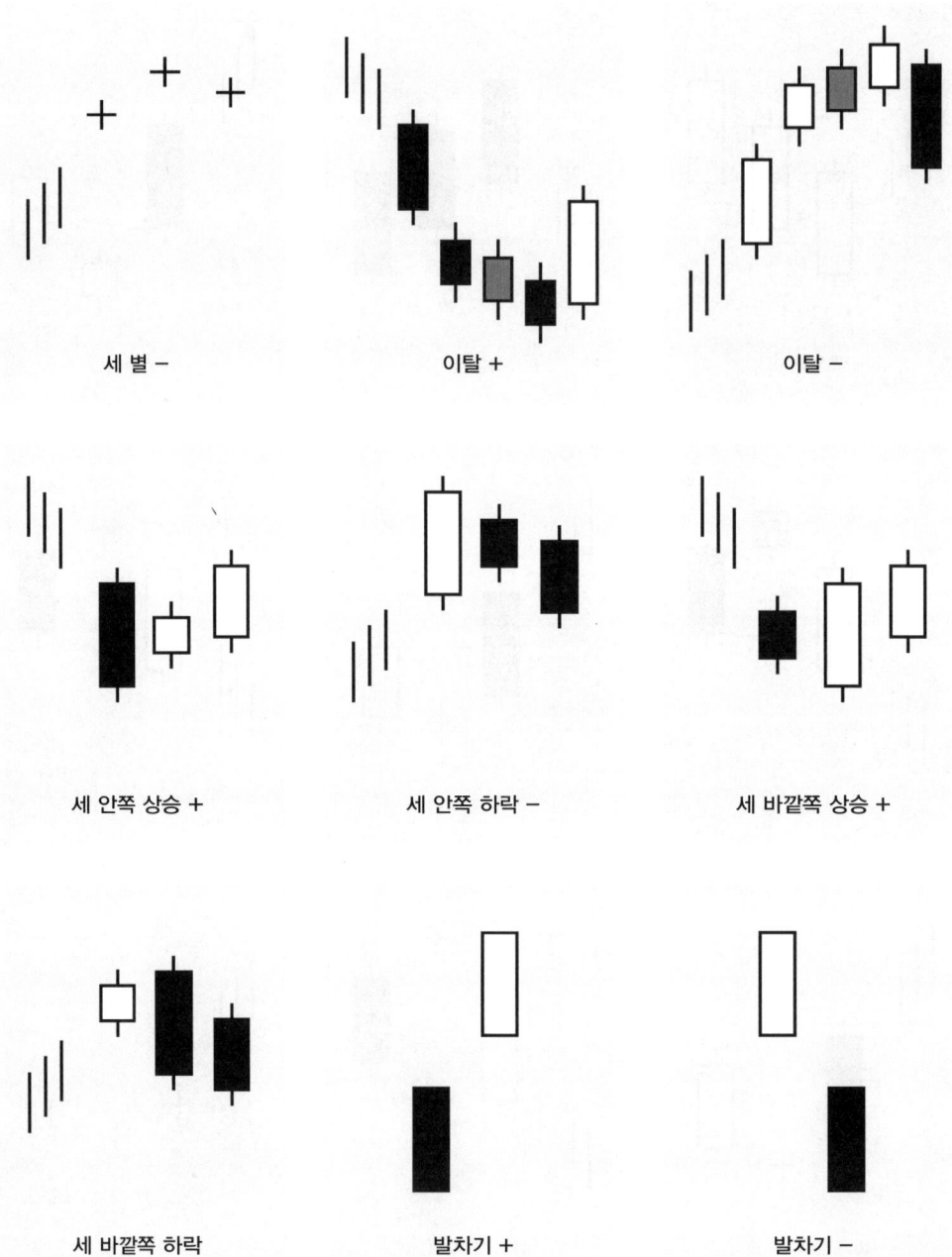

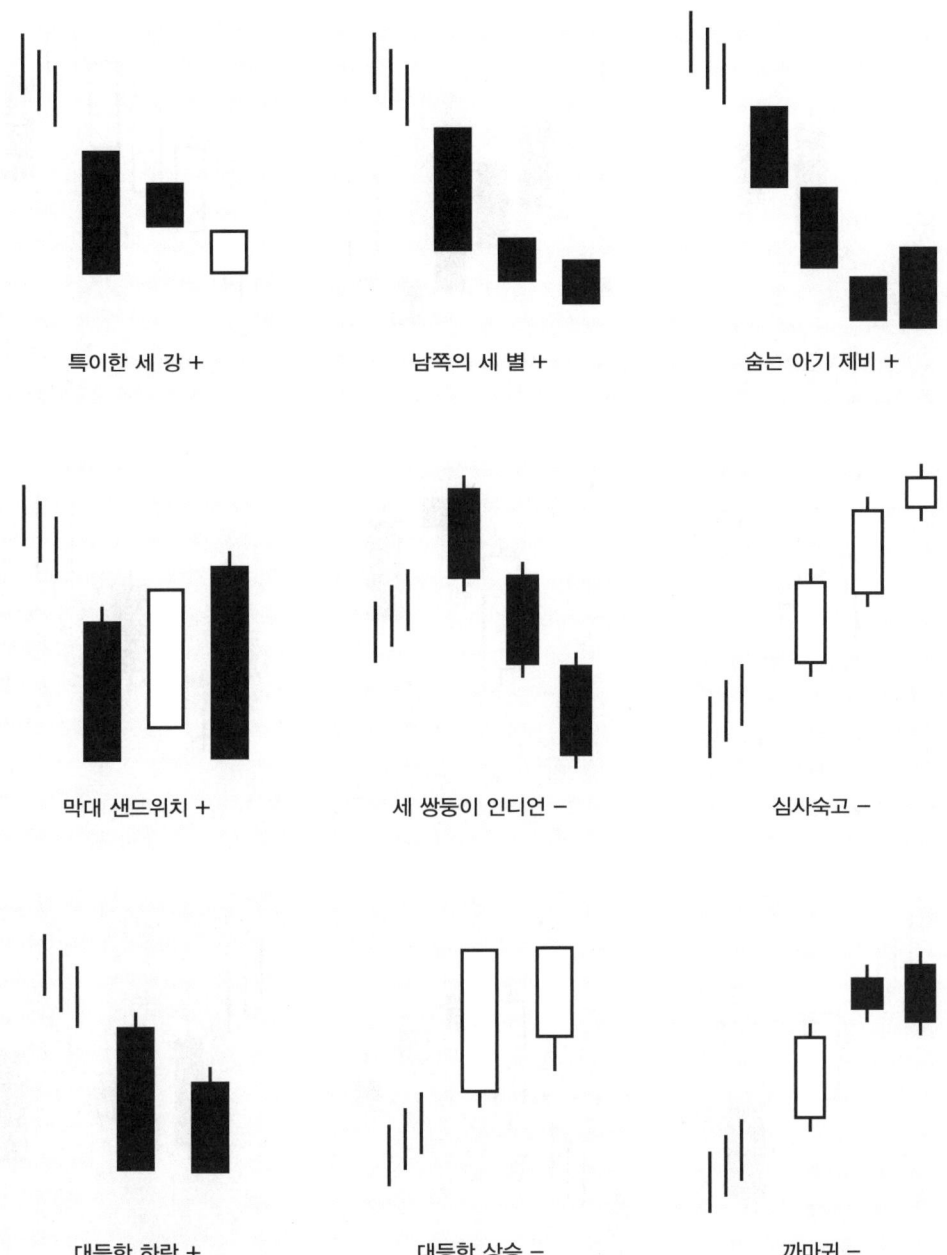

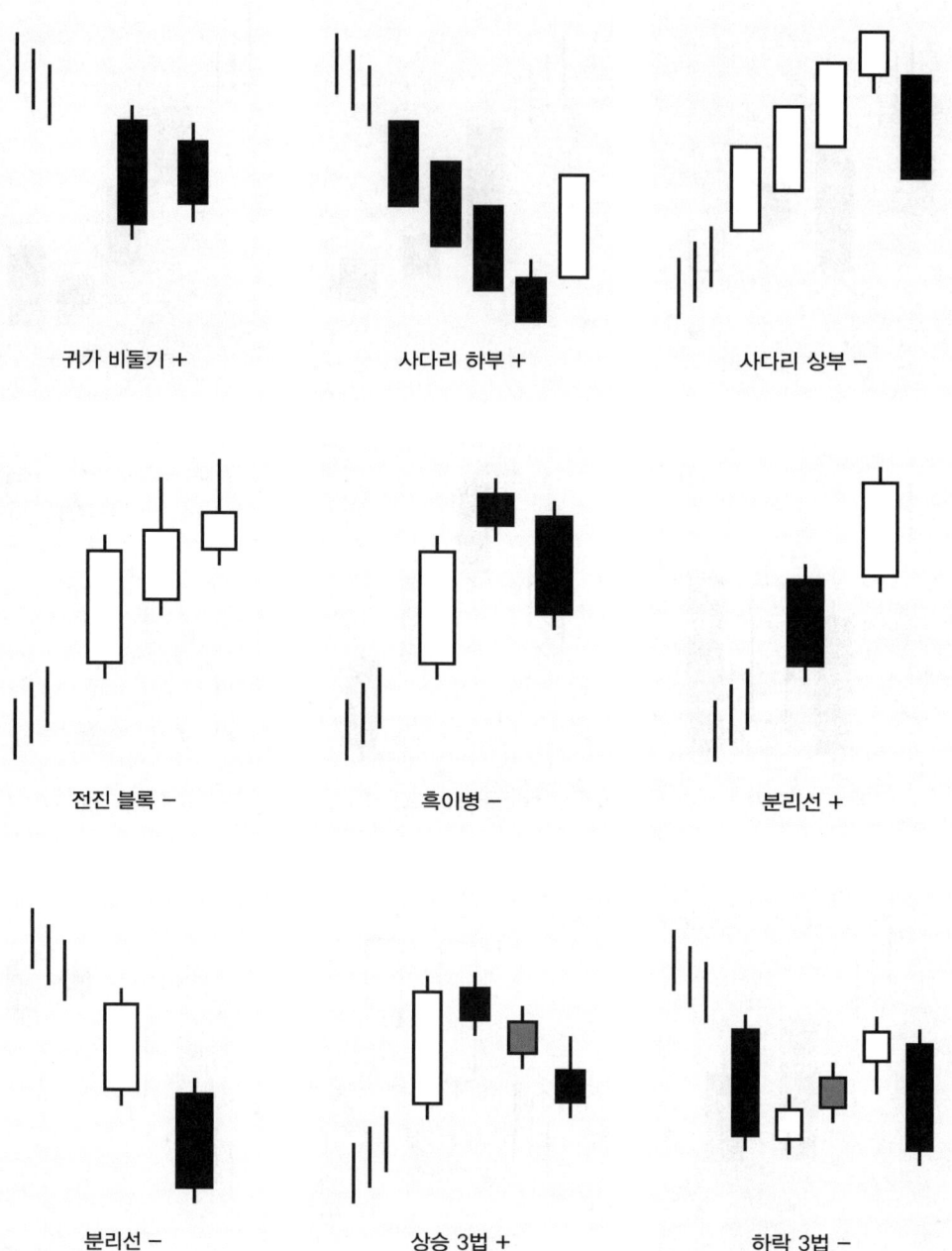

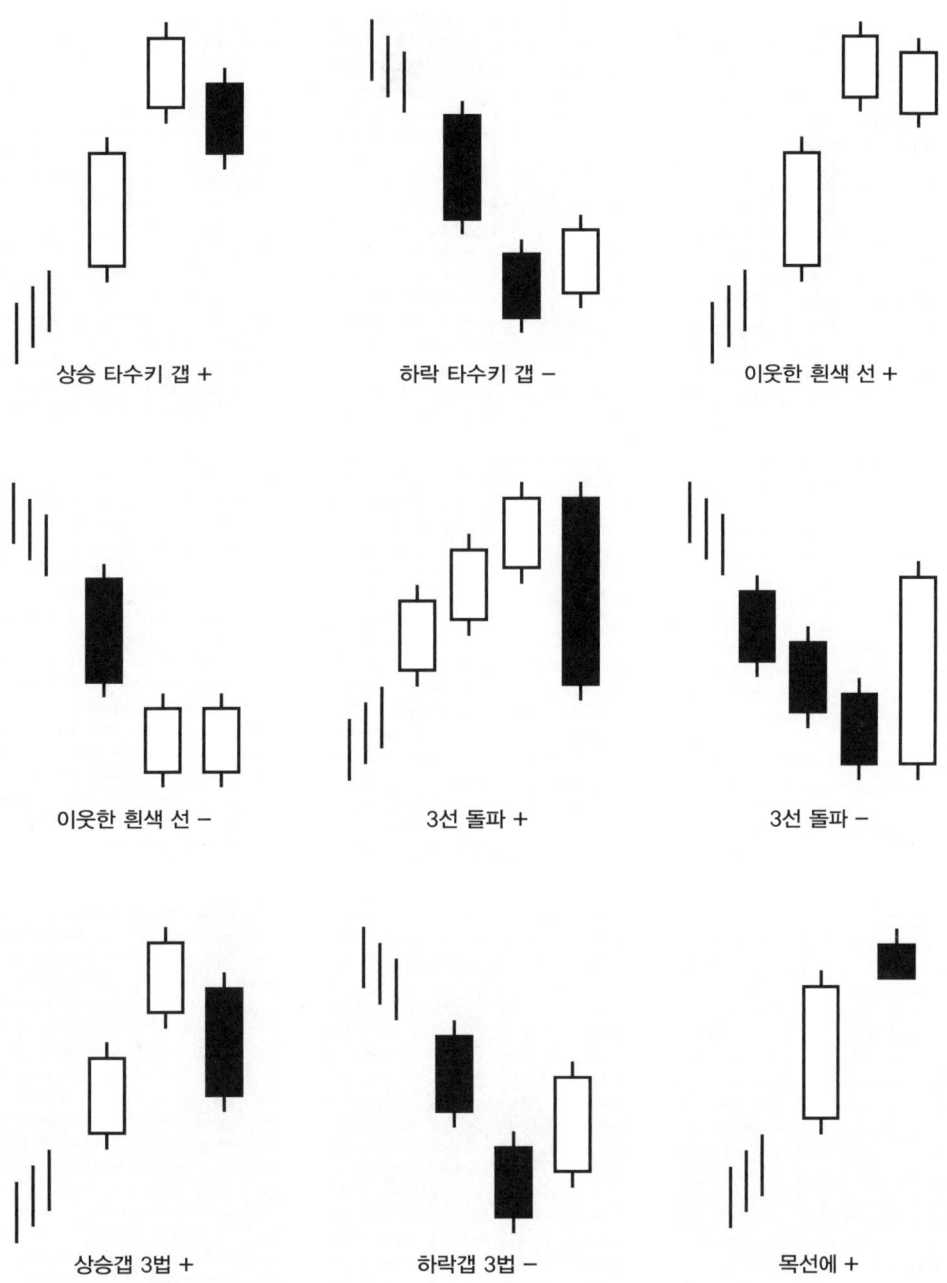

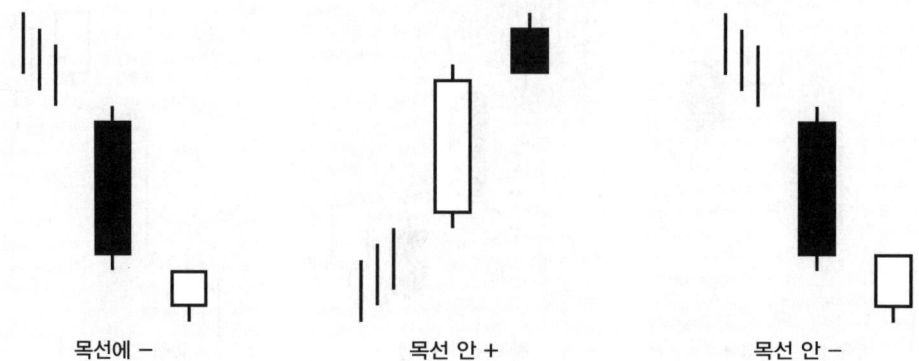

목선에 −   목선 안 +   목선 안 −

제13장

엘리엇의 파동이론

엘리엇의 파동이론

역사적 배경

1938년에 「파동원리」(The Wave Principle)라는 논문이 발표되었다. 이것이 '엘리엇 파동원리'(Elliott Wave Principle)으로 알려지게 된 최초의 참고문헌이었다. 콜린스(C. J. Collins)에 의해 출판된 이 논문은 파동원리의 창시자인 엘리엇(R. N. Elliott)이 그에게 준 원작을 기초로 하였다.

엘리엇은 파동원리와 공통점이 많은 다우이론으로부터 많은 영향을 받았다. 1934년 콜린스에게 보낸 편지에서 엘리엇은 로버트 레아(R. Rhea)의 주식투자 전문지의 정기 구독자임과 다우이론에 대한 레아의 책에 대해서 잘 알고 있음을 언급하였다. 엘리엇은 파동원리가 "다우이론에 매우 필요한 보완"임을 덧붙였다.

엘리엇은 죽기 2년 전인 1946년에 『자연의 법칙 – 우주의 신비』라는 파동원리에 대한 결정판을 썼다.

엘리엇이론은 해밀턴 볼턴이 1967년 죽을 때까지 14년 동안 매년 출판한 『은행 신용분석가를 위한 엘리엇 파동원리의 보완』(Elliott Wave Supplement to the Bank Credit Analyst)이라는 책을 1953년 출판하기로 결정하지 않았다면 기억에서 사라졌을지도 모른다. 프로스트(A. J. Frost)는 엘리엇의 작품을 보완하기로 하고 1978년 로버트 프리처(Robert Prechter)와 엘리엇 파동원리에 대해서 공동 연구하였다. 이 장에 사용된 대부분의 도표는 프로스트와 프리처의 책에서 인용한 것이다. 프리처는 한걸음 더 나아가 1980년 『엘리엇의 주요 저서』(The Major Works of R. N. Elliott)를 출판함으로써 오랫동안 출판되지 않은 엘리엇의 원작을 읽을 수 있게 하였다.

엘리엇 파동원리의 기본이념

중요성의 순서에 따른 파동이론의 세 가지 중요한 측면은 패턴(pattern), 비율(ratio), 시간(time)이다. 패턴은 이 이론의 가장 중요한 요소인 파동패턴 또는 형태에 관한 것이다. 비율분석은 서로 다른 파동 사이의 관계를 측정함으로써 목표가격과 반전시점을 결정하는 데 유용하게 쓰인다. 마지막으로 시간관계는 파동패턴과 비율을 확인시키는 데 사용될 수 있으나 시장예측에 있어서는 신뢰성이 떨어진다고 생각하는 엘리엇 주의자들도 있다.

엘리엇의 파동이론은 근본적으로 주요 주식시장 평균지수, 특히 다우존스공업지수에 적용되었다. 이 이론에 따르면, 주식시장은 기본적으로 다섯 개의 상승파동과 뒤이은 세 개의 하락파동의 반복적인 리듬을 나타낸다. 그림 13-1은 한 개의 완성된 주기를 보여주고 있다. 파동을 헤아려보면 한 개의 완성된 주기가 여덟 개의 파동—다섯 개의 상승과 세 개의 하락—으로 구성되어 있음을 알 수 있다. 주기 앞부분의 다섯 개 파동은 숫자로 표시되어 있음에 주의하라. '주체파동'(impulse waves)이라고 불리는 파동 1, 3, 5는 상승파동이며, 파동 2와 4는 상승추세와는 반대로 움직이고 있다. 파동 2와 4는 파동 1과 3을 조정하기 때문에 '조정파동'(corrective waves)으로 불린다. 앞서 숫자로 표시된 다섯 개의 파동이 완성된 후 세 개의 조정파동이 시작된다. 세 개의 조정파동은 문자 a, b, c로 표시된다.

여러 가지 파동의 일정한 형태와 더불어, 급을 중요하게 고려하고 있다. 추세에는 여러 급이 있다. 엘리엇은 200년을 연결한 초대형 주기(Grand Supercycle)에서부터 단 몇 시간만을 다루는 초단기(subminuette) 급까지 추세를 아홉 가지 서로 다른 급(또는 크기)으로 구분하였다. 기억할 것은 기본적인 8파동주기는 추세의 급과 상관없이 변하지 않는다는 점이다.

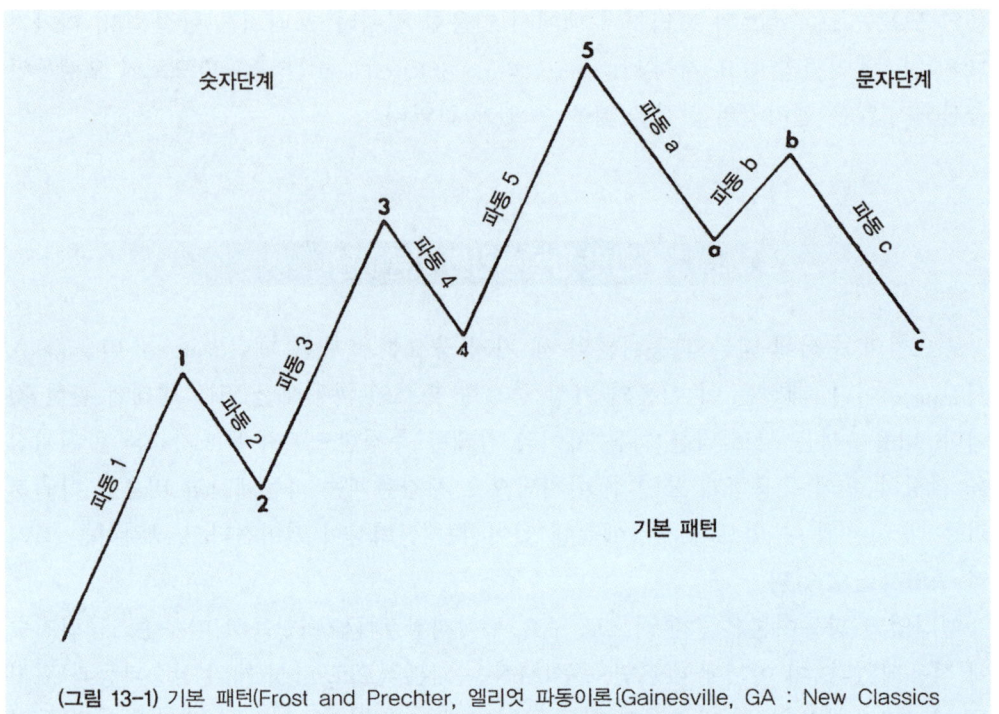

(그림 13-1) 기본 패턴(Frost and Prechter, 엘리엇 파동이론(Gainesville, GA : New Classics Library, 1978), p. 20, Copyright ⓒ 1978 by Frost and Prechter)

　각 파동은 한 단계 낮은 급의 파동들로 세분되고, 계속해서 순차적으로 더 작은 급의 파동들로 세분될 수 있다. 역시 각 파동 자체는 한 단계 높은 상급 파동의 일부가 된다는 것이다. 그림 13-2는 이들의 관계를 나타내고 있다. 가장 큰 두 개의 파동 ①과 ②는 작은 여덟 개의 파동으로 세분되고, 그리고 이는 다시 더 작은 34개의 파동으로 세분될 수 있다. 가장 큰 두 개의 파동 ①과 ②는 더 상급 파동의 첫 추세파동을 이루는 5파동 중 첫 1, 2파동이 된다. 그리고 상급 파동 ③이 시작될 것이다. 그림 13-2에서 34개의 파동은 그림 13-3에서 더 하급의 144개 파동으로 세분된다.
　지금까지 살펴본 1, 2, 3, 5, 8, 13, 21, 34, 55, 89, 144는 무작위로 쓰여진 숫자가 아니다. 그것들은 '피보나치 수열'(Fibonacci number sequence)의 수로서 엘리엇 파동이론의 수학적 기초를 이루고 있다. 그것들에 대해서는 뒤에서 다시 다루도록 한다.

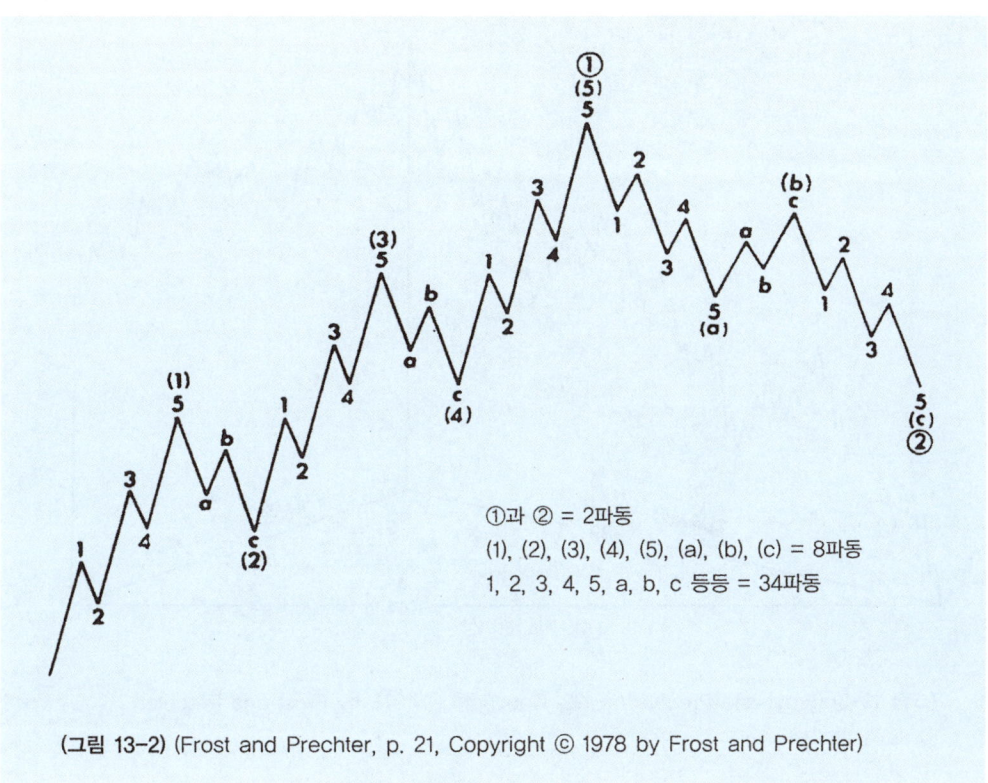

(그림 13-2) (Frost and Prechter, p. 21, Copyright © 1978 by Frost and Prechter)

그림 13-1~13-3을 보고 파동의 중요한 특징을 알아보자. 주어진 파동이 다섯 개 또는 세 개로 분할되는 것은 상급파동의 방향에 따라 결정된다. 예를 들어, 그림 13-2에서 (1), (3)과 (5)는 상급파동인 파동 ①이 상승파동이기 때문에 다섯 개로 세분된다. 파동 (2)와 (4)는 추세와 반대로 움직이기 때문에 그것들은 세 개의 파동으로 세분된다. 보다 상급 조정파동 ②를 구성하고 있는 조정파동 (a), (b), (c)를 좀 더 자세히 보자. 두 개의 하락파동 (a)와 (c)는 각각 다섯 개의 파동으로 분리된다. 이것은 상급파동인 파동 ②와 같은 방향으로 움직이고 있기 때문이다. 반면, 파동 (b)는 상급파동 ②와 반대로 움직이기 때문에 세 개의 파동만으로 되어 있다.

이러한 접근법을 적용함에 있어 3파동과 5파동을 구별할 수 있는 능력이 매우 중요하다. 분석가들은 이러한 정보를 통해서 다음에 무엇이 올 것인가를 예측한다. 예를

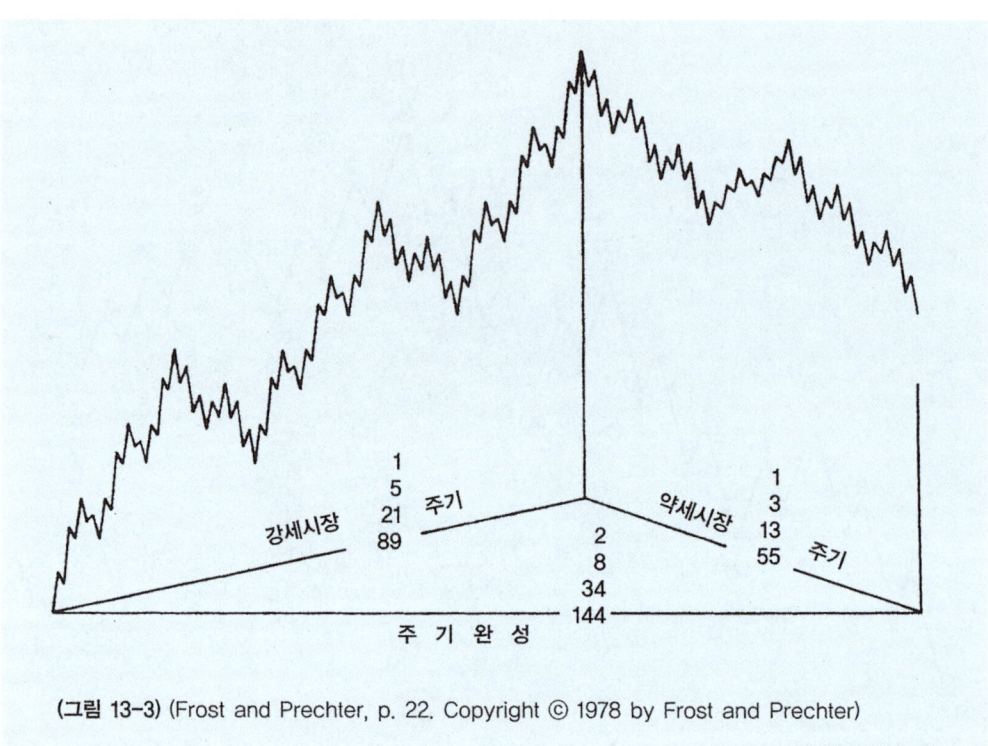

(그림 13-3) (Frost and Prechter, p. 22. Copyright © 1978 by Frost and Prechter)

들어, 완성된 5파동은 단지 상급파동의 일부만이 완성되었고, 계속 진행형이라는 의미이다(만약 5번째 파동 중에서 5번째가 아니라면). 기억해야 할 가장 중요한 원칙 하나는 '조정은 결코 다섯 개의 파동으로 나타나지 않는다'는 것이다. 즉, 강세시장에서 다섯 개의 파동으로 이루어진 하락이 나타나면 3파동(a-b-c) 하락의 시작을 의미하며, 하락이 더 남았다는 것을 의미한다. 약세시장에서는 하락추세가 재개된 뒤에는 3파동 상승이 와야 한다. 5파동 상승은 상당한 추가적인 상승움직임이 있을 수 있음을 경고하는 것이다. 그리고 이것은 심지어 새로운 강세추세의 첫 번째 파동이 될 가능성이 있다.

엘리엇 파동이론과 다우이론의 연계성

강세시장에서의 엘리엇의 5파동 상승과 다우이론의 3단계 상승 사이의 분명한 연관성에 대해 알아보자. 두 개의 조정파동과 세 개의 상승파동에 대한 엘리엇의 이론은 다우이론과 잘 맞는다. 엘리엇이 다우이론의 영향을 받았다는 것은 의심할 여지가 없으며, 나아가 다우이론의 한계를 잘 극복하였고, 실제로 이것을 개선하였다고 믿었던 게 분명하다. 흥미로운 것은 그들의 이론 형성과정이 모두 바다의 영향을 받았다는 것이다. 다우는 시장에서 주추세, 중간추세, 소추세를 바다(海)의 조수, 파도, 잔물결에 비유하였다. 엘리엇은 자신의 저서에서 썰물과 밀물에 대해 언급하고 있으며, 자신의 이론을 '파동'(Wave)원리로 명명하였다.

조정파동

지금까지는 주로 주추세와 방향이 같은 추세파동에 관해 다루었다. 이제 조정파동에 대하여 살펴보자. 일반적으로 조정파동에 대한 정의가 명확하지 않은 관계로 그것을 확인하고 예측하는 데 어려움이 있다. 그러나 분명한 점은 조정파동은 다섯 개의 파동으로 나타날 수 없다는 것이다. 조정파동은 다섯 개가 아닌 세 개이다(삼각형은 예외). 조정파동은 세 가지로 분류되는데 지그재그(zig-zags), 평면(flats), 삼각형(triangle) 등이다.

지그재그

지그재그는 5-3-5 수열로 분류되는 3파 조정패턴이며, 주추세에 역행한다. 그림 13-4와 13-5는 강세시장의 지그재그 조정을 보여주는 반면에, 그림 13-6과 13-7는 약세시장의 반등을 보여준다. 중간파동 B는 파동 A의 시작점보다 덜 하락하고 파동 C는 파동 A의 끝점을 훨씬 능가한다.

일반적이지는 않지만 그림 13-8에서 나타나는 것처럼 2연속 지그재그 조정도 있다. 이러한 변형은 큰 조정패턴에서 나타난다. 사실상, 서로 다른 2개의 5-3-5 지그재그 패턴들을 a-b-c 패턴이 중간에서 연결하고 있는 형태이다.

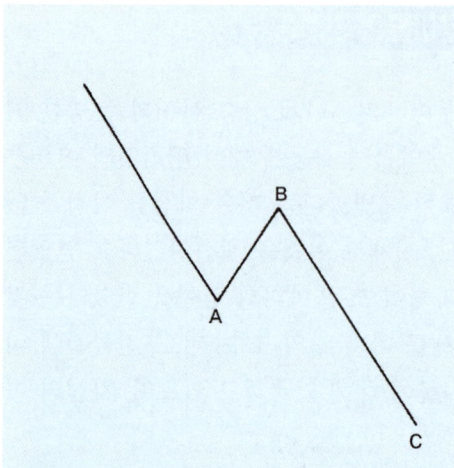

(그림 13-4) 강세시장의 지그재그(5-3-5)
(Frost and Prechter, p.36, Copyright ⓒ 1978 by Frost and Prechter)

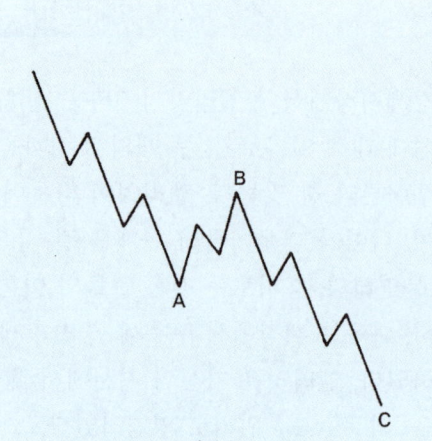

(그림 13-5) 강세시장의 지그재그(5-3-5)
(Frost and Prechter, p. 36, Copyright ⓒ 1978 by Frost and Prechter)

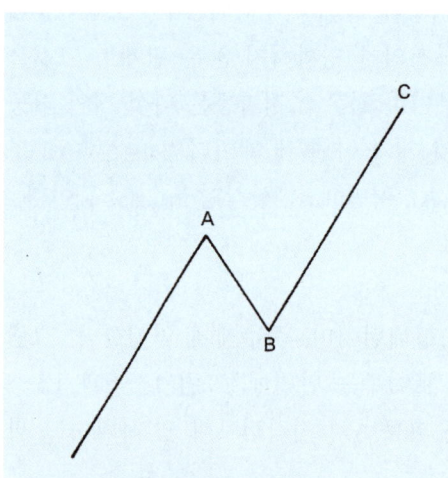

(그림 13-6) 약세시장의 지그재그(5-3-5)
(Frost and Prechter, p. 36, Copyright ⓒ 1978 by Frost and Prechter)

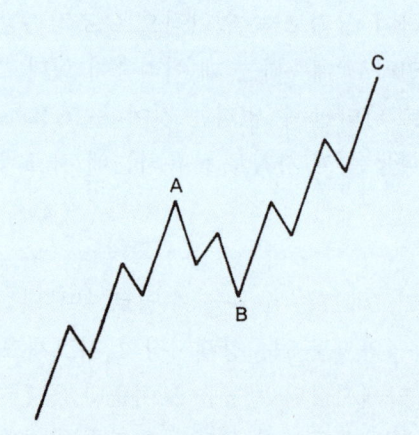

(그림 13-7) 약세시장의 지그재그(5-3-5)
(Frost and Prechter, p. 36, Copyright ⓒ 1978 by Frost and Prechter)

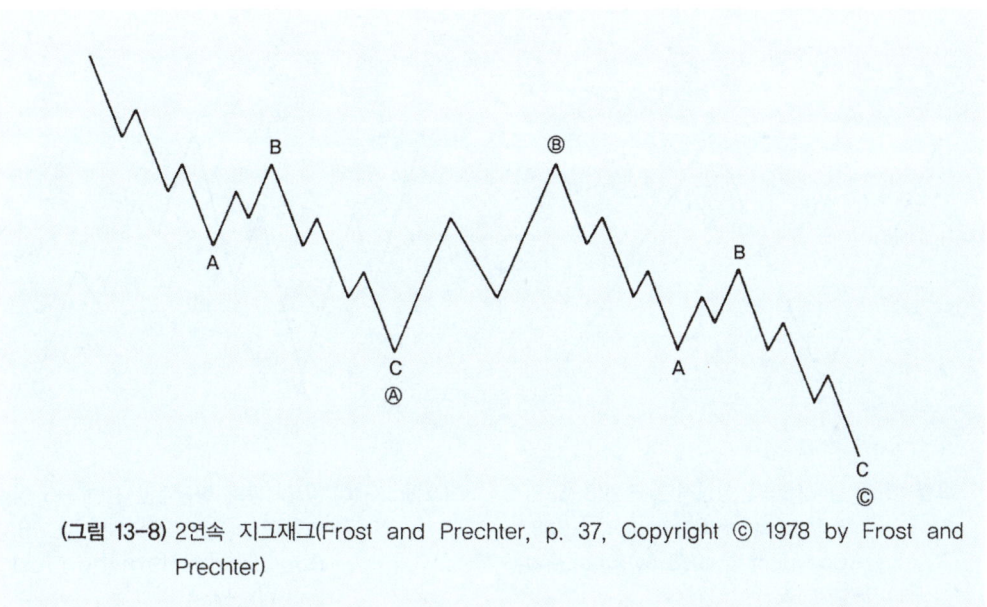

(그림 13-8) 2연속 지그재그(Frost and Prechter, p. 37, Copyright ⓒ 1978 by Frost and Prechter)

평면

평면 조정이 지그재그 조정과 다른 점은, 평면은 3-3-5 패턴을 따르고 있다는 것이다. 그림 13-10과 13-12에서 보듯이 파동 A는 다섯 개가 아니라 세 개이다. 일반적으로 평면은 조정이라기보다는 오히려 강화이고, 강세시장에서는 힘(체력)의 신호로 간주된다.

그림 13-9~13-12까지는 정상적인 평면 조정의 예이다. 예를 들어, 강세시장의 경우 파동 A의 고점을 벗어나지 않는 범위 안에서 파동 B의 반등은 더 강한 시장의 힘을 보이고 있다. 마지막 파동 C는 파동 A의 저점 밑으로 하락하는 지그재그와 대조적으로 파동 A의 저점 또는 바로 밑에서 끝난다.

정상적인 평면 조정 중에 두 개의 '변칙적인' 변형이 있다. 그림 13-13~13-16은 이러한 변형들 중 첫 번째 변형을 보여준다. 강세시장의 예(그림 13-13과 13-14)에서 파동 B의 고점은 A의 고점을 능가하고 파동 C는 A의 저점을 돌파한다는 것에 주의하라.

또 다른 변형은 파동 B는 A의 고점에 도달하지만 파동 C는 A의 저점에 미치지 못한다는 것이다. 자연적으로 이 마지막 패턴은 강세시장에서 더 큰 시장강화를 나타낸다. 그림 13-17~13-20은 강세 및 약세 시장에서 나타나는 변형들이다.

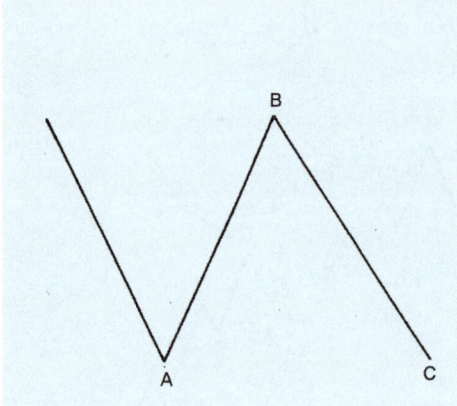

(그림 13-9) 강세시장의 정상적인 평면(3-3-5) 조정(Frost and Prechter, p. 38, Copyright ⓒ 1978 by Frost and Prechter)

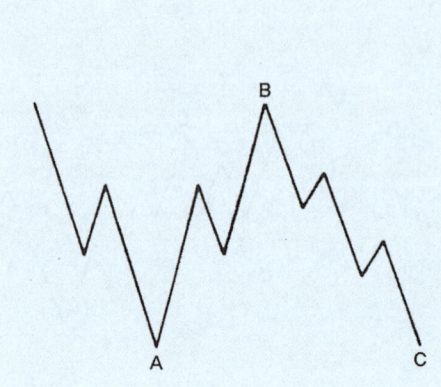

(그림 13-10) 강세시장의 정상적인 평면(3-3-5) 조정(Frost and Prechter, p. 38, Copyright ⓒ 1978 by Frost and Prechter)

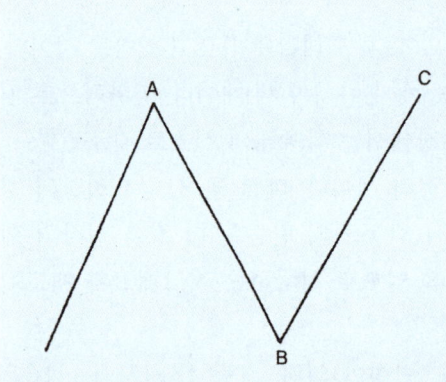

(그림 13-11) 약세시장의 정상적인 평면(3-3-5) 조정(Frost and Prechter, p. 38, Copyright ⓒ 1978 by Frost and Prechter)

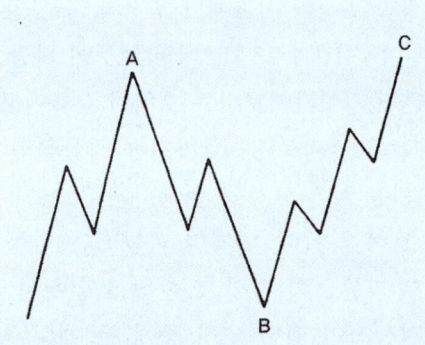

(그림 13-12) 약세시장의 정상적인 평면(3-3-5) 조정(Frost and Prechter, p. 38, Copyright ⓒ 1978 by Frost and Prechter)

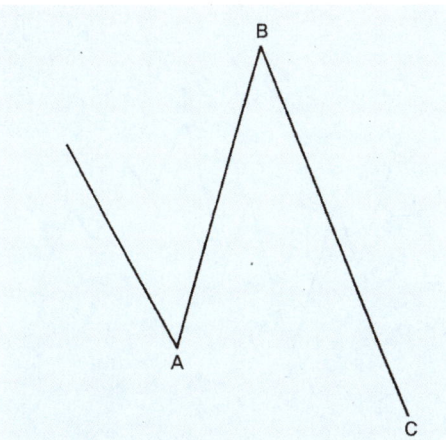

(그림 13-13) 강세시장의 변칙적인 평면(3-3-5) 조정(Frost and Prechter, p. 39, Copyright ⓒ 1978 by Frost and Prechter)

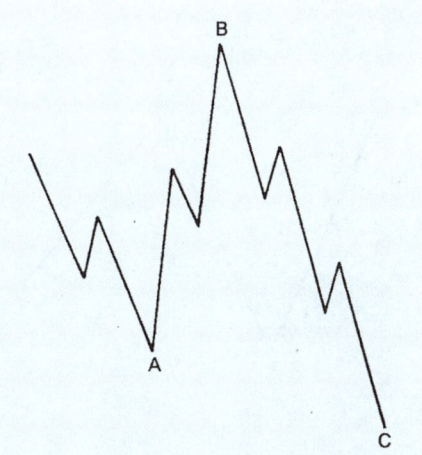

(그림 13-14) 강세시장의 변칙적인 평면(3-3-5) 조정(Frost and Prechter, p. 39, Copyright ⓒ 1978 by Frost and Prechter)

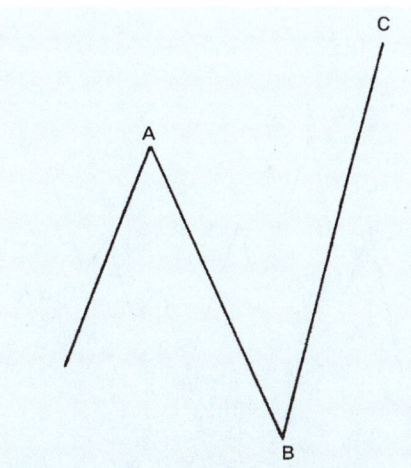

(그림 13-15) 약세시장의 변칙적인 평면(3-3-5) 조정(Frost and Prechter, p. 39, Copyright ⓒ 1978 by Frost and Prechter)

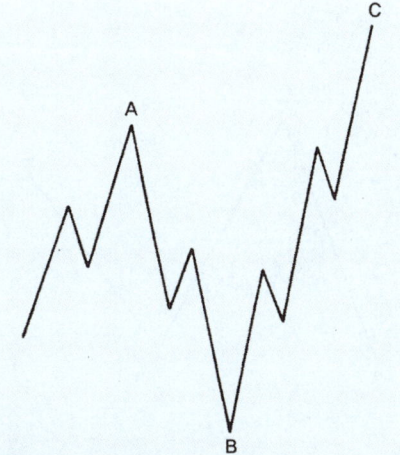

(그림 13-16) 약세시장의 변칙적인 평면(3-3-5) 조정(Frost and Prechter, p. 39, Copyright ⓒ 1978 by Frost and Prechter)

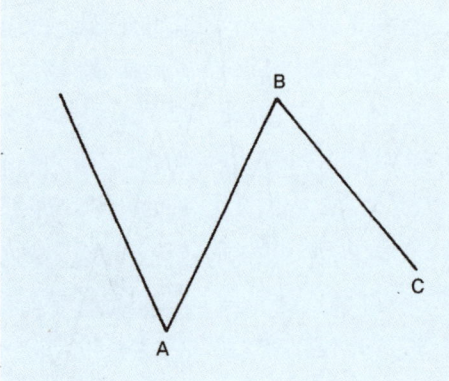

(그림 13-17) 강세시장의 역변칙적인 평면(3-3-5) 조정(Frost and Prechter, p. 40, Copyright ⓒ 1978 by Frost and Prechter)

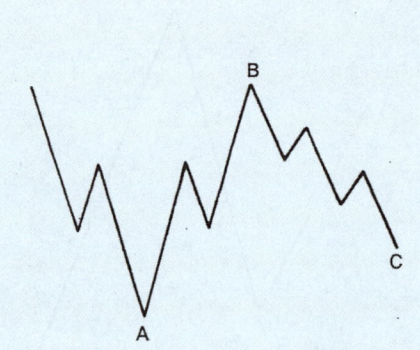

(그림 13-18) 강세시장의 역변칙적인 평면(3-3-5) 조정(Frost and Prechter, p. 40, Copyright ⓒ 1978 by Frost and Prechter)

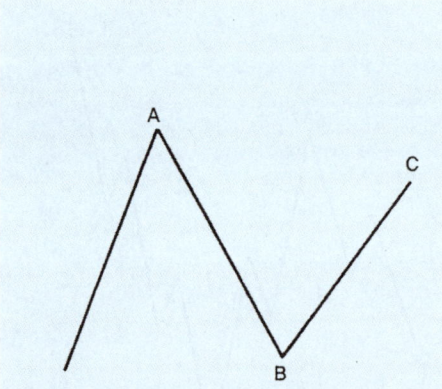

(그림 13-19) 약세시장의 역변칙적인 평면(3-3-5) 조정(Frost and Prechter, p. 40, Copyright ⓒ 1978 by Frost and Prechter)

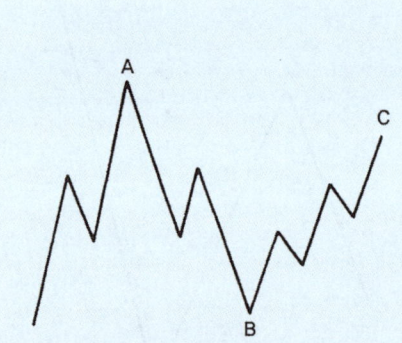

(그림 13-20) 약세시장의 역변칙적인 평면(3-3-5) 조정(Frost and Prechter, p. 40, Copyright ⓒ 1978 by Frost and Prechter)

삼각형

삼각형은 보통 네 번째 파동에서 일어나며, 주추세 방향으로 움직이는 마지막 이동 앞서 나타난다(또는 a-b-c 조정의 파동 b에서도 나타날 수 있다). 그러므로 상승추세에서 삼각형은 강세라고도 할 수 있고 약세라고도 할 수 있다. 그들이 상승추세의 재개를 나타낸다는 의미에서 보면 그 삼각형들은 강세이다. 이들은 또한 한 번 더 상승파동이 있은 후 가격이 절정을 이룸을 나타내기 때문에 약세이다(그림 13-21 참조).

삼각형에 대한 엘리엇의 해석은 그 패턴의 고전적 용도와 유사하지만 보다 더 정밀하다. 제6장에서 '삼각형은 보통 지속형'이라고 한 것을 기억하라. 그것이 엘리엇이 의미한 것이다. 엘리엇의 삼각형은 횡보(비스듬한) 강화패턴이며, 다섯 개의 파동으로 되어있다. 그리고 각 파동은 자신만의 파동을 세 개씩 가진다. 엘리엇 또한 제6장에서와 같이 서로 다른 네 종류의 삼각형—상승, 하락, 대칭, 그리고 확장—으로 구분하고 있다. 그림 13-21은 상승추세나 및 하락추세에서 나타나는 네 가지 변형을 보여준다.

상품선물계약의 차트 패턴은 주식시장에서 나타나는 차트처럼 때로는 완전한 형태를 이루지 않기 때문에 선물시장에서 삼각형이 다섯 개의 파동이 아닌 단지 세 개의 파동만을 가진다고해서 이상한 것이 아니다(그러나 삼각형을 만들기 위해서는 최소한 네 개의 점—위 두 점과 아래 두 점—이 필요하며, 두 개의 수렴추세선을 그릴 수 있다). 엘리엇의 파동이론에 따르면, 삼각형 안의 다섯 번째 파동, 즉 마지막 파동이 원래 방향으로 '추진'하기 앞서, 가끔 거짓신호를 주면서 추세선을 돌파한다.

삼각형이 완성된 후 마지막 제5파동으로부터 측정하는 것은 기본적으로 전통적인 차트와 같다. 다시 말해서, 시장가격은 삼각형의 가장 넓은 부분(높이)과 같은 거리만큼의 이동이 예상된다. 마지막 고점 또는 저점의 시점과 관련해 유의해야 할 점이 또 하나 있다. 프리처(Prechter)에 따르면, 삼각형의 꼭지점(두 개의 수렴추세선이 일치하는 점)은 마지막 제5파동의 완성 시점을 나타내기도 한다.

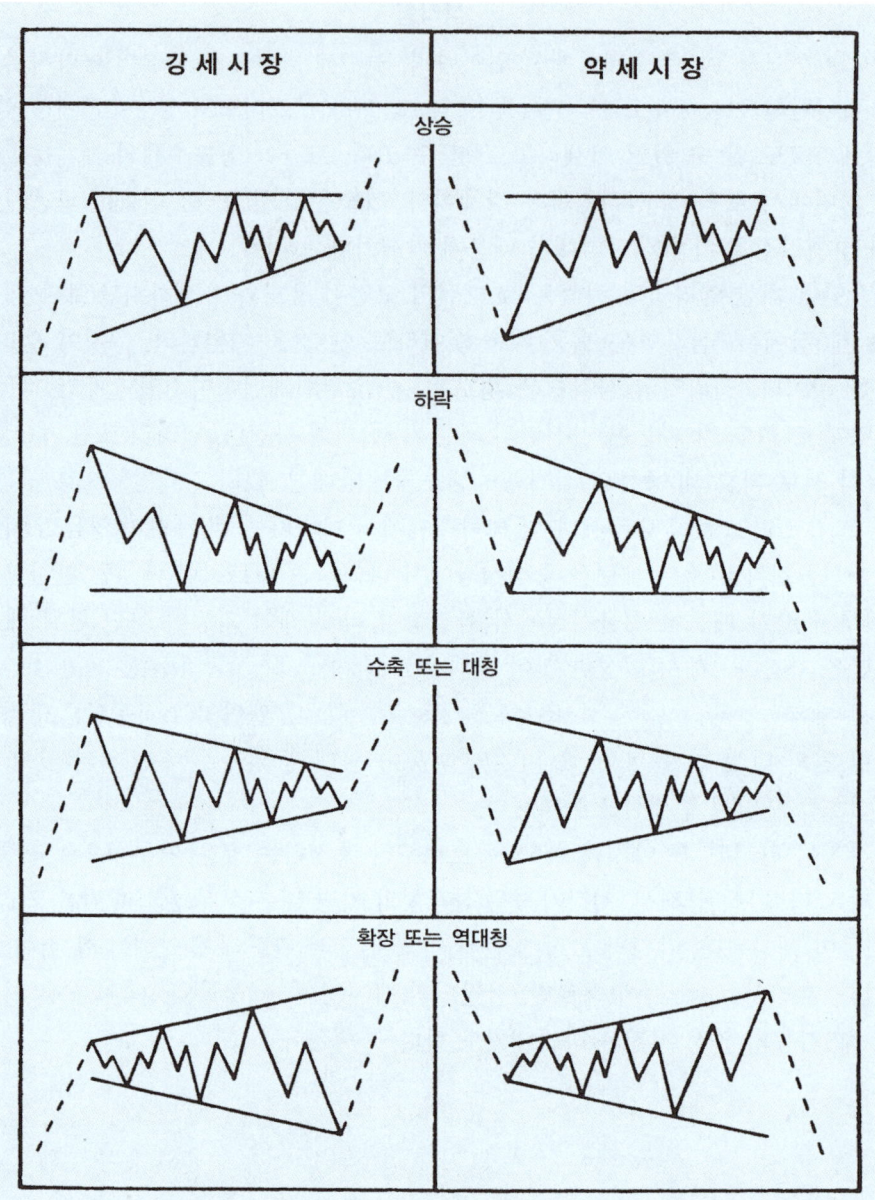

(그림 13-21) 조정파동(수평적)의 삼각형(Frost and Prechter, p. 43, Copyright ⓒ 1978 by Frost and Prechter)

교번의 원칙(The Rule of Alternation)

보다 일반적인 의미에서, 교번의 원칙(또는 원리)이란 보통 시장이 연속해서 두 번 똑같이 움직이지 않는다는 것이다. 어떤 형태의 고점 또는 저점이 지난번에 나타났다면, 아마 이번에는 다시 나타나지 않을 것이다. 교번의 원칙은 앞으로 정확히 무엇이 나타날 것인가를 알려주는 것이 아니라, 아마도 '어떤 것이 나타나지 않을 것이다'라는 것을 알려준다. 이 원칙은 어떤 형태의 조정패턴이 예상되는가를 알려주기 위해 가장 일반적으로 사용된다. 조정패턴은 교대로 나타나는 경향이 있다. 다시 말해, 조정파동 2가 단순한 a-b-c 패턴이었다면 파동 4는 삼각형과 같은 복잡한 패턴이 될 것이다. 반대로 파동 2가 복잡한 패턴이라면, 파동 4는 아마 단순한 패턴이 될 것이다. 그림 13-22는 그러한 몇 가지 예를 보여준다.

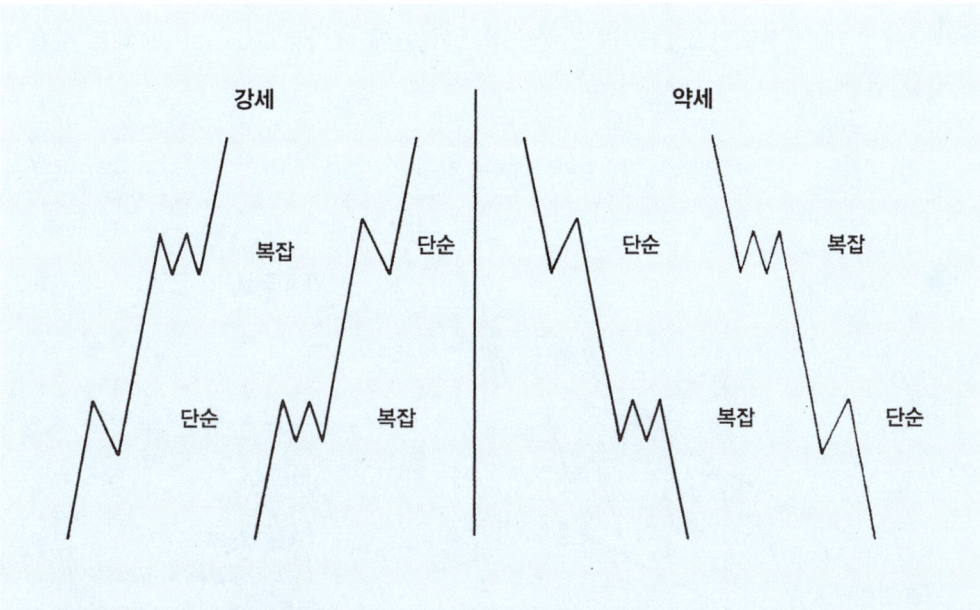

(그림 13-22) 교번의 원칙(Frost and Prechter, p. 50, Copyright ⓒ 1978 by Frost and Prechter)

경로(Channeling)

파동이론의 또 다른 중요한 관점은 가격경로를 사용하는 것이다. 앞서 제4장에서는 추세경로를 다루었음을 상기할 것이다. 엘리엇은 목표가격에 도달하기 위한 방법으로, 그리고 완성 파동수의 확인을 위해 가격경로를 사용하였다. 상승추세가 형성되었을 때, 파동 1과 2의 저점을 연결하여 기본 상승추세선을 그림으로써 먼저 하나의 추세 경로선을 그린다. 평행추세 경로선은 그림 13-23에 나타나듯이 파동 1의 고점에서 그린다. 상승추세는 종종 모두 이 두 개의 경계선 안에 머물게 될 것이다.

만약 파동 3이 위쪽 경로선을 추월하게 되면 그 경로선은 그림 13-23에서 나타나듯이, 파동 1의 고점과 파동 2의 저점에서 다시 그려야 한다. 마지막 경로는 그림 13-24에서 보듯이, 두 개의 조정파동 2와 4의 저점을 연결하고, 파동 3의 고점을 통과하도록 그린다. 만약 파동 3이 이상할 정도로 강하거나 확장된다면 위쪽 경로선은 파동 1의 고점으로부터 그린다. 다섯 번째 파동은 위쪽 경로선에 근접해 끝나야 한다. 장기추세에 대한 경로선을 그리려면 산술차트와 함께 세미로그(semi-log) 차트 사용하는 것을 권한다.

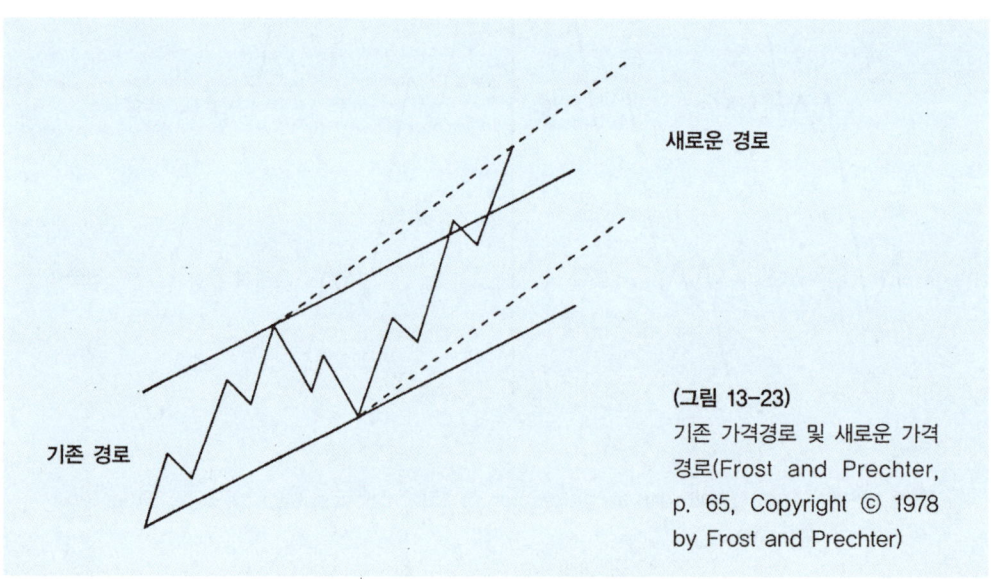

(그림 13-23)
기존 가격경로 및 새로운 가격경로(Frost and Prechter, p. 65, Copyright © 1978 by Frost and Prechter)

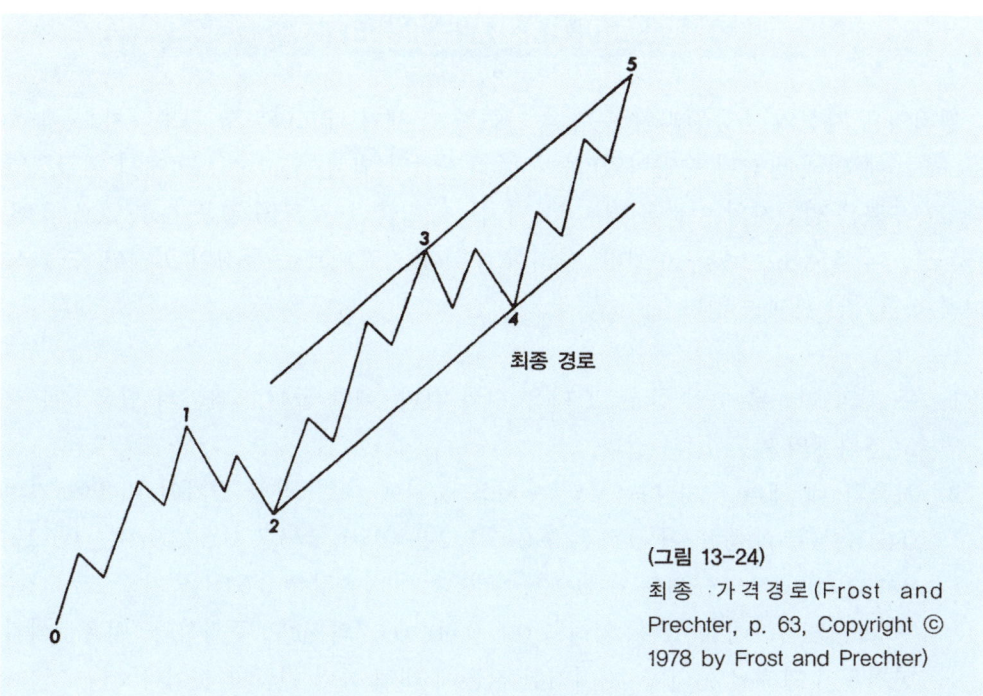

(그림 13-24)
최종 가격경로(Frost and Prechter, p. 63, Copyright ⓒ 1978 by Frost and Prechter)

지지선으로서의 네 번째 파동

　파동형성 및 안내서 대한 토론을 종결하면서 언급해야 할 한 가지 중요한 내용이 있다. 그것은 뒤 이은 약세시장에서 지지영역 역할을 하는 파동 4의 중요성이다. 다섯 개의 상승파동이 완성되고 약세추세가 시작되면, 그 약세시장은 보통 직전 하급파동의 네 번째 파동 아래로 내려가지 않는다. 즉, 직전 상승기간에 만들어진 네 번째 파동 아래로 움직이지 않을 것이다.
　원칙에 대한 예외가 있기는 하지만, 일반적으로 네 번째 파동의 저점은 약세시장을 억제한다. 이러한 정보는 최대하락 목표가격을 설정하는 데 매우 유용할 수 있다.

파동원리의 기초가 되는 피보나치 수

엘리엇은 자신의 파동원리의 수학적 기초가 13세기 레오나르도 피보나치(Leonardo Fibonacci)에 의해 발견된 수열이었다는 것을 『자연의 법칙』(Nature's Law)에서 언급하였다. 그 수열은 발견자의 이름을 따 '피보나치 수'로 불린다. 그 수열은 1, 1, 2, 3, 5, 8, 13, 21, 34, 55, 89, 144……이다. 이러한 수열에는 흥미로운 특징이 있지만 수들 사이에 정형적인 관계는 없다.

1. 두 개의 연속된 수의 합은 그 다음 수와 같다. 예를 들어, 3과 5의 합은 8과 같고, 5와 8의 합은 13과 같다.
2. 처음의 네 개의 숫자 다음부터는 다음 숫자에 대한 직전 숫자의 비율이 거의 0.618이다. 예를 들어, 1/1은 1.00, 1/2은 0.50, 2/3은 0.67, 5/8는 0.625, 8/13은 0.615, 13/21은 0.619 등이다. 초기 비율값은 0.618을 기준으로 작은 변동폭을 나타내고 있다. 역시 1.00, 0.50, 0.67의 값도 주의하라. 비율분석과 반전율에 관해서 논의할 때 이러한 값들에 대해 좀더 언급할 것이다.
3. 직전 숫자에 대한 다음 숫자의 비율은 거의 1.618이고, 그 반대의 경우는 0.618이다. 예를 들어 13/8은 1.625이고, 21/13은 1.615, 34/21는 1.619이다. 숫자가 커질수록 비율은 0.618과 1.618에 가까워진다.
4. 하나 건너뛴 숫자간의 비율은 2.618에 근접하고, 그 반대는 0.382에 근접한다. 예를 들어 13/34은 0.382이고, 34/13는 2.615이다.

피보나치 비율과 반전

파동이론이 세 가지—패턴, 비율, 시간—로 구성되어 있다는 것은 이미 언급하였다. 이제까지 이 세 가지 중에서 가장 중요한 패턴, 즉 파동형태에 대해 다루었다. 그러면 피보나치 비율과 반전의 적용을 다뤄보자. 이들의 관계는 가격과 시간에 적용할 수 있는데, 가격에 대한 적용이 보다 더 신뢰할 수 있을 것으로 여겨진다.

시간적인 측면에 대해서는 나중에 다루기로 하자.

무엇보다도 먼저 그림 13-1과 13-3을 보면 기본적인 파동형태는 항상 피보나치 수로 분할된다는 것을 알 수 있다. 완전한 하나의 주기는 5파 상승과 3파 하락, 즉 여덟 개의 파동으로 구성되는데, 모두 피보나치 수이다. 두 번 더 세분하면 34개의 파동과 144개의 파동을 만든다. 이 역시 피보나치 수이다. 그러나 피보나치 수열을 토대로 한 파동이론의 수학적 기초는 파동수를 세는 것 그 이상의 것이다. 파동과 파동간의 비율 관계에 대해서도 의문의 여지가 있다. 다음은 가장 일반적으로 사용되는 피보나치 비율들이다.

1. 세 개의 주파동(impulse waves) 중 하나만 확장한다. 다른 두 개는 시간과 크기에 있어서 동일하다. 만약 파동 5가 확장하면 파동 1과 3은 틀림없이 같아진다. 파동 3이 확장하면 파동 1과 5는 같아지려는 경향이 있다.
2. 파동 3의 고점의 최소 목표값은 파동 1의 길이에 1.618을 곱하여 구한 값에 파동 2의 저점을 더하여 구할 수 있다.
3. 파동 5의 고점의 최댓값 혹은 최솟값은 파동 1에 3.236(2×1.618)을 곱한 값을 파동 1의 고점 또는 저점에 더하여 구할 수 있다.
4. 파동 1과 3이 거의 같고 파동 5가 확장할 것으로 기대된다면 목표가격은 파동 1의 저점으로부터 파동 3의 고점까지의 거리를 측정한 후 그 값에 1.618을 곱하여 구한 값을 파동 4의 저점에 더하여 구할 수 있다.
5. 정상적인 5-3-5 지그재그 조정에 있는 조정파동에서 파동 c의 길이는 종종 파동 a의 길이와 거의 같다.
6. 파동 c의 최댓값을 구하기 위한 또 다른 방법은 파동 a의 길이에 0.618을 곱하여 구한 값을 파동 a의 저점에서 빼는 것이다.
7. 파동 b가 파동 a의 고점에 도달하거나 능가하는 3-3-5 평면 조정에서 파동 c는 파동 a의 길이의 약 1.618배이다.
8. 대칭삼각형에서 각각의 연속파동은 직전 파동의 약 0.618배이다.

피보나치 반전율

앞에서 살펴본 비율들은 추세파동과 조정파동의 목표가격을 결정하는 데 도움을 준

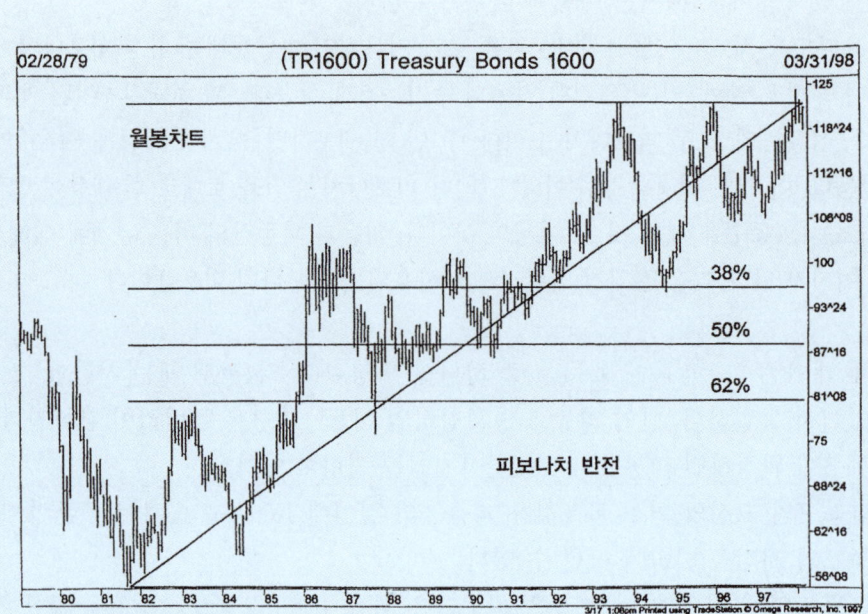

(그림 13-25) 3개의 수평선이 1981년의 저점부터 1993년의 고점까지 미 T-Bonds 시장에서 측정된 38%, 50%, 62%의 피보나치 반전율을 나타내고 있다.

다. 목표가격을 결정하는 또 다른 방법은 반전율을 이용하는 것이다. 반전분석에서 가장 일반적으로 사용되는 수는 61.8%(보통 62%로 반올림), 38%, 그리고 50%이다. 제4장에서 살펴보았듯이 시장은 보통 어떤 예상비율, 즉 가장 잘 알려진 33%, 50%, 67%의 비율로 직전 움직임에 대하여 반전한다. 피보나치 수열은 이러한 숫자를 조금 더 개량하고 있다. 보다 더 약한 추세의 경우 최대 반전율은 보통 62%이다(그림 13-25, 13-26 참조).

피보나치 비율은 최초 네 개 숫자 이후에 0.618에 근접한다는 것을 앞에서 지적하였다. 최초 세 개의 비율은 1/1(100%), 1/2(50%), 2/3(67%)이다. 엘리엇이론을 배운 많은 사람들이 그 유명한 '50% 반전'이 '2/3 반전'과 마찬가지로 피보나치 비율이라는 것을 모르고 있는 것 같다. 직전의 강세시장 또는 약세시장에 대한 완전반전(100%)은 역시 중요한 지지선과 저항선을 나타낸다.

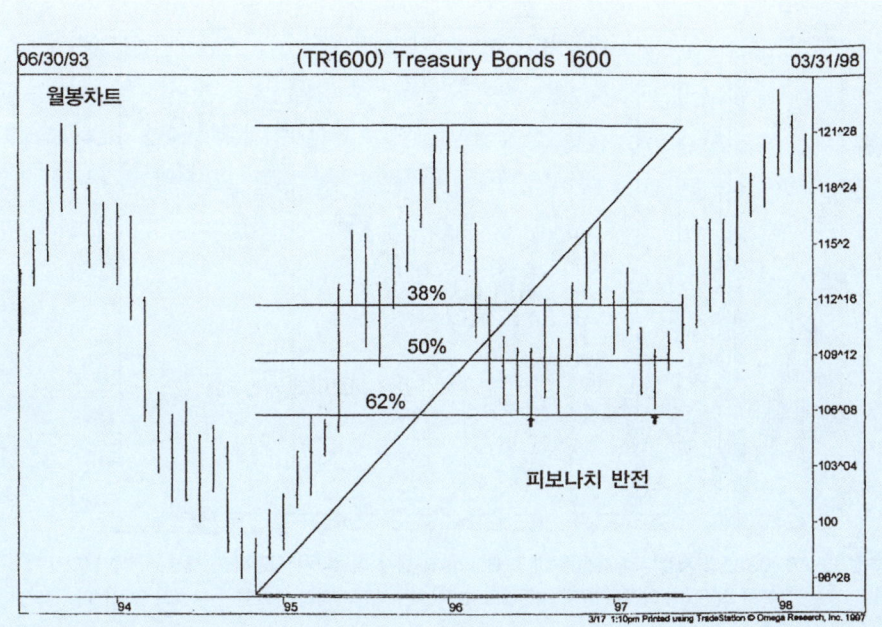

(그림 13-26) 3개의 피보나치 비율선이 1994년의 저점에서 1996년 초의 고점까지 채권가격 차트에 그려진다. 채권가격은 62%까지 조정되었다.

피보나치 시간목표

파동분석을 하면서 시간적인 관점에 대해서는 충분히 다루지 못했다. 피보나치의 수와 시간 사이에는 어떤 관계가 존재한다. 하지만 그것들은 예측하기 힘들 뿐만 아니라, 엘리엇주의자들은 파동이론의 세 가지 관점 중에서 가장 하찮게 여겼다. 피보나치 시간목표는 중요한 고점과 저점에서 미래로 헤아려 설정된다. 일간차트에서 분석가는 미래의 고점과 저점은 피보나치 날짜, 즉 미래의 13번째, 21번째, 34번째, 55번째, 89번째 거래일에 발생하리라는 기대를 가지고 중요한 전환점으로부터 거래일수를 더해 나갔다. 그와 같은 기술은 주간·월간·연간차트에서 사용될 수 있다. 주간차트에서 분석가는 현저한 고점과 저점을 선택하여 피보나치 수와 일치하는 주간 시간 목표를 찾는다(그림 13-27, 13-28 참조).

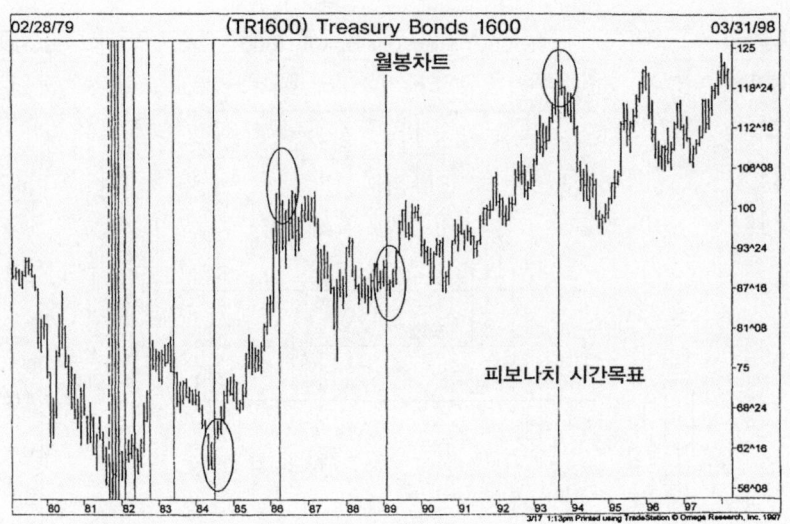

(그림 13-27) 1981년의 저점부터 측정된 미 T-Bonds의 월간 피보나치 시간목표. 대부분 부합되지만, 특히 최종 4개의 피보나치 시간목표(수직선)는 채권가격의 중요한 전환점과 일치한다.

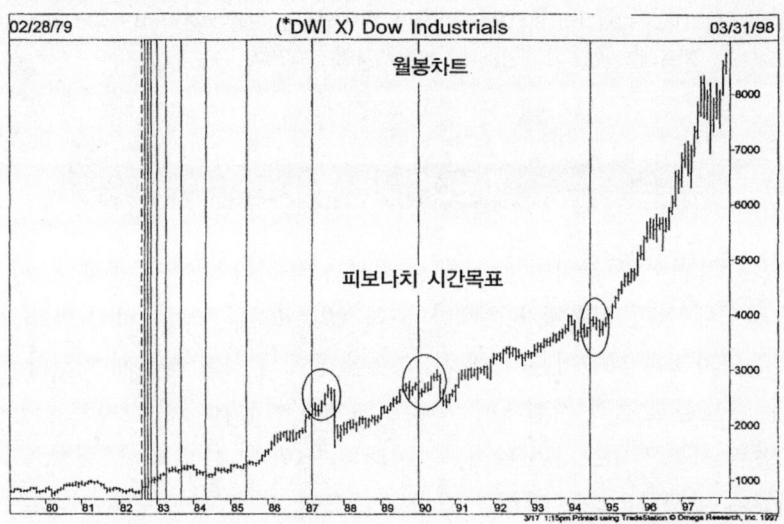

(그림 13-28) 1982년의 저점부터 측정된 다우공업지수의 월간 피보나치 시간목표. 최종 3개의 수직선은 약세시장이 나타난 1987년, 1990년 그리고 1994년과 일치한다. 1987년의 고점은 1982년의 저점으로부터 5년이 지난 시점이며, 역시 피보나치 수이다.

파동이론 세 가지 측면의 통합

파동형태, 비율분석, 그리고 시간목표가 동시에 맞아떨어졌을 때 이상적인 상황은 발생한다. 다섯 번째 파동이 완성되었다고 가정했을 때, 파동 5가 파동 1의 저점에서 파동 3의 고점까지 1.618배의 거리를 이동했고, 이 때는 직전 저점으로부터 13주, 직전 고점으로부터 34주가 된다. 그리고 다섯 번째 파동이 21일간 계속되었다. 이때 중요한 고점이 임박했을 가능성이 매우 높다.

주식 및 선물시장에서 가격차트에 관한 연구는 피보나치시간과 다양한 관계가 있음을 보여준다. 그러나 문제는 그러한 관계가 다양하게 변할 수 있다는 점이다. 피보나치 시간목표는 고점에서 고점까지, 고점에서 저점까지, 저점에서 저점까지, 저점에서 고점까지 설정될 수 있다. 그리고 이들 관계는 언제나 그러한 일이 발생한 이후라야 알 수 있다. 이들 중 현재 추세와 관련성이 있는 게 어떤 것인지는 항상 명확하게 알 수 있는 것은 아니다.

주식과 상품선물에 적용되는 엘리엇 파동이론

파동이론을 주식과 상품선물에 적용시켜보면 몇 가지 차이점이 있다. 예를 들어, 주식시장에서는 파동 3이 확장하는 경향이 있고, 상품선물시장에서는 파동 5가 확장하려고 한다. 주식시장에서 파동 4는 파동 1과 결코 중복되지 않는다는 불변의 원칙이 상품선물시장에서는 엄격하게 지켜지지 않는다(일중 돌파는 선물차트에서 일어날 수 있다). 때로는 현물시장의 차트가 선물시장보다 엘리엇 파동패턴을 더 분명하게 해준다. 상품선물시장에서 연속차트의 사용은 장기 엘리엇 패턴에 영향을 미쳐 왜곡 현상을 일으킬 수 있다.

현물시장과 선물시장의 가장 중요한 차이점은 선물시장의 주요 상승시장은 '제한적'일 수 있다는 점이다. 즉, 강세시장의 고점이 직전 강세시장의 고점을 항상 돌파하는 것은 아니라는 의미이다. 상품선물시장에서 완성된 5파동 강세추세는 직전 강세시장의 고점에 미치지 못할 가능성이 있다. 1980년~1981년까지 많은 상품선물시장에서 형성된 중요한 고점들은 7~8년 전에 형성된 중요한 고점들을 넘어서지 못했다. 두 시장을 비교해서 한 가지 더 지적하자면, 상품 선물시장의 최적 엘리엇 패턴은 장기확장 저점을 이탈함으로써 발생한다.

명심할 것은, 원래 파동이론은 주식시장 평균지수에 적용하기 위해 만든 것이라는 사실이다. 따라서 일반 개별주식에는 파동이론이 잘 맞지 않을 수도 있다. 대중심리학이 이 이론의 중요한 기초가 되기 때문에 거래량이 극히 적은 몇몇 선물시장에도 잘 맞지 않을 수 있다. 한 가지 실례를 든다면, 금은 많이 거래되기 때문에 파동분석의 좋은 수단이 된다.

요약 및 결론

파동이론의 중요한 요소들을 간단히 요약해보고, 적절한 관점에서 살펴보도록 하자.

1. 완전한 강세시장 주기는 여덟 개의 파동으로 구성되어 있고, 5파 상승 후 3파 하락이 나타난다.
2. 하나의 추세는 다섯 개의 파동으로 구분할 수 있고, 그 방향은 상급(더 긴) 추세와 같은 방향이다.
3. 조정은 항상 세 개의 파동으로 나타난다.
4. 단순조정의 형태에는 지그재그(5-3-5)와 평면(3-3-5)이 있다.
5. 삼각형(triangles)은 보통 네 번째 파동에서 발생하므로 항상 마지막 파동보다 앞서 나타난다. 삼각형은 조정파동 B가 될 수 있다.
6. 파동은 더 긴 파동으로 확장될 수 있고, 더 짧은 파동으로 세분될 수도 있다.
7. 추세파동(impulse waves) 중 하나가 확장할 때 다른 두 개의 파동의 시간과 크기는 같아져야 한다.
8. 피보나치 수열은 엘리엇 파동이론의 수학적 기초이다.
9. 파동의 수는 피보나치 수열을 따른다.
10. 피보나치 비율과 반전율은 목표가격을 결정하는 데 사용되며, 가장 일반적인 반

전율은 62%, 50%, 38%이다.
11. 교번의 원칙(the rule of alternation)은 같은 것이 연달아 반복적으로 일어나지 않음을 말한다.
12. 약세장은 직전 네 번째 파동의 저점 밑으로 떨어지지 않아야 한다.
13. 파동 4는 파동 1과 중복되지 않아야 한다(선물시장에서는 엄격하게 지켜지지 않는다).
14. 엘리엇의 파동이론은 그 중요한 순서대로 패턴(파동형태), 비율, 시간으로 구성되어 있다.
15. 파동이론은 원래 주식시장 평균지수에 적용하기 위한 것으로, 개별주가에 적용해보면 주식시장 평균지수에서만큼 잘 맞지 않는다.
16. 파동이론은 금처럼 가장 대중적이고 선호도가 높은 상품선물시장에서 가장 잘 맞는다.
17. 상품선물시장에서의 주요 차이점은 제한적 상승시장이 존재한다는 것이다.

엘리엇의 파동이론은 다우이론과 전통적인 차트패턴과 같은 보다 전통적인 접근 방법에 근거하고 있다. 이러한 가격패턴의 대부분은 엘리엇 파동이론의 한 부분으로 설명될 수 있다. 이 이론은 피보나치 비율 측정과 반전율을 이용하여 '변동 목표값'의 개념을 바탕으로 만들어졌다. 엘리엇 파동이론은 이런 모든 요인들을 고려했을 뿐만 아니라 이를 보다 더 조직화하고 예측성을 향상시킴으로써 이를 능가한다.

파동이론은 반드시 다른 기술적 도구들과 함께 이용한다

엘리엇의 이론은 명확히 들어맞는 때도 있었고 그렇지 못한 때도 있었다. 분명치 않은 시장을 엘리엇의 형식에 끼워 맞추거나 다른 기술적 도구들을 무시하는 것은 이 이론을 오용하는 것이 된다. 엘리엇 이론의 핵심은 시장예측의 수수께끼를 푸는 데 해답의 일부를 제공한다는 것이다. 이를 다른 기술적 이론과 함께 사용하면 효용가치를 증대시켜 성공의 확률을 높일 수 있다.

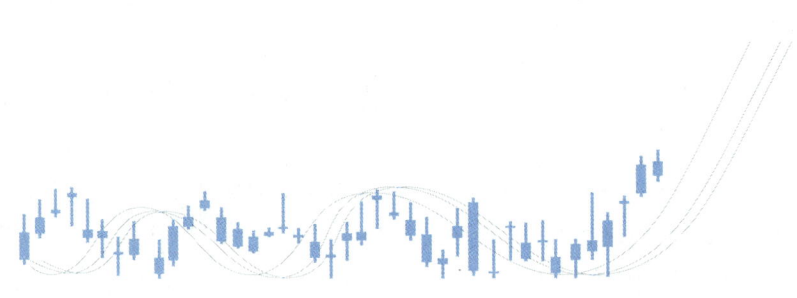

제14장

주기

14

주기

서문

지금까지 우리의 주된 관심은 가격변동에 있었고, 시장을 예측할 때 시간의 중요성에 대해서는 거의 언급하지 않았다. 시간은 기술적 분석의 전반적인 영역에 걸쳐 밀접한 관련이 있지만 일반적으로는 부차적인 것으로 취급되었다.

이번 장에서는 주기가 가격의 상승과 하락을 알 수 있는 중요한 해답을 갖고 있다고 믿는 주기 분석가의 시각으로 예측의 문제를 조명해보자. 그 과정에서 중요한 시간차원을 분석도구목록에 추가할 것이다. 이제 여러분은 스스로 시장이 어떤 방향으로 어느 정도 지속될 것인가를 묻지 않고 시장이 언제 도래할 것이며, 언제 움직임이 시작될 것인가를 묻게 될 것이다.

전형적인 일봉차트를 살펴보자. 수직축은 가격을 나타낸다. 그러나 그것은 반쪽 정보일 뿐이다. 수평축은 시간을 나타낸다. 그러므로 봉차트는 시간과 가격의 차트이다. 아직 많은 거래자들이 시간의 중요성은 외면한 채 가격정보에만 집착한다. 우리는 차트 패턴을 연구할 때 이러한 패턴들이 형성될 때까지 걸리는 시간의 크기와 이후 가능한 가격움직임 사이에 어떤 관계가 있다는 것을 알고 있다. 실제로 추세선 또는 지지선 또는 저항선이 오래 지속되면 될수록 그것은 더욱 더 유효하다. 이동평균을 구하기 위해서는 적정한 기간이 필요하다.

오실레이터 측정일수에 대한 결정이 필수적이다. 앞장에서 피보나치 시간목표의 유용성을 살펴보았다.

기술적 분석의 모든 단계에서 어느 정도 시간을 고려하고 있는 것만은 분명하다. 그러나 일관되고 신뢰할 만한 방법으로는 고려되고 있지 않다는 것이 문제이다. 이것이 주기(time cycles)가 필요한 이유이다. 주기가 시장움직임에 있어 2차적 또는 지원적 역할만 하는 것이 아니라 강세시장과 약세시장에서 결정적인 요인이라고 주기 분석가들은 주장한다. 이렇게 시간은 중요한 요소일 뿐만 아니라 주기를 통합함으로써 다른 모든 기술적 도구를 개선할 수 있다. 예를 들어, 이동평균과 오실레이터는 지배주기에 결합시킴으로써 최적화할 수 있다. 어떤 것이 유효한 추세선인지 판담함으로써 추세분석을 더 정확하게 할 수 있다. 주기의 고점 및 저점과 결부시킴으로써 가격패턴 분석을 향상시킬 수 있다. '시간대(time window)'를 이용함으로써 무관한 가격움직임은 무시하고, 중요한 주기의 고점과 저점이 발생하는 시점에 중점을 두는 방식으로 가격움직임을 여과할 수 있다.

주기

주기의 문제에 대하여 내가 지금까지 읽었던 책 중에서 가장 흥미로운 책은 주기 분석의 선구자 중 한 사람인 에드워드 R. 듀이(Edward R. Dewey)와 오그 만디노(Og Mandino)가 함께 쓴 『주기: 사건을 유발하는 신비로운 힘』[Cycles: The Mysterious Forces That Trigger Events(Manor Books, Inc., New York, 1973)]이다. 외관상 무관해 보이는 수 천 개의 주기들을 수백 년, 어떤 경우에는 수천 년 지속되는 주기들로 구분하였다. 대서양 연어 풍작은 9.6년 주기로 이루어지고 1415년~1930년 사이의 국가간 전쟁은 22.20년 주기로 발생하였다. 1957년 이래 태양흑점 활동의 평균주기는 11.11년으로 알려졌다. 부동산 경기 주기 18.33년, 주식시장 주기 9.2년을 포함해 여러 가지 경기 주기들도 나타나고 있다(그림 14-1과 14-2 참조).

듀이는 두 가지 놀라운 결론을 제기하고 있다. 첫째는 겉으로 보기에는 아무 관련이 없는 많은 현상들이 주기가 비슷하다는 것이다. 그는 그의 책 118쪽에서 뉴져지에서

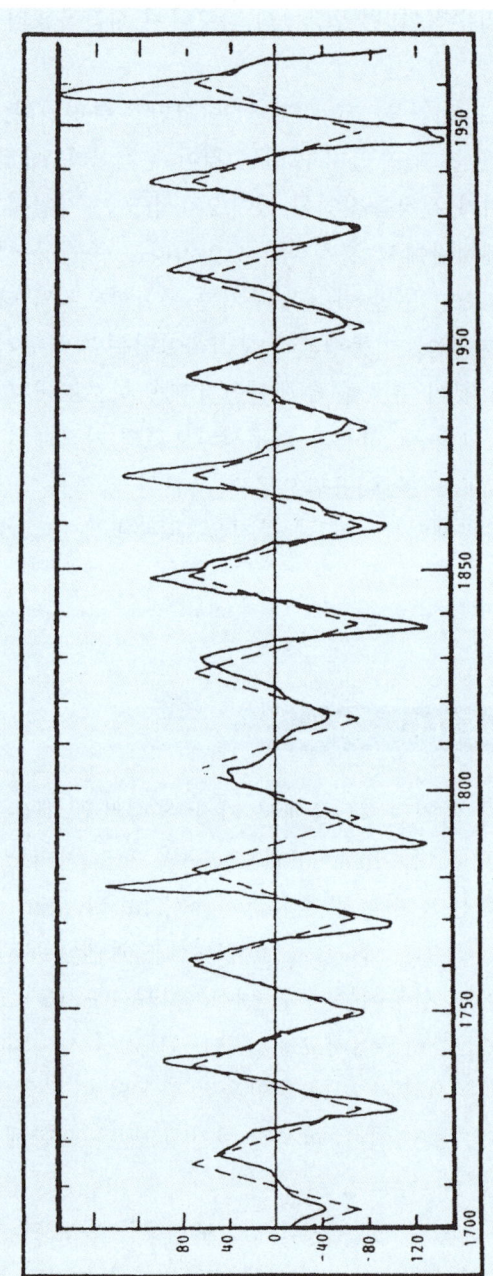

〈그림 14-1〉
태양흑점 발생주기는 11.11년이다. 태양흑점 최소기 2년 후에 자주 가뭄이 발생했다. 차트에서 점선은 '전형적인' 주기를 나타내며, 실선은 실제 추적한 자료이다.

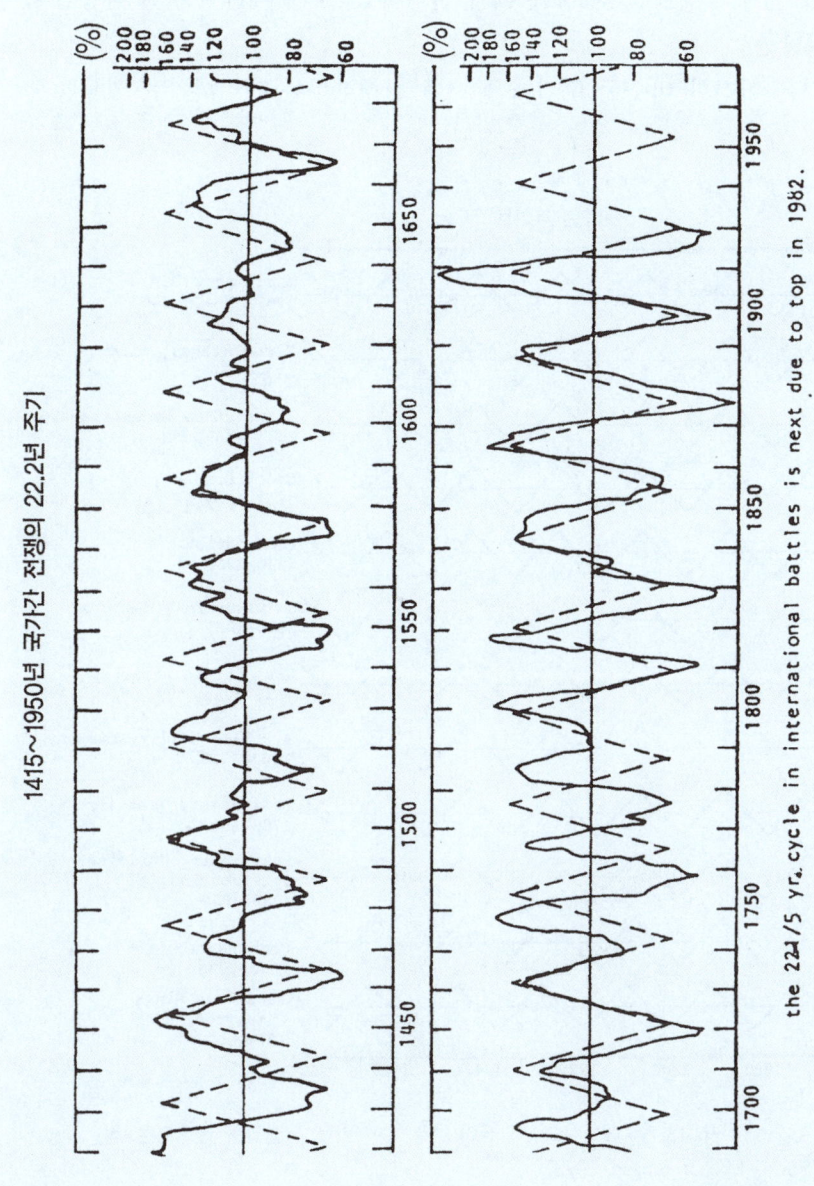

(그림 14-2) 22.2년 주기를 가진 국가간 전쟁은 1982년경에 고점을 이루었다. 차트에서 점선은 '전형적인' 주기이며, 실선은 실제 추적한 자료이다.

의 모충의 극성, 캐나다에서의 코요테(늑대)의 번성, 미국의 소맥 경작면적, 미국에서의 면사가격 등 9.6년 주기의 37가지 다른 예를 열거하였다. 왜 이런 무관한 활동들이 같은 주기로 나타날까?

두 번째 발견은 이러한 비슷한 주기가 동시에 발생했다는 것이다. 즉, 그들은 주기

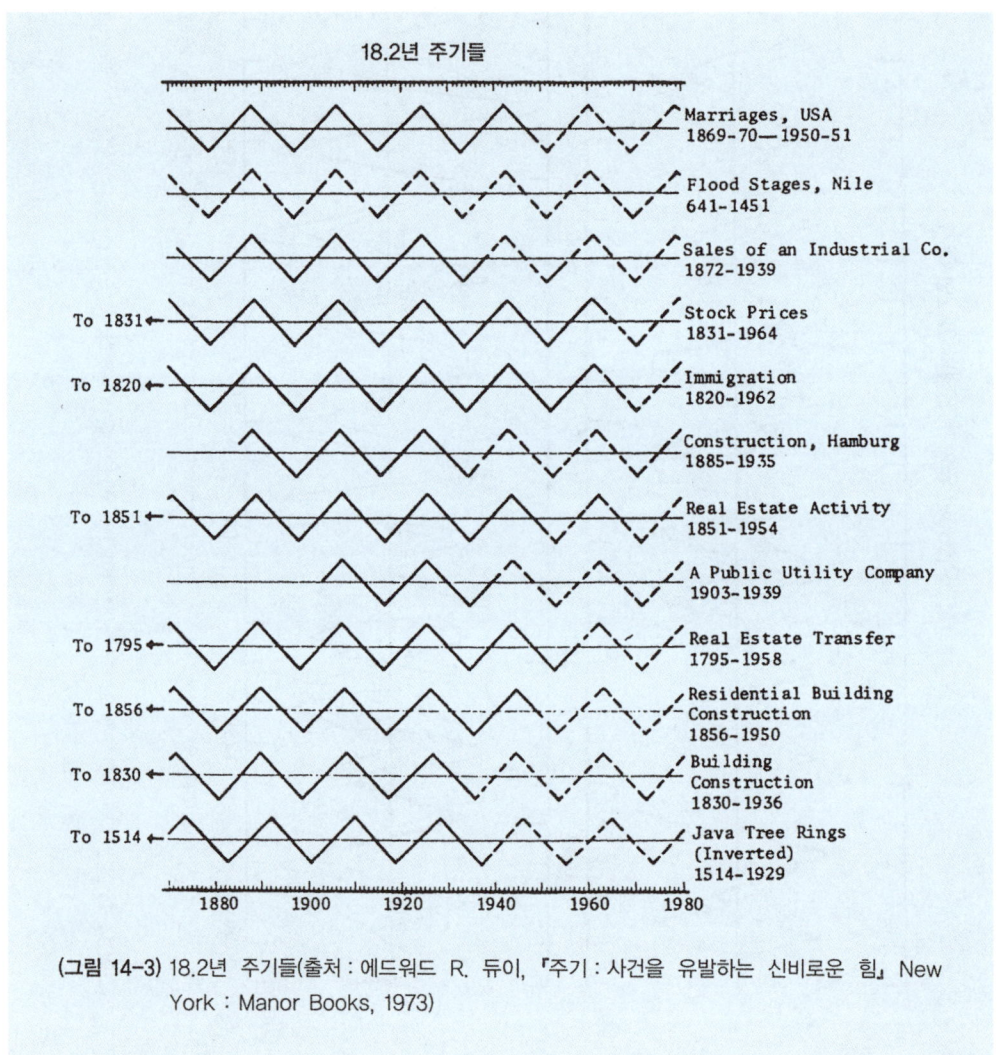

(그림 14-3) 18.2년 주기들(출처: 에드워드 R. 듀이, 『주기: 사건을 유발하는 신비로운 힘』 New York: Manor Books, 1973)

가 같았다. 그림 14-3은 미국에서의 결혼, 이민, 주식가격을 포함하여 18.2년 주기를 가진 다른 12가지 예를 보여주고 있다. 그는 놀랍게도 우주공간의 '어딘가에' 있는 어떤 것이 분명 이러한 주기를 일으키고 있다고 결론지었다. 즉, 우주에 일종의 파동(pulse)이 있어 인간이 살고 있는 여러 지역에서 이들 주기가 널리 퍼져 나타나는 것이라고 설명하였다.

1941년 그는 '주기연구회'(Foundation for the Study of Cycles)를 결성하였다(900 W. Valley Rd., Suite 502, Wayne, PA 19087). 이 연구회는 주기를 연구하는 가장 오래된 단체이며, 이 분야에서 선두주자로 인정받고 있다. 이 연구회는 경제학과 비즈니스를 포함하여 많은 분야의 연구를 싣는 〈주기〉(Cycle)란 잡지를 출판하고 있다. 또한 〈주기 예측〉(Cycle Projections)이란 월간 보고서도 발행하고 있는데 이것은 주식, 상품, 부동산, 그리고 경제에 대한 주기 분석을 하고 있다.

주기의 기초개념

1970년 허스트(J. M. Hurst)는 『주식매매시점 선택의 수익 기법』[The Profit Magic of Stock Transaction Timing(Prentice-Hall, Inc. Englewood Cliffs, N. J.)] 이라는 책을 저술하였다. 주로 주식시장의 주기를 다루었지만 출판된 책 중에서 주기이론에 대한 설명이 가장 잘된 것 중 하나이다. 다음 도표들은 허스트의 책에서 나온 것이다.

첫째, 주기의 형태 및 중요한 세 가지 특징을 알아보자. 그림 14-4는 반복하는 두 가지 가격주기를 나타낸다. 그 주기의 저점을 '골'이라 부르고, 고점은 '정점'이라고 한다. 여기에 나타나는 두 개의 파동은 골에서 골까지 측정된다는 것에 주의할 필요가 있다. 주기 분석가들은 주기구간을 저점에서 저점까지 측정하려고 한다. 정점에서 정점까지 잴 수도 있으나, 골과 골 사이를 측정하는 것만큼 확실치 않거나 또는 신뢰할 수 없기 때문이다. 그러므로 예에서 나타나듯이 일반적인 관례에 따라 주기파동의 시작과 끝은 저점을 기준으로 측정한다.

주기의 세 가지 특징은 크기, 기간, 단계이다. 크기는 그림 14-5에서 나타나듯이 파동의 높이를 재는 것으로 달러, 센트, 포인트로 표시된다. 파동의 기간은 그림 14-6에서 나타나듯이 골과 골 사이의 시간이다. 그림 14-6에서의 기간은 20일이다. 단계는 파동에서 나타나는 골의 시간위치(time location)를 말한다. 그림 14-7은 두 파동의 단계 차이를 보여준다. 동시에 여러 다른 주기들이 발생하기 때문에 단계는 주기 분석가들에게 길이가 서로 다른 주기들 사이의 관계를 연구할 수 있도록 해준다. 단계는 마지막 주기의 저점일(날짜)을 확인하는 데 사용된다. 예를 들어, 20일 주기에서 10일 이전이 저점이었다면 이 주기의 다음 저점일을 알 수 있다. 주기의 크기, 기간, 단계를 알면 그 주기의 미래는 이론적으로 추정이 가능하다. 그리고 그 주기가 매우 일정하게 유지된다고 가정하면 미래의 고점과 저점을 예상하는 데 사용될 수 있다. 이것은 가장

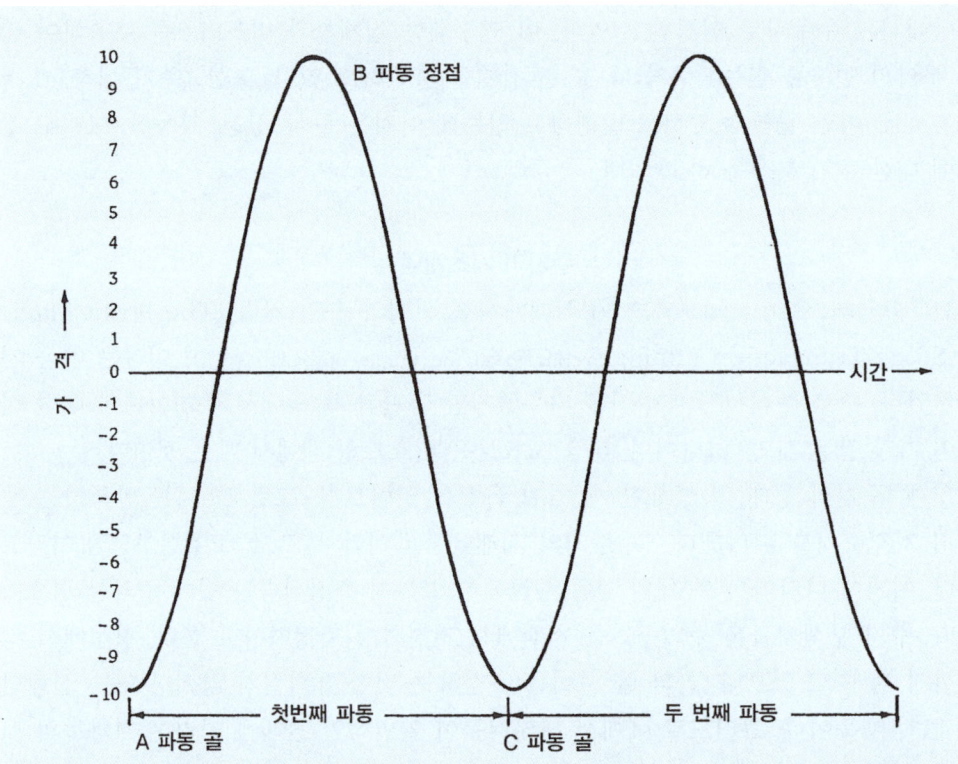

(그림 14-4) 가격파동의 2가지 주기. 주식시장과 상품선물시장의 가격변화를 형성·조합한 단순한 가격파동. 단지 2개의 주기만 보이고 있으나, 파동 자체는 오른쪽 왼쪽으로 무한정 확장한다. 이러한 주기는 자체적으로 반복한다. 결과적으로 파동이 확인되었을 때 그 값은 과거시점 또는 미래시점에 결정될 수 있다. 이러한 파동의 특징은 자산가치의 변화에 대한 어느 정도의 예측능력을 제공한다.

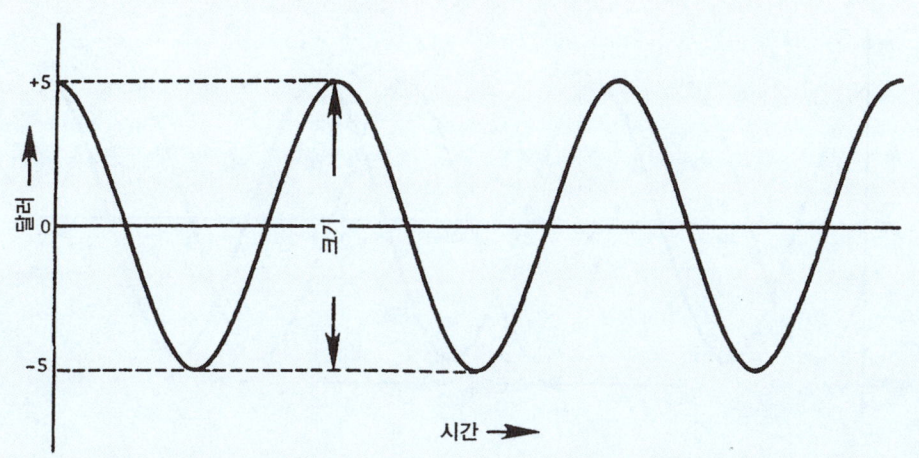

(그림 14-5) 파동의 크기. 이 차트에서 파동은 10달러의 크기를 가진다(-5달러에서 +5달러까지). 크기는 항상 파동의 저점에서 파동의 고점까지 측정된다.

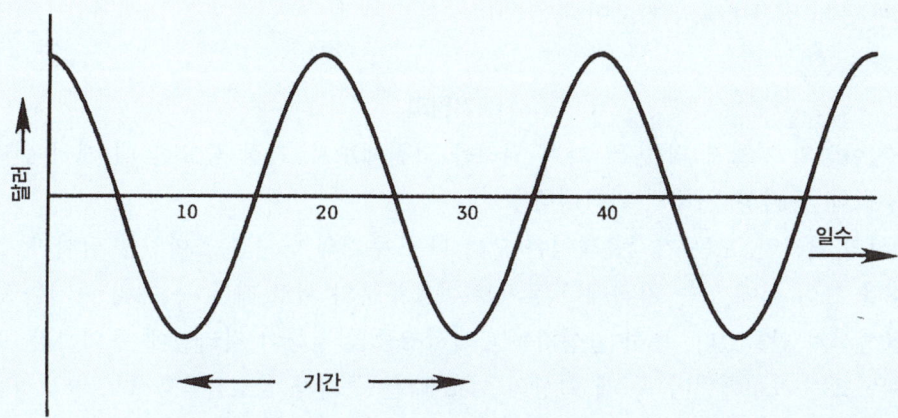

(그림 14-6) 파동의 기간. 이 그림에서 파동은 20일 기간을 가지며, 2개의 연속적인 파동의 골과 골 사이를 측정한 것으로 나타난다. 이 기간은 파동의 정점과 정점 사이를 측정한 것과 거의 같다. 그러나 나중에 설명하겠지만 가격파동의 경우 보통 파동의 고점보다 파동의 저점을 더 분명히 정의하고 있다. 결론적으로 가격파동 기간은 대부분 저점과 저점 사이를 측정한다.

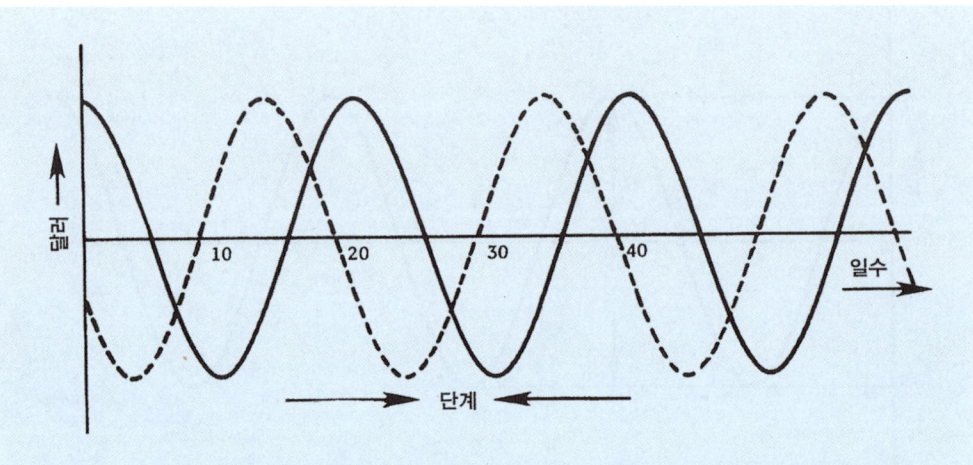

(그림 14-7) 두 파동의 단계적 차이. 두 파동의 단계적 차이는 6일간으로 나타난다. 이러한 단계적 차이는 두 파동의 저점과 저점 사이를 측정한다. 왜냐하면 가격파동의 경우 파동의 저점이 확인하기 가장 쉬운 점이기 때문이다.

단순한 주기 접근방법의 기초이다.

주기원리

주기현상의 기초가 되는 몇 가지 원리를 고찰해보자. 가장 중요한 네 개의 원리는 합성, 조화, 동시성, 비례의 원리이다.

합성의 원리란, 모든 가격움직임은 모든 활동 주기의 단순한 조합임을 말한다. 그림 14-8을 보면 위에 있는 가격패턴은 차트 아랫부분의 서로 다른 두 개의 주기를 단순히 합성시켜 만들었다. 특히 합성파동 C에서 2중 천정형이 나타남에 주의하라. 주기이론은 모든 가격패턴이 두 개 이상의 서로 다른 주기가 상호작용함으로써 생성된다고 한다. 즉, 합성의 원리는 주기예측의 이론적 근거를 제시해준다.

모든 가격움직임은 서로 다른 주기들의 합성이라고 가정해보자. 더 나아가 이들 각각의 주기를 분리 측정할 수 있다고 가정하자. 역시 이들 각각의 주기가 앞으로 계속 지속될 것으로 가정하자. 이때 각각의 주기를 미래까지 연장시켜 그들을 합성해보면 미래의 가격추세는 틀림없이 그 결과에 따라 결정된다. 이 이론은 그 정도로

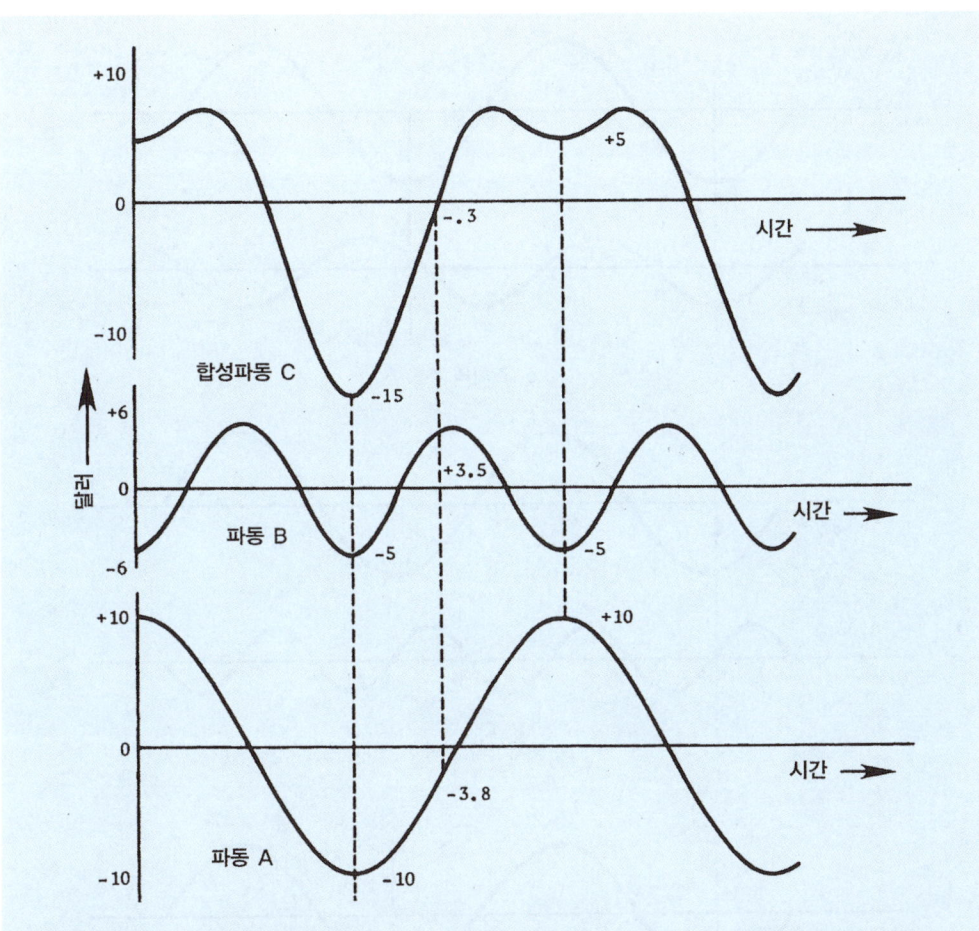

(그림 14-8) 두 파동의 합성. 점선은 각 시점에서 파동 A의 값이 파동 B의 값에 합산되어 합성파동 C의 값을 어떻게 만들어내는가를 보여준다.

이해하면 된다.

   조화의 원리는 인접한 파동들이 서로 작은 정수 배수 관계를 가짐을 의미한다. 보통 그 수는 2이다. 예를 들어, 20일 주기가 있으면 다음 하급(짧은) 주기는 보통 그 길이의 반인 10일이다. 다음 상급(긴) 주기는 40일이다. 여러분이 4주 규칙(4week rule, 제9장)에

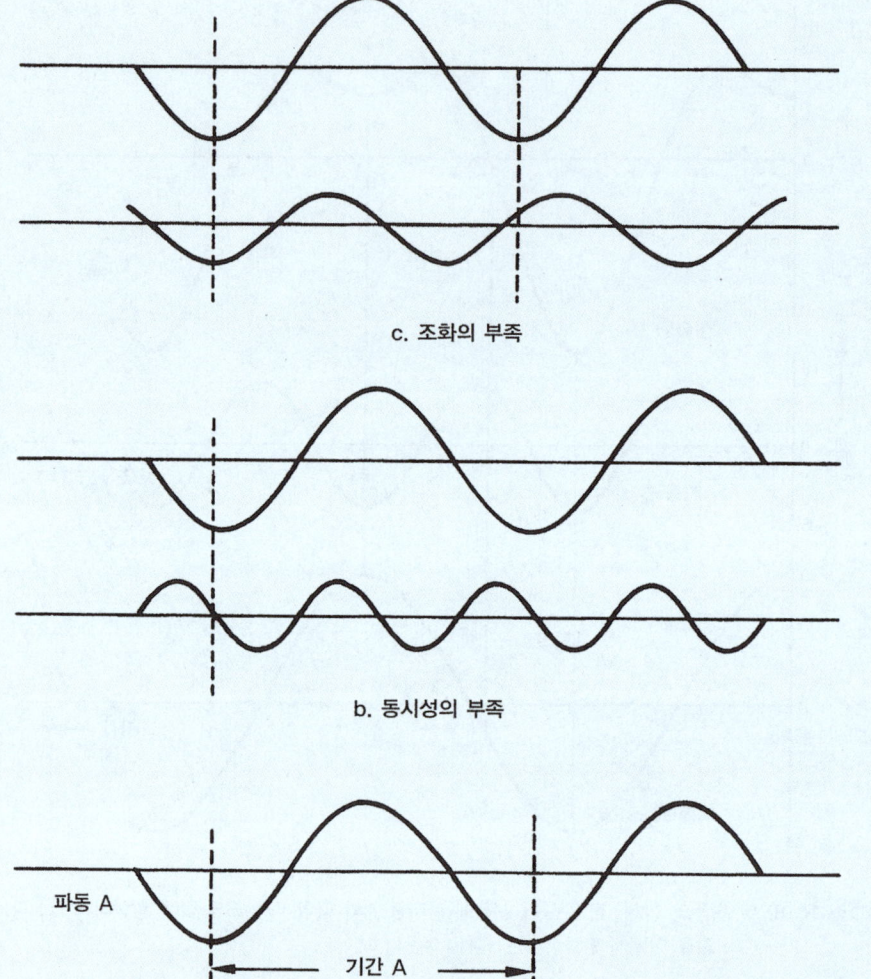

(그림 14-9) 조화와 동시성

관한 설명을 기억한다면, 조화의 원리로 볼 때 더 짧은 2주 규칙이나 더 긴 8주 규칙을 사용하는 것도 유효하다고 본다.

동시성의 원리란 길이가 다른 파동이 동시에 저점을 형성하는 성향이 강함을 의미한다. 그림 14-9는 조화와 동시성을 나타내고 있다. 차트의 아랫부분에 있는 파동 B는 파동 A 길이의 반이다. 파동 A는 반복되는 두 개의 작은 파동 B를 포함하며, 이는 두 파동간의 조화를 보여준다. 파동 A가 저점일 때 파동 B도 저점을 보이는 경향이 있으며, 이는 두 파동간 동시성을 나타내고 있음을 볼 수 있다. 동시성은 또한 서로 다른 시장의 비슷한 주기들이 동시에 전환하려는 경향이 있음을 의미한다.

비례의 원리는 주기의 기간과 크기의 관계를 나타낸다. 더 긴 기간을 가진 주기는 비례적으로 더 큰 크기를 가지고 있다. 예를 들어, 40일 주기의 크기 또는 높이는 20일 주기의 약 두 배가 된다.

변화와 명목성의 원리

앞에서 말한 네 가지 원리 외에, 보다 일반적인 의미로 주기 움직임을 설명하는 다른 두 개의 주기원리가 있는데, 이는 '변형과 명목성의 원리'이다.

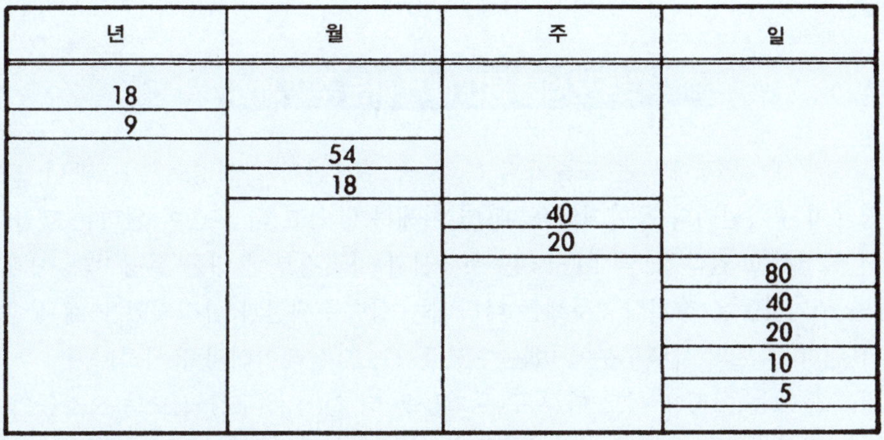

년	월	주	일
18			
9			
	54		
	18		
		40	
		20	
			80
			40
			20
			10
			5

(그림 14-10) 단순명목형

변형의 원리는 그 이름에서도 알 수 있듯이, 이미 언급된 다른 모든 주기원리들, 즉 합성, 조화, 동시성, 비례의 원리가 단지 그러한 강한 성향이 있다는 것이지, 고정된 규칙이 아니라는 사실을 의미한다. 현실 세계에서는 어떤 '변형'이 발생할 수 있고, 보통 발생하기도 한다.

명목성의 원리는, 다양한 시장의 차이점과, 주기원리를 적용하는 데 있어서의 어떤 '변화'에도 불구하고, 모든 시장에 영향을 미치는, 조화를 이루는 명목적 주기들이 있다는 것을 전제로 하고 있다. 그리고 주기의 명목적 모델은 어떤 시장분석의 출발점이 될 수 있다. 그림 14-10은 명목적 모델을 단순화한 것이다. 이 모델은 18년 주기로 시작하여, 각각 그 주기의 절반 주기로 계속 주기를 줄여 나간다. 예외적으로 54개월과 18개월의 관계는 반이 아니고 1/3이다.

개별 선물시장에서 여러 가지 주기를 다룰 때 이런 명목적 모델이 주기적 움직임의 대부분을 설명한다는 것을 알게 될 것이다. '일수'(days)난을 보자. 40, 20, 10, 5일을 주의하라. 이 수들이 인기있는 이동평균 기간들의 대부분을 나타내고 있다는 것을 알 수 있다. 잘 알려진 4, 9, 18일의 이동평균 기법조차도 5, 10, 20일의 변형이다. 많은 오실레이터가 5, 10, 20일을 사용한다. 주간규칙 돌파는 같은 수 2, 4, 8을 사용하는데, 단위만 일에서 주로 바뀌었다.

차트 분석을 용이하게 하는 주기개념

허스트의 책 제3장에서는 표준차트 분석, 즉 추세선과 가격경로, 차트패턴, 그리고 이동평균이 주기원리와 통합되었을 때 더 이해하기 쉽고 더 도움이 된다는 것을 매우 상세히 설명하고 있다. 그림 14-11은 추세선과 가격경로에 대한 설명이다. 아랫부분의 평면 주기파동은 장기상승추세를 나타내는 상승추세선과 합성되었을 때 상승가격경로가 된다. 차트의 아랫부분에 있는 수평주기는 오실레이터와 유사하다.

그림 14-12는 어떻게 서로 다른 두 주기들을 더 긴(상급) 구간의 모든 요소들의 합을 나타내는 상향선과 결합되어 머리어깨형(head and shoulder)을 형성하는지를 보여준다.

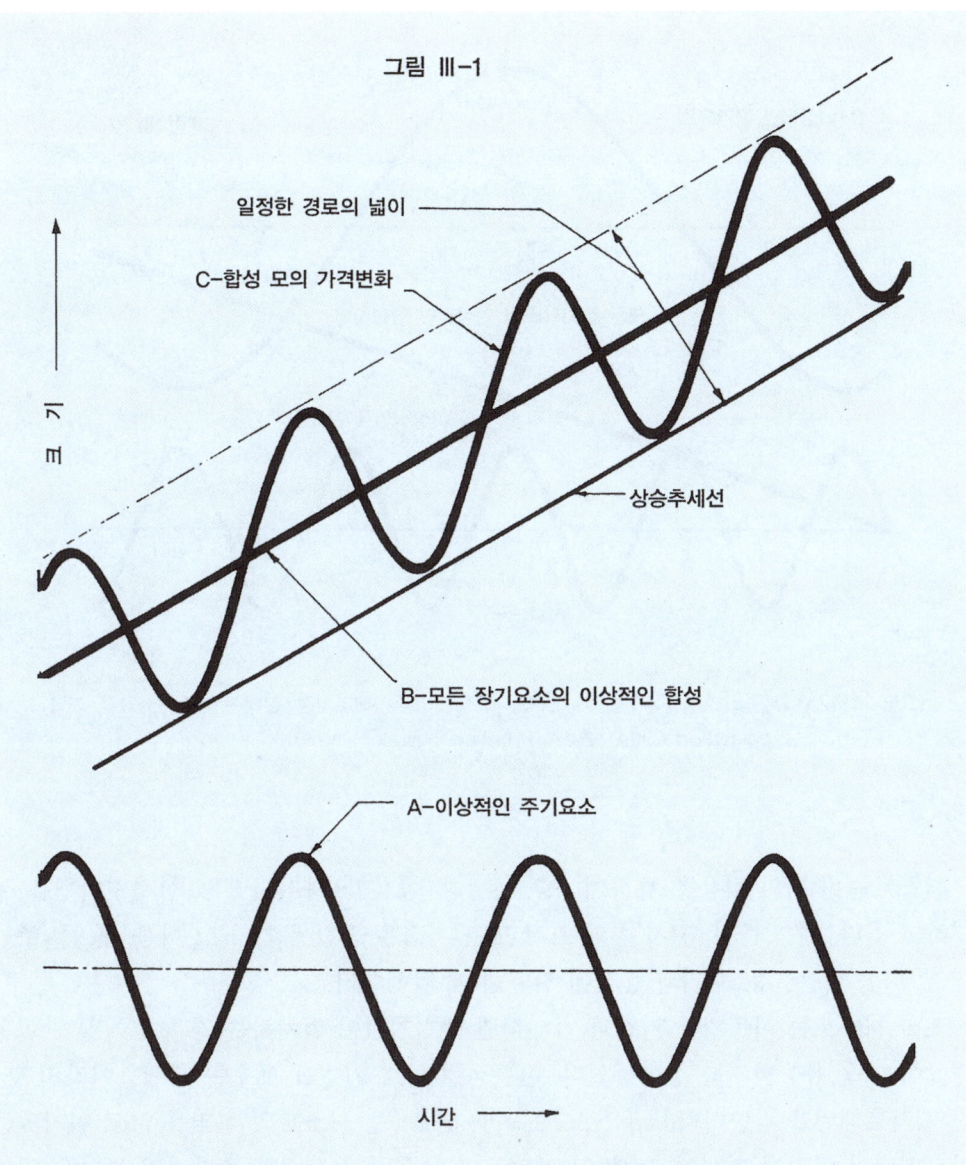

(그림 14-11) 가격경로의 형태[출처 : J. M. 허스트, 주식매매시점 선택에 대한 수익적 기법 (Englewood Cliffs, N. J. : Prentice-Hall, Inc., 1970)]

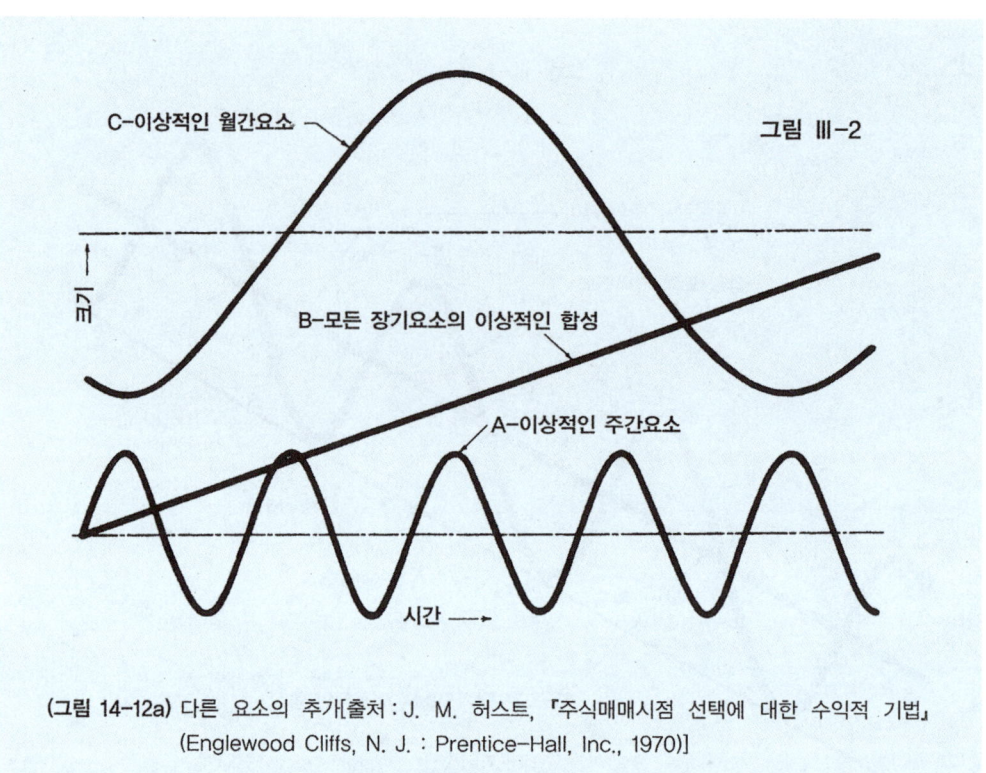

(그림 14-12a) 다른 요소의 추가[출처: J. M. 허스트, 『주식매매시점 선택에 대한 수익적 기법』 (Englewood Cliffs, N. J. : Prentice-Hall, Inc., 1970)]

　허스트는 주기의 적용을 통하여 2중 천정형, 삼각형, 사각깃발형, 삼각깃발형을 설명하고 있다. 예를 들어, 'V자'형의 고점 또는 저점은 중간 주기가 그 다음 긴(상급)주기 및 그 다음 짧은(하급) 주기와 동시에 전환될 때 발생한다.
　또한 허스트는 이동평균 기간과 지배적인 주기기간이 일치하는 경우에 어떻게 이동평균이 더욱 유용한지를 설명하였다. 전통적인 차트 기법을 배우는 학생들이라면 "당신의 차트패턴을 검증하라(Verify Your Chart Patterns)"는 허스트의 설명을 읽고 인기있는 차트패턴이 어떻게 형성되고, 왜 그 패턴들이 유용한지에 대한 추가적인 통찰을 얻어야 한다.

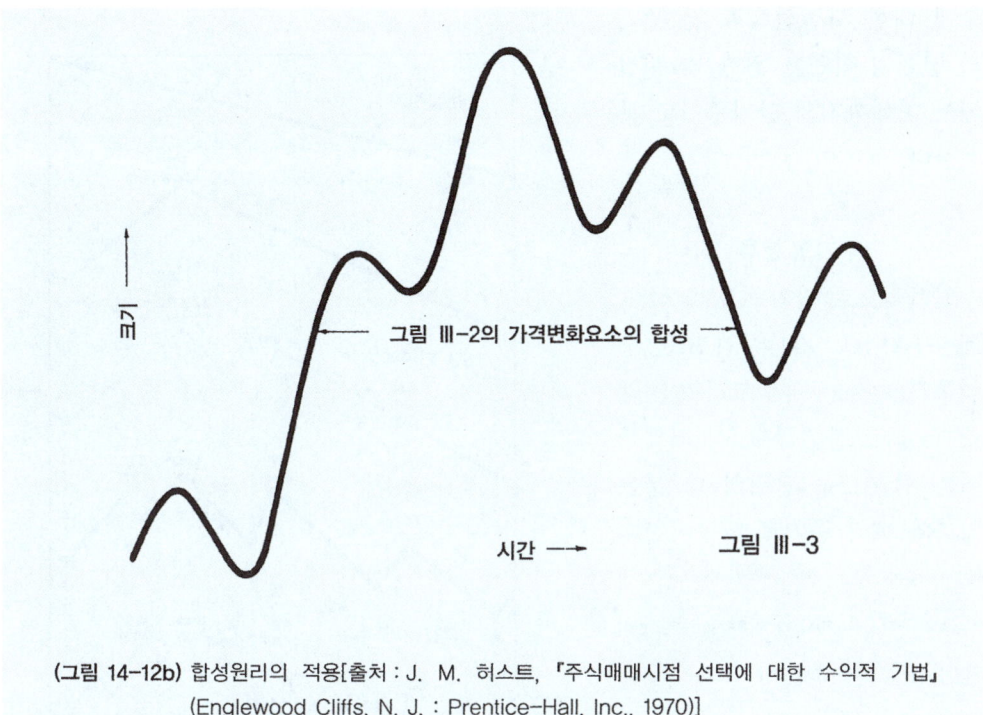

(그림 14-12b) 합성원리의 적용[출처 : J. M. 허스트, 『주식매매시점 선택에 대한 수익적 기법』 (Englewood Cliffs, N. J. : Prentice-Hall, Inc., 1970)]

지배적인 주기

다양한 종류의 주기가 금융시장에 영향을 미친다. 그 중에서 예측에 실질적으로 가치가 있는 것은 '지배적인 주기'이다. 지배적인 주기는 계속적으로 가격에 영향을 미치며, 분명한 확인이 가능하다. 대부분의 선물시장은 적어도 다섯 개의 지배적인 주기를 갖고 있다.

모든 기술적 분석에서는 장기차트를 가지고 시작하여 점차적으로 단기차트로 좁혀 작업을 해야 한다고 장기차트를 다룬 앞장에서 강조한 바 있다. 이러한 원리는 주기의 연구에서도 마찬가지이다. 수년에 걸친 지배적인 장기주기를 연구로 분석을 시작하여, 수주일에서 수개월이 될 수 있는 중간주기로, 그리고 마지막으로 시장진입 및 철수에 대한 시점선택과 긴 주기의 전환점 확인을 위한 몇 시간에서 며칠까지의 단기주기로 분석한다.

주기의 분류

일반적으로 장기주기(2년 이상), 계절주기(1년), 기본주기 또는 중간주기(9주에서 26주), 그리고 거래주기(4주)로 분류한다. 각 거래주기는 평균 2주 단위의 더 짧은 알파와 베타 주기로 나누어진다 (기본, 거래, 알파, 베타란 표시는 여러 가지 주기구간을 나타내기 위하여 월트 브리저가 사용하였다. 그림 14-13 참조).

콘드라티예프 주기

이보다 심지어 더 긴 유용한 주기도 있다. 아마도 가장 널리 알려진 것은 주기가 약 54년인 콘드라티예프 주기일 것이다. 경기순환에 대한 논쟁의 여지가 있는 이 장기주기는 1920년 대에 니콜라이 콘드라티예프라는 러시아 경제학자에 의해 처

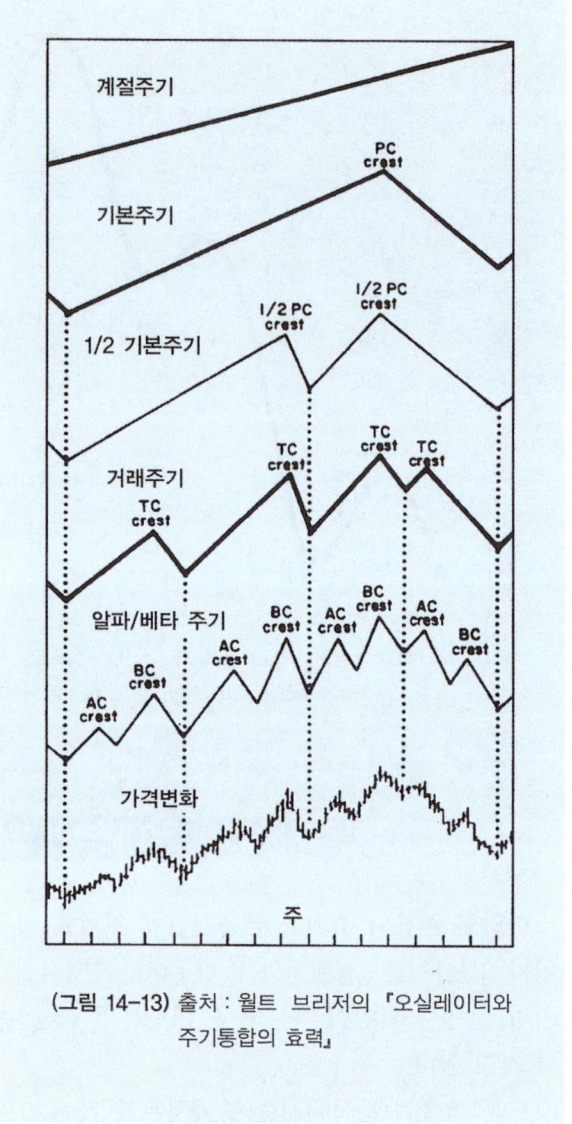

(그림 14-13) 출처 : 월트 브리저의 『오실레이터와 주기통합의 효력』

음 발견되었는데, 실제로 모든 주식과 상품가격에 상당한 영향을 미친 것으로 보인다. 특히 54년 주기는 금리, 구리, 면, 소맥, 주식, 그리고 도매상품가격에서 확인되었다. 콘드라티예프는 1789년부터 영국에서의 상품가격, 선철생산, 농업노동자의 임금 등

과 같은 요소를 사용하여 '장기주기'를 추적하였다(그림 14-14 참조). 콘드라티예프 주기는 1920년대에 마지막 고점이 나타나고 그 다음 고점이 아직 발생하지 않았다는 사실 때문에 최근 관심을 끌었다. 콘드라티예프는 자신의 자본주의 경제 주기에 대한 견해 때문에 대가를 톡톡히 지불하였다. 그는 시베리아 노동 수용소에서 죽은 것으로 알려졌다. 보다 자세한 정보는 가이 다니엘(Guy Daniels)이 번역한 콘드라티예프의 『장기 파동 주기』(The Long Wave Cycle)를 참고하기 바란다.

주기 조합

일반적으로 장기 및 계절 주기가 시장의 주요추세를 결정한다. 2년 주기가 저점에 도달하였다면 적어도 1년 동안 상승할 것이 확실히 기대되며, 그 크기는 저점에서 고점까지이다. 그러므로 장기주기는 시장추이에 상당한 영향을 미친다. 시장은 연중 특정시점에서 고점 또는 저점으로 가려는 계절적 패턴을 지니고 있다. 예를 들어, 곡물 시장은 보통 추수기에 저점에 도달하여 그 시점부터 점점 상승한다. 계절적인 변화는 보통 수개월간 계속된다.

거래를 실행하는 데는 주간 기본주기(weekly primary cycle)가 가장 유용하다. 3개월~6개월의 기본주기는 중간추세와 비슷하고, 일반적으로 어느 입장에서 거래할 것인가를 결정하는 기준이 된다. 그 다음 짧은 주기인 4주 거래주기는 기본추세의 방향에 따라 매매시점을 설정하기 위하여 사용된다. 만약 기본추세가 상승이라면 거래주기의 저점들이 매입시점이다. 만약 기본추세가 하락이라면 거래주기에 있어서 고점은 공매도시점이다. 10일간의 알파·베타 주기는 더 세밀한 조정을 위하여 사용될 수 있다(그림 14-13 참조).

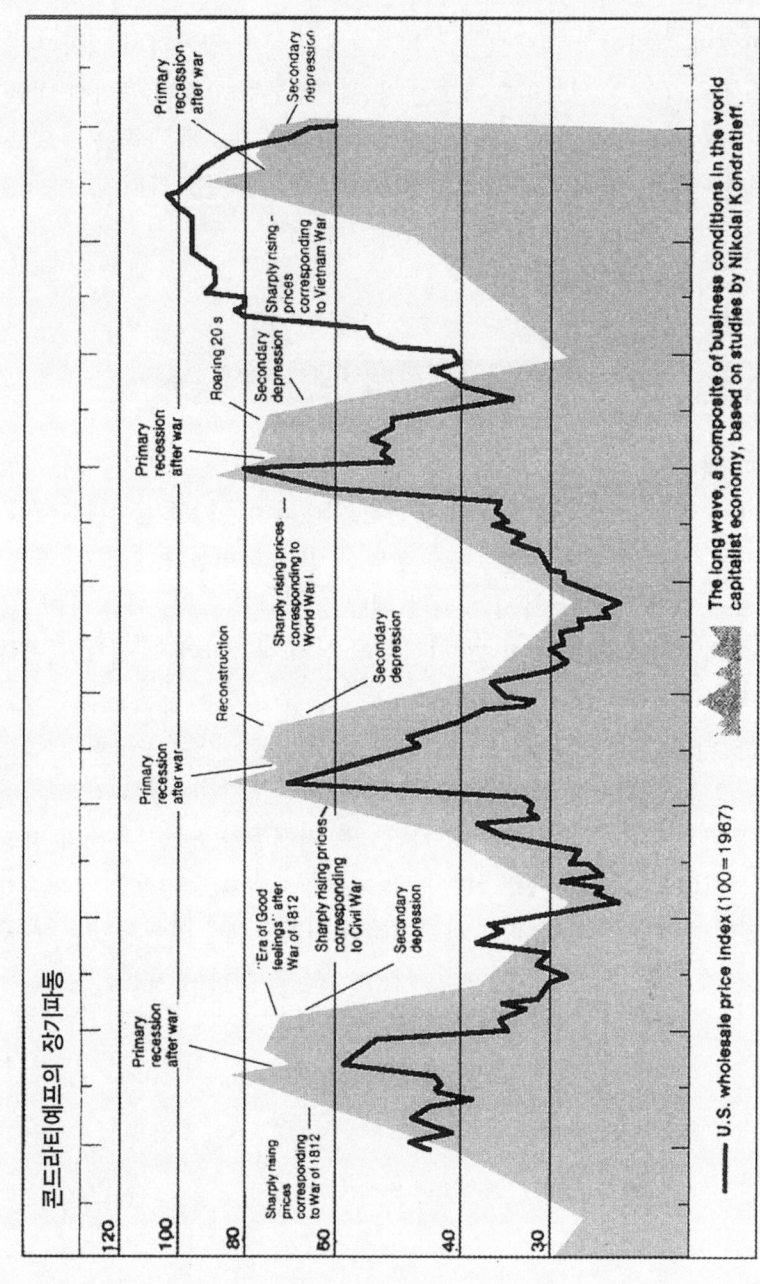

(그림 14-14) 콘드라티예프의 장기파동. 가이 다니엘이 번역한 니콜라이 콘드라티예프의 『장기파동 주기』(*The Long Wave Cycle*)를 보라(New York : Richardson and Synder, 1984). 그것은 러시아어로 된 원본을 처음 번역한 것이다. [Copyright © 1984 by The New York Times Company. Reprinted by permission(May 27, 1984, p. f11.)]

추세의 중요성

추세에 따르는 거래 개념은 기술적 분석에 관한 거의 모든 부분에서 강조되었다. 단기하락은 중간추세가 상승하였을 때 매입시점을 위해 활용되어야 하고, 단기상승은 하락추세에서 매도시점으로 활용되어야 한다고 앞장에서 제안한 바 있다. 엘리엇의 파동이론에 대해서 설명한 제13장에서 5파동 움직임은 그 다음 긴(상급) 추세의 방향에서 발생한다는 것을 지적하였다. 그러므로 매매시점을 포착할 목적으로 단기추세를 이용할 때 그 다음 긴 추세의 방향을 판단하고, 그 후에 긴 추세의 방향으로 거래하는 것이 필요하다. 이러한 개념은 주기에서도 똑같이 적용된다. '각 주기의 추세는 그 다음 더 긴 주기의 방향에 의해서 결정된다.' 달리 말하면, '더 긴 주기의 추세가 설정되었을 때 그 다음 짧은 주기의 추세가 나타난다.'

상품선물시장의 28일 거래주기

대부분의 시장에 영향을 미치는 또 하나의 짧은 주기로 28일 거래주기가 있다. 다시 말해서, 대부분의 시장은 매 4주마다 거래주기의 저점을 나타내는 경향이 있다. 모든 상품선물시장에서 이렇듯 강한 주기가 나타나는 경향에 대한 해답은 바로 '달의 주기'(lunar cycle)이다. 버턴 퓨(Burton Pugh)는 1930년대 소맥시장에서 28일 주기를 연구하였는데(소맥거래의 과학과 비밀), 그는 달(月)이 시장의 전환점에 영향을 미친다고 결론지었다. 그의 이론에 따르면 소맥은 보름에 매수하고 새 달이 뜰 때 매도해야 한다는 것이다. 그러나 퓨도 월력효과는 장기주기 또는 중요한 사건에 의해 완화 내지는 무시될 수 있다는 것을 인정하였다.

달이 주기와 관계가 있든 없든 평균 28일 주기는 존재하며, 단기지표 및 거래시스템의 개발에 사용되는 여러 가지 수를 설명하고 있다. 무엇보다도 먼저, 28일 주기는 달력일수에 기초하고 있다. 그 수는 실제 거래일수로 치면 20이 된다. 이미 흔히 쓰이는 이동평균, 오실레이터, 그리고 주간규칙이 어떻게 20이라는 숫자에 기초하게 되었으며, 그것과 관련된 단기주기, 즉 5일, 10일, 20일 이동평균이 그들의 파생물인 4, 9, 18일 주기와 함께 광범위하게 사용되고 있다는 것에 대하여 언급한 바 있다. 많은 거래자들이 10일과 40일 이동평균을 사용하며, 이때 숫자 40은 20의 2배수로서 더 장기(상급) 주기를 의미한다.

제9장에서 우리는 리처드 돈치안에 의해 개발된 4주 규칙의 유용 성에 대하여 논의하였다. 매수신호는 시장이 새로운 4주 고점을 형성하였을 때 발생했고, 매도신호는 4주 저점이 형성되었을 때 발생했다. 4주 거래주기의 존재를 인식함으로써 그 수의 중요성을 더 잘 통찰할 수 있으며, 4주 규칙이 오랫동안 잘 맞았던 이유를 이해하게 된다. 어떤 시장이 직전 4주의 고점을 능가하면, 주기논리에 따라 최소 한 다음 더 긴 주기(8주 주기)가 저점에 도달하여 상승 전환하였음을 알 수 있다.

좌우 전이

오래 전 선물시장 주기에 대해 연구하고 있을 때 좌우 전이(translation)의 개념을 놓고 당황했던 적이 있다. 그때 나는 전이의 개념이 주기 분석의 가장 유용한 측면일지도 모른다고 생각했고, 지금도 그렇게 생각하고 있다. 좌우 전이는 주기의 고점이 이상적 주기 중심으로부터 좌 또는 우로 이동하는 것을 말한다. 예를 들어, 20일 거래주기는 저점에서 저점까지 측정된다. 이때 이상적 주기고점은 그 주기의 반인 10일에 나타나야 한다. 그것은 10일 상승한 후에 10일 하락한다는 의미를 내포하고 있다.

그러나 이상적 주기 고점은 거의 발생하지 않는다. 대부분 주기의 변형은 저점에서 일어나는 것이 아니라 고점에서 일어난다는 것을 기억하라. 그 때문에 주기의 저점이 더욱더 신뢰할 만한 것이며, 이것이 바로 주기의 구간을 측정하는 데 사용되는 이유이다.

주기의 고점은 더 긴 주기의 추세에 따라 다르게 나타난다. 만약 상승추세라면 주기의 고점은 이상적 주기 중심의 오른쪽으로 이동하여 오른쪽 전이를 일으킨다. 만약 더 긴 추세가 하락한다면 주기의 고점은 중심의 왼쪽으로 이동한다. 그러므로 오른쪽 전이는 강세이고, 왼쪽 전이는 약세이다. 우리가 여기서 언급하려는 것은 강세추세에서 가격이 하락하는 데 걸리는 시간보다 상승하는 데 걸리는 시간이 길다는 점이다. 그것이 추세의 기본적인 정의가 아닐까? 이런 경우에 우리는 가격 대신 시간에 대해서 논의해야 한다(그림 14-15 참조).

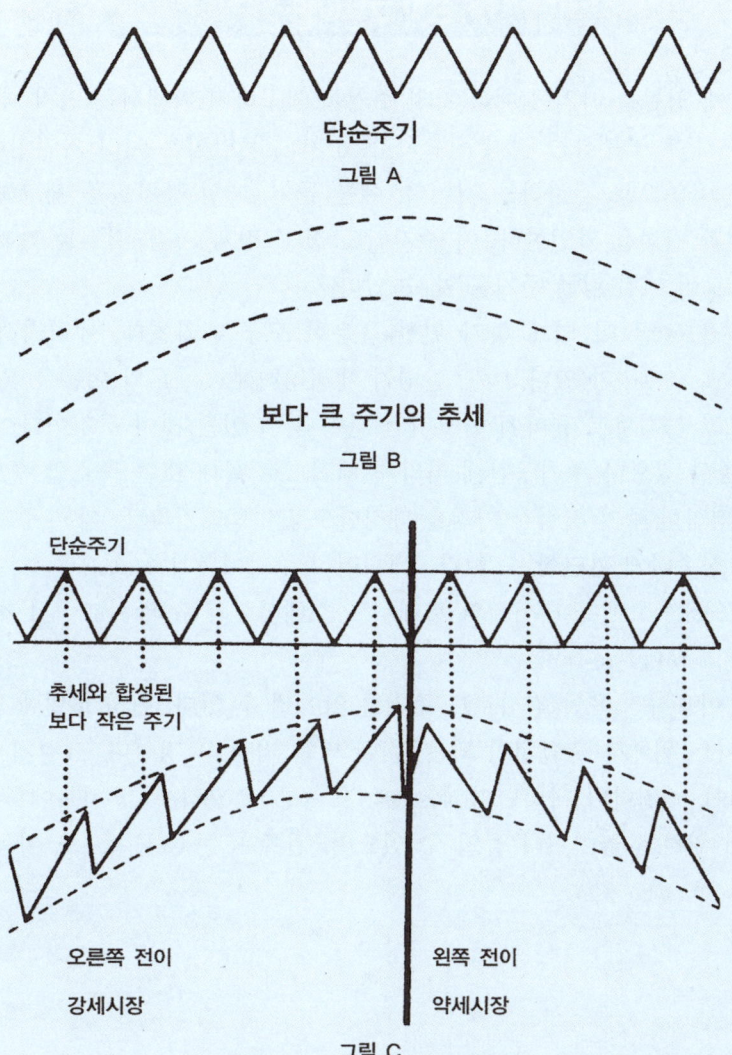

(그림 14-15) 좌우 전이의 예. 그림 A는 단순주기를 나타내고, 그림 B는 보다 더 큰 주기의 추세를 나타낸다. 그림 C는 합성효과를 나타낸다. 보다 긴 추세가 상승일 때 중심점은 오른쪽으로 이동하며, 보다 긴 추세가 하락일 때 중심점은 왼쪽으로 이동한다. 오른쪽으로의 이동은 강세를 나타내고, 왼쪽으로의 이동은 약세를 나타낸다(출처: 월트 브리저의 『오실레이터와 주기통합의 효력』).

주기 구분방법

기존 시장에 영향을 미치는 여러 가지 주기를 연구하기 위해서는 먼저 각 '지배적인(dominant) 주기'를 구분하는 것이 필요하다. 주기 구분방법은 여러 가지인데, 가장 간단한 방법은 육안으로 검사하는 것이다. 예를 들어, 매일 봉차트를 체크하여 시장의 분명한 고점과 저점을 확인한다. 이 주기의 고점-고점과 저점-저점들 간의 평균시간을 측정함으로써 어떤 평균 주기를 알 수 있다.

이러한 일을 조금 더 쉽게 하기 위한 유용한 도구들 가운데 '에히리히 주기탐색기'(Ehrlich Cycle Finder)가 있다. 이는 발명자 에히리히(S. Ehrlich)의 이름을 붙인 것으로, 육안으로 보면 가격차트가 마치 아코디언 같이 되어 있는 것이 특징이다. 각 점들 간의 거리는 항상 같으나 주기구간에 따라 전체적으로 확대 또는 축소할 수도 있다. 어떤 두 개의 명확한 주기 저점간 거리를 측정함으로써 주기가 같은 다른 주기의 저점이 존재하는지 신속하게 판단할 수 있다. '에히리히 주기예측기'(Ehrlich Cycle Forecaster)라 불리는 이 도구는 오메가 리서치의 트레이드 스테이션과 슈퍼 차트에서 지금 사용되고 있다(그림 14-16~14-18 참조).

컴퓨터를 이용하면 육안 검사로도 주기를 알아낼 수 있다. 먼저 화면에 가격차트를 띄운 다음 차트 위에다 출발점이 되는 '눈에 띄는 저점'을 정한다. 그렇게 했을 때 수직선(또는 호)이 10일마다 나타난다(디폴트값). 그 주기의 간격은 그 차트에 맞는 적절한 주기를 찾기 위하여 늘이거나 줄일 수 있으며, 왼쪽 또는 오른쪽으로 이동시킬 수도 있다(그림 14-19, 14-20 참조).

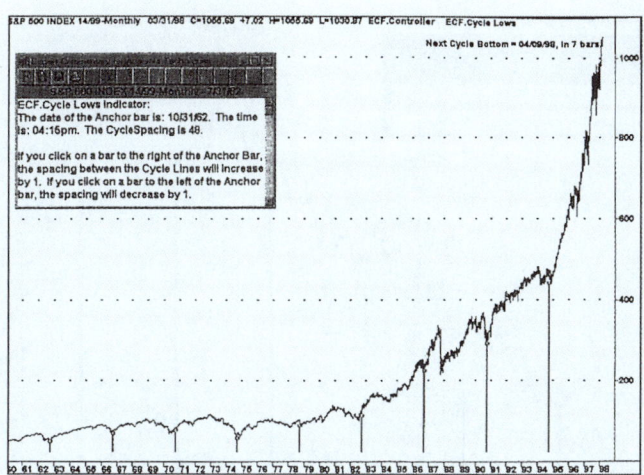

(그림 14-16) 4년 주기의 대통령 선거주기는 에히리히(Ehrlich) 주기예측기를 통해 분명히 확인된다(수직선). 만약 그 주기가 잘 맞는다면 다음 저점은 1998년에 일어날 것으로 예상된다.

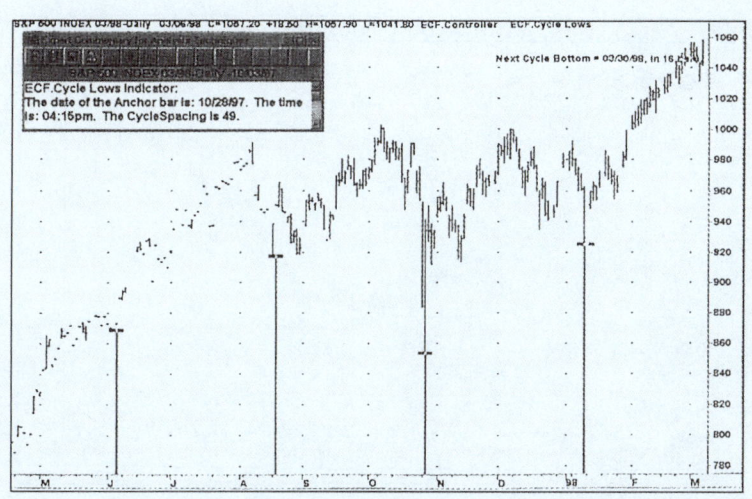

(그림 14-17) 에히리히(Ehrlich) 주기예측기는 S&P 500 선물가격에서 49일 거래주기를 확인시켜주었다. 다음 주기의 저점이 지난 주기의 저점으로부터 49일째에 형성될 것이며, 이것은 1998년 3월 30일이 된다.

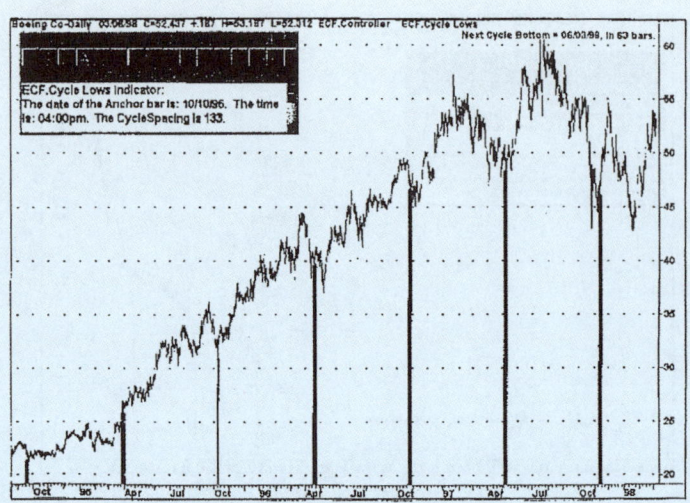

(그림 14-18) 에히리히 주기예측기는 보잉사의 133일 주기를 다루지 않았다(수직선). 지난번 주기저점이 1997년 11월에 발생하였기 때문에 에히리히 주기예측기는 다음 주기저점이 133일 이후인 1998년 6월 3일에 당연히 나타날 것이라고 예측하고 있다.

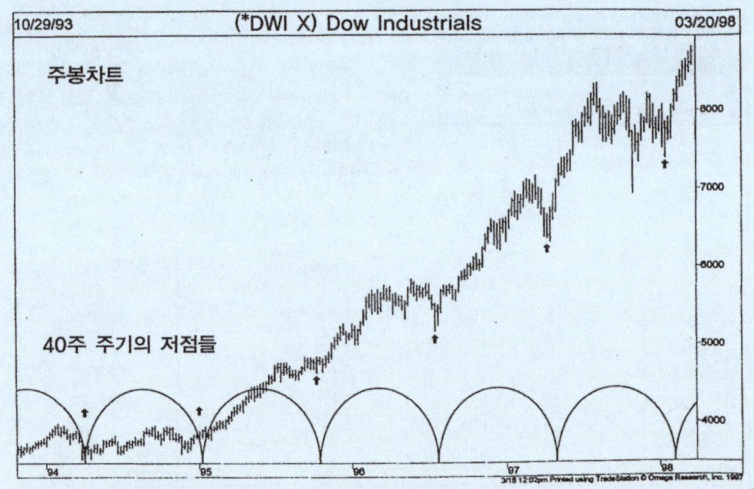

(그림 14-19a) 주기저점은 40주 간격으로 다우의 중요한 반전저점과 동시에 발생하고 있다. 이것은 다우이론의 40주 주기를 나타낸다. 최종 2개의 주기저점은 1997년 봄과 1998년 초에 나타났다(화살표).

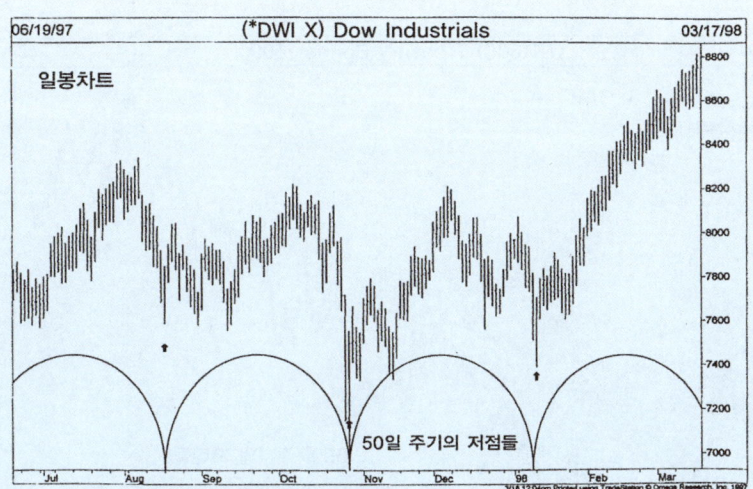

(그림 14-19b) 1997년 후반부터 1998년 초까지 다우이론의 50일 주기저점을 나타낸다. 주기저점이 가격차트에 나타나는 많은 반전저점과 동시에 발생할 때까지 이동시켜보는 것이다.

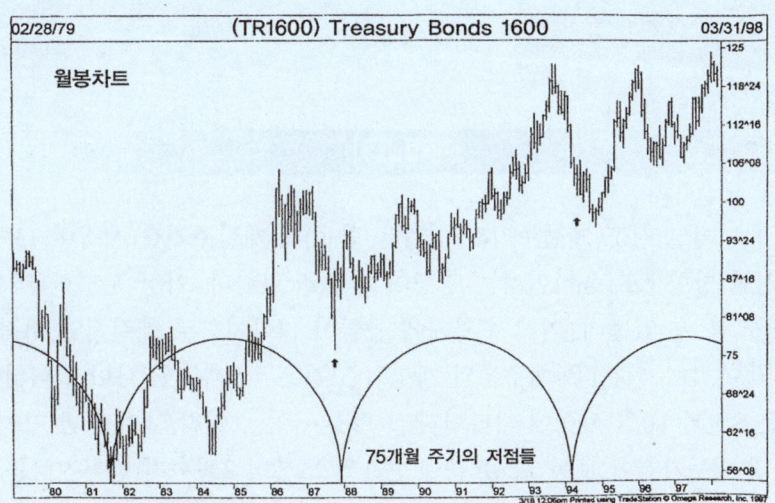

(그림 14-20a) 주기탐색기의 호는 채권이 1981년 저점으로 시작하여 75개월(6.25년)마다 중요한 저점을 형성하는 추세를 나타냈음을 보여주고 있다. 이러한 숫자는 시간에 따라 변할 수 있지만 그래도 유용한 거래정보를 제공하고 있다.

제14장 | 주기
393

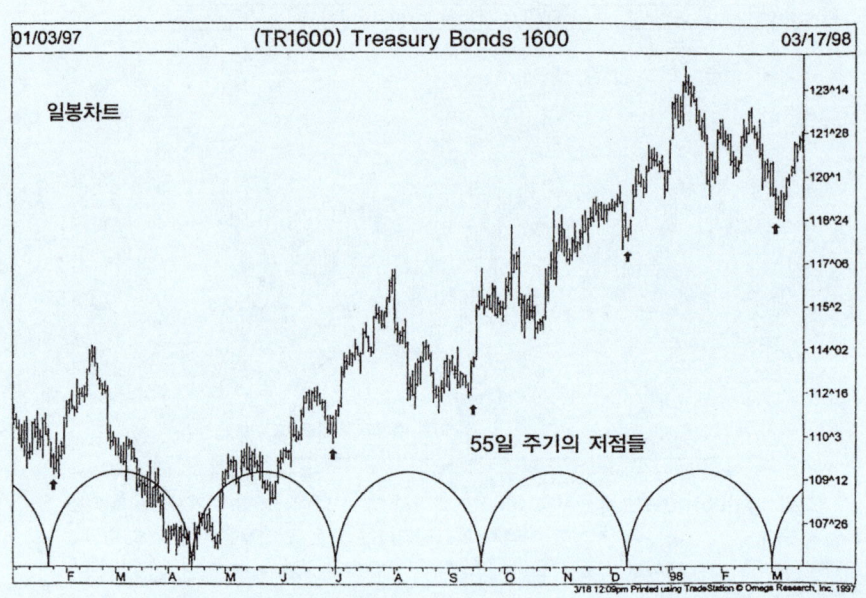

(그림 14-20b) 일봉차트에 적용시켰을 때 주기 호는 채권가격이 55일마다 저점에 도달하는 추세를 보여주고 있다.

계절주기

    모든 시장은 어느 정도 계절주기의 영향을 받는다. 계절주기란 시장이 1년중 특정 시기에 일정한 방향으로 움직이려는 경향이 있음을 말한다. 가장 분명한 계절주기는 곡물시장에서 볼 수 있는데, 역시 수확기에 공급이 많아지므로 계절적인 저점을 형성한다. 예를 들어, 대두의 경우 대부분의 계절적 고점은 4월과 7월 사이에 나타나고, 계절적 저점은 8월과 10월 사이에 나타난다(그림 14-21 참조). 널리 알려진 한 가지 계절패턴은 곡물 및 대두가격이 보통 12월 말 또는 1월 초부터 2월까지 떨어진다는 '2월 하락'이다.

    이렇게 농산물시장에서는 계절적 고점과 저점이 일어나는 이유가 보다 뚜렷하지만, 사실 모든 시장은 계절패턴을 지니고 있다. 구리(copper)시장은 1월~2월부터 시작

(그림 14-21) 대두가격은 5월에 절정을 이루고 10월에 바닥세이다.

하여 3월 또는 4월의 고점에 이르기까지 계절적 상승추세를 보인다(그림 14-22 참조). 은 (Silver)시장은 1월에 저점을 나타내고 3월에 상승한다. 금시장은 8월에 바닥세를 나타낸다. 석유제품은 10월에 절정을 이루는 경향이 있고, 보통 겨울이 끝나야 저점에 달한다(그림 14-23 참조).

금융시장 역시 계절패턴을 가지고 있다. 미국 달러는 1월에 저점에 도달하는 경향이 있다(그림 14-24 참조). 미 재무성 장기채권(T-Bonds)의 가격은 1월에 고점을 나타낸다. 1년중 미 재무성 장기채권의 가격은 전반기에는 약세이다가 후반기에 강세를 나타낸다. 계절차트의 예는 선물시장의 계절적 분석을 전문으로 하는 무어 리서치 센터가 제공하고 있다(Moore Research Center, 321 West 13th Avenue, Eugene, OR 97401, (800)927-7259).

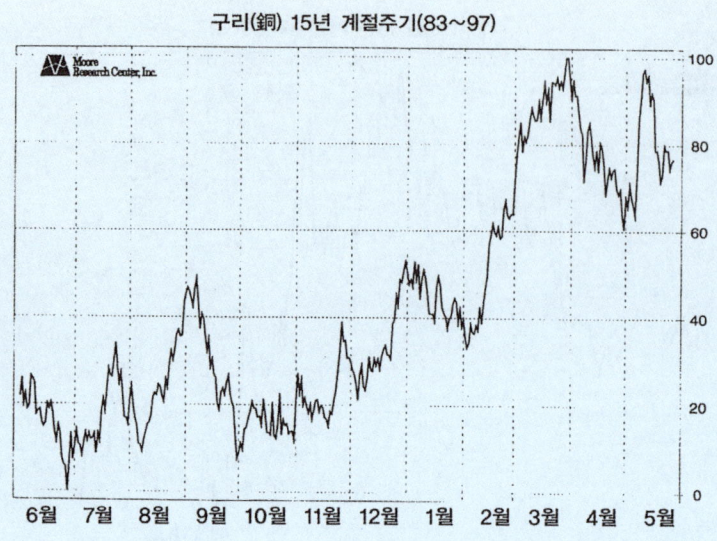

(그림 14-22) 구리는 보통 10월과 2월 사이에 저점에 도달하고 4월과 5월 사이에 고점을 이룬다.

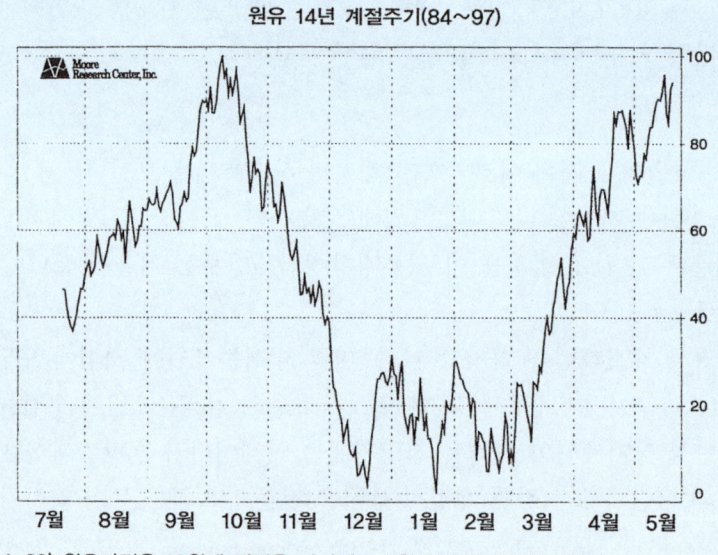

(그림 14-23) 원유가격은 10월에 절정을 나타내고 3월에 다시 상승전환한다.

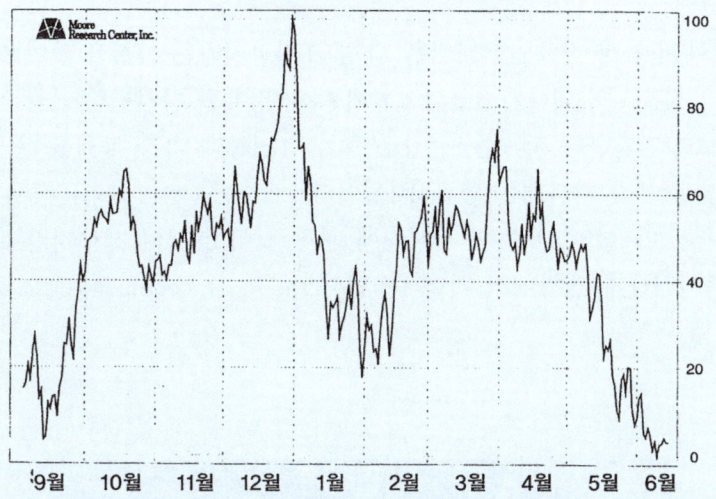

(그림 14-24) 1월에 나타나는 독일 마르크화의 고점은 새해 연초에 발생하는 미국 달러의 저점과 동시에 나타난다.

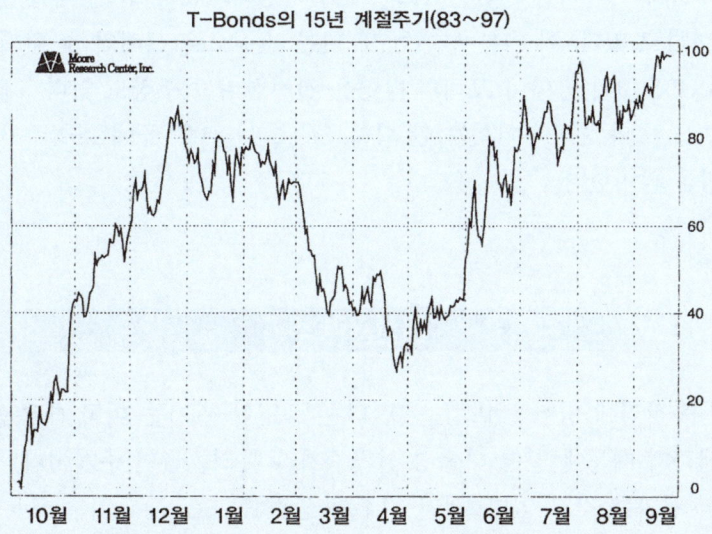

(그림 14-25) 미 재무성 장기채권 가격은 보통 연말 연시에 절정을 이루며 전반기 내내 약세를 보인다. 후반기에는 더욱더 채권시장이 강세를 나타낸다.

주식시장 주기

주식시장에서 가장 강세인 3개월은 11월~1월까지라는 사실을 알았을 것이다. 2월에는 점점 약세를 나타내다가 3월과 4월에 다시 강세를 나타낸다. 6월 약세 후 7월에 시장은 강세로 전환한다(전통적인 여름 강세의 시작). 1년중에 가장 약세를 나타내는 달은 9월이고 가장 강세를 나타내는 달은 12월이다(크리스마스 직후에 나타나는 유명한 산타클로스 강세와 함께 끝난다). 이러한 정보는 주식시장에 관한 것이며 거의 전부지만 예일 허쉬(Yale Hirsch)의 주식거래자 연감에서 찾을 수 있다(The Hirsch Organization, 184 Central Avenue, Old Tappen, NJ 07675).

1월 지표

허쉬(Hirsch)에 따르면 "1월의 추세에 따라 그해의 추세가 형성"된다. 그 유명한 1월 지표는 1월에 나타나는 S&P 500이 그해 시장의 전반적인 추세를 결정하게 된다는 것을 의미하고 있다. 이 이론에 대한 또 다른 변형으로 그해의 첫 번째 거래일 동안 나타나는 S&P 500의 방향이 그해의 방향을 결정한다는 주장도 있다. 1월 지표는 1월 효과(January Effect)와 혼동되어서는 안 되며, 그 효과는 1월 중에 소형주가 대형주를 능가하는 경향을 의미한다.

대선관련 주기

주식시장 움직임에 영향을 미치는 또 다른 유명한 주기는 미국 대통령 선거기간과 동시에 발생하기 때문에 일명 대통령 선거주기라 불리는 4년 주기이다. 4년마다 각각 다른 역사적 결과를 갖고 있다. 선거 직후와 중간 연도(2년~3년차)는 보통 약세를 나타내고, 선거 직전 연도(4년)는 보통 강세를 나타낸다. 허쉬의 주식거래자 연감에 따르면 선거가 있는 해는 평균 224%, 선거 후 그 다음해는 72%, 중간 연도는 63%, 선거 직전 연도는 217%의 수익률을 나타내었다(그림 14-16 참조).

다른 기술적 도구와 주기의 결합

　주기와 전통적인 기술적 지표 사이에 중복되는 가장 대표적인 형태 두 가지는 이동평균과 오실레이터이다. 두 지표의 유용성은 이용되는 시간대를 각 시장의 지배적 주기와 결부시키면 개선된다. 시장이 지배적인 20일 거래주기를 갖고 있다고 가정하자. 오실레이터를 그릴 때 주기의 절반을 이용하는 것이 적절하다고 설명한 적이 있다. 이 경우에 오실레이터 기간은 10일이 될 것이다. 40일 주기로 거래하려고 한다면 20일 오실레이터를 이용한다. 월트 브리저는 그의 책 『오실레이터와 주기통합의 효력』(The Power of Oscillator/Cycle Combinations)에서 주기가 상품선물경로지수(CCI), 상대적 강세지수(RSI), 스토캐스틱(Stochastics), 그리고 MACD를 위한 시간대를 조정하는 데 이용될 수 있는 방법을 다루고 있다.

　이동평균 역시 주기와 결합될 수 있다. 서로 다른 주기를 추적하기 위하여 다른 이동평균을 이용할 수 있다. 40일 주기와 교차하는 이동평균 체계를 만들기 위하여, 40일 이동평균과 함께 20일 이동평균(40일 주기의 반) 및 10일 이동평균(40일 주기의 1/4)을 사용할 수 있다. 이러한 접근 방법의 중요한 문제는 특정 시점의 지배적인 주기가 어떤 것인가를 결정하는 것이다.

최대 엔트로피 스펙트럼(Entropy Spectrum) 분석

　주기가 고정되어 있지 않아서, 즉 계속 변한다는 확신 때문에 어떤 시장에서 뚜렷한 주기를 찾기가 어려울 때가 있다. 한 달 전에 맞았던 것이 한 달 후에는 맞지 않을지도 모른다. 존 엘러(John Ehlers)는 그의 책 『MESA와 트레이딩 마켓 주기』(MESA and Trading Market Cycles)에서 최대 엔트로피 스펙트럼 분석(MESA)이라 불리는 전략적 접근방법을 이용하고 있다. 엘러 MESA의 주요 장점 중 하나는 비교적 단기간 동안 매우 정밀하게 측정하는 것이며, 단기거래에도 결정적인 영향을 미칠 수 있다고 설명한다. 또한 엘러는 이동평균 구간과 이미 다룬 많은 오실레이터 형태의 지표를 최적화하기 위하여 주기가 어떻게 사용될 수 있는가를 설명하고 있다. 현재 시장상황에 맞추기 위하여 기술적 지표를 탄력적으로 조정하는 동안은 주기를 포함시키지 않아도 된다. 뿐만 아니라 주기적 형태의 시장과 추세적 형태의 시장을 구별하는 문제를 강조하고 있다. 시장이 추세적일 때 이동평균과 같은 추세추적지표가 거래에 도움을 준다. 주기모델은 오실레이터 형태의 지표에 더 유용하다. 주기를 측정해 봄으로써 현재 시장이 어떤 형태이며, 거래전략상 어떤 기술적 지표를 이용하는 것이 적절한 조치인지를 판단할 수 있다.

주기읽기와 소프트웨어

주기에 관해서 이 장에서 언급된 대부분의 책은 'Traders Press'(전장 참조) 또는 'Traders Library'(P.O. Box 2466, Ellicott City, MD 21041, (800)272-2855) 같은 우편주문회사를 통하여 구입할 수 있다. 컴퓨터로 주기분석을 실행할 수 있도록 지원하는 많은 소프트웨어가 있다. 에히리히 주기예측기와 월트 브리저의 Cycle Trader는 둘 다 오메가 리서치가 제공하는 차트 소프트웨어에 딸린 추가 옵션으로 구입할 수 있다. 브리저의 Cycle Trader는 그의 책 『오실레이터와 주기통합의 효력』(The Power of Oscillator/Cycle Combination)에서 다룬 개념들을 모두 포함하고 있다(Bressert Marketing Group, 100 East Walton, Suite 200, Chicago, IL 60611 (312)867-8701). 존 엘러로부터 MESA 컴퓨터 프로그램에 대한 더 많은 정보를 얻을 수 있다(Box 1801, Goleta, CA 93116 (805)969-6478). 계속적으로 주기에 관한 연구와 분석을 하고 있는 주기연구회(Foundation for the Study of Cycle)도 기억해둘 필요가 있다.

제15장

컴퓨터와 거래시스템

컴퓨터와 거래시스템

서문

컴퓨터는 상품선물거래와 기술적 분석의 영역에서 중요한 역할을 수행해왔다. 이 장을 통해 우리는 컴퓨터가 바로 몇 년 전까지만 해도 엄청난 일거리를 요구하던 여러 가지 기술적 도구와 연구들을 쉽고 빠르게 이용할 수 있게 함으로써 기술적 거래자의 일이 매우 쉽도록 만들어 준다는 것을 알게 될 것이다. 물론 이것은 컴퓨터의 약점 가운데 하나인 거래자가 도구 사용 방법을 알고 있어야 한다는 것을 전제로 한다.

여러 가지 지표의 기초가 되는 개념들을 제대로 습득하지 못했거나, 이러한 지표들의 해석방법이 편하지 않은 거래자는 현재 사용되고 있는 수많은 컴퓨터 소프트웨어에 압도될 수 있다. 더욱 나쁜 것은, 당장 이용할 수 있는 인상적인 기술적 데이터의 양은 종종 거래자를 방심하게 만들고, 마치 자기 자신이 능력 있는 것으로 착각하게 만든다. 거래자는 강력한 컴퓨터를 이용할 수 있기 때문에 자신이 당연히 우월하다고 착각한다. 여기서 강조하고 싶은 점은 컴퓨터가 이미 기초적인 공부를 한 기술적으로 능숙한 거래자에게는 매우 유용한 도구라는 것이다. 컴퓨터에 사용되고 있는 많은 루틴을 고찰할 때 여러분은 많은 도구와 지표들이 이미 앞에서 다루었던 기초적인 것임을 알게 될 것이다.

컴퓨터보다는 간단한 차트와 자(ruler)를 이용해 보다 쉽게 해결할 수 있다. 컴퓨터가 필요하지 않는 장기분석도 있다. 이토록 유용한 컴퓨터도 단지 하나의 도구에 불과하다. 그러므로 유능한 기술적 분석가를 더욱더 능숙하게 만들기는 하지만 형편없는 기술적 분석가를 유능한 분석가로 만들지는 못한다.

차트 소프트웨어

차트 소프트웨어에 사용되는 여러 가지 기술적 루틴은 앞에서 소개하였다. 이제 현재 사용되고 있는 몇 가지 도구와 지표를 고찰해보기로 하자. 사용자에 의해 선택된 여러 가지 기능을 자동화하는 능력과 같은 추가된 특징들을 다룰 것이다. 컴퓨터는 다양한 기술적 연구를 제공하는 것에 더해, 다양한 수익성연구를 시험할 있도록 해주는데, 이는 컴퓨터 프로그램의 가장 가치 있는 기능일 것이다. 어떤 소프트웨어는 프로그램을 만들 수 있는 지식이 거의 또는 전혀 없는 사용자가 지표 및 시스템을 구성할 수 있도록 해준다.

웰리스 와일더의 DM 시스템과 파라볼릭 시스템

웰리스 와일더(Welles Wilder)의 인기있는 두 가지 시스템, 즉 DM(방향성 움직임) 시스템과 파라볼릭(Parabolic) 시스템을 자세히 관찰해보자. 기계적 거래시스템에 의존하는 것에 대한 상대적 이점을 논의할 때 이 두 가지 시스템을 이용할 것이다. 기계적 추세추적 시스템이 어떤 특정한 시장 환경에서만 잘 맞는다는 것을 보여줄 것이다. 또한 기계적 시스템이 시장분석에 통합될 수 있고, 그리고 단순히 기술적 확인 지표로도 사용될 수 있음을 보여줄 것이다.

다양한 연구 모음

선택할 지표가 너무 많다는 생각이 들 수도 있다. 컴퓨터가 우리의 생활을 간편하게 하는 대신 우리에게 신경 써야 할 것들을 너무 많이 부과함으로써 오히려 일을 복잡하게 만드는 것은 아닐까? 차트 팻키지(charting packages)는 기술적 분석가에게 유용한 80가지의 서로 다른 연구들을 제공한다. 도대체 한 사람이 언제 이 많은 데이터를 보고 어떤 결론에 도달할(거래할 시간이 있을지) 수 있을까? 이에 대한 연구를 간단히 다룰 것이다.

컴퓨터의 필요성

차트 소프트웨어는 실제 어떤 금융시장에도 적용될 수 있다. 대부분의 소프트웨어는 사용자에게 편리하게 만들어져 있다. 즉, 사용 가능한 루틴의 목록을 계속 선택함으로써 쉽게 실행될 수 있다. 우선 이미 가지고 있거나 또는 구입하려고 생각하고 있는 컴퓨터에 맞는 차트 소프트웨어 패키지를 설치한다. 대부분의 차트 소프트웨어는 IBM 호환 컴퓨터에 쓸 수 있도록 만들어져 있다. 차트 패키지는 일일시장정보는 제공하지 않으므로 사용자는 다른 곳에서 그러한 정보를 가져와야 한다. 정보는 전화(전화 모뎀이 필요함)를 통하여 정보 제공업체들로부터 자동으로 수집할 수 있다. 차트 패키지는 여러 자료 제공자의 이름을 선별하여 제공하고 있다. 이러한 데이터 제공자는 데이터 파일을 설정하고 수집하는 데 필요한 모든 소프트웨어와 안내서를 제공한다.

사용자는 처음 시작할 때 작업을 위해 적어도 지난 몇 달 동안의 데이터를 수집하여야 한다. 그후 매일 데이터를 수집한다. 어떤 유료 정보 제공업체에 연결하여 거래 당일 '온라인'(on line) 자료를 분석하는 것도 가능하다. 그러나 일일자료를 이용할 때는 일일 마감자료를 조회해야 하는데, 그것은 폐장 후에나 가능하다. 단말기에 나타난 것을 복사하기 위해서는 프린터도 필요하다. 어떤 소프트웨어 제공자들은 사용자가 바로 작업할 수 있도록 CD-ROM 디스크에 지난 몇 년간의 자료를 수록하여 제공하기 때문에 CD-ROM을 장착하는 게 좋다. 차트기능도 또한 제공하는 업자들도 있으며, 이는 사용자의 일을 상당히 간편하게 만들어준다. 이런 업체 중의 하나가 텔레스캔(Telescan)이다(5959 Corporate Drive, Suite 2000, Houston, TX 77036, (800) 324-8246, www.telescan.com).

도구와 지표의 그룹별 분류

여러 차트와 지표는 다음과 같이 분류된다.
- 기본차트 : 봉, 선, 점도형, 양초형
- 차트의 크기 : 산술적인 것과 세미(semi)로그적인 것

- 봉차트 : 가격, 거래량, 미결제약정수량(선물만 해당)
- 거래량 : 봉, OBV, 수요지수
- 기본적 도구 : 추세선과 가격경로, 반전율, 이동평균, 오실레이터
- 이동평균 : 띠(Envelope), 볼린저 밴드(Bollinger Band)
- 오실레이터 : 상품선물경로지수, 모멘텀, 변화율, MACD, 스토캐스틱(Stochastic), 윌리엄스 %R, RSI
- 주기 : 주기탐색기(Cycle Finder)
- 피보나치 도구 : 부챗살, 호, 시간영역과 반전
- 와일더 : 상대적 강세지수(RSI), 상품선택지수(CSI), DM, 파라볼릭, 진동지수(Swing Index), ADX선

도구와 지표의 사용

이렇게 많은 선택사항을 어떻게 감당할 것인가? 먼저 가격, 거래량, 미결제약정수량, 추세선, 반전비율, 이동평균, 오실레이터와 같은 기본적인 도구를 사용한다. 이용할 수 있는 오실레이터가 많다. 각자에게 가장 편한 것 한두 개를 선택해 사용한다.

이러한 기본적인 도구에 특별히 관심이 없으면 2차적인 입력자료로 주기와 피보나치 도구 같은 것을 사용한다. 주기는 이동평균과 오실레이터의 구간을 조정하는 데 도움을 주지만, 공부와 연습이 필요하다. 기계적 거래시스템에 대해서 말하자면 와일더의 파라볼릭과 DMI가 특히 주목할 만하다.

웰리스 와일더의 파라볼릭 · DM 시스템

특히 유용한 두 가지 연구과제에 대하여 살펴보자. 이들 두 가지 연구는 웰리스 와일더가 개발하였으며, 그의 책 『기술적 거래시스템의 새로운 개념』(New Concepts in Technical Trading Systems)에서 다루었다. 컴퓨터 메뉴에 포함된 와일더의 다른 연구 세

가지, 상품선택지수(CSI), 상대적 강세지수(RSI), 진동지수(Swing Index) 역시 같은 책에 수록되어 있다.

파라볼릭 시스템(SAR)

와일더의 파라볼릭 시스템(SAR)은 언제나 시장에 존재하는 시간 및 가격반전 시스템이다. 'SAR'은 'stop and reverse'를 나타내며, 보유포지션을 방어적으로 청산할 때 반대포지션을 취하는 것을 의미한다. 이것은 추세추적 시스템(방식)이다. 이는 포물선을 그리는 경향이 있는 추적 청산(trialing stop)의 모양을 가정한 이름이다(그림 15-1~15-4 참조).

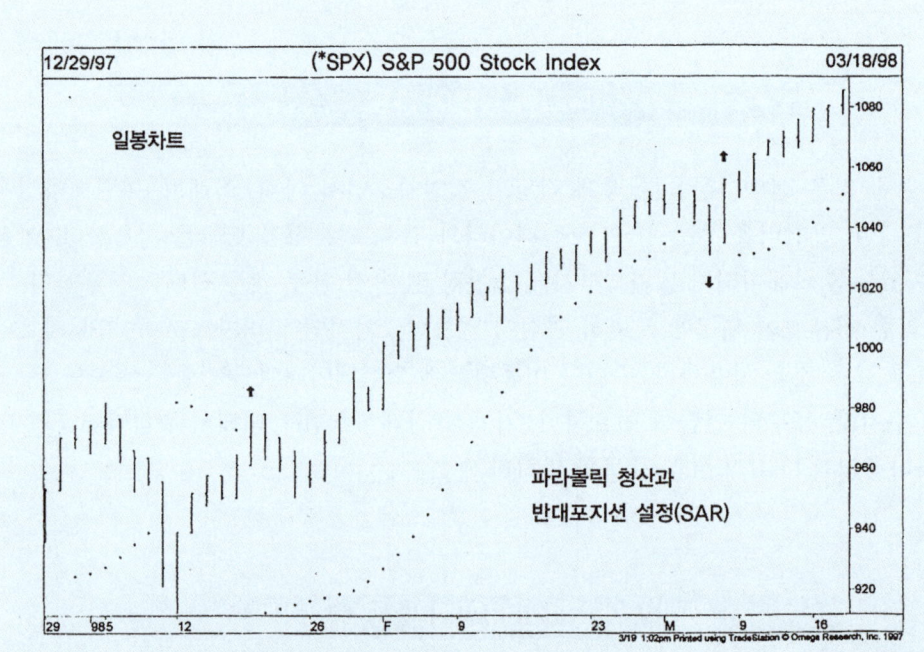

(그림 15-1) 파라볼릭 SAR은 차트상의 점들처럼 보인다. 위에 있는 SAR에 이르렀을 때(첫번째 화살표) 매수신호가 주어진다. SAR이 반등시 어떻게 가속적으로 상승하였으며 상승추세를 따라갔는지 주시하라. 일시적 돌출(Whipsaw)이 우측 상단에서 발생하였으나 곧바로 조정되었다. 이 시스템은 추세가 나타날 때 제 기능을 한다.

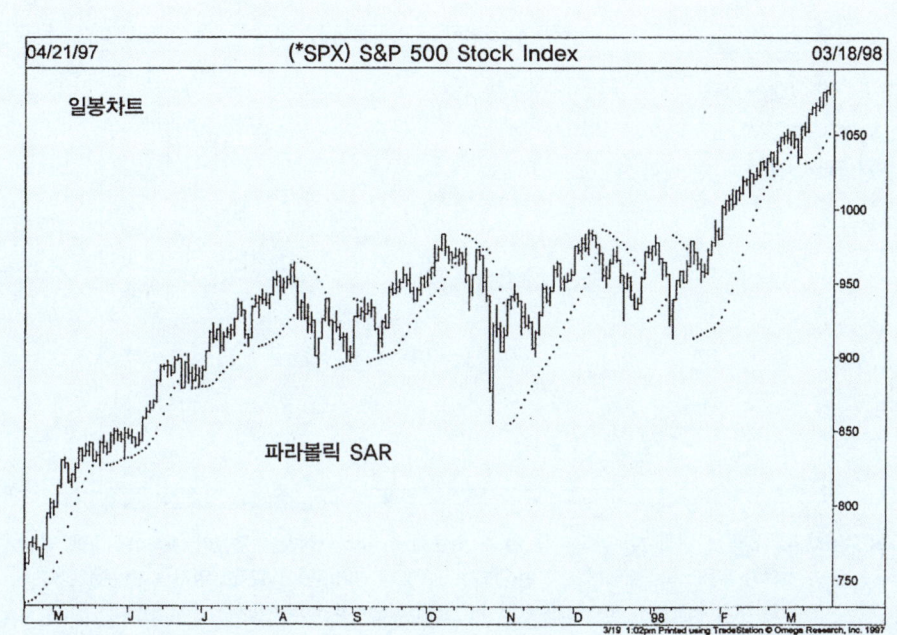

(그림 15-2) 그림 15-1의 장기차트이다. 이를 통해 파라볼릭과 추세추적시스템의 장단점을 알 수 있다. 이들은 추세적인 기간에는 제기능을 한다(차트의 좌측과 우측에서). 그러나 8월~1월까지 나타난 비추세영역에서는 소용이 없다.

    가격이 상승추세일 때 가격선 아래에서 따라 올라가는 점들(SAR)은 서서히 움직이기 시작하다가 추세를 따라 가속하는 경향이 있다. 하향추세에서는 반대방향으로 똑같은 일이 일어난다(점들이 가격선 위에 있다). SAR의 수는 그 다음 날 사용을 위해 미리 계산해 둔다.
    와일더는 그 시스템에 가속요인을 만들어 넣었다. SAR은 매일 새로운 추세방향으로 움직인다. 첫째, SAR의 움직임은 그 추세가 형성될 시간을 벌기 위하여 비교적 천천히 움직인다. 가속요인이 증가하면 SAR은 실제 가격움직임을 따라잡을 수 있을 정도로 빠르게 움직이기 시작한다. 만약 추세가 주춤거리거나 형성되지 못하면 그것은 보통 청산과 동시에 반대포지션을 취하라는 신호이다. 첨부된 차트를 볼 때 파라볼릭

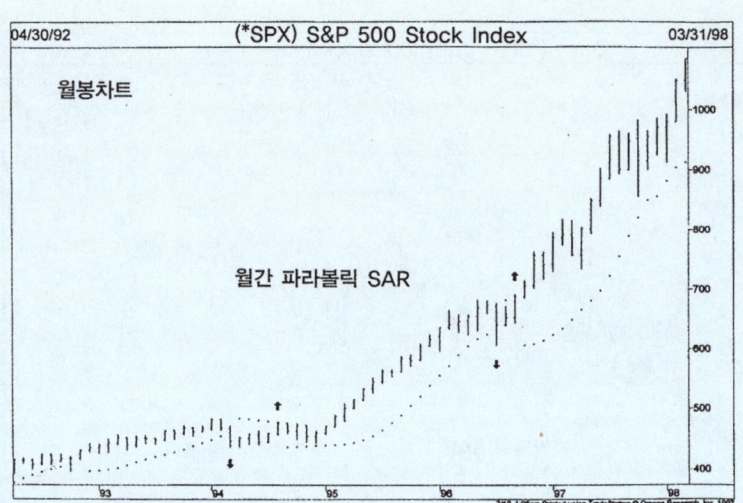

(그림 15-3) 파라볼릭은 월간 차트에도 적용할 수 있는데 주추세 추적에 이용된다. 1994년 초에 매도 신호가 나타났고, 늦여름에 매수신호가 뒤따랐다. 1996년에 한 번 일시적 변동을 나타낸 것을 제외하고는 이 시스템은 거의 4년 동안 상승추세(양의 변화)를 유지해왔다.

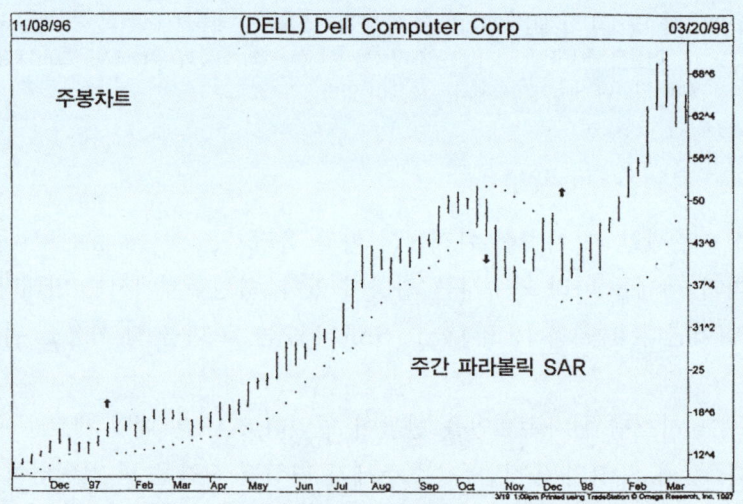

(그림 15-4) 델 컴퓨터사의 주간 차트에 적용된 파라볼릭. 1997년 대부분의 기간 동안 상승추세(양의 변화)를 유지한 후 10월에 매도신호가 나타났다. 매도신호는 반전되어 1997년 말에 매수신호가 나타났다.

시스템은 추세적인 시장에서는 아주 잘 맞는다. 그 시스템은 추세적인 부분은 잘 포착하지만, 횡보 국면이나 비추세 기간에는 그 시스템이 계속 돌발적 손실을 기록했다는 것에 주의해야 한다.

이는 추세추적시스템의 장단점을 모두 보여준다. 이들 시스템은 추세가 강한 기간에 잘 맞는데, 와일드 그 기간이 단지 약 30% 정도 나타난다고 추정하였다. 그러한 추측이 사실에 가깝다면 추세추적시스템은 나머지 70%의 기간에는 잘 맞지 않을 것이다. 그때는 이 문제를 어떻게 처리할 것인가?

방향지수(DMI)와 방향평균지수(ADX)

한 가지 해결책은 시장이 추세 모드인지 판단하기 위해 어떤 여과장치나 도구를 사용하는 것이다.

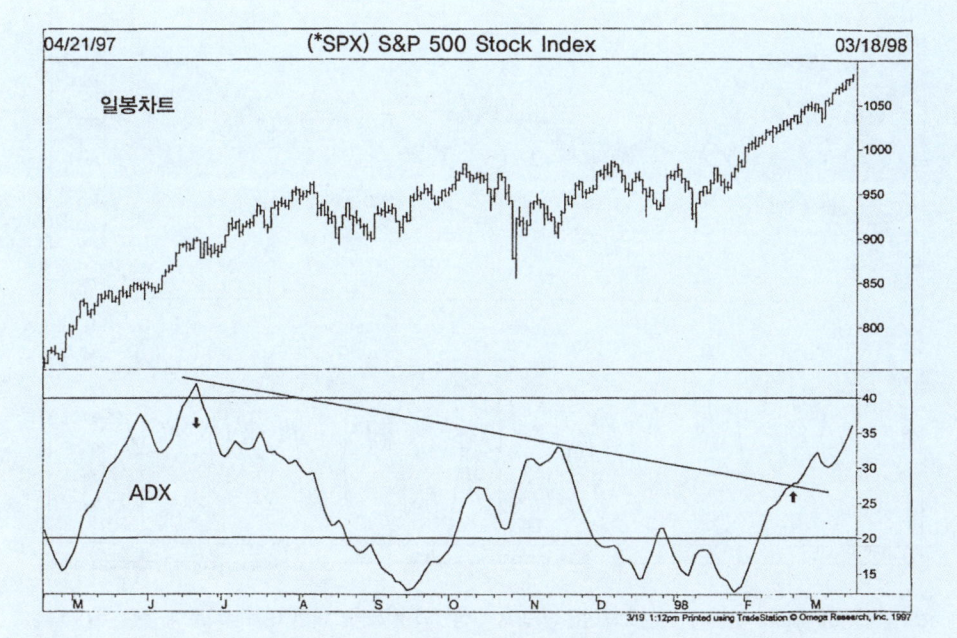

(그림 15-5) ADX선은 DM의 정도를 측정한다. 40 이상에서 하락전환(좌측 화살표)은 비추세 영역의 징후를 나타냈다. 20 이하에서 상승전환(우측 화살표)은 추세적 단계의 재개를 나타냈다.

와일더의 방향평균지수(ADX)선은 다양한 시장의 방향성(DM:directional movement)을 0에서 100까지의 비율로 나타낸다. 상승 방향평균지수선은 시장이 추세적일 때 더 나은 추세추적도구가 될 수 있음을 의미한다. 하락 방향평균지수선은 비추세 환경을 나타내며, 추세추적에 부적절하다(그림 15-5 참조).

왜냐하면 방향평균지수선은 0에서 100까지의 크기로 되어 있기 때문에 추세 거래자는 단지 가장 높은 추세율을 보이는 시장에서 거래할 수 있다. 비추세 시스템(예: 오실레이터)은 방향성(DM)이 낮은 시장에서 사용할 수 있다.

방향성은 그 자체가 하나의 시스템으로 사용될 수 있을 뿐만 아니라, 파라볼릭 또는 다른 추세추적 시스템에 대한 여과장치로도 사용될 수 있다. 방향지수(DMI) 연구에서

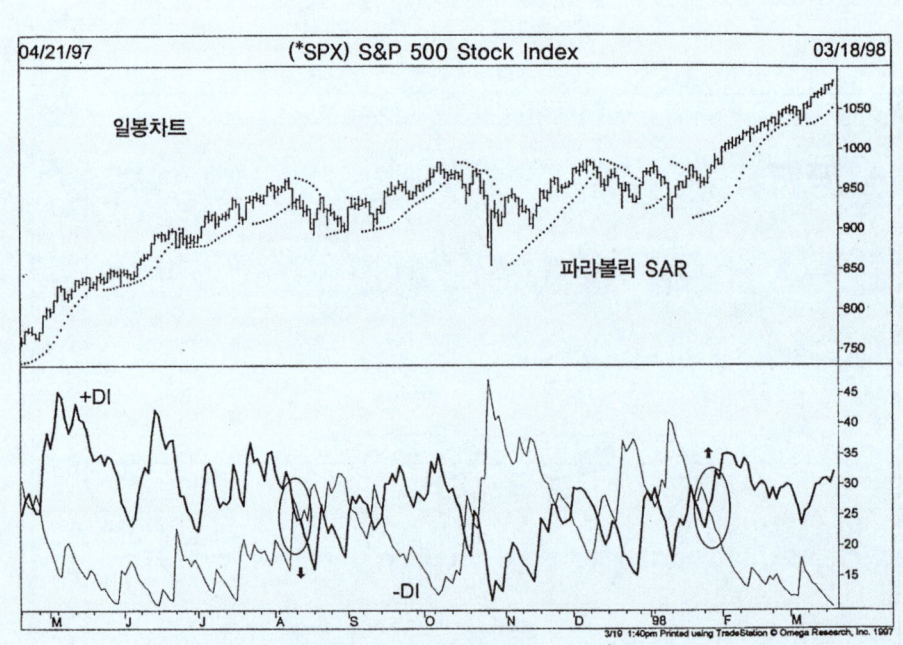

(그림 15-6) 차트의 하단에 있는 DM선은 파라볼릭(상단의 차트)에 대한 여과장치로 사용될 수 있다. +DI선이 −DI선 위에 있을 때(차트의 맨 왼쪽과 맨 오른쪽) 모든 파라볼릭 매도신호는 무시될 수 있다. 이것은 상승 기간에 여러 일시적 손실을 제거해준다.

는 +DI와 -DI의 두 개 선이 만들어진다. 첫 번째 선은 양(상승)의 움직임을 나타내고, 두 번째는 음(하락)의 움직임을 나타낸다. 굵은 선은 +DI이고, 가는 선은 -DI이다. +DI선이 -DI선을 상승교차할 때 매수신호가 나타나고, +DI선이 -DI선을 하락교차할 때 매도신호가 나타난다.

그림 15-6은 파라볼릭과 DM 시스템을 나타낸다. 파라볼릭은 분명히 민감한 시스템으로, 그것은 더 빈번히 그리고 더 빨리 신호를 나타낸다는 것을 의미한다. 그러나 방향성(DM)을 여과장치로 사용함으로써 방향성선과 같은 방향에 있는 신호들만 따라가면 파라볼릭에서 나타나는 좋지 않은 신호를 피해 갈 수 있다. 방향성 시스템과 파라볼릭은 함께 사용해야 하고, 여기서 방향성은 상대적으로 더 민감한 파라볼릭에 대

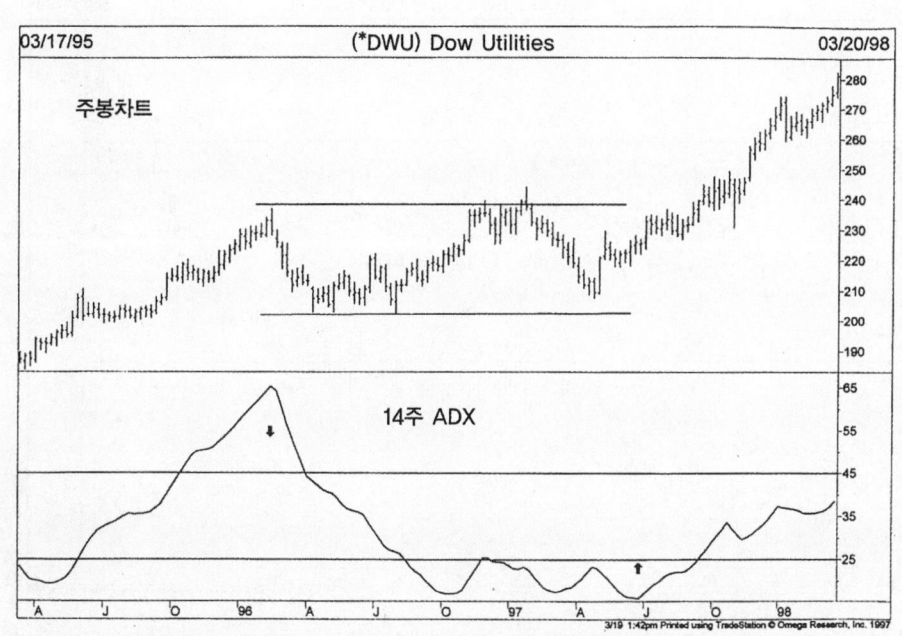

(그림 15-7) 1996년 초에 14주 ADX선은 40 기준선 위에서 고점을 나타냈고, 유틸리티(Utilities)지수가 18개월의 거래범위에 접어들기 시작하였다. 1997년 여름 동안 20 기준선 이하에서 ADX선의 상승전환은 유틸리티 지수가 추세를 나타내기 시작했음을 예고하였다.

해 여과기 역할을 한다.

추세추적시스템을 사용할 수 있는 최적기는 ADX선이 상승할 때이다(그림 15-7과 15-8 참조). 그러나 ADX선이 40 기준선 이하로 떨어지기 시작할 때는 추세가 약해지고 있다는 조기신호임을 사전에 예고하는 것이다. 20 기준선 위로 재상승하는 것은 새로운 추세의 시작을 알리는 신호이다(ADX선은 근본적으로 +DI선과 -DI선간의 차이를 완만하게 한 것이다).

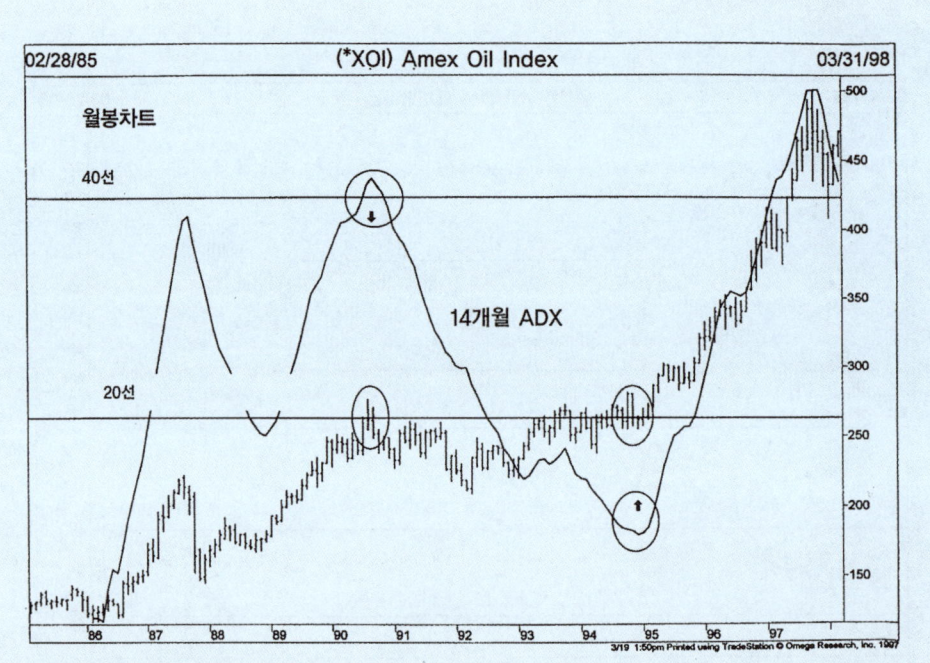

(그림 15-8) 아멕스 석유지수(XOI)의 월간 차트 위에 그려진 ADX선. 석유시장의 반등이 끝나는 1990년 ADX선은 40 기준선 위에서 고점을 형성하였다. 1995년 초 석유시장에서 ADX선의 상승전환은 20 기준선 이하에서 4년간이라는 거래범위 내의 움직임의 종결을 나타냈고, 정확히 새로운 상승구간의 시작을 나타냈다.

시스템 거래의 장점과 단점

기계적 시스템의 장점

1. 사람의 감정이 배제된다.
2. 보다 많은 훈련을 할 수 있다.
3. 더욱더 일관되게 할 수 있다.
4. 거래는 추세의 방향에 따라 취해진다.
5. 모든 중요한 추세방향을 이용한 시장진입이 보장된다.
6. 이익이 극대화된다.
7. 손실은 최소화된다.

기계적 시스템의 단점

1. 대부분의 기계적 시스템은 추세의존적이다.
2. 추세추적 시스템은 이익을 내기 위하여 주추세에 의존한다.
3. 추세추적 시스템은 일반적으로 시장이 추세적이 아닐 때 이익을 내지 못한다.
4. 시장이 추세를 보이는 기간이 짧으면 추세적 접근이 부적절하다.

중요한 것은 시장이 비추세적일 때 이를 알지 못하고, 스스로 작동을 멈출 수 없다는 것이다. 좋은 시스템에 대한 평가는 추세적 시장에서 수익을 얻는 능력뿐만 아니라 비추세적 기간동안 자금을 보존할 수 능력에 의해 좌우된다. 이 시스템의 최대 약점은 스스로를 감시할 수 없다는 것이다. 여기서 거래자가 추세 시스템이 가장 적합한 시장을 판단할 수 있게 하는 웰리스 와일더의 방향성(DM) 시스템 또는 방향평균지수(ADX) 선과 같은 여과 장치의 유용성이 증명될 수 있을 것이다. 또 다른 단점은 추세반전을 예측할 수 없다는 것이다. 추세추적 시스템은 추세가 바뀔 때까지 직전 추세를 따라간다. 언제 시장이 장기 지지선 또는 저항선에 도달했는지, 언제 오실레이터 이탈이 나타나는지, 또는 언제 엘리엇 파동의 다섯 번째 패턴이 분명해지는지 인식하지 못한다.

대부분의 거래자들은 그 시점에 방어적인 태도를 취하며 얼마간의 이익을 실현하려 할 것이다. 그러나 그 시스템은 시장이 방향을 바꾼 이후에도 계속 그 포지션을 유지하게 한다. 그러므로 이 시스템을 어떻게 잘 사용하느냐는 사용자의 몫이다. 다시 말해, 사용자는 눈먼 사람처럼 따라만 갈 것인지, 또는 거래 계획에 그것을 다른 기술적 요인들과 통합시킬 것인가를 결정해야 한다. 기계적 시스템이 예측과 거래과정에서 어떻게 또 다른 하나의 기술적 정보로 이용될 수 있는가 에 대해서 살펴보자.

훈련도구로써 시스템 신호 이용

시스템 신호는 다른 기술적인 요인들과 함께 단지 기계적인 확인으로만 사용할 수도 있다. 그리고 그 시스템이 기계적인 거래가 아니더라도, 또 다른 기술적 요인이 적용되었을지라도, 거래자가 주추세의 방향을 정확히 알 수 있도록 하는 훈련도구로서 사용될 수 있다.

컴퓨터에서 추세가 상승방향에 있는 한 매도포지션은 취해지지 않는다. 반대로 컴퓨터에서 하락추세를 나타내면 매수포지션은 취해지지 않을 것이다(이것은 기본적으로 기초를 닦은 거래자가 자신의 거래개념에 대한 기술적 여과장치 또는 제동기로써 사용하는 단순한 방법이다). 추세의 방향은 항상 판단의 문제이다. 이때 시스템신호가 어느 정도는 불확실성을 경감시켜준다. 그 신호는 거래자가 '상투에서 사고 바닥에서 파는' 덫에 걸리지 않도록 해준다.

알림 신호

시스템 신호는 거래자에게 최근의 추세에 대하여 알려주는 뛰어난 감시장치로 사용될 수 있다. 거래자는 단지 추세신호를 대강 훑어보고 나서 즉시 여러 개의 거래 대상을 찾아낼 수 있다. 모든 차트를 일일이 검토해 같은 정보를 찾을 수 있지만 컴퓨터는 그 일을 더 빠르고 더 쉽게, 그리고 더욱 믿을 수 있게 해준다. 시스템 신호를 자동적으로 발생시키며 신호가 나타날 때 거래자에게 알려주는 컴퓨터의 능력은 커다란 자산이며, 특히 규모가 커진 금융시장에서 그렇다.

전문가의 도움이 필요한 경우

오메가 리서치가 내놓은 제품 가운데 하나인 트레이드 스테이션(Trade Station)은 여러 가지 전문가 기능(Expert Features)이 있다(Omega Research, Miami, FL 33174, (305) 551-9991). 이것으로 전문가 주석(Expert Commentary)을 불러낼 수 있는데, 그것은 현 시장상황에 대한 지표를 해석해준다. 오메가의 전문 분석가들은 어느 지표가 현시장에 잘 맞을 것인가를 판단하고 그것들을 해석하여 여러분들에게 제공할 것이다. 더불어 두 개의 전문가용 도구(Expert Tools)도 가지고 있다. 추세선 자동표시기(Trendlines Automatic Indicator)는 실제 추세선을 그려 보인다. 양초패턴표시기(Candlestick Patterns Indicator)는 일반적인 양초차트 패턴을 해독한다.

여러 시스템의 시험 또는 자신의 고유한 시스템 개발

오메가 리서치는 거래자들에게 가장 인기있는 거래시스템의 라이브러리(Library)를 제공한다. 여러분은 그것들을 시험할 수 있고, 변경할 수도 있으며, 원한다면 자신만의 것을 만들 수도 있다. 모든 오메가 차트 도구, 표시기, 그리고 거래시스템은 '쉬운 언어'(Easy Language)라 불리는 비교적 단순한 언어로 되어 있다. '쉬운 언어'는 여러분이 평이한 언어로 묘사한 거래개념을 취합, 프로그램을 운용하는 데 필요한 기계적 부호로 전환시킨다. 컴퓨터 프로그래머가 아니더라도 원할 때 자신의 거래 아이디어를 개발, 시험, 최적화, 자동화하는 능력의 가치는 아무리 강조해도 지나치지 않는다. 컴퓨터는 여러분에게 적절한 거래주문을 만들어줄 것이며, 신호가 나타났다는 것을 문자와 숫자로 동시에 표시되는 무선호출기를 통하여 여러분에게 알려줄 것이다(부록 C에서 여러분 자신의 거래시스템을 만드는 방법을 보여주기 위하여 오메가 리서치의 쉬운 언어와 트레이드 스테이션을 이용할 것이다).

결론

이 장에서 두 개의 웰리스 와일더 시스템, 즉 파라볼릭과 방향지수(DMI)를 소개하였다. 파라볼릭은 유용한 거래신호를 만들어낼 수는 있으나, 단독으로 사용될 수는 없다. 두 개의 DI 선은 파라볼릭 또는 다른 민감한 추세추적거래시스템에 대한 여과장치로 사용될 수 있다. 방향평균지수(ADX)선은 DMI 시스템의 일부이며, 여러분이 상대하고 있는 시장이 추세적 시장인지 비추세 시장인지 판단할 수 있는 한 가지 방법을 제공한다. 상승 ADX선은 추세가 있음을 나타내며 이동평균이 유리하다. 하락 ADX선은 비추세 기간을 나타내며 오실레이터가 유리하다. 대부분의 추세추적시스템의 장점과 단점을 모두 보여주기 위해서 파라볼릭의 예를 이용하였다. 그것들은 추세가 나타날 때에는 잘 맞지만 비추세 기간에는 쓸 모가 없으므로 그 차이를 구별할 수 있어야 한다.

그리고 기계적 거래시스템의 장점을 살펴보았다. 이러한 시스템은 사람의 감정이 개입되는 것을 막고, 시장상황이 올바른 경우 도움이 될 수 있다. 기술적 알림 이용될 수 있으며, 기본적인 분석과 연계하여 이용될 수도 있다(거래시스템에 대한 부록 C 참조).

컴퓨터가 금융시장의 분석과 거래에 혁명적이었다는 것은 의심의 여지가 없다. 우리의 관심이 기본적으로 기술적 분석에 있지만 소프트웨어 프로그램은 기본적인 분석과 기술적 분석을 통합할 수 있도록 한다.

또 한 가지 이점은 이러한 소프트웨어 패키지를 통해 얻을 수 있는 많은 교육적인 도움이다. 사용설명서 하나가 책 한 권의 크기와 같으며, 기술적 방법론과 여러 가지 유용한 설명을 수록하고 있다. 오늘날 컴퓨터의 검색(screening) 및 알림 기능은 뮤추얼 펀드는 물론 국제적인 채권, 주식시장, 그리고 수천 개의 개별 주식을 검색하는 사람들에게 특히 많은 도움을 준다. 제17장에서 신경조직망(neural networks)을 개발하기 위한 컴퓨터 기술의 복잡한 활용에 관해서 다룰 것이다. 그러나 여러분에게 주는 메시지는 분명하다. 만약 여러분이 금융시장에 투자하거나 또는 거래하는 것이 어렵다면 우선 컴퓨터를 구입하여 그 사용법을 익혀라. 그렇게 하는 것이 여러분에게 기쁨이 될 것이다.

제16장

자금관리와 거래전술

자금관리와 거래전술

서문

앞장에서는 금융시장을 예측하고 거래하는 데 이용되는 중요한 기술적인 기법들을 보여주었다. 이 장에서는 거래전술의 중요한 요소들(또는 시점선택)과 자주 간과되는 자금관리부분을 시장예측부분에 첨가함으로써 거래과정을 완성해보자. 이 세 가지 요소가 없으면 거래프로그램이 완성될 수 없다.

성공적인 거래의 세 가지 요소

성공적인 거래프로그램은 세 가지 중요한 요인, 즉 가격예측, 시점선택, 그리고 자금 관리를 고려해야 한다.

1. 가격예측은 시장이 어떤 방향으로 기울 것인가를 나타낸다. 이것은 거래결정에 있어서 첫 번째로 중요한 단계이다. 가격예측과정은 거래시장이 강세인지 약세인지를 판단한다. 그것은 매수포지션을 취할 것인지 또는 매도포지션을 취할 것인지와 같은 기본적인 질문에 대한 해답을 제공한다. 만약 가격예측이 잘못되면

그 다음 것은 아무 소용이 없다.
2. 거래전술 또는 시점선택은 특정한 시장 참가시점과 철수시점을 결정한다. 특히 선물거래에서는 시점선택이 중요하다. 적은 증거금과 큰 레버리지 효과(leverage effect) 때문에 실수가 용납되지 않는다. 시장의 추세방향을 바르게 맞히더라도 매매시점을 포착하지 못하면 거래에서 손실을 입을 수 있다. 매매시점 포착은 본질적으로 완전히 기술적인 것이다. 그러므로 만약 거래자가 기본적인 분석 지향적(fundamentally oriented)일지라도 특정한 참가시점과 철수시점을 결정할 때에는 기술적 분석도구를 사용해야 한다.
3. 자금관리는 자금의 배분을 다루고 있다. 이것은 포트폴리오(portfolio) 작성, 분산투자, 시장별 투자배분, 보호주문(protective stops)의 사용, 위험보상률, 성공 후 또는 실패 후의 조치, 보수적인 거래 또는 공격적인 거래를 포함한다.

이 세 가지 요소를 간단히 요약해보면 가격예측은 거래자가 무엇을 할 것인가(매수 또는 매도)를 알려주고, 시점선택은 언제 할 것인가를 결정하는 데 도움을 주며, 자금관리는 얼마나 많은 돈을 투입할 것인가를 결정하는 것이다. 가격예측의 문제는 전장에서 다루었으므로 여기에서는 다른 두 가지를 다루게 될 것이다. 먼저 자금관리를 설명할 필요가 있는데, 그 문제는 적절한 거래전술을 결정할 때 고려되어야 하기 때문이다.

자금관리

나는 대형 중개회사의 개발부서에 몇 년 근무한 후 자금관리업무로 이전해야만 했다. 나는 다른 사람에게 거래전략을 추천하는 것과 그 전략을 내 자신에게 적용하는 것 사이에 중요한 차이가 있다는 것을 재빨리 알아차렸다. 나를 놀라게 했던 것은 가장 변하기 힘든 부분이 시장전략과는 거의 상관없는 것이라는 것이었다. 내가 시장을 분석하고 진입 또는 철수 시점을 결정하는 방법은 많이 변하지 않았다. 변한 것은 내가 자금관리의 중요성을 인식한 것이다. 나는 계좌크기, 포트폴리오 구성, 그리고 각 거래의 위탁금액과 같은 것들이 최종결과에 미치는 영향을 보고 놀랐다.

두말할 필요도 없이, 나는 자금관리의 중요성을 신봉하는 사람이다. 금융분야에는 고객에게 무엇을, 그리고 언제 사고 팔 것인가를 알려주는 자문인과 자문업체들은 많지만 자신이 가지고 있는 자금 중 얼마를 각종 거래에 투입할 것인가(자금배분)를 알려주는 사람은 거의 없다.

자금관리가 거래프로그램에서 가장 중요한 요소이며, 심지어는 거래 자체보다도 더 중요하다고 믿는 거래자도 있다. 나는 그 정도는 아니지만, 자금관리 없이 오래 버틴다는 것은 불가능하다고 생각한다. 자금관리는 선물시장에서 생존의 문제와 관계가 있다. 이것은 자금을 어떻게 관리할 것인지 알려준다. 유능한 거래자는 장기적 안목을 가지고 돈을 벌어야 한다. 자금관리는 거래자가 이 냉엄한 시장에서 오래 살아남을 확률을 높여준다.

몇 가지 일반적인 자금관리지침

자타가 인정하듯이 포트폴리오 관리는 매우 복잡해 고도의 통계기법을 이용하여야 한다. 비교적 단순하게 이 문제에 대해서 접근해보자. 다음은 자금의 배분 및 거래의 규모를 결정하는 데 도움을 주는 몇 가지 일반적인 지침이다. 이 지침은 기본적으로 선물거래에 해당된다.

1. 전체 투자금액은 총자본의 50%를 넘지 말아야 한다. 그 나머지는 T-Bonds에 넣어두어야 한다. 즉, 어느 시점에서도 거래자본의 반 이상을 투자해서는 안 된다는 것을 의미한다. 나머지 반은 어려울 때에 대비한 준비금이다. 예를 들어, 예금규모가 100,000달러라면 50,000달러만 투자해야 한다.
2. 어느 한 시장에 대한 총투자는 전체 순자산의 10~15%를 넘지 말아야 한다. 그러므로 100,000달러 계좌 중 단지 10,000~15,000달러만 어떤 한 시장의 증거금으로 사용될 수 있다. 이것은 거래자가 어느 한 거래에 집중하는 것을 방지한다.
3. 어느 한 시장의 위험총액은 전체 순자산의 5%를 넘지 말아야 한다. 이 5%는 거래가 잘 되지 않을 때 거래자가 얼마만큼 손실을 감내할 것인가에 대한 것이다. 이것은 거래계약수를 얼마로 할 것이며, 매매보호주문을 어느 정도에 설정

할 것인가를 결정하는 데 있어서 중요한 고려사항이다. 그러므로 100,000달러의 예금을 가지고 있으면 한 거래당 5,000달러 이상의 손실을 허용해서는 안 된다.
4. 어느 한 시장그룹에 대한 총증거금은 전체순자산의 20~25%를 넘지 말아야 한다. 이러한 기준을 정하는 목적은 어느 한 시장그룹에 과도하게 집중되는 것을 막는 데 있다. 그룹을 형성하고 있는 시장들은 함께 움직이는 경향이 있다. 귀금속그룹에 속하는 금과 은은 보통 같은 방향으로 추세를 나타낸다. 같은 그룹에 있는 전체포지션을 한 시장에 취하는 것은 분산의 원칙에 위배된다. 같은 그룹에 속한 시장에 대한 투자액을 통제해야 한다.

이러한 지침은 선물거래에서 극히 기본적인 것이지만, 거래자의 필요에 따라 변경될 수 있다. 어떤 거래자는 다른 사람들보다 더 공격적이어서 더 많은 포지션을 취하지만 또 다른 사람들은 더 보수적인 거래를 한다.

자본 보존을 위한 분산투자 및 손실 기간 중의 보호장치는 중요 고려사항이다(비록 이러한 지침이 선물거래에 관련되어 있을지라도 자금관리 및 자산분배의 일반적인 원리는 모든 투자형태에 적용될 수 있다).

분산과 집중

분산이 위험에 노출되는 것을 제한하는 한 가지 방법이기는 하지만 자칫 과용될 수도 있다. 만약 거래자가 동시에 너무 많은 시장에 투자하고 있다면, 몇 개의 이익을 내는 거래들은 손실을 내는 수많은 거래들에 의해 희석되어 버릴 것이다. 장단점이 있기 때문에 적절한 균형점을 찾아야 한다.

어떤 성공적인 거래자들은 소수의 시장에 집중시킨다. 그때에 그 시장들이 추세적이라면 괜찮다. 시장들간 상호연관성이 낮을수록 분산의 효과가 더욱 높아진다. 동시에 네 개의 외환시장에서 매수포지션을 취하는 것은 분산의 바람직한 예가 아니다. 왜냐하면 외국통화는 미국달러에 대해서 보통 같은 방향으로 추세를 나타내기 때문이다.

보호주문(protective stops)의 사용

나는 보호주문의 사용을 강력히 추천한다. 그러나 이것의 설정은 예술이다. 거래자는 가격차트에 나타나는 기술적 요인과 자금관리사항을 통합시켜야만 한다. 이 장의 후반에 있는 '전술'에 관한 장에서 이것이 어떻게 되는지 나타내 보일 것이다. 거래자는 시장의 급등락을 고려해야 한다. 시장이 급등락하면 할수록 보호주문을 더 느슨하게 걸어야 한다. 여기에도 장단점은 있다. 거래자는 보호주문을 충분히 근접시켜 손실거래의 가능성을 최소화하기 원한다. 그러나 너무 근접한 보호주문은 단기시장의 흔들림(또는 '노이즈')으로 원하지 않은 청산을 유발시킬 수 있다. 시장가와 지나치게 동떨어진 보호주문은 작은 변동은 피할 수 있으나 큰 손실을 유발시킬 것이다. 요점은 올바른 중립을 찾는 것이다.

위험보상률

매우 유능한 선물거래자들도 거래의 약 40%만 이익을 낼 뿐 대부분의 거래는 손실로 종결된다. 대부분의 거래가 잘못되는데 어떻게 이익을 창출할 수 있을까? 선물계약은 적은 증거금을 요구하고, 잘못된 방향으로 조금만 움직이면 강제 청산해 버리기 때문이다. 그러므로 거래자는 자신이 찾고 있는 움직임을 포착할 때까지 시장을 여러 번 조사하는 것이 필요하다.

따라서 이는 우리에게 위험보상률 문제를 안겨준다. 대부분의 거래가 손실을 내기 때문에 앞으로 극복할 수 있는 유일한 방법은 성공거래의 금액이 손실거래의 금액보다 더 크도록 해야 한다는 것이다. 이를 위해 대부분의 거래자는 위험보상률을 이용한다. 각각의 잠재적 거래에 대하여 목표수익을 결정한다. 목표수익(보상)은 그 거래가 잘못됐을 때의 잠재적 손실(위험)과 균형을 이뤄야 한다. 가장 일반적인 척도는 3 : 1 보상률이다. 잠재수익은 적어도 어떤 거래를 하려고 마음먹었을 때의 잠재손실의 세 배는 되어야 한다.

"이익은 길게 하고 손실은 짧게 끊어라"란 말은 선물거래의 가장 오래된 격언이며, 앞에서 지적한 것과 관련이 있다. 거래에서 큰 수익은 지속적인 추세를 나타내었을 때 이룰 수 있다.

　1년 단위기간에 비교적 소수의 거래만이 큰 수익을 내기 때문에 이런 소수의 큰 돈을 버는 포지션을 극대화하는 것이 필요하다. 이익나는 포지션을 길게 가져가는 것이 이를 달성하는 방법이다. 반대로 말해서, 가능하면 손실거래를 적게 만들어라. 여러분은 얼마나 많은 거래자들이 이와 반대로 하고 있는지를 알면 놀랄 것이다.

복수포지션 거래 : 추세거래와 비추세거래

　이익을 길게 가져가는 것이 말처럼 쉬운 것이 아니다. 어떤 시장이 추세를 나타냈다고 가정하자. 비교적 단기에 큰 수익을 낸다. 그런데 추세는 갑자기 멈춘다. 오실레이터는 과매수상황을 나타내고 있고, 차트에는 알 수 있는 몇 가지 저항이 눈에 띈다. 어떻게 할까?

　당신은 시장이 더 상승할 잠재성이 있다고 믿고 있으면서도 혹시 시장이 역전되면 당신이 얻은 미실현이익을 잃을 것에 대해서 걱정하고 있다. 이익을 실현하고 종결할 것이냐, 아니면 조정국면을 감내해낼 것이냐?

　이 문제를 해결하는 한 가지 방법이 항상 복수단위로 거래하는 것이다. 그러한 단위들은 '거래포지션'과 '추세포지션'으로 구분할 수 있다. 그 포지션의 추세적 부분은 매수세력이 있는 동안에 유지된다. 보호주문을 느슨하게 함으로써 시장이 횡보 또는 조정될 수 있는 여유를 준다. 이것들이 결국 최대의 수익을 낼 수 있는 포지션들이다.

　포트폴리오 중 거래대상부분은 단기매매 용도로 지정되어 있다. 시장이 첫 번째 목표에 도달하여 저항선에 가까워지고 과매수가 일어나면 어느 정도 수익을 실현하거나 또는 근접 보호주문을 발동할 수도 있다. 그 목적은 수익을 확보하거나 보호하는 데 있다. 그때 추세가 다시 시작되면 청산한 포지션을 다시 취할 수 있다. 어떤 시기에 한 단위로만 거래하는 것을 피하는 것이 최선이다. 복수단위로 거래함으로써 얻어지는 유연성의 증가는 전체 거래결과에서 큰 차이를 초래한다.

성공과 실패 후의 조치

연패 또는 연승 후 거래자는 무엇을 할 것인가? 거래자산이 50%까지 줄어들었다고 가정하자. 매매스타일을 바꿀 것인가? 이미 자금의 반을 잃었다면 지금 당신은 본전을 찾기 위해서 남아 있는 자금을 두 배로 만들어야 한다. 매매를 더욱 선택적으로 할 것인가, 아니면 전에 하던 대로 할 것인가? 더 보수적으로 거래한다면 손실을 만회하기는 더욱더 어려울 것이다.

연승 후에는 더 즐거운 고민에 빠진다. 그렇게 번 돈으로 무엇을 할 것인가? 두 배로 벌었다고 가정하자. 한 가지 방법은 포지션의 크기를 두 배로 늘림으로써 자금을 최대한 활용하는 것이다. 그러나 그렇게 하는 경우 거의 확실한, 피할 수 없는 손실의 경우에는 어떻게 할 것인가? 당신이 번 돈의 50%를 잃게 되는 것이 아니라 전부를 잃게 될지도 모른다. 그래서 이 두 가지 질문에 대한 해답은 처음 언급할 때만큼 간단하지도 명확하지도 않다.

모든 거래자들의 거래기록은 마치 가격차트처럼 일련의 고점과 저점으로 되어 있다. 자산차트의 추세는 거래자가 결국 돈을 벌게 되면 상승으로 나타난다. 연승을 한 후는 투자액을 증가시키기에 가장 나쁜 시기이다. 그것은 상승추세 시 과매수시장에 들어가서 매수하는 것과 매우 흡사하다. 좀 더 현명한 선택은 (사람들이 일반적으로 생각하는 것과 달리) 손실발생 후에 투자를 증가시키기 시작하는 것이다. 이것은 보다 큰 투자가 주식 차트의 고점이 아닌 저점 근처에서 이루어지게 하는 확률을 높인다.

거래전술

시장분석이 완료되었을 때 거래자는 매수와 매도 중 자신이 원하는 것을 결정해야 한다. 이때쯤은 자금관리에 대한 검토가 이루어져 어느 정도 투자할 것이냐가 정해질 것이다. 마지막 단계는 실제로 선물계약을 매수하거나 매도하는 것이다. 이것은 거래과정에서 가장 어려운 부분이다. 어떤 시장에 어떻게 진입하느냐에 대한 최종결정은 기술적 요인, 자금관리 변수, 그리고 사용할 거래주문 형태의 조합에 그 토대를 두고 있다. 그 순서대로 고찰해보자.

시점선택시 기술적 분석의 이용

제15장에서 다룬 기술적 원칙을 시점선택과정에 적용할 때 새로운 것은 아무것도 없다. 단지 차이가 있다면 시점선택이 초단기를 다룬다는 것뿐이다. 시간구조는 주, 월과는 대조적으로 일, 시간, 분으로 측정된다. 그러나 사용된 기술적 도구들은 똑같다. 다시 모든 기술적 기법을 검토하기보다는 몇 가지 일반적 개념으로 우리의 논의를 좁혀보다.

1. 돌파시 전술
2. 추세선의 붕괴
3. 지지선과 저항선의 이용
4. 반전율 이용
5. 가격갭(price gap) 이용

돌파시의 전술 : 예상 또는 반응

거래자는 장기적인 돌파를 예상하고서 포지션을 취할 것인지, 돌파가 일어날 때 포지션을 취할 것인지, 아니면 돌파가 일어난 후 시장의 조정 또는 반등을 기다릴 것인지 등의 딜레마에 직면하게 된다. 개별적인 접근방법이 좋은지, 아니면 세 경우의 통합적 접근방법이 좋은지에 대해서는 논쟁여지가 있다.

만일 거래자가 여러 번 나누어 거래한다면 각 경우마다 한 단위씩 취해질 수 있다. 만약 상승돌파를 예상하고 포지션을 취한다면 예상된 돌파가 발생할 때 포지션을 취한 대가는 보다 좋은(낮은) 가격이 된다. 반면, 손해볼 수 있는 거래가 발생할 확률이 높아진다.

반대로 실제 돌파를 기다리는 것은 성공확률은 높여주지만 높은 매수가격 부담을 안게 된다. 돌파가 발생한 이후 조정을 기다리는 것은 조정이 발생한다면 현명한 방법일 것이다. 불행하게도 많은 경우에 있어 활발한 시장들(보통 수익성이 높은 시장들)은 기다리는 거래자들에게 기회를 주지 않는다. 조정을 기다리는 경우의 위험은 시장진입기회를 놓칠 소지가 많다는 것이다.

이러한 상황으로 볼 때 복수포지션 거래는 그 딜레마를 단순화시키는 방법 중 한 가지 예가 된다. 거래자는 돌파를 예상하며 적은 포지션을 취하고, 돌파가 발생할 때 좀 더 많이 취하며, 돌파발생 후 조정국면에서 약간 더 많이 추가할 수 있다.

추세선 붕괴

이것은 가장 좋은 조기 시장 진입 또는 철수신호가 될 수 있다. 거래자가 추세변화의 기술적 신호에 따라 새로운 포지션 진입을 노리고 있거나, 기존 포지션 청산 이유를 찾고 있는 경우, 근접한 추세선의 돌파는 좋은 행동 신호가 될 수 있다. 물론 항상 다른 기술적 요인들도 고려되어야 한다. 지지선 또는 저항선 역할을 하는 추세선을 이용하여 시장진입시점을 잡을 수도 있다. 주상승추세선을 이용한 매수 또는 주하락추세선을 이용한 매도는 효과적인 시점선택 전략이 될 수 있다.

지지선과 저항선의 이용

지지 및 저항선은 시장 진입 및 철수시점을 찾는 데 가장 효과적인 차트 도구이다. 저항선의 붕괴는 새로운 매수포지션을 위한 신호가 될 수 있다. 보호주문은 제일 근접한 지지선 바로 밑에 설정될 수 있다. 더 근접 보호주문은 현재는 지지선 역할을 하는, 실제 돌파지점의 바로 밑에 설정될 수 있다. 하락추세에서 저항선까지의 반등, 상승추세에서 지지선까지의 하락은 새로운 포지션을 취하거나 기존의 이익이 나는 포지션을 추가하는 데 이용될 수 있다. 보호주문의 위치를 설정하는 데는 지지선과 저항선이 가장 유용한 도구이다.

반전율 이용

상승추세에서 직전 상승의 40~60%까지 반전하는 조정은 새로운 또는 추가적인 매수포지션을 위해 이용될 수 있다. 우리는 기본적으로 시점선택에 관해서 이야기하고 있기 때문에 반전율은 단기변화에도 적용될 수 있다. 예를 들어, 강세돌파 후 40%의 조정은 가장 적절한 매수시점을 제공할 수도 있다. 40~60%까지의 반등은 하락추세에서 가장 적절한 매도기회를 제공한다. 일중차트에서도 반전율이 이용될 수 있다.

가격갭의 이용

봉차트에 나타나는 가격갭은 매수 또는 매도 시점선택에 효과적으로 이용될 수 있다. 예를 들어, 가격이 상승한 후의 아래 가격갭(underlying gaps)은 보통 지지선으로서 역할을 한다. 그 가격갭 상단으로의 일시적인 하락시점, 또는 그 가격갭으로의 일시적인 하락시점에서 매수하라. 보호주문은 갭 위에 설정될 수 있다.

기술적인 개념의 통합

이런 기술적인 개념들을 이용하는 가장 효과적인 방법은 그들을 통합하는 것이다. 시점선택을 이야기할 때는 매수 또는 매도에 대한 기본적인 결정은 이미 정해져 있는 상태다. 여기서 하고자 하는 것은 시장진입 또는 시장철수 시점을 적절히 조정하는 것이다. 매수 신호가 나타나면 거래자는 가능한 한 최적의 가격에 매수하기를 원한다. 40~60%의 매수영역으로 가격이 일시적으로 하락하고, 그 영역에는 중요한 지지선이 있고, 또 잠재적 지지갭(potential support gap)이 나타날 것으로 가정할 수 있다. 더 나아가 중요한 상승추세선이 가까이 있다는 것을 가정할 수 있다.

함께 사용된 이 모든 요인들은 거래의 시점선택을 향상시킬 것이다. 이는 지지선 근처에서 매수하여 지지선이 붕괴되면 빨리 빠져나가면 된다는 계산이다. 반락고점을 연결하는 근접한 하락추세선의 돌파도 매수신호로 이용될 수 있다. 하락추세의 반등기간에 근접한 상승추세선의 돌파는 매도기회가 될 수 있다.

기술적 요인과 자금관리의 통합

차트를 이용하는 것 이외, 자금관리지침은 보호주문을 설정하는 데 있어 어떤 역할을 해야 한다. 100,000달러의 계좌와 최대 투자배분을 10%로 가정하면, 그 거래를 위해 단지 10,000달러만을 쓸 수 있다. 계약당 증거금이 2,500달러라면 단지 4 계약만이 매수할 수 있다. 최대 위험률은 5%, 즉 5,000달러이다. 그러므로 전체 포지션에 대한 보호주문은 거래가 잘못되면 5,000달러 이내에서 손실을 보게 되는 방식으로 설정되어야 한다.

현재가에 근접한 보호주문은 더 많은 포지션을 취할 수 있도록 하며, 현재가와 차이가 큰 보호주문은 포지션의 수를 줄일 것이다. 몇몇 거래자들은 청산을 어느 정도에 설정할 것인가를 결정하는 데 자금관리요인들만 사용한다. 그러나 청산은 매도포지션을 위해서는 '유효' 저항선 위에서 설정하고, 매수포지션을 위해서는 '유효' 지지선 아래에서 설정하는 것이 중요하다. 일중차트의 이용이 유효한 근접 지지선이나 저항선을 찾는 데 특히 효과적이다.

거래주문의 종류

올바른 거래주문의 선택은 전술적 과정에 있어서 필요한 요소이다. 몇 가지 일반적인 주문들, 즉 시장가 주문(market order), 지정가 주문(limit order), 역지정가 주문(stop order), 역지정가 지정가 주문(stop limit order), MIT(market-if-touched) 주문에 대해 알아보자.

1. 시장가 주문이란 현재의 시장가격에 매수 또는 매도할 것을 중개인에게 통보하는 것이다. 이것은 시장상황이 빠르게 움직이거나 거래자가 잠재적으로 다이내믹한 시장 움직임을 놓치지 않으려고 할 때, 그리고 확실히 포지션을 취하려고 할 때 선호된다.
2. 지정가 주문은 거래자가 지불 또는 인수하려는 특정가격을 지정한다. 매수 지정가 주문은 시장가 아래에 설정되는 것이 보통이며, 거래자가 매수대가로 지불하려는 가장 높은 가격을 말한다. 매도 지정가 주문은 시장가 위에 설정되고 매도자가 받으려고 하는 최소 가격이다. 예를 들어, 이런 형태의 대기주문은 강세 돌파가 있은 후 매수자가 지지선 근처로의 반락(조정)을 매수하고자 할 때 사용된다.
3. 역지정가 주문은 새로운 포지션을 취하기 위해, 기존 포지션의 손실을 제한하기 위해, 이익을 보호하기 위해 사용될 수 있다. 역지정가 주문은 주문이 집행되는 특정 가격을 지정한다. 매수 역지정가 주문은 시장가 위에 설정되고, 매도 역지정가 주문은 시장가 아래에 설정된다(지정가 주문의 반대). 시장이 역지정가에 도달하면 그 주문은 시장가 주문이 되고, 가능한 한 가장 좋은 가격으로 집행된다.

기존 매수포지션에 대한 매도 역지정가 주문은 손실을 제한하기 위해 시장가 아래에 설정된다. 시장가격이 더 상승한 이후에는 이익을 보호를 위해 역지정가 주문을 상향 조정할 수 있다(a trailing stop). 매수 역지정가 주문은 강세돌파시 매수포지션을 취하기 위해 저항선 위에 설정될 수 있다. 역지정가 주문은 시장이 역지정가에 도달하면 시장가 주문이 되기 때문에 실제 '체결' 가격은 역지정가 주문 가격을 벗어나는데, 특히 변화가 빠른 시장에서 그렇다.

4. 역지정가 지정가 주문은 역지정가 주문과 지정가 주문을 조합한 것이다. 이 형태의 주문에서는 거래가 집행되는 가격과 지정가 모두 지정한다. 역지정가 주문이 집행된 이후 그 주문은 지정가 주문이 된다. 이 형태의 주문은 거래자가 돌파시 매수 또는 매도를 원하지만, 지불가격 또는 인수가격을 조정하고 싶을 때 유용하다.

5. MIT 주문은 시장이 지정가에 도달했을 때 시장가 주문이 된다는 것을 제외하고는 지정가 주문과 비슷하다. 매수 MIT 주문은 지정가 주문과 같이 시장가 아래에 설정될 것이다. 시장이 지정가에 도달하면 그 거래는 시장가로 성사된다. MIT 주문은 지정가 주문에 비해 한 가지 커다란 장점을 갖고 있다. 시장가 아래에 설정된 매수 지정가 주문은 시장이 지정가격에 도달해도 체결을 보장하지 않는다. 가격이 지정가에서 급등하여 그 주문이 체결되지 않고 남을 수도 있다. MIT 주문은 일시적 하락에서 매수하되, 지정가 도달 후 시장가를 놓치고 싶지 않을 때 가장 유용하다.

각 주문마다 적절한 시기가 있으며, 장단점이 있다. 시장가 주문은 포지션을 보장하지만 시장을 '쫓아다니는' 결과를 초래하게 된다. 지정가 주문은 좀 더 나은 통제된, 좋은 가격을 제공하지만 매매체결이 안 될 위험이 있다. 역지정가 지정가 주문 역시 가격이 지정가를 벗어나게 되면 매매체결이 안 될 위험이 있다.

손실을 제한하고 이익을 보호해주는 역지정가 주문을 강력히 추천할 만하다. 그러나 새로운 포지션을 취하기 위하여 매수 또는 매도 역지정가 주문을 사용하는 것은 잘못된 매매체결을 초래할 수 있다. MIT 주문이 특히 유용하지만 이를 허용하지 않는 거래소도 있다.

이 외에 다른 종류의 주문에도 친숙해지고 그들의 장단점을 숙지할 필요가 있다. 그것들 역시 거래계획에 적용될 여지가 있으므로 어떤 종류의 주문이 어느 금융거래소에서 허용되는지 먼저 알아보아야 한다.

일간차트에서 일중가격차트로

시점선택이 단기시장의 변화를 다루기 때문에 일중가격차트(intraday price charts)는 매우 유용하다. 비록 이번 장에서 중점을 두지는 않았지만 일중가격차트는 데이트레이딩을 위해서 필수적이다. 시장 진입 또는 철수라는 기본적인 결정을 했다면 데이트레이딩 동향이 매수 또는 매도 시점을 선택할 때 어느 정도 도움이 될 수 있는지에 관심을 가져야 한다.

거래는 장기적 안목을 가지고 시작하여야 하며, 그 다음 점차적으로 단기거래로 좁혀야 한다는 것을 재차 강조한다. 장기전망을 위해 월간 그리고 주간차트를 이용해 분석한다. 그때 실제 거래결정시 기초가 되는 일간차트(daily chart)를 참고한다.

일중차트는 마지막으로 더욱 세밀하게 보기 위해 이용된다. 장기차트는 시장에 대한 장기전망을 보여주지만 일중차트는 더욱 세밀하게 검토할 수 있도록 해준다. 이미 살펴본 기술적 원리는 이러한 매우 민감한 차트에서도 분명히 나타난다.

일중중심점(Pivot Point)의 사용

보다 근접한 보호주문을 이용한 조기 시장 진입을 위해 일중중심점을 이용함으로써 시장이 어떤 가격에서 종결될 것인지 예측하려고 한다. 이 기법은 일곱 개의 주요 가격과 네 개의 시간대를 조합한 것이다. 일곱 개의 일중중심점은 전날의 고가, 저가, 종가, 그리고 당일의 시가, 고가, 저가, 종가이다. 네 개의 시간대는 당일거래에만 적용된다. 그것은 개장 시, 개장 후 30분, 정오(뉴욕 시간으로 약 12시 30분), 폐장 전 35분이다.

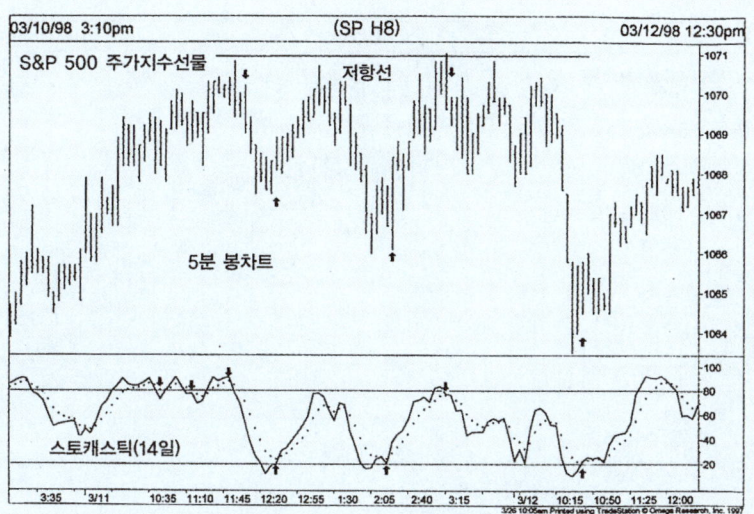

(그림 16-1) S&P 500 선물계약의 일중 5분 봉차트. 스토캐스틱(stochastic) 신호 중 최종 5개(화살표)는 잘 맞았다. 일중 차트는 단기거래가 목적일 때 이용된다.

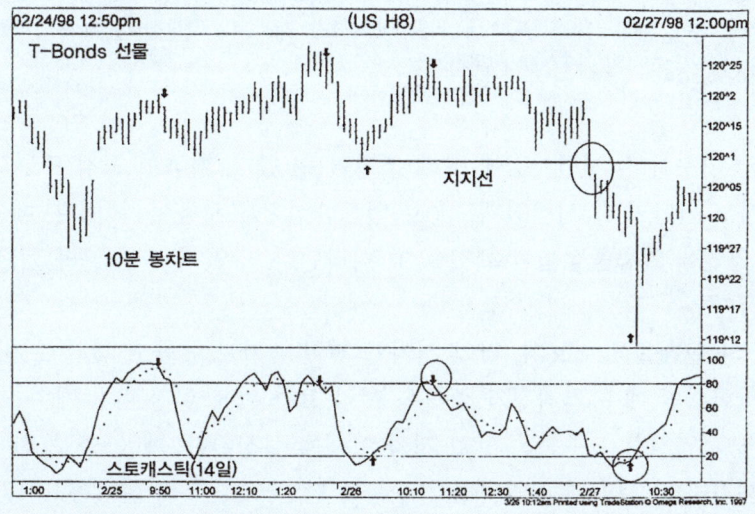

(그림 16-2) 3일간의 거래를 나타내는 T-Bonds 선물계약의 10분 봉차트. 스토캐스틱 신호 중 마지막 2개가 2월 26일 오전 10시 10분을 지나자마자 매도신호를 나타내고, 그 다음날 오전 거의 같은 시간에 매수신호를 나타낸다.

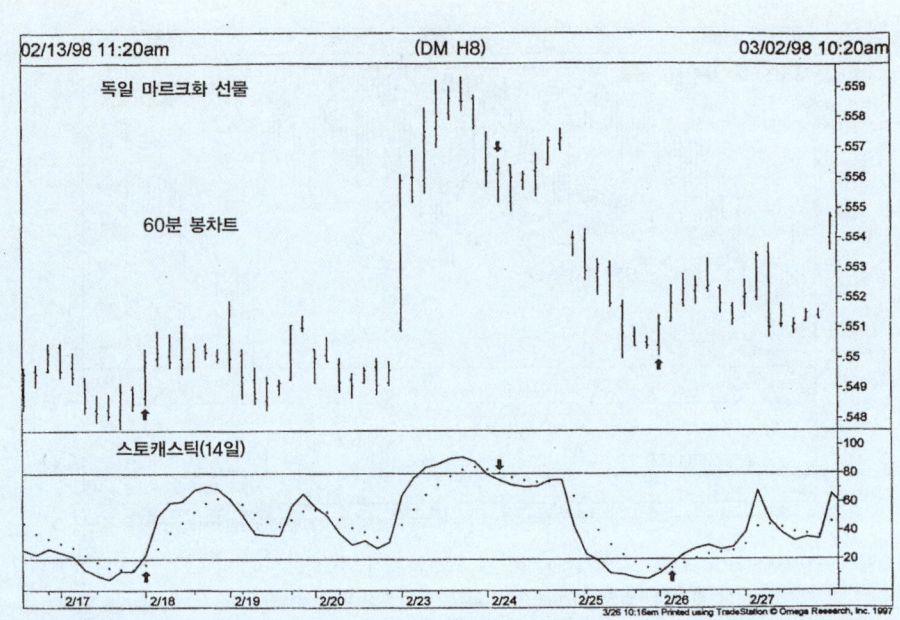

(그림 16-3) 10일간의 거래를 나타내는 독일 마르크화 선물계약의 1시간 봉차트. 3개의 스토캐스틱 신호가 나타난다(화살표). 2월 17일 매수신호는 2월 24일 매도신호로 바뀌고, 2월 26일 에 또 하나의 매수신호가 나타난다.

이는 평균 횟수이며, 개별시장에 따라 조정될 수 있다. 가격이 고점 또는 저점을 형성하고 있다고 판단할 때 시점선택도구로 일중중심점을 사용할 수 있다. 매수 또는 매도 신호는 당일에 일중중심점이 깨졌을 때 나타난다. 당일 후장에 나타날수록 신호는 더욱더 강하다.

매수신호의 실례를 들어보자. 만약 시가가 전일 종가보다 높고 전일 고가보다 낮은 점에서 시작한다면 매수 역지정가 주문은 전일 고가 위에 설정된다. 매수 역지정가에 도달하면 매도 역지정가 주문은 당일 저가 아래에 설정된다. 폐장 35분 전에 아무 포지션도 취해지지 않으면 매수 역지정가 주문은 당일 고가 위에 설정하고, 매도 역지정가 주문을 당일 시가 아래에 설정한다. 일반적으로 거래가 시작 후 30분 동안은 거래하지 않는다. 그날의 진행 상황에 따라 일중중심점은 역지정가 주문처럼 좁아진다. 매수신호의 마지막 요건으로, 종가는 전일 종가와 당일 시가보다 위에 있어야 한다.

자금관리와 거래지침의 요약

다음은 자금관리와 거래의 중요한 요소들을 함께 모아 놓은 것이다.

1. 중간추세의 방향으로 거래하라.
2. 상승추세에서는 일시 하락 시 매수하고, 하락추세에서는 일시 상승 시 매도하라.
3. 수익은 길게 가져가고, 손실은 짧게 끊어라.
4. 손실을 제한하기 위하여 역지정가(손절매) 주문을 사용하라.
5. 충동적으로 거래하지 말고 계획을 세워서 하라.
6. 거래계획을 세우고 그 계획을 이행하라.
7. 자금관리지침을 이용하라.
8. 분산투자하라. 그러나 과도하게는 하지 마라.
9. 적어도 3 : 1 위험보상률을 사용하라.
10. 포지션(position)을 추가할 때 다음 지침에 따라라.
    a. 후속적인 추가수량은 직전보다 더 적어야 한다.
    b. 수익이 나타나는 포지션만 추가하라.
    c. 손실이 나는 포지션은 추가하지 마라.
    d. 보호(역지정가)주문을 손익분기점에 맞춰라.
11. 마진 콜을 당하지 마라; 좋은 돈을 나쁜 곳에 버리지 마라.
12. 수익을 내는 포지션에 앞서 손실포지션을 먼저 청산하라.
13. 초단기거래를 제외하고는 시장과 좀 떨어져 있어라. 시장 종료 후가 오히려 유리할 것이다.
14. 장기거래로 시작하여 점점 단기거래로 좁혀라.
15. 정밀한 시장진입과 철수를 위해 일중 차트를 이용하라.
16. 데이 트레이딩을 마스터하고 난 뒤 일중거래를 시도하라.
17. 전통적인 금언을 무시하려고 노력하라; 금융매체에서 언급한 것을 너무 심각하게 받아들이지 마라.
18. 소수편에 속해서 편안해지는 방법을 배워라. 만약 당신이 시장에 대해서 옳다고

해도, 대부분의 사람들은 당신에게 동의하지 않을 것이다.
19. 기술적 분석은 경험과 연구로 나아질 수 있는 기술이다. 항상 배우는 자세를 가져라.
20. 간단명료하게 하라; 복잡하다고 항상 유리한 것이 아니다.

주식시장 적용

이 장에서 다룬 거래전술(전장에서는 분석도구)은 약간 수정해서 주식시장에도 적용할 수 있다. 선물거래자는 단기에서 중기까지의 추세에 초점을 맞추는 데 반해서 주식투자자는 중기에서 장기까지의 추세에 관심을 가진다. 주식거래는 초단기에 거의 중점을 두지 않으며, 일중 차트도 거의 사용하지 않는다. 그러나 시장 분석과 거래를 위한 일반적인 원리는 시카고 상품 선물거래소에 적용하든 뉴욕 주식시장에 적용하든 동일하다.

자산배분

이 장에 다룬 자금관리지침은 주로 선물거래에 관한 것이다. 그러나 여기서 다룬 많은 원리들은 투자 포트폴리오(portfolio)를 위한 적절한 분산의 필요성과 자산배분(asset allocation)주제와 관련이 있다.

자산배분은 개인 투자자산을 주식, 채권, 그리고 현금(보통 단기금융펀드 또는 미재무성 단기채권의 형태로)으로 분산시키는 방법에 관한 것이다. 이는 투자자산 중 얼마를 외국시장에 배분해야 하는지에 대해서 언급하고 있다. 자산배분은 또한 개인의 주식보유를 여러 시장과 업종에 어느 정도 분산시켜야 하는가에 대해 언급하고 있다. 최근에는 개인의 투자자산 중 얼마를 이 전통적인 상품선물시장에 배분해야 하는가를 다룬다.

관리계좌와 뮤추얼 펀드

관리계좌는 수년 동안 선물시장에서 많이 사용돼 왔으며, 선물거래를 하고 싶지만 전문지식이 없어 자기 스스로 투자할 수 없는 사람들을 위한 방편이 되었다. 관리계좌는 선물에 대한 일종의 뮤추얼 펀드식 접근을 허용한다. 비록 선물관리계좌가 통화, 상품, 채권, 주가지수선물을 포함하는 모든 선물시장에 투자한다고 하지만, 아직도 주식과 채권에 대한 어떤 분산의 수단이 되고 있다. 일부 분산투자 효과는 매수와 공매도 포지션을 통해 이루어진다. 또는 상품선물거래 자체가 분산투자 효과를 나타낸다. 상품선물은 종종 채권이나 주식과 추세방향이 다르기 때문이다. 적절한 분산이란 서로 관련성이 적은 시장그룹 또는 분류에 자산을 분배하는 것이다. 다시 말해서, 그들이 항상 같은 방향의 추세를 갖는다는 것은 아니다. 상품선물은 확실히 그러한 기준에 적합하다.

이를 지적하는 이유는 두 가지이다. 하나는 자금관리와 자산배분은 서로 뒤엉켜 있다는 것을 보여주기 위해서이고, 또 하나는 시장 자체가 아주 심하게 뒤엉켜 있다는 것을 나타내기 위해서이다.

다음 두 장에서는 선물시장과 주식 시장이 얼마나 밀접한 관계를 가지고 있고, 주식 투자자자가 선물시장에서 일어나는 일을 알고 있어야 하는 것이 왜 중요한지를 다룰 것이다. 제17장에서는 시장간 기술적 분석을 소개한다.

마켓 프로파일(Market Profile)

마켓 프로파일이라 불리는, 데이 트레이딩에 대한 가장 혁신적인 접근방법 중의 하나를 소개하고 일중 차트 문제를 종결하도록 하자. 이 거래기법은 시카고 상품선물거래소 장내 중개인이었던 J. 피터 스테이들메이어(J. Peter Steidlmayer)에 의해 개발되었다. 스테이들메이어의 접근방법은 지난 10년 동안 선물시장에서 특히 상당한 호응을 얻었다. 그러나 마켓 프로파일은 일반 주식시장에도 적용할 수 있다. 습득하기가 쉽지는 않지만 그 기법을 사용해본 거래자들은 마켓 프로파일의 활용을 적극 지지한다. 마켓 프로파일 거래 전문가 데니스 하인즈(Dennis Hynes)는 부록 B에서 그 접근방법을 설명한다.

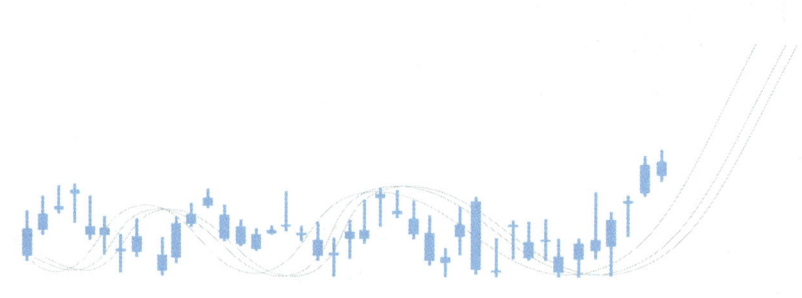

제17장

주식시장과 선물시장의 관계 : 시장간 비교분석

주식시장과 선물시장의 관계 :
시장간 비교분석

1986년 이 책의 초판이 출판되었을 때 전통적인 주식, 채권시장과 상품선물시장의 경계선이 무너지기 시작하고 있었다. 20년 전에는 상품선물이라고 하면 옥수수, 대두, 돼지고기, 금, 석유 등과 같은 것들을 지칭하였다. 이것들은 재배, 채광, 정제되는 전통적인 상품들이었다. 1972년~1982년 사이에 통화, 미 재무성 채권, 주가지수에 대한 선물계약의 도입과 함께 극적인 변화가 일어났다. 채권과 주식은 상품으로 보기 어려웠기 때문에 '상품'이라는 용어는 '선물'이라는 용어에게 자리를 내주었다. 그 이후로 선물거래의 세계는 전통적인 주식과 채권과 혼합되어 서로의 경계를 구분할 수 없을 정도가 되었다.

결과적으로, 금융시장 분석에 이용되었던 기술적 분석 방법은 전체 시장에 보편적으로 적용되었다. 어떤 날이든 그날의 달러선물, 채권선물, 그리고 주가지수선물의 시황을 알 수 있게 되었다 — 이것들은 서로 연관되어 움직인다. 이 세 시장은 종종 상품선물시장의 영향을 받는다. S&P 500의 선물가격과 S&P 500 현물지수의 일정한 균형관계가 무너지면서 발생하는 프로그램 매매가 오늘날의 현실이다. 이러한 이유 때문에 선물거래를 더욱 잘 이해할수록 전체 금융시장에 대한 통찰력을 높일 수 있는 것이 분명해진다.

선물시장의 동향이 주식시장에 중요한 영향을 미친다는 것은 분명하다. 일반적으로 인플레이션이나 금리추세에 대한 조기 신호가 선물시장에서 먼저 포착된다. 그리고 이것은 종종 어떤 시점의 주가 향방을 결정짓는다. 달러추세는 미국경기가 강세인지 약세인지 우리에게 많은 것을 알려준다. 그리고 이것은 또한 법인의 소득이나 주식 가치에 주요한 영향을 미친다.

주식시장은 부문별, 산업별로 나뉜다. 이들 그룹에 대한 순환적 진입과 철수는 선물시장의 움직임에 의해 지배된다. 뮤추얼 펀드와 특히 부문펀드(sector funds)의 급격한 성장과 함께 이익이 나는 그룹에 진입하고, 손실이 나는 그룹에서 철수하는 순환이 훨씬 쉬워졌다.

시장간 분석이라는 광범위한 주제는 통화, 상품선물, 채권, 주식들 간의 상호작용을 다룬다. 중요 내용은 이들 네 시장이 밀접한 관련을 가지고 있다는 것이다. 이 장에서 여러분은 주식시장에서의 부문별, 산업별 순환투자를 위해 선물시장을 이용하는 방법을 보게 될 것이다.

시장간 분석

1991년 나는 『시장간 기술적 분석』(Intermarket Technical Analysis)이라는 책을 저술하였다. 오늘날 보편적으로 받아들여지고 있는 여러 금융시장들 간의 관계를 다룬 것이다. 여러 시장 사이에 전개되는 연관성을 설명하고 또 시장들이 얼마나 서로 의존적인지를 보여주기 위한 일종의 안내서 내지는 청사진이다.

시장간 분석의 기본 전제는 모든 금융시장이 어느 정도 서로 연관되어 있다는 것이다. 이에는 국내시장은 물론 국제시장도 포함된다. 이러한 연관성은 때로는 한쪽으로 치우칠 수도 있지만 어떤 형태로든 항상 존재한다. 결과적으로, 어떤 한 시장 — 예를 들면 주식시장 — 에 대한 완전한 이해는 어떤 다른 시장에 대한 이해 없이는 불가능하다. 시장들은 서로 얽혀 있기 때문에 기술적 분석가들에게는 아주 유리하다.

이 책에서 다룬 시장간 분석에 유리하게 적용되는 기술적 분석의 도구들은 모든 시장에 적용될 수 있다. 또한 여러분은 많은 시장의 차트들을 분석할 수 있는 능력이 오늘날의 복잡한 시장에서 왜 엄청나게 유리한지를 알게 될 것이다.

프로그램 매매 : 궁극적인 연관성

선물과 주식의 밀접한 연관성을 가장 잘 나타내 주는 것이 S&P 500 현물지수와 S&P 500 선물과의 관계이다. 보통, 선물계약은 현물보다 높은 금액에 거래된다.

현물과의 이 차이는 단기금리수준, S&P 500 지수에 대한 수익률, 그리고 선물 만기일까지 남은 일수 등에 의해 결정된다. S&P 500 현물지수와 S&P 500 선물의 차이

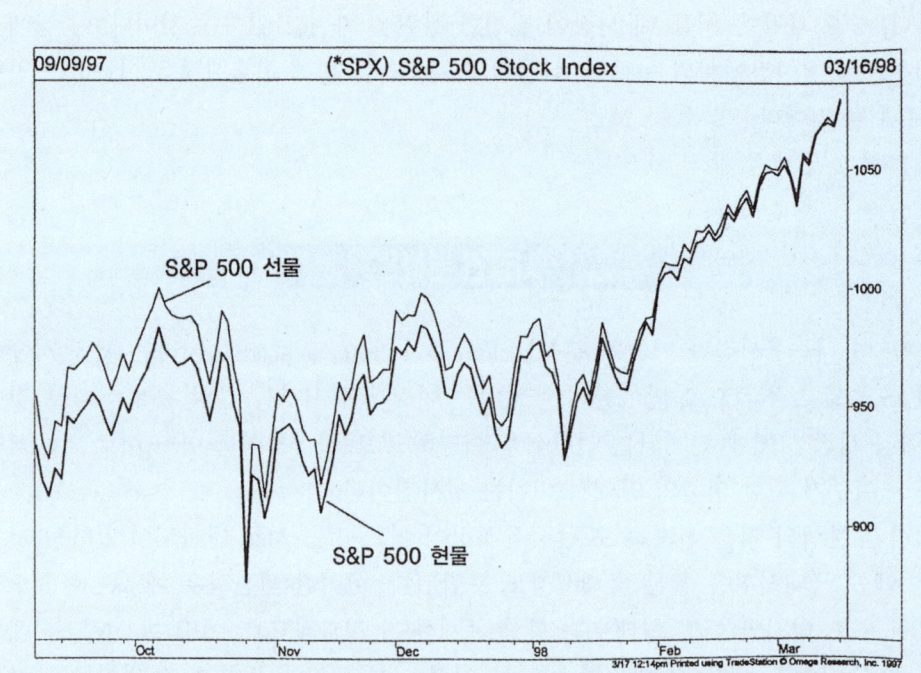

(그림 17-1) 이 차트에서 보는 바와 같이 S&P 500 선물은 일반적으로 현물보다 높은 금액에 거래된다. 3월 계약이 만기에 가까워짐에 따라 이 차이는 점차 감소한다. 프로그램 매도는 주식시장에 부정적이다. 대부분의 거래자들은 관련된 두 시장의 이 관계를 이해한다. 그러나 거래자들은 프로그램 매매를 작동시킨 S&P 500 선물계약의 갑작스런 움직임이 종종 채권과 같은 다른 선물시장의 갑작스런 움직임에 의해 발생한다는 것을 이해하지 못한다.

는 선물계약의 만기가 다가옴에 따라 점차적으로 감소한다(그림 17-1 참조). 기관들은 매일 실제 프리미엄 — 공정가치(fair value) — 의 가치를 계산한다.

공정가치는 하루 거래일 동안에는 일정하게 유지되나 매일매일 점차적으로 변한다. 선물가격이 현물지수에 대한 선물의 공정가치를(미리 결정된 어떤 양만큼) 초과할 경우 차익거래가 자동적으로 발생하게 되는데, 이것을 프로그램 매수라고 부른다.

선물가격이 현물지수에 비해 너무 높을 경우 프로그램 매매자들은 선물을 매도하고 S&P 500의 주식들을 매수하여 두 자산의 비율을 다시 일정하게 맞춘다. 이 프로그램 매수의 결과는 매수한 주식들이 S&P 500 현물지수를 밀어 올리기 때문에 주식시장에 긍정적이다.

이와 상반되는 프로그램 매도는 현물가격에 비해 선물가격이 공정가치 이하로 너무 떨어질 때 발생한다. 이 경우 S&P 500 선물을 매수하고 S&P 500의 주식들을 매도하는 프로그램 매도가 이루어진다. 프로그램 매도는 주식시장에 부정적이다. 대부분의 거래자들은 이 두 시장의 관련성을 이해한다. 하지만 이들이 놓칠 수 있는 것은 프로그램 거래를 촉발시키는 S&P 500 선물의 갑작스러운 움직임이 종종 다른 선물시장, 예를 들어, 채권의 갑작스러운 움직임에 의해 발생한다는 것이다.

채권과 주식의 연관성

주식시장은 금리의 방향에 의해 영향을 받는다. 금리(수익률)의 방향은 미 재무성 채권선물의 움직임을 추적함으로써 1분 간격으로 볼 수 있다. 채권가격은 금리나 수익률과 반대로 움직인다. 따라서 채권가격이 오르면 수익률은 떨어진다.

그리고 채권은 주식시장에도 긍정적인 영향을 미치는 것으로 간주된다. 일반적으로 채권가격의 하락과 수익률의 상승은 주식시장에 부정적인 영향을 미친다. 기술적 분석가의 입장에서는, 미 재무성 채권선물의 차트를 S&P 500 현물지수나 이와 관련된 선물차트와 비교하는 일이 매우 쉽다. 여러분은 이들이 일반적으로 같은 방향으로 움직인다는 것을 알게 될 것이다(그림 17-2 참조).

단기적으로 보면, S&P 500 선물가격의 갑작스러운 변화는 종종 미 재무성 채권선

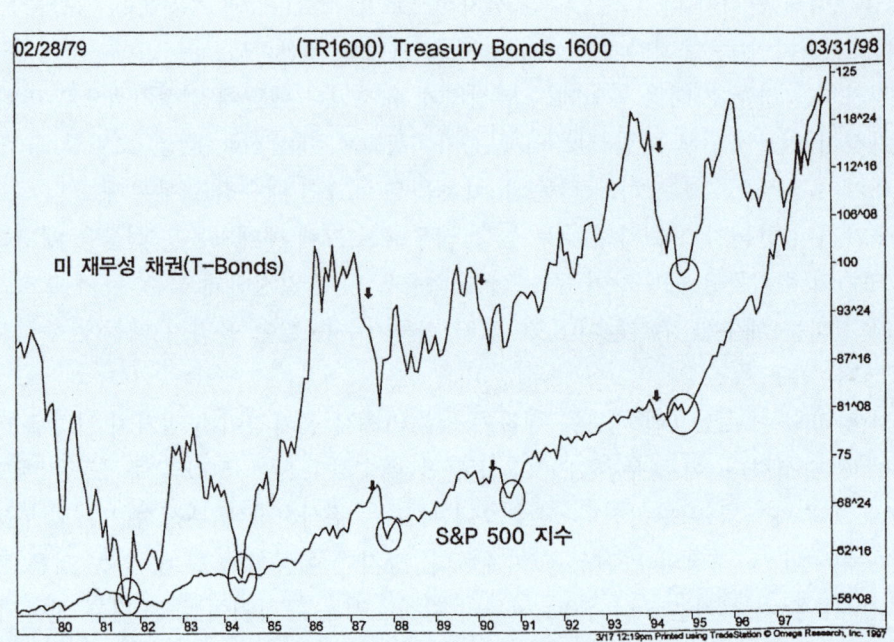

(그림 17-2) 일반적으로 채권가격의 상승은 주식가격에 긍정적인 영향을 미친다. 1981, 1984, 1988, 1991, 그리고 1995년 채권시장의 저점은 주식시장의 상승으로 이어졌다. 1987, 1990, 그리고 1994년 채권시장의 고점은 주식시장의 하락을 경고하였다.

물가격의 갑작스러운 변화에 따른 것이다. 장기적으로 볼 때, 미 재무성 채권가격의 추세변화는 S&P 500 현물지수의 유사한 변화의 경고이다.

이런 의미에서 볼 때 채권선물은 주식시장의 선행지표로 볼 수 있다. 반대로, 채권선물은 일반적으로 상품선물시장의 추세의 영향을 받는다.

*일반적으로 디플레이션 때 채권과 주식은 반대로 움직인다. 채권가격이 상승하는 반면 주식가격은 하락한다.

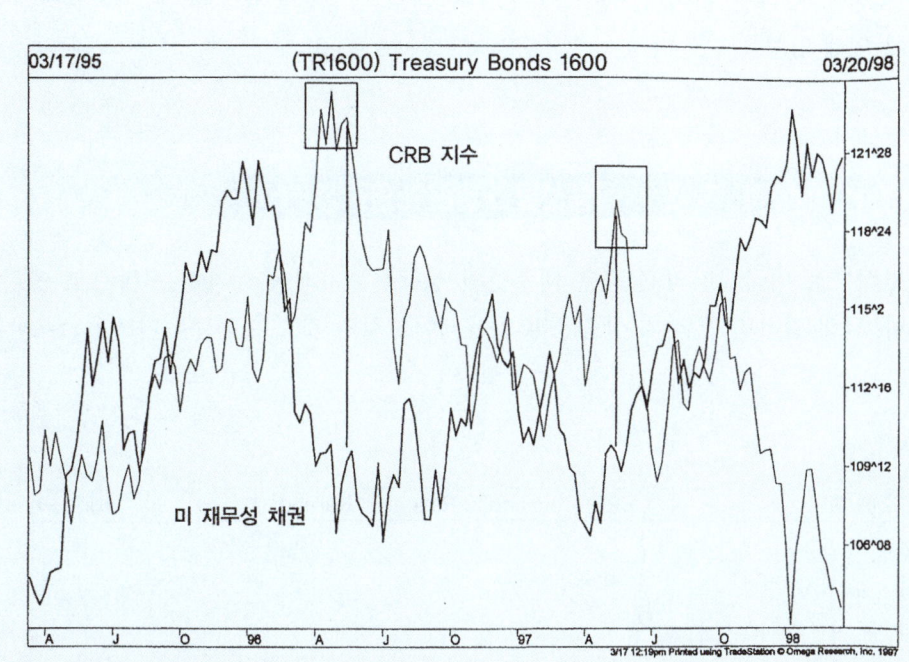

(그림 17-3) 일반적으로 상품선물의 가격과 채권의 가격은 반대방향으로 움직인다. 1996년과 1997년 봄 채권시장의 저점은 상품선물가격의 고점과 일치한다(사각형 참조).

채권과 상품선물의 연관성

　미 재무성 채권가격은 인플레이션의 영향을 받는다. 상품선물의 가격은 인플레이션 추세의 선행지표로 간주된다. 결과적으로, 상품선물의 가격은 채권가격의 방향과 반대로 움직인다. 1970년대 이후의 시장기록을 살펴보면 상품선물시장에서의 갑작스러운 상승은(가격 인플레이션을 예고하면서) 일반적으로 미 재무성 채권가격의 갑작스러운 하락과 맞물려 있음을 알 수 있다.
　이 관계의 다른 면은, 미 재무성 채권의 높은 수익은 일반적으로 상품선물가격의 하락과 맞물려 있다는 것이다(그림 17-3 참조). 반대로 상품선물의 가격은 미국달러의 움직임에 의해 영향을 받는다.

상품선물과 달러의 연관성

일반적으로 미국달러의 상승은 대부분의 상품선물가격을 억제하는 쪽으로 영향을 미친다. 달리 말하면, 달러의 상승은 비인플레이션적인 것으로 간주된다(그림 17-4 참조).

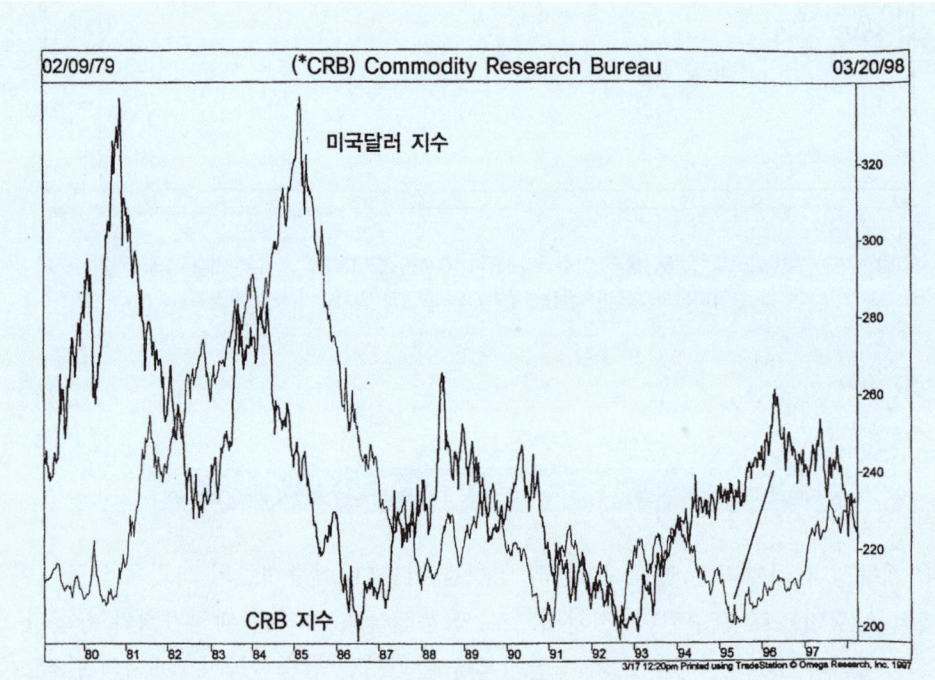

(그림 17-4) 일반적으로 달러의 상승은 상품선물시장에 대해 억제효과를 나타낸다. 1980년 달러가치의 저점은 상품선물가격의 절정과 맞아떨어졌다. 1995년 달러가치의 저점은 1년 후 상품선물가격의 급격한 하락을 일으키는 요인으로 작용하였다.

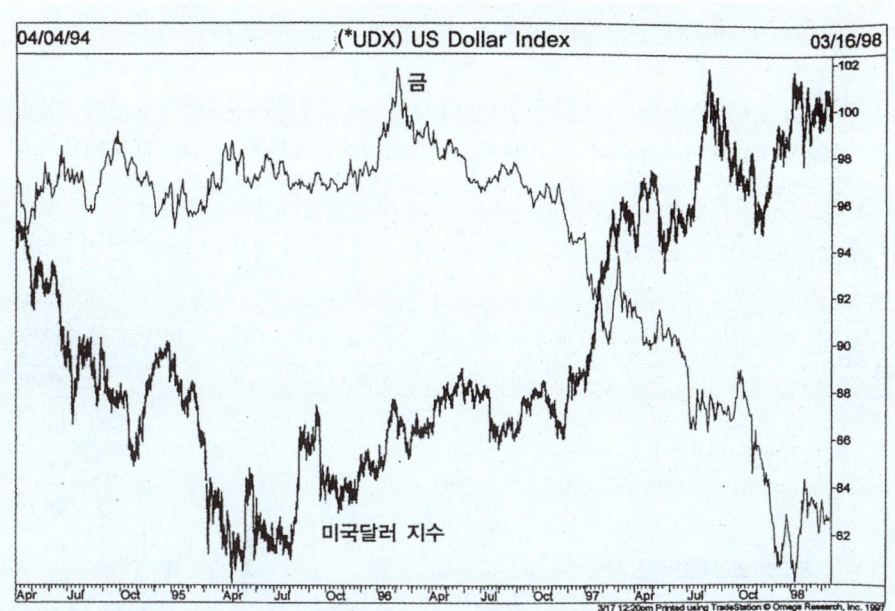

(그림 17-5) 이 예에서 보는 바와 같이 미국달러의 가치와 금의 가격은 일반적으로 반대로 움직인다. 사실인즉, 앞의 4개 시장은 모두 서로 연결되어 있다－달러는 상품선물에 영향을 미치고, 상품선물은 채권에, 채권은 다시 주식시장에 영향을 미친다. 어떤 한 시장을 완전히 이해하기 위해서는 나머지 세 시장의 동향을 알아야 한다. 다행히도, 이것들의 가격차트를 관찰함으로써 시장의 동향을 쉽게 파악할 수 있다.

    달러의 영향을 가장 많이 받는 것 중의 하나는 금시장이다. 시간을 두고 이 관계를 관찰하면 금의 가격과 미국달러의 가치는 서로 반대방향의 추세를 가진다는 것을 알 수 있다(그림 17-5 참조). 한편, 금시장은 일반적으로 다른 상품선물시장에 대해 선행지표 역할을 한다. 따라서 금시장을 분석하기 위해서는 달러동향을 파악할 필요가 있다. 상품선물가격의 일반적인 추세를 분석하기 위해서는(보다 잘 알려진 상품선물가격지수 중의 하나를 이용하여) 금시장의 동향을 알아야 할 필요가 있다. 이들 네 시장들은 모두 연결되어 있다. 달러는 선물에, 선물은 채권에, 채권은 주식에 영향을 미친다. 하나의 자산부분에서 일어나는 일을 온전히 이해하기 위해서는 다른 세 시장에서 일어나는 일을 알아야 한다. 다행히도 이 일은 해당 가격차트를 살펴봄으로써 쉽게 해결할 수 있다.

주식 부문과 산업군

이러한 시장들의 관계를 이해함으로써 다양한 주식시장부문과 산업군들 간의 상호작용을 이해할 수 있게 된다. 주식시장은 시장부문으로 나뉘고, 이것은 다시 산업군으로 나뉜다.

이러한 시장의 각 부문들은 서로 다른 시장들 간의 상호작용에 의해 영향을 받는다.

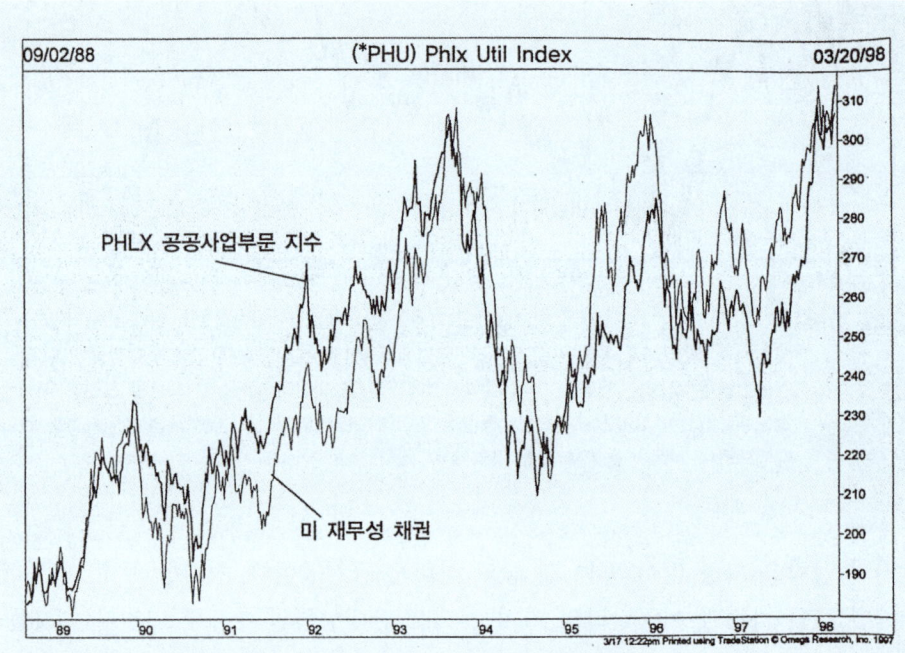

(그림 17-6) 일반적으로 공공사업부문과 미 재무성 채권가격은 밀접하게 관련되어 있다. 그리고 공공부문은 채권보다 약간 앞서 움직인다. 금광산업 주식은 금의 가격과 밀접하게 연관되어 있다. 조금 더 나아가, 관련된 주식그룹은 그것과 연관된 선물시장을 선도하는 경향이 종종 있다. 결과적으로 공공부문의 주식은 미 재무성 채권의 선도지표로 이용될 수 있고 금광산업의 주식은 금가격의 선도지표로 이용될 수 있다. 시장간 영향의 또 다른 예는 석유의 가격추세가 에너지나 항공산업의 주식에 미치는 영향이다. 일반적으로 석유값이 상승하면 에너지산업 주식은 상승하고 항공산업의 주식은 하락한다. 석유값의 하락은 이와 상반된 영향을 미친다.

예를 들어, 채권이 강세이고 상품선물이 약세일 때 유틸리티, 금융주식, 그리고 소비재와 같은 금리에 민감한 주식그룹은 대개는 다른 시장에 비해 일반적으로 강세를 나타낸다. 반대로 금, 에너지, 그리고 경기민감 주식과 같은 인플레이션에 민감한 주식그룹들은 일반적으로 약세를 나타낸다.

상품선물시장이 채권시장에 비해 강세인 경우 이와 반대되는 현상이 나타난다. 미 재무성 채권가격과 상품선물가격의 관계를 관찰함으로써 어떤 시점에 있어 어떤 부문 또는 산업군이 강세일 것인가를 판단할 수 있다.

주식시장부문과 이와 관련된 선물시장은 서로 밀접한 관계에 있기 때문에 이들을 서로 연관시켜 이용할 수 있다. 예를 들면 유틸리티부문의 주식은 미 재무성 채권가격과 밀접하게 관련되어 있다(그림 17-6 참조). 금광산업 주식은 금 가격과 밀접한 관계가 있다. 연관된 주식이 해당 선물시장을 선도하는 경향이 있다. 따라서 유틸리티 주식을 재무성 채권의 선도 지표로 사용할 수 있다. 금광산업 주식을 금 가격에 대한 선행지표로 사용할 수 있다. 시장간 영향의 또다른 예는 기름가격 추세가 에너지 및 항공주에 미치는 영향이다. 기름 가격 상승은 에너지 주식에 도움이 되지만 항공사 주식에는 부정적인 영향을 미친다. 기름 가격 하락은 이와 반대로 영향을 미친다.

미국달러와 대규모 다국적 주식자본

달러가 시총이 큰 주식과 시총이 작은 주식에 어떤 영향을 미치는가 하는 것은 시장상호관계의 또 다른 예이다. 강한 달러는 대규모 다국적 주식에 부정적 영향을 끼칠 수 있으며 해외시장에서의 미국제품을 비싸게 만든다. 반대로, 국내 위주의 작은 주식은 비교적 달러의 영향을 적게 받으며 실제로 강한 달러의 환경에서는 대규모 주식보다 강세를 유지할 수 있을 것이다.

결과적으로, 강한 달러는 소규모 주식(러셀 2000과 같은)에 유리하고 약한 달러는 대규모 다국적 주식(다우공업평균에 포함되어 있는 것 같은)에 유리할 것이다.

시장간 분석과 뮤추얼 펀드

이러한 시장 상호관계에 대한 이해는 뮤추얼 펀드 투자에도 적용될 수 있다. 예를 들어, 미국달러의 움직임은 소규모 펀드와 대규모 펀드에 투자하는 비율에 영향을 미칠 수 있다. 이것은 또한 얼마나 많은 돈을 금 또는 천연자원 펀드에 투자해야 할지를 결정하는 데 도움을 준다.

부문별 뮤추얼 펀드가 너무 많은 경우 사실 어떤 시점에 어디에 투자해야 할 것인가 하는 결정을 더욱 복잡하게 만든다. 이러한 결정은 선물시장, 여러 주식시장부문과 산업군의 실적을 비교함으로써 훨씬 더 쉬워진다. 이것은 '상대적 강세'(relative strength) 분석이라는 차트 접근법을 이용하면 간단하다.

상대적 강세 분석

이것은 매우 간단하면서도 효과적인 차트 분석도구이다. 즉, 하나의 시장을 다른 시장으로 나누기만 하면 된다. 달리 말하면, 두 시장의 가격비율을 구하는 것이다. 비율선이 상향일 때는 분자부분의 가격이 분모가격보다 강세이다. 비율선이 하향일 때는 분모시장이 더 강세이다. 이 간단한 지표로 무엇을 할 수 있을지 몇 가지 예를 살펴보자.

상품선물지수(CRB 선물가격지수와 같은)를 미 재무성 채권선물가격으로 나눈다(그림 17-7 참조). 비율선이 상승할 때는 상품선물가격이 채권가격에 비해 강세를 나타낸다. 이 경우 선물거래자들은 상품선물을 매수하고 채권을 팔려고 할 것이다. 주식 거래자들은 인플레이션에 민감한 주식을 매수하고 금리에 민감한 주식을 매도하려 할 것이다.

비율선이 하락할 때는 거래자들은 이와 반대의 포지션을 취한다. 즉, 그들은 상품선물을 매도하고 채권을 매수하려 할 것이다. 주식투자가들은 금, 석유, 그리고 경기순환주주식들을 매도하는 반면 유틸리티, 금융, 그리고 소비재 주식을 매수한다(그림 17-8 참조).

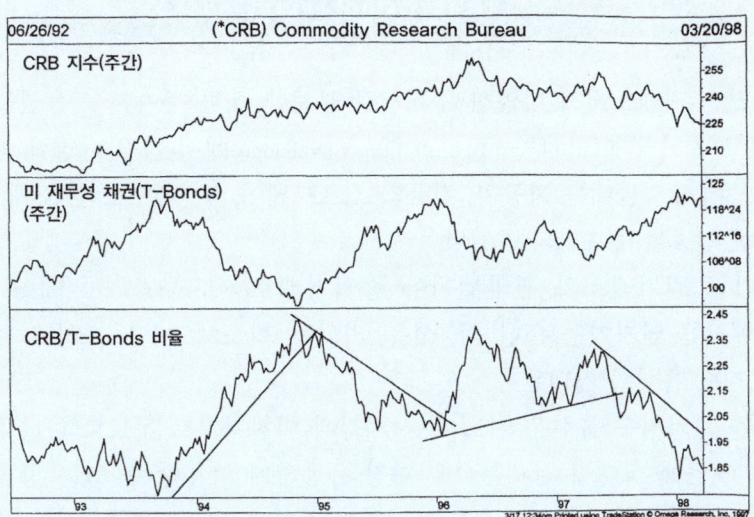

(그림17-7) CRB 지수/미 재무성 채권의 비율은 어떤 자산이 강세인지를 보여준다. 1994년에는 상품 선물이 강세였지만 1995년에는 채권이 강세였다. 1997년 중반 아시아 경제위기와 디플레이션에 대한 염려 때문에 이 비율이 급격히 하락하였다.

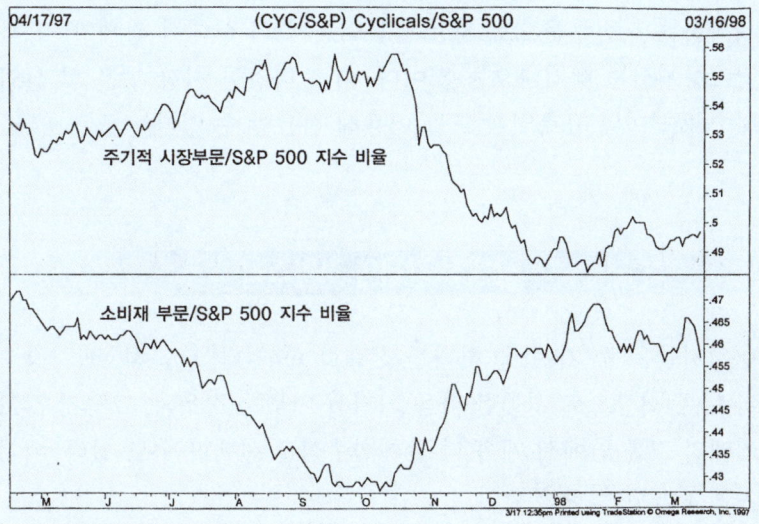

(그림 17-8) 1997년 10월중 아시아 경제위기는 펀드들이 주기적 시장부문에서 소비재부문으로 이동하는 원인이 되었다. 그리고 이것은 그림 17-7의 CRB/채권 비율의 하락과 일치한다.

상대적 강세와 부문들

지금은 많은 거래소에서 다양한 주식시장 부문에 대한 주가지수 옵션을 거래하고 있다. 시카고 옵션거래소(Chicago Board Options Exchange)에서 가장 다양한 종목들이 거래되고 있는데 그것들에는 자동차, 컴퓨터 소프트웨어, 부동산, 보건, 소매, 운송 등과 같은 다양한 업종들이 포함되어 있다.

아메리칸 증권거래소와 필라델피아 증권거래소(American and Philadelphia Stock Exchanges)에서는 인기있는 은행, 금, 석유, 의약품, 반도체, 기술, 그리고 유틸리티 부문에 대한 지수 옵션이 거래된다.

이들 모든 주가지수 옵션은 여느 다른 시장과 마찬가지로 차트로 나타내어 분석할 수 있다. 이것들에 상대적 강세분석을 가장 유용하게 적용할 수 있는 방법은 이들의 가격을 S&P 500과 같은 산업표준으로 나누는 것이다. 그러면 어떤 것이 가장 강세(RS선 위)이고 어떤 것이 약세(RS선 아래)인지를 판단할 수 있다.

상대적 강세선에 추세선, 이동평균과 같은 차트 분석도구를 이용하면 중요한 추세변화를 파악하는 데 도움이 된다(그림 17-9 참조). 일반적인 전략은 상대적 강세선이 막 상승하기 시작하는 시장부문으로 자금을 돌리는 한편 상대적 강세가 막 하락하기 시작하는 시장그룹에서는 빠져나오는 것이다. 이는 다양한 시장 부문 및 산업군을 커버하는 주가지수 옵션이나 뮤추얼 펀드를 이용해 적용할 수 있다.

상대적 강세와 개별주식

여기서 투자자들은 두 가지 중 하나를 선택할 수 있다. 단순히 한 시장 그룹으로부터 빠져나와 다른 시장으로 이동한 다음 거기서 머무는 경우와, 그렇지 않고 투자자가 원한다면 원래의 그룹 안에서 계속 다른 개별주식을 선택할 수도 있다. 여기서도 상대적 강세분석은 중요한 역할을 한다.

일단 원하는 지수를 선택한 다음 지수에 포함된 각 개별주식을 지수로 나누는 것이다. 이렇게 하면 가장 큰 상대적 강세를 나타내는 개별주식을 쉽게 포착할 수 있다(그림

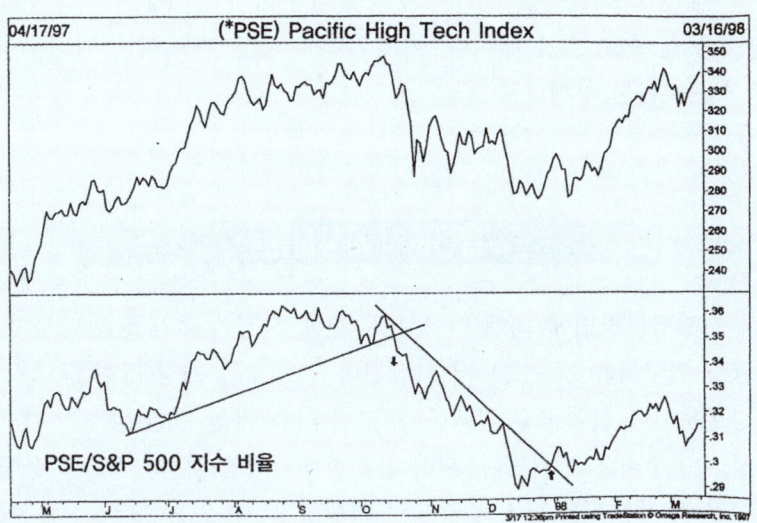

(그림 17-9) PSE 하이테크 지수의 S&P 500에 대한 상대적 강세. 간단한 추세분석이 기술부문 주식의 1997년 10월 하락과 그해 말 상승을 포착하는 데 도움이 되었다.

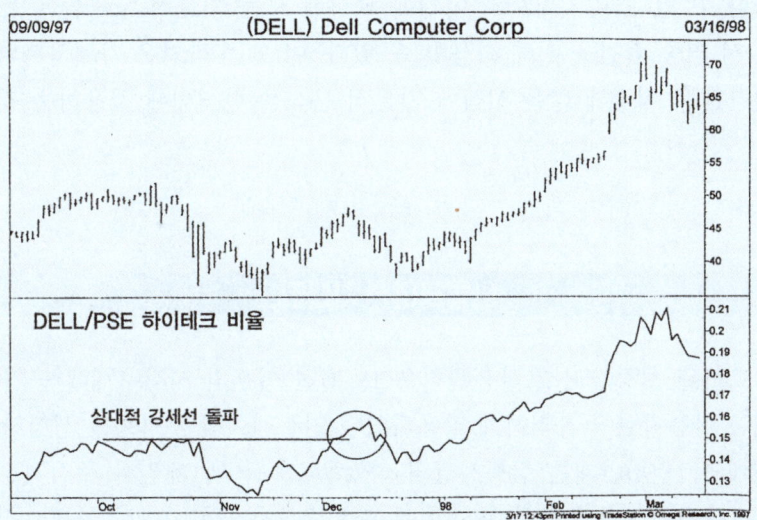

(그림 17-10) 1997년 말 PSE 하이테크 지수 대비 델(Dell) 컴퓨터 비율은 기술부문에서 델사의 주식이 가장 좋은 선택임을 보여준다.

17-10 참조). 가장 강한 비율선을 보이는 주식을 매수하거나 비율선이 막 상승하기 시작한 값싼 주식을 살 수도 있을 것이다. 이때 주의할 점은 상대적 강세(비율)선이 하락하고 있는 주식을 피하는 것이다.

톱다운식 시장접근

톱다운식 시장접근방법에 대해 알아보자. 전체 시장의 추세를 판단하기 위하여 주요 시장평균을 연구하는 것으로부터 시작한다. 그리고는 가장 강한 상대적 강세를 나타내는 시장부문이나 산업군을 선택한다. 그런 다음 가장 강한 상대적 강세를 나타내는 그룹에서 개별주식을 선택한다. 시장 상호작용원칙을 의사결정에 적용함으로써 현재의 시장여건에, 자산배분 결정에 중요한 역할을 할 수 있는 채권, 상품선물, 또는 주식 중 어느 것이 잘 들어맞는지를 결정할 수 있다.

다양한 세계적 주식시장의 상대적 강세를 비교함으로써 국제적 투자에도 같은 원리를 적용할 수 있다. 마지막으로 여기에 묘사된 모든 기술적 도구들은 뮤추얼 펀드 차트 분석 시 최종 점검을 위해 사용할 수 있다. 이 모든 작업은 가격차트와 컴퓨터로 간단히 해결된다. 이렇게 많은 시장에 기본적 분석을 한꺼번에 적용하는 것을 상상해 보라.

디플레이션 시나리오

여기에 묘사된 시장간 상호작용원칙은 1970년 이후의 시장추세에 근거하고 있다. 1970년대는 상품자산에 유리하게 작용하였던 인플레이션의 악화를 경험하였다.

1980년대와 1990년대는 상품시장의 하락(디플레이션)과 채권과 주식시장의 강세로 특징 지워졌다. 1997년 후반기 아시아 통화와 주식시장의 심각한 약세는 특히 동, 금, 석유와 같은 시장에 큰 피해를 입혔다.

몇 십년 만에 처음으로, 시장관계자들은 이로운 디스인플레이션(가격이 더 느린 속도로 상승하는 것)이 해로운 디플레이션(가격이 하락하는 것)으로 변할지도 모른다고 염려하였다. 더욱 염려스럽게도, 생산자 가격이 년 기준으로 10년 만에 처음으로 하락하였다.

결과적으로, 채권과 주식시장의 연결고리가 끊어지기 시작하였다. 투자자들은 4년 만에 처음으로 주식시장에서 철수하여 더욱 많은 돈을 채권시장과 유틸리티와 같은 금리에 민감한 주식에 투자하였다. 이 자산배분조정의 이유는 디플레이션이 시장 간 상호작용의 시나리오를 바꾸어 버리기 때문이다.

채권가격과 상품선물시장 간의 역의 관계는 유지된다. 상품선물시장이 하락하는 반면 채권가격은 상승한다. 다른 점은 이 환경에서는 주식시장이 부정적으로 반응할 수 있다는 것이다. 이 점을 지적하는 이유는 오래 전부터 금융시장에서 디플레이션 문제가 다루어져 왔기 때문이다. 디플레이션이 발생하면 시장간 상호작용관계가 존재하기는 하나, 이 관계는 달라지게 된다. 디플레이션이 상품선물에는 좋지 못하나 채권이나 주식에는 좋은 영향을 미친다.

1997년 중반 아시아에서 시작된 디플레이션 추세는 러시아로, 1998년 중반까지는 남미로, 그리고 전세계 자본시장에 타격을 가하기 시작하였다. 상품 가격의 폭락은 호주, 캐나다, 멕시코, 러시아와 같은 상품 수출국가들에게 특히 큰 피해를 주었다. 떨어지는 상품선물과 주식가격의 디플레이션 효과는 미 재무성 채권가격에 긍정적인 영향을 미쳐 채권가격이 최고가를 기록하였다. 1998년의 시장움직임은 세계 시장간 연관성이 존재한다는 하나의 극적인 예로서, 채권과 주식이 디플레이션의 세계에서 어떻게 각각 따로 움직일 수 있는가를 보여주었다.

시장간 상관관계

채권시장과 주식시장처럼 일반적으로 같은 추세로 움직이는 두 시장은 서로 정의 관계를 가진다. 채권과 상품선물시장처럼 반대 추세로 움직이는 시장들은 서로 부의 관계를 가진다. 차트 작성 소프트웨어를 이용하여 서로 다른 시장들 간의 상관관계를 측정할 수 있다. 높은 양의 값은 강한 정의 상관관계를, 높은 음의 값은 강한 부의 상관관계를 나타낸다. 0에 가까운 값은 두 시장들 간에 상관관계가 거의 또는 전혀 존재하지 않음을 나타낸다. 상관관계를 측정함으로써 어떤 특정한 시장간 관계를 얼마나 중요시할 것인가를 결정할 수 있다. 상관관계가 높은 시장에는 큰 비중을, 0에 가까운 값을 갖는 시장에는 비중을 적게 둔다(그림 17-11 참조).

머레이 러기에로(Murray Ruggiero)는 그의 책 『자동화된 거래전략』에서 시장간 상관관계라는 주제를 창조적인 시각으로 다루었다. 그는 또한 시장간 거래시스템에 어떻게 여과장치를 이용하는가를 보여준다. 예를 들면, 채권시장의 이동평균 교차시스템이 주식지수 거래를 위해 어떻게 여과장치로 이용될 수 있는가를 예시한다. 러기에로는 카오스이론(chaos theory), 퍼지이론(fuzzy logic), 신경망(neural networks)과 같은 인공지능방법을 기술적 거래시스템에 발전적으로 적용시키는 것에 대해 연구한다. 또한

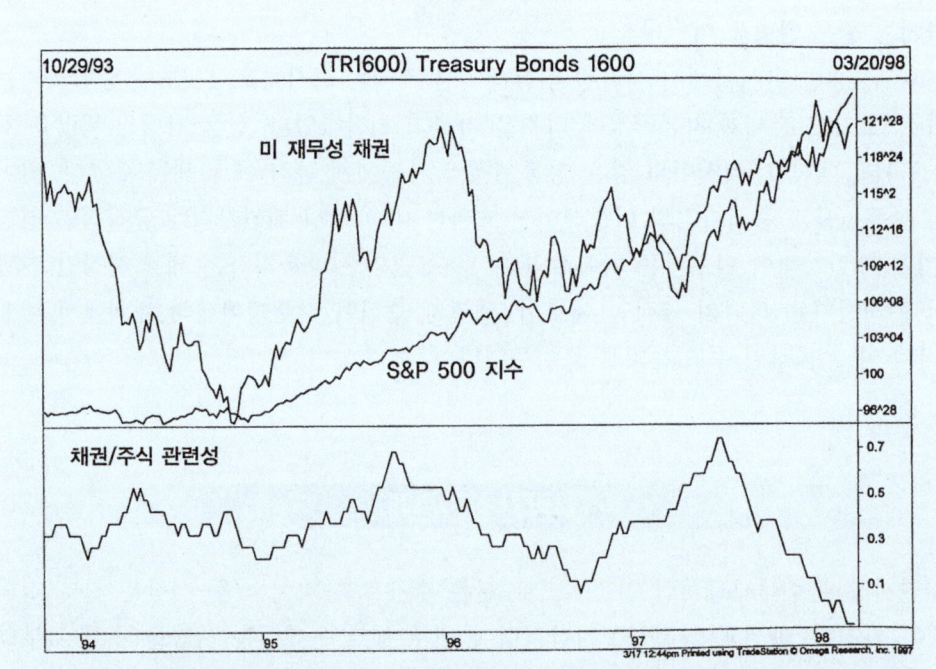

(그림 17-11) 바닥을 따라 있는 선은 미 재무성 채권가격과 S&P 500의 양의 상관관계를 나타낸다. 1997년 후반기 아시아의 경제위기는 보기 드문 이반현상의 원인이었다. 투자자들은 채권을 매수하고 주식을 매도했다.

신경망을 시장간 분석분야에 적용하는 것도 연구하고 있다.

시장간 신경망 소프트웨어

시장간 상호관계를 연구하는 데 주요한 한 가지 문제는 이런 관계가 너무 많고 또한 이것들 모두가 동시에 상호작용을 한다는 것이다. 이때 신경망을 이용하면 연구에 많은 도움이 된다.

신경망은 금융시장들 사이에 존재하는 복잡한 관계를 파악하고 추적하기 위한 보다 계량적인 틀을 제공한다. 시장기술주식회사(Market Technology Corporation : 25941 Apple Blossom Lane, Wesley Chapel, FL 33544 : E-mail: 45141@Profit Taker.com : 웹주소URL : www.ProfitTaker.com/45141)의 대표 루이스 멘델슨(Louis Mendelsohn)은 1980년대 금융산업을 위해 시장간 분석 소프트웨어를 처음으로 개발한 사람이다. 그는 소형 컴퓨터 소프트웨어와 신경망을 시장간 분석에 적용하는 데 있어 선구자이다. 1991년에 소개된 그의 밴티지 소프트웨어(Vantage Point software)는 금리시장, 주가지수시장, 통화시장, 에너지 선물을 거래하기 위해 시장간 원리를 이용한다. 소프트웨어는 연관된 시장들 사이에 존재하는 숨은 패턴과 상관관계를 찾기 위해 신경망 기술을 이용한다.

결론

이 장은 나의 책 『시장간 기술적 분석』에서 다룬 주요한 사항들을 요약한 것이다. 또한 달러에서 상품선물로, 채권으로, 그리고 주식시장으로 퍼져나가는 파문효과도 다루었다. 세계 시장의 연관성은 시장간 분석으로 알 수 있다. 아시아, 유럽, 그리고 남미에서 일어난 일들이 미국시장에 영향을 미친다.

시장간 분석은 주식시장의 부문별 순환에 대한 이해를 높여준다. 상대적 강세분석은 일반시장보다 강세일 것 같은 자산 종류나 시장부문, 개별주식들을 찾는 데 도움을 준다. 제프리 무어(Geoffrey Moore) 박사는 그의 저서 『1990년대를 위한 선행지표』

(Leading Indicators for the 1990s)에서 상품선물가격, 채권가격, 그리고 주식가격 사이의 상호작용이 어떻게 사업주기를 추적하는 순차적 패턴을 따르는가를 보여주었다. 무어 박사는 세 개의 자산군을 이용한 시장간 순환을 구체화하였고, 경제 예측에도 이를 이용해야 한다고 주장했다. 그렇게 함으로써 시장간 분석과 일반적인 기술적 분석을 경제 예측의 영역으로 끌어올렸다.

　마지막으로, 여느 시장과 마찬가지로 기술적 분석은 뮤추얼 펀드에도 적용될 수 있다(약간의 수정을 가하여). 이 책에서 다룬 모든 기술적 분석을 뮤추얼 펀드 차트에 바로 적용할 수 있다. 심지어, 뮤추얼 펀드 차트의 낮은 변동성으로 인해 이것은 차트 분석을 위한 훌륭한 수단이 된다. 나의 최근 저서『시각적 투자가』(The Visual Investor)에서는 부

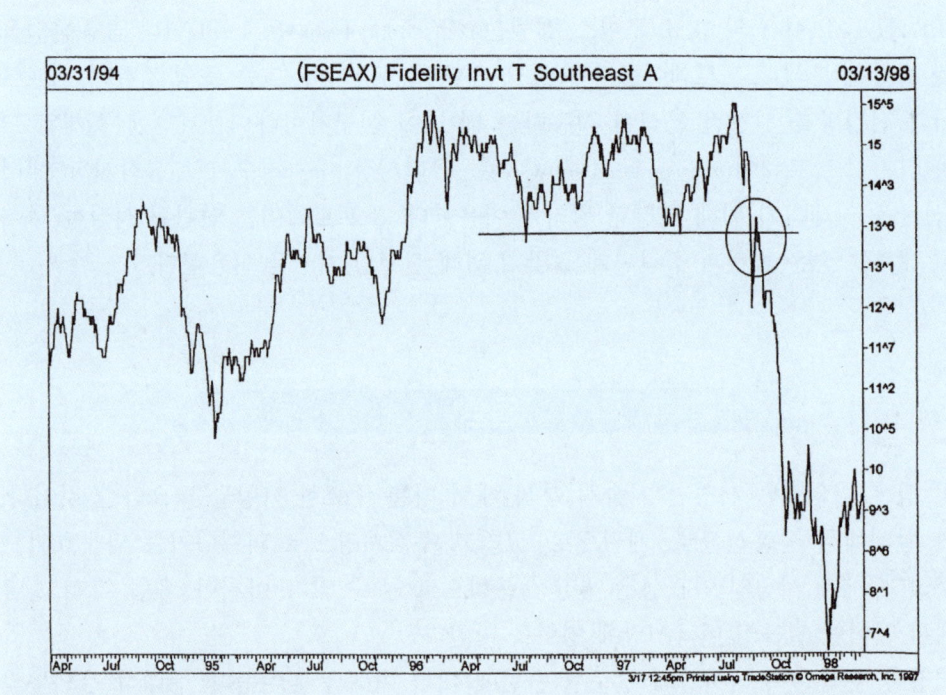

(그림 17-12) 뮤추얼 펀드에도 차트 분석을 적용할 수 있다. 전문가가 아니더라도 이 뮤추얼 펀드 차트를 분석함으로써 아시아가 경제위기로 나아가고 있었음을 알 수 있다.

문분석과 거래에 대해 광범위하게 다루고 뮤추얼 펀드가 어떻게 차트로 표현되며, 다양한 거래전략에 적용하기 위하여 어떻게 차트 분석을 이용하는가를 보여준다(그림 17-12 참조).

제18장

주식시장 지표

18

주식시장 지표

시장의 폭 측정

　제17장에서 주식시장 분석에 가장 흔히 이용되는 톱다운식 접근법을 다루었다. 이 접근방법으로 전체 시장의 상태를 연구함으로써 분석을 시작한다. 그리고 시장부문과 산업군으로 연구범위를 좁힌다. 마지막 단계는 개별주식에 대한 연구이다. 이것의 목적은 기술적으로 가장 양호한 시장에서 가장 양호한 그룹을 뽑고 그리고 거기서 다시 가장 최고의 주식을 선택하는 데 있다.

　이 책에 나와있는 기술적 도구들 — 차트 패턴, 거래량 분석, 추세선, 이동평균, 오실레이터 등 — 을 이용하여 시장부문과 개별주식을 연구할 수 있다. 이러한 지표들은 또한 주요 시장평균에도 적용될 수 있다.

　그러나 시장의 폭을 측정함으로써 전체 주식시장의 상태를 판단할 목적으로 주식시장 분석에 널리 적용되는 또 다른 종류의 시장지표들이 있다. 여기에 사용되는 데이터는 상승과 하락, 신고점과 신저점, 거래량의 증가와 감소이다.

표본자료

　매일 〈월스트리트 저널〉(C부문 2페이지)의 주식시장 자료은행을 살펴보면 직전 거래일에 대한 아래의 자료를 발견할 것이다. 자료의 숫자들은 실제의 거래결과에 근거하고 있다.

일지 뉴욕 증권거래소	월요일
상장 주식수(Issues Traded)	3432
상승	1327
하락	1559
보합	546
신고점	78
신저점	43
상승거래량(000)	248215
하락거래량(000)	279557
총거래량(000)	553914
최종 틱(Closing tick)	−135
최종 암 지수(Trin)	.96

위 자료는 뉴욕 증권거래소(NYSE)의 자료에서 발췌하였다. 나스닥(NASDAQ)과 아메리칸 증권거래소(American Stock Exchange) 또한 이와 비슷하게 분류한다.

이 문제를 다루는 데 있어 뉴욕 증권거래소에 초점을 맞출 것이다. 어느 특정한 날 다우공업지수가 12.20포인트 오르는 것은 흔히 발생한다. 따라서 다우지수로만 본다면 상승시장이 된다.

그러나 거기에는 상승하는 주식수(1327)보다 하락하는 주식수(1559)가 더 많았다. 그리고 시장을 확장하여 생각하면 다우지수의 측정과는 일치하지 않는다. 또한 여기에는 상승거래량보다 하락거래량이 많았다. 이 두 상황은 그 시장의 폭이 그날 실제로는 마이너스였음을 나타낸다. 그러나 다우지수는 상승 마감하였다.

한편, 52주 최고가 주식수(78)가 최저가주식수(43)보다 많았는데, 이것은 긍정적인 시장환경을 나타낸다. 그러나 최종 틱(상승 틱으로 끝난 주식과 하락 틱으로 끝난 주식의 수)은 마이너스의 값인 135였다.

이것은 단기 마이너스 요인으로, 하락 틱으로 끝난 주식수가 상승 틱으로 끝난 주식수보다 135개가 많았다는 것을 의미한다. 그러나 마이너스인 최종 틱은 플러스 상태인 최종 암(Arms) 지수 0.96에 의해 보상된다. 그 이유는 이 장의 후반부에서 설명하겠다.

시장 안에서의 이런 모든 값들은 오직 하나의 목적을 지향한다 — 다우지수가 반영하지 못하는 전체 시장의 상태를 보다 정확히 알려준다.

시장평균 비교

시장의 폭을 연구하는 또 다른 방법은 주식시장의 평균 그 자체를 서로 비교하는 것이다.

다음은 같은 거래일의 주요 주가지수 비교이다.

다우공업지수(Dow Industrials)	+12.20(+0.16%)
S&P 500	−0.64(−0.07%)
나스닥 종합지수(Nasdaq Composite)	−14.47(−0.92%)
러셀 2000(Russell 2000)	−3.80(−0.89%)

여기서 분명한 것은 다우공업지수가 이날 유일한 상승시장이라는 점이다. 이날 저녁 모든 텔레비전 뉴스를 통해 투자자들은 이 시장(다우지수로 대표되는)이 상승한 것으로 안다. 그러나 사실 다른 모든 지수들은 하락하였다. 또한 시장의 폭이 넓을수록(보다 많은 주식이 산출에 포함될수록) 지수의 하락은 더욱 심하였다.

주가변동률을 비교해보자. 30주식을 포함하는 다우지수는 0.16% 상승, S&P 500은 0.07% 하락, 5000개 이상의 주식을 포함한 나스닥 종합지수는 이날 가장 많이 하락해 0.92% 하락에 이르렀다.

2000개 소형주 평균인 러셀 2000도 나스닥 종합지수와 거의 같은 수준인 0.89% 하락하였다. 이러한 간단한 비교표에 담긴 내용은 이날 비록 다우공업지수는 상승했지만 보다 많은 주식이 포함된 주가지수를 살펴보면 전체 시장은 하락하였다는 것이다.

나중에 지수의 비교를 다시 다룰 것이다. 대신, 시장 기술 분석가들이 시장의 폭을 분석할 수 있는 다른 방법들을 살펴보자.

상승-하락선(AD선)

이것은 시장폭 지표 중 가장 잘 알려진 것이다. 상승-하락선을 그리는 방법은 아주 간단하다.

뉴욕 증권거래소에서 이루어지는 매일매일의 거래를 통하여 상승주식 수, 하락주식 수, 그리고 보합주식 수를 알 수 있다. 이러한 수치들은 〈월스트리트 저널〉이나 〈인베스터스 비즈니스 데일리〉(Investor's Business Daily)에 매일 게재된다. 이것을 이용하여 일일 상승-하락선(AD선)을 그린다.

AD선을 산출하는 가장 흔한 방법은 하락주식 수와 상승주식 수의 차이를 구하는 것이다. 상승주식이 더 많을 경우 이날의 AD값은 양수가 된다. 반대로 하락이 많을 경우에는 음수가 된다. 이 양수와 음수를 합산하여 누적적인 AD선을 그린다. AD선은 자체적인 추세선을 갖는데, 중요한 것은 AD선과 주가지수가 같은 방향의 추세를 갖도록 하는 것이다(그림 18-1 참조).

상승-하락선의 이탈(AD Divergence)

상승-하락선은 무엇을 측정하는가? 이 상승-하락선은 3500개의 뉴욕 증권거래소(NYSE) 주식이 다우공업지수의 30주식이나 S&P 500의 500주식만을 포함하는 가장 널리 이용되는 주가지수들과 같은 보조로 상승하는지 그렇지 않은지를 알려준다. 〈월스트리트〉의 금언을 달리 말하면, 상승-하락선은 '군사들'이 '장군들'과 보조를 잘 맞추는지 알려준다.

예를 들면, AD선이 다우공업지수와 보조를 맞추어 상승하고 있는 한 이 시장의 폭

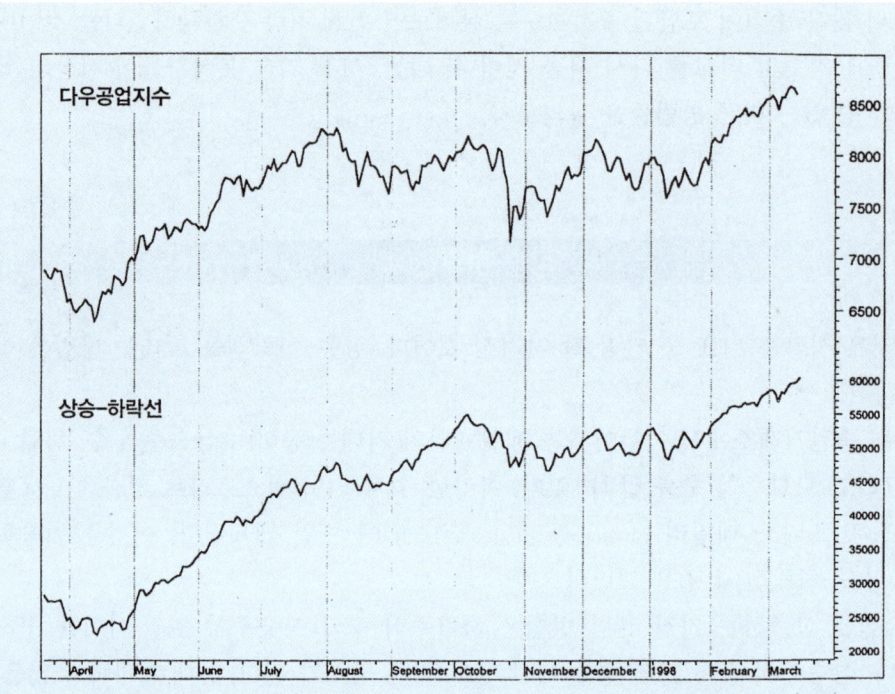

(그림 18-1) NYSE 상승-하락선과 다우공업지수. 양호한 시장에서는 여기에서처럼 두 선 모두 상향의 추세선을 가져야 한다.

이나 상태는 양호하다. 달리 말하면, 다우공업지수가 신고점을 갱신하고 있는데 보다 넓은 시장(AD선에 의해 측정됨)이 추세를 따르지 못할 경우 기술적 분석가들은 '거짓 시장 폭' 또는 AD 이탈을 염려하기 시작한다. 기록상으로 보면, AD선은 시장평균보다 훨씬 앞서 고점을 이루었다. 이것이 이를 주의 깊게 보는 이유이다.

일간 AD선과 주간 AD선

이미 다룬 일간 AD선은 주요 주가지수와의 단기 및 중기 비교에 보다 적합하다. 몇 년간을 거슬러 올라가는 비교에는 그다지 유효하지 않다. 주간 상승-하락선은 한 주간 상승주식 수와 하락주식 수를 계산한다. 이 수치들은 〈배런즈〉(Barron's)에 매 주말 게재된다.

주간 상승-하락선은 몇 년간 지속되는 추세 비교에 적합하다. 일간 AD선이 음의 값으로 이탈하는 것은 이 시장에서의 단·중기적인 문제를 알려주는 것인 한편, 보다 심각한 어떤 문제가 전개되고 있는가를 확인하기 위해서는 주간 AD선에서도 비슷한 이탈이 발생하는가를 알아야 한다.

다양한 AD선

지난 몇 년 동안 뉴욕 증권거래소에서 거래되는 주식수가 증가하였기 때문에 시장 분석가들은 상승종목 수에서 하락종목 수를 빼는 방법은 보다 최근의 데이터에 더 많은 비중을 두어야 한다고 믿는 시장 분석가도 있다. 이 문제를 해결하기 위해서 많은 기술적 분석가들은 상승종목수를 하락종목수로 나누는 상승/하락 비율을 선호한다. 또한 분석가들은 계산할 때 보합종목수도 포함해야 한다고 생각한다.

어떤 방법으로 AD선을 계산하든 이것의 이용은 언제나 같다. 즉, 보다 넓은 시장의 방향을 측정하고, 이것이 보다 좁지만 보다 인기있는 주가지수의 방향과 같은 방향으로 움직이는가를 확인하기 위한 것이다.

또한 미국 증권거래소와 나스닥 시장에 대해서도 상승-하락선을 그릴 수 있다. 시장 기술적 분석가들은 보다 넓은 시장의 관점에서 단기·중기 시장의 극단 측정에 도움 이 되도록 과매수/과매도 오실레이터를 AD선에 그리고 싶어한다.

맥컬렌 오실레이터(McCLELLAN Oscillator)

쉐어먼 맥컬렌(Sherman McClellan)이 개발한 이 오실레이터는 뉴욕 증권거래소(NYSE)의 매일의 상승-하락값의 가중 이동평균의 차를 이용하여 만들어졌다. 맥컬렌 오실레이터는 일별 순상승-하락값에 대한 19일(10% 추세)과 39일(5% 추세)의 가중 이동평균의 차이다.

오실레이터는 상한 +100과 하한 -100의 값을 가지며, 0선을 중심으로 아래위로 변동한다.

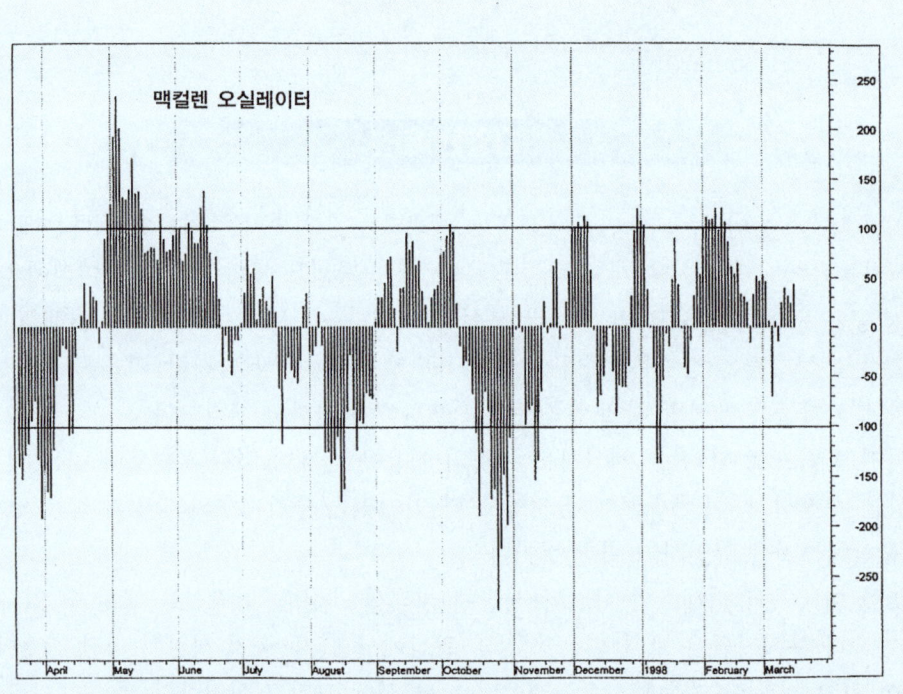

(그림 18-2) 히스토그램으로 표현된 맥컬렌 오실레이터. 0선의 상향통과는 긍정적인 신호이다. +100 이상은 과매수, -100 이하는 과매도를 나타낸다. 1997년 10월 극단적인 과매도가 발생하였다.

+100보다 큰 맥컬렌 오실레이터값은 과매수 주식시장으로 간주되고, -100 이하인 경우 과매도 주식시장으로 간주된다. 0선을 상향, 하향으로 돌파는 단기, 중기 매수·매도 신호로 해석된다(그림 18-2 참조).

맥컬렌 요약지수(McCLELLAN Summation Index)

요약지수란 장기에 적용되는 맥컬렌 오실레이터이다. 맥컬렌 요약지수는 맥컬렌 오

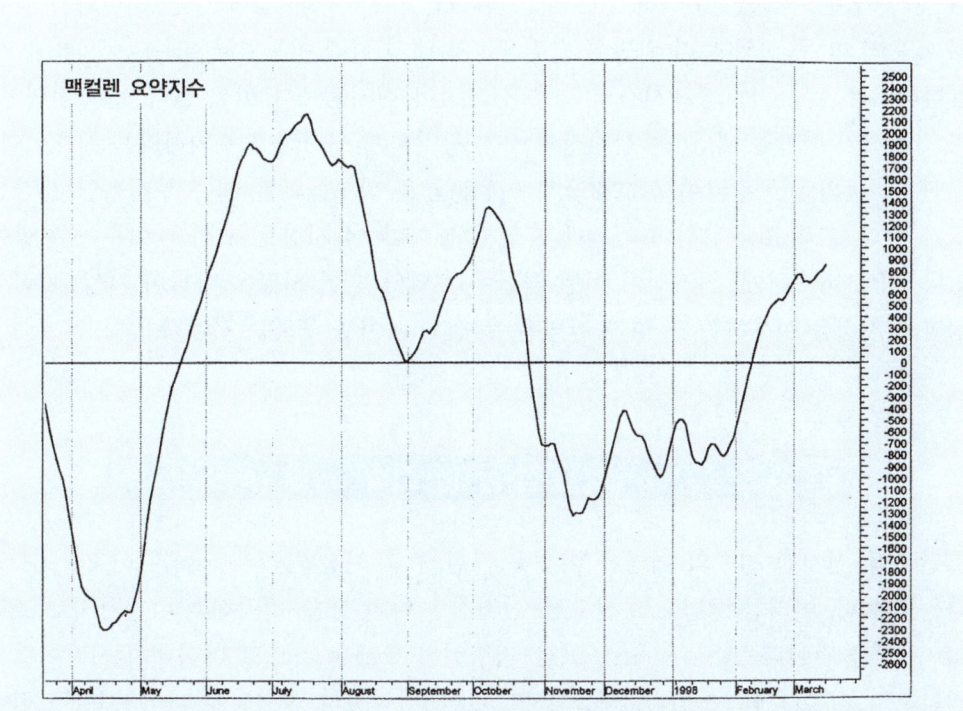

(그림 18-3) 맥컬렌 요약지수는 장기에만 적용되는 맥컬렌 오실레이터이다. 이 요약지수는 주요 추세 분석에 이용된다. 0선을 하향돌파하면 음의 값이 된다. 1998년 2월 신호는 양의 값이다.

실레이터상에 나타나는 매일의 양 또는 음의 값의 누적한 합이다. 맥컬렌 오실레이터가 단기나 중기 거래에 이용되는 반면 요약지수는 넓은 시장에 대한 장기전망을 제공해주며, 주요 시장의 전환점을 포착하는 데 이용된다(그림 18-3 참조).

신고점과 신저점(New highs and new lows)

금융지에는 상승·하락 주식수 외에 52주간의 신고점, 신저점들이 게재된다. 이들 수치 또한 일간, 주간으로 되어 있다. 이들의 수치를 나타내는 데는 두 가지 방법이 있다. 한 방법은 두 선을 분리하여 그리는 것이다. 하루하루의 값들은 종종 변화가 심하기 때문에 이 두 선의 보다 완만한 그림을 나타내기 위해 이동평균(일반적으로 10일)을 사용한다(그림 18-4 참조). 강세시장의 경우 신고점이 신저점보다 훨씬 많다. 신고점의 수가 감소하기 시작할 때, 또는 신저점의 수가 증가하기 시작하면 주의하라는 신호이다.

신저점들의 이동평균이 신고점들의 이동평균을 상향돌파할 때는 부정적인 시장신호가 된다. 그리고 신고점이 극단에 도달할 때마다 이 시장은 고점을 이루는 경향이 있다. 이와 비슷하게, 신저점이 어떤 극단에 도달하면 이 시장은 바닥이 가깝다. 신고점과 신저점을 이용하는 또 다른 방법은 두 선의 차이를 구하는 것이다.

신고점-신저점 지수

신고점-신저점 지수의 이점은 이것을 직접 주요 시장평균(주가지수)과 비교할 수 있다는 것이다. 이러한 방법으로 신고점-신저점을 마치 상승-하락선과 마찬가지로 조정할 수 있을 것이다(그림 18-5 참조). 고점-저점선의 추세를 차트로 나타내어 시장이탈을 파악하는 데 이용할 수 있다. 예를 들면, 고점-저점선의 신고점에 다우지수신고점이 상응하지 않는 경우, 이는 보다 넓은 전체 시장의 약세를 알리는 신호가 될 수도 있다.

추세 분석과 이동평균 분석을 이 선에 적용할 수 있다. 이것의 주요값은 주요 주식 추세의 확인이나 이탈을 나타내며, 전체 시장 추세변화 가능성을 알려주는 조기 신호

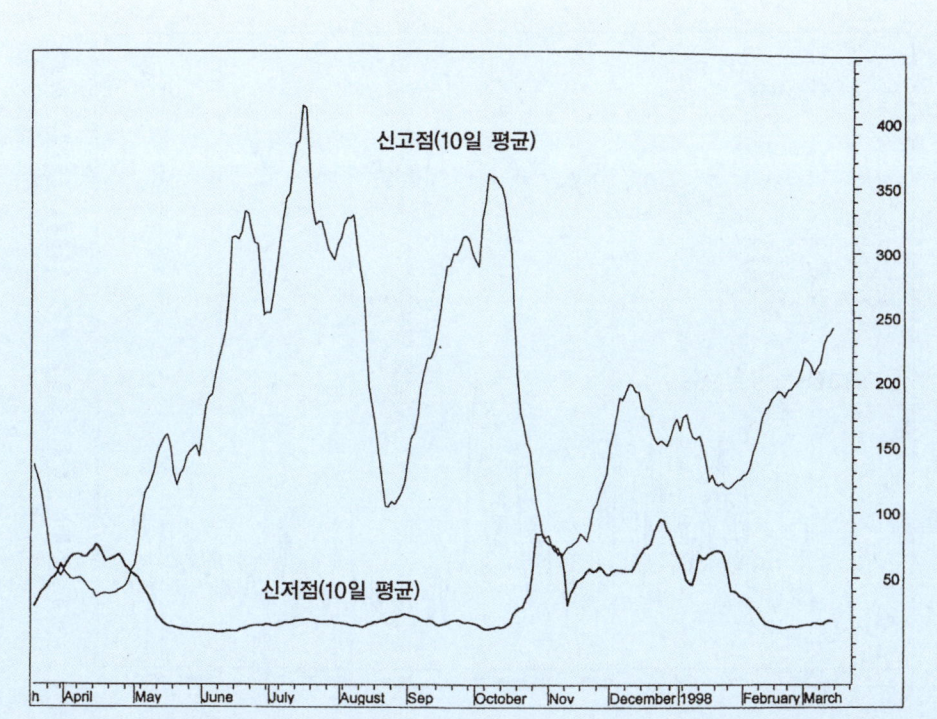

(그림 18-4) 신고점들의 10일 평균과 신저점들의 10일 평균. 상승시장에서는 신고점에 이르는 주식수가 신저점에 이르는 주식수보다 많다. 1997년 10월 두 평균선이 만나게 되고 그 후 상승장이 도래한다.

가 된다.

알렉산더 엘러(Alexander Elder) 박사는 『전문거래』(Trading for a living)라는 책에서 이 신고점-신저점 지수를 "주식시장에서 아마도 가장 훌륭한 지수"라고 묘사하였다. 엘러는 이탈을 보다 쉽게 포착하기 위하여 0선을 수평 기준점으로 하는 히스토그램 지표로 나타낼 것을 제안하였다. 그의 지적에 따르면, 0선의 상·하향 돌파는 상승시장 심리, 하락시장 심리를 반영한다.

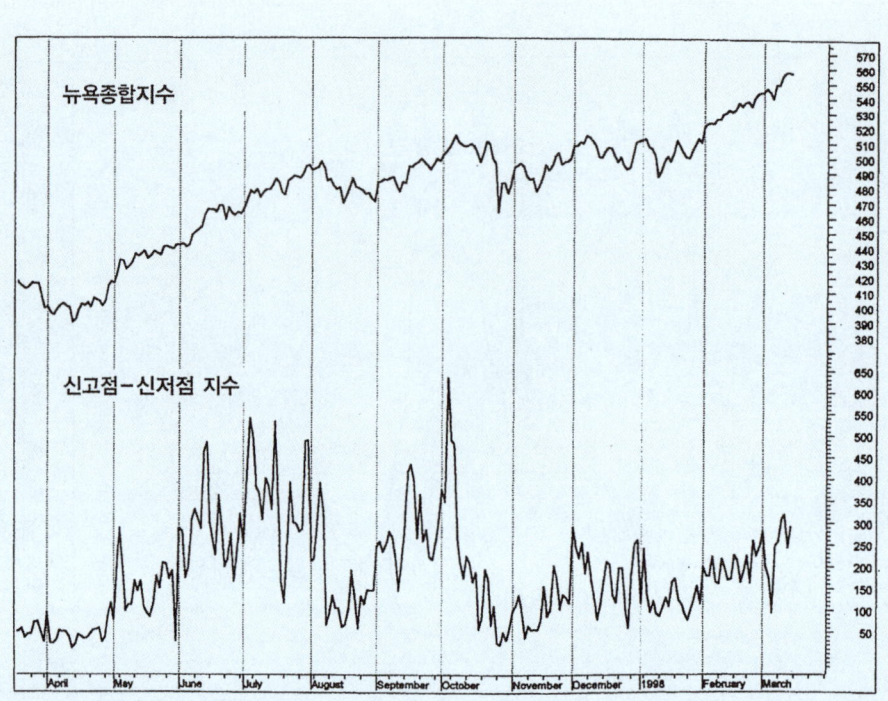

(그림 18-5) 신고점-신저점 지수와 NYSE 종합지수. 이 선은 신고점에 이르는 주식수와 신저점에 이르는 주식수의 차이를 나타낸다. 상승선은 긍정적이다. 1997년 10월 급격한 하락이 발생하였다.

상승거래량과 하락거래량

이것은 시장의 폭을 측정하기 위하여 이용하는 세 번째 데이터이자 마지막이다. 뉴욕 증권거래소 또한 상승거래량과 하락거래량 자료를 제공한다. 이 자료는 다음 날의 금융지에 게재된다. 따라서 어느 시점에 어떤 주식의 거래량이 압도적인가를 측정하기 위하여 상승·하락 거래량을 비교하는 것이 가능해진다(그림 18-6 참조). 상승거래량과 하락거래량을 분리된 두 개의 선으로 나타내거나(신고점-신저점 차트에서 했던 것과 마찬가지로) 또는 하나의 선으로 나타낼 수도 있다.

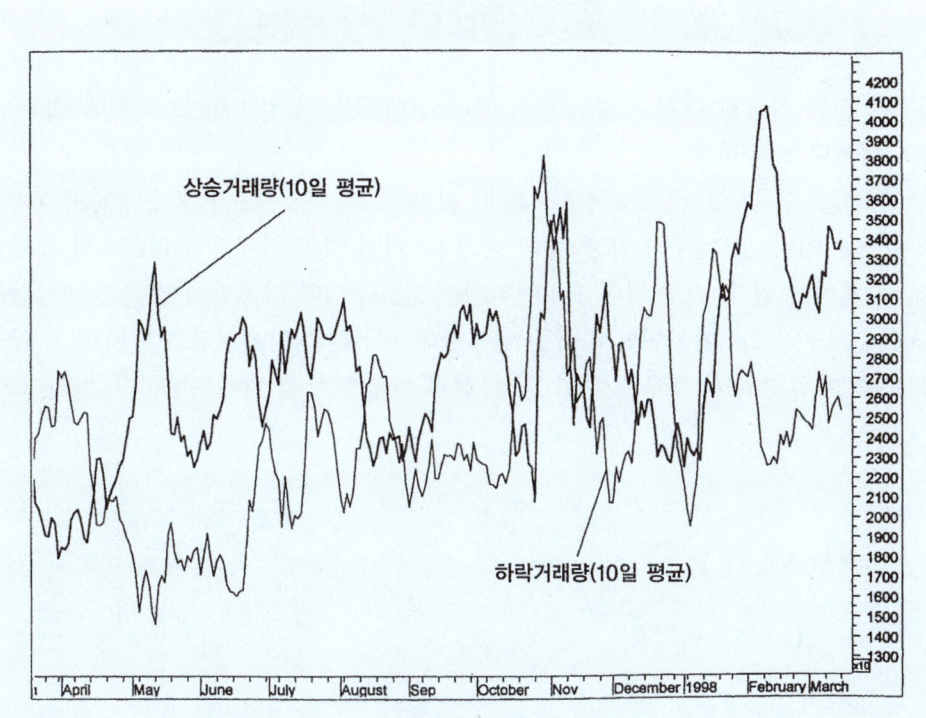

(그림 18-6) 주식시장 상승거래량의 10일 평균(굵은 선)과 하락거래량. 강세시장에서는 상승거래량이 하락거래량보다 많다.

   어떤 방법을 택하든지 이에 대한 해석은 같다. 상승거래량이 압도적인 경우 시장은 강세이다. 하락거래량이 많을 경우 이 시장은 약세이다. 상승·하락 주식수를 상승·하락 거래량과 통합하는 것도 가능하다. 이것이 바로 리처드 암(Richard Arms)이 암 지수(Arms Index)를 만들었던 방법이다.

암 지수 (Arms Index)

이것을 만든 사람인 리처드 암(Richard Arms)의 이름을 딴 암 지수는 비율에 대한 비율을 나타낸다.

분자는 상승주식수를 하락주식수로 나눈 것이며, 분모는 상승거래량을 하락거래량으로 나눈 것이다. 암 지수는 상승·하락 주식 중 어떤 것의 거래량이 많은지를 측정하는 데 그 목적이 있다. 지수 값이 1.0 이하이면 상승주식의 거래량이 많은 강세시장을 나타내고, 지수가 1.0 이상이면 하락주식의 거래량이 많은 약세시장을 나타낸다. 일중 단위로 볼 때 암 지수가 매우 높으면 강세, 반면 아주 낮으면 약세시장이다. 따라서 암

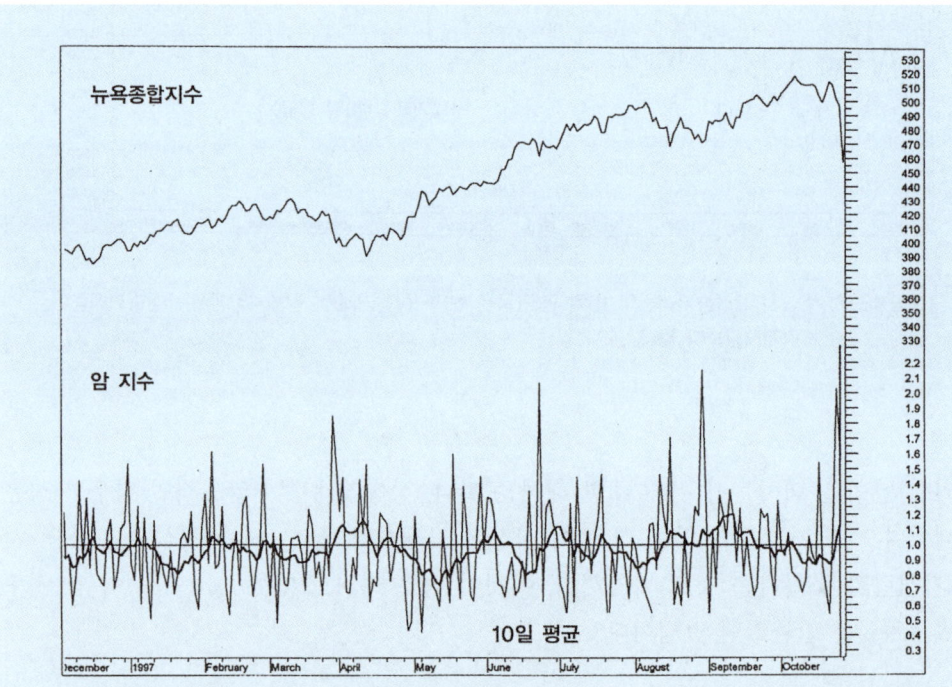

(그림 18-7) 암 지수(Trin으로도 불림)는 시장과 반대방향으로 움직인다. 특히 뾰족한 못 형태는 시장이 저점에 있다는 신호이다. 암 지수의 10일 이동평균은 이 지표를 관찰하기 위한 좋은 방법이다.

금융시장의 기술적 분석

지수는 시장과 반대방향으로 움직이는 역지표이다. 이것의 방향을 추적함으로써 데이트레이딩에 이용할 수 있으며, 단기시장의 극단을 포착하는 데 이용할 수도 있다(그림 18-7 참조).

트린과 틱(Trin versus Tick)

암 지수(trin)는 틱(tick) 지표와 함께 데이트레이딩을 위해 이용할 수 있다. 틱은 상승 틱에서 거래되는 주식수와 하락 틱에서 거래되는 주식수의 차이를 측정한다. 틱은 일일 상승-하락선의 분 단위 버전으로, 같은 목적으로 이용된다. 데이트레이딩을 위해 이 둘을 결합할 경우 상승 틱 지표와 하락 암 지수는 양수인 반면, 하락 틱 지표와 상승 암 지수는 음수이다. 또한 암 지수는 장기분석에도 이용할 수 있다.

완만한 암 지수

암 지수는 거래일 내내 이용되며 단기예측적 가치를 지니는 반면 대부분의 거래자들은 이 값들의 10일 이동평균을 이용한다. 암에 따르면 비록 시장 전체 추세에 따라 암 지수의 평균이 변하기는 하지만 암 지수의 10일 평균이 1.20 이상인 경우에는 과매도시장으로 간주되는 반면 0.70 이하인 경우에는 과매수시장으로 간주된다. 암은 또한 피보나치 수도 좋아하였다.

그는 10일 평균에 추가하여 21일 평균의 이용도 제안하였다. 또한 좋은 중기거래를 위해 암 지수의 21일과 55일 이동평균의 교차도 이용하였다. 보다 자세한 내용은 리처드 암이 저술한 『암 지수』(The Arms Index[Trin])를 참고하면 된다.

개장 암 지수

10일 암 지수를 계산함에 있어 매일 종가는 네 개의 입력값으로 계산하며, 최종값은 10일 이동평균으로 완만하게 만든다. 암 지수의 '개장'형에서 이 식의 네 개 구성요소 각각은 10일에 걸쳐 따로 평균을 계산한다. 그리하여 네 개의 서로 다른 평균들을 이용하여 개장 암 지수를 산출한다. 많은 분석가들은 원 암 지수보다 개장 암 지수를 선호한다. 21일, 55일과 같은 다른 이동평균들 또한 개장 암 지수에 적용될 수 있다(그림 18-8 참조).

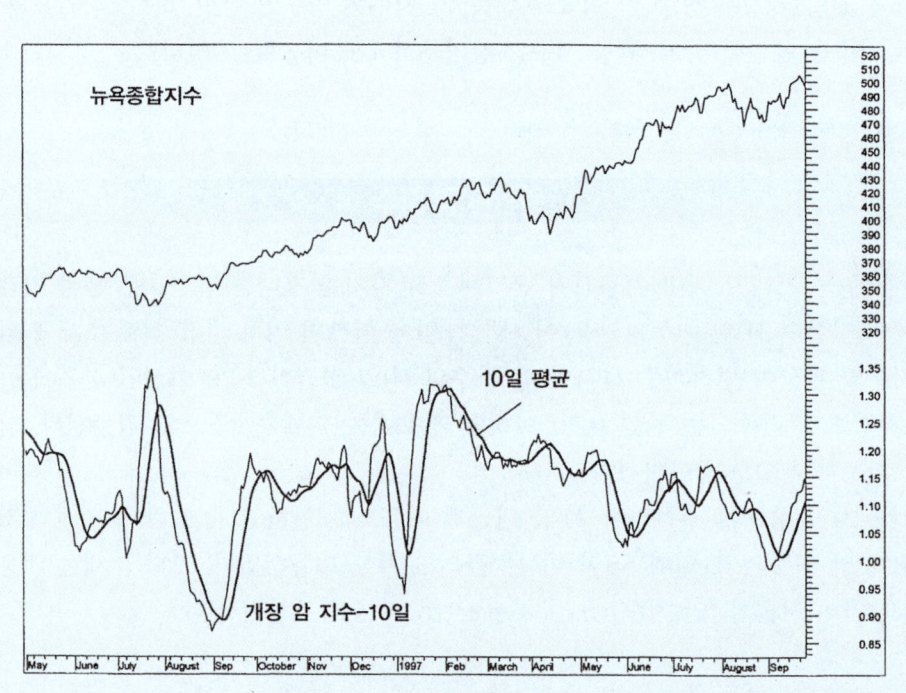

(그림 18-8) 10일 개장 암 지수의 모습은 훨씬 완만해 보인다. 하지만 여전히 시장추세와 반대의 추세로 움직인다. 10일 이동평균(굵은 선)의 돌파는 종종 전환점을 알리는 신호가 된다.

가격 거래량 차트 작성

암은 암 지수를 만든 것으로 널리 알려져 있지만, 가격 분석과 거래량 분석을 결합하는 다른 방법들도 개척하였다. 그는 가격 거래량(Equivolume)이라 불리는 전혀 새로운 형태의 차트를 만들었다. 전통적인 봉차트에서 하루의 거래범위를 차트의 바닥에 표시되는 거래량과 함께 가격막대에 표시한다. 기술적 분석은 가격 분석과 거래량 분석을 결합한 것이기 때문에 차트의 가격부분과 거래량부분을 동시에 살펴보아야 한다. 가격 거래량 차트에서 각각의 가격막대는 직사각형으로 표시된다.

여기서 직사각형의 높이는 하루의 거래범위를 나타낸다. 그리고 직사각형의 폭은

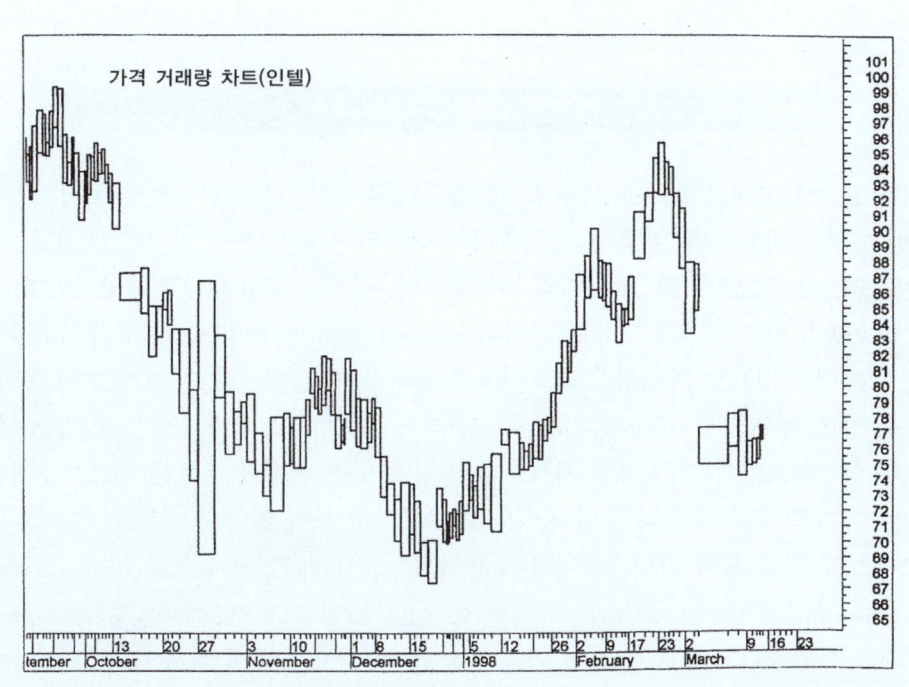

(그림 18-9) 등락차트는 가격과 거래량을 결합하여 한꺼번에 표시한다. 각 직사각형(일봉)의 폭은 거래량을 나타내는 것으로 거래량이 많을수록 폭이 넓어진다. 인텔의 끝부분의 매도기에 직사각형의 폭이 넓어지기 시작했다(약세 신호).

하루의 거래량을 나타낸다. 거래량이 많은 날은 직사각형의 폭이 넓어지고 거래량이 적은 날은 폭이 좁아진다(그림 18-9 참조).

일반적으로 가격의 상승은 거래량의 증가를 동반한다. 따라서 가격 거래량 차트에서 가격상승이 일어나면 직사각형의 넓이는 현저히 넓어져야 한다. 가격 거래량 차트는 가격 분석과 거래량 분석을 하나의 차트로 통합한 것이므로 가격과 거래량을 훨씬 쉽게 비교할 수 있다.

예를 들면, 상승추세에서 상승한 날의 직사각형 폭은 넓어지는 반면 하락하는 날의 직사각형 폭은 좁아진다. 가격 거래량 차트는 개별주식은 물론 주가지수에도 적용할 수 있으며 일간·주간 차트로 그릴 수 있다. 보다 자세한 내용은 리처드 암이 저술한 『주식시장의 거래량 주기』(Volume Cycles in the Stock Market)에 나와 있다.

양초의 위력(Candle power)

제12장에서 그레그 모리스는 양초차트를 설명하였다. 1990년 〈동양과 서양의 만남: 양초 위력 차트〉라는 이름의 주식과 상품선물의 기술적 분석 잡지에 게재된 기사에서 모리스는 양초차트와 암의 가격 거래량 차트 방식을 통합하자고 제안하였다.

모리스형의 차트는 가격 거래량 형식의 양초차트로 표시된다. 즉, 양초의 폭은 거래량을 나타내는 것으로 거래량이 많을수록 양초의 폭이 넓어진다. 모리스는 이 통합된 차트를 양초 위력 차트(Candle Power Charting)라고 불렀다. 그 기사에는 "……양초 위력 차트는 양초차트나 가격 거래량 차트보다 많거나 또는 비슷한 정보를 제공해주며, 둘 중 어느 것보다 시각적 효과가 떨어지지 않는다"라고 쓰여 있다.

모리스의 양초 위력 기법은 『메타주식 차트 소프트웨어』(Metastock charting software : Equis International 출판, 3950 S.700 East, Suit 100, Salt Lake City, UT 84107[800] 882-3040, www.quis.com)로 판매되고 있다. 그러나 이름은 양초거래량으로 바뀌었다(그림 18-10 참조).

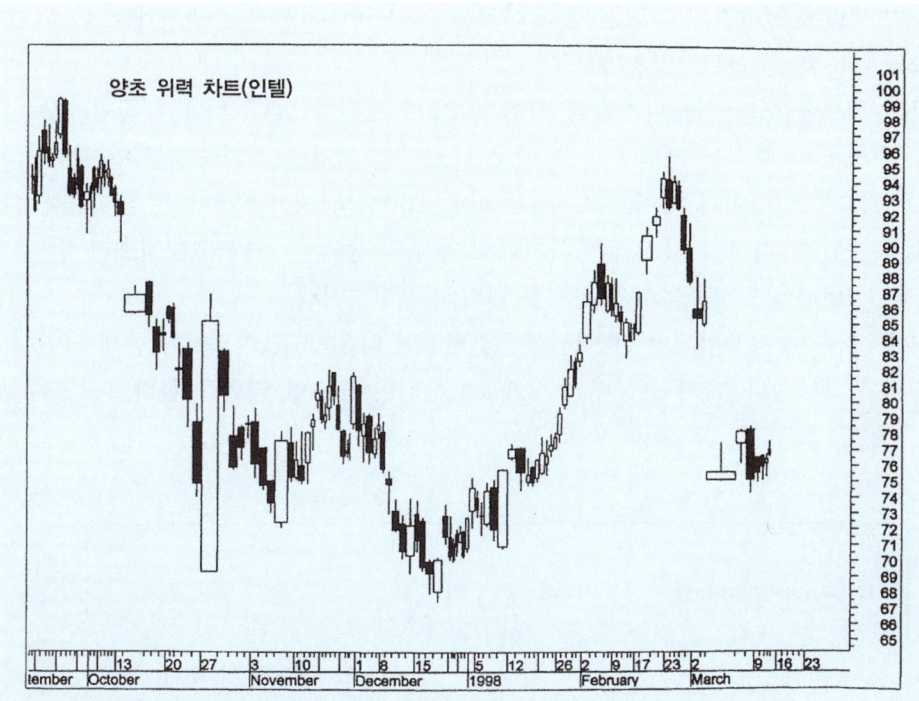

(그림 18-10) 양초 위력 차트(양초거래량으로도 불림)는 가격 거래량 차트와 양초차트를 통합한 것이다. 각 양초(일봉차트)의 폭은 거래량을 나타낸다.

시장평균의 비교

이 장을 시작할 때 시장의 폭을 측정할 수 있는 또 다른 방법은 다른 시장평균(주가지수)들 자체를 비교하는 것이라고 했다. 여기서 주로 언급하는 지수들은 다우공업지수, S&P 500 지수, 뉴욕 증권거래소 지수, 나스닥 종합지수, 그리고 러셀 2000이다. 이들 각각은 시장의 다른 부분들을 측정한다. 다우지수와 S&P 500은 비교적 소수의 대형주들을 측정한다. 뉴욕 증권거래소(NYSE) 종합지수는 뉴욕 증권거래소에서 거래되는 모든 주식을 포함하며 범위가 조금 넓다. 일반적으로 다우공업지수에서 어떤 돌파가 발생하여 얼마간 지속되는 경우 이것은 S&P 500과 뉴욕 증권거래소(NYSE) 종합지수의 비슷한 돌파로 확인된다.

가장 중요한 이탈에는 나스닥과 러셀 2000과 관련이 있다. 나스닥 종합지수는 가장 많은(5000개) 주식을 포함한다. 그러나 나스닥은 시가총액 가중평균지수이기 때문에 이 지수는 인텔이나 마이크로소프트 같은 100개의 시가총액이 큰 주식들에 의해 크게 좌우된다. 따라서 나스닥은 하이테크 부문의 등락을 나타내는 지표라 할 수 있다. 러셀 2000은 소형주들의 측정치를 나타내는 지수이다.

이 두 지수는 시장추세가 완연한 상승추세라면 다우와 S&P 500과 함께 당연히 상승추세를 나타낸다. 여기서 상대적 강세(RS) 분석이 중요한 역할을 한다. 나스닥/S&P

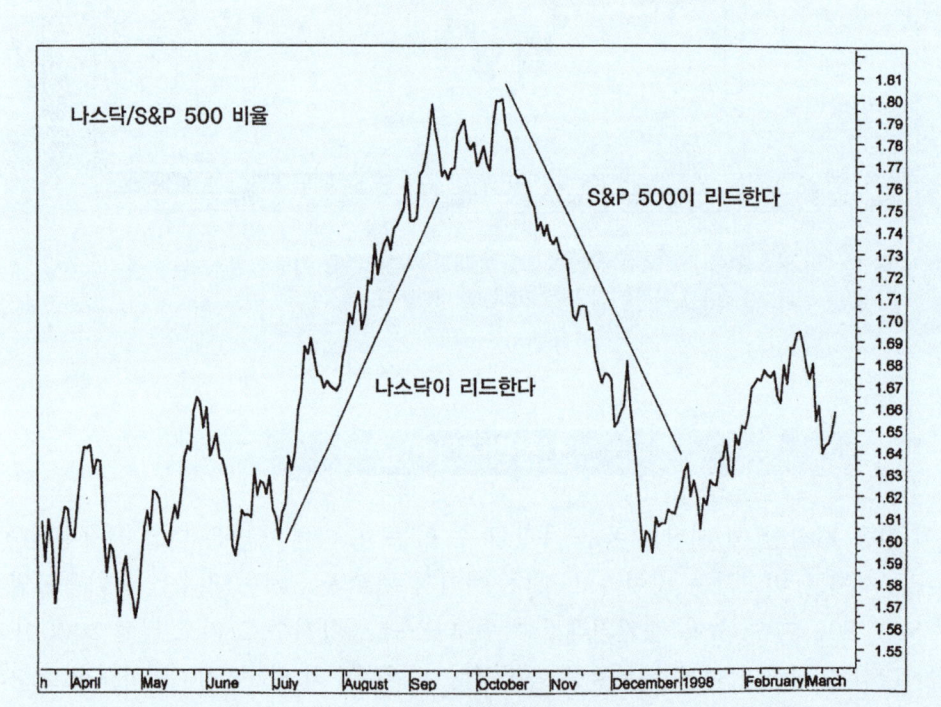

(그림 18-11) 나스닥/S&P 500 비율은 하이테크주들이 시장을 리드하는지 아닌지를 보여준다. 비율선이 상승일 때 일반적으로 시장은 강세를 나타낸다.

500 비율은 하이테크 주식들이 시장에서 선도주자인지 아니면 후발주자인지를 나타낸다. 일반적으로 이들이 시장을 선도하고 있고 비율선이 상승할 경우 시장은 강세가 된다(그림 18-11 참조).

러셀 2000과 S&P 500을 비교하면 '병사들'이 '장군'을 잘 따르는지 알 수 있다. 소형주들이 비교적 약세를 나타내거나 또는 대형주에 너무 뒤처질 경우 이것은 종종 시장의 폭이 좁아지고 있다는 신호가 된다(그림 18-12 참조).

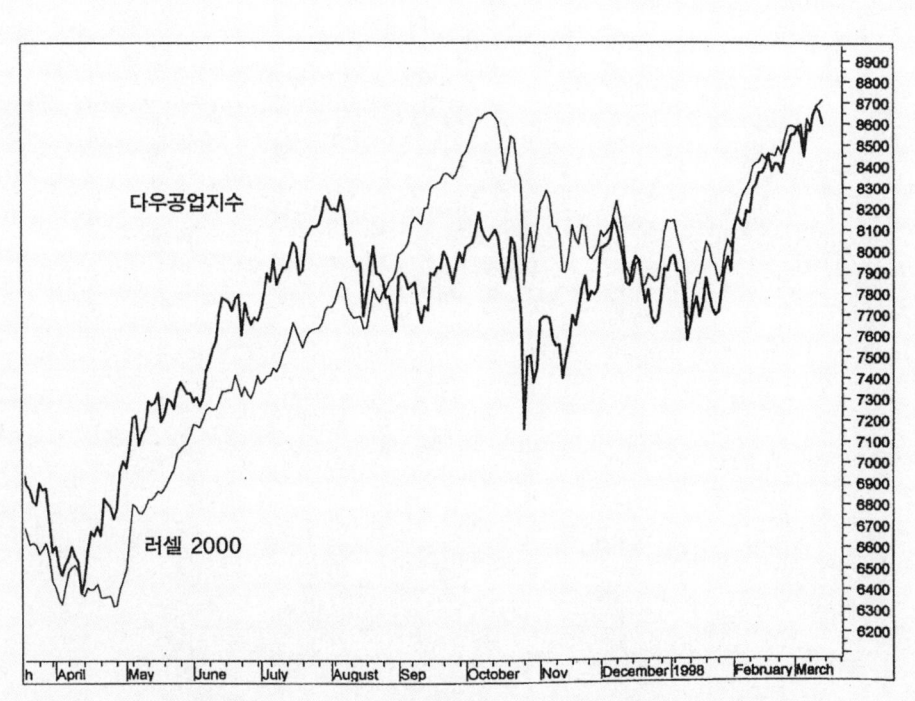

(그림 18-12) 러셀 2000과 대형주 다우지수의 중첩비교. 두 선 모두가 상승하고 있을 때는 시장이 강세이다.

결론

확인 또는 이탈 신호를 포착하기 위한 두 시장평균(주가지수)의 또다른 예는 다우이론이다. 제2장에서 다우공업지수와 운송지수 관계의 중요성에 대하여 다루었다. 다우이론의 매수신호는 두 평균 모두 새로운 고점을 갱신할 때 나타난다. 두 선이 서로 교차되면 주의신호가 나타난다.

시장의 폭에 대한 연구와 확인과 이탈에 관련된 연구는 여러 형태로 나타날 수 있다. 일반적으로 말해, 주식시장평균에 포함된 주식 중에서 같은 추세를 이루는 주식수가 많을수록 그 추세가 지속될 확률은 높아진다.

또한 상승-하락선, 신고점-신저점선, 그리고 상승-하락 거래량선도 같은 추세를 이루는지 체크한다.

제19장

**종합
- 체크리스트**

19

종합 - 체크리스트

체크리스트

이 책에서 보여준 것과 같이 기술적 분석은 많은 접근법들을 혼합한 것이다. 각각의 접근법들은 분석가들의 시장에 대한 지식을 증가시켜준다. 기술적 분석은 거대한 퍼즐을 맞추는 것과 흡사하다. 각각의 기술적 도구들은 퍼즐 그림의 한 조각에 해당한다.

시장분석에 대한 나의 접근방법은 가능한 많은 기법들을 결합하는 것이다. 각 도구들은 시장상황에 따라 덜 또는 더 효과적이다. 핵심은 어떤 시장상황에 어떤 도구를 적용할 것인가이다. 그러기 위해서는 지식과 경험이 필요하다. 모든 접근법들은 어느 정도까지는 서로 중복되거나 상호보완적이다. 이러한 상호관계를 알게 되고 기술적 분석을 이러한 부분들의 종합으로 볼 수 있을 때가 바로 기술적 분석가로 불리는 날이 된다. 사용자들이 이러한 초보단계에 있어서의 기본적인 것들을 살펴보는 데 도움이 되도록 다음의 체크리스트들을 준비하였다. 나중에는 이 체크리스트가 제2의 천성이 된다.

이 체크리스트에 모든 것이 포함되어 있지는 않지만 꼭 기억해야 할 보다 중요한 요소들은 대부분 포함되어 있다. 뻔한 것들만 해서는 좋은 시장분석을 하기가 어렵다.

기술적 분석가는 끊임없이 선물시장의 움직임에 대한 실마리를 찾아야 한다. 어떤 거래자가 하나의 방향을 정하게 하는 최종 실마리는 대부분의 다른 사람들이 눈치채지 못한 어떤 부차적인 요소로부터 얻는 경우가 종종 있다. 더욱 많은 요소들을 고려할수록 올바른 실마리를 찾을 수 있는 기회는 그만큼 더 커진다.

기술적 체크리스트

1. 전체시장의 방향은?
2. 여러 시장 부문의 방향은?
3. 주간·월간 차트는 어떠한가?
4. 주요추세, 중간추세, 소추세는 상승, 하락 또는 횡보인가?
5. 중요한 지지선과 저항선이 어디에 있는가?
6. 중요한 추세선과 가격경로는 어디에 있는가?
7. 거래량과 미결제약정이 가격움직임을 뒷받침하는가?
8. 33%, 50%, 66% 반전은 어디에 있는가?
9. 가격갭이 존재하는가? 존재한다면 어떤 형태인가?
10. 주요 반전형이 보이는가?
11. 지속형이 보이는가?
12. 이러한 패턴들의 목표가격은?
13. 이동평균은 어떤 방향으로 움직이고 있는가?
14. 오실레이터가 과매수인가 과매도인가?
15. 오실레이터상에 이탈이 보이는가?
16. 반대견해 수가 어떤 극단을 나타내는가?
17. 엘리엇의 파동패턴은 어떠한가?
18. 어떤 명확한 3 또는 5파동 패턴이 있는가?
19. 피보나치 반전율 또는 예상은 어떠한가?
20. 임박한 주기 고점 또는 저점이 있는가?
21. 좌측 전이 시장인가, 아니면 우측 전이 시장인가?
22. 컴퓨터 추세는 어느 방향으로 움직이는가? 상승, 하락, 또는 횡보인가?

23. 점도형차트와 양초차트 어떠한가?

하락 또는 상승시장이라는 결정이 내려진 뒤에 스스로에게 다음을 질문한다.

1. 향후 몇 개월 동안 어느 방향으로 시장추세가 움직일 것인가?
2. 매수할 것인가 매도할 것인가?
3. 얼마나 많은 양을 거래할 것인가?
4. 잘못될 경우를 대비해 얼마나 철저히 준비했는가?
5. 나의 목표수익은 얼마인가?
6. 어느 시점에 시장에 진입할 것인가?
7. 어떤 종류의 주문을 이용할 것인가?
8. 어디에 보호(손절매)주문을 넣을 것인가?

이 체크리스트를 모두 점검했다고 해서 올바른 판단을 보장받는 것은 아니다. 이것은 단지 올바른 질문을 제기할 수 있도록 도움을 줄 뿐이다. 올바른 질문은 올바른 해답을 찾는 가장 확실한 방법이기 때문이다.

성공적인 선물거래의 핵심은 지식, 원칙, 그리고 인내에 있다. 만약 지식을 가지고 있다면 원칙과 인내를 성취할 수 있는 가장 좋은 방법은 스스로 공부하고 행동계획을 세우는 것이다. 그리고 마지막 단계는 이 행동계획을 실천에 옮기는 것이다. 비록 이것이 성공을 보장하지는 못할지라도 분명 선물거래에서 성공할 수 있는 확률을 높여 줄 것이다.

기술적 분석과 기본적 분석의 통합

비록 기술적 분석가(technicians)와 기본적 분석가(fundamentalists)가 서로 의견을 일치하지 않더라도 공동이익을 위하여 서로 협력할 수 있는 방법들이 있다.

시장분석은 이 둘 중 어떤 접근법으로도 할 수 있다. 내가 믿기로는 기술적 요인들이 알려진 기본적인 요인들을 선도하며, 또한 어떤 중요한 시장움직임은 반드시 근본적으로 기본적인 요인들에 의하여 발생한다. 따라서 기술적 분석가들이 시장의 기본적 상황을 인식하는 것은 의미있는 일이다. 그렇지 못할 경우 기술적 분석가는 가격차트에 나타난 중요한 시장움직임을 정당화하기 위해서 기본적으로 발생해야 할 상황에 대해 자신의 상대역인 기본적 분석가에게 문의해볼 수도 있다. 추가적으로 기본적 정보(fundamental news)에 시장이 어떻게 반응하는가를 살펴 이를 아주 훌륭한 기술적 암시로 이용할 수 있다.

기본적 분석가들은 어떤 분석을 확인하기 위해, 또는 어떤 중요한 움직임이 발생할 수도 있다는 하나의 신호로서 기술적 요인들을 이용할 수 있다. 또한 시장의 추세를 잘못 판단하여 반대 방향의 포지션을 취하는 것을 방지하기 위해 가격차트나 컴퓨터 추세의존시스템을 하나의 수단으로 이용할 수 있다. 가격차트상의 비정상적인 움직임은 기본적 분석가들에게 하나의 경보가 될 수 있으며, 기본적 상황을 좀 더 자세히 살펴보도록 하는 계기가 될 수도 있다.

한 중개회사의 기술적 분석 부서에서 일하는 동안 가격차트상에 나타난 임박해 보이는 어떤 시장움직임에 대해 의논하기 위해 기본적 분석 부서를 자주 찾았다. 그때 "그런 일은 없을 거야", "어림없다"와 같은 대답을 자주 듣곤 하였다.

그런데 나에게 자주 그런 대답을 주었던 바로 그 사람이 약 2주 정도 지나 예상 밖의 시장움직임을 설명해줄 수 있는 기본적 이유를 찾아 허둥대던 모습을 보았다. 이 분야에는 분명히 서로간 조정과 협조가 필요하다.

공인 시장 분석가(CMT)

많은 사람들이 기술적 분석을 이용하여 다양한 시장상황에 대해 기술적 의견을 제공한다. 그런데 그들이 과연 그렇게 할 수 있는 자격을 갖추었는가? 그렇다면 어떻게 그것을 알 수 있는가? 사람들은 의사 자격증이 없는 의사에게는 가려 하지 않을 것이다. 또한 변호사시험에 합격하지 않은 법률가에게 상담하려 하지 않을 것이다.

회계원은 분명 세무사(CTA)일 것이다. 그리고 만약 증권 분석가에게 주식 분석을 의

뢰하는 경우 그가 공인된 재무분석가(CFA)인지를 확인하려 할 것이다. 기술적 분석가에게도 이와 같은 주의를 기울일 필요가 있다. 시장기술가협회(MTA)는 공인된 시장기술가(CMT) 프로그램을 마련하여 이같은 문제를 해결하였다. CMT 프로그램은 3단계의 시험과정으로 이루어져 있으며, 이 시험에 통과해야만 CMT 자격증을 받을 수 있다. 대부분의 전문적인 기술적 분석가들은 이 프로그램을 거쳤다.

앞으로 어떤 사람이 기술적 의견을 얘기한다면 먼저 그가 CMT 자격이 있는지 물어보기 바란다.

시장기술가협회(MTA)

시장기술가협회는 기술분야에서는 세계에서 가장 오래되고 가장 널리 알려진 단체이다. 이 협회는 기술적 정보의 교환, 일반인과 투자단체 교육, 기술적 분석가들을 위한 윤리강령과 전문성 기준을 마련하기 위하여 1972년에 설립되었다(1998년 3월 11일 MTA의 25주년 기념행사가 있었다. 이 기념식은 뉴욕에서 열리는 월례회에서 이 기구의 창립자인 세 사람 — 랄프 아캄포라, 존 브룩, 그리고 존 그렐레이 — 이 소개되면서 절정에 이르렀다).

MTA에는 전문 기술적 분석가들은 물론이고 여기에 관심이 있는 많은 사람들(가입자)이 참여하고 있다. 월례회 모임은 뉴욕에서 갖는다(시장기술가협회, Inc., One World Trade Center, 뉴욕주 4447번지, NY10048 (212) 912-0995, E메일: shelleymta@aol.com). 그리고 연례회는 미국의 여러 지방을 돌아가면서 5월에 열린다.

회원들은 MTA 도서관과 컴퓨터 알림판을 이용할 수 있다. 그리고 월간소식(Monthly Newsletter)과 MTA 정기간행물을 발행한다. 몇몇 지방 조직도 만들어졌다.

또한 MTA 회원은 자동적으로 기술적 분석가들의 국제연합회(IFTA, International Federation of Technical Analysts) 회원이 된다.

기술적 분석의 세계화

기술적 분석가들의 국제연합(IFTA: 우편번호 1347, 뉴욕주, NY10009, 미국) 정관의 초안을 마련하기 위하여 몇 개국의 대표들이 참석한 회의가 1985년 가을 일본에서 개최되었으며, 그 후 20여 개 이상의 나라에 있는 기술적 분석가들의 조직을 거느리는 큰 기구로 성장하였다. 이 기구의 회원이 되었을 때 좋은 점의 하나는, 주재하는 나라에 따라 연례회가 호주, 일본, 파리, 로마와 같은 나라에서 돌아가며 개최한다는 것이다.

1992년 IFTA 회의에서 '세계의 기술적 분석에 대한 뛰어난 공헌'으로 필자가 첫 번째 상을 받은 것이 무척 자랑스럽다.

다양한 이름으로 불리는 기술적 분석

기술적 분석은 미국에서 사용된 지 100년(일본에선 300년) 만에 전에 없는 인기를 누리고 있다. 물론 이것이 항상 기술적 분석이라는 이름으로만 불렸던 것은 아니다.

나의 책 『시각적 투자가』(The Visual Investor)에서 나는 이것을 '시각적 분석'이라고 했다. 이것은 단순히 독자들이 기술적 분석이라는 제목의 두려움으로부터 벗어날 수 있도록 하기 위한 시도였으며, 또한 이 귀중한 접근법을 보다 자세히 살펴볼 수 있도록 하기 위해서 였다.

많은 금융기관들은 비싼(과매수된) 또는 값싼(과매도된) 주식이나 업종을 찾아내기 위하여 다량의 자료를 조사하는 분석가들을 고용한다. 그들은 계량 분석가(quotative analyst)로 불린다. 하지만 그들이 다루는 숫자는 종종 기술적 분석가가 다루는 숫자와 같다. 금융지들이 '모멘텀 거래자'(momentum player)로 불리는 새로운 부류의 거래자에 대해 기사를 썼었다. 이 거래자들은 약세를 보이는 주식이나 업종들을 정리해 자금을 확보한 뒤, 순간적으로 강세를 보이는 시장에 투자한다. 이들은 상대적 강세 기법을 이용한다. 물론 우리는 '모멘텀'과 '상대적 강세'를 기술적 용어로 인식한다.

그리고 중개회사는 '기본적인' 등급을 상향 또는 하향 조정한다. 얼마나 자주 어떤 중요한 '차트'상의 급상승이나 하락이 있은 후 이런 '기본적인' 조정이 발생했는지를 살펴보았는가? 스스로를 기술적 분석가로 생각하지 않은 경제학자들은 인플레이션의 방향, 금리, 그리고 온갖 종류의 경제지표를 측정하기 위하여 늘 차트를 이용한다. 그리고 이런 차트의 '추세'에 관해 말한다. 그리고 기본적 도구들은 가격/수익 비율과 같은 기술적 측면을 가지고 있다. 가격을 등식에 대입시키는 경우 이것은 이미 기술적 영역으로 들어서는 것을 의미한다. 또는 증권 분석가가 주식시장의 배당수익이 너무 낮다고 말할 때 그들은 가격이 너무 높음을 말하고 있지 않은가? 이것은 과매수시장 이라는 것과 같은 말이 아닌가?

마지막으로 기술적분석을 '행동금융'(Behavioral Finance)이라는 새로운 이름으로 칭하는 학자들도 있다. 최근 일부 학자들은 기술적 분석이 단순히 유효하지 않음을 증명하기 위하여 효율적 시장 가설(Efficient Market Hypothesis)을 신봉하였다. 그러나 연방준비위원회(Federal Reserve Board)가 그런 생각들에 대해 의문을 제기하였다.

연방준비은행의 최종승인

1995년 8월 뉴욕에 있는 연방준비은행에서는 다음의 제목으로 자체보고서(staff report)를 발표하였다: "머리어깨형: 그저 단순히 이상한 패턴이 아니다." 이 보고서는 외환거래에 있어 머리어깨형의 유효성을 점검하기 위한 것이었다(이 책의 첫판이 기술적 분석에 대한 출처로 인용되었다). 서문의 시작은 아래와 같다: 과거의 가격움직임에 근거해 가격움직임을 예측하는 기술적 분석은 대부분의 경제학자들 알고 있는 '효율적 시장'과는 양립할 수 없음에도 불구하고 통계적으로 유의한 수익을 올린 것으로 나타났다(뉴욕 연방준비은행, C.L. Osler and P.H. Kevin Chang, Staff Report NO.4, 1995년 8월).

세인트루이스 연방준비은행이 1997년 가을에 발표한 최근의 보고서에서도 기술적 분석의 이용과 효율적 시장 가설의 상대적인 이점을 다루었다(『선물시장의 기술적 분석』은 또 한 번 기술적 분석에 대한 주요 자료의 출처로 인용되었다). '효율적 시장 가설의 재고'라는 제목 아래 다음과 같이 기록하고 있다: 앞서 소개한 기술적 거래규칙 성공은, 단순한 효율적 시장 가설이 실제 외환시장이 작동하는 방법을 설명하는 데 중요하게 실패하였음을 보여주는 최근 많은 연구들의 전형적인 예이다.

이러한 결과들은 시장참가자들을 놀라게 하지는 못했지만 경제학자들이 기술적 분석의 수익성을 설명할 수 있을지도 모르는 시장의 특성을 다시 검토하도록 설득하는 데 도움을 주었다.

결론

쑥스럽지만, 시장 기술적 분석가들은 자신들이 사람들의 입에 많이 오르내리는 사람들이라고 느낄 것이다.

사람들은 여러 이름으로 기술적 분석을 적용하고 있으며, 또한 종종 사람들은 자신들이 많이 이용하고 있으면서도 이 사실을 깨닫지 못하고 있다.

그러나 어쨌든 이용하고 있는 것은 분명한다. 또한 기술적 분석은 발전하였다. 예를 들면, 시장간 분석의 도입은 중점을 '하나의 시장'에서 상호 의존적인 금융시장의 관점으로 옮겨 놓았다. 전세계 시장이 연결되어 있다는 견해에 대해서 의문을 제기하는 사람은 많지 않다. 이것은 왜 기술적 분석이라는 세계 공통어가, 미국 및 해외 가릴 것 없이, 금융시장이 아주 밀접하게 서로 얽힌 세계에서 특히나 유용하게 된 이유이다.

컴퓨터 기술과 광속의 통신으로 신속한 대응이 필요한 세계에서 시장의 신호를 파악하는 능력이 그 어느 때보다 결정적이다. 시장의 신호를 파악하는 것이 기술적 분석의 전부이다.

찰스 다우는 20세기 초에 기술적 분석을 도입하였다. 20세기가 저물어가는 시점에서 다우는 자신이 시작한 일에 대해 자부심을 느낄 것이다.

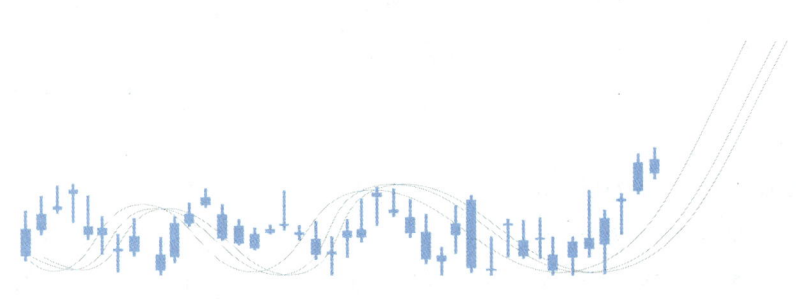

부록

고도의 기술적 지표들*

이 부록에서는 독자적으로 또는 다른 기술적 연구와 함께 이용할 수 있는 고급 수준의 기술적 방법들을 다룰 것이다.

어느 기술적 접근에서와 마찬가지로 실제로 투자하기에 앞서 투자자가 나름대로 공부하면서 확인해두면 좋다.

수요지수(DI)

시장의 방향을 결정하는 데 있어 거래량 분석이 중요하다는 사실에 대부분의 기술가들은 동의할 것이다. 이 수요지수는 1970년대에 제임스 시벳이 개발한 초기 거래지표의 하나로서 형식이 상당히 복잡하다(부록 말미 참조).

수요지수란 매수세와 매도세의 비율이다. 매수세가 매도세보다 클 경우 DI는 0선 위에 있게 되며, 이것은 강세 시장을 나타낸다. 반대로 매도세가 클 경우 DI는 0선 아래에 있게 되며, 이것은 가격이 하락하리라는 것을 나타낸다. 대부분의 거래자들은 DI 와 함께 가격이탈을 관찰할 것이다. 그림 A-1은 1994년 초~1997년 말까지 미 재무성 채권선물의 주간 차트이다. 1994년 4월~11월까지는 채권이 104에서 96으로 하

---

* 이 부록은 토마스 E. 아스프레이(Thomas E. Aspray)가 제공하였다.

락함에 따라 대부분의 기간 동안 0선 아래에 머물렀다. 가격이 신저점(선 A)을 갱신하는 동안 DI의 저점은 상승하였다(선 B). 이것은 전형적인 긍정적 또는 강세시장 이탈이다. 그리고 이것은 채권가격이 바닥세를 나타낸다.

이 이탈은 점 1에서 DI가 0선을 상향돌파할 때 확인되었다. DI는 1995년 5월 말 점 2에서 상승의 최고점에 도달하였다. 그리고는 다음 6주간 하락하여 점 3에서 0선을 하향돌파하였다. 이것은 다시 5주 동안 마이너스였다가 다시 플러스로 상향돌파하였다. 다음번의 상승에서 DI는 11월 후반에 점 4에서 현저하게 낮은 고점을 형성하였다. DI는 하락한(선 D) 반면 채권계약은 거의 6포인트나 상승하였다(선 C). 이 부정적 또는 약세이탈은 지난 가격이 최고점이었음을 알리는 신호가 되었다.

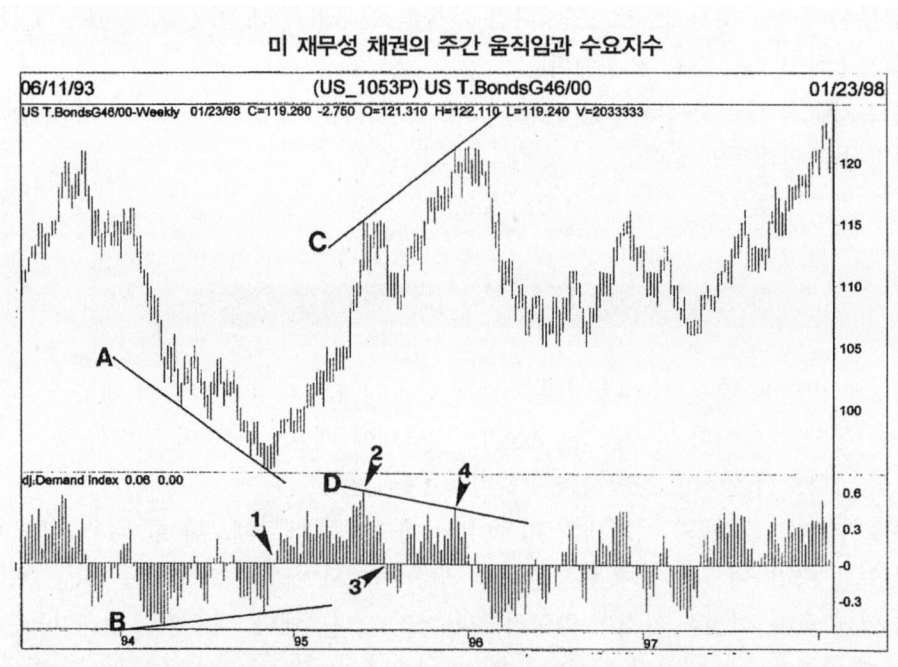

(그림 A-1) 여기서는 가격과 거래량을 통합하는 수요지수(DI)가 히스토그램으로 표시되어 있다. 양의 값은 긍정적, 음의 값은 부정적 시장이다. 1994년 후반에는 강세이탈, 1995년 후반에는 약세이탈이 나타났다.

금융시장의 기술적 분석

이 지수는 주식에도 이용될 수 있다. 제너럴 모터스(General Motors)의 주간 차트(그림 A-2 참조)는 히스토그램이 아닌 선으로 그려졌다. 이것으로 지표의 추세선을 더욱 쉽게 그릴 수 있다. 내 개인적인 생각으로는 지표의 추세 분석이 매우 유용하다고 본다. 지표의 추세는 종종 가격추세선에 앞서 돌파된다. DI선(선 A)의 하락추세가 가격의 하락추세(선 B)보다 일주일 앞서 돌파되는 1995년 후반이 이 경우에 해당한다.

이 차트에 나타난 바와 같이 일주일 앞서 매수하였다면 훨씬 낮은 가격으로 매수할 수 있었을 것이다. DI는 또한 1996년 4월 중순의 가격상승을 경고하였다. GM이 신

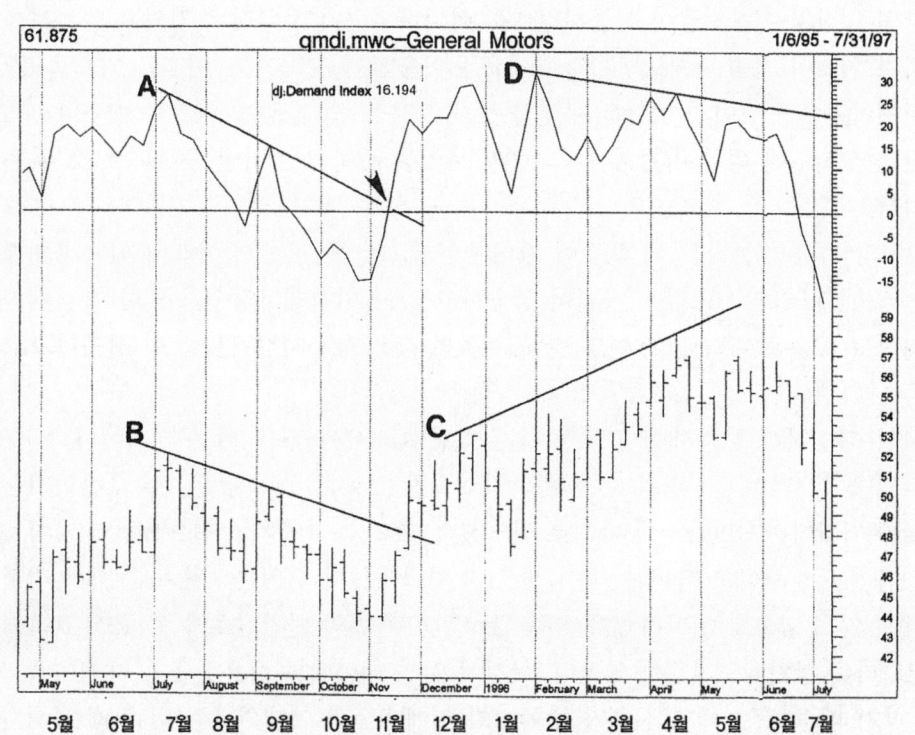

(그림 A-2) 제너럴 모터스의 주간 차트와 비교된 수요지수(실선). DI 추세선의 돌파는 가격추세 돌파에 종종 선행한다. 1996년 4월 부정적(약세)인 이탈이 발생하였다.

고점(선 C)을 갱신하는 동안 DI는 하락하는 고점(선 D)들을 형성하였다. 이 경고신호는 6월과 7월의 심한 가격하락보다 훨씬 앞서 나타났다.

헤릭 정산지수(Herrick Payoff Index : HPI)

이 지수는 미결제약정수량의 변화를 통하여 상품선물을 분석하기 위한 방법으로 존 헤릭(John Herrick)에 의해 개발되었다. 제7장에서 다룬 대로 미결제약정수량의 변화는 시장의 추세를 뒷받침하는지 중요한 실마리를 거래자에게 제공할 수 있다.

헤릭 정산지수는 자금이 상품시장에서 빠져나오는지 아니면 투입되고 있는지를 판단하기 위하여 가격, 거래량, 미결제약정을 이용하여 그려진다. 이것은 가격움직임과 미결제약정수량 사이의 이탈을 파악하는 데 도움을 준다. 종종 엄청난 매수나 매도를 헤릭 정산지수에 의한 미결제약정수량의 분석을 통하여 밝혀낼 수 있으므로 매우 중요하다.

HPI의 가장 기본적인 해석은 이 값이 0선 위에 있는지 0선 아래에 있는지를 알아보는 것이다. 양의 HPI값은 가격이 상승하고 있고 미결제약정수량 또한 가격과 함께 증가하고 있음을 나타낸다. 이와 반대로 음의 값은 상품시장에서 돈이 빠져나가고 있음을 나타낸다.

보다 불안정한 상품시장 중의 하나는 그림 A-3에 나타나 있는 커피이다. 1997년 3~4월중에 HPI는 0선을 네 번 돌파하였고 4월 초(B)의 양의 값은 6월 초반까지 지속되었다. 6월에는 HPI가 0선 아래로 떨어졌다. 그리고 가격이 고점으로부터 많이 하락하였음에도 불구하고 커피는 약 70센트 더 하락하였다. HPI는 7월 하순 다시 저점 근처에서 양의 값으로 전환하였다. 다음 두 달간 두 번의 단기신호가 있었고, 그리고 다시 또 다른 장기매도신호가 있었다. 이것이 일간 데이터를 이용했을 때의 HPI 특징으로, 장기 매수 또는 매도 신호가 주어지기 전에 0선을 아래위로 서너 차례 돌파한다. 수요지수와 같이, HPI는 주간 데이터를 사용할 때 가장 효과적인데, 이는 거짓신호가 적게 나타나기 때문이다. 투자자금의 유동성이 감소하는 것을 알아보기 위해 또한 이 탈분석을 이용할 수 있다.

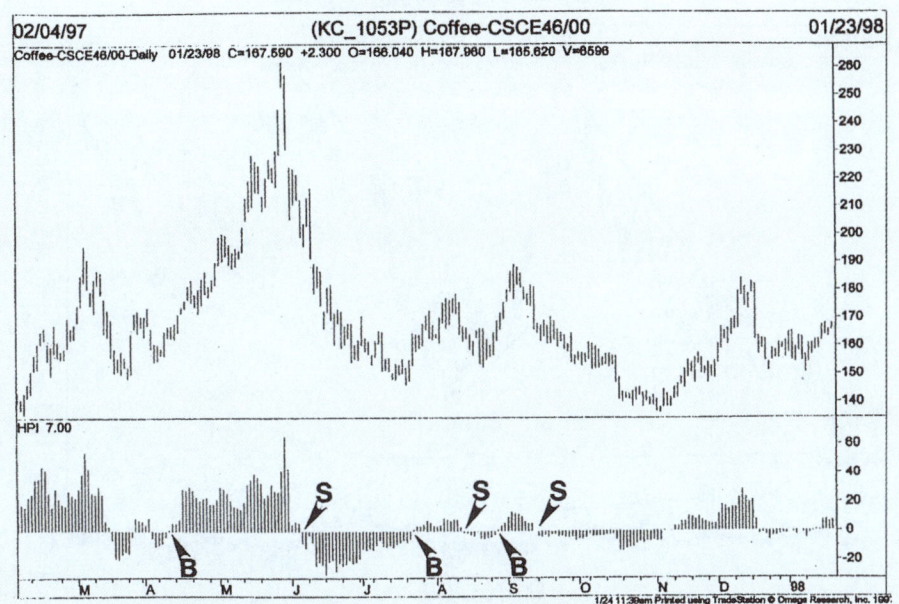

(그림 A-3) 커피가격과 함께 히스토그램으로 나타낸 헤릭 정산지수. HPI의 계산에 가격, 거래량, 그리고 미결제약정수량을 이용한다. 0선의 상향돌파는 매수시점(B), 그리고 0선의 하향돌파는 매도시점(S)을 나타낸다.

    6년간의 움직임을 나타낸 미 재무성 채권선물의 주간 차트(그림 A-4)가 훌륭한 예가 된다. HPI는 1992년 후반부터 1993년 후반까지 양의 값을 유지하는데, 1993년 초에 최고점에 도달하였다. 그리고 채권가격이 거의 10포인트 상승하였을 때(선 A) HPI는 전고점보다 낮은 고점(선 B)을 형성하고 있다.

    이 부정적인 이탈은 1994년에 발생한 채권가격의 하락을 거래자에게 경고하였다. 1993년 10월 후반 HPI는 0선을 하향돌파하였다가 1994년 초에 얼마 안 되지만 양의 값으로 전환하였다. 그리고 다시 0선 아래로 하락하였다. HPI는 1994년 상반기에 최저점에 도달하였고, 가격에 훨씬 앞서 바닥을 쳤다.

    가격의 저점들이 하락할 때(선 C) HPI의 저점들은 상승하였고, 강세 이탈(선 D)이 발

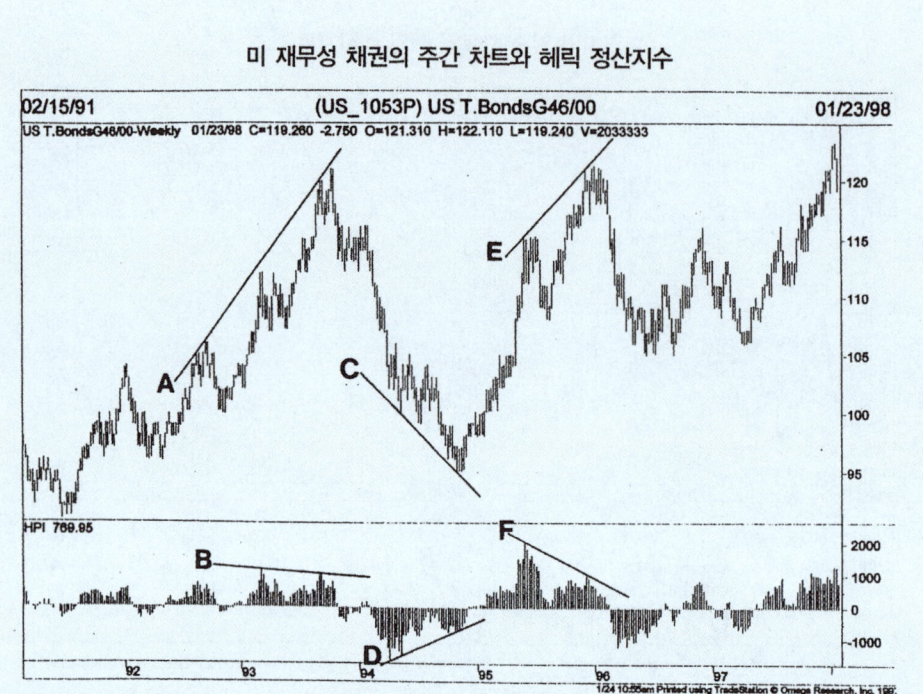

(그림 A-4) 미 재무성 채권과 헤릭 정산지수의 주간 차트. 1993년과 1995년에 약세이탈이, 그리고 1994년에 강세이탈이 있었다.

생하였다. 채권가격이 저점 가까이 머물러 있는 동안 1994년 12월 HPI는 다시 양의 값을 갖게 되었다. 채권가격이 1994년 후반의 저점에서 25포인트 이상 상승한 이후 1995년 후반에 약세 이탈이 형성되었다(선 F).

HPI는 1996년~1997년 초까지 0선을 서너 차례 돌파했다가 이후 양의 영역으로 확실하게 이동하였다. 이 두 예는 HPI와 미결제약정의 분석이 상품선물시장의 방향을 분석하는 데 도움을 줄 수 있는가를 보여준다.

스탁 밴드와 켈트너 경로(Starc Bands and Keltner Channels)

제9장에서 다루었다시피 밴딩기법(banding techniques)은 수년간 이용돼 왔다. 내가 선호하는 두 패턴은 평균실제범위(Average True Range)에 바탕을 두고 있다. 이런 공통점에도 불구하고 이 패턴의 밴드는 매우 다른 방법으로 이용된다.

평균실제범위란 어떤 기간 동안의 실제 가격범위의 평균이다. 실제범위는 오늘의 고점에서 저점까지, 어제의 종가에서 오늘의 고점, 또는 어제의 종가에서 오늘의 저점까지의 거리 중 최장거리를 말한다. 웰리스 와일더의『기술적 거래시스템의 새로운 개념』을 참고하기 바란다.

상품선물시장의 전문가로 잘 알려진 맨닝 스톨러(Manning Stoller)는 스톨러 평균경로(Stoller Average Range Channel) 혹은 스탁 밴드(Starc Band)를 개발하였다. 그는 15기간 평균실제범위를 두 배로 한 값을 6기간 이동평균(MA)에 더하거나 뺐다. 위 밴드는 스탁+, 아래 밴드는 스탁-이다. 이 밴드에서 벗어나는 움직임은 흔치 않으며, 만약 벗어났을 경우 이것은 매우 극단적인 상황을 나타내는 것이다. 따라서 이것을 거래 참고자료로 이용할 수 있다.

가격이 스탁 밴드 윗선 위에 또는 가까이 있을 때는 매수는 위험하고 매도는 덜 위험하다.

이와 반대로 가격이 스탁 밴드 아랫선 아래 또는 가까이 있을 때는 매도하기에 위험하고 매수하기에는 좋은 시점이 된다.

금 선물의 주간 연속차트(그림 A-5 참조)에 스탁 위, 아래 밴드가 표시되어 있다. 1997년 2월 점 1에서 금값이 스탁 밴드 아랫선을 약간 하향돌파하였다. 비록 가격움직임이 약하지만 스탁 밴드는 좋은 매도시점이 아님을 지적하고 있다. 기다리면 보다 좋은 기회가 올 가능성이 높았다. 3주 이후 그 값은 22달러가 올라 스탁 밴드 윗선에 이르렀다(점 2). 점 2는 좋은 매도 기회였다. 7월(점 3)에 금값은 스탁 밴드 아랫선 밑으로 떨어졌다. 그리고는 하락을 멈춰 12주 동안 수평추세를 이루었다. 그리고 다시 1997년 11월과 12월에 하락하기 시작하여 스탁 밴드 아랫선에 세 번 닿았다(점 4). 이 모든 경우에 있어 가격이 1~2주간 안정되거나 상승하였다.

스탁 밴드는 심지어 5~10분의 초단기 봉차트에 이르기까지 어떤 기간에도 잘 맞는다. 스탁 밴드는 거의 언제나 좋지 못한 결과를 초래하는, 거래자가 시장을 쫓아다니는 것을 피할 수 있도록 도와준다.

켈트너 경로는 체스터 켈트너(Chester Keltner)가 1960년 그의 책『상품선물시장에서 돈 버는 법』에서 처음 소개하였는데 상품선물거래자로 상당히 성공한 린다 라케(Linda Laschke)가 이것을 기술적 분석가들에게 소개하였다. 그녀에 의해 수정된 이 지표는 평균실제범위(ATR)에 바탕을 두고 있으며, ATR은 10기간에 걸쳐 산출되었다. 이 ATR 값을 두 배로 하고, 거기에 20기간의 가중 이동평균에 더하여 밴드 윗선을 구하였다. 이와 반대로 두 배 한 값을 20기간 가중 이동평균에서 빼서 밴드 아랫선을 얻었다.

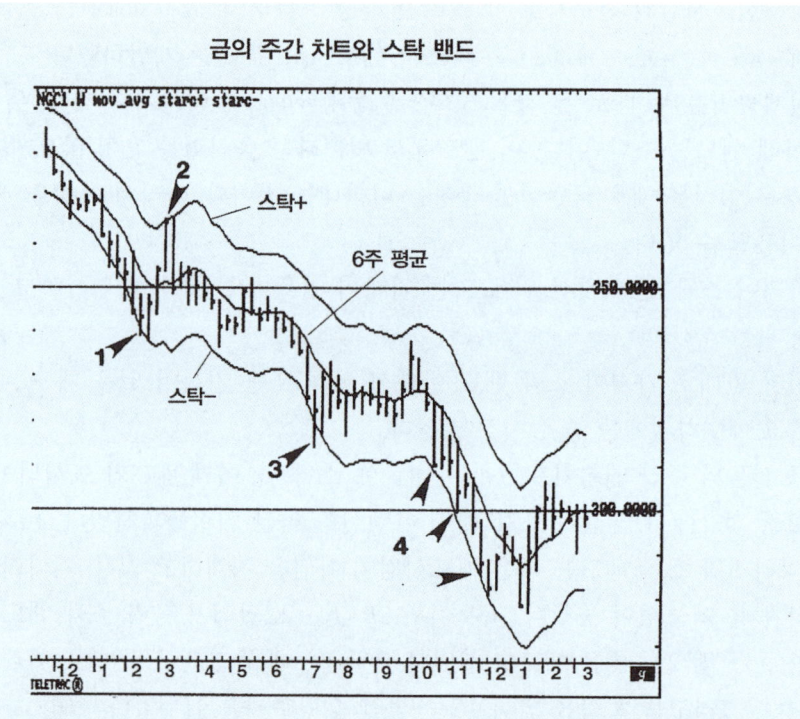

(그림 A-5) 스탁 밴드와 함께 표시된 금가격의 주간 차트. 스탁 밴드가 주간 금값의 6주 이동평균선 아래위에 그려져 있다. 점 1과 점 3은 아랫선을 일시적으로 하향돌파한 후 다시 상승하는 가격을 보여준다. 점 2에서 윗선을 상향돌파한 후 다시 가격이 하락하고 있다.

켈트너 경로의 이용은 스탁 밴드와는 크게 다르다. 종가가 윗선 위에서 형성되면 이것은 가격의 상승을 나타내는 것이므로 강세신호이다. 이와 반대로 아랫선 밑에서 종가가 형성되면 이것은 약세 신호로서 가격이 하락할 것임을 나타낸다.

여러모로 보아, 이것은 제9장에서 다룬 4주 경로돌파시스템을 도표로 표시한 것에 지나지 않는다. 그림 A-6은 1998년 3월 구리선물의 일간 차트이다.

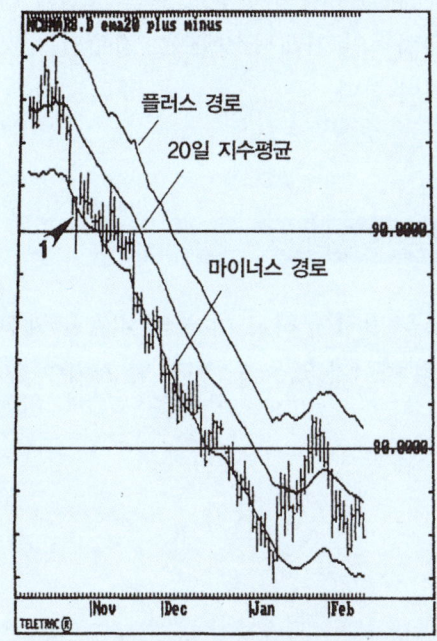
(그림 A-6) 켈트너 경로와 함께 표시된 일간 구리가격. 일간 구리가격의 20일 가중평균선 아래위에 켈트너 경로가 그려져 있다. 가격이 아랫선 밑으로 하락하면(점 1) 하락시장으로 해석된다.

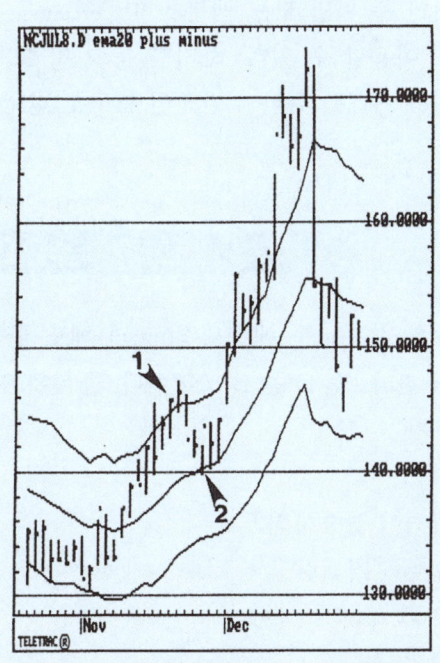
(그림 A-7) 켈트너 경로와 함께 표시된 커피가격의 일간 차트. 점 1에서 가격이 윗선을 돌파했는데 이것은 강세시장의 신호이다. 매도신호가 있은 후 20일 가중이동평균(중간선)이 가격 지지선(점 2)이 되었다.

1997년 10월 하순 점 1에서 보듯이 밴드 아랫선 밑에서 종가가 형성되었다. 이것은 가격이 다시 하락할 것임을 예시한 것으로 실제로 다음 두 달 동안 구리가격은 16센트 하락하였다. 이 기간 동안 많은 종가들이 아랫선 밑에서 형성되었다. 종가가 윗선 위에서 형성되기까지는 약세신호가 계속될 것이다.

그림 A-7은 1998년 3월 커피의 가격차트이다. 점 1에서 강세 신호가 나타나 있다. 윗선 위에서 연속 두 번 종가가 형성된 뒤 가격이 20기간 EMA로 하락하였다. 상승시장에서 20기간 EMA는 지지선의 역할을 한다. EMA가 돌파되고(점 2) 며칠 후 커피가격이 몇 주일 만에 급격하게 30센트나 상승하였다.

위의 두 기법 모두 백분율 띠(percentage envelopes)나 볼린저 밴드 같은 방법의 대용으로 이용할 수 있다. 하지만 두 가지 모두 독자적인 거래시스템으로 간주되는 것이 아니라 거래를 위한 추가적인 도구로 간주되어야 한다.

수요지수 공식

수요지수(DI)는 매수세력(BP)과 매도세력(SP)을 먼저 구하고 이 둘의 비율을 계산하여 구한다. 즉, DI는 BP/SP이다. 공식에 약간의 차이가 있을 수 있다. 한 가지 예를 들어보자.

가격이 상승하면:
BP=V, 거래량
SP=V/P(P는 가격변화%)

가격이 하락하면:
BP=V/P(P는 가격변화%)
SP=V, 거래량

P는 소수점(1보다 작은)으로 표시되기 때문에 P에 상수 K를 곱한다.

$P=P(K)$
$K=(3 \times C)/VA$

위에서 C는 종가, 그리고 VA(변동평균, Volatility Average)는 2일 가격범위(최대치-최소치)의 10일 평균이다.

만일 BP>SP면 DI=SP/BP이다.

수요지수는 메타스톡 차트(MetaStock Charting) 메뉴에 포함되어 있다.

마켓 프로파일*

서문

이 글의 목적은 마켓 프로파일이 무엇인지를 보여주고 이의 근본원리들을 정의하는 데 있다.

1980년대 초 이전에 이용할 수 있었던 도구에는 봉차트와 점도형차트가 고작이었다. 그 뒤 마켓 프로파일[1]이 도입되었다. 기본적으로 마켓 프로파일은 가격자료를 분석하는 통계적 접근법이다.[2] 통계적 지식이 부족한 사람들을 위해 친숙한 예 하나를 들어보자.

시험을 치르는 한 그룹의 학생들이 있다고 가정하자. 일반적으로 어떤 학생들은 매우 높은 점수(90 또는 이상)를, 또 어떤 학생들은 매우 낮은 점수(60 또는 이하)를 기록한다. 하지만 대부분 학생들의 점수는 평균점수(75라 하면)를 중심으로 모이는 경향이 있다. 이러한 시험 점수의 도수분포를 '통계적 도표'로 나타나기 위해서는 히스토그램을 이용할 수 있다(그림 B-1).

---

* 이 부록은 데니스 C. 하인즈(Dennis C. Hynes)가 제공하였다.
1) 마켓 프로파일®은 CBOT의 등록된 상표이며, 여기서는 마켓 프로파일 또는 프로파일로 표시된다. 이 개념은 CBOT에 몸 담았던 스테이들메이어(J. P. Steidlmayer)가 개발하였다. 보다 자세한 내용은 CBOT에 연락하거나 스테이들메이어의 최신 판 책을 참고하기 바란다: 141 WEST JACKSON – 1996.
2) 처음엔 상품선물 가격자료를 위해 도입되었다. 이 형식은 계속적으로 거래가 이루어지는 가격자료에도 이용될 수 있다.

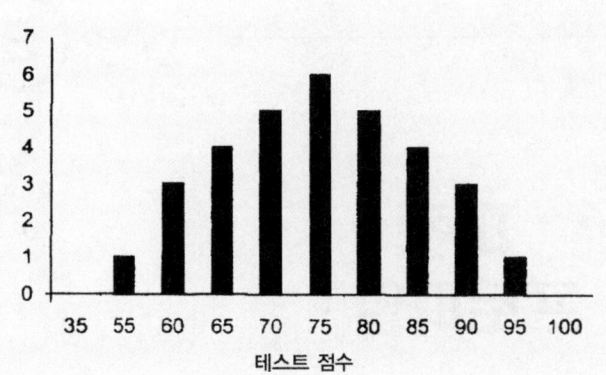

(그림 B-1) 학생들의 점수분포

그림에서 보는 바와 같이 가장 많이 나타나는 점수 또는 최빈(model)점수는 75점(6명의 학생)인 반면 점수의 범위는 제일 낮은 점수와 제일 높은 점수(55와 95)에 의해 결정된다.

점수들은 최빈점수를 중심으로 균등하게 분포되어 있다. 완전한 대칭분포를 이루면 최빈점수는 평균점수가 될 것이다. 다음으로 이 분포는 정규분포를 나타내는 '종 모양'을 하고 있다. 완전한 정규분포에서 표준편차는 표본 크기와 상관이 있다. 예를 들면, 실제로 테스트 점수들이 완전한 정규분포 형태라면 이 점수들의 68.3%가 평균으로부터 1표준편차 이내에 위치한다.

하지만 실제의 자료가 완전한 정규분포를 이루기는 어렵다. 단지 이러한 관계를 이용할 수 있을 정도로 근사한 분포를 이룰 뿐이다. 다른 측정치(학교성적, 주민들의 키 등)와 마찬가지로 가격들도 평균가격을 중심으로 분포한다.

마켓 프로파일 그래프란 무엇인가? 이것은 단순히 가격 히스토그램을 옆으로 뉘어 놓은 것과 같이 가격의 도수분포를 표시한 것이다(그림 B-2a, B-2b 참조).

마켓 프로파일 그래프의 중심은 가격분포의 전개를 보여주는 정상 곡선(종 모양)이다. 일단 정상 곡선이 파악되면 최빈값 또는 평균가격을 포착할 수 있고, 평균으로부터 흩어진 정도(표준편차)를 컴퓨터로 계산할 수 있으며, 가격분포에 관한 확률보고서를 작성할 수 있다. 예를 들면, 거의 모든 값들이 평균으로부터 3표준편차 이내에 있게 되고 약 70%(정확하게는 68.3%)는 평균으로부터 1표준편차 이내에 있게 된다(그림 B-3 참조).

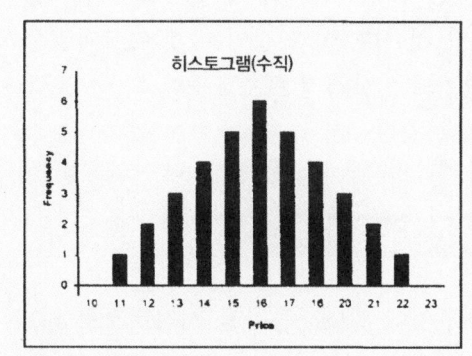
(그림 B-2a) 전통형

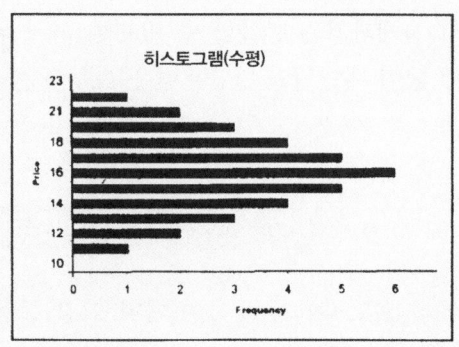
(그림 B-2b) 옆으로 누운 형

마켓 프로파일은 시장에서 지금 무엇이 일어나고 있는가를 보여준다. 시장은 거래촉진을 위해 균형상태에 있거나 또는 균형상태를 이루는 방향으로 움직인다.

대칭을 이루려는 프로파일의 자연적 경향은 간단한 방법으로 매도자와 매수자 사이에 존재하는 균형(균형상태)과 불균형(불균형상태)의 정도를 정의한다. 시장이 활발히 움직임에 따라, 프로파일 그래프는 균형상태를 가격분포가 대칭인 시장균형기간으로 표시하고, 불균형상태를 가격분포가 대칭이 아니거나 한쪽으로 기울어졌을 때인 시장불균형기간으로 표시한다. 마켓 프로파일은 거래시스템도 아니며, 거래에 관한 조언도 제

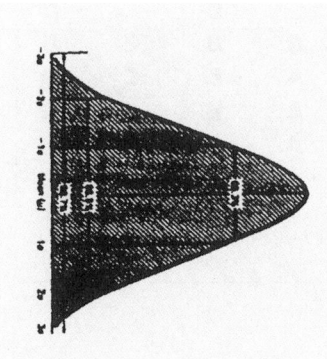

(그림 B-3)
이 프로파일 그래프는 시장활동이 규칙적인 정규분포를 이루고 있음을 나타낸다.

공해주지 않는다. 마켓 프로파일의 목적은 이용자가 가격의 반복적인 발생에 따른 시장의 전개과정을 관찰할 수 있도록 하기 위한 것이다. 이와 같이 마켓 프로파일은 거래에 있어 개인적인 판단훈련을 요구하는 일종의 의사결정 보조도구이다.

마켓 프로파일 그래프

마켓 프로파일의 형식은 어떤 기간 동안 무엇이 일어나는가를 시각적으로 나타내기 위하여 가격과 시간을 이용한다. 이것은 어떤 기간 동안의 가격분포를 나타냄으로써 시장움직임을 현재형으로 보여주기 위한 하나의 논리적 틀을 제공해준다.

이 기간 동안 가격은 수평 또는 수직으로 전개된다. 그렇다면 프로파일 그래프는 어떻게 구성되는가?

어떤 네 기간의 봉차트를 가정해보자(그림 B-3a 참조). 이 전통적인 봉차트를 그림 B-3b와 같이 프로파일 그래프로 바꿀 수 있다.

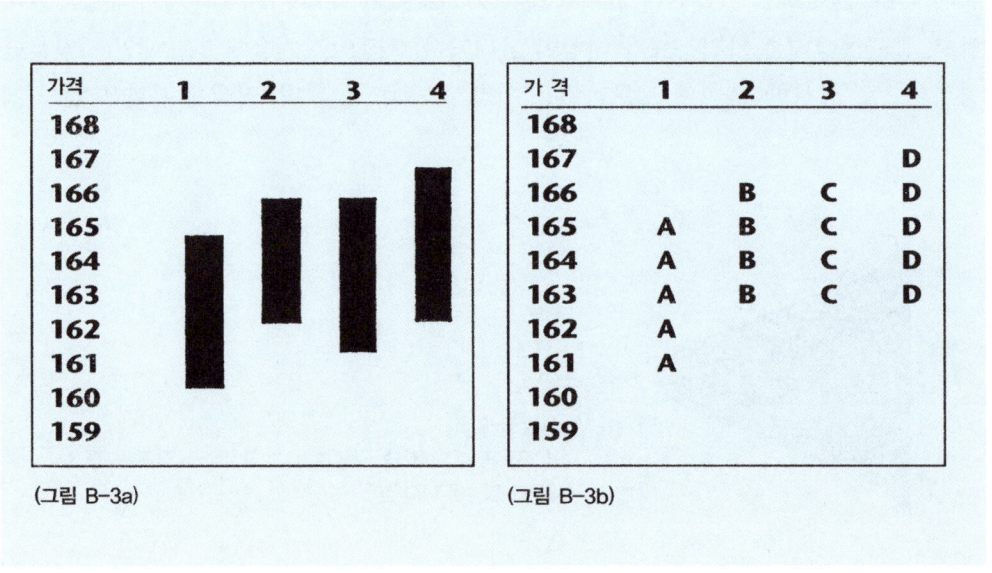

(그림 B-3a)   (그림 B-3b)

(1) 각 가격범위 안의 각각의 가격에 대해 하나의 문자를 배정한다. A는 첫 번째 기간에, B는 두 번째 기간에 등……(그림 B-3b 참조).

(2) 모든 가격 범위를 가장 왼쪽 또는 첫 칸에 중복되지 않게 배열한다 (그림 B-3c 참조). 완성된 프로파일 그래프는 왼쪽에는 가격들이, 오른쪽에는 가격 발생빈도를 나타내는 문자 A~D가 있다.

```
가격
168
167        D
166        B    C    D
165        A    B    C    D
164        A    B    C    D
163        A    B    C    D
162        A    C
161        A
160
159
```

(그림 B-3c)

각 문자는 어떤 특정 기간에 시장에서 거래된 특정 가격을 파악하기 위한 시간가격 기회(TPO, Time Price Opportunity)를 나타낸다(예: B기간에 163과 166 사이의 가격에서 거래가 이루어 졌다. TPO는 일중 활동분석의 기본단위이다). TPO는 그 날의 활동 분석을 위한 기본 단위이다. 즉, 각 TPO는 어떤 특정 시간과 가격에 시장에서 발생한 어떤 기회이다. 시장프로파일 분포는 TPO로 이루어져 있다.

시카고 상품선물거래소(Chicago Board of Trade)는 24시간 기준으로 각 30분마다 하나의 문자를 배정하였다: 대문자 A부터 X까지는 저녁 12시~정오까지 각각 30분의 시간을, 소문자 a부터 x까지는 정오~자정까지 각각 30분의 시간을 나타낸다.[3]

---

3) 문자 배정은 주체에 따라 다르다. 예를 들면, CQG는 대문자 A~Z를 오전 8:00 CST부터, 소문자 a~z를 오후 10:00 CST 부터 배정한다.

시장구조

거래가 활발히 이루어지고 있는 상품선물 거래소에 가보면 '관리된 혼란'(controlled chaos)으로 표현할 만한 상황을 보게 된다. 고함을 지르며 신호를 보내는 로컬(local)들 또는 여타의 거래자들 사이에도 일정한 절차가 있다. 서로 다른 가격요구조건과 시간 제한을 갖고 있는 시장참가자들이 일의 처리를 위해 서로 경쟁하는 시장을 생각해보자. 불안이 고조되면 감정이 격화될 수 있다.

마켓 프로파일의 개념은 이러한 과정을 묘사하기 위한 시도로 스테이들메이어가 개발하였다. 시카고 상품선물거래소(CBOT) 장내 거래자(로컬)이자 시장행동을 연구하는 그는 시장활동의 반복적 형태를 관찰하였고, 이것이 결국 그가 이 시장을 이해하는 토대가 되었다. 뿐만 아니라 시카고 상품선물거래소에서의 거래는 경매와 비슷한 방법으로 이루어지므로 마켓 프로파일 원리들을 경매용어로 정의하였다. 예를 들면, 장 외 거래자들은 상승시장을 랠링(rallying) 또는 트레딩업(trading up)으로 묘사한 반면 스테이들메이어는 "경매가격이 계속 상승한다. 매수를 차단시킬 수 있는 매도자를 찾고 있다"와 같이 말하곤 했다.

그는 거래소의 경매절차가 왜 이런 식으로 진행되는가를 설명하기 위해 장외거래자들에게는 생소한 새로운 용어들을 만들어냈다. 먼저, 거래가 이루어지게 하는 시장의 목적을 정의하는 것으로부터 시작하였다. 그 다음에 운영절차를 정의하였다. 즉, 시장은 가격이 평균가격 또는 공정가격을 중심으로 순환하기 때문에 2중 경매형식으로 움직인다(학교 성적분포와 비슷함).

마지막으로 그는 시장참가자들의 행동특성을 정의하였다. 즉, 단기거래자들은 공정가격을 원하는 반면, 장기거래자들은 유리한 가격을 선호한다.

마켓 프로파일 구성원리

경매환경

시장의 목적은 거래를 이루어지게 하고 활성화하는 데 있다. 모든 시장활동은 이 경매환경에서 일어난다. 기본적으로 가격이 상승함에 따라 더 많은 매수세력이 들어오고, 가격이 하락함에 따라 더 많은 매도세력이 들어온다. 그러면 시장은 매수세력을 차단하기 위해 상승한다(마지막 매수자가 있을 때까지 가격이 상승한다). 그리고 매도를 차단하기 위해 시장이 하락한다(마지막 매도자가 있을 때까지 가격이 하락한다). 시장은 실제로 2중 경매과정으로 작동한다.

가격이 상승함에 따라 더욱 많은 매수자들이 들어오고, 이러한 상승움직임은 상반된 대응(즉, 매도)을 불러들인다. 가격이 하락할 때는 이와 반대되는 현상이 발생한다.

계속적인 교섭

시장움직임이 어떤 방향성을 보일 때 불공정 고가, 불공정 저가의 가격지표가 만들어진다. 그리고 이들 상호간의 거래로 인하여 공정가격이 형성된다.

모든 거래는 이러한 교섭과정을 통하여 발생하고, 결국 한쪽 포지션이 없어질 때까지 이런 틀 안에서 계속된다(새로운 고점과 저점의 형성, 그림 B-4 참조).

시장 균형과 불균형

시장은 매수자와 매도자의 균형상태에 있거나 균형상태를 이루는 방향으로 움직인다. 시장은 거래가 이루어지도록 균형의 상태(균형상태)에서 불균형의 상태(불균형상태)로 움직이다가, 다시 균형상태로 돌아온다. 이러한 시장행동의 형태는 일중 기간 활동에서부터 장기시장을 형성하는 집합적이고 통합된 기간에 이르기까지 모든 기간대에 발생한다.

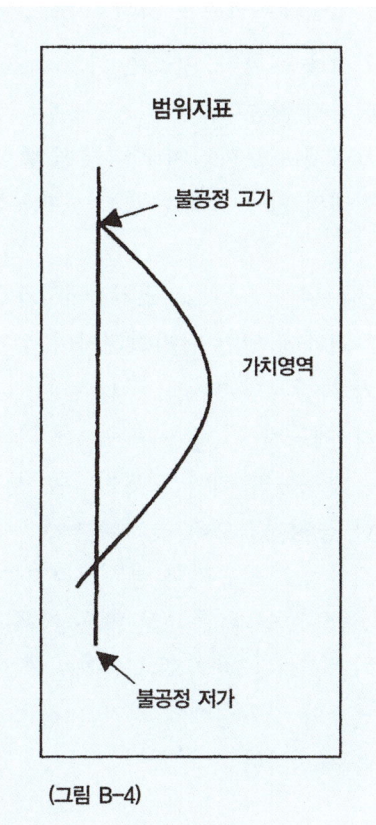

(그림 B-4)

시간 틀과 거래자 행동

시장참가자들의 행동패턴을 설명하기 위하여 다른 시간 틀의 개념을 도입하였다. 시장활동은 단기와 장기로 나뉜다. 단기활동은 그날 거래를 해야 하는 그날 하루의 거래활동으로 정의된다(로컬, 데이 트레이더, 만기일 옵션 거래자들이 이 부류에 포함된다). 따라서 시간이 제한되어 있는 단기거래자들은 공정가격을 원한다. 단기매수자와 단기매도자는 서로 같은 시간에 같은 가격으로 거래한다.

반면 장기거래자들은 기타 모든 시간대 거래자로 정의된다(상업적 거래자, 스윙 거래자 및 기타 모든 거래자들이 이 부류에 포함된다). 오늘 거래해야만 한다는 시간적 압박이 없기 때문에 이런 부류의 거래자들은 보다 유리한 가격을 원한다.

장기매수자들은 이익을 쫓아 낮은 가격을 원하는 반면, 장기매도자들은 보다 높은 가격을 원한다. 이들은 서로 목표가격이 다르므로 일반적으로 같은 가격에 동시에 거래하지 않는다.

마켓 프로파일이 지금처럼 발전하게 된 것은 이렇듯 활동 시간대가 확연히 다른 두 형태의 활동 간에 존재하는 행동상호작용 때문이다.

단기거래자와 장기거래자는 서로 다른 역할을 한다

거래에 있어 단기거래자와 장기거래자는 핵심적이지만, 서로 다른 역할을 한다. 초기 시장균형(양측면의 거래가 발생할 수 있는 상황)은 일반적으로 공정가격을 원하는 단기매수자·매도자(하루로 제한된 거래)에 의해 거래 시작 한 시간 만에 이루어진다.

대부분의 데이 트레이딩은 공정가격 또는 공정가치의 범위에서 이루어진다. 이러한 공정가격보다 높거나 낮은 가격은 기회를 제공해주며 장기거래자에게 유리하다. 시간적으로 유리한 장기거래자들은 공정가격과 차이가 많은 가격을 받아들이거나 거절할 수 있다. 충분히 많은 거래량으로 시장에 참여한 장기매수자와 매도자들은 초기 가격균형을 파괴하여 가격범위를 늘이거나 줄여 확장시킬 수 있다. 하루 거래범위의 전개와 장기경매의 기간은 장기거래자에게 달려 있다. 즉, 장기거래자가 시장의 방향을 결정한다.

가격과 가치

가격과 가치의 차는 시장이 창출하는 기회를 나타내는데, 여기에는 두 종류의 가격이 있다.

1) 수용된 가격: 시장에서 장기간 거래되는 가격
2) 수용되지 않은 가격: 시장에서 거의 지속되지 못하는 가격

수용되지 않은 가격은 시장에서 과도한 가격으로 간주된다. 즉, 불공정하게 높거나

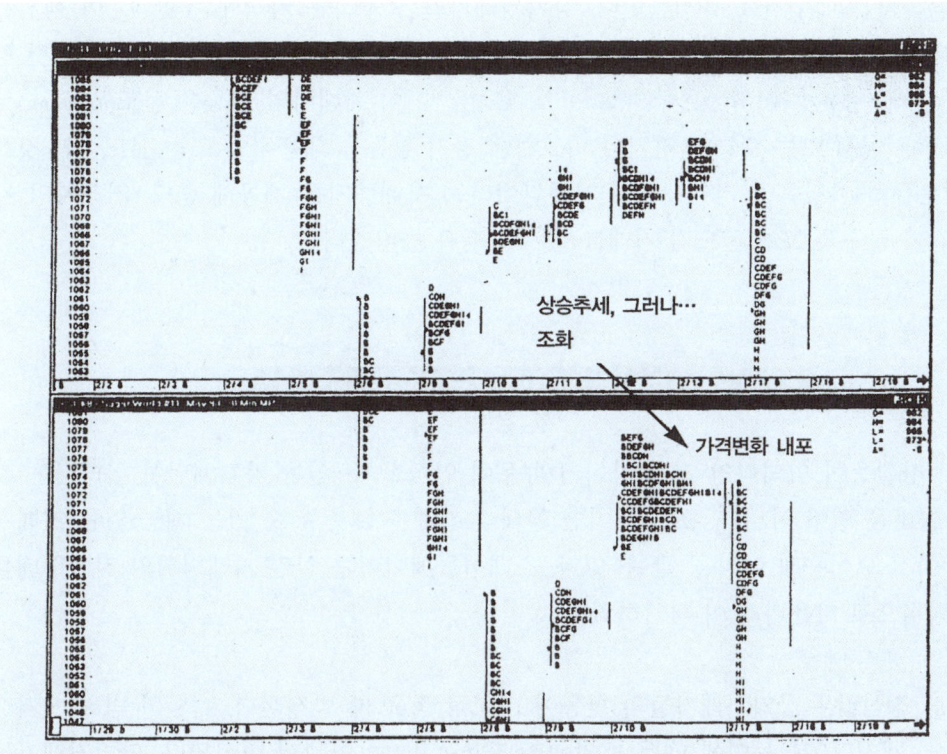

(그림 B-5) 일간 연속프로파일 그래프(위)를 큰 하나의 누적프로파일 그래프(아래)로 통합함으로써 장기 균형 또는 불균형이 전개되는 과정을 관찰할 수 있다(확인 설명 참조).

낮은 가격을 말한다. 단기거래자는 일반적으로 공정가격으로 거래하므로 그들에게는 가격과 가치가 비슷한 의미를 지닌다. 그러나 장기거래자에게는 가격과 가치가 같다고 하는 개념은 정확하지 않다. 가격은 관찰이 가능하고 객관적인 반면, 가치는 장기거래자 각각의 특별한 요구에 따라 인식적이고 주관적이다. 예를 들면, 어떤 날의 최고가격이 이날의 기준으로 보면 과도하거나 불공정한 가격인지 몰라도 다음 주에 가격이 훨씬 더 많이 오를 것이라고 믿는 장기거래자에게는 가치가 적게 느껴진다(예: 오늘의 가격이 다음 주의 예상가치보다 적다).

장기거래자는 자신의 공정가격에 대한 판단을 근거로 현재의 가격을 수용하거나 수용하지 않음으로써 가격과 가치를 구분한다. 가격상승은 매도자를 불러들이는 반면, 가격하락은 매수자를 불러들인다. 장기거래자가 요구하는 가격에 응할 때 이 행위는 기대된 것으로서 대응으로 불린다. 한편, 장기거래자가 이와 상반된 포지션을 취할 경우(가격이 상승한 후 매수하거나 가격이 하락한 후 매도하는 것) 이 기대밖의 행동은 선도(initiating)로 불린다. 어제 또는 오늘의 가치와 비교하여 장기 활동을 대응적인 또는 선도적인 것으로 분류하는 것은 장기거래자의 자신감이라는 사례증거를 제공해 준다. 거래자의 자신감이 클수록 그가 선도적 거래를 할 가능성은 높아진다.

범위의 전개와 프로파일의 패턴

시장활동이 임의적인 것이 아니기 때문에 인식할 수 있는 가격패턴이 나타나는 것은 놀라운 일이 아니다. 초반에 어떤 형태의 전개를 예측할 수 있는 재능 있는 거래자는 이것을 이용해 이익을 낼 수 있다. 스테이들메이어는 일일 거래범위의 전개형태를 개략적으로 다음과 같이 파악하였다.

1. **정상일**은 장기거래자들의 활동이 비교적 적을 때 발생한다. 이날의 범위는 거래 개시 30분 동안에 개척 범위(가격의 첫열로 정의됨) 안에서 형성된다. 단기거래자들이 균형, 불공정 고가와 불공정 저가를 형성한다. 그리고 그날은 가격이 내내 이들 지표들 범위 내에서 순환한다(그림 B-6: 첫 번째 칸 #1 참조 — 오렌지주스).

2. **변형된 정상일**은 장기거래자들이 더 활동적이어서 거래범위가 초기 균형을 초과할 때 발생한다. 이 경우 단기투자자의 초기 균형지표는 유지되지 않고 시장이 방향성을 띠게 되어 가격범위가 확대하고 새로운 고점, 저점 지표가 형성된다. 일반적으로 초기 균형을 초과하는 범위로의 확대는 적게는 두 틱에서 많게는 초기 균형의 두 배가 될 수 있다. 이것이 아마도 가장 흔한 형태의 마켓 프로파일 패턴일 것이다(그림 B-6: 두 번째 칸 #2 참조 — 다우존스 공업평균).

3. **추세일**은 장기거래자가 거래범위의 확대를 심화시킬 경우에 발생한다. 이 경우 시장이 공정가격을 찾아 움직이는 동안, 가격범위는 초기 균형의 두 배가 훨씬 넘으며, 장기거래자가 시장의 방향을 결정한다. 여기서 시장은 한 방향으로 움직이고 이 방향의 극단이나 극단 근처에서 종가가 형성된다(그림 B-6: 세 번째 칸 #3 참조 — 일본 엔).

4. **중립일**은 초기 균형 이후 장기거래자들이 범위를 한 방향으로 확대시킨 뒤 반전하여 반대방향으로 범위를 확대시킬 경우에 발생한다. 중립일은 거래자의 불확실성을 나타내고, 시장이 가격추세의 지속 또는 변화를 살피거나 테스트할 때 발생한다(그림 B-6: 네 번째 칸 #4 참조 — 소).

장기시장활동 추적

가격이 횡보국면일 때 이익을 내는 옵션 매도자를 제외한 대부분의 거래자들이 이익을 내기 위해서는 가격이 어떤 방향으로든 움직여야 한다. 거래자가 방향을 올바로 판단하였을 경우에는 이익을 보게 되고 그렇지 못할 경우에는 손실을 입게 된다. 장기거래자들이 시장의 방향을 결정하기 때문에 가격추세의 증거를 추적하기 위하여 이들의 활동을 관찰한다. 장기거래자들의 활동을 파악하고 평가한 후 가격의 방향에 관해 보다 타당한 판단을 내릴 수 있다. 이 과정은 먼저 장기거래자들이 오늘의 장세에 미치는 영향을 파악하고, 그리고 이것이 미래 시장에 어떤 영향을 미칠 것인가를 고려한다.

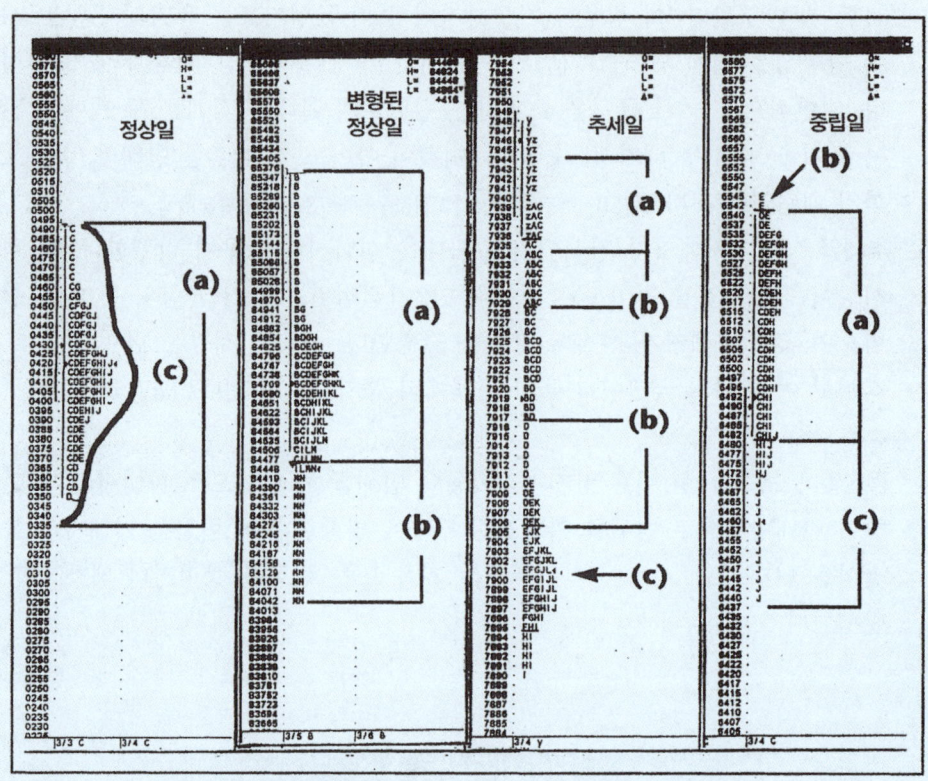

첫째 칸 #1 오렌지주스 둘째 칸 #2 다우공업지수 셋째 칸 #3 일본 엔 넷째 칸 #4 소

(그림 B-6)

정상일

(a) 첫 두 기간(C&D)중 단기거래자들에 의해 초기 균형이 형성되었다.
(b) 장기거래자들의 활동은 소강상태에 있다.
(c) 대칭적 또는 균형적인 가격분포

변형된 정상일

(a) 기간(B&C)중 단가거래자들에 의해 초기 균형이 형성되었다.
(b) 장기거래자들이 가격범위를 거의 초기 균형의 두 배로 늘렸다.

추세일

(a) 기간(y&z)중 단기거래자들에 의해 초기 균형이 형성되었다.
(b) 장기거래자들이 가격범위를 더욱더 확대시켰다.
(c) 시장이 저점에서 마감된다.

중립일

(a) 기간(C&D)중 단가거래자들에 의해 초기 균형이 형성되었다.
(b) 처음 장기거래자들이 E기간 동안 가격범위를 위쪽으로 확대시키고
(c) 뒤이어 장기거래자들이 H기간 동안 가격범위를 아래쪽으로 확장시켰다.

하루의 가격변화에 미치는 영향

마켓 프로파일은 매일 가격이 변하는 동안 장기거래자의 행동을 파악하는 데 도움을 준다. 이 범위 동안, 특히 극단적인 가격에서, 범위확대에서, 그리고 가치영역 완성 후의 장기거래자의 활동을 관찰함으로써 장기매수자 또는 매도자의 활동이 활발한지, 그래서 시장방향을 통제하는지 판단할 수 있을 것이다. 극단적인 가격에서의 활동은 범위확대, 나아가 가치영역에서의 매수와 매도를 유발하는 장기거래자들의 영향에 대한 가장 명확한 실마리를 제공해준다.

1. **극단적인 가격**은 장기거래자들이 어떤 특별한 가격기회를 위해 단기거래자들과 경쟁할 때 형성된다(이 가격수준은 나중에 이 기간중의 저점이나 고점이 된다). 하나의 극단이 있기 위해서는 적어도 두 개의 단독문자가 있어야 한다. 장기거래자가 가격 경쟁에 적극적일수록 더욱 많은 단독문자가 나타나고 단독문자의 극단은 더욱 커진다.

   두 문자 이하일 경우 이것은 장기거래자가 이 가격으로 경쟁하는 것에 더이상 관심이 없다는 것을 의미한다. 장내 정점이나 바닥은 단독문자가 이 범위의 정점과 바닥을 정의할 때만 형성된다. 이 상황은 시장이 누구도 원하지 않는 가격을 제시했다는 의미를 내포하고 있다(경쟁의 흔적이 없다. 그림 B-7: 첫 번째 칸 #1 참조 — 인텔사).

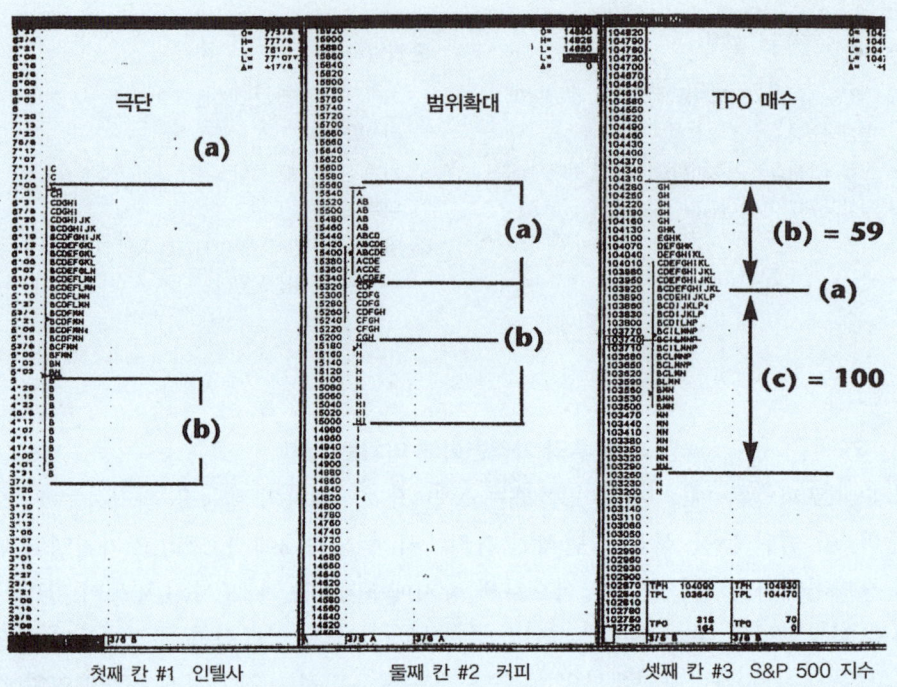

(그림 B-7)

극단 : 극단 형성에는 적어도 2개의 TPO가 필요하다.
(a) 매도극단 77 11/32부터 77 5/32까지
(b) 매수극단 73 31/32부터 75는 단기거래자와 장기거래자의 치열한 경쟁을 반전시켰다.

범위확대 : 장기거래자들이 초기 균형을 파기했을 때 발생한다.
(a) 기간 A&B중에 초기 균형이 형성되었다.
(b) 기간 C, H, I중에 범위가 아래로 확대되었다.

가치영역/TPO 매수 또는 매도 : 장기매수자 또는 매도자들이 가치영역의 현재상황을 결정하는지를 판단한다.
(a) 1039.20에서 최빈값 또는 제일 공정한 가격형성
(b) TPO 매도는 59와 같다.
(c) TPO 매수는 100과 같다.
(d) 매수 쪽으로 치우친 불균형은 시장이 균형을 이루기 위하여 가격이 상승해야 함을 의미한다.

2. **범위확대**는 장기거래자가 초기 균형을 파기할 수 있을 만큼 충분한 양으로 시장에 들어와 범위를 위 또는 아래로 확대시킬 때 발생한다. 범위가 위로 확대되는 것은 장기매수를 나타내는 반면, 아래로 확대되는 것은 장기매도를 나타낸다. 그러나 두 장기매도자와 장기매수자 모두 어떤 극단에서, 각기 다른 가격과 시간에 활동적인 경우도 있다(일반적으로 장기매수자와 장기매도자는 서로 거래하지 않는다는 것을 기억하자).

    예를 들면, 범위가 위로 확대된 후 극단이 형성된 경우 먼저 시장은 상승하여 매수세력을 차단하고, 그리고는 하락하여 매도세력을 차단한다. 이것은 장기매수자와 장기매도자가 같은 가격 영역에서 서로 다른 시간대에 거래하는 한 예가 된다.

    극단에서 발생하는 두 종류의 활동 모두 장기매수와 장기매도의 영향을 평가하기 위하여 파악해야 한다(그림 B-7: 두 번째 칸 #2 참조 — 커피).

3. **가치영역**은 가격이 최빈값을 중심으로 순환함으로써 매 거래기간마다 결정된다(가장 높은 TPO 카운터를 가진 가격 또는 제일 공정한 가격).

    가치영역은 제일 공정한 가격을 둘러싸고 있는 모든 TPO의 70%로 계산한다. 즉, 가치영역은 어떤 기간 거래량의 표준편차로 계산되는 공정가격의 측정치이다(앞에서 다룬 학생들의 예를 기억하자). 장기거래자가 가치영역 안에서 거래하는 경우 그는 그날의 가치를 기준으로 하는 것이 아니라 장기적인 전망에 근거하여 낮은 가격에 매수하고 높은 가격으로 매도하고 있는 것이다. 이러한 행동이 그날의 가치영역에 불균형을 초래한다. 장기거래자의 활동은 TPO를 계산하여 측정한다. 다음 절차를 이용하여 어느 부분에 장기불균형이 포함되어 있는지 판단할 수 있다.

    먼저 가장 공정한 가격을 관통하는 선을 그린다. 그리고 최고 공정가격 양쪽에 있는 TPO들을 하나의 문자가 남을 때까지 헤아린다. 보다 장기적인 거래자들의 활동은 가치영역에서 발생하는 총거래량의 작은 부분을 차지하기 때문에 불균형은 작은 수의 TPO를 가진 쪽에 의해 발생한 것으로 본다. 예를 들면, TPO 카운터가 제일 공정한 가격 위에서는 22이고 아래에서는 12였다면 이것은 낮은 가격 쪽으로 약간 치우친 순TPO 매도를 나타낸다(그림 B-7: 세 번째 칸 #3 참조 — S&P 500 지수).

가치영역에서의 TPO 매수와 매도는 추세일에는 적용되지 않는데, 이는 시장이 아직 공정가치 영역을 찾아가고 있는 중이기 때문이다.

오늘의 프로파일 그래프상에서 장기거래자들의 활동을 정확히 파악하고 평가한 후에는 장기매수자 또는 장기매도자가 현재의 거래를 지배하고 있는지를 판단할 수 있다.

오늘 거래에 국한되지 않는 영향

마켓 프로파일은 오늘의 거래범위에 국한되지 않는 장기거래자의 행동을 파악하는 데 도움이 된다. 거래자의 핵심목표는 현재의 시장가격추세가 계속될 것인가 아니면 변할 것인가를 판단하는 것이다. 시장방향의 변화는 현재 가격추세의 반전이다. 마켓 프로파일이 없이 추세를 판단하는 표준적인 기술적 접근은 적당한 추세선을 그려 그것에 나타나는 가격움직임을 관찰하는 것이다. 추세선이 돌파되지 않은 이상 현재의 가격추세가 계속될 것이라고 기대한다.

추세분석은 특히 세계적으로 이용될 수 있고 다양한 기간(시간, 일간, 주간, 월간 등)에 적용할 수 있다는 적용성을 감안하면 기본적·기술적 분석도구 중 가장 중요한 도구이다. 한편, 마켓 프로파일은 서로 다른 기간들의 시장활동을 평가하므로 전통적 추세 분석의 대안으로 이용된다. 가장 간단하게는, 연속적인 날들의 마켓 프로파일 평가로 단기 가격추세의 시작과 지속을 알 수 있다. 예를 들면, 오늘의 가치영역이 어제의 가치영역보다 높은 경우 현재의 가격추세는 상승추세이다. 더 나아가 내일의 가치영역이 오늘의 가치영역보다 높은 경우 현 시장 상승추세가 계속되어온 것이다. 이러한 방법으로 시장활동을 관찰함으로써 거래자는 추세가 계속될 것인지 아니면 변할 것인지를 파악할 수 있다. 이와 비슷하게 매일매일의 연속적인 프로파일 그래프들을 하나의 큰 누적 프로파일 그래프로 통합함으로써 장기균형과 장기불균형의 전개상황을 알 수 있다.

그림 B-5의 마켓 프로파일은 이 점을 잘 보여주고 있다. 위칸의 각 구간(2/10~2/13)을 언뜻 봐도 반전의 조짐이 보이지 않는 상승시장임을 알 수 있다. 그러나 4개의 연속적인 구간을 결합하면(아래 칸) 누적적으로 균형 잡힌 그림이 나타난다.

일단 균형이 잡히면 일반적으로 시장은 가장 공정한 가격의 마지막 테스트 후 시작되는 불균형 쪽으로 움직인다.

결론

마켓 프로파일 방법은 계속적인 거래활동이 가능한 일련의 데이터를 분석하는 데 이용할 수 있다. 이것은 미국 정부의 중·장기 채권(가격과 수익), 상품선물이나 옵션과 같은 상장 또는 상장되지 않은 자산에까지 적용시킬 수 있다. 마켓 프로파일은 가격의 움직임을 시간단위로, 2차원적으로 — 수직(방향)과 수평(발생빈도) — 나타낸다.

이러한 방법으로 가격움직임을 관찰하면 전통적인 1차원적(수직적) 봉차트에서는 볼 수 없는 가격을 파악할 수 있는 그림이 나타난다. 마켓 프로파일은 표준 봉차트에 비해 특이한 이점들을 제공해준다.

- 마켓 프로파일 그래프 대칭의 특성은 어떤 기간에도 거래자가 시장의 균형(또는 불균형) 상태를 평가할 수 있게 해준다는 데 있다. 시장이 대칭일 경우 매수자와 매도자 사이에 균형 또는 균형상태가 존재한다. 시장 불균형은 시장이 새로운 균형상태를 이루려는 방향으로 움직임에 따라 가격추세가 지속될 것이라는 의미를 내포한다. 그러나 시장의 균형은 순간적이며, 추세에 의존하는 방법들을 고려하도록 거래자에게 알리는 신호가 되는 시장변화나 추세적 움직임(상승 또는 하락)이 발생할 가능성이 높다는 의미를 내포한다.
- 모든 추세변화는 편리하게 한 시간, 하루, 주 또는 월말에 나타나는 것이 아니라 한순간에 발생한다. 마켓 프로파일 그래프는 매수자와 매도자 간에 지배권이 바뀌는 어떤 시점을 보다 정확하게 포착하는 데 이용할 수 있다

이러한 지배권의 이동을 정확히 포착함으로써 거래자들은 마켓 프로파일을 통해 핵심 지지영역과 저항영역을 찾을 수 있다.

간단히 말하면, 마켓 프로파일은 거래자들에게 시간단위로 많은 양의 가격정보를 제공해주고 다른 방법으로는 잘 나타나지 않는 패턴이나 역학을 포착할 수 있게 해준다.

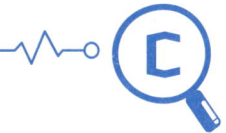

거래시스템을 구성하는 필수 요소들*

거래 시스템을 개발하는 것은 일부 예술, 일부 과학, 일부 상식이다. 우리의 목표는 데이터 기록을 이용하여 최고의 이익을 올리는 시스템을 개발하는 것이 아니라 과거에 잘 들어맞았으며 미래에도 역시 잘 들어맞을 것으로 기대되는 어떤 확실한 개념을 정립하는 것이다.

우리는 과거에 있었던 사실을 미래에도 똑같이 적용할 수 있도록 확률을 높여주는 100% 기계적인 접근방법을 선호한다. 기계적이라는 것은 객관적이라는 것을 의미한다. 만약 열 사람이 똑같은 원리에 의해 똑같은 결과를 얻었다면 이 원리를 객관적이라고 할 수 있다. 기계적 시스템이 종이에 문자로 기록되어 있든 컴퓨터에 입력되어 있든 그것은 문제되지 않는다.

그러나 여기서는 컴퓨터를 이용하고 있으며 '기계적'과 '컴퓨터화된'이라는 용어를 같은 의미로 사용한다고 가정한다. 이것은 비록 컴퓨터가 분명 도움이 되기는 하나 거래시스템 개발에 필수적이라는 의미는 아니다.

기계적 접근법은 우리에게 세 가지 주요한 혜택을 준다.

- **거래에 앞서 아이디어를 테스트해볼 수 있다**

컴퓨터는 어렵게 번 돈을 직접 투자하지 않고도 과거의 기록에 의거하여 아이디어

---

* 이 부록은 프레드 G. 슈츠만(Fred G. Schutzman)이 제공하였다.

를 테스트해볼 수 있도록 해준다. 어떤 시스템이 과거에 어떻게 작동했는지를 관찰할 수 있게 함으로써 실전에서(현재) 더 나은 결정을 내릴 수 있도록 해준다.

- **보다 더 객관적이고 덜 감정적일 수 있다**

대부분의 사람들은 객관적인 분석들을 실제 거래환경에 적용하는 데 어려움을 느낀다. 분석(실제 돈을 투자하지 않은 상태)은 쉽지만 거래(실제 투자하는 경우)는 어렵다. 따라서 우리를 대신해 컴퓨터가 거래할 수 있도록 하면 좋지 않겠는가? 컴퓨터는 감정이 없으며 프로그램을 개발했을 때 우리가 지시한 그대로 정확히 따라 할 것이다.

- **보다 많은 일을 처리할 수 있고 기회를 확대시킬 수 있다**

기계적 접근법은 주관적인 접근법보다 신속하게 적용할 수 있다. 이것은 보다 많은 시장에 적용할 수 있으며, 거래시스템을 이용할 수 있게 하고, 매일 보다 다양한 기간을 분석할 수 있게 한다. 컴퓨터는 우리보다 더 빨리, 그리고 더 오래 일할 수 있기 때문이다.

5단계 계획

1. 개념을 정립한다.
2. 개념을 객관적인 원리로 구체화한다.
3. 차트상에서 시각적으로 체크한다.
4. 컴퓨터를 이용해 정식으로 테스트한다.
5. 결과를 평가한다.

1단계 : 개념(아이디어)을 정립한다

시장이 어떻게 움직이는지에 대해 자신의 개념을 개발한다. 주요 시장움직임의 전조가 되는 이동평균선 교차, 오실레이터의 상태, 가격패턴이나 다른 객관적인 증거들을 포착하기 위해 될 수 있으면 많은 차트들을 관찰하는 일부터 시작한다. 또한 실패할 가능성이 높은 시장움직임에 대한 초기 신호를 알려주는 실마리를 찾는다.

나는 이런 해답을 찾으려는 희망으로 수없이 차트를 연구하였다. 이 '시각적' 접근법이 나에게 큰 도움이 되었다. 그래서 이 방법을 권하는 바이다.

가격차트를 연구하고 이 책과 같은 책을 읽는 것에 추가하여 나는 여러분에게 거래시스템에 대해 공부하고 다른 사람들이 한 것들을 연구하기를 권고한다. 비록 아무도 여러분에게 '성배'(Holy Grail)을 알려주지 않을지라도, 우리 주위에는 쓸모 있는 정보들이 아주 많다. 가장 중요한 것은 자신의 생각을 갖는 것이다. 내가 발견한 바로는 가장 수익성이 높은 아이디어들은 종종 우리 자신들로부터 비롯되었다는 것이다.

대부분의 성공적인 거래시스템들은 추세에 의존한다. 그러나 역추세시스템 또한 간과하면 안 된다. 이는 어느 정도의 부의 상관관계 고려하도록 하기 때문이다. 즉, 이것은 어떤 한 시스템이 돈을 벌고 있을 때 다른 한쪽은 돈을 잃고 있다는 것을 의미하며, 두 쪽을 결합하면 한쪽보다는 덜 위험한 손익곡선이 그려진다.

좋은 개념 정립의 원칙들

일반적으로 좋은 개념은 이치에 잘 맞는다. 개념은 좋은 것 같으나 이치에 맞지 않으면 우연의 일치로 여겨질지도 모른다. 그리고 이러한 개념이 미래에도 계속적으로 잘 들어맞을 확률은 현저하게 감소한다.

개념은 명확하고 객관적이어야 한다. 그리고 추세의존적이라면 주요 추세를 이용한 거래로 수익을 최대화하고 손실은 최소화한다. 가장 중요한 것은 장기적인 관점에서 보았을 때 반드시 수익성이 있는 개념이어야 한다는 것이다(예 : 반드시 긍정적인 기대감을 가져야 한다).

시장 진입 계획은 어렵다. 그러나 시장 철수 계획은 더 어렵고도 중요하다. 진입논리는 비교적 명확하다. 시장에서 철수할 때는 얼마나 빨리 손절매할 것이며, 누적된 이익은 어떻게 처리할 것인가와 같은 여러 상황들을 고려해야만 한다.

나는 자동적으로 반대포지션을 취하지 않는 시스템을 선호한다. 즉, 다른 어떤 반대포지션을 취하기 전에 먼저 어떤 거래를 종결할 것을 권한다. 시장에서 철수하는 기술을 열심히 개발한다면 위험 대비 수익률이 향상될 것이다.

또 다른 한 가지 제안은 가능한 한 최적화를 최소화하라는 것이다. 과거의 데이터를 이용한 최적화 작업은 종종 실제 거래에서는 가능하지 않은 비현실적인 수익률에 대한 기대를 갖도록 한다. 최소의 지표들을 이용하고 같은 기법을 여러 다른 시장에 적용한다. 이것은 과도한 최적화의 함정을 감소시켜 장기적 측면에서의 성공 가능성을 높여준다. 거래시스템을 세 가지로 분류하면 다음과 같다.

추세의존

이 시스템은 바닥에서 매수하고 천장에서 매도하면서 주추세의 방향과 일치하도록 거래한다. 이동평균과 돈치안(Donchian)의 주간 규칙이 자금관리자들에게 인기있는 방법들이다.

역추세

- 지지/저항 : 지지선으로 하락할 때 매수하고 저항선으로 상승할 때 매도한다.
- 조정 : 상승시장의 일시적 하락에서 매수하고 하락시장의 일시적 반등에서 매도한다. 예를 들면, 단지 주추세가 계속 상승추세를 유지하고 있는 경우, 직전 상승의 50% 일시적 하락시점에서 매수한다. 이 시스템의 단점은 얼마나 큰 폭으로 일시적 하락이 발생할지 알 수 없으며 시장에서 철수할 때 적절한 철수 기법을 실행하기 어렵다는 것이다.
- 오실레이터 : 오실레이터가 과매도된 상태일 때 매수하고 과매수된 상태일 때 매도한다. 일련의 가격과 오실레이터 사이에 이탈이 존재할 경우 훨씬 강한 신호가 나타난다. 그러나 일반적으로 매수·매도에 앞서 가격반전의 신호를 기다리는 것이 제일 좋은 방법이다.

패턴인식(시각적, 통계적)

이러한 예에는 매우 신뢰성이 높은 머리어깨형(시각적)과 계절적 가격패턴(통계적)이 포함된다.

2단계 : 개념을 객관적인 원리로 구체화한다

이 단계가 5단계 중에서 가장 어려운 단계로, 우리들 대부분이 처음에 예상했던 것보다도 훨씬 더 어렵다. 이 단계를 성공적으로 완성하기 위해서는 이 원리를 이용하는 100명의 사람들이 정확히 똑같은 결론에 도달할 수 있도록 아이디어를 객관적인 용어로 표현해야 한다. 시스템이 무엇을 어떻게 할 것인지를 결정한다. 이 단계에서는 프로그램 작업을 완성하기 위해 필요한 세부사항을 준비한다. 모든 세부사항을 마련할 때까지 전체적인 문제를 계속적으로 세분화해야 한다.

3단계 : 차트상에서 시각적으로 체크한다

제2단계에서 결정된 명백한 원리들을 따르면서 가격차트 상에 나타난 거래신호들을 눈으로 체크한다. 이것은 두 결과를 달성하기 위한 약식단계로서 점검해야 할 사항은 다음과 같다.

첫째, 아이디어가 올바로 표현되었는지를 본다.

둘째, 복잡한 컴퓨터 코드로 기록하기 전에 이 아이디어가 잠정적으로 수익성이 있는 것인지 체크한다.

4단계 : 컴퓨터를 이용해 정식으로 테스트한다

이제 컴퓨터 코드로 논리를 전환할 단계이다. 나 개인적으로는 플로리다 마이애미에 있는 오메가 연구소(Omega Research)가 개발한 '트레이드 스테이션®'이라는 프로그램을 이용한다.

트레이드 스테이션은 거래시스템을 구축하고 테스트하는 데 이용할 수 있는 가장 종합적인 기술분석 소프트웨어 패키지다. 이것에는 아이디어를 시각화는 것에서부터 실제 거래에 도움을 주는 것까지 모든 것들이 통합되어 있다.

```
{*******************************************************************************
//fileName: JJMBook.Four%Model
//Written by Fred G. Schutzman, CMT
//Logic by Ned Davis
  //see Zweig book: Martin Zweig's Winning with New IRAs, pages 117-128
//Model was designed to be applied to a weekly chart of the Value Line Composite Index
(VLCI)
//Program uses the weekly (usually Friday) close of the VLCI to initiate trades
  //buy if the weekly close of the VLCI rises 4% or more from its lowest close (since the last
sell signal)
  //sell if the weekly close of the VLCI falls 4% or more from its highest close (since the last
buy signal)
//Date last changed: February 8, 1998

********System Properties********
Properties tab:
Pyramid Settings = Do not allow multiple entries in same direction
Entry Settings = default values
Max number of bars system will reference = 1

*******************************************************************************}

Inputs:           perOffLo(4.00),        { percent off lowest close }
                  perOffHi(4.00);        { percent off highest close }
Variables:        LC(0),                 { lowest close}
                  HC(0),                 { highest close }
                  trend(0);              { 0 = no trades yet, +1 = up, -1 down }
{ initialize variables }
If currentBar = 1 then begin
  LC = close;
  HC = close;
  trend = 0;
end;

{ update trend variable and place trading orders }
if trend = 0 then begin
  if ((close-LC) / LC) > = (perOffLo / 100) then trend = +1;
  if ((HC-close) / HC) > = (perOffHi / 100) then trend = -1;
end
else if trend = +1 and ((HC-close) / HC) > = (perOffHi / 100) then begin
  sell on close;
  trend = -1;
  LC = close;
end
else if trend = -1 and ((close-LC) / LC) > = (perOffLo / 100) then begin
  buy on close;
  trend = +1;
  HC = close;
end;

{ update LC & HC variables }
If close < LC then LC = close;
If close > HC then HC = close;

{ End of Code }
```

(그림 C-1) 쉬운 언어코드. 이 코드는 트레이드 스테이션(Trade Station)의 파워 에디터(Power Editor)에 의해 쓰여진 것이다. 이것은 완전한 프로그래밍 언어의 형식과 능력을 갖추었다. 마틴 쥐그가 묘사한 추세의존시스템의 결과는 그림 C-2와 C-3을 참조하라.

컴퓨터 언어로 코드를 기록하는 것은 쉬운 작업이 아니며, 트레이드 스테이션의 '쉬운 언어'(Ease Language™)도 예외는 아니다. 그러나 프로그래머의 이용자 위주 편집과 미리 만들어 둔 많은 기능, 풍부한 샘플 코드들 때문에 '쉬운 언어'는 아주 간단하다(그림 C-1 참조).

일단 프로그램이 작성되면 테스트 단계로 넘어간다. 처음 테스트하기 위한 하나 또는 그 이상의 자료를 선택한다. 주식거래자들에게 이것은 쉬운 작업이다. 그러나 선물거래자들은 비교적 단기에 만료되는 약정의 문제에 직면하게 된다. 나는 잭 슈와거(Jack Schwager)에 의해 일반화된 연속적인(스프레드가 조정된) 가격들을 첫 테스트에 잘 이용한다(Schwager on Futures: Technical Analysis, Wiley, 1996). 이 결과의 전망이 좋아 보이면 실제 약정에 적용한다.

다음은 시스템을 구축할 때 얼마나 많은 데이터를 이용할 것인가를 결정한다. 나는 샘플 테스트를 위한 데이터를 남기지 않고 전체 데이터를 모두 이용한다(자료에 근거하여 시스템을 구축하고, 시스템은 남아 있는 '보이지 않는' 자료로 테스트한다). 많은 전문가가 이 접근법에 동의하지 않는다. 그러나 나는 확실한 개념에 근거하고, 거의 최적화하지 않은, 광범위한 지표들과 시장을 커버하는 테스트 절차에 의존하는 것이 내 방법론에 가장 잘 맞는 최선의 방법이라고 믿는다. 나는 확실하다고 믿는 방법론으로부터 시작하여 나의 이론을 긍정하거나 부정하기 위해 이것을 테스트한다. 내가 알기로는 대부분의 사람들은 이와 반대로 한다. 그들은 어떤 거래시스템을 선택하기 위해 자료들을 테스트한다.

나는 시스템을 테스트할 때 거래비용(여타 비용 및 수수료)은 계산에 넣지 않는다. 대신 마지막에 가서 이것들을 감안한다. 이것이 평가과정을 보다 순수하게 유지하고 향후 어떤 전제가 변해도 결과를 유효하게 유지시켜준다고 믿고 있다.

나의 시스템은 다음과 같이 이루어진다.

다른 매개변수들

만약 내가 5/20 이동평균을 교차시스템으로 이용한다면 나는 6/18, 6/23, 4/21, 그리고 5/19가 잘 들어맞을 것이라고 기대했을 것이다. 그렇지 않을 경우 즉각 5/20의 결과에 대해 회의적이 될 것이다.

다른 기간(1990년~1995년과 1981년~1986년)

최근 5년간의 일본 엔에 대한 테스트에서 좋은 결과를 보인 시스템은 다른 5년간에 대해서도 마찬가지로 좋은 결과를 보여야 한다. 이 분야에 관한 한 나와 견해가 같은 사람은 소수이다.

서로 다른 많은 시장들

원유에 잘 들어맞는 시스템은 또한 같은 기간의 난방용 기름이나 무연 휘발유에도 마찬가지로 잘 들어맞아야 한다. 그렇지 않을 경우 그에 대한 설명을 구하거나 보통 이 시스템을 버릴 것이다. 나는 여기에서 더 나아가 나의 데이터베이스에 있는 모든 시장에 대해 이 시스템을 적용·테스트하며 마찬가지로 잘 들어맞아야 한다.

일단 테스트가 끝나면 의도한대로 시스템이 실행되었는지 확인하기 위해 가격차트 상에서 컴퓨터에 의해 발생한 거래신호들을 눈으로 관찰한다.

'트레이드 스테이션'은 차트상에 직접 매수·매도를 표시함으로써 이 과정을 이행한다. 만약 시스템이 의도한 대로 실행하지 않았다면 코드를 수정하여 다시 테스트한다.

테스트 결과 매우 적은 아이디어들만이 수익성 있는 것으로 밝혀질 것이며, 이 비율은 일반적으로 5% 미만이다. 그리고 어떤 이유에서든 이러한 '성공적인' 아이디어들의 대부분은 실제 거래에 적용되지도 않을 것이다.

5단계 : 결과를 평가한다

거래시스템의 저변에 깔려 있는 개념들을 이해하자. 이것이 의미 있는 것인가, 아니면 우연의 일치인가? 자본곡선(equity curve)을 분석해보자. 침체기를 견뎌낼 수 있는가? 시스템을 거래별로 평가해보자. 신호가 잘못된 때는 어떻게 할 것인가? 시스템이 얼마나 신속하게 손실상태에서 빠져나올 수 있는가? 수익이 난 상태에서 얼마나 오랫동안 머물러 있을 수 있겠는가? 테스트 결과에 확신을 가져야 한다. 그렇지 않으면 시스템을 실제 거래에 적용할 수 없을 것이다.

분석해야 할 세 가지 핵심 트레이드 스테이션 통계는 다음과 같다.

수익요인

총이익/총손실. 이 통계는 달러베이스로 얼마나 많은 손실이 발생했는가를 알려주고, 또한 위험의 정도를 알려준다. 장기거래자의 수익요인은 2.00 또는 그 이상이어야 한다. 단기거래자들은 약간 낮은 수익률을 수용할 수도 있다.

평균거래(수익/손실)

이것은 시스템의 수학적 기대치이다. 이것은 거래비용(수수료 및 기타 비용)을 감당할 만큼 충분히 높아야 한다. 그렇지 않을 경우 손실이 발생할 것이다.

최대 일중 하락

이것은 달러로 계산한 자본의 고점에서 저점까지의 최대 하락폭이다. 나는 이것의 백분율 계산을 선호한다. 나는 또한 초기 투하자본이 잠식되는 것과 기존 이익폭이 줄어드는 것을 구분한다. 일반적으로 나는 후자에 있어 관대하다.

자금관리

비록 부록의 범위에서 벗어나긴 하지만 자금관리는 매우 중요하다. 이것은 성공적인 거래의 열쇠이며 거래시스템만큼 중요하다. 자금관리기법을 잘 익혀야 한다. 그리고 손실을 보는 것도 거래의 한 부분이라는 사실을 받아들인다. 손실을 잘 통제하면 이익은 저절로 불어날 것이다.

이 분야에 있어 될수록 다양하고 많은 방법들을 연습한다. 분산투자는 위험을 일정하게 하고 수익을 증가시키거나 이익을 일정하게 유지시키는 한편 위험을 감소시킨다. 시장, 시스템, 지표, 그리고 기간을 다양화시킨다.

결론

이제까지 거래시스템의 기본 철학과 객관적인 것이 주관적인 것보다 좋다는 것을 논하였다. 그리고 컴퓨터 접근법의 세 가지 중요한 이점과 거래시스템을 구축하는 5단계 계획을 다루었다. 그리고 마지막으로 자금관리와 분산투자의 중요성에 대해 짚어보았다.

거래 시스템은 작업능률을 향상시키고 성공적인 거래자가 되도록 도움을 준다. 그것은 다음 세 가지 이유 때문이다.

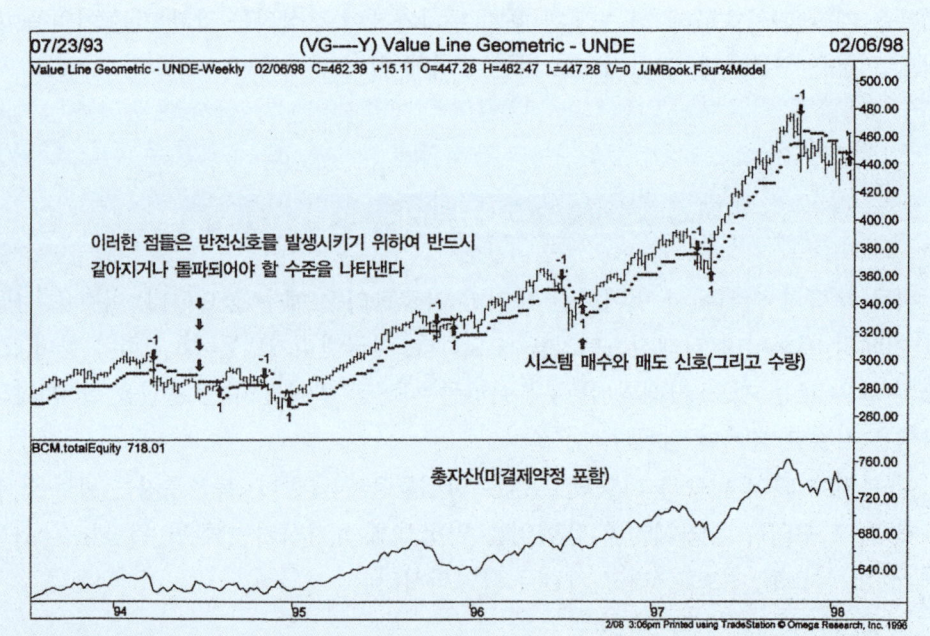

(그림 C-2) 가격차트. 이 거래시스템은 밸류 라인 종합지수(VLCI)의 주간 차트에 적용하기 위해 고안되었다. 기본 개념에 대한 신뢰도 또한 VLCI의 일간 차트, 다른 시장의 일간·주간 차트상에서도 성공적인 테스트 결과를 나타내었다. 이 시스템은 그림 C-1에 묘사되어 있는 시스템이다.

- 거래를 하기 전에 스스로 공부하도록 만든다.
- 정리된 하나의 틀을 만들어주고 원리를 쉽게 따라 할 수 있도록 해준다.
- 다양성을 높일 수 있도록 해준다.

열심히 그리고 헌신적으로 일한다면 누구나 성공적인 거래시스템을 만들 수 있다. 쉽지는 않지만 분명 가능하다. 인생과 마찬가지로, 우리가 얻을 수 있는 것은 우리가 투입한 것과 직결된다(그림 C-2와 C-3 참조).

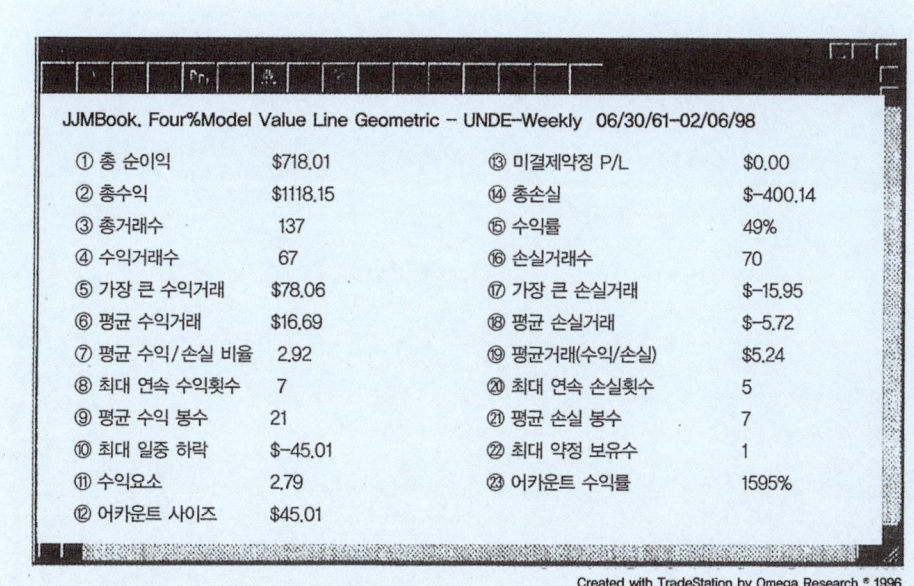

(그림 C-3) 결과요약. 이것은 그림 C-1과 C-2 시스템의 36년 동안의 결과를 요약한 것이다. 지난 12년간의 결과는 전체 결과와 일치한다. 수익변수, 평균거래(수익과 손실), 최대 일중 하락은 매우 훌륭하다.

연속적인 선물약정*

상품선물에 대한 원 데이터만 있으면 다음과 같은 수많은 형태의 약정들을 만들어 낼 수 있다. 최근월 약정, 차근월 약정, 갠(Gann) 약정, 그리고 연속적 약정 등.

다음은 이러한 약정들을 구성하기 위한 아이디어들을 알아보자. 기호는 단지 예시의 목적으로 이용되었다. 이러한 연속적인 약정들은 다이얼 데이터 서비스(Dial Data Service)를 통해 만들 수 있다(56 Pine Street, New York, NY 100005, [212]422-1600).

최근월 약정

최근월 약정은 주로 실제 거래가격으로 이루어진 계속적인 데이터를 원하는 거래자들이 사용한다. 이들은 만기가 되면 다시 자동적으로 이월(롤오버)되는 데이터에 만족한다.

만기가 15~30일 남은 최근월 약정을 거래하는 거래자가 없을 가능성이 매우 높다. 왜냐하면 약정의 후반기에는 유동성이 빠르게 감소하기 때문이다. 다음 약정으로 이월하는 시점에서 만기까지 남은 일수는 거래되고 있는 그 상품선물과(다음 약정까지 남은 개월 수) 개인들의 거래방식의 함수이다. 한 개인이 서로 다른 시점에 서로 다른 상품선

---

* 이 부록은 그레그 모리스(Greg Morris)가 제공하였다.

물로 이월하는 것은 있음직한 일이다. 다음 계약으로 이월할 경우 기존 약정수에 근거할 가능성이 높다. 약정수가 줄어들기 시작하는 시점이 이월해야 할 때이다. 따라서 거래자는 반드시 언제 최근월 약정을 이월할 것인가를 선택할 수 있어야 한다. 최근월 약정은 실제 데이터로 이루어져 있음을 기억하자. 예를 들면, 포트폴리오 관리자 A는 만기 때 이월하고자 한다. 따라서 그가 원하는 것은 기호 TRNE00(미 재무성 채권)의 '표준' 최근월 약정이다. 관리자 A는 자금을 관리하는 사람일 것이며, 이 데이터로부터 자본금을 계산할 수 있다.

거래자 B는 만기월에는 유동성이 충분치 않다고 느끼고 있다. 따라서 그는 만기 15일 전에 최근월 약정을 이월시키려 한다. 약정의 기호는 TRNE15가 될 수도 있을 것이다. 분석가 C는 다른 이월 날짜들을 따져보려고 한다. 그래서 TRNE00, TRNE05, TRNE12, 그리고 TRNE21(만기 5, 12, 21일 전에 이월된다)과 같은 수개의 최근월 약정들을 살펴보려 할 것이다. 이 약정은 모두 최근월 약정들이며, 그 데이터는 실제 약정 데이터이다. 단지 다른 점은 그 데이터가 실제 어떤 약정의 데이터인가 하는 것이다.

차근월 약정

최근월 약정에서 비롯된 유일한 약정이 차근월 약정이다. 언제나 최근월 약정 뒤에 온다는 것을 제외하면 최근월 약정과 같다. 즉, 최근월 약정이 미 재무성 채권의 12월 자료를 이용한다면 차근월 약정은 미 재무성 채권의 3월 자료를 이용한다. 12월 약정의 만기가 도래하면 최근월 약정은 각각 3월 그리고 6월 약정으로 이월된다. 이것이 '차근월-1 약정'의 정의다.

이 개념으로부터 또 다른 차근월 약정이 가능하며, 이것을 '차근월-2 약정'이라 부른다. 여기서 데이터는 항상 최근월 약정으로부터 두 약정이 먼 약정의 데이터가 된다.

위의 예로, 최근월 약정이 12월 약정이라면 차근월-2 약정은 6월 약정이 된다. 12월 약정이 만료되면 최근월 약정은 3월 약정의 데이터를, 그리고 차근월-2 약정은 9월 약정의 데이터를 사용한다.

차근월 약정의 시세표시기호는 TRNXT1와 TRNX2이다. 물론, 이 예의 TR 대신 실제의 선물시세표시기를 사용할 것이다.

갠(Gann) 약정

갠 약정은 어떤 특정월의 약정을 이용하며, 다음 연도의 같은 월로 이월하는 것을 일컫는다. 예를 들면, 7월 밀 선물을 이 계약이 만료될 때까지 이용하고, 갠 약정은 다음 연도의 7월 밀 선물 자료를 사용한다.

갠(Gann) 약정의 시세표시기호는 W07GN, GC04GN, JY12GN 등이다(7월 밀, 4월 금, 12월 일본 엔을 나타냄).

연속 약정

연속 약정은 분석가들이 선물의 유동성 악화와 프리미엄(또는 할인) 차이를 극복하기 위해 개발하였다. 분석가가 수년간의 데이터로 거래모델이나 시스템을 테스트할 때 문제가 발생한다. 이것은 이월 시 가격추세 변동을 보상하며, 데이터의 연속성을 유지시켜준다.

미래 지속적인 연속 약정

미래 지속적인 연속 약정은 일정한 기간을 미래로 계속 투사하는 것이다. 이것을 위해서는 적어도 두(2)개의 약정들이 필요하다. 가장 일반적인 방법은 최근월 약정 2개를 이용해 데이터를 선형추론하는 것(외삽법)이다(그림 D-1 참조).

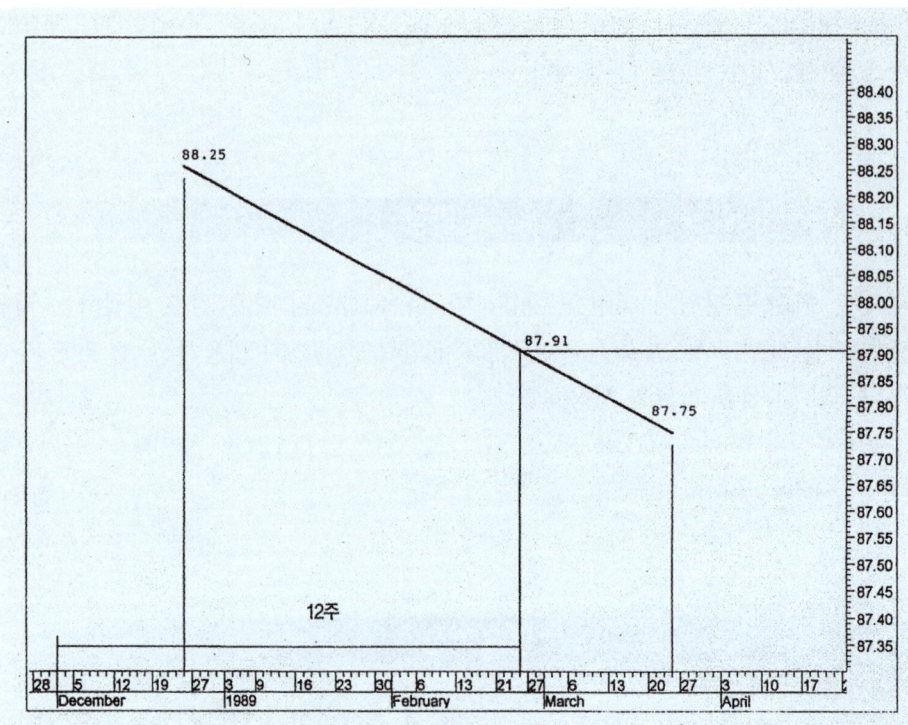

(그림 D-1) 연속 약정의 시각적 표현

    한 방법은 선물거래자에게(최근월에서와 같이) 자신의 미래 지속적인 연속 약정을 구성할 수 있는 능력을 제공하는 것이다. 이것을 위해서는 세 가지가 필요하다. 즉, 상품선물의 기호, 계산에 이용하고자 하는 약정수, 미래 기간의 주수이다.

    예를 들면, 3개의 최근월 약정을 이용하여 14주 후를 내다보는 경우, 그 기호는 TRCF314로 표시된다(TR은 기호, CF는 연속성(미래형), 3은 이용되는 약정(계약) 수, 그리고 14는 가격을 내다보는 기간의 주수).

    이의 구성은 매우 간단하다. 첫째, 각 상품선물에 대해 고정된 이월날짜를 정한다. 예를 들면, 만기 10일 전과 같이 될 것이다. 중요한 것은 실제 만기일 전에 이월이 이루어지는 것이다. 둘째, 사용약정수는 두 개보다 적어서도, 네 개보다 많아서도 안 되고, 2~4개가 되어야 한다는 것이다.

　기간은 적어도 3주 이상이어야 하는데, 경우에 따라서는 40주가 될 수도 있다(이것은 커모더티 시스템사가 이용하는 방법이다).

　3개월의 일정한 만기주기를 가진 미 재무성 채권을 다시 예로 들어보자. 어떤 거래자가 두 개의 최근월 약정을 이용하여 12주 후의 미 재무성 채권선물(기호=TRCF212)의 연속 약정을 원한다고 하자. 오늘이 12월 1일이다. 도표로 나타내면 이것을 더 쉽게 이해할 수 있다(그림 D-1 참조). 수직축은 가격, 수평축은 시간을 나타낸다. 오늘 날짜와 두 최근월 약정의 만기일(12월과 3월)을 수평축에 표시한다. 그는 지금으로부터 12주의 것을 원한다. 따라서 12주 후인 약 2월 25일에 표시한다. 12월 약정의 종가는 88.25였고 3월 약정의 종가는 87.75였다. 이 가격들을 해당되는 약정의 만기일 위에 표시한다. 그리고 이 두 점을 연결함으로써 선형추론이 이루어진다. 이 선의 기울기는 장기적인 금리전망에 따라 다양하게 나타난다(미 재무성 채권의 경우). 특히 이 예에서 보면 3월의 선물가격이 12월의 선물가격보다 낮기 때문에 금리 상승을 전망할 수 있다.

　오늘의 TRCF212 종가를 파악하기 위해서는 수평축에서 오늘로부터 12주가 되는 지점(2월 25일)을 찾아 선형추론으로 연결하면 된다. 그리고 이 점에 해당하는 오른쪽 수직축의 수치가 미래 지속적인 연속 약정의 종가(약 87.91)가 된다.

　교차점이 3월 약정 쪽으로 치우쳐 있으므로 3월 약정이 12월 약정보다 큰 비중을 차지하고 있음을 눈으로도 볼 수 있다.

　이 방법은 또한 시가, 고가, 저가, 종가에도 똑같이 적용될 수 있다. 물론 컴퓨터는 이것을 수학적으로 처리한다. 이것은 단지 어떻게 연속적 계약이 구성되는지를 시각적으로 설명한 것이다.

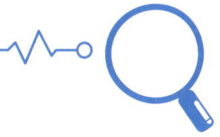

용어해설

- **가격패턴**(Price Patterns)
가격차트에 나타나는 패턴을 말하며, 예측적 가치를 가진다. 가격패턴은 반전형과 지속형으로 나누어진다.

- **가중평균**(Weighted average)
어떤 특정한 기간을 선택하여 최근의 가격자료일수록 더욱 큰 비중을 두는 이동평균이다(이동평균 참조).

- **갭**(Gap)
갭은 거래활동이 없는 봉차트상의 공백이다. 어떤 거래일의 최저가가 직전일의 최고가보다 높을 때 상승갭이 나타난다.
하락갭은 어떤 날의 최고 가격이 직전일의 최저 가격보다 낮을 경우 나타난다. 일반적으로 상승갭은 상승시장의 신호인 반면 하락갭은 하락시장의 신호가 된다. 세 가지 형태의 갭은 이탈갭, 분출갭(또한 측정갭으로 불리기도 함), 그리고 소멸갭이다.

- **거래량**(Volume)
주식, 옵션, 선물계약이 거래되는 정도를 말한다. 기존의 가격추세와 일치하는 방향의 거래량 증가는 가격추세의 확인이다(OBV 참조).

- **경로선**(Channel line)

  기준 추세선에 평행하게 그어진 직선이다. 상향추세에서 경로선은 상승하는 최고점들을 연결한 우상향선이 된다. 하향추세에서 경로선은 저점들을 연결한 우하향선이 된다. 일반적으로 상향 경로선은 가격저항선의 역할을 하게 되고 하향경로선은 가격지지선의 역할을 하게 된다.

- **과매도**(Oversold)

  이 용어는 과매수와 마찬가지로 오실레이터와 관련해서 사용된다. 오실레이터가 하한선에 도달하면 시장이 너무 하락한 상태이며 반등이 임박한 것으로 간주된다.

- **과매수**(Overbought)

  일반적으로 이 용어는 오실레이터와 관련되어 사용된다. 오실레이터가 상한선에 도달하면 시장이 너무 많이 상승하여 집중매도에 노출되어 있다고 간주한다.

- **기본적 분석**(Fundamental analysis)

  기술적 분석과 반대되는 개념으로, 시장활동이 아닌, 경제적 수요와 공급 정보에 근거한 분석 개념이다.

- **기술적 분석**(Technical analysis)

  거래량과 미결제약정을 포함하는 가격차트를 이용하여 시장의 움직임을 연구하는 것을 말한다. 이는 또한 차트 분석, 시장 분석 그리고 최근에는 시각적 분석으로 불리기도 한다.

- **누적거래량 지표**(OBV:On balance volume)

  조셉 그랜빌(Joshep Granville)이 개발한 OBV는 상승·하락 거래량의 총누계이다. 상승일의 거래량은 더하고 하락일의 거래량은 뺀다. OBV선을 가격선과 함께 그리면 이 두 선들이 서로를 확인하는지 알 수 있다(거래량 참조).

• **다우이론**(Dow Theory)
가장 오래되고 가장 높게 평가받는 기술적 이론 중의 하나이다. 다우이론상 매수기회는 다우공업평균과 다우운송평균의 종가가 직전 고점보다 높은 곳에서 형성될 때 발생한다. 매도기회는 두 평균의 종가가 직전의 저점 아래에서 형성될 때 발생한다.

• **단순평균**(Simple average)
각 날의 가격데이터에 같은 가중치를 부여하는 이동평균을 말한다(지수평균과 가중평균 참조).

• **대칭삼각형**(Symmetrical triangle)
가격이 서로 만나는 두 개의 추세선 사이에 형성되는 횡보패턴이다. 여기서 위의 추세선은 하향의 기울기를 갖는 반면 아래의 추세선은 상향의 기울기를 갖는다. 이 패턴은 매수세력과 매도세력이 균형을 이루고 있음을 나타내며, 일반적으로 이러한 상황에서는 직전 추세가 재개된다. 이 두 추세선 중 어느 한쪽을 돌파하는 쪽이 가격추세의 방향이 된다(상승삼각형과 하락삼각형 참조).

• **띠**(Envelopes)
이동평균선의 아래위로 일정한 비율의 간격을 두고 그려진 선을 말한다. 이 선은 시장이 이동평균에서 너무 멀어져 너무 확장되었는지를 판단하는 데 도움을 준다.

• **맥컬렌 오실레이터**(McClellan oscillator)
쉐어먼 맥컬렌이 개발한 이 오실레이터는 일별순 상승-하락값의 19일(10% 추세)과 39일(5% 추세) 가중 이동평균들의 차를 만한다. 값이 0보다 크면 상승을, 0보다 작으면 하락을 나타낸다. 값이 +100을 넘으면 과매수를, -100 보다 작으면 과매도를 나타낸다.

- **맥컬렌 요약지수**(McCellan summation index)
  일별 맥컬렌 오실레이터 값의 누적 총계로 장기시장분석에 이용된다. 상승-하락선과 같은 용도로 이용된다.

- **머리어깨형**(Head and shoulders)
  반전형 중 가장 잘 알려진 패턴이다. 어떤 시장의 천정 부근에서 세 개의 봉우리가 형성되는데, 가운데 봉우리(머리)가 양쪽의 봉우리(어깨)보다 약간 높다. 중간의 두 골짜기의 저점을 연결하는 추세선(목선)이 돌파될 때 이 패턴이 완성된다. 바닥 머리어깨형은 이 패턴과 닮은꼴이며 역머리어깨형이라고도 한다.

- **모멘텀**(Momentum)
  과매수-과매도 오실레이터를 구성하기 위해 이용되는 방법이다. 모멘텀은 선택된 일정 기간의 가격차이를 측정한다. 예를 들어, 10일 모멘텀선을 그리려면 10일 이전의 종가를 최근의 종가에서 빼면 된다. 이렇게 해서 값을 제로선 아래위에 나타내면 된다(오실레이터 참조).

- **미결제약정**(Open interest)
  거래가 끝날 때까지 청산되지 않은 옵션과 선물계약을 말한다. 미결제약정의 증감을 보면 어떤 선물과 옵션계약에 돈이 투입되고 빠져나가는가를 알 수 있다. 선물시장에서 미결제약정의 증가는 기존의 추세가 양호한 상태에 있음을 나타낸다. 미결제약정은 또한 유동성 정도를 나타낸다.

- **민감도 지표**(Sentiment indicators)
  시장의 강세, 약세의 정도를 측정하기 위한 심리적 지표. 이러한 지표들은 역(반대) 지표로서 과매도 또는 과매수 오실레이터와 같은 용도로 사용된다.

- **반전율**(Retracements)
  가격은 보통 기존의 추세를 재개하기 전에 어떤 비율만큼 반전한다. 가장 잘 알려진 예는 50% 반전율이다. 보통 최소·최대 반전율은 1/3과 2/3이다. 엘리엇의 파동분석은 피보나치 반전율 38%와 62%를 사용한다.

• **반전형**(Reversal pattern)
가격차트상의 가격패턴으로, 일반적으로 추세반전이 일어나고 있음을 나타낸다. 반전형 중 가장 널리 알려진 것이 천정·바닥 머리어깨형, 2중형, 3중형이다.

• **변화율**(Rate of change)
이는 과매수-과매도 오실레이터를 작성하기 위해 이용되는 기법이다. 변화율에는 어떤 일정한 기간의 가격비율이 이용된다. 10일 변화율 오실레이터를 작성하기 위하여 마지막 종가를 10일 이전의 종가로 나눈다. 결과치를 100 아래위에 나타낸다.

• **볼린저 밴드**(Bollinger bands)
존 볼린저(John Bollinger)가 개발한 이 지표는 20일 이동평균 위아래 두 표준편차의 거래범위를 나타낸다. 가격은 종종 윗선에서 저항을 만나게 되고 아랫선에 의해 지지된다.

• **봉차트**(Bar chart)
봉차트상의 각각의 막대는 하루의 움직임을 나타낸다. 수직 막대는 그날의 최저가에서 시작하여 그날의 최고가에서 끝난다(변동범위). 막대의 왼쪽에 있는 작은 선은 시가를 나타내는 반면 막대의 오른쪽에 있는 선은 종가를 나타낸다. 봉차트는 월간, 주간, 시간, 분 단위를 비롯한 어떤 기간의 움직임도 표현할 수 있다.

• **분출갭**(Runaway gap)
일반적으로 어떤 중요한 시장추세의 중간에 발생하는 가격갭이다. 이러한 이유 때문에 측정갭이라고 부르기도 한다(가격갭 참조).

- **비율분석**(Ratio Analysis)

  두 부문의 상대적 강세를 비교하기 위한 비율로 이용된다. 개별주식 또는 개별업종을 S&P 500으로 나눈 값으로, 이 개별주식이나 업종이 전체 주식시장을 앞지르고 있는지 아니면 끌려가고 있는지를 판단할 수 있다. 어떤 두 부문간의 비교를 위해 비율분석을 이용할 수 있다. 비율값이 증가하면 비율의 분자가 분모를 앞지르는 것이 된다. 중요한 전환점을 찾기 위하여 추세분석을 비율선에 적용할 수도 있다.

- **사각깃발형**(Flag)

  지속형 가격패턴, 일반적으로 3주 이상 지속되지 않는다. 모양은 기존 추세와 반대의 기울기를 가진 평행사변형을 닮았다. 사각깃발형은 역동적 가격추세에서의 일시적 중단을 나타낸다(삼각깃발형 참조).

- **삼각깃발형**(Pennant)

  이 지속형 가격패턴은 보다 수평적이라는 것을 제외하고는 사각깃발형과 유사하다. 그리고 이것은 작은 대칭삼각형을 닮았다. 일반적으로 삼각깃발형은 사각깃발형과 마찬가지로 1주~3주까지 지속되며, 이후 직전 추세가 재개된다.

- **삼각형**(Triangles)

  가격이 서로 만나는 두 개의 추세선 사이에서 변동하는 수평적 가격패턴을 일컫는 말이다. 삼각형의 세 가지 형태는 대칭형, 상승형, 하락형이다.

- **상대적 강세지수**(Relative Strength Index : RSI)

  웰리스 와일더(Welles wilder)가 개발한 유명한 오실레이터로, 그가 1978년에 직접 출판한 책 『기술적 거래시스템에서의 새로운 개념』(New Concept in technical trading System)에 발표되었다. RSI는 0에서 100까지의 눈금이 새겨진 수직 막대에 표시된다. 값이 70 이상인 경우는 과매수, 그리고 30 이하인 경우는 과매도로 간주한다. 가격이 70위 또는 30 아래에 있고 기존의 가격추세를 이탈하는 경우 이를 추세반전의 신호로 간주할 수 있다. 일반적으로 RSI는 9 또는 14기간을 이용한다.

- **상승-하락선**(AD선)

  주식시장의 상승 또는 하락의 범위를 측정하기 위하여 가장 널리 사용되는 지표 가운데 하나이다. 매일(또는 매주) 상승주식의 수를 하락주식의 수와 비교한다. 상승주식수가 하락주식수를 초과할 경우 그 차이만큼을 이전의 누적 총계에 더한다. 하락주식수가 상승주식수를 초과할 경우 그 차이만큼을 이전의 누적 총계에서 뺀다. 상승-하락은 일반적으로 인기있는 다우공업지수와 비교되기도 한다. 상승-하락선과 다우공업지수는 반드시 같은 방향의 추세선을 가져야 한다. 상승-하락선이 다우공업지수와 이탈하기 시작하는 경우 이것은 추세전환의 가능성을 알리는 초기 신호가 된다.

- **상승삼각형**(Ascending Triangle)

  일종의 수평 가격패턴이다. 여기서 위 추세선은 평행인 반면 아래 추세선은 상향이다. 일반적으로 이것은 강세패턴이다(삼각형 참조).

- **상승추세선**(Up trendline)

  반등 저점을 연결할 우상향의 직선을 말한다. 상승추세가 오래 지속되면 될수록, 돌파의 고비를 많이 넘기면 넘길수록 중요성은 커진다. 일반적으로 상승추세선의 돌파는 상승추세가 반전하고 있다는 신호가 된다(하락추세선 참조).

- **선차트**(Line charts)

  어떤 일정한 기간 동안 어떤 시장의 종가들을 연결한 선을 말한다. 결과적으로 도표상에 곡선이 나타난다. 이러한 형태의 차트는 일반적으로 시장간 분석에 이용되며, 차트를 서로 겹치거나 비교할 때 유용하다. 이 방법은 또한 만기가 없는 뮤추얼펀드의 시각적 추세 분석에도 이용된다.

- **섬모양반전**(Island reversal)

  며칠 사이에 서로 방향이 다른 소멸갭과 이탈갭이 발생하는 것을 말한다. 예를 들면, 어떤 상승추세가 끝나갈 무렵 상승갭이 발생하고 곧이어 며칠 이내에 하락갭이 발생하는 것을 말한다. 이로 인해 양쪽에 두 개의 갭을 가진 2~3일간의 거래가 동떨어져 발생한다(가격갭 참조).

• **소멸갭**(Exhaustion gap)
중요한 추세의 끝부분에서 발생하는 갭으로, 어떤 추세가 끝나고 있음을 알려준다(갭 참조).

• **스토캐스틱**(Stochasitcs)
과매수-과매도 오실레이터는 조지 레인(George Lane)에 의해 보편화되었다. 주로 14기간이 이용된다. 스토캐스틱은 %K와 이것의 3기간 이동평균인 %D의 두 선을 사용한다. 이 두 개의 선은 0과 100 사이를 수직으로 변동한다. 값이 80 이상이면 과매수를, 20 이하이면 과매도를 나타낸다. 보다 빠른 %K선이 보다 느린 %D선을 상향교차하고 이 두 선이 20 아래에 있으면 매수신호가 발생한다. %K선이 %D선을 하향교차하고 이 두 선이 80 위에 있으면 매도신호가 발생한다.

• **시각적 분석**(Visual analysis)
시장의 방향을 예측하기 위하여 차트와 시장지표를 이용하는 분석방법이다.

• **시장간 분석**(Intermarket analysis)
시장분석의 추가적인 고려 사항은 어떤 시장과 관련된 다른 시장부문의 가격움직임이다. 주요 네 개 부문은 통화, 상품, 채권, 그리고 주식이다. 국제적 시장간 분석도 가능하다. 이 접근법은 '모든 시장은 서로 연관되어 있으며 상호 영향을 미친다'는 전제를 근거로 하고 있다.

• **암 지수**(Arms index)
리처드 암(Richard Arms)이 개발한 이 역(반대)지표는 하락주식수의 평균을 상승주식수의 평균으로 나눈 비율이다. 1.0보다 낮은 값은 상승주식수가 많음을 나타내고, 1.0보다 높은 값은 하락주식수가 많음을 나타낸다. 암 지수의 10일 평균이 1.20인 경우에는 과매도상태를 나타낸다. 반면, 10일 평균이 0.70 이하이면 과매수상태를 나타낸다.

- **엘리엇의 파동분석**(Elliott wave analysis)

반복적인 파동패턴과 피보나치 수열에 근거한 시장분석 접근법이다. 엘리엇의 이상적인 파동패턴은 다섯 개의 상승파동과 세 개의 하락파동으로 이루어진다(피보나치 수 참조).

- **오실레이터**(Oscillator)

시장의 과매수 또는 과매도 상태를 판단하는데 도움이 되는 지표이다. 오실레이터가 상한선에 도달하면 이 시장은 과매수시장이고, 오실레이터가 하한선에 도달하면 이 시장은 과매도시장이다(모멘텀, 변화율, 상대적 강세지수, 스토캐스틱 참고).

- **이동평균**(Moving average)

추세가 존재하는 환경에서 가장 유용한 추세의존 지표이다. 이동평균은 가격의 움직임을 완만하게 하지만 실시간으로 나타낼 수 없다는 시간 지체의 한계를 가진다. 예를 들어, 어떤 주식의 10일 이동평균은 단순히 그 주식의 지난 10일간의 종가를 합하여 10으로 나누기만 하면 된다. 이 절차를 매일 되풀이한다. 매수·매도 기회를 포착하기 위해 기간이 다른 어떤 이동평균도 이용할 수 있다. 오로지 하나의 이동평균만 이용할 경우, 매수기회는 이동평균 위에서 종가가 형성될 때 발생한다. 두 가지 이동평균을 이용할 경우, 매수기회는 단기이동평균이 장기이동평균을 상향돌파할 때 발생한다. 이동평균에는 세 가지의 종류가 있다. 단순, 가중, 지수 이동평균이다.

- **이탈**(Divergence)

두 지표가 서로 일치하지 않고 다른 방향으로 움직이는 경우를 말한다. 예를 들면, 오실레이터 분석에서 가격추세는 상승인 반면 오실레이터는 하락하기 시작하는 경우이다. 일반적으로 이탈은 추세반전의 신호가 된다(확인 참조).

- **이탈갭**(Breakaway gap)

  어떤 중요한 가격패턴의 완성기에 형성되는 가격갭이다. 일반적으로 이탈갭은 중요한 가격변화의 시작을 알리는 신호이다(갭 참조).

- **저항**(Resistance)

  지지의 반대 개념이다. 저항은 직전의 가격 고점으로 표시되며, 가격이 이 선 위로 상승하는 것을 억제하는 한계선의 역할을 한다.

- **주간 반전**(Weekly reversal)

  월요일 낮은 가격으로 시작하여 금요일 종가가 직전 주의 종가보다 높게 끝나는 경우 상승 주간 반전이 나타난다. 하락 주간 반전은 한 주를 전주보다 높은 가격으로 시작하여 금요일에 전주보다 낮은 종가로 마무리되는 경우를 말한다(핵심반전일 참조).

- **지속형**(Continuation patterns)

  기존 추세의 일시적 중단이나 강화를 의미하는 가격패턴이다. 가장 일반적인 형태는 삼각형, 사각깃발형, 삼각깃발형이다.

- **지수평균**(Exponential smoothing)

  모든 데이터 포인터를 사용하는 이동평균으로, 최근 데이터일수록 더 많은 가중치를 준다(이동평균 참조).

- **지지**(Support)

  가격의 하락을 멈출 수 있을 만큼 매수세력이 충분한, 시장가 아래의 가격 또는 가격대를 말한다. 일반적으로 직전 저점이 지지선이 된다.

- **추세**(Trend)

  가격들이 움직여가는 방향을 말한다. 상승하는 봉우리들과 골짜기들은 상승추세를 이루는 반면, 하락하는 봉우리들과 골짜기들은 하락추세를 이룬다. 거래범위는 봉우리들과 골짜기들이 수평을 이루고 것이 특징이다. 일반적으로 추세는 기간에 따라 주추세(1년 이상), 중추세(1개월~6개월까지), 소추세(1개월 이하)로 분류한다.

• 추세선(Trendlines)

상승추세에서는 반등(reaction)저점들을 연결한 직선이고, 하락추세에서는 반등 고점들을 연결한 직이다. 추세선은 가격이 상승 또는 하락하는 속도를 나타낸다. 일반적으로 추세선의 돌파는 추세반전을 알리는 신호가 된다.

• 투자자문가의 상승예측확률(Percent Investment Advisors bullish)

주식시장의 강세 동향으로, 뉴욕에 있는 뉴 로첼(New Rochelle)의 투자자 정보에 의해 매주 발표된다. 전문가들 중 35%가 시장을 강세로 보면 이 시장은 과매도시장으로, 55%가 강세로 보면 이 시장은 과매수시장으로 간주된다.

• 피보나치 수(Fibonacci numbers)

피보나치 수(1, 2, 3, 5, 8, 13, 21, 34, 55, 89, 144)는 첫 번째 두 번째 수의 합이 세 번째 수가 되는 수열이다. 어떤 수의 그 다음 큰 수에 대한 비율은 62%이며, 이것이 가장 일반적인 피보나치 추적수이다. 62%의 역이 되는 38% 또한 피보나치 추적수로 이용된다. 어떤 수와 바로 앞수와의 비율은 1.62%이며, 이것은 피보나치 목표가격을 계산하는 데 이용된다(엘리엇의 파동이론 참조).

• 하락삼각형(Descending triangle)

서로 만나는 두 추세선 사이에서 횡보하는 가격패턴이다. 이 패턴에서 위 추세선은 하향의 기울기를 갖는 반면 아래 추세선은 수평이다. 일반적으로 이것은 약세 패턴이다(삼각형 참조).

• 하락추세선

연속적인 반등 고점들(rally peaks)을 연결한 우하향의 직선. 일반적으로 하락추세선의 돌파는 하락추세의 반전을 알린다(추세선 참조).

- **핵심반전일**(Key reversal day)
  상승추세에서 시작가격이 새로운 고점을 갱신하고 종가가 직전의 종가보다 낮은 가격에 형성될 경우 이 하루 패턴이 발생한다. 핵심반전일의 가격변동범위가 넓을수록, 그리고 거래량이 많을수록 반전이 일어날 확률은 커진다(주간 반전 참조).

- **확인**(Confirmation)
  서로 일치하는 시장 요인들을 가능한 많이 고려한다. 예를 들어, 가격과 거래량이 함께 증가하는 경우, 거래량이 가격 움직임을 확인한다. 확인의 반대는 이탈이다.

- **MACD**
  제럴드 애펠(Gerald Appel)이 개발한 MACD는 두 개의 선으로 나타난다. 첫 번째 MACD선은 종가의 두 지수적(가속적) 이동평균(일반적으로 12일과 26일)간의 차이다. 두 번째 선(신호)은 일반적으로 첫 번째(MACD) 선의 9일 EMA이다. 이 두 선이 서로 교차할 때 신호가 발생한다.

- **MACD 막대그래프**
  신호와 MACD선의 차이를 나타내는, 변형된 MACD 체계를 말한다. 두 선의 간격 차이를 빨리 파악할 수 있어야 빨리 거래기회를 포착할 수 있다.

- **2중 천정형**(Double top)
  이 가격패턴은 두 개의 현저한 봉우리들을 가진다. 이 반전형은 두 봉우리 사이에 있는 저점이 돌파됨과 동시에 완성된다. 2중 바닥형은 이 패턴과 닮은꼴이다.

- **3중 천정형**(Triple top)
  현저한 세 개의 봉우리를 가진 가격패턴으로, 세 봉우리 모두 같은 높이를 갖는다는 것을 제외하면 머리어깨형과 비슷하다. 3중 바닥형은 3중 천정형과 닮은꼴이다.

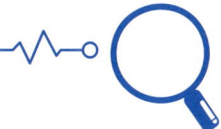

참고문헌

Achelis, Steven B., *Technical Analysis from A to Z*, Probus, 1995.

Allen, R.C., *How to Build a Fortune in Commodities*(Windsor Books, Brightwaters, NY) (Best Books, Chicago) 1972.

Allen, R.C., *How to Use the 4 Day, 9 Day, and 18 Day Moving Averages to Earn Large Profits in Commodities*, Best Books 1974.

Arms, Richard W., The Arms Index(TRIN), Dow Jones-Irwin, 1989.

———, *Volume Cycles in the Stock Market : Market Timing Through Equivolume-* Charting, Dow Jones-Irwin, 1983.

Bressert, Walter J., *The Power of Oscillator/Cycle Combinations*, Bressert & Associates, 1991.

Burke, Michael L., *Three-Point Reversal Method of Point & Figure Construction and Formations*, Chartcraft, 1990.

Colby, Robert W. and Thomas A. Meyers, The Encyclopedia of Technical *Market Indicators*, Dow Jones-Irwin, 1988.

deVilliers, Victor, *The Point and Figure Method of Anticipating Stock Price Movements*(1933: available from Traders' Library, P.O. Box 2466, Ellicott City, MD 20141[1-800-222-2855]).

Dewey, Edward R. with Og Mandino, *Cycles, the Mysterious Forces That Trigger Events*, Manor Books, 1973.

Dorsey, Thomas J., *Point & Figure Charting*, Wiley, 1995.

Edwards, Robert D. and John Magee, *Technical Analysis of Stock Trends*, 5th Edition, John Magee, 1966.

Ehlers, John F., *MESA and Trading Market Cycles*, Wiley, 1992.

Elder, Alexander Dr., *Trading for a Living*, Wiley, 1993.

——, Study Guide for Trading for a Living.

Freund, John E. and Frank J. Williams, *Moderm Business Statistics*, Prentice-Hall.

Frost, Alfred J. and Robert R. Prechter, *Elliott Wave Principle, Key to Stock Market Profits*, New Classics Library, 1978.

Gann, W.D., *How to Make profits in Commodities*, revised edition, Lambert-Gann Publishing, orig. 1942, reprinted in 1976.

Graville, Joseph, *Granville's New Key to Stock Market profits*, Prentice Hall, Englewood Cliffs, NJ, 1963.

Hadady, R. Earl, *Contrary Opinion : How to Use It for Profit in Trading Commodity Futures*, Hadady Publications, 1983.

Hamilton, William Peter, *The Stock Market Barometer*, Robert Rhea developed the theory even further in the *Dow Theory*(New York: Barron's), published in 1932.

Hurst, J.M., *The Profit Magic of Stock Transaction Timing*, Prentice-Hall, 1970.

Kaufman, Perry, *Smarter Trading*, McGraw-Hill, 1995.

Kondratieff, Nikolai, translated by Guy Daniels, *The Long Wave Cycle*, New York : Richardson and Snyder, 1984.(Two other books on the subject are *The K Wave* by David Knox Barker and *The Great Cycle* by Dick Stoken.)

LeBeau, Charles and David W. Lucas, *Technical Traders Guide to Computer Analysis of the Futures Market*, Business One Irwin, 1992.

Lukac, Louis, B. Wade Brorsen, and Scott Irwin, A Comparison of *Twelve*

Technical Trading Systems, Traders Press, Greenville, SC, 1990.

McMillan, Lawrence G., *McMillan on Options*, Wiley, 1996.

Moore, Geoffrey H., *Leading Indicators for the 1990s*, Dow Jones-Irwin, 1990.

Morris, Gregory L., *Candlestick Charting Explained*, Dow Jones-Irwin, 1995(Originally published as CandlePower in 1992).

Murphy, John J., *Intermaket Technical Analysis*, Wiley, 1991.

─── , *The Visual Investor : How to Spot Market Trends*, Wiley, 1996.

Neely, Christopher, J., *Technical Analysis in the Foreign Exchange Market : A Layman's Guide*, Federal Reserve Bank of St. Louis Review, September/October 1997.

Neill, Humphrey B., *The Art of Contrary Thinking, Caldweel*, OH : The Caxton Printers, 1954.

Nelson, S.A., *ABC of Stock Market Speculation*, First published in 1903, Reprinted in 1978 by Frasier Publishing Co.

Nison, Steve, *Japanese Candlestick Charting Techniques*, NY Institute of Finance, 1991.

─── , *Beyond Candlesticks*, Wiley, 1994.

prechter, Jr., Robert R., *The Major Work of R.N. Elliot*, Gainesvill, GA : New Classic Library, 1980.

Pring, Martin J., Technical Analysis Explained, Third Edition, McGraw-Hill, 1991.

─── , Pring on Market Momentum, Intl. Institute for Economic Research, 1993.

Ruggiero, Murray A., *Cybernetic Trading Strategies*, Wiley, 1997.

Schwager, Jack D., S*chwager on Futures Technical Analysis*, Wiley, 1996.

Steidlmayer, Peter J., *141 West Jackson*, Steidlmayer Software, 1996.

─── , Steidlmayer on Markets, A New Approach to Trading, Wiley, 1989.

Teweles. Richard J., Charles V. Harlow, Herbert L. Stone, *The Commodity Futures Game*, McGraw-Hill.

Wheelan, Alexander, *Study Helps in Point & Figure Technique*, Morgan Rogers &

Roberts, 1954, reprinted in 1990 by Traders Press.

Wilder J. Welles, *New Concepts in Technical Trading Systems*, Greensboro, NC : Trend Research, 1978.

Wilkinson, Chris, Technically Speaking : Tips and Strategies from 16 Top Analysis, Traders Press, 1997.

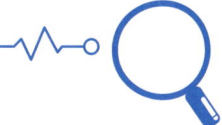

발췌 자료

FINANCIAL BOOK DEALERS

Fraser Publishing Company, PO Box 494, Burlington, VT 05402 (800) 253-0900

Traders Library, PO Box 2466, Ellicott City MD 21041 (800) 272-2855

Traders Press, PO Box 6206, Greenville, SC 29606 (800) 927–8222

TECHNICAL MAGAZINES

Futures Magazine, 250 s, Wacker Drive, #1150, Chicago, IL 60606 (312) 977–0999

Technical Analysis of Stocks & Commodities, 4759 California Avenue S.W., Seattle, WA 98116 (800) 832-4642

TECHNICAL SOFTWARE

Metastock, Equis International, 3950 s. 700 East, Suite 100, Salt Lake City, UT 84107 (800) 882-3040

North Systems, Inc., CandlePower, S. Salem, OR (503) 364-3829

SuperCharts and TradeStation, Omega Research, 8700 Flager Street, Suite 250, Miami, FL (305) 551-9991

MARKET DATA

Dial Data, Track Data Corp., 56 Pine Street, New York, NY 10005 (800) 275–5544

Telescan, 5959 Corporate Drive, Suite 2000, Houston, TX 77036 (800) 324-8246

CHART SERVICES

Chartcraft, 30 Church Street, New Rochelle, NY 10801 (914) 632-0422

Futures Charts, Commodity Trend Service, PO Box 32309, Palm Beach Gardens, FL 33420 (800) 331-1069

SRC stock charts, Securities Research Company, 101 Prescott street, Wellesley Hills, MA 02181 (781) 235-0900

The Business Picture, Gilman Research Corporation, PO Box 20567, Oakland, CA 94620 (510) 655-3103

TECHNICAL ORGANIZATIONS

International Federation of Technical Analysis(IFTA), PO Box 1347, New York, NY 10009

Market Technicians Association(MTA), One World Trade Center, Suite 4447, New York, NY 10048 (212) 912-0995

찾아보기

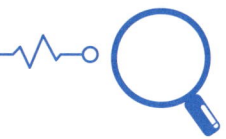

찾아보기	페이지
ㄱ	
가격갭	116, 427
가격과 가치	513, 514
가격구조	35
가격띠(price band)	222
가격여과장치	93, 144
가격예측	55, 418, 419
가격움직임	24, 91
가격패턴	123, 296
가격패턴을 확신시켜주는 거래량	186
가치영역	519, 520
강세 대 약세 세력	280
강세여론지수의 해석	280
강화형	137, 157

찾아보기	페이지
개념(아이디어)을 정립한다	524
개별주식	450, 452, 460
개장 암 지수	474
객관적인 원리	527
갠	99, 109, 112
갠(Gann) 약정	537
갠(Gann)과 피보나치(Fibonacci) 부채선	112
갠선	112
갭	99, 114
거래량	51, 64, 67, 126, 130, 157, 161, 181
거래량 폭증(Blowoff)	197
거래량과 미결제약정	180
거래량의 중요성	130, 157, 172
거래량의 형태	161
거래범위(trading range)	171, 248

찾아보기	페이지
거래시스템을 구축	527, 532
거래신호	527
거래자 위탁보고서	198
거래전술	307, 424
거래주기	387
거짓 상승신호	144
결과를 평가한다	530
경기지표로서의 주식	55
경로(Channeling)	356
경로선(Channel line)	103, 158
경제적 예측	33
계량적 분석	34
계속적인 교섭	511
계절주기	384, 394
고도의 기술적 지표들	493
고점반전일	113
골	373
공인 시장 분석가(CMT)	485
관리계좌(managed accounts)	435
관통선	326, 331
교번의 원칙(The Rule of Alternation)	355
구성원리	510
국제연합회	486
귀가 비둘기	332, 338
그레그 모리스(Greg Morris)	329
극단적인 가격	517

찾아보기	페이지
금리시장	32
금융선물시장	32
기계적 시스템	413
기본 양초형	322
기본개념	72
기본적 분석가	28, 30, 484
기본주기	384
기술적 거래시스템에서의 새로운 개념	260
기술적 분석	24, 28, 30, 35
기술적 분석가	34, 262
기술적 분석가와 차트 분석가	33
기술적 분석과 기본적 분석의 통합	484
기술적 분석의 유연성과 적용성	30
기술적 예측과 기본적 예측	28
기술적 요인과 자금관리의 통합	427
기술적 접근법에 대한 비판	38
기술적 지표	313
기술적인 개념의 통합	427
기초개념	373
긴 다리 도지(Long-legged Doji)	323
깃대	167
까마귀	332, 337

찾아보기	페이지
ㄴ	
나스닥 종합지수	462, 478
남쪽의 세 별	332, 337
내부추세선	112
뉴욕 증권거래소(NYSE) 종합지수	477
닉 밴 나이스(Nick Van Nice)	200
닐	279
ㄷ	
다른 기술적 도구와 반대견해의 조합	282
다른 기술적 도구와 주기의 조합	399
다른 분야에 적용되는 기술적 분석	32
다른 패턴과의 유사점과 차이점	173
다양한 AD선	465
다우공업지수	461, 477
다우공업평균	447
다우이론	46, 47, 54, 55, 342, 347
다우이론에 대한 비판	54
다우존스 공업평균	37, 56
다우존스 앤 컴퍼니(Dow Johns & Company)	47
다우존스 운송평균	56
다우존스 유틸리티 지수	56
다우지수	461
다이얼 데이터 서비스(Dial Data Service)	535

찾아보기	페이지
단기거래자와 장기거래자는 서로 다른 역할을 한다	512
단순 이동평균	223, 233
단순형	221
대규모 헤저	199
대등한 상승	332, 337
대등한 하락	332, 337
대칭	353
대칭분포	506
대칭삼각형	153, 155, 158
대칭형	135, 153, 156
대통령 선거주기	398
던 앤 하짓 금융 서비스	239
데이 트레이딩(day trading)	32
데이터 서비스(Dial Data Service)	535
도구와 지표의 사용	405
도르시(Dorsey)	313
도지별	331
도지 양초	323
돌파의 정도	84
동시성	376, 379
두 개의 이동평균 교차접근법	274
두 개의 이동평균 이용방법	227
두 개의 이동평균을 이용한 오실레이터 작성	256
등락	235
등락범위를 나타내는 밴드	235
DI	411

찾아보기	페이지	찾아보기	페이지
DM	403, 405	매매신호 포착	267
뚜렷한 주기	399	매수 역지정가	428, 432
띠	233	매수 지정가 주문	429
		매수 후 계속 보유(buy and hold)	30, 38
ㄹ		맥컬렌 오실레이터(McCLELLAN Oscillator)	466
		맥컬렌 요약지수(McCLELLAN summation index)	467
래리 윌리엄스(Larry Williams)	270	맨닝 스톨러(Manning Stoller)	499
랜덤워크이론	38, 42	머레이 러기에로	454
러셀 2000	447, 477	머리어깨형	126, 129
로그차트	63, 317	머리어깨형, 3중 천정형과 3중 바닥형	123
로버트 레아(R. Rhea)	47, 342	머리어깨형의 반전형	126
로버트 펠레티에(Robert Pelletier)	208	머리어깨형의 지속형	176
리처드 돈치안	240, 388, 526	MESA와 트레이딩 마켓 주기(MESA and Trading Market Cycles)	399
리처드 러셀(Richard Russel)	47	멜빵 집게	331
리처드 암	471, 476	모든 거래기간에 적용되는 기술적 분석	32
		모든 시장	184
ㅁ		모멘텀선	250, 252
		목선	129, 132, 135
마켓 프로파일	435, 505, 508	목선 안	332, 340
막대 샌드위치	332, 337	목선에	332, 339
만료기간	35	목선의 기울기	135
매달린 사람	331, 333	목표가격	124, 131, 295
매도 역지정가 주문	429	목표가격으로 이용되는 볼린저 밴드	235
매도절정	114, 197	묘비 도지(Gravestone Doji)	323
매매시점	37, 419	뮤추얼 펀드	435, 448
매매시점의 선택	37		

찾아보기	페이지
미결제약정	65, 67, 180, 192, 201
미결제약정(선물)의 중요성	281
미결제약정수량	65, 192
미래 지속적인 연속 약정	537
민감지표	38

ㅂ

찾아보기	페이지
반대견해 원리	279
반대견해의 기술	279
반등성공	52
반등실패	52
반로그차트 작성	213
반전양초형	324, 330
반전율	107, 359, 426
반전일	113
반전해머	331, 333
반전형	122, 324
발차기	332, 336
배경철학	24
백삼병	332, 335
버려진 아기	332, 335
버턴 퓨(Burton Pugh)	387
범위의 전개와 프로파일의 패턴	514
범위확대	517
변동범위 안에서의 거래	172

찾아보기	페이지
변동실패(failure swing)	264
변형된 정상일	515
변화는 어떻게 일어나는가	183
변화와 명목성의 원리	379
변화율(ROC)	256, 273
보조지표	180
복귀선	103
복수포지션 거래	423
복합 머리어깨형	135
볼린저 밴드	233, 235, 245
봉차트	287
부챗살 원리(The fan principle)	96
분리선	332, 338
분산과 집중	421
분석과 매매시점 선택	29
분출갭	117
불공정	511, 514
V자 천정	123, 147
비례의 원리	376, 380
비율분석	343, 363

ㅅ

찾아보기	페이지
사각깃발형	123, 382
사각깃발형과 삼각깃발형	164
4-9-18일 이동평균의 조합	245

찾아보기	페이지
사다리 상부	332, 338
사다리 하부	332, 338
4주 규칙	236, 240, 377, 388
산술적 단위와 로그(logarithmic) 단위	62
삼각깃발형	164, 165, 175
삼각형	99, 153, 353
2/3 반전	107
1/3	108, 109
3선 돌파	332, 339
3중 교차법	228, 239
3중 천정형	137, 186
3중 천정형과 3중 바닥형	137, 148
3중형	99
상단 및 하단 경계선	249
상단 및 하단 경계의 필요	254
상대적 강세 분석	448
상대적 강세지수(RSI)	260, 273
상대적 기울기	99
상승 3법	328, 338
상승 타수키 갭	332, 339
상승-하락선(AD선)	463, 473
상승 하락선의 이탈(AD Divergence)	463
상승갭 3법	332, 339
상승거래량과 하락거래량	470
상승률 또는 하락률	252
상승삼각형	154, 158, 160

찾아보기	페이지
상승속도선	110
상승지속형	332
상승추세선	89, 257, 303
상승형	153, 331
상품선물 연구국 선물가격지수 (Commodity Research Bureau Futures Price Index)	37
상품선물거래위원회(CFTC)	199
상품선물경로지수(CCI)	258, 399
상품선물과 달러의 연관성	444
상품선물시장 분석	37
상품선물에서 돈을 버는 법(How to Build a Fortune in Commodities)	229
상품선물에서 보다 큰 수익을 내기 위한 4일, 9일 그리고 18일 이동평균의 사용법	229
상품선물지수	448
상향반전	81
상향쐐기형	168
새벽 도지별	332, 335
샛별	326, 335
서술적 통계	41
선물거래	182, 207
선물거래를 위한 연속차트의 작성	207
선물거래에 적용된 다우이론	55
선물계약	35, 66
선물시장	387, 438
선물의 미결제약정	65

찾아보기	페이지
선물차트	441
선차트	59
세 개의 이동평균 사용	228
세 바깥쪽 상승	332, 336
세 바깥쪽 하락	332, 336
세 별	332, 336
세 쌍둥이 인디언	332, 337
세 안쪽 상승	332, 336
세 안쪽 하락	332, 336
3칸 반전	298, 308
소멸갭	119
소추세(단기추세)	75
속도선	110, 112
수요량과 공급량의 변화	25
수요지수	190, 493
수요지수 공식	502
수직적 측정	295, 307
수직축	63, 539
수평적 계산	295
수평추세	74, 147
수평축	63, 539
순거래자 포지션	199
숨는 아기 제비	332, 337
숫자 3의 중요성	98
쉐어먼 맥컬렌(Sherman McClellan)	466
쉬운 언어	415, 529

찾아보기	페이지
스탁 밴드	499
스탁 밴드와 켈트너 경로	499
스테이들메이어(Stedlmayer)	435, 505, 510
스토캐스틱(Stocastics)	268, 278, 329, 399
스토캐스틱 오실레이터	269
시간 요인	161
시간관계	343
시간여과장치	94, 144
시스템 거래의 장점과 단점	413
시장가 주문(market order)	428
시장가격	25, 28
시장간 기술적 분석(Intermarket Technical Analysis)	439, 455
시장간 상호관계	455
시장구조	510
시장기술가협회	486
시장기술주식회사(Market Technology Corporation)	455
시장움직임은 모든 것을 반영한다	25, 43
시장은 세 개의 추세를 가진다	48
시장의 폭 측정	460
시장평균 비교	462
시점선택	37, 207, 418
시험적인 추세선과 유효한 추세선	89
신고점-신저점 지수	468
신고점과 신저점	468
실패한 머리어깨형	136
심사숙고	332, 337

찾아보기	페이지
십자 포아형	334
쐐기형	123, 168

ㅇ

찾아보기	페이지
알렉산더 엘더	469
알렌	229
RSI의 해석	262
암 지수(Arms Index)	472
양초 위력 차트	476
양초의 위력(Candle power)	476
양초차트	320, 476
양초형	324, 331
양초형의 분석	324
어떤 추세가 반전했다는 명확한 신호를 보이기까지는 그 추세가 유효한 것으로 가정한다	52
에드슨 굴드(Edson Gould)	110
에드워드 R. 듀이(Edward R. Dewey)	369
에드워드 존스(Edward Jones)	46
S&P 500	33, 37, 400
HPI	496
에히리히(S. Ehrlich)	390
에히리히 주기예측기(Ehrlich Cycle Forecaster)	390
엘리엇 파동원리	342
엘리엇의 파동이론	49, 237, 342, 343, 353
엘리엇 파동이론과 다우이론의 연계성	347

찾아보기	페이지
MACD	238, 274, 399
MACD 막대그래프	276
MIT(market-if-touched)	428
여과장치	93, 144
여러 금융시장들 간의 관계	439
역머리어깨형	132, 209
역지정가	428, 429, 432
역할을 바꾸는가	80, 94
연방준비은행의 최종승인	488
연속 약정	537
연속성	207, 537
영속적 계약	208
예술적 차팅	34
예일 허쉬(Yale Hirsch)	398
오그 만디노(Og Mandino)	369
오메가 연구소(Omega Research)	527
OBV(On Balance Volume)	188
OBV의 대안	189
오실레이터	238, 248, 273
오실레이터와 주기통합의 효력	399
오실레이터의 해석	249
50% 반전	107, 360
옵션 거래	201
와일더	260, 403, 499
완만한 암 지수	473
완성시점	138, 157

찾아보기	페이지
외환시장	32, 421, 488
월간 반전	115, 209
월봉차트	68, 181
월스트리트 저널	46, 286, 460
월트 브리저	399
웰리스 와일더의 DM 시스템과 파라볼릭 시스템	403, 405
위저드 트레이딩(Wizard Trading)	240
위코프(Wyckoff)	286
위험보상률	123, 422
윌리엄 피터 해밀턴 (William Peter Hamilton)	47
윗선의 상향돌파	158
유성	331, 333
UST 증권(UST Securities Corporation)	313
유효한 추세선 돌파	93
이동평균 : 시차를 완만하게 연결하는 장치	222
이동평균 띠	233
이동평균으로 이용되는 피보나치수	237
이동평균의 대안	246
이상형의 변종들	143
이용 가능한 차트 형태	58
이웃한 흰색 선	332, 339
2일 원칙	94
2주 규칙	241
2중 교차법(double crossover method)	227, 238
2중 및 3중 교차법	239
2중 바닥형	123, 140, 148

찾아보기	페이지
2중 천정형	80, 140, 144
이탈	332, 336
이탈갭	116
인베스터스 비즈니스 데일리 (Investor's Business Daily)	463
인플레이션 기간에 조정되어야 하는가	211
일간 AD선과 주간 AD선	465
일반적 규칙	184
일봉차트	58, 59, 63, 181, 206
1월 지표	398
일중 점도형차트	287, 291
일중중심점(Pivot Points)의 사용	430
일중차트	426, 430

ㅈ

자금관리지침	420
자금흐름 분석	38
자기실현적 예언	39
자동화된 거래전략	454
자산배분(Asset Allocation)	434, 452
잔존 매수 또는 매도 세력	280
장기시장 예측	32
장기전망의 중요성	207
장기주기	383
장기차트	206
장기차트에 적용되는 이동평균	237

찾아보기	페이지
장기차트에서 단기차트로	210
장기추세	93, 206
장악형	331, 333
저녁 도지별	332, 335
저녁별	326, 335
저점반전일	114
적삼병	332, 335
적응이동평균	245
전진 블록	332, 338
점도형차트	83, 286
접선형	334
접시형 혹은 원형 바닥형	147
접시형, V자형	148
제럴드 애펠(Gerald Appel)	274
제로선의 교차	253
조셉 그랜빌(Joseph Granville)	188
조정파동	343, 347
조지 레인(George Lane)	268
조화로운 관계	236
조화의 원리	242, 377
존 그렐레이	486
존 볼린저	233
존 브룩	486
존 헤릭(John Herrick)	496
종가의 사용과 추세선의 존재	53
좌우 전이	388

찾아보기	페이지
주가의 움직임을 예측하는 점도형 분석법	286
주가지수선물	32, 435
주간 규칙	239, 526
주간 반전	115, 213
주간 반전형	209
주간 상품선물여론	279
주간과 월간차트	206
주관적	39, 112, 220, 524
주기연구회(Foundation for the Study of Cycles)	373, 400
주기예측기	390, 400
주기원리	376
주기의 분류	384
주봉	68
주봉 · 월봉차트	68, 115
주식거래자 연감	398
주식과 상품선물에 적용	363
주식과 선물	32, 35, 55
주식매매시점 선택에 대한 수익적 기법	373
주식시장 분석	37, 460
주식시장 주기	369, 398
주식시장 지표	460
주식시장과 선물시장의 기술적 분석 비교 요약	35
주식시장에 적용	434
주식시장에서 수익을 낼 수 있는 그랜빌의 새로운 기법	188
주식시장의 거래량 주기	476
주식의 매매시점 선택(Stock Market Timing)	298

찾아보기	페이지
주식투자의 기본(The ABC of stock Speculation)	47
주요 반전형	122
주추세	49, 75
주추세는 3단계로 이루어져 있다	49
주파동(impulse waves)	359
중간추세	48, 347, 385
중립일	515
중추세	49, 55, 75
증거금	29, 36, 420
지그재그(zig-zags)	72, 347
지속형	123, 152, 327
지수완만형(exponentially smoothed)	239
지수완만형 이동평균	224
지정가 주문	428
지지 및 저항선	426
지지대(fulcrum)	296
지지선과 저항선	80, 426
지지선으로서의 네 번째 파동	357
지지와 저항의 개념	78
지지와 저항의 심리	82
지지와 저항의 정수 (Round Numbers)	86
직사각형	170, 475

찾아보기	페이지
ㅊ	
차근월 약정	536
차트 작성	58
차트의 패턴	27, 209
차트크래프트의 점도형 매매기법	298
찰스 다우	46, 286, 489
1990년대를 위한 선행지표 (Leading Indicators for the 1990s)	33, 455
최근월 약정	535
최대 반전지표	108
최대 비율지표	107
최대 엔트로피 스펙트럼 분석(MESA)	399
최소의 조건	155
최적화	244
추세거래	32
추세거래와 비추세거래	423
추세는 세 분류로 나뉜다	75
추세돌파	93, 157
추세반전	80, 241, 257
추세분석과 추세선	298
추세선	87, 303, 380, 426
추세선 그리기	89
추세선 작성	303
추세선의 돌파	91, 124
추세일	515

찾아보기	페이지
측정값의 의미	167
측정갭	117
측정기법	124, 138, 142, 157, 159, 307
측정된 움직임	174
측정의미	95, 107
70선과 30선을 이용	267

ㅋ

커모디티 시스템(Commodity Systems)	208
컴퓨터로 작성되는 점도형차트	313
컴퓨터와 거래시스템	402
컴퓨터의 필요성	404
케네스 타워	313
켄 타워	315, 317
켈트너 경로	500, 501
코헨	298
콘드라티예프 주기	384
콜린스(C. J. Collins)	342
콜옵션 미결제약정	201

ㅌ

통계적 분석	34
투자기간이 훨씬 짧다	36
투자자 동향지수	282

찾아보기	페이지
투자자 정보지수	283
Traders Library	400
트레이더의 노트북(Trader's Notebook)	239
트레이드 스테이션(Trade Station)	415, 527
트린	473
특이한 세 강	332, 337
TPO	509, 519
틱	461, 473

ㅍ

파동이론 세 가지 측면의 통합	363
파라볼릭	405, 411, 416
파라볼릭 시스템(SAR)	403, 406
펀더멘털 뉴스에 의한 시장반응을 주시하라	281
페리 코프먼(Perry Kaufman)	245
평균값은 모든 것을 반영한다	48
평균실제범위	499
평균지수들은 반드시 서로를 확인한다	50
평면(flats)	349
평면 조정	349
포아형	331, 333
폭증	197
표본자료	460
표준편차	233, 506
풋/콜 비율	202

찾아보기	페이지
프로그램 매도	441
프로그램 매매	438, 440
프로그램 매수	441
프로스트(A. J. Frost)	342
프리처(Prechter)	343, 353
피보나치 반전율	109, 359
피보나치 비율과 반전	358
피보나치 수	237, 358
피보나치 수열	344, 360
피보나치 시간목표	361

찾아보기	페이지
형성된 상승삼각형	160
형성된 하락삼각형	161
확인과 이탈	56, 177
확장삼각형	153, 163
효율적 시장 가설	42, 488
흑운	331, 334
흑이병	332, 338

하락 3법	327, 328, 338
하락 타수키 갭	332, 339
하락갭 3법	332, 339
하락삼각형	161
하락추세선	94, 129, 302
하락형	153, 331
해머	331, 333
해밀턴 볼턴	342
행동금융	44, 488
허스트(J. M. Hurst)	373, 382
헤릭 정산지수	190, 496, 497
헤징	199
현명한 거래(Smarter Trading)	245

금융시장의 기술적 분석

초   판   1쇄 발행 · 2000년   5월 30일
개정2판   1쇄 발행 · 2025년   8월   1일
개정2판   2쇄 발행 · 2025년 12월   1일

지은이 · 존 J. 머피
옮긴이 · 최용석
펴낸이 · 이종문(李從聞)
펴낸곳 · (주)국일증권경제연구소

등   록 · 제406-2005-000029호
주   소 · 경기도 파주시 광인사길 121 파주출판문화정보산업단지(문발동)
사무소 · 서울시 중구 장충단로8가길 2(장충동1가, 2층)

영업부 · Tel 02)2237-4523 | Fax 02)2237-4524
편집부 · Tel 02)2253-5291 | Fax 02)2253-5297
평생전화번호 · 0502-237-9101~3

홈페이지 · www.ekugil.com
블 로 그 · blog.naver.com/kugilmedia
페이스북 · www.facebook.com/kugilmedia
E - mail · kugil@ekugil.com

· 값은 표지 뒷면에 표기되어 있습니다.
· 잘못된 책은 구입하신 서점에서 바꿔드립니다.

ISBN 978-89-5782-071-1 (03320)